최신 개정판

데이터와 트렌드로
쉽게 취득하는
OPIc AL

데이터와 트렌드로
쉽게 취득하는
OPIc AL

1판 1쇄 발행 2019. 10. 21.
   5쇄 발행 2025. 5. 27.

저자 멀티캠퍼스 외국어연구소
기획 멀티캠퍼스 외국어연구소

펴낸이 박민우
기획팀 송인성, 김선명, 김선호
편집팀 박우진, 김영주, 김정아, 최미라, 전혜련, 박미나
관리팀 임선희, 정철호, 김성언, 권주련
펴낸곳 멀티캠퍼스 하우
주소 서울시 중랑구 망우로68길 48
전화 (02)922-7090
팩스 (02)922-7092
홈페이지 http://www.hawoo.co.kr
e-mail hawoo@hawoo.co.kr
등록번호 제2014-18호

값 29,000원
ISBN 979-11-87549-13-0   13740

Copyright ⓒ 2025 by Multicampus Co., Ltd.

All rights reserved.
No part of this publication may be reproduced, stored in a retrieval system,
or transmitted in any form or by any means, electronic, mechanical, photocopying, recording,
or otherwise, without the prior permission of the publisher.

이 책은 저작권법에 따라 보호받는 저작물이므로 무단 전재와 무단 복제를 금지하며,
이 책 내용의 전부 또는 일부를 이용하려면 반드시 저작권자와 출판권자의 서면 동의를 받아야 합니다.

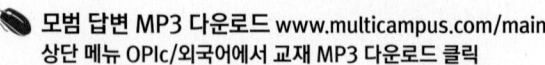 모범 답변 MP3 다운로드 www.multicampus.com/main
      상단 메뉴 OPIc/외국어에서 교재 MP3 다운로드 클릭

최신 개정판

데이터와 트렌드로
쉽게 취득하는

OPIc AL

multicampus

목차

- 교재 100% 활용법 — 6
- OPIc 평가란? — 10
- OPIc 고득점 전략 — 16

Chapter 01	[선택형 주제]	Newspapers	28
Chapter 02	[선택형 주제]	Television	40
Chapter 03	[공통형 주제]	Internet	48
Chapter 04	[공통형 주제]	Phones / Technology	62
Chapter 05	[선택형 주제]	Music	78
Chapter 06	[선택형 주제]	Movies	86
Chapter 07	[공통형 주제]	Industry	96
Chapter 08	[선택형 주제]	Housing 1	110
Chapter 09	[선택형 주제]	Housing 2	128
Chapter 10	[공통형 주제]	Furniture / Recycling	138
Chapter 11	[선택형 주제]	Work	152
Chapter 12	[공통형 주제]	Food	158
Chapter 13	[공통형 주제]	Health	170
Chapter 14	[공통형 주제]	Restaurants	182
Chapter 15	[선택형 주제]	Bars	202
Chapter 16	[공통형 주제]	Gatherings	222
Chapter 17	[선택형 주제]	Domestic Trips	238
Chapter 18	[선택형 주제]	Overseas Trips	250
Chapter 19	[공통형 주제]	Geography	264
Chapter 20	[선택형 주제]	Parks / Walking	278

Chapter 21	[선택형 주제]	Shopping	290
Chapter 22	[선택형 주제]	Fashion	302
Chapter 23	[공통형 주제]	Holidays	310
Chapter 24	[공통형 주제]	Family / Friends	318
Chapter 25	[공통형 주제]	Free Time	330
Chapter 26	[공통형 주제]	Weather	336
Chapter 27	[공통형 주제]	Transportation	342
Chapter 28	[공통형 주제]	Banks	348
Chapter 29	[공통형 주제]	Hotels	354
Chapter 30	[공통형 주제]	Appointment	360
Chapter 31	[Role-Play]	Master Key 템플릿	368
Chapter 32	[Role-Play]	상점	376
Chapter 33	[Role-Play]	여행	394
Chapter 34	[Role-Play]	호텔	416
Chapter 35	[Role-Play]	전화기 / 영화 / 공연	434
Chapter 36	[Role-Play]	가구 / 부동산 / 인터넷	446
Chapter 37	[Role-Play]	술집 / 음식점 / 건강식품점	460
Chapter 38	[Role-Play]	MP3 플레이어 / 자전거 / 친척집 / 재활용 / 신문	478
Chapter 39	[Role-Play]	면접 / 병원 예약 / 은행 / 피트니스 센터, 헬스클럽 / 영양사 / 자동차 고장	500
Chapter 40	[Role-Play]	공원 / 친구 약속 / 생일파티 / 휴일파티	522

교재 100% 활용법

1) 학습 Schedule

■ 2주 완성: 주 5일 (20H)

Week	월	화	수	목	금
Week 1	Chapter 1/2/3/4	Chapter 5/6/7/8	Chapter 9/10/11/12	Chapter 13/14/15/16	Chapter 17/18/19/20
Week 2	Chapter 21/22/23/24	Chapter 25/26/27	Chapter 28/29/30	Chapter 31/32/33/34/35	Chapter 36/37/38/39/40

■ 한 달 완성: 주 5일 (20H)

Week	월	화	수	목	금
Week 1	Chapter 1/2	Chapter 3/4	Chapter 5/6	Chapter 7/8	Chapter 9/10
Week 2	Chapter 11/12	Chapter 13/14	Chapter 15/16	Chapter 17/18	Chapter 19/20
Week 3	Chapter 21/22	Chapter 23/24	Chapter 25/26	Chapter 27/28	Chapter 29/30
Week 4	Chapter 31/32	Chapter 33/34	Chapter 35/36	Chapter 37/38	Chapter 39/40

■ 두 달 완성: 주 3일 (24H)

Week	월	수	금
Week 1	Chapter 1/2	Chapter 3	Chapter 4
Week 2	Chapter 5	Chapter 6/7	Chapter 8/9
Week 3	Chapter 10/11	Chapter 12/13	Chapter 14
Week 4	Chapter 15	Chapter 16	Chapter 17/18
Week 5	Chapter 19	Chapter 20	Chapter 21/22
Week 6	Chapter 23/24	Chapter 25/26	Chapter 27/28
Week 7	Chapter 29/30	Chapter 31/32	Chapter 33/34
Week 8	Chapter 35/36	Chapter 37/38	Chapter 39/40

2) 교재 구성

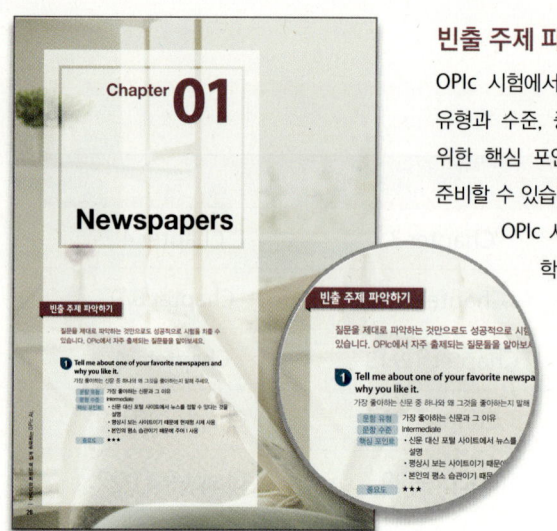

빈출 주제 파악하기

OPIc 시험에서 자주 출제되는 질문이 무엇인지 알아보고 질문의 유형과 수준, 중요도를 파악할 수 있습니다. 그리고 답변 구성을 위한 핵심 포인트를 접목시켜 고득점을 획득할 수 있는 답변을 준비할 수 있습니다.

　　OPIc 시험 첫 준비 단계로 빈출 주제를 파악하는 것으로도 학습할 수 있고 OPIc 시험 준비 마무리 단계로 각 질문별로 답변의 아이디어를 구상하는 용도로 활용하여도 좋습니다.

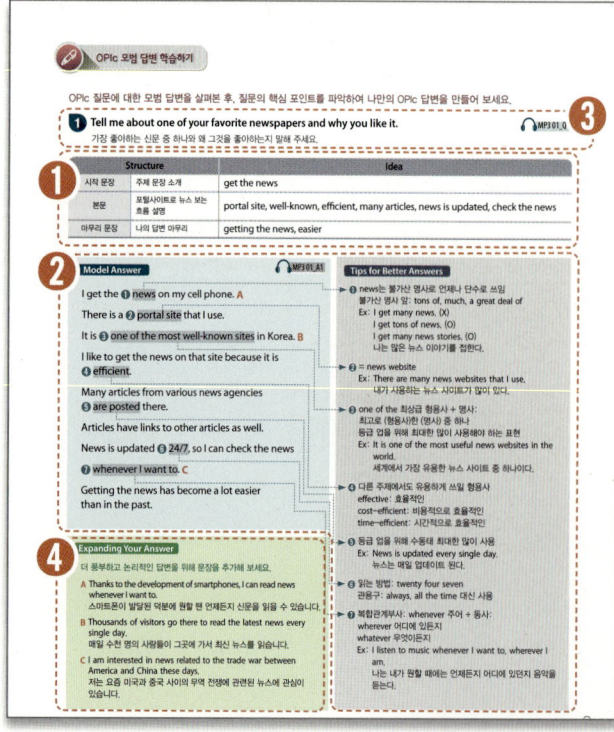

OPIc 모범 답변 학습하기

❶ 질문별 답변을 구성하는 Idea를 서론-본론-결론 순으로 브레인스토밍 하고 각 부분별로 key words를 간단히 작성하여 이야기를 만들 수 있도록 연습할 수 있습니다.

❷ 모범 답변(Model Answer)은 어떻게 제시되는지 살펴보고 중요 표현, 문법 등 언어적인 부분에 대한 Tip과 고득점을 받기 위한 답변 전략 등이 모범 답변 오른편에 주어집니다. 이러한 Tip과 전략을 통해 학습자 여러분들의 OPIc 답변을 만들어 보세요.

❸ 질문과 답변을 원어민의 음성으로 들어볼 수 있습니다.

❹ 고득점을 취득하기 위해서는 기승전결을 갖춘 스토리텔링이 필수적입니다. 문장 확장하기(Expanding Your Answer)는 흐름에 맞는 다양한 문장을 제시하여 풍부한 답변을 준비할 수 있습니다.

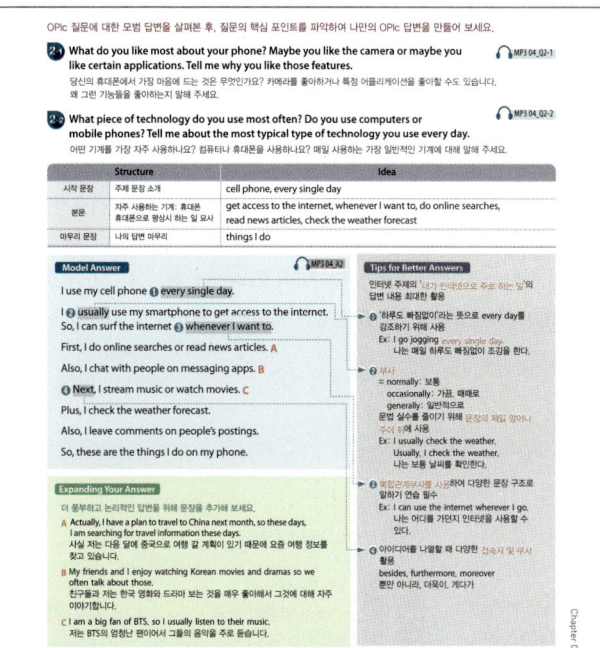

하나의 답변을 여러 질문의 답변으로도 활용할 수 있습니다.

예를 들어 Q1. 집에서 하는 일 Q2. 집안일 종류 Q3. 가족 구성원별로 하는 집안일에 있어서 답변으로 내가 하는 집안일에 대해 말한다면 Q1, Q2, Q3의 답변으로 모두 활용할 수 있습니다. 이렇게 OPIc 시험을 준비할 때 주제는 다르지만 비슷한 내용을 묻는 질문에 범용적으로 사용할 수 있는 답변을 준비한다면 시험을 조금 더 효율적으로 준비할 수 있습니다.

OPIc 평가란?

OPIc이란?

OPIc(Oral Proficiency Interview-computer)은 면대면 외국어 인터뷰인 OPI와 최대한 가깝게 만든 iBT 기반의 외국어 말하기 평가로서, 외국어 전문 교육 연구 단체인 ACTFL(American Council on the Teaching of Foreign Languages)에서 개발한 공신력 있는 말하기 평가입니다. OPIc은 단순히 문법이나 어휘 등을 얼마나 많이 알고 있는가보다는 실제 상황에서 얼마나 효과적이고 적절하게 언어를 구사하는지를 측정하는 객관적인 평가로, 국내에서는 2007년 시작되어 현재 약 1,700여 개 기업 및 기관에서 OPIc을 채용과 인사고과 등에 활발하게 활용하고 있습니다. 현재 OPIc은 영어뿐만 아니라 중국어, 일본어, 러시아어, 스페인어, 한국어 그리고 최근 추가된 베트남어까지 총 7개의 언어 평가를 제공함으로써 다양한 언어를 동일한 기준으로 평가할 수 있는 유일한 외국어 말하기 평가로 자리매김하였습니다.

OPIc 진행 과정

ORIENTATION(20분)

1. **Background Survey** – 인터뷰 문항을 위한 사전 설문
2. **Self Assessment** – 시험의 난이도 결정을 위한 자가 평가
3. **Overview of OPIc** – 화면 구성, 문항 청취 및 답변 방법 안내
4. **Sample Question** – 실제 답변 방법 연습

시험 시간(40분)

1. **1st Session**
   - 개인 맞춤형 문항
   - 문항별 답변 시간 제한 無
   - 질문 청취 2회
   - 약 7문항 출제
2. **난이도 재조정**
   - Self Assessment(2차 시험 난이도 선택)
   - 쉬운 질문 / 비슷한 질문 / 어려운 질문 中 선택
3. **2nd Session**
   - 개인 맞춤형 문항
   - 문항별 답변 시간 제한 無
   - 질문 청취 2회
   - 약 5~8문항 출제

OPIc 등급

OPIc의 등급은 크게 세 가지, 작게는 일곱 가지로 세분화됩니다.

- Novice: '초보자'라는 뜻으로 OPIc에서는 '초급' 단계입니다.
- Intermediate: '중간'이라는 뜻으로 OPIc에서는 '중급' 단계입니다.
- Advanced: '고급의'라는 뜻으로 OPIc에서는 가장 높은 '고급' 단계입니다.

이 세 가지의 등급을 세분화해서 다음과 같이 구분하게 됩니다.

- Novice Low, Novice Mid, Novice High
- Intermediate Low, Intermediate Mid(1~3), Intermediate High
- Advanced Low

OPIc의 모체인 OPI에서는 Advanced도 Low, Mid, High로 구분되지만, 컴퓨터로 시험을 보는 OPIc에서는 Advanced Low라는 등급 하나만 부여됩니다.

AL	Advanced **LOW**	사건을 서술할 때 일괄적으로 동사 시제를 관리하고, 사람과 사물을 묘사할 때 다양한 형용사를 사용한다. 적절한 위치에서 접속사를 사용하기 때문에 문장 간의 결속력도 높고 문단의 구조를 능숙하게 구성할 수 있다. 익숙하지 않은 복잡한 상황에서도 문제를 설명하고 해결할 수 있는 수준의 능숙도이다.
IH	Intermediate **HIGH**	개인에게 익숙하지 않거나 예측하지 못한 복잡한 상황을 만날 때, 대부분의 상황에서 사건을 설명하고 문제를 효과적으로 해결한다. 발화량이 많고, 다양한 어휘를 사용한다.
IM	Intermediate **MID**	일상적인 소재뿐 아니라 개인적으로 익숙한 상황에서는 문장을 나열하며 자연스럽게 말할 수 있다. 다양한 문장 형식이나 어휘를 실험적으로 사용하려고 하며 상대방이 조금만 배려해 주면 오랜 시간 대화가 가능하다.
IL	Intermediate **LOW**	일상적인 소재에서는 문장으로 말할 수 있다. 대화에 참여하고 선호하는 소재에서는 자신감을 가지고 말할 수 있다.
NH	Novice **HIGH**	일상적인 대부분의 소재에 대해서 문장으로 말할 수 있다. 개인 정보라면 질문을 하고 응답을 할 수 있다.
NM	Novice **MID**	이미 암기한 단어나 문장으로 말하기를 할 수 있다.
NL	Novice **LOW**	제한적인 수준이지만 영어 단어를 나열하며 말할 수 있다.

* Intermediate Mid의 경우 Mid 1, Mid 2, Mid 3로 세분화하여 제공합니다.

Background Survey (배경 설문)

OPIc의 개인 맞춤형 문제는 Background Survey에 대한 응답을 기초로 출제됩니다. 나에게는 어떤 맞춤형 문제가 출제될지 미리 생각해 보세요.

1 현재 귀하는 어느 분야에 종사하고 계십니까?
☐ 사업/회사   ☐ 재택근무/재택사업   ☐ 교사/교육자   ☐ 군 복무   ☐ 일 경험 없음

1.1. 현재 귀하는 직업이 있으십니까?
☐ 네   ☐ 아니요

1.1.1. 귀하의 근무 기간은 얼마나 되십니까?
☐ 첫 직장 – 2개월 미만   ☐ 첫 직장 – 2개월 이상   ☐ 첫 직장 아님 – 경험 많음

1.1.1.1. 당신은 부하 직원을 관리하는 관리직을 맡고 있습니까?
☐ 네   ☐ 아니요

문항 1에서 교사/교육자로 답변했을 경우

1.1. 당신은 어디에서 학생을 가르치십니까?
☐ 대학 이상   ☐ 초등/중/고등학교   ☐ 평생교육

1.1.1. 현재 귀하는 직업이 있으십니까?
☐ 네   ☐ 아니요

1.1.1.1. 귀하의 근무 기간은 얼마나 되십니까?
☐ 2개월 미만 – 첫 직장
☐ 2개월 미만 – 교직은 처음이지만 이전에 다른 직업을 가진 적이 있음
☐ 2개월 이상

1.1.1.1.1. 귀하는 부하직원을 관리하는 관리직을 맡고 있습니까?
☐ 네   ☐ 아니요

---

2 현재 귀하는 학생이십니까?
☐ 네   ☐ 아니요

2.1. 현재 어떤 강의를 듣고 있습니까?
☐ 학위 과정 수업   ☐ 전문 기술 향상을 위한 평생 학습   ☐ 어학 수업

2.2. 최근 어떤 강의를 수강했습니까?
☐ 학위 과정 수업
☐ 전문 기술 향상을 위한 평생 학습
☐ 어학 수업
☐ 수업 등록 후 5년 이상 지남

3 현재 귀하는 어디에 살고 계십니까?
☐ 개인주택이나 아파트에 홀로 거주
☐ 친구나 룸메이트와 함께 주택이나 아파트에 거주
☐ 가족(배우자/자녀/기타 가족 일원)과 함께 주택이나 아파트에 거주
☐ 학교 기숙사   ☐ 군대 막사

아래의 4~7번 문항에서 12개 이상을 선택해 주시기 바랍니다.

4 귀하는 여가 활동으로 주로 무엇을 하십니까? (두 개 이상 선택)
☐ 영화 보기   ☐ 클럽/나이트클럽 가기   ☐ 공연 보기   ☐ 콘서트 보기
☐ 박물관 가기   ☐ 공원 가기   ☐ 캠핑하기   ☐ 해변 가기
☐ 스포츠 관람   ☐ 주거 개선   ☐ 술집/바에 가기   ☐ 카페/커피전문점 가기
☐ 게임하기(비디오, 카드, 보드, 휴대폰 등)   ☐ 당구 치기   ☐ 체스하기
☐ SNS에 글 올리기 ☐ 친구들과 문자대화하기   ☐ 시험 대비 과정 수강하기
☐ 뉴스를 보거나 듣기 ☐ 차로 드라이브하기   ☐ 스파/마사지샵 가기
☐ 구직활동하기   ☐ 자원봉사하기   ☐ 쇼핑하기
☐ TV 시청하기   ☐ 리얼리티 쇼 시청하기   ☐ 요리 관련 프로그램 시청하기

5 귀하의 취미나 관심사는 무엇입니까? (한 개 이상 선택)
☐ 아이에게 책 읽어주기   ☐ 음악 감상하기   ☐ 악기 연주하기
☐ 혼자 노래부르거나 합창하기 ☐ 춤추기   ☐ 글쓰기(편지, 단문, 시 등)
☐ 그림그리기   ☐ 요리하기   ☐ 애완동물 기르기
☐ 주식투자하기   ☐ 신문읽기   ☐ 여행 관련 잡지나 블로그 읽기
☐ 사진촬영하기   ☐ 독서

6 귀하는 주로 어떤 운동을 즐기십니까? (한 개 이상 선택)
☐ 농구   ☐ 야구/소프트볼   ☐ 축구   ☐ 미식축구
☐ 하키   ☐ 크리켓   ☐ 골프   ☐ 배구
☐ 테니스   ☐ 배드민턴   ☐ 탁구   ☐ 수영
☐ 자전거   ☐ 스키/스노보드   ☐ 아이스 스케이트   ☐ 조깅
☐ 걷기   ☐ 요가   ☐ 하이킹/트레킹   ☐ 낚시
☐ 헬스   ☐ 태권도   ☐ 운동 수업 수강하기 ☐ 운동을 전혀 하지 않음

7 당신은 어떤 휴가나 출장을 다녀온 경험이 있습니까? (한 개 이상 선택)
☐ 국내 출장   ☐ 해외 출장   ☐ 집에서 보내는 휴가   ☐ 국내 여행   ☐ 해외여행

OPIc FAQ

01 **OPIc 시험 중 필기구를 사용하여 답변을 준비해도 되나요?**

OPIc 응시자는 필기구를 가지고 시험장에 입실할 수 없습니다. 따라서 시험 중에 필기구를 이용하여 메모 등을 하실 수 없으며, 적발 시 부정행위로 처리되어 OPIc 시험 규정에 따라 향후 시험 응시 기회에 제한을 받습니다.

02 **무조건 길게 말하는 것이 도움이 되나요?**

짜임새 없이 내용으로 길게만 말하는 것보다는 질문이 요구하는 내용에 충실한 답변을 정확한 문법과 표현을 사용하여 논리적으로 표현할 때 좋은 평가를 받을 수 있습니다. 또한 기-승-전-결 혹은 서론-본론-결론의 짜임새 있는 구성으로 답변해야 합니다. 공식적인 수치는 아니지만 주어진 시간 내 모든 문제에 풍부한 내용으로 답변을 하려면 한 문항당 짧으면 1분, 일반적으로 2분~2분 30초 이상 말할 수 있도록 준비하는 것이 좋습니다.

03 **Background Survey 응답 내용으로만 출제되나요?**

아닙니다. 시험 전에 체크한 Background Survey 결과는 나에게 맞는 맞춤형 문항이 출제되는 데 영향을 주지만 그 외 시스템적으로 선별된 문항도 출제됩니다. 즉, 여러분이 선택하지 않은 내용에서도 문제가 출제됩니다. 일반적으로 여러분의 일상생활에서 일어나는 일들을 위주로 문제가 출제되며 전문적인 내용이 출제되더라도 일상생활과 연결되어 있는 질문들이 출제됩니다. OPIc 등급 향상을 위해서는 Background Survey 항목에 관련된 답변만을 무조건 외우기보다는 평소에 다양한 말하기 연습을 하는 것이 도움이 될 것입니다.

04 **OPIc 문제 중 Background Survey 내용과 관련이 없는 내용이 나오면 답변하지 않아도 되나요?**

아닙니다. 수험자는 주어진 문항에 대해서 모두 답변을 진행해야 합니다. OPIc은 Background Survey를 통해 수험자의 개인 맞춤형 문항의 출제가 가능하지만 다른 영역의 질문 또한 출제되어 수험자의 예상하지 못한 문제에 대해 답변을 하는 능력 또한 평가합니다. 따라서, 질문에 대한 답변이 진행되지 않은 경우 감점의 요인이 될 수 있습니다. 그러므로 Background Survey에서 선택한 내용과 다른 문제가 출제되더라도 당황하지 말고 최선을 다해 성실히 답변하는 것이 좋습니다.

05 **시험 보는 중간에 Self-Assessment로 레벨을 변경하는 것이 성적에 영향이 있나요?**

처음에 높은 레벨로 시작했다가 중간에 낮은 레벨로 바꾸거나, 그 반대로 낮은 레벨에서 높은 레벨로 바꾸는 그 자체로 성적이 바뀌지는 않습니다. 철저히 주어진 답변에 얼마나 충실하게 답변하는지가 성적을 좌우한다고 보면 됩니다. 그러나 나의 영어 실력과 너무 동떨어진 레벨을 선택하는 것은 바람직하지 않습니다.

06 **모범 답안을 외워서 답변하면 성적에 영향을 주나요?**

질문과 무관한 답변 및 시중의 모범 답안을 그대로 외워서 대답하는 것은 성적 결과에 좋지 않은 영향을 줄 수 있습니다.

07 문제를 반복해서 들으면 성적이 좋지 않게 나오는 것이 사실인가요?

문제 풀기 전략 중 하나로 문제를 습관적으로 반복해서 듣는 사람들이 있습니다. 문제를 반복 청취하는 것이 성적에 직접적으로 영향을 미치는 것은 아니지만, 문제를 반복 청취했을 때 답변 시간이 줄어들 수밖에 없으므로 시간 관리에 어려움을 느낄 수 있습니다. OPIc 문제의 답변 시간은 질문 청취 시간을 제외하고 약 35분 가량입니다. 따라서 주어진 시간 내 모든 문제를 효율적으로 답변할 수 있도록 시간을 활용해야 합니다.

08 발음이 안 좋거나 더듬거리면 성적에 나쁜 영향을 주나요?

발음은 이해가 가능한 수준일 경우 크게 영향을 미치지 않는 것으로 알려져 있습니다. 그러나 메시지 전달이 안 될 정도로 말이 매끄럽지 못한 경우에는 당연히 채점이 어려울 수밖에 없습니다.

09 OPIc 시험은 현장에서 결과를 직접 확인할 수 있나요?

OPIc은 응시일로부터 일주일 후 OPIc 홈페이지에서 성적 확인이 가능합니다. (일반적으로 오후 1시 발표이나 사정에 따라 변경될 수 있습니다.) 취업 시즌 등의 경우 수험자 편의를 위해 성적 조기 발표(시험일로부터 3~5일)를 시행합니다.

10 OPIc 시험 일정은 1년에 몇 번 정도 있나요?

OPIc은 연중 상시 시행 시험입니다. (일부 공휴일 제외). 다만 지역/센터별로 차이가 있을 수 있으니 자세한 사항은 OPIc 홈페이지(http://opic.or.kr)에서 확인해 주시기 바랍니다.

11 성적이 UR이라고 나오는 것은 무엇을 의미하나요?

'UR'은 Unable to rate을 의미합니다. UR이 나오는 경우는 녹음 불량, 녹음 음량이 너무 작은 경우, 수험자가 자신이 없어 답변을 하지 않은 경우입니다. 수험자의 과실인 경우 응시료 환불은 없으며 재시험의 기회도 없습니다. 시스템적인 오류로 UR이 나왔을 경우 한 번의 재시험 기회를 드립니다.

12 시험에 필요한 규정 신분증은 무엇인가요?

OPIc의 규정신분증은 주민등록증, 운전면허증, 공무원증, 기간 만료 전 여권이며, 군인 등 특정 할인 신청의 경우 규정 신분증 외 시험 당일 추가 증명 서류를 지참하여야 응시 가능합니다. 자세한 사항은 OPIc 홈페이지(http://opic.or.kr)에서 확인해 주시기 바랍니다.

13 OPIc 세부진단서란 무엇인가요?

OPIc Rater(채점자)가 수험자 답변 내용을 바탕으로 언어 항목에 대해 진단 및 안내를 제공하는 유료 피드백 서비스이며 가격은 30,000원입니다.

OPIc 고득점 전략

1) OPIc 시험 대비 요령

OPIc AL을 받기 위해 어떤 노력이 필요하고 어떤 시험 대비 요령이 필요할까요? 최신 데이터와 트렌드를 바탕으로 OPIc AL을 받기 위한 전략을 알아봅시다.

1	ADV 질문 집중 공략	• 특히 시제의 경우 현재 완료 시제 사용이 중요 • 다양한 형용사 사용 예) delicious → tasty, tender, juicy 등 다양하게 묘사
2	사회적 관심사 답변 강화	14, 15번 사회적 트렌드, 이슈 답변 강화 • 주택 시장 뉴스, 재활용 뉴스, 술집 뉴스, 음식(건강) 뉴스, 독도 뉴스, 영화배우 뉴스, MeToo 운동 이슈, 한반도 비핵화 이슈, 인터넷 보안 이슈, 휴대폰 중독 이슈 등
3	답변 길이	최대한 길고 구체적으로 서술 • AL 취득자의 단어 사용량이 IH 취득자의 단어 사용량보다 약 1,000개 이상 많음
4	전달력	발음/강세 개선, 발화 속도 개선
5	시험 시간 활용	40분 (문제당 답변 제한 시간 없음) 최대한 활용 - 미리 문제를 파악하고 답변 시간을 주제별로 안배하여 준비
6	주제 유형 파악	5개 주제 (15개 문제): 선택형 2개 + 공통형 2개 + Role Play 1개
7	정확한 문제 파악	동문서답형, 논조에서 벗어난 이야기 지양
8	총괄적 평가 방식	문제당 개별 배점 없으므로 최대 3개 세트는 AL을 받을 수 있도록 해야 함 (사회적 이슈에 대해 답변 준비 철저히 해야함)

■ OPIc 평가 기준에 맞춰 답변 전략 짜기

① **TEXT TYPE**: 문장 구조 난이도 + 관용구 빈도
- 문장 구조를 고급화하기

> **AL**: Phones have become much better in quality over the years. (현재완료 + 비교급 강조 + 전치사구)
> **IH**: Phones have become much better than in the past.
> **IM**: Phones are much better than in the past.
> **IL**: Phones are much better these days.

② **CONTEXT & CONTENT**: 주제 연관도 높은 표현 비중
- 주제에 관련된 다양한 단어들이 적재적소에 들어가야 함

> **AL**: Vegetables and fruits are rich in healthy vitamins, fiber and minerals.
> **IH**: Vegetables and fruits contain a lot of vitamins and fiber.
> **IM**: Vegetables have a lot of healthy vitamins.
> **IL**: Vegetables have a lot of vitamins.

③ **TASK & FUNCTION**: 난이도에 따른 과제 수행 능력
- Advanced 수준의 질문에 특히 공을 들여 준비

> **1. [Int] 본인이 살고 있는 집 묘사**
> I would like to know about where you live. What does your place look like?
>
> **2. [Adv_01] 집에 준 변화 중 하나 자세히 묘사**
> Sometimes, we want to change something in our home. Tell me about one change that you made in your home.
>
> **3. [Adv_02] 어렸을 때 살았던 집과 지금 집 비교**
> Describe the home you lived in as a child. How was that home different from the home you live in now?
>
> ☞ 콤보 3문제 중, 가장 난이도가 높은 3번 문항의 답변의 퀄리티가 높아야 AL을 받을 수 있다.

> **14. [Adv_03] 과거의 주택들과 현재 주택들 특징 비교**
> Homes today are quite different from those built in the past. Modern homes have new technology and new designs. Tell me how homes in your country changed over the past few years.
>
> **15. [Adv_03] 우리나라 주택 시장 문제 관련해서 시청한 뉴스 설명**
> Homes are in the news because of problems in the housing market. Talk about a news story you remember about homes.
>
> ☞ 사회 관심사적 이야기를 할 수 있어야 AL을 받을 수 있다. (대개 시험의 14, 15번째 질문)

④ **COMPREHENSIBILITY: 전달력(발음 + 강세)**
  – 원어민이 이해하기 쉽게 발화 전달력 (정확한 발음과 속도)을 높여야 함

> 정확하게 강세 발음하기 – s**o**fa / ev**e**nt / r**e**cently
> 비슷한 발음 구별하여 발음하기 – w**o**rk vs. w**a**lk / **l**aw vs. **r**aw / **f**ashionable
> 내용어에 강세 주기 (명사, 동사, 형용사, 부사) – I can **get** access to the **in**ternet on my **cell** phone.

2) 영어 말하기 전략

① 발음

대체적으로 등급이 올라갈수록 발음 오류의 발생 빈도가 적어지나 한국인들은 고질적으로 /f/나 /v/를 /p/나 /b/로 발음하거나 /ʃ/를 /s/ 또는 한국의 /ㅅ/ 소리로 발음하는 경우가 많고, /l/ /r/ 발음이 구분이 안 되거나 반대로 발음하는 경우가 많습니다. 예를 들어, 'liver'과 'river'의 음가 차이를 구분하여 발음하지 못하여 원어민이 이해를 못하는 경우가 그런 것이죠. 뿐만 아니라, 모음 발음을 잘못하여 오해를 불러일으키기도 합니다. 한국인들의 대표적인 발음 오류에 대해 짚어보고, 원어민처럼 발음하려면 어떻게 해야 하는지 알아봅시다.

■ **모음 발음 오류**

- /오/가 아니라 /어/로 발음해야 함

> **o**n the internet [언] / **o**nline shopping [언] / c**o**ncert [컨] / **o**ption [업] / **o**ffice [어]
> **o**ften 입을 완전히 벌려서 [어] vs open [오우~쁜]
> s**o**ng [썽] / s**o**rry [써뤼] / **au**dio [어~리오]
> s**au**ce [써쓰] / s**au**sage [써씨쥐]
> bec**au**se [비커즈] / c**o**st [커] / l**o**st [러]

- /al/은 입을 3센티 이상 벌리고 /어/로 발음하기

> **al**l / t**al**l / b**al**l / m**al**l / sm**al**l / f**al**l [어~얼]
> **al**l the time / **al**ways / **al**so / **al**most [어~얼]
> t**al**k [어] / w**al**k [워] vs. work (입을 벌리지 않아야 함) / s**ol**ve [써~얼]

- 슈와(schwa) 현상 [ə]: 강세가 없는 음절의 모음 발음이 중성모음 [으]로 약화되는 현상

  > about [으] / among [으] / another [으]
  > accessories [옥/쓰] / apartment [으/믄] / department [드/믄]
  > before [브] / ticket [끗] / market [끗]
  > wallet [룃] / bullet train [릇] / outlet mall [룃]
  > today [트] / tonight [트] / tomorrow [트] / separately [쁘룃]
  > computer [큼] / compare [큼] / concern [큰] / contain [큰]
  > device [드] / student [든] / recently [쓴] / freshman [믄]
  > police [프] / percent [프] / perform [프] / performance [프/믄]
  > anniversary [느/쓰] / participate [프/쓰] / candidate [드듯]
  > security [쓰] / Korea [크] / Japan [즈]
  > different [F으] / interested [트르] / mountains [튼]

■ 자음 발음 오류

- 설탄음 발음 오류 (미국 영어): [t] [d]가 모음 발음 사이에서 [ㄹ]처럼 발음되는 현상

  > water / butter / meeting / computer / cosmetics / creative / quality
  > eat out / eat in
  > radio / video / model [머를] / modern [머런] / comedy [커머리] / medical [메르끌]
  > * 설탄음 현상으로 metal과 medal이 [메를]으로 발음이 똑같음

- 경음화 발음 오류: 단어 중간에 된소리 p[ㅃ] t[ㄸ] k/c[ㄲ]로 발음되는 현상

  > open / paper / people / experience / responsibility
  > studying / stress / stay / steak / sky / skip / local [로우끌]
  > working / walking / talking / parking

- L vs. R 발음: L은 혀끝이 윗니 뒤에 닿고, R은 닿지 않음

  > leader [리러] / reader [뤼러]
  > liver [리v어] / river [뤼v어]
  > recently [뤼쓴리] / release [뤼리쓰]
  > law [러] / raw fish [뤄]
  > long [러엉] / wrong [뤄엉]
  > lion [라] / Ryan [롸]
  > alive [라] / arrive [롸]
  > learn [러언] / run [뤈]
  > restaurant [뤠스뜨뤈트] / renovate [뤠노베잇]

- TH 발음: 혀끝을 윗니 아랫니 사이에 끼고 발음

  > this / that / Thursday / thank / thousand / three
  > worth / health / healthier / healthiest / birthday / bathroom / Bluetooth

- **F/V 발음:** F/V는 윗니로 아랫입술을 깨물어 발음

  > **f**riendly / **f**ashionable / **f**ollow / **f**all / **f**erry / **v**ery / **v**egetable

- **Z 발음:** /z/ 떠는 발음

  > di**zz**y / bu**s**y / bu**s**ier / ea**s**y / ea**s**ier / bu**s**iness / u**s**e

■ 영어 강세 오류

- **내용어 강세:** 영어는 강세 중심 언어이므로 내용어에 강세를 줌

  > - 내용어 강세 (O): 명사, 동사, 형용사, 부사, 부정어, 강조어, 지시대명사, 지시형용사
  > - 기능어 강세 (X): 인칭대명사, 조동사, 전치사, 관사, 소유격
  >
  > I **live** in a **house** with my **family**.
  > I **live** in a **big house** with my **family**.
  > I **live** in a **very big house** with my **family**.

- **합성어 강세:** 두 개의 단어가 결합되면 앞 단어에 강세를 줌

  > **staff** dinner 회식 / **con**cert hall 콘서트 홀
  > **good**-looking 외모가 준수한 / **well**-known 잘 알려진
  > **eco**-friendly 환경 친화적인 / **mobile**-friendly 모바일 친화적인
  > **beach**side hotel 해변가 호텔 / **river**side parks 강가 주변 공원

- **구동사 강세:** 뒷 단어에 강세를 줌

  > eat **out** 나가서 먹다 / eat **in** 안에서 먹다 / work **out** 운동하다 / take **out** 내다 버리다
  > clean **up** 치우다 / meet **up** 만나다 / picked **up** 주웠다 / called **up** 불렀다

② 어휘

등급이 올라갈수록 발화량이 증가하고 어휘의 총량 및 어휘 유형수가 증가는 경향이 있습니다. 특히, AL 등급이 IL 등급 수험자보다 3배 많은 단어를 사용하고, 특히 IH와 AL 사이의 증가폭이 큽니다. 하지만 동일 어휘의 반복 사용이 잦습니다. 단, 등급이 올라갈수록 좀 더 고난이도 어휘를 구사합니다. 그러므로 동일 어휘를 반복하지 않으려면 다양한 형용사와 동사들을 사용할 수 있어야 합니다.

예) clean (저난이도 어휘) vs. well-organize (고난이도 어휘)

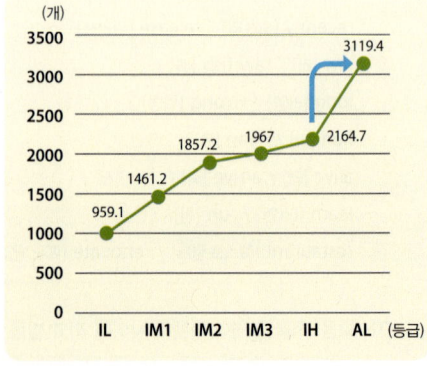

주제별로 어휘를 정리하여 학습하는 방법이 어휘량을 높이는 가장 좋은 방법입니다.

Housing (집)

- high-rise apartment 고층 아파트
- spacious 넓은
- utility room 다용도실
- home appliances 가전기기
- do the laundry 빨래를 하다
- do the dishes 설거지하다
- take out the garbage 쓰레기를 내다 버리다
- renovate 새단장하다
- redo (redid) 다시하다
- rearrange 재배치하다
- replace 교체하다
- break (broke) 깨다
- break down (broke down) 고장 나다
- kick back and relax 긴장을 풀고 쉬다
- get some rest 쉬다
- get some sleep 잠을 청하다
- nightstand 협탁

Music (음악)

- melody 멜로디
- lyrics 가사
- catchy 귀에 쏙 들어오는
- trendy 유행을 앞서가는
- overwhelming 압도적인, 가슴이 벅찬
- sensational 선풍적 인기를 누리는
- incredible/amazing singer 대단한 가수
- good-looking 외모가 준수한
- talented 재능이 뛰어난
- unique voice 개성 있는 목소리
- release a new single 신곡을 발표하다

Movies (영화)

- movie star 영화배우
- movie theater 영화관
- star v. (주연으로) 출연하다
- sequel 속편
- storyline 줄거리
- twist 반전
- acting 연기력
- funny lines 웃긴 대사
- very fun to watch 재미 있는
- touching 감동적인
- entertaining 흥미진진한
- do very well at the box office 흥행에 성공하다
- a box-office hit 흥행대작
- a killer movie 대박 영화
- hit the all-time record 역대 기록을 경신하다
- newly-released movie 새로운 개봉작

Restaurants (음식점)

- barbeque restaurant / barbeque place 고깃집
- take-out restaurant / delivery place 배달 음식점
- decent restaurant 괜찮은 식당
- juicy and tender 육즙이 많고 부드러운
- crispy and crunchy 매우 바삭한
- eat out = go out to eat 외식하다
- order in 음식을 시켜 먹다
- get the food to go 음식을 포장해서 나오다
  ★ 구동사를 많이 쓰는 것이 고득점을 받는 지름길!!
- food delivery app 음식 배달앱

Bars (술집)

- fancy bar 근사한 술집
- local bar 동네 술집
- have some drinks / grab some drinks 가볍게 술 한잔하다
- break the ice 서먹한 분위기를 깨다
- spice up the mood 분위기를 띄우다
- bond with co-workers 동료와 친해지다
- hang out with my friends 친구들과 어울리다
- got drunk (drunken (x)) 술 취했다
- got wasted and blacked out 만취해서 필름이 끊겼다
- had a hangover 숙취가 있었다
- sober up 술을 깨다

Trips (여행)

- go on trips 여행가다
- go on vacations 휴가 가다
- travel overseas 해외여행가다
- popular vacation spot 인기 휴가지
- tourist 관광객
- **tourist attraction** 관광 명소
- landmark 명소
- historic site 역사적 유적지
- take a lot of pictures 사진을 많이 찍다
- do some shopping 쇼핑을 하다
- buy some souvenirs 기념품을 사다
- go to duty free shops 면세점에 가다
- get gifts 선물을 사다

Food (음식)

- eat healthy 건강하게 먹다
- eat properly 제대로 먹다
- **cut back on** unhealthy food 건강하지 않은 음식 섭취량을 줄이다
- contain 함유하다
- **be rich in** 함유량이 풍부하다
- vitamins 비타민
- minerals 미네랄
- fiber 섬유질
- protein 단백질
- organic food 유기농 음식
- **strengthen our immune system** 면역 체계를 강화하다
- go bad / went bad 상하다
- get food poisoning 식중독에 걸리다
- get indigestion 소화불량에 걸리다
- get enteritis 장염에 걸리다

Internet (인터넷)

- **get access to the internet** 인터넷에 접속하다
- surf the internet 인터넷 서핑을 하다
- do online searches 인터넷 검색하다
- **stream** music 음악을 스트리밍 하다
- watch video clips 동영상을 보다
- check the news and the weather forecast 뉴스와 일기예보를 확인하다
- play online games 인터넷 게임을 하다
- take online classes 인강을 듣다
- check email 이메일 확인하다
- shop online 인터넷 쇼핑을 하다
- do online banking 인터넷 뱅킹을 하다
- **mobile-friendly** 모바일 친화적인
- **tech-savvy** 기계를 잘 다루는

Phones (Technology) 전화기 (기술)

- **run out of** battery [배러뤼] 배터리가 다 떨어지다
- my phone died 전화기가 꺼졌다
- my phone was dead 전화기가 꺼져 있었다
- charge 충전하다
- charger 충전기
- backup battery 보조 배터리
- carry around 휴대하고 다니다
- be addicted to their phones 휴대폰에 중독되다
- phone addiction 휴대폰 중독
- make phone calls 전화 통화를 하다
- over the phone 전화 통화상으로

③ 문법

문법 빈출 오류는 관사 〉 어형 〉 단수·복수 사용 〉 시제 〉 전치사 순으로 나타납니다. 답변의 정확성을 높이기 위해 관사, 단/복수, 전치사 사용에 유념해야 합니다.

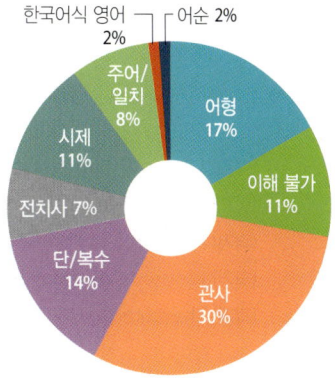

■ 관사

- 부정관사 **a/an:** 처음 언급할 때 '하나'

> There is a small park where I can take walks.
> There is a sofa, a TV and an air-conditioner.
> We went to a decent Thai restaurant.
> In the kitchen, there is a sink and a dining table.

- 정관사 **the:** 앞에서 언급한 것을 지정할 때, 일반화, 관용구

> (지정) I fold the clothes and put them in the dresser.
> (지정) I hang the laundry on the laundry rack.
> (지정) The food tasted so good because I was starving.
> (일반화) I clean the bathroom after I take showers.
> (일반화) There are various types of furniture in the living room.
> (관용구) They had the best Thai food in town.
> (관용구) I do the dishes after I have meals.
> (관용구) I do the laundry on weekends.
> (관용구) I take the subway most often.
> (관용구) I do various types of things on the internet.

■ 단수 / 복수

> ★ 일반화 시킬 때는 복수형을 써야 함!
> (단수) My favorite bar is a local pub near my house.
> (단수) One of the biggest concerns is safety.
> (복수형 일반화) I like to go to parks to take walks.
> (복수형 일반화) I can read books or watch movies in my room.
> (복수형 일반화) I sometimes play games or take online classes.
> (복수형 일반화) Phones have changed a lot over the years.
> (복수형 일반화) Vegetables have a lot of vitamins in them.
> (복수형 일반화) People use their cell phones to surf the internet.

■ 시제

• 현재 시제 / 과거 시제 / 미래 시제

(현재) I live in a three-bedroom apartment.
(현재/미래) The weather forecast says it will rain tomorrow.
(과거) I lived in a big house when I was a kid.
(과거) I got drunk that day because I drank too much.
(과거) The store did NOT have my size in stock.
(과거 진행) I was chatting with my friend.
(조동사 과거) I used to play there with my friends.
(조동사 과거) I had to get a lot of rest.

• 현재완료: 고득점을 받기 위해서는 꼭 써야 함!

I have lived in this apartment for five years.
I have tried various things for my health.
Phones have changed a lot over the years.
Coffee shops have NOT changed much over the years.
Transportation has become a lot faster than in the past.
Travelling has become a lot easier than in the past.
Bars have become much better than in the past.

■ 전치사

(장소) in my room
(장소) on the beach / at the beach / near the beach / along the beach
(장소) swim in the ocean / stay at a hotel ★ 'in'보다 더 넓은 공간을 나타낼 때는 'at'을 씀
(기간) during my vacation / on my vacation
(기간) throughout the concert / before the movie / after the movie
without heating / within walking distance
went to my home (x) / went home (o)
I had a great time at there. (x) / I had a great time there. (o) 'there' 자체가 부사임

④ 문단·문장 구조

등급이 높아질수록 중문(대등접속사로 연결되는 문장 등), 복문(when, where과 같은 관계사를 사용한 종속절을 사용하는 문장 등)의 사용과 총 어휘수가 점진적으로 상승하여 유창성이 높아집니다. 단순히 문장의 길이가 길어진다는 내용이 아니라 문장 간의 인과관계를 설명할 수 있다거나 개연성이 높은 조건절과 같은 문장들을 사용하여 일관성 있고 짜임새 있는 문장을 구성(Coherence)할 수 있다는 의미입니다.

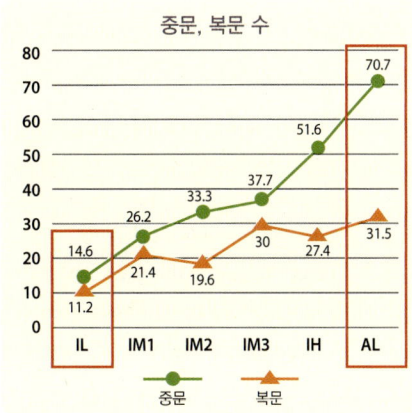

■ 중문 / 복문

• 평서문

> I do not use Bluetooth myself, but people around me do.
> I sometimes get the food to go, but sometimes eat it on the spot.
> There is a park where I can take walks.
> There is free wi-fi, so I can get access to the internet.
> When I was a kid, trains used to be slower.
> I try to be more careful when I am eating something.
> My favorite furniture is my bed because I love to sleep.
> Because there are many mountains, people often go hiking.

• 의문문

> What do you think? → Can you tell me what you think?
> How much is it? → Can you tell me how much it is?
> If you got it online, can you tell me which site it was?
> Are there any promotions? → I wonder if there are any promotions.
> Could you please check if you have my bag?

■ 형용사 비교급 / 최상급

> The internet has become a lot faster than in the past.
> Korean movies have become much better than in the past.
> Shopping has become much easier over the years.
> It was one of the best concerts in my life.
> Kimchi is one of the healthiest foods in the world.
> It was one of the most memorable movies in my life.
> ★ 'one of the 최상급' 사용할 때 동사는 무조건 단수!

■ 구동사

★ 구동사 빈도가 높을수록 고득점 받을 확률이 더 높다!
I try to work out as often as I can. 운동하다
I take out the garbage on my way out. 나가는 길에 쓰레기를 버리다.
People eat out or order in more often. 나가 먹다 / 시켜 먹다
I first go to the front desk to check in. 체크인하다
I had to clean up the glass. 치우다
I wiped off the water from the floor. 닦아 내다
I called up a person to fix the problem. 부르다

■ 복합관계사

I just watch whatever is fun. 재미 있으면 뭐든지
I just listen to whatever is good. 좋으면 뭐든지
I can do whatever I want to. 원하는 것 무엇이든지
I listen to music whenever I want to. 원할 때 언제든지
I can go wherever I want to. 원하는 곳 어디든지
I clean the house whenever I can. 할 수 있을 때마다
I can shop online wherever I am. 어디 있든지 간에
I was very excited whenever I went there. 거기 갈 때마다

■ 연결어

★ 이야기의 기승전결을 보여 주기 위해 꼭 필요함
(마무리) So 정리 하자면 / Once again 다시 한번 얘기 하자면 / Looking back 되돌아 보면 /
　　　　Since then 그 이후로
(연결) When it comes to ~에 있어서 / Among them 그중에서
(역접) However + S + V 그러나 / But now 그러나 지금은 / But these days 그러나 요즘에는 /
　　　　On the other hand 반면 / Meanwhile 한편
(순서) Next, Plus, Also 또한, 더불어 / And then, After that 그리고 난 후에
(예시) For example, For unstance + S + V 예를 들면　 / n. + such as + n. + n. + and n. ~와 같은
(시점) In the past 과거에는 / Back in the day 옛날 옛적에는 / When I was a kid 내가 어렸을 때는
(추가) In fact 실은 / Or 아니면 / If so 만약 그렇다면 / If not 만약 아니면 [Role-play 때 많이 사용]
(전환) Frankly (speaking), To be honest 솔직히 말해서

Chapter 01

Newspapers

빈출 주제 파악하기

질문을 제대로 파악하는 것만으로도 성공적으로 시험을 치를 수 있습니다. OPIc에서 자주 출제되는 질문들을 알아보세요.

1. Tell me about one of your favorite newspapers and why you like it.

가장 좋아하는 신문 중 하나와 왜 그것을 좋아하는지 말해 주세요.

문항 유형	가장 좋아하는 신문과 그 이유
문항 수준	Intermediate
핵심 포인트	• 신문 대신 포털 사이트에서 뉴스를 접할 수 있다는 것을 설명 • 평상시 보는 사이트이기 때문에 현재형 시제 사용 • 본인의 평소 습관이기 때문에 주어 I 사용
중요도	★★★

2 **Tell me about your routine when you read a newspaper. Where do you like to read the newspaper? And how do you choose what to read first? Tell me about how you normally read a newspaper.**

신문을 읽을 때 습관에 대해 말해 주세요. 어디에서 신문을 읽는 것을 좋아하나요? 그리고 무엇을 먼저 읽을지 어떻게 선택하나요? 평소에 신문을 어떻게 읽었는지 말해 주세요.

문항 유형	신문을 읽는 습관 묘사
문항 수준	Intermediate
핵심 포인트	• 14번 기출문제인 '과거 신문과 오늘날 신문 비교'와 같은 답변 활용 • 과거에 사람들이 신문 보는 습관을 이야기할 땐 과거형 시제와 주어 people 사용 • 신문이 아닌 인터넷으로 뉴스를 접하는 현대 사람들에 대해 이야기할 땐 현재형 사용
중요도	★★★★

3 **How did you first become interested in reading newspapers? What attracted you to reading newspapers when you were younger? Tell me how that interest has developed over the years.**

어떻게 처음으로 신문을 읽는 것에 흥미를 가지게 되었나요? 어렸을 때 신문을 읽게 된 계기가 무엇이었나요? 몇 년 동안 그 관심이 어떻게 발전됐는지 말해 주세요.

문항 유형	처음 신문에 관심을 갖게 된 계기와 관심 변화 설명
문항 수준	Advanced
핵심 포인트	• 15번 기출문제인 '신문의 디지털 형식으로 변화와 그 여파 설명'과 같은 답변 활용 • 예전 신문 보던 습관과 과거 신문의 특징은 과거형 시제로 묘사 • 현재 뉴스 접하는 방식과 포털사이트에 대해 설명할 땐 현재형 사용 • 주어는 I 와 newspaper, they 등 내용에 맞게 사용
중요도	★★★★

4 **What kinds of newspapers are there in your country? What kind of news do they typically report on, and what are some sections they have?**

당신 나라에는 어떤 종류의 신문이 있나요? 주로 보도하는 뉴스는 무엇이며, 어떤 섹션이 있나요?

문항 유형	우리나라 신문의 종류, 어떤 뉴스를 보도하는지 묘사
문항 수준	Intermediate
핵심 포인트	• 비즈니스 신문, 스포츠 신문 등 다양한 신문의 종류 묘사 • 현재 발간되는 신문의 종류를 묘사하기 때문에 주어 newspaper와 they를 사용하며 현재형 시제로 묘사
중요도	★★★

5 **Talk about a recent news story you read or saw. What was it about? Who was involved? Tell me everything about that new news?**

최근에 읽었거나 본 뉴스 이야기에 대해 말해 주세요. 무엇에 관한 것이었나요? 누가 연루 됐나요? 그 뉴스에 대해 당신이 아는 모든 것을 말해 주세요.

문항 유형	최근에 읽거나 본 뉴스 내용 설명
문항 수준	Advanced
핵심 포인트	• 독도에 관련된 뉴스 내용 묘사 • 주어는 Korea, Japan, they를 번갈아 가면서 사용 • 현재 이슈가 되고 있는 뉴스이기 때문에 현재형 시제 사용
중요도	★★★★★

6 We all have news that we are particularly interested in. What was a story you read or saw that interested you? What made it more memorable than other news stories? What were your thoughts after you encountered that story?

우리 모두는 각자 특히 관심을 가지고 있는 뉴스가 있습니다. 당신이 읽거나 본 이야기는 무엇인가요? 무엇이 그것을 다른 뉴스 이야기보다 더 기억에 남게 만들었나요? 그 이야기를 접하고 나서 어떤 생각이 들었나요?

문항 유형	기억에 남는 인상 깊었던 뉴스 설명
문항 수준	Advanced
핵심 포인트	• 인터넷 주제의 '인터넷 서핑 중 기억에 남는 게시물 설명'과 '인터넷상에서 기억에 남는 동영상 묘사'에 함께 활용 할 수 있는 MeToo 운동에 관한 뉴스 설명
	• 현재 이슈가 되고 있는 이야기이기 때문에 현재형 시제 사용
중요도	★★★★★

7 How are newspapers different today than how they were in the past? What has changed with regard to how the news is reported today?

오늘날 신문은 과거의 신문과 어떻게 다른가요? 오늘날의 뉴스 보도 방식과 관련해 달라진 점이 있나요?

문항 유형	과거 신문과 오늘날 신문 비교, 뉴스 보도 방식의 변화 설명
문항 수준	Advanced
핵심 포인트	• 14번 기출문제
	• '본인이 신문을 읽는 습관 묘사'의 답변 그대로 활용
	• 과거에 사람들이 신문 보는 습관을 이야기할 땐 과거형과 주어 people 사용
	• 신문이 아닌 인터넷으로 뉴스를 접하는 요즘 사람들에 대해 이야기할 때에는 현재형 사용
중요도	★★★★★

8 Newspapers are going through a time of transition from paper to digital formats. Talk about this change to digital forms of reporting the news. How has it affected the way people get their news?

신문은 종이로부터 디지털 포맷으로 이행하는 시기를 겪고 있습니다. 뉴스의 디지털 보도 방식의 이러한 변화에 대해 이야기하세요. 사람들이 뉴스를 접하는 방식에 어떤 영향을 끼쳤나요?

문항 유형	신문의 디지털 형식으로의 변화와 그 여파 설명
문항 수준	Advanced
핵심 포인트	• 15번 기출문제
	• '본인이 처음 신문에 관심을 갖게 된 계기와 관심의 변화 설명' 답변 그대로 활용해서 답변
	• 예전 신문 보던 습관과 과거 신문의 특징은 과거형 시제로 묘사
	• 현재 뉴스 접하는 방식과 포털사이트에 대해 설명할 때에는 현재형 사용
중요도	★★★★★

OPIc 모범 답변 학습하기

OPIc 질문에 대한 모범 답변을 살펴본 후, 질문의 핵심 포인트를 파악하여 나만의 OPIc 답변을 만들어 보세요.

1. Tell me about one of your favorite newspapers and why you like it.

가장 좋아하는 신문 중 하나와 왜 그것을 좋아하는지 말해 주세요.

Structure		Idea
시작 문장	주제 문장 소개	get the news
본문	포털사이트로 뉴스 보는 흐름 설명	portal site, well-known, efficient, many articles, news is updated, check the news
마무리 문장	나의 답변 마무리	getting the news, easier

Model Answer

I get the ❶ news on my cell phone. **A**

There is a ❷ portal site that I use.

It is ❸ one of the most well-known sites in Korea. **B**

I like to get the news on that site because it is ❹ efficient.

Many articles from various news agencies ❺ are posted there.

Articles have links to other articles as well.

News is updated ❻ 24/7, so I can check the news ❼ whenever I want to. **C**

Getting the news has become a lot easier than in the past.

Tips for Better Answers

❶ news는 불가산 명사로 언제나 단수로 쓰임
불가산 명사 앞: tons of, much, a great deal of
Ex: I get many news. (X)
　　I get tons of news. (O)
　　I get many news stories. (O)
　　나는 많은 뉴스 이야기를 접한다.

❷ = news website
Ex: There are many news websites that I use.
　　내가 사용하는 뉴스 사이트가 많이 있다.

❸ one of the 최상급 형용사 + 명사:
최고로 (형용사)한 (명사) 중 하나
등급 업을 위해 최대한 많이 사용해야 하는 표현
Ex: It is one of the most useful news websites in the world.
　　세계에서 가장 유용한 뉴스 사이트 중 하나이다.

❹ 다른 주제에서도 유용하게 쓰일 형용사
effective: 효율적인
cost-efficient: 비용적으로 효율적인
time-efficient: 시간적으로 효율적인

❺ 등급 업을 위해 수동태 최대한 많이 사용
Ex: News is updated every single day.
　　뉴스는 매일 업데이트 된다.

❻ 읽는 방법: twenty four seven
관용구: always, all the time 대신 사용

❼ 복합관계부사: whenever 주어 + 동사:
wherever 어디에 있든지
whatever 무엇이든지
Ex: I listen to music whenever I want to, wherever I am.
　　나는 내가 원할 때에는 언제든지 어디에 있던지 음악을 듣는다.

Expanding Your Answer

더 풍부하고 논리적인 답변을 위해 문장을 추가해 보세요.

A Thanks to the development of smartphones, I can read news whenever I want to.
스마트폰이 발달된 덕분에 원할 땐 언제든지 신문을 읽을 수 있습니다.

B Thousands of visitors go there to read the latest news every single day.
매일 수천 명의 사람들이 그곳에 가서 최신 뉴스를 읽습니다.

C I am interested in news related to the trade war between America and China these days.
저는 요즘 미국과 중국 사이의 무역 전쟁에 관련된 뉴스에 관심이 있습니다.

Key Expressions

- **get the news** 뉴스를 접하다
- **portal site** 포털 사이트
- **well-known** 잘 알려진
- **efficient** 효율적인
- **articles** 뉴스 기사
- **news agencies** 신문사
- **post** 올리다, 게시하다
- **have links** 연결되어 있다, 연계되어 있다
- **update** 올리다, 게시하다, 업데이트하다
- **24/7** 연중무휴, 언제나 (24시간 7일 동안)

저는 뉴스를 휴대폰으로 접합니다. 제가 사용하는 포털 사이트가 있습니다. 한국에서 가장 잘 알려진 사이트 중 하나입니다. 효율적이기 때문에 저는 그 사이트에서 뉴스를 보는 것을 좋아합니다. 그곳에는 여러 신문사의 기사가 많이 올라옵니다. 기사들은 다른 기사들도 볼 수 있게 연결되어 있습니다. 뉴스가 연중무휴로 (언제나) 업데이트되기 때문에 언제든지 뉴스를 확인할 수 있습니다. 뉴스를 접하는 것은 과거보다 훨씬 쉬워졌습니다.

OPIc 모범 답변 학습하기

OPIc 질문에 대한 모범 답변을 살펴본 후, 질문의 핵심 포인트를 파악하여 나만의 OPIc 답변을 만들어 보세요.

2-1 Tell me about your routine when you read a newspaper. Where do you like to read the newspaper? And how do you choose what to read first? Tell me about how you normally read a newspaper.

신문을 읽을 때 당신의 습관에 대해 말해 주세요. 어디에서 신문을 읽는 것을 좋아하나요? 그리고 무엇을 먼저 읽을지 어떻게 선택하나요? 평소에 신문을 어떻게 읽는지 말해 주세요.

2-2 (14번 기출문제) How are newspapers different today than how they were in the past? What aspect has changed with regard to how the news is reported today?

오늘날 신문들은 과거의 신문들과 어떻게 다른가요? 오늘날의 뉴스 보도 방식과 관련해 달라진 점이 있나요?

	Structure	Idea
시작 문장	주제 문장 소개	past, newspapers, printed on paper
본문	과거에 종이로 된 신문을 읽었던 경험 묘사 후 현재 온라인으로 뉴스 접하는 방법 설명	used to read morning paper, but these days, get the news online, on the internet, articles, written in words, include various pictures and diagrams, get a better view
마무리 문장	나의 답변 마무리	changes that have happened

Model Answer 🎧 MP3 01_A2

❶ In the past, newspapers ❷ used to be printed on paper.

People used to read the morning paper on their way to work.

❸ I used to do that myself. **A**

❹ But these days, most people get the news online. **B**

❺ I always get the news on the internet as well.

Online news articles are not just written in words.

They include various pictures and diagrams. **C**

Many of them include video clips as well.

❻ Readers can get a better view of what is being reported.

So, these are the changes that ❼ have happened to newspapers.

Expanding Your Answer
더 풍부하고 논리적인 답변을 위해 문장을 추가해 보세요.

A I used to buy the newspaper at the kiosk.
저는 가판대 (신문, 음료 등을 파는 매점)에서 신문을 사곤 했습니다.

B There are various news websites that provide news 24/7.
연중무휴 (하루도 빠짐없이) 뉴스를 제공하는 뉴스 사이트가 다양하게 있습니다.

C It is easier to understand the news due to the visual aids.
시각적 도구 덕분에 뉴스를 이해하기 쉬워졌습니다.

Tips for Better Answers
* 14번 기출문제

▶ ❶ 과거를 이야기할 것이라는 신호로 쓰이는 표현
이 표현 뒤에는 반드시 과거형 사용
= back in the day, about 10 years ago

▶ ❷ used to 동사원형: 과거에 습관적으로 한 행동을 나타낼 때 쓰임
Ex: Back in the day, people used to read paper newspapers.
과거에는 종이로 된 신문을 읽곤 했었다.

▶ ❹ 현재 뉴스의 특징에 대해 말하기 위해 현재를 나타내는 표현으로 문장 시작 후 현재형 사용
= however now, however these days
Ex: However now, news is updated on the internet.
하지만 이제는 뉴스가 인터넷에서 업데이트 된다.
등급 업을 위해 수동태 사용 추천

▶ ❸ ❺ 본인의 신문 읽는 습관을 묘사해야 하기 때문에 반드시 외워서 활용해야 하는 문장

▶ ❻ what is being reported: 의문사절 사용으로 문장구조 수준 업!
Ex: Many people do not know what to do for the environment.
많은 사람들이 환경을 위해 무엇을 해야 할지 모른다.

▶ ❼ 과거와 현재의 차이점을 묘사하는 답변 후 마지막 문장에는 현재 완료형 사용
Ex: When it comes to newspapers, many changes have happened.
신문에 관한 한, 많은 변화가 있었다.

Key Expressions

- **be printed** 인쇄되다
- **morning paper** 아침 일간지, 조간신문
- **get the news** 뉴스를 접하다
- **written in words** 단어로만 쓰여진
- **various** 다양한
- **pictures** 사진들
- **diagrams** 도표들
- **video clips** 짧은 비디오 영상
- **get a better view** 더 넓은 시각
- **happen** 발생하다, 생기다

과거에는 신문이 종이에 인쇄되곤 했습니다. 사람들은 출근길에 조간신문을 읽곤 했습니다. 저도 그렇게 하곤 했습니다. 하지만 요즘, 대부분의 사람들은 온라인에서 뉴스를 접합니다. 저는 인터넷에서도 항상 뉴스를 접합니다. 온라인 뉴스 기사는 단지 단어로만 쓰여지는 것이 아닙니다. 그것들은 다양한 그림과 도표를 포함합니다. 다수는 비디오 클립도 포함하고 있습니다. 독자들은 보도되는 것을 더 쉽게 이해할 수 있습니다. 그래서, 이것들이 신문에 일어난 변화들입니다.

OPIc 질문에 대한 모범 답변을 살펴본 후, 질문의 핵심 포인트를 파악하여 나만의 OPIc 답변을 만들어 보세요.

3-1 How did you first become interested in reading newspapers? What attracted you to reading newspapers when you were younger? Tell me how that interest has developed over the years.

🎧 MP3 01_Q3-1

어떻게 처음으로 신문을 읽는 것에 흥미를 가지게 되었나요? 어렸을 때 신문을 읽게 된 계기가 무엇이었나요? 몇 년 동안 그 관심이 어떻게 발전했는지 말해 주세요.

3-2 (15번 기출문제) Newspapers are going through a time of transition from paper to digital formats. Talk about this change to digital forms of reporting the news. How has it affected the way people get their news?

🎧 MP3 01_Q3-2

신문은 종이로부터 디지털 포맷으로 이행하는 시기를 겪고 있습니다. 뉴스의 디지털 보도 방식의 이러한 변화에 대해 이야기하세요. 사람들이 뉴스를 접하는 방식에 어떤 영향을 끼쳤나요?

	Structure	Idea
시작 문장	주제 문장 소개	became interested, morning papers
본문	과거에 읽은 종이로 된 신문 묘사와 내가 관심 가지게 된 이유 언급 현재 존재하는 다양한 뉴스 매체 묘사	used to be delivered, however, have gone online, news reporting, real time, reported instantaneously, news outlets, past, run by big news corporations, now, internet-based news outlets, post messages
마무리 문장	나의 답변 마무리	changes that have happened

Model Answer

🎧 MP3 01_A3

I first ❶ **became interested in** the newspapers because of morning papers.

They used to ❷ **be delivered** every morning. **A**

However, most newspapers ❸ **have gone online** now. **B**

Due to this trend, news reporting has become real time.

Things that happen are reported ❹ **instantaneously**. **C**

Also, there are various types of news outlets now.

In the past, newspapers were run by big news corporations.

But now, there are tons of internet-based news outlets ❺ **that are smaller**.

Plus, readers can now post messages on news articles.

They can leave comments and exchange feedback with other readers.

So, ❻ **newspapers have come a long way**.

Expanding Your Answer

더 풍부하고 논리적인 답변을 위해 문장을 추가해 보세요.

A I used to read news about social issues and sports first.
저는 사회적 이슈와 스포츠 뉴스에 대해 먼저 읽곤 했습니다.

B Not many people buy paper newspapers these days.
요즘은 종이로 된 신문을 사는 사람들이 많지 않습니다.

C News is being reported 24/7 and I can read news whenever I want to.
뉴스는 연중무휴 (하루도 빠짐없이) 보도되고 제가 원할 땐 언제든지 볼 수 있습니다.

Tips for Better Answers

* 15번 기출문제

▶ ❶ become interested in 명사, 동명사:
(명사, 동명사)에 관심 가지다
= get interested in
Ex: I got interested in jogging for my health.
내 건강을 위해 조깅에 관심을 가졌다.

▶ ❷ 다양한 문장 구조 사용을 위해 수동태 사용 늘리기
Ex: I got the newspaper every morning.
나는 매일 아침 신문을 받았다.
The newspaper was delivered every morning.
신문은 매일 아침 배달되었다.
(누가 받았는지에 대한 정보 없음)

▶ ❸ 과거와 현재의 변화를 비교하는 질문이기 때문에 현재 완료형 사용
현재완료형을 많이 사용할수록 등급 업!

▶ ❹ 즉각적으로, 즉시: 등급 업을 위한 고급 부사
= immediately

▶ ❺ 답변 양의 확보를 위해 문장 뒤에 관계대명사 which, that, who를 활용하여 문장 늘리는 연습
Ex: There are many big corporations which run newspapers.
신문사를 운영하는 큰 기업들이 많이 있다.
People can exchange feedback with other readers who are interested in the same topic.
사람들은 같은 주제에 관심을 가지는 독자들과 의견을 주고받을 수 있다.

▶ ❻ 변화를 설명하는 답변의 마지막 문장이기 때문에 반드시 현재 완료형 사용
come a long way는 '많이 발전되었다' '많이 좋아졌다'라는 의미
긍정적인 변화를 묘사한 후 마무리 문장으로 추천

Key Expressions

- **become interested** 관심을 가지다
- **morning paper** 조간신문
- **be delivered** 배달되다
- **due to** ~때문에
- **have gone online** 온라인으로 바뀌었다
- **real time** 실시간
- **instantaneously** 즉각적으로, 즉시
- **news outlets** 뉴스 매체
- **run by** ~에 의해 운영되다
- **corporation** 기업, 회사
- **internet-based news outlets** 인터넷 기반의 뉴스 매체
- **post messages** 글을 남기다
- **leave comments** 글, 댓글을 남기다
- **exchange feedback** 피드백, 의견을 교환하다
- **come a long way** 발전하다, 진보하다

저는 조간신문 때문에 처음 신문에 관심을 갖게 되었습니다. 조간신문은 매일 아침 배달되곤 했습니다. 하지만, 대부분의 신문은 이제 온라인에 있습니다. 이런 변화 때문에 뉴스는 실시간으로 보도됩니다. 일어나는 일들이 즉각적으로 보고됩니다. 또한, 현재 다양한 종류의 뉴스 매체가 있습니다. 과거에 신문은 대기업에 의해 운영되었습니다. 그러나 지금은 더 작은 인터넷 기반 뉴스 매체가 수없이 있습니다. 게다가, 독자들은 이제 뉴스 기사에 글을 올릴 수 있습니다. 그들은 다른 독자들과 의견을 교환하고 댓글을 남길 수 있습니다. 그래서 신문은 크게 발전되었습니다.

OPIc 모범 답변 학습하기

OPIc 질문에 대한 모범 답변을 살펴본 후, 질문의 핵심 포인트를 파악하여 나만의 OPIc 답변을 만들어 보세요.

4. What kinds of newspapers are there in your country? What kind of news do they typically report on, and what are some sections they have? 🎧 MP3 01_Q4

당신 나라에는 어떤 종류의 신문이 있나요? 그들이 주로 보도하는 뉴스는 무엇이며, 어떤 섹션이 있나요?

	Structure	Idea
시작 문장	주제 문장 소개	various types of
본문	우리나라 신문의 종류와 주로 보는 섹션 서술	daily papers, major news agencies, deal with, issues, politics, economy, society, culture, business newspapers, stock markets, sports newspapers
마무리 문장	나의 답변 마무리	once again, various types of

Model Answer 🎧 MP3 01_A4

There are various types of ❶ newspapers in Korea. **A**

First, there are ❷ daily papers printed by major news agencies.

They deal with ❸ various types of issues.

There are sections on politics, economy, society and culture. **B**

Next, there are business newspapers.

They ❹ focus more on businesses and stock markets.

Plus, there are sports newspapers.

They mainly focus on sports and entertainment. **C**

Once again, ❺ there are various types of newspapers in Korea.

Expanding Your Answer

더 풍부하고 논리적인 답변을 위해 문장을 추가해 보세요.

A Also, there are many ways to get news real time.
또한 실시간으로 뉴스를 접할 수 있는 방법이 많이 있습니다.

B Personally, I am interested in the economy section because I invest in stocks.
개인적으로 주식에 투자를 하기 때문에 경제 섹션에 관심이 있습니다.

C Actually, I am not into sports or entertainment, so I usually skip these sections.
사실 전 스포츠나 연예엔 관심이 없기 때문에 이 섹션들은 넘깁니다.

Tips for Better Answers

❶ news는 불가산 명사로 언제나 단수형으로 쓰임 하지만 newspaper는 신문의 종류를 이야기할 때에는 가산 명사로 쓰여 복수형으로 쓸 수 있음
Ex: That is great news!
좋은 소식이다.
I subscribe two newspapers.
난 신문 2개를 구독한다.

❷ 답변 양의 확보를 위해 접속사 (first, also, next)를 사용하여 daily papers, business newspapers, sports newspapers와 같이 다양한 신문의 종류 나열

❸ many는 너무 쉬운 부사이기 때문에 various, tons of, a variety of 같은 표현 활용
Ex: There is tons of interesting and shocking news on the internet.
인터넷에는 재미있고 충격적인 뉴스가 수없이 있다.

❹ 동사 focus 뒤에는 항상 전치사 on이 쓰임
Ex: People need to focus more on this issue.
사람들이 이 이슈에 더 집중해야 한다.

❺ 현재형으로 많은 정보를 이야기한 후에 마무리 문장으로 가장 유용
Ex: Once again, these are the types of music I like.
다시 한번 말하자면, 이것들이 내가 좋아하는 음악의 종류들이다.

Key Expressions

- **various** 다양한
- **daily papers** 일간지
- **major news agencies** 주요 신문사
- **deal with** 다루다, 처리하다
- **politics** 정치
- **economy** 경제
- **society** 사회
- **culture** 문화
- **business newspapers** 경제 신문
- **focus** 집중하다
- **stock market** 주식 시장
- **mainly** 주로
- **entertainment** 연예

한국에는 다양한 종류의 신문이 있습니다. 첫째, 주요 신문사가 인쇄한 일간지가 있습니다. 그들은 다양한 종류의 이슈들을 다룹니다. 정치, 경제, 사회, 문화에 관한 섹션이 있습니다. 다음으로 비즈니스 신문이 있습니다. 그들은 기업과 주식 시장에 더 집중합니다. 또한 스포츠 신문도 있습니다. 그들은 주로 스포츠와 연예 뉴스에 초점을 맞춥니다. 다시 한번 말하자면, 한국에는 다양한 종류의 신문이 있습니다.

OPIc 모범 답변 학습하기

OPIc 질문에 대한 모범 답변을 살펴본 후, 질문의 핵심 포인트를 파악하여 나만의 OPIc 답변을 만들어 보세요.

5 Talk about a recent news story you read or saw. What was it about? Who was involved? Tell me everything about that news.

최근에 읽었거나 본 뉴스 이야기에 대해 말해 주세요. 그것은 무엇에 관한 것이었나요? 누가 연루 됐나요? 그 뉴스에 대해 당신이 아는 모든 것을 말해 주세요.

Structure		Idea
시작 문장	주제 문장 소개	diplomatic issue between Korean and Japan
본문	독도에 관련된 이슈 설명	territorial dispute, a small island between, Japan argues, its territory, belongs to, nonetheless, keeps on arguing, a major dispute
마무리 문장	나의 답변 마무리	article, more insight

Model Answer

❶ I recently read an article about a diplomatic issue between Korea and Japan. **A**

There is an ❷ ongoing territorial dispute between the two countries. **B**

❸ There is a small island between Korea and Japan called Dokdo.

Japan argues that the island is its territory, but it is NOT.

The island belongs to Korea.

Nonetheless, Japan keeps on arguing that the island is its territory. **C**

This is a major dispute ❹ between the two countries.

The article I read gave me more insight about this issue.

Tips for Better Answers

* 15번 기출문제로 자주 나오는 '이슈'를 대비하기 위해 다양한 주제의 뉴스 내용 설명 연습 필요 〈식중독 뉴스/주택 시장 뉴스/ 영화배우 뉴스 등〉

❶ 최근 들은 소식 또는 뉴스에 대해 이야기할 때 좋은 시작 문장
언제, 무엇에 관해 (누구에게) 들었는지
과거형 사용해서 말하기
Ex: Last month, I heard about a new shopping center opening in my town (from my friend).
저번 달에, (친구로부터) 우리 동네에 오픈하는 새 쇼핑센터에 대해 들었다.

❷ 아직 해결되지 않았고 진행되고 있는 (명사)를 강조하고 싶을 때 앞에 ongoing 추가
Ex: There are ongoing conflicts among workers in my company.
회사 직원들 사이에 아직 해결되지 않은 갈등이 있다.

❸ 독도 관련 이슈를 설명하기 위해선 모두 암기 필수

❹ between: 2가지 이상 사이에
among: 3가지 이상 사이에
Ex: There are conflicts between America and China.
미국과 중국 사이에 갈등이 있다.
There are conflicts among EU countries.
EU 국가들 사이에 갈등이 있다.

Expanding Your Answer

더 풍부하고 논리적인 답변을 위해 문장을 추가해 보세요.

A Most Koreans are very interested in this issue.
대부분의 한국 사람들은 이 주제에 매우 관심이 많습니다.

B I think this dispute has been going on for more than 50 years.
제 생각에 이 분쟁은 50년 넘게 지속되어 오고 있습니다.

C Many Korean people get extremely upset whenever they hear this argument.
이런 주장을 들을 때마다 많은 한국 사람들은 매우 화가 납니다.

Key Expressions

- **article** 기사
- **diplomatic issue** 외교 문제
- **ongoing** 지속되는, 계속되는
- **territorial** 영토의
- **dispute** 분쟁
- **island** 섬
- **argue** 주장하다
- **belong to** ~에 속해 있다
- **major** 주요
- **insight** 식견, 통찰력

저는 최근에 한국과 일본의 외교 문제에 관한 기사를 읽었습니다. 두 나라 사이에 영토 분쟁이 계속되고 있습니다. 한국과 일본 사이엔 작은 섬 독도가 있습니다. 일본은 이 섬이 자국의 영토라고 주장하지만, 그렇지 않습니다. 독도는 한국 땅입니다. 그럼에도 불구하고 일본은 독도가 자국의 영토라는 주장을 계속하고 있습니다. 이것은 두 나라 사이의 주요 분쟁입니다. 제가 읽은 기사는 저에게 이 문제에 대한 더 많은 통찰력을 주었습니다.

OPIc 모범 답변 학습하기

OPIc 질문에 대한 모범 답변을 살펴본 후, 질문의 핵심 포인트를 파악하여 나만의 OPIc 답변을 만들어 보세요.

6 We all have news that we are particularly interested in. What was a story you read or saw that interested you? What made it more memorable than other news stories? What were your thoughts after you encountered that story?

🎧 MP3 01_Q6

우리 모두는 각자 특히 관심을 가지고 있는 뉴스가 있습니다. 당신이 읽거나 본 이야기는 무엇인가요? 무엇이 그것을 다른 뉴스 이야기보다 더 기억에 남게 만들었나요? 그 이야기를 접하고 나서 어떤 생각이 들었나요?

	Structure	Idea
시작 문장	주제 문장 소개	remember, news clips, MeToo movement
본문	MeToo 운동에 관해 묘사	sexual violence, major issue, commit sexual harassment, rape, raising their voices, sharing stories, supporting victims, criticizing
마무리 문장	나의 답변 마무리	believe, sex crimes, be wiped out

Model Answer 🎧 MP3 01_A6

[#MeToo 운동]

I remember watching news clips about the recent MeToo movement. **A**

Sexual violence ❶ **has become** a major issue.

Some people ❷ **commit** sexual harassment or rape. **B**

More recently, sex crime victims ❸ **have been raising** their voices.

They ❹ **are sharing** their stories on the media. **C**

People are supporting the victims and criticizing the sex offenders. This is called the MeToo movement.

I strongly believe that sex crimes should be wiped out completely.

Expanding Your Answer

더 풍부하고 논리적인 답변을 위해 문장을 추가해 보세요.

A Many people are very interested in this issue.
많은 사람들이 이 이슈에 관심을 가지고 있습니다.

B It has happened everywhere, including the music and movie industries.
음악과 영화 업계를 포함한 곳곳에서 일이 발생했습니다.

C Also, their stories are spread fast thanks to the social media.
또한 소셜 미디어 덕에 그들의 스토리는 빠르게 퍼져 나갑니다.

Tips for Better Answers

* MeToo 운동에 관한 뉴스는 인터넷 주제의 '인터넷 서핑 중 기억에 남는 게시물 설명'에 활용 가능

▶ ❶ 현재까지 해결되지 않고 이슈가 되는 문제점에 대해 이야기하기 때문에 반드시 현재 완료 **have p.p** 사용
현재 완료 시제를 많이 사용할수록 등급 업!
Ex: The trade war between China and America **has become** a major issue.
미국과 중국 사이의 무역전쟁이 큰 이슈가 되고 있다.

▶ ❷ commit 현재 완료형으로 변형하여 사용 가능
Ex: Many people **have committed** crimes.
많은 사람들이 범죄를 저질러 왔다.

▶ ❸ 과거에 시작된 사건이지만 아직까지 이슈가 되고 있으며 해결되지 않은 문제이기 때문에 현재완료진행형 사용
Ex: People **have been trying** to solve the problems.
사람들은 그 문제들을 해결하기 위해 노력하고 있는 중이다.

▶ ❹ 지금 당장 진행되고 있는 일이 아닌 근래에 자주 일어나는 일에 대해 묘사할 때도 **be 동사ing** (현재 진행형)을 사용
Ex: People are trying to solve the problems.
사람들은 그 문제를 해결하려고 노력하고 있다.

Key Expressions

- **news clips** 짧은 뉴스 영상
- **recent** 최근의, 최신의
- **movement** 운동
- **sexual violence** 성폭력
- **major issue** 중요 쟁점, 중요한 이슈
- **commit sexual harassment** 성희롱을 저지르다
- **rape** 성폭행하다
- **victims** 피해자
- **raise one's voice** ~의 목소리를 내다
- **share stories** 이야기를 나누다, 전달하다
- **support** 돕다, 지원하다
- **criticize** 비난하다, 비판하다
- **be wiped out** 사라지다, 근절되다

최근 MeToo 운동에 대한 뉴스를 본 기억이 납니다. 성폭력이 주요 쟁점이 됐습니다. 어떤 사람들은 성희롱이나 강간을 저지릅니다. 더 최근에는 성범죄 피해자들이 목소리를 높이고 있습니다. 그들은 언론에서 그들의 이야기를 나누고 있습니다. 사람들은 피해자들을 지원하고 성범죄자들을 비난하고 있습니다. 이것을 MeToo 운동이라고 합니다. 저는 성범죄가 완전히 근절되어야 한다고 굳게 믿습니다.

Chapter 02

Television

빈출 주제 파악하기

질문을 제대로 파악하는 것만으로도 성공적으로 시험을 치를 수 있습니다. OPIc에서 자주 출제되는 질문들을 알아보세요.

1 What kinds of TV programs do you like to watch? Why do you like to watch those programs?

어떤 종류의 TV 프로그램을 보는 것을 좋아하나요? 왜 그 프로그램들을 보는 것을 좋아하나요?

문항 유형	좋아하는 TV 방송 프로그램들 묘사
문항 수준	Intermediate
핵심 포인트	• TV 방송 프로그램의 다양한 종류 나열 • 평소 좋아하는 프로에 대해 이야기하기 때문에 주어 I 사용 • TV 방송 프로그램에 대해 설명할 땐 주어 they 사용
중요도	★★★

2 **When do you watch TV most often? Where do you watch it? Whom do you watch with? Plus, what do you do while watching TV?**
언제 TV를 가장 자주 보나요? 어디에서 보나요? 누구랑 같이 보나요? 또한, TV를 보면서 무엇을 하나요?

문항 유형	TV를 언제 어디서 시청하는지 묘사
문항 수준	Intermediate
핵심 포인트	• 평소 본인이 TV 보는 장소와 시간을 현재형으로 묘사 • 본인의 습관에 대해 이야기하기 때문에 주어 I 와 현재형 시제 사용
중요도	★★★

3 **What were TV programs like when you were young? How are they different now? Tell me about how TV programs have changed over the years.**
당신이 어렸을 때 TV 프로그램은 어땠나요? 그들은 지금 어떻게 달라졌나요? 수년간 TV 프로그램이 어떻게 변했는지 알려 주세요.

문항 유형	TV 방송 프로그램의 과거와 현재 비교
문항 수준	Advanced
핵심 포인트	• 과거의 방송 프로그램에 대해 이야기할 땐 과거형 시제 사용 • 현재 프로그램의 종류 및 특징은 현재형으로 나열 • 방송 프로그램의 변화에 대해 이야기할 땐 현재완료형과 주어 they 사용
중요도	★★★★★

4 **How did you first become interested in watching TV? What kinds of programs did you like watching when you were a child? How has your interest in TV programs changed over the years?**
어떻게 처음으로 TV를 보는 것에 흥미를 가지게 되었나요? 어렸을 때 어떤 프로그램 보는 것을 좋아했나요? 몇 년 동안 TV 프로그램에 대한 관심이 어떻게 변했나요?

문항 유형	본인이 TV 방송에 처음 관심을 갖게 된 계기, 취향 변화 설명
문항 수준	Advanced
핵심 포인트	• 예전 취향은 과거형 시제로 묘사 • 바뀐 현재 취향에 대해 이야기할 땐 현재형 시제를 사용하며 나의 취향 변화이기 때문에 주어는 I 사용
중요도	★★★

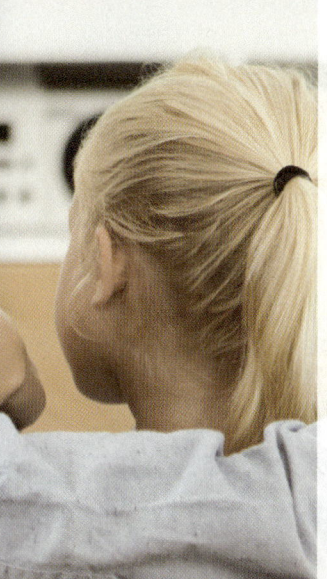

5 **Tell me about the last TV show or movie that you watched. What was the story about? Why was it memorable? Give me all the details.**
마지막으로 본 TV 쇼나 영화에 대해 말해 주세요. 그 이야기는 무엇에 관한 것이었나요? 왜 기억에 남나요? 자세하게 말해 주세요.

문항 유형	본인이 최근에 본 TV 방송이나 영화에 대해 설명
문항 수준	Advanced
핵심 포인트	• 최근 본 뉴스 이야기로 단체로 식중독에 걸린 학교에 대해 이야기하기 • 과거에 일어난 사건이기 때문에 시제는 과거형 사용 • 식중독에 걸린 사람들에 관한 스토리 설명이기 때문에 주어 people, they 사용
중요도	★★★★★

 **OPIc 모범 답변 학습하기**

OPIc 질문에 대한 모범 답변을 살펴본 후, 질문의 핵심 포인트를 파악하여 나만의 OPIc 답변을 만들어 보세요.

1. What kinds of TV programs do you like to watch? Why do you like to watch those programs?

🎧 MP3 02_Q1

어떤 종류의 TV 프로그램을 보는 것을 좋아하나요? 왜 그 프로그램들을 보는 것을 좋아하나요?

	Structure	Idea
시작 문장	주제 문장 소개	when it comes to, whatever
본문	다양한 TV 프로그램의 종류 나열 후 본인이 좋아하는 프로그램으로 뉴스 선택	only types, music programs, cooking shows, documentaries, comedy programs, favorite TV programs, watch, almost every day, keep up with current affairs, give me more insight, learn new things
마무리 문장	나의 답변 마무리	watch news programs

Model Answer 🎧 MP3 02_A1

❶ When it comes to TV shows, I just watch ❷ whatever is good.

The ❸ only types of TV shows I do NOT like are music programs and cooking shows. **A**

+documentaries +animal shows +comedy programs +dramas

My favorite TV programs are news programs.

I watch them almost every day. **B**

News programs help me ❹ keep up with current affairs.

They give me more insight on various issues. **C**

They also help me learn new things.

They are very helpful and informative.

Once again, I like to watch news programs the most.

Tips for Better Answers

❶ 주제를 소개할 때 시작 문장으로 강력 추천
Ex: When it comes to music, I listen to almost every kind.
음악에 관한 한, 나는 거의 모든 종류를 다 듣는다.

❷ 복합관계사: 좋은 건 무엇이든지
Ex: I listen to whatever is good.
좋은 건 무엇이든지 듣는다.
I just do whatever is fun.
난 재미있는 건 무엇이든지 한다.

❸ 좋아하는 TV 프로그램들이 아닌 좋아하지 않는 프로그램을 나열할 때 유용
음악, 영화 등의 주제에서 활용 가능
Ex: The only types of music I do NOT like are classical and jazz.
내가 듣지 않는 유일한 음악 종류는 클래식과 재즈다.

❹ keep up with SOMETHING: 뉴스, 이벤트와 같은 무엇에 대해 계속 알다
Ex: I am trying to keep up with the latest news.
최신 뉴스를 계속 알고 있으려고 노력한다.
keep up with SOMEONE: 전화, 이메일, 만남을 통해 누군가와 계속 연락을 지속하다
Ex: I still keep up with my friends from high school.
난 아직도 고등학교 때 친구들과 연락한다.

Expanding Your Answer

더 풍부하고 논리적인 답변을 위해 문장을 추가해 보세요.

A I find those kinds of programs boring.
저는 그런 종류의 프로그램들이 지겹다고 생각합니다.

B I usually use the portal sites to watch the news programs.
저는 보통 포털 사이트를 사용해서 뉴스 프로그램을 봅니다.

C Actually, I am interested in news regarding MeToo movement these days.
사실 요즘 MeToo 운동에 관한 뉴스에 흥미를 가지고 있습니다.

Key Expressions

- **when it comes to** ~관한 한
- **type of TV show** TV 프로그램 종류
- **documentaries** 다큐멘터리
- **almost every day** 거의 매일
- **keep up with** (정보, 뉴스) 등에 대해 계속 알다
- **current** 현재
- **affairs** 공적으로 중요한 일, 이슈
- **give insight** 통찰력, 식견을 주다
- **helpful** 도움 되는
- **informative** 유익한, 유용한 정보를 주는

TV 쇼에 관한 한, 저는 그저 좋은 것을 다 볼 뿐입니다. 제가 좋아하지 않는 유일한 유형의 TV 쇼는 음악 프로그램과 요리 프로그램입니다. (+다큐멘터리 +동물 프로그램 +코미디 프로그램 +드라마) 제가 가장 좋아하는 TV 프로그램은 뉴스 프로그램입니다. 저는 거의 매일 그것들을 봅니다. 뉴스 프로그램은 제가 시사문제를 계속 알 수 있도록 해줍니다. 그들은 저에게 다양한 이슈에 대한 더 많은 통찰력을 줍니다. 그들은 또한 제가 새로운 것을 배우는 것을 돕습니다. 그들은 매우 도움이 되고 유익합니다. 다시 한번 말하지만, 저는 뉴스 프로그램을 보는 것을 가장 좋아합니다.

OPIc 모범 답변 학습하기

OPIc 질문에 대한 모범 답변을 살펴본 후, 질문의 핵심 포인트를 파악하여 나만의 OPIc 답변을 만들어 보세요.

2 When do you watch TV most often? Where do you watch it? Whom do you watch with? Plus, what do you do while watching TV?

🎧 MP3 02_Q2

언제 TV를 가장 자주 보나요? 어디에서 보나요? 누구랑 같이 보나요? 또한, TV를 보면서 무엇을 하나요?

	Structure	Idea
시작 문장	주제 문장 소개	watch TV, evening
본문	평상시에 TV 어디에서 언제 주로 보는지 묘사	large TV, living room, have it on, dinner, weekends, re-runs of popular shows, VOD service, have missed, on my cell phone, on the move, whenever I want to, TV show clips
마무리 문장	나의 답변 마무리	when and where, TV

Model Answer 🎧 MP3 02_A2

I watch TV ❶ in the evenings most often.

I have a large TV in the living room. **A**

I like to ❷ have it on when ❸ I have dinner.

Plus, I watch TV on the weekends quite often.

I like to watch the re-runs of popular shows.

I sometimes use the ❹ VOD service to watch shows that I have ❺ missed. **B**

❻ Also, I watch TV shows on my cell phone when I'm on the move. I can watch them whenever I want to.

There are many TV show clips on YouTube. **C**

I often click on ones that I am interested in.

So, this is when and where I watch TV.

Tips for Better Answers

▶ ❶ 한 번의 저녁이 아닌 매일 저녁이라는 의미를 위해 evening뒤에 s 추가 (every와 같은 의미)
Ex: I have breakfast every morning.
(= in the mornings)
나는 매일 아침 아침식사를 한다.

▶ ❷ = turn it on
turn it on은 TV를 켜는 행동
have it on은 TV를 켜고 그대로 두는 행동
Ex: The first thing I do is turning the TV on in the morning.
내가 가장 먼저 하는 일은 아침에 TV를 켜는 것이다.
Ex: I am going to watch that show. Just have it on.
나는 그 쇼 볼 거야. 그냥 켜 둬.

❸ eat은 특정한 음식 종류를 이야기할 때 쓰이며 일반적인 식사, 끼니를 이야기할 때에는 have 사용
Ex: I want to eat some pasta.
나는 파스타를 먹고 싶어.
You need to have regular meals for your health.
네 건강을 위해서 정기적으로 식사 해야 돼.

❹ Video On Demand의 약자

▶ ❺ skip은 무언가를 일부러 놓친 경우
miss는 의도치 않게 무엇을 놓친 경우에 사용
Ex: I am going to skip breakfast.
나는 아침 식사 안 할 거야.
I missed your call.
네 전화 못 받았어.

▶ ❻ 음악, 핸드폰, 인터넷 주제 등에게 활용 가능한 문장이기 때문에 그대로 외우기

Expanding Your Answer

더 풍부하고 논리적인 답변을 위해 문장을 추가해 보세요.

A It is a 60-inch TV so it feels like I am watching movies at the theaters.
60인치 TV여서 마치 영화관에서 영화를 보는 기분이 듭니다.

B Actually, I have to pay about 10 dollars a month to use the VOD service.
사실 VOD 서비스를 이용하려면 한 달에 10달러를 내야 합니다.

C On YouTube, I usually watch movie trailers and movie reviews.
YouTube에선 영화 예고편이나 영화 리뷰를 봅니다.

Key Expressions

- **in the evening** 저녁에
- **most often** 가장 자주
- **living room** 거실
- **have it on** 켜두다
- **quite often** 꽤 자주
- **re-runs** 재방송
- **have missed** 놓쳤다, 보지 못했다
- **on the move** 이동 중에
- **TV show clips** 짧은 TV 프로그램 영상
- **click on** 누르다, 클릭하다

저는 저녁에 TV를 가장 자주 봅니다. 거실에 큰 TV가 있습니다. 저녁을 먹을 때 그것을 틀어 두는 것을 좋아합니다. 게다가, 저는 주말에 TV를 자주 봅니다. 저는 인기 쇼의 재방송 보는 것을 좋아합니다. 저는 가끔 제가 놓친 쇼를 보기 위해 VOD 서비스를 이용합니다. 또한 이동 중에 휴대폰으로 TV 프로그램을 봅니다. 제가 원할 때마다 볼 수 있습니다. 유튜브에는 많은 TV 쇼 영상이 있습니다. 저는 제가 관심있는 것을 자주 클릭합니다. 그래서, 이것이 제가 TV를 보는 때와 장소입니다.

OPIc 모범 답변 학습하기

OPIc 질문에 대한 모범 답변을 살펴본 후, 질문의 핵심 포인트를 파악하여 나만의 OPIc 답변을 만들어 보세요.

3. What were TV programs like when you were young? How are they different now? Tell me about how TV programs have changed over the years.

🎧 MP3 02_Q3

당신이 어렸을 때 TV 프로그램은 어땠나요? 지금 어떻게 달라졌나요? 수년간 TV 프로그램이 어떻게 변했는지 알려 주세요.

	Structure	Idea
시작 문장	주제 문장 소개	TV programs, changed
본문	과거의 TV 프로그램 특징을 이야기한 후 현재 TV 프로그램의 특징 묘사	old-fashioned, a bit boring, not that many channels, now, better in quality, fun, entertaining, many channels, a lot of options
마무리 문장	나의 답변 마무리	become a lot better in quality

Model Answer 🎧 MP3 02_A3

TV programs ❶ have changed a lot ❷ over the years.

❸ Back in the day, they ❹ used to be ❺ old-fashioned.

I think they were a bit boring.

Plus, ❻ there were NOT that many channels. **A**

But now, TV programs have become much better in quality.

They are very fun to watch and entertaining. **B**

Plus, there are so many channels now.

+I get over a hundred channels at my place. **C**

There are a lot of options to choose from.

So, ❼ TV shows have become a lot better in quality than in the past.

Expanding Your Answer

더 풍부하고 논리적인 답변을 위해 문장을 추가해 보세요.

A I think there were only about five channels because we did not have cables.
우리는 케이블이 없었기 때문에 채널이 5개 정도밖에 없었던 것 같습니다.

B Time just flies whenever I watch TV.
TV만 보고 있으면 시간이 그냥 흘러갑니다.

C I actually have to pay money for using the service but it is not that expensive.
사실 그 서비스를 이용하기 위해선 돈을 내야 하지만 그렇게까지 비싸진 않습니다.

Key Expressions

- **old-fashioned** 구식의, 촌스러운
- **a bit** 약간
- **boring** 지겨운
- **channel** TV 채널
- **become better** 나아지다, 좋아지다
- **in quality** 질적으로
- **entertaining** 재미있는
- **option** 선택권

Tips for Better Answers

❶ 과거와 현재의 비교를 묘사할 땐 반드시 현재완료형 have p.p 사용
등급 업을 위해선 다양한 문장 구조 사용 필수
Ex: There have been many changes when it comes to TV programs.
TV 프로그램에 관한 한, 많은 변화가 있었다.

❷ = for the past few years, for the last few years 지난 몇 년간
Ex: My taste for music has changed a lot for the last few years.
지난 몇 년간 내 음악적 취향은 많이 바뀌었다.

❸ 과거의 특징을 이야기할 것이라는 신호를 주기 위해 넣어야 하는 시간 표현
= in the past, a few years ago, when I was young
이러한 표현 뒤에는 반드시 과거형 시제 사용

❹ used to 동사: 과거에 반복적으로 한 행동
Ex: I used to watch only comedy shows.
과거에는 코미디 쇼만 보곤 했었다.

❺ 유용한 합성어
'촌스러운'이라는 뜻으로 다양한 문장에 사용 가능
Ex: His music is old-fashioned.
그의 음악은 촌스럽다.

❻ that: 그렇게 까지는…
Ex: There were not that many people in the bar.
바에 사람들이 그렇게까지 많지는 않았다.

❼ 마무리 문장에 주제의 핵심 단어인 TV show와 become better를 현재완료형으로 사용

TV 프로그램은 몇 년 동안 많이 바뀌었습니다. 옛날에는 구식이었습니다. 그것들이 좀 지루했다고 생각합니다. 게다가, 그렇게 많은 채널은 없었습니다. 하지만 이제 TV 프로그램은 질적인 면에서 훨씬 좋아졌습니다. 그것들을 보고 즐기는 것이 매우 재미있습니다. 게다가, 지금은 채널이 매우 많습니다. (+우리 집에서 100개 이상의 채널을 볼 수 있습니다.) 많은 선택지가 있습니다. 그래서 TV 쇼는 과거에 비해 질적인 면에서 훨씬 좋아졌습니다.

OPIc 모범 답변 학습하기

OPIc 질문에 대한 모범 답변을 살펴본 후, 질문의 핵심 포인트를 파악하여 나만의 OPIc 답변을 만들어 보세요.

4. How did you first become interested in watching TV? What kinds of programs did you like watching when you were a child? How has your interest in TV programs changed over the years?

MP3 02_Q4

당신은 어떻게 처음으로 TV를 보는 것에 흥미를 가지게 되었나요? 어렸을 때 어떤 프로그램을 보는 것을 좋아했나요? 몇 년 동안 TV 프로그램에 대한 관심이 어떻게 변했나요?

	Structure	Idea
시작 문장	주제 문장 소개	became interested, watching cartoons
본문	어렸을 때 좋아했던 TV 프로그램 묘사 후 현재 좋아하는 프로그램 종류 나열	back then, various types of cartoons, action heroes, fun, entertaining, excited, as I got older, various types of TV shows, TV dramas, comedy prgrams
마무리 문장	나의 답변 마무리	various types of TV shows

Model Answer
MP3 02_A4

❶ I first became interested in TV programs watching cartoons when I was a kid. **A**
❷ Back then, I enjoyed watching various types of cartoons. Many of them had ❸ action heroes.
They were very fun to watch and ❹ entertaining. **B**
❺ I was very excited whenever I watched those shows.
❻ But as I got older, I started to watch various types of TV shows.
I sometimes watch TV dramas, but I sometimes watch comedy programs.
I sometimes watch news programs, but I sometimes watch talk shows.
❼ +documentaries +animal shows +music programs +cooking shows **C**
So, I watch various types of TV shows now.

Expanding Your Answer
더 풍부하고 논리적인 답변을 위해 문장을 추가해 보세요.

A I remember begging my mother for more TV time.
TV를 더 보게 해 달라고 어머니에게 떼를 쓴 기억이 납니다.

B I did not even play with my friends because I just wanted to stay at home to watch cartoons.
집에서 그냥 만화만 보고 싶었기 때문에 친구들과 놀지도 않았습니다.

C The only type of TV program I do not watch is travelling programs.
유일하게 안 보는 TV 프로그램은 여행 프로그램입니다.

Tips for Better Answers

❶ 취향 변화를 묻는 질문에서 반복적으로 쓰이는 문장으로 암기 필수!
과거와 현재의 변화 묘사 위해 반드시 현재완료형 사용

❷ 과거를 나타내는 표현 back then이 나온 후에는 반드시 과거형 사용
= back in the day, at that time
Ex: Back then, I only watched comedy shows.
그 당시에는 코미디 쇼만 봤다.

❸ 원어민들이 자주 쓰는 표현 사용하여 등급 업!

❹ 다양한 형용사 사용은 필수
thrilling: 매우 신나는
amusing: 재미있는
surprising: 놀라운

❺ 동사 excite를 사람의 감정 상태를 나타내는 형용사로 바꿀 때는 exciting이 아닌 excited
I was exciting. (x)
It was exciting. (O) → 사람이 아니기 때문에 okay

❻ 현재의 취향 변화에 대해 말하기 위해 반드시 나와야 하는 시간 표현
= but these days, as I am getting older, however now
이러한 시간 표현 뒤에는 현재형 또는 현재완료형 사용

❼ 답변 양을 늘리기 가장 좋은 방법은 다양한 예시를 제시하는 것!

Key Expressions
- **become interested** 관심 가지다
- **cartoons** 만화
- **action heroes** 액션 영웅들
- **entertaining** 재미있는
- **excited** 신난
- **get older** 나이가 들수록
- **various** 다양한
- **documentaries** 다큐멘터리

어렸을 때 처음으로 만화를 보면서 TV 프로그램에 관심을 갖게 되었습니다. 그 당시 저는 다양한 종류의 만화를 보는 것을 즐겼습니다. 만화에는 액션 영웅들이 많았습니다. 그것들을 보고 즐기는 것이 매우 재미있었습니다. 저는 그 쇼를 볼 때마다 매우 신이 났었습니다. 하지만 나이가 들면서 다양한 종류의 TV 쇼를 보기 시작했습니다. 저는 가끔 TV 드라마를 보지만, 때때로 코미디 프로그램을 봅니다. 저는 가끔 뉴스 프로그램을 보지만, 가끔 토크 쇼를 봅니다. (+다큐멘터리 +동물 쇼 +음악 프로그램 +요리 쇼) 그래서 저는 지금 다양한 종류의 TV 쇼를 봅니다.

OPIc 질문에 대한 모범 답변을 살펴본 후, 질문의 핵심 포인트를 파악하여 나만의 OPIc 답변을 만들어 보세요.

5. Tell me about the last TV show or movie that you watched. What was the story about? Why was it memorable? Give me all the details.

🎧 MP3 02_Q5

마지막으로 본 TV 쇼나 영화에 대해 말해 주세요. 그 이야기는 무엇에 관한 것이었나요? 왜 기억에 남나요? 자세하게 말해 주세요.

	Structure	Idea
시작 문장	주제 문장 소개	food poisoning incident
본문	뉴스에서 본 집단 식중독 사건에 대해 묘사	food went bad, school cafeterias, the weather was very hot, humid, contaminated by, were hospitalized, got seriously sick, stomach pain, high fever, vomiting
마무리 문장	나의 답변 마무리	pity, news I watched on TV

Model Answer 🎧 MP3 02_A5

❶ I remember watching the news about a food poisoning ❷ incident recently. **A**

The food ❸ went bad at some student cafeterias. **B**

That was because the weather was very hot and humid.

❹ The food was contaminated by bacteria. Many of the students were hospitalized. ❺ They got seriously sick. They had stomach pain, high fever and vomiting. **C**

It was quite a pity that they got sick like that.

So, this was the news I watched on TV recently.

Expanding Your Answer

더 풍부하고 논리적인 답변을 위해 문장을 추가해 보세요.

A I think it happened a few months ago.
몇 달 전에 생긴 일인 거 같습니다.

B According to the news, all the food there went stale.
뉴스에 따르면 그곳의 모든 음식이 상했다고 합니다.

C The school cafeteria was shut down for the investigation.
조사를 받아야 해서 학교 식당을 닫았습니다.

Tips for Better Answers

* 음식 주제의 '식품 오염 사건 관련 보도 설명'에 답변 활용

➤ ❶ 과거에 본 또는 들은 사건에 대해 이야기할 때 가장 자연스러운 시작
= recall
Ex: I recall watching news about the car accident.
그 차 사고에 대해 뉴스에서 본 기억이 난다.

➤ ❷ accident: 사고 (자동차, 재해 등)
구체적인 사고이며 우연히, 의도하지 않게 발생한 나쁜 일
incident: 작건 크건, 좋건 나쁘건, 의도했던 안 했던, 포괄적인 의미의 사고나 이벤트
(일반적인 모든 일, 사건과 사고들을 이야기할 때 활용)
*모든 accidents는 incidents로 단어를 바꿔 사용할 수 있지만 모든 incidents를 accidents로 바꿔서 사용 할 수 없음
어떤 단어가 상황에 어울릴지 확실하지 않을 때에는 incident 사용

➤ ❸ 음식의 상한 상태를 더 자세하게 묘사 가능
go sour: 쉬었다
go rotten: 썩었다
go (get) stale: 상하다

➤ ❹ 식품 오염에 대해 설명할 때 필수 문장! 암기 필수
사건을 묘사할 때에는 수동태 사용
be contaminated: 오염되다
be hospitalized: 입원하다

➤ ❺ 아픈 증상을 묘사하는 표현으로 '여행 중 겪은 기억에 남는 경험'에 활용 가능
upset stomach: 복통
throw up: 구토하다

Key Expressions

- **food poisoning** 식중독
- **incident** 사건, 사고
- **recently** 최근에
- **go bad** 상하다
- **student cafeterias** 학생 식당
- **hot and humid** 덥고 습한
- **be contaminated by** A A에 의해 오염되다
- **bacteria** 박테리아
- **be hospitalized** 입원하다
- **seriously** 심각하게
- **stomach pain** 복통
- **high fever** 고열
- **vomiting** 구토
- **pity** 불쌍한, 안타까운

저는 최근에 식중독 사건에 대한 뉴스를 보았던 것을 기억합니다. 몇몇 학교 식당에서 음식이 상했습니다. 날씨가 매우 덥고 습했기 때문입니다. 음식이 박테리아에 의해 오염되었습니다. 많은 학생들이 병원에 입원했습니다. 많은 학생들이 심하게 아팠습니다. 그들은 복통, 고열, 구토를 했습니다. 그들이 그렇게 병이 난 것은 꽤 안타까운 일이었습니다. 이것이 최근에 TV에서 본 뉴스입니다.

Chapter 03

Internet

빈출 주제 파악하기

질문을 제대로 파악하는 것만으로도 성공적으로 시험을 치를 수 있습니다. OPIc에서 자주 출제되는 질문들을 알아보세요.

1 What do people normally do on the internet? Do they play games, watch television, or watch movies? Talk about all the things people do online.

사람들은 보통 인터넷에서 무엇을 하나요? 게임을 하거나, TV를 보거나 영화를 보나요? 사람들이 온라인에서 하는 모든 것에 대해 말해 주세요.

문항 유형	사람들이 주로 인터넷으로 하는 일들 묘사
문항 수준	Intermediate
핵심 포인트	• 사람들의 일반적인 습관을 서술하기 위해 주어 people과 3인칭 복수 they 사용 • 짧은 영상 보기, 인터넷 뱅킹 이용하기 등 사람들이 인터넷으로 주로 하는 일을 현재형 시제와 다양한 부사 및 접속사를 사용하여 순서대로 나열
중요도	★★★

2 **What do you usually do on the internet? Do you like to shop online? Do you like sharing videos with other people? Tell me about everything that you do online.**

인터넷으로 보통 무엇을 하시나요? 온라인 쇼핑을 좋아하나요? 다른 사람들과 비디오를 공유하는 것을 좋아하나요? 당신이 온라인에서 하는 모든 것에 대해 말해 주세요.

문항 유형	본인이 주로 인터넷으로 하는 일들 묘사
문항 수준	Intermediate
핵심 포인트	• 본인이 하는 일을 묘사하기 때문에 주어 I 사용 • SNS에 글 올리기, 스트리밍으로 음악 듣기 같이 본인이 평상시에 인터넷에서 주로 하는 일을 현재형 시제를 사용하여 순서대로 나열
중요도	★★★

3 **Tell me about your early experience of surfing the internet. What do you remember particularly about that experience?**

초창기 인터넷 서핑을 했던 경험에 대해 말해 주세요. 그 경험에 대해 특별히 기억하는 것이 있나요?

문항 유형	초창기 인터넷 서핑을 했던 경험 묘사
문항 수준	Advanced
핵심 포인트	• 본인의 경험을 묘사하기 때문에 주어 I 사용 • 처음 인터넷을 사용했을 때 불편했던 점을 과거형 시제를 사용하여 예시와 함께 자세히 나열 • 그 후 현재 제공하는 인터넷 서비스의 특징을 현재형 시제를 사용하여 비교
중요도	★★★★★

4 **Tell me about when you used the internet to get a project done. What was the project about? How did the internet help you do that project?**

어떠한 프로젝트를 끝내기 위해 인터넷을 사용한 경험에 대해 말해 주세요. 그 프로젝트는 무엇에 관한 것이었나요? 그 프로젝트를 하는데 인터넷이 어떻게 도움이 됐나요?

문항 유형	인터넷을 이용해서 수행했던 과거 프로젝트 설명
문항 수준	Advanced
핵심 포인트	• 본인의 경험을 묘사하기 때문에 주어 I 사용 • 회사에서 맡은 업무나 학교에서 쓰는 리포트 등 인터넷을 사용하여 성공적으로 수행했던 프로젝트에 대해 과거형 시제를 사용하여 묘사
중요도	★★★

5 **I'm sure you have things that you remember seeing on the internet. Talk about a memorable posting that you saw on the internet. Why was it memorable for you?**

인터넷에서 본 기억에 남는 것들이 있을 겁니다. 기억에 남는 게시물에 대해 이야기해 주세요. 그것이 왜 기억에 남나요?

문항 유형	인터넷 서핑 중 기억에 남는 게시물 설명
문항 수준	Advanced
핵심 포인트	• 사회에서 일어나는 뉴스나 사건에 대해 묘사 • 주어로 3인칭 단수 또는 복수 주어 사용 • 현재 이슈가 되고 있는 사건이며 아직 해결되지 않은 사건을 주로 말하기 때문에 현재형과 현재완료형 사용
중요도	★★★

6 **Talk about the videos that you watch on the internet. What kinds of videos do you like to watch for fun, for work or for school? Why do you like to watch those videos?**

요즘 인터넷으로 보는 영상에 대해 말해 주세요. 재미를 위해, 일을 위해 또는 공부를 위해 어떤 종류의 영상을 보시나요? 그러한 영상들을 보는 것을 좋아하는 이유가 무엇인가요?

문항 유형	인터넷 상에서 본인이 주로 보는 동영상 묘사
문항 수준	Intermediate
핵심 포인트	• 본인이 일상적으로 하는 일을 묘사하기 때문에 주어 I 사용 • 평소에 인터넷에서 자주 보는 뉴스, 스포츠 영상과 같은 동영상에 대해 현재형 시제를 사용하여 묘사
중요도	★★★

7 What did you do on the internet yesterday? What websites did you visit? Tell me about the things you did online yesterday.

어제 인터넷을 사용하여 무엇을 했나요? 어떤 웹사이트를 방문했나요? 어제 인터넷으로 한 일들에 대해 말해 주세요.

문항 유형	어제 인터넷으로 무엇을 했는지 묘사
문항 수준	Intermediate
핵심 포인트	• 본인이 인터넷에서 직접 한 행동을 묘사하기 때문에 주어 I 사용 • 과거인 어제 한 일에 대해 설명하기 때문에 과거형 시제를 사용 • '인터넷에서 주로 보는 동영상'의 모범 답변을 과거형 시제로 바꿔서 그대로 활용 가능
중요도	★★★

8 Describe something memorable you saw online for work or for fun. Maybe it was something impressive, unusual or meaningful to you. What was special about it?

당신이 온라인에서 일 또는 재미를 위해 본 것들 중 기억에 남는 것에 대해 묘사하세요. 아마도 그것은 당신에게 인상적이거나, 특이하거나, 의미 있었을 것입니다. 그것이 왜 특별했나요?

문항 유형	인터넷 상에서 기억에 남는 동영상 묘사
문항 수준	Advanced
핵심 포인트	• 본인이 직접 본 재미있는 영상에 대해 이야기하기 때문에 주어 I 사용 • 과거의 경험을 묘사하기 때문에 과거 시제 사용 • '인터넷 서핑 중 기억에 남는 게시물' 모범 답변을 그대로 활용 가능
중요도	★★★

9 What kinds of concerns do people have about internet use nowadays? They could be about issues regarding safety, privacy, or security. How have these concerns affected people's lives?

요즘 사람들은 인터넷 사용에 대해 어떤 걱정을 하나요? 안전, 프라이버시 또는 보안과 관련된 문제일 수 있습니다. 이러한 우려가 사람들의 삶에 어떤 영향을 끼쳤나요?

문항 유형	인터넷 관련 사람들의 우려 설명
문항 수준	Advanced
핵심 포인트	• 사회에서 일어나는 뉴스나 사건, 사고에 대해 말하기 때문에 주어로 3인칭 단수 또는 복수 사용 • Level up을 위해 세계적으로 유명한 사건에 대해 알아두기 • 현재 이슈가 되는 사건을 묘사하기 때문에 현재형 사용
중요도	★★★★★

10 How is internet usage different among people in different age groups? How do young people use the internet differently? Discuss this matter in detail.

인터넷 사용 방법은 연령대에 따라 어떻게 다른가요? 젊은 사람들은 인터넷을 어떻게 다르게 사용하나요? 이 문제에 대해 자세히 이야기해 주세요.

문항 유형	연령별 인터넷 이용 차이점 설명
문항 수준	Advanced
핵심 포인트	• 연령별 관점을 비교하기 때문에 '젊은 세대,' '기성 세대'와 같은 3인칭 복수형 주어 사용 • 세대별 관점의 차이를 묘사하기 때문에 현재형 사용 • 차이점을 자세히 설명하기 위해 예시 포함
중요도	★★★★★

OPIc 모범 답변 학습하기

OPIc 질문에 대한 모범 답변을 살펴본 후, 질문의 핵심 포인트를 파악하여 나만의 OPIc 답변을 만들어 보세요.

1 What do people normally do on the internet? Do they play games, watch television, or watch movies? Talk about all the things people do online. 🎧 MP3 03_Q1

사람들은 보통 인터넷에서 무엇을 하나요? 게임을 하거나, TV를 보거나 영화를 보나요? 사람들이 온라인에서 하는 모든 것에 대해 말해 주세요.

	Structure	Idea
시작 문장	주제 문장 소개	do tons of, the internet
본문	인터넷에서 사람들이 하는 다양한 일 나열	check messages, play online games, watch video clips, post things on social media, shop online
마무리 문장	나의 답변 마무리	things people do, the internet

Model Answer 🎧 MP3 03_A1

❶ People do tons of things on the internet these days.
First, they send email or check messages. **A**
Plus, they play ❷ online games or watch video clips. **B**
Also, they ❸ post things on social media quite often. **C**
❹ Plus, they shop online or do online banking.
So, these are the things people do on the internet.

Expanding Your Answer

더 풍부하고 논리적인 답변을 위해 문장을 추가해 보세요.

A Besides, some people use the internet to find necessary information necessary for their work.
또한 어떤 사람들은 그들의 업무에 필요한 정보를 찾기 위해 인터넷을 사용합니다.

B In addition, people enjoy watching popular dramas on the internet.
추가로, 사람들은 인터넷에서 인기 있는 드라마 보는 것을 즐깁니다.

C Also, many children enjoy watching animations on websites, such as YouTube.
또한, 많은 아이들은 YouTube 같은 사이트에서 애니메이션 보는 것을 즐깁니다.

Tips for Better Answers

❶ 가산 명사 앞: tons of, a number of, numerous
불가산 명사 앞: tons of, much, a great deal of
Ex: There are a number of things people can do on the internet.
인터넷으로 할 수 있는 일들은 아주 많다.

❷ 일반적으로 하는 행동을 묘사할 때 가산 명사가 필요하다면 반드시 복수 명사 사용
Ex: online games, video clips
*childrens라고 하지 않도록 주의!

❸ 소셜 미디어에 무언가를 올리다
= put things on social media
*SNS는 Social Networking Service의 약자로 영어지만 원어민이 쓰는 표현이 아니기 때문에 쓰지 않기
Social media의 종류를 나열하는 것도 좋은 방법!
= I am on social media, such as Facebook and Instagram.

❹ 접속사: 게다가, 뿐만 아니라…
= besides, in addition, moreover, furthermore
* 문법 실수를 줄이기 위해 문장의 가장 앞에 넣어서 사용!
Ex: In addition, many people use the internet to watch movies and dramas on Netflix.
추가로, 많은 사람들은 넷플릭스에서 영화와 드라마를 보기 위해 인터넷을 사용한다.
*사람들이 일반적으로 하는 일을 묘사하기 때문에
주어는 people/they 사용

Key Expressions

- **do tons of things** 수많은 것을 하다
- **these days** 요즘에는, 근래에는
- **send email** 이메일을 보내다
- **check messages** 메시지를 확인하다
- **social media** 소셜 미디어, SNS
- **play online games** 온라인 게임을 하다
- **watch video clips** 동영상을 보다
- **shop online** 온라인 쇼핑을 하다
- **do online banking** 인터넷 뱅킹을 하다

요즘 사람들은 인터넷에서 많은 것들을 합니다. 첫째, 그들은 이메일을 보내거나 메시지를 체크합니다. 더불어, 그들은 온라인 게임을 하거나 비디오를 보기도 합니다. 또한, 그들은 소셜 미디어에 자주 글을 올립니다. 그리고 그들은 온라인 쇼핑을 하거나 인터넷 뱅킹을 합니다. 사람들은 이러한 일들을 인터넷에서 합니다.

OPIc 모범 답변 학습하기

OPIc 질문에 대한 모범 답변을 살펴본 후, 질문의 핵심 포인트를 파악하여 나만의 OPIc 답변을 만들어 보세요.

2 What do you usually do on the internet? Do you like to shop online? Do you like sharing videos with other people? Tell me about everything that you do online. 🎧 MP3 03_Q2

인터넷으로 보통 무엇을 하시나요? 온라인 쇼핑을 좋아하나요? 다른 사람들과 비디오를 공유하는 것을 좋아하나요? 당신이 온라인에서 하는 모든 것에 대해 말해 주세요.

Structure		Idea
시작 문장	주제 문장 소개	various types of things
본문	본인이 주로 인터넷으로 하는 일들 나열	get access to the internet, surf the internet, whenever I want to, do online searches, read news articles, chat with, stream music, check the weather forecast, leave comments
마무리 문장	나의 답변 마무리	things I do

Model Answer 🎧 MP3 03_A2

I do ❶ various types of things online these days.
I often use my smartphone ❷ to get access to the internet. **A**
So, I can surf the internet ❸ whenever I want to.
First, I do online searches or read news articles. **B**
❹ Also, I chat with people on messaging apps.
Next, I stream music or watch movies. **C**
Plus, I check the weather forecast.
Also, I leave comments on ❺ people's postings.
So, these are the things I do on the internet.

Expanding Your Answer

더 풍부하고 논리적인 답변을 위해 문장을 추가해 보세요.

A Actually, I recently bought Galaxy S10 because I liked its design.
사실, 디자인이 마음에 들어서 최근에 갤럭시 S10을 샀습니다.

B I am very interested in social issues and politics.
저는 사회적 이슈와 정치에 매우 관심이 많습니다.

C I have been subscribing Netflix and I usually watch American dramas.
저는 넷플릭스를 구독하고 있으며 보통 미국 드라마를 봅니다.

Tips for Better Answers

❶ many, a lot of 와 같은 흔한 표현은 피하기!
= tons of, a variety of, numerous

❷ 인터넷에 접속, 연결하기 위해....
= to have access
access를 동사로 바꾸어 사용 가능
Ex : I use the computer to access to the internet
나는 인터넷에 접속하기 위해 컴퓨터를 사용한다.

❸ 복합관계부사를 사용하여 다양한 문장 구조로 말하기 연습!
Ex : I can use the internet wherever I go.
어디에 가던지 인터넷을 사용할 수 있다.

❹ 아이디어를 나열할 때 다양한 접속사 및 부사 활용
besides, furthermore, moreover
뿐만 아니라, 더욱이, 게다가

❺ 일반적인 취미나 경험에 대해 이야기할 때 가산 명사라면 반드시 복수 명사 사용
Ex : In my free time, I enjoy watching movies.
자유 시간이 있을 때 영화 보는 것을 즐깁니다 ➡ 한 개 이상의 영화를 본다

Key Expressions

- **do various types of things** 다양한 것을 하다
- **get access to the internet** 인터넷에 접속하다
- **surf the internet** 인터넷 서핑하다
- **whenever I want to** 내가 원할 땐 언제든지
- **chat with people** 사람들과 채팅하다, 수다 떨다
- **check the weather forecast** 일기예보를 확인하다
- **leave comments** 댓글을 남기다

저는 요즘 온라인에서 다양한 종류의 일을 합니다. 저는 주로 스마트폰을 사용하여 인터넷에 접속합니다. 그래서 저는 언제든지 인터넷을 사용할 수 있습니다. 첫 번째로, 온라인 검색을 하거나 뉴스 기사를 읽습니다. 또한, 메신저 앱으로 사람들과 채팅하기도 합니다. 그리고 음악을 스트리밍하거나 영화를 보기도 합니다. 또한, 일기예보를 확인합니다. 게다가 사람들의 게시물에 댓글을 달기도 합니다. 이러한 것들이 제가 인터넷에서 하는 것들입니다.

 **OPIc 모범 답변 학습하기**

OPIc 질문에 대한 모범 답변을 살펴본 후, 질문의 핵심 포인트를 파악하여 나만의 OPIc 답변을 만들어 보세요.

❸ Tell me about your early experience of surfing the internet. What do you remember particularly about that experience?  MP3 03_Q3

초창기 인터넷 서핑 했던 경험에 대해 말해 주세요. 그 경험에 대해 특별히 기억하는 것이 있나요?

	Structure	Idea
시작 문장	주제 문장 소개	back in the day, internet connection
본문	초기 인터넷 서핑 경험 때 어려웠던 점 묘사	log on to websites, get access to the internet, but now, has become a lot faster, takes less time, surf the internet, on the move
마무리 문장	나의 답변 마무리	has become a lot easier

Model Answer 🎧 MP3 03_A3

❶ **Back in the day**, internet connection was quite slow.
It took me a long time to log on to websites. **A**
Plus, I used to get access to the internet on my computer.
But now, the internet ❷ has become a lot faster. **B**
It takes much less time to log on to websites. **C**
Also, I can surf the internet on my smartphone now.
I can get access to the internet ❸ when I'm on the move.
❹ I can do that wherever I am, whenever I want to.
So, internet surfing ❺ has become a lot easier thanks to smartphones.

Expanding Your Answer

더 풍부하고 논리적인 답변을 위해 문장을 추가해 보세요.

A Also, I remember that I had to wait at least 5 minutes to download a single song.
게다가, 예전에는 노래 하나를 다운 받는 데 5분을 기다려야 했던 기억이 납니다.
B Actually, Korea now provides one of the fastest internet services in the world.
사실 이제 한국은 세계에서 가장 빠른 인터넷 서비스를 제공합니다.
C For instance, I can download one movie in one minute.
예를 들어, 이제 1분이면 영화 하나를 다운 받을 수 있습니다.

Tips for Better Answers

▶ ❶ 과거와 현재를 비교할 때 문단의 시작은 항상 과거의 이야기로 시작하기!
이때 과거를 나타내는 표현 사용
= in the past, when I was young, about a decade ago
현재를 나타내는 표현이 나온 후에는 현재형이나 현재완료형 사용
= but now, however these days, but nowadays

▶ ❷ 과거의 변화가 현재까지 미치는 영향을 설명하기 때문에 반드시 현재 완료 have p.p 사용!
Ex: The café has become a lot bigger.
그 카페는 더 커졌다.

▶ ❸ 내가 이동할 때, 내가 움직일 때…
= on the go
관계복합부사로 바꾸어 사용 가능
– whenever I'm on the move
내가 이동할 때는 언제든지

▶ ❹ 다양한 관계복합부사로 등급 업!!
Ex: I can listen to music wherever I am, whenever I want to.
나는 내가 어디에 있던지, 원할 때에는 언제든지 항상 음악을 들을 수 있다.

▶ ❺ 답변의 내용을 요약하는 마지막 문장에는 반드시 현재 완료형 사용하기!

Key Expressions

- **back in the day** 과거에는
- **quite** 꽤, 상당히
- **take time** 시간이 걸리다
- **log on to** 접속하다, 로그인하다
- **have become a lot faster** 훨씬 더 빨라지다
- **surf the internet** 인터넷 서핑하다
- **get access to the internet** 인터넷 접속, 연결하다
- **when I'm on the move** 내가 이동 중일 때
- **have become a lot easier** 훨씬 더 쉬워지다
- **thanks to~** ~덕분에

과거에는 인터넷을 연결하는 게 상당히 느렸습니다. 웹사이트에 접속하는 데 오랜 시간이 걸렸습니다. 게다가, 저는 제 컴퓨터로 인터넷에 접속하곤 했습니다. 하지만 지금은 인터넷이 훨씬 더 빨라졌습니다. 웹사이트에 접속하는 데 걸리는 시간은 훨씬 적습니다. 또한 저는 지금 스마트폰으로 인터넷 서핑을 할 수 있습니다. 저는 이동하는 중에도 인터넷에 접속할 수 있습니다. 이제 제가 어디에 있던지, 무엇을 원하던지 인터넷을 할 수 있습니다. 그래서 스마트폰 덕분에 인터넷 서핑이 훨씬 쉬워졌습니다.

OPIc 모범 답변 학습하기

OPIc 질문에 대한 모범 답변을 살펴본 후, 질문의 핵심 포인트를 파악하여 나만의 OPIc 답변을 만들어 보세요.

4 Tell me about when you used the internet to get a project done. What was the project about? How did the internet help you do that project? 🎧 MP3 03_Q4

어떠한 프로젝트를 끝내기 위해 인터넷을 사용한 경험에 대해 말해 주세요. 그 프로젝트는 무엇에 관한 것이었나요? 당신이 그 프로젝트를 하는데 인터넷이 어떻게 도움이 됐나요?

	Structure	Idea
시작 문장	주제 문장 소개	remember doing a project
본문	인터넷을 사용하여 내가 맡았던 프로젝트 수행 경험에 대해 묘사	had to write, surfed the internet, did a lot of searches, gathered some data, put them in my report, worth the time and effort
마무리 문장	나의 답변 마무리	helpful, doing my project

Model Answer 🎧 MP3 03_A4

I **❶ remember doing** a project at work recently.
I had to write a report for the project. **A**
I surfed the internet and **❷ did a lot of searches**.
I gathered some data and put them in my report. **B**
The report **❸ became better** because there was a lot of information in it.
❹ It was worth the time and effort. **C**
So, surfing the internet was very helpful when I was doing my project.

Expanding Your Answer

더 풍부하고 논리적인 답변을 위해 문장을 추가해 보세요.

A I was in charge of the project so I felt a lot of pressure.
제가 프로젝트 책임자였기 때문에 압박감을 많이 느꼈습니다.

B It took ages so I had to ask other team members for help.
시간이 매우 오래 걸렸기 때문에 다른 팀 사람들에게 도움을 요청해야만 했습니다.

C I did a presentation using the information I found, and fortunately, it went well.
찾은 정보를 활용하여 프레젠테이션을 했는데 다행히 잘 끝났습니다.

Tips for Better Answers

▶ **❶** remember + 동명사: (동명사)를 기억하다
= recall
과거의 경험에 대해 이야기할 때 정확한 시간, 때를 먼저 말할 수 있음
= a few years ago, about two months ago
Ex: A few years ago, I did a project at work.
몇 년 전에 나는 회사에서 어떤 프로젝트를 수행했다.

▶ **❷** a lot of를 더 고급 표현인 tons of, various, numerous로 바꿔서 표현 가능
또한 관계 대명사 which를 활용하여 다양한 문장구조 만들기
Ex: I did tons of searches which were related to my work.
내 일과 관련된 정보 찾기를 엄청 많이 했다.

▶ **❸** better 보다 더 고급 형용사 사용 가능
Ex: The report became much more organized.
리포트는 훨씬 더 잘 정돈되었다.

▶ **❹** worth 명사: (명사)를 쓸/할 가치가 있다
Ex: Spending money on expensive hotels is worth it.
비싼 호텔에 돈을 쓰는 것은 가치가 있다.

Key Expressions

- **do a project** 프로젝트를 하다
- **recently** 최근에
- **write a report** 리포트를 쓰다
- **do a lot of searches** 많은 조사를 하다
- **gather some data** 정보를 모으다
- **become better** 더 나아지다, 좋아지다
- **worth the time and effort** 시간과 노력이 아깝지 않다
- **helpful** 도움이 되는

제가 최근에 회사에서 프로젝트를 했던 것이 기억납니다. 저는 그 프로젝트에 대한 보고서를 써야 했습니다. 인터넷 서핑을 하고 몇 가지 검색을 했습니다. 저는 몇 가지 자료를 모아 제 보고서에 사용했습니다. 그 보고서에는 많은 정보가 들어 있었기 때문에 더 나아졌습니다. 시간과 노력을 들일 만한 가치가 있었습니다. 그래서 프로젝트를 할 때 인터넷 서핑은 매우 도움이 되었습니다.

OPIc 모범 답변 학습하기

OPIc 질문에 대한 모범 답변을 살펴본 후, 질문의 핵심 포인트를 파악하여 나만의 OPIc 답변을 만들어 보세요.

5 I'm sure you have things that you remember seeing on the internet. Talk about a memorable posting that you saw on the internet. Why was it memorable for you?

인터넷에서 본 기억에 남는 것들이 있을 겁니다. 기억에 남는 게시물에 대해 이야기해 주세요. 그것이 왜 기억에 남나요?

Structure		Idea
시작 문장	주제 문장 소개	remember, news clips, MeToo movement
본문	인터넷 사용 중 기억에 남는 글이나 영상에 대해 말하기	sexual violence, major issue, commit, sexual harassment, rape, raising their voices, sharing their stories, supporting the victims, criticizing
마무리 문장	나의 답변 마무리	believe, sex crimes, be wiped out

Model Answer

[#MeToo 운동]

I remember watching news clips about the recent MeToo movement. **A**

Sexual violence ❶ has become a major issue. ❷ Some people commit sexual harassment or rape.

More recently, sex crime victims ❸ have been raising their voices.

They ❹ are sharing their stories on the media. **B**

People are supporting the victims and criticizing the sex offenders. This is called the MeToo movement. **C**

I strongly believe that sex crimes should be wiped out completely.

Tips for Better Answers

* 신문 주제의 '기억에 남는 인상 깊었던 뉴스 설명'의 답변 활용

▶ ❶ 현재까지 해결되지 않았고 이슈가 되는 문제점에 대해 이야기하기 때문에 반드시 현재 완료 have p.p 사용 현재 완료 시제를 많이 사용할수록 등급 업!

▶ ❷ 일반화를 피하기 위해 some 사용
Ex: People commit crimes.
(모든) 사람들은 범죄를 저지른다.
Some people commit crimes.
어떤 사람들은 범죄를 저지른다.

▶ ❸ 과거에 시작된 사건이지만 아직까지 이슈가 되고 있으며 해결되지 않은 문제이기 때문에 현재완료진행형 사용

▶ ❹ 지금 당장 진행되고 있는 일이 아닌 근래에 자주 일어나는 일에 대해 묘사할 때에는 be + 동사ing (현재진행형)을 사용

Expanding Your Answer

더 풍부하고 논리적인 답변을 위해 문장을 추가해 보세요.

A I think this movement first started in America.
제 생각에 이 운동은 미국에서 처음 시작한 거 같습니다.

B Also, people use various types of social media to spread the news.
또한, 그들은 다양한 종류의 소셜 미디어를 활용하여 소식을 전달하고 있습니다.

C People say this movement is an opportunity for positive changes.
사람들은 이 운동이 긍정적인 변화를 가져올 기회라고 합니다.

Key Expressions

- **news clips** 짧은 뉴스 영상
- **recent** 최근의, 최신의
- **movement** 운동
- **sexual violence** 성폭력
- **major issue** 중요 쟁점, 중요한 이슈
- **commit sexual harassment** 성희롱을 저지르다
- **rape** 성폭행하다
- **victims** 피해자
- **raise one's voice** ~의 목소리를 내다
- **share stories** 이야기를 나누다, 전달하다
- **support** 돕다, 지원하다
- **criticize** 비난하다, 비판하다
- **be wiped out** 사라지다, 근절되다

최근 MeToo 운동에 대한 뉴스를 본 기억이 납니다. 성폭력이 주요 쟁점이 됐습니다. 어떤 사람들은 성희롱이나 강간을 저지릅니다. 더 최근에는 성범죄 피해자들이 목소리를 높이고 있습니다. 그들은 언론에서 그들의 이야기를 나누고 있습니다. 사람들은 피해자들을 지원하고 성범죄자들을 비난하고 있습니다. 이것을 MeToo 운동이라고 합니다. 저는 성범죄가 완전히 근절되어야 한다고 굳게 믿습니다.

OPIc 모범 답변 학습하기

OPIc 질문에 대한 모범 답변을 살펴본 후, 질문의 핵심 포인트를 파악하여 나만의 OPIc 답변을 만들어 보세요.

6 Talk about the videos that you watch on the internet. What kinds of videos do you like to watch for fun, for work or for school? Why do you like to watch those videos?

🎧 MP3 03_Q6

요즘 인터넷으로 보는 영상에 대해 말해 주세요. 재미를 위해, 일을 위해 또는 공부를 위해 어떤 종류의 영상을 보나요? 그러한 영상들을 보는 것을 좋아하는 이유가 무엇인가요?

	Structure	Idea
시작 문장	주제 문장 소개	when it comes to, whatever is good
본문	본인이 인터넷으로 주로 보는 영상의 종류 나열	video clips, better in quality, fun, entertaining, news clips, movie trailers, take online classes, to learn, helpful, informative, takes less time and effort
마무리 문장	나의 답변 마무리	once again, whatever is fun, when it comes to

Model Answer 🎧 MP3 03_A6

❶ When it comes to video clips, I just watch whatever is good.

Video clips ❷ have become much better in quality than in the past. They are very fun to watch and entertaining. **A**

❸ I watch news clips or movie trailers most often.
+sports clips +comedy clips +music clips

Plus, I take online courses to learn things. **B**
Online courses are very helpful and informative.
It takes much less time and effort to learn things. **C**

Once again, I just watch whatever is fun when it comes to video clips.

Tips for Better Answers

▶ ❶ when it comes to (명사/동명사) ~에 관한 한, ~에 대해서라면…
새로운 주제를 소개할 때 매우 유용!
Ex: When it comes to music, I just listen to whatever is good.
음악에 대해서라면, 나는 그냥 좋은 것이면 아무거나 듣는다.

▶ ❷ 과거와 현재의 비교를 위해 현재 완료형 have become much better 사용
(영상이 과거보다 훨씬 좋아졌으며, 그 좋아진 상태가 지금까지 유지되고 있다는 것을 강조)
Ex: Korean movies have become much better in quality.
한국 영화가 질적으로 과거보다 훨씬 더 좋아졌다.

▶ ❸ 답변의 양을 확보하고 싶을 때에는 예시를 더 많이 제시하기
Ex: I watch many kinds of video clips including news clips, movie trailers, sports clips, music clips and so on.
나는 짧은 뉴스 영상, 영화 예고편, 짧은 스포츠 영상, 짧은 음악 영상 등등의 다양한 비디오 영상들을 본다.

* 실제 즐겨보는 드라마, 영화, YouTube 채널 등에 대해 자유롭게 이야기하기!

Expanding Your Answer

더 풍부하고 논리적인 답변을 위해 문장을 추가해 보세요.

A One of my favorite websites is YouTube because they have various types of video clips.
제가 좋아하는 웹사이트 중 하나는 YouTube인데 다양한 종류의 비디오 영상이 많이 있습니다.

B These days, I am taking some history classes online.
요즘에는 온라인으로 역사 수업을 듣고 있습니다.

C The best part is that I can study anywhere I go.
제일 좋은 점은 제가 어디에 가던지 공부를 할 수 있다는 겁니다.

Key Expressions

- **when it comes to** ~에 대해 말하자면 ~
- **video clips** 짧은 동영상
- **better in quality** 질적으로 낫다
- **entertaining** 흥미로운, 재미있는
- **news clips** 짧은 뉴스 동영상
- **movie trailers** 영화 예고편
- **take online classes** 온라인 수업을 듣다
- **informative** 유용한 정보를 주는, 유익한
- **take less time and effort** 시간과 노력이 덜 들다
- **whatever is fun** 재미있는 것은 무엇이든

영상에 관해 말하자면, 저는 그저 제가 좋아하는 것을 봅니다. 영상은 과거보다 품질이 훨씬 좋아졌습니다. 그것들은 보고 즐기는 것이 저는 매우 재미있습니다. 저는 뉴스 클립이나 영화 예고편을 가장 자주 봅니다. (+스포츠 영상 +코미디 영상 +음악 영상) 게다가, 저는 무언가를 배우기 위해 온라인 강좌를 듣습니다. 온라인 강좌는 매우 유용하고 유익합니다. 무엇인가를 배우는 데 시간과 노력이 훨씬 덜 듭니다. 다시 한번 말하자면, 영상에 관한 한 저는 그냥 재미있으면 봅니다.

OPIc 모범 답변 학습하기

OPIc 질문에 대한 모범 답변을 살펴본 후, 질문의 핵심 포인트를 파악하여 나만의 OPIc 답변을 만들어 보세요.

7 What did you do on the internet yesterday? What websites did you visit? Tell me about the things you did online yesterday.

어제 인터넷을 사용하여 무엇을 했나요? 어떤 웹사이트를 방문했나요? 어제 인터넷으로 한 일들에 대해 말해 주세요.

Structure		Idea
시작 문장	주제 문장 소개	tons of things
본문	어제 인터넷으로 한 일 나열	online searches, news articles, chatted wiht, streamed music, checked the weather forecast, left comments
마무리 문장	나의 답변 마무리	things I did

Model Answer 🎧 MP3 03_A7

I did ❶ tons of things on the internet yesterday.

First, I did online searches or ❷ read news articles. **A**

Also, I chatted with people on messaging apps. **B**

Next, I streamed music or watched movies.

Plus, I checked the weather forecast.

Also, I left comments on people's postings. **C**

❸ So, these were the things I did online yesterday.

Tips for Better Answers

* '본인이 인터넷으로 주로 하는 일'의 모범 답변을 활용하여 말하기 연습!

*** 어제, 즉 과거의 경험에 대해 이야기하기 때문에 반드시 과거형 시제로 바꿔서 말하기

▶ ❶ many, a lot of와 같은 흔한 표현은 피하고 tons of, various, numerous와 같은 고급 표현 활용
   Ex: I could do numerous things on the internet yesterday.
   어제 수많은 것들을 인터넷으로 할 수 있었다.

▶ ❷ read의 과거 시제는 read! 발음에 유의하기
   현재형: [ri:d]
   과거형: [réd]

▶ ❸ 일반적으로 한 일들이나 과거에 한 일들을 나열한 후에 마무리 문장은 〈so, these are/were the things 주어 + 현재형/과거형 동사〉로 마무리하기
   Ex: So, these are the things I do these days.
   이것들이 내가 요즘 하는 일들이다.
   So, these when the things I did a few days ago.
   이것들이 내가 며칠 전에 한 일들이다.

Expanding Your Answer

더 풍부하고 논리적인 답변을 위해 문장을 추가해 보세요.

A There were some interesting social issues on the website.
인터넷에 흥미로운 사회적 이슈가 조금 있었습니다.

B Personally, I use a messaging app called Kakao Talk, which is the most popular one in Korea.
개인적으로 전 한국에서 가장 인기 있는 메신저 앱인 카카오톡을 씁니다.

C Then, I watched some video clips on YouTube.
그리고 나서 YouTube에서 영상을 몇 개 봤습니다.

Key Expressions

- **do various types of things** 다양한 것을 하다
- **get access to the internet** 인터넷에 접속하다
- **surf the internet** 인터넷 서핑하다
- **whenever I want to** 내가 원할 땐 언제든지
- **chat with people** 사람들과 채팅 하다, 수다 떨다
- **check the weather forecast** 일기예보를 확인하다
- **leave comments** 댓글을 남기다

저는 어제 인터넷으로 많은 것들을 했습니다. 먼저 온라인 검색을 하거나 뉴스 기사를 읽었습니다. 또한, 저는 메신저 앱으로 사람들과 대화했습니다. 다음으로 음악을 스트리밍해서 듣거나 영화를 보았습니다. 게다가 일기예보를 확인했습니다. 또, 사람들의 글에 댓글을 달았습니다. 이것들이 제가 어제 온라인에서 했던 것들입니다.

OPIc 모범 답변 학습하기

OPIc 질문에 대한 모범 답변을 살펴본 후, 질문의 핵심 포인트를 파악하여 나만의 OPIc 답변을 만들어 보세요.

8 Describe something memorable you saw online for work or for fun. Maybe it was something impressive, unusual or meaningful to you. What was special about it?

당신이 온라인에서 일 또는 재미를 위해 본 것들 중 기억에 남는 것에 대해 묘사하세요. 아마도 그것은 당신에게 인상적이거나, 특이하거나, 의미 있었을 것입니다. 그것이 왜 특별했나요?

	Structure	Idea
시작 문장	주제 문장 소개	remember, news clips, MeToo movement
본문	인터넷 사용 중 기억에 남는 글이나 영상에 대해 말하기	sexual violence, major issue, commit, sexual harassment, rape, raise voices, share stories, supporting victims, criticizing
마무리 문장	나의 답변 마무리	believe, sex crimes, be wiped out

Model Answer

[#MeToo 운동]

I remember watching news clips about the recent MeToo movement.
A

Sexual violence ❶ has become a major issue. ❷ Some people commit sexual harassment or rape.

More recently, sex crime victims ❸ have been raising their voices.

They ❹ are sharing their stories on the media. **B**

People are supporting the victims and criticizing the sex offenders. This is called the MeToo movement. **C**

I strongly believe that sex crimes should be wiped out completely.

Expanding Your Answer

더 풍부하고 논리적인 답변을 위해 문장을 추가해 보세요.

A I think this movement first started in America.
제 생각에 이 운동은 미국에서 처음 시작한 거 같습니다.

B Also, people use various types of social media to spread the news.
또한, 그들은 다양한 종류의 소셜 미디어를 활용하여 소식을 전달하고 있습니다.

C People say this movement is an opportunity for positive changes.
사람들은 이 운동이 긍정적인 변화를 가져올 기회라고 합니다.

Tips for Better Answers

* 신문 주제의 '기억에 남는 인상 깊었던 뉴스 설명'의 답변 그대로 활용

❶ 현재까지 해결되지 않고 이슈가 되는 문제점에 대해 이야기하기 때문에 반드시 현재 완료 have p.p 사용. 현재 완료 시제를 많이 사용할수록 등급 업!

❷ 일반화를 피하기 위해 some 사용
Ex: People commit crimes.
(모든) 사람들은 범죄를 저지른다.
Some people commit crimes.
어떤 사람들은 범죄를 저지른다.

❸ 과거에 시작된 사건이지만 아직까지 이슈가 되고 있으며 해결되지 않은 문제이기 때문에 현재완료진행형 사용

❹ 지금 당장 진행되고 있는 일이 아닌 근래에 자주 일어나는 일에 대해 묘사할 때도 be + 동사ing (현재 진행형)을 사용

Key Expressions

- **news clips** 짧은 뉴스 영상
- **recent** 최근의, 최신의
- **movement** 운동
- **sexual violence** 성폭력
- **major issue** 중요 쟁점, 중요한 이슈
- **commit sexual harassment** 성희롱을 저지르다
- **rape** 성폭행하다
- **victims** 피해자
- **raise one's voice** ~의 목소리를 내다
- **share stories** 이야기를 나누다, 전달하다
- **support** 돕다, 지원하다
- **criticize** 비난하다, 비판하다
- **be wiped out** 사라지다, 근절되다

최근 MeToo 운동에 대한 뉴스를 본 기억이 납니다. 성폭력이 주요 쟁점이 됐습니다. 어떤 사람들은 성희롱이나 강간을 저지릅니다. 더 최근에는 성범죄 피해자들이 목소리를 높이고 있습니다. 그들은 언론에서 그들의 이야기를 나누고 있습니다. 사람들은 피해자들을 지원하고 성범죄자들을 비난하고 있습니다. 이것을 MeToo 운동이라고 합니다. 저는 성범죄가 완전히 근절되어야 한다고 굳게 믿습니다.

OPIc 모범 답변 학습하기

OPIc 질문에 대한 모범 답변을 살펴본 후, 질문의 핵심 포인트를 파악하여 나만의 OPIc 답변을 만들어 보세요.

9 What kinds of concerns do people have about internet use nowadays? They could be about issues regarding safety, privacy, or security. How have these concerns affected people's lives?

요즘 사람들은 인터넷 사용에 대해 어떤 걱정을 하나요? 안전, 프라이버시 또는 보안과 관련된 문제일 수 있습니다. 이러한 우려가 사람들의 삶에 어떤 영향을 끼쳤나요?

Structure		Idea
시작 문장	주제 문장 소개	online security major concern
본문	인터넷을 자주 사용함으로써 발생할 수 있는 문제점 나열	huge hacking incidents from time to time, get attacked by, cause a lot of damage, personal information, stolen, identify theft, incident, security breach, misused
마무리 문장	나의 답변 마무리	once again, a major concern, online security

Model Answer

Online security ❶ has become a major concern among people.
There are huge hacking incidents ❷ from time to time. A
Online systems ❸ get attacked by hackers, ❹ which cause a lot of damage.
Sometimes, large amounts of personal information ❸ are stolen. B
They ❸ are often used for crimes such as identity theft.
The recent Facebook incident was a good example of a security breach. The usage history of tens of millions of users ❸ was misused. C
❺ Once again, a major concern among people is online security.

Expanding Your Answer

더 풍부하고 논리적인 답변을 위해 문장을 추가해 보세요.

A Actually, a bank in Korea was hacked a few months ago.
사실 한국의 은행 한 곳이 몇 달 전 해킹 당했습니다.

B This is happening everywhere in the world.
이 일은 세계 곳곳에서 발생하고 있습니다.

C I deleted my Facebook account because of this incident.
이 사건 때문에 제 페이스북 계정을 삭제했습니다.

Tips for Better Answers

* 14번 기출문제

❶ 현재 사람들이 걱정하고 있는 이슈에 대해 이야기하기 때문에 반드시 현재 완료형 사용

❷ 가끔, 이따금
sometimes보다 고급 표현을 사용하여 등급 업!
문장의 시작으로 사용 가능
Ex: From time to time, problems related to the internet occur.
때때로 인터넷 관련된 문제들이 발생한다.

❸ 등급 업을 위해 수동태 사용 늘리기
get attacked / be stolen / be used / be misused
Ex: People's personal information has been stolen by hackers.
해커들에 의해 사람들의 개인 정보가 도난 당했다.

❹ 다양한 문장구조를 만들기 위해 명사로 끝나는 문장 끝에 which를 활용하여 한 문장 더 만들어 이어 붙이기 연습하기
Ex: Person information is stolen, which is worrisome.
개인 정보가 도난 당했고 이것이 걱정스럽다.

❺ 답변 양이 부족하다고 느껴질 때에는 질문에 나온 중요 문장을 다시 한번 반복!
질문: What kinds of concerns do people have about internet use nowadays? How have these concerns affected people's lives?
→ 요즘 사람들은 인터넷 사용에 대해 어떤 걱정을 하나요? 이러한 우려가 사람들의 삶에 어떤 영향을 끼치나요?
결론: So, there are many concerns people have about internet use nowadays. I think these concerns affected people's lives.
→ 그래서 요즘 인터넷 사용에 관해 사람들의 걱정거리가 많다. 이런 걱정들이 사람들의 삶에 영향을 미친다고 생각한다.
외국에서도 잘 알려진 사건을 묘사할 경우 채점관이 더 쉽게 이해할 수 있음

Key Expressions

- **online security** 온라인 보안
- **major concern** 주요 쟁점, 중요한 이슈
- **hacking incident** 해킹 사건
- **from time to time** 때때로
- **get attacked by** ~에게 공격 당하다
- **cause** 야기하다, 일으키다
- **personal information** 개인 정보
- **be stolen** 도난 당하다
- **crime** 범죄
- **identity theft** 신원 도용
- **good example** 좋은 예시
- **security breach** 보안 위반
- **be misused** 오용되다, 남용되다

온라인 보안은 사람들의 주요 관심사가 되었습니다. 때때로 엄청난 해킹 사건들이 있었습니다. 온라인 시스템은 해커들에게 공격당해서 많은 피해를 입었습니다. 때때로, 많은 양의 개인 정보가 도둑 맞기도 합니다. 그들은 종종 신원 도용과 같은 범죄에 이용됩니다. 최근의 페이스북 사건은 보안 위반의 좋은 예시입니다. 수천만 명의 사용자들의 사용 이력이 오용되었습니다. 다시 한번 말하자면, 사람들의 주요 관심사는 온라인 보안입니다.

OPIc 질문에 대한 모범 답변을 살펴본 후, 질문의 핵심 포인트를 파악하여 나만의 OPIc 답변을 만들어 보세요.

10 How is internet usage different among people in different age groups? How do young people use the internet differently? Discuss this matter in detail. 🎧 MP3 03_Q10

인터넷 사용 방법은 연령대에 따라 어떻게 다른가요? 젊은 사람들은 인터넷을 어떻게 다르게 사용하나요? 이 문제에 대해 자세히 이야기해 주세요.

	Structure	Idea
시작 문장	주제 문장 소개	younger generation, tech-savvy
본문	연령별로 인터넷 사용법이 어떻게 다른지 묘사	active, creative, get access to the internet, do stuff online, on the move, on the other hand, less tech-savvy, less active, on their computers, but not as often as
마무리 문장	나의 답변 마무리	these are, differences, different age groups

Model Answer 🎧 MP3 03_A10

❶ The younger generation are very tech-savvy.

They are very active and creative on the internet. **A**

Plus, they get access to the internet on their smartphones more often.

❷ They always do stuff online when they are on the move.

❸ On the other hand, the older generation are less tech-savvy.

They are less active on the internet. **B**

Plus, they surf the internet on their computers more often.

They do use their smartphones, ❹ but not as often as the younger generation. **C**

So, these are the differences between people in different age groups.

Tips for Better Answers
* 15번 기출문제

▶ ❶ 주로 I를 사용하기보다 3인칭 복수형을 쓰면 높은 점수를 받을 수 있음!
　Ex: Young people are interested in new phones.
　젊은 사람들은 새 핸드폰에 관심이 있다.

▶ ❷ 정확히 무엇을 하는지 나열하고 싶지 않을 때에는 do stuff 또는 do things 라는 표현으로 간략하게 설명
　Ex: I do stuff using my smartphone.
　난 내 핸드폰으로 이것저것 한다.

▶ ❸ 세대별 차이점을 묘사하는 질문이므로 새로운 그룹을 비교하기 위해 on the other hand 사용
　= unlike the younger generation

▶ ❹ but not as often as A: A 만큼 자주는 아니지만
　as ~ as: ~처럼, ~같이, ~와 같을 정도로
　Ex: My phone is not as expensive as your phone.
　내 폰은 네 폰처럼 비싸진 않다.

Expanding Your Answer
더 풍부하고 논리적인 답변을 위해 문장을 추가해 보세요.

A They are constantly talking with their friends and watching video clips.
그들은 끊임없이 친구들과 대화하고 영상을 봅니다.

B Some people do not even have smartphones.
어떤 사람들은 스마트폰조차 없습니다.

C In case of my father, he uses it less than 30 minutes a day.
제 아버지의 경우에는, 그것을 하루에 30분 이하로 사용합니다.

Key Expressions
- **younger generation** 젊은 세대
- **tech-savvy** 기계를 잘 다루는
- **active** 활동적인
- **creative** 창의력 있는, 창의적인
- **get access to the internet** 인터넷에 접속하다
- **do stuff** 이것저것 하다, 무엇인가 하다
- **on the move** 이동할 때
- **less tech-savvy** 기계치, 기계를 잘 다루지 못하는
- **not as often as A** A 만큼 자주는 아닌
- **differences** 차이점
- **age groups** 연령대의 사람들

젊은 세대는 기술에 능통합니다. 그들은 인터넷에서 매우 활발하고 창의적입니다. 게다가, 그들은 스마트폰으로 인터넷에 더 자주 접속합니다. 그들은 움직이면서 항상 인터넷으로 무엇인가를 합니다. 반면에, 기성 세대는 기술에 덜 익숙합니다. 그들은 인터넷에서 덜 활동적입니다. 게다가, 그들은 그들의 컴퓨터로 더 자주 인터넷 서핑을 합니다. 그들도 스마트폰을 사용하기는 하지만 젊은 세대보다 많이 사용하지 않습니다. 이것들이 다른 연령대의 사람들 사이의 차이점입니다.

Chapter 04

Phones / Technology

빈출 주제 파악하기

질문을 제대로 파악하는 것만으로도 성공적으로 시험을 치를 수 있습니다. OPIc에서 자주 출제되는 질문들을 알아보세요.

Phones

1 What do you like most about your phone? Maybe you like the camera or maybe you like certain applications. Tell me why you like those features.

당신의 휴대폰에서 가장 마음에 드는 것은 무엇인가요? 카메라를 좋아하거나 특정 어플리케이션을 좋아할 수도 있습니다. 왜 그런 기능들을 좋아하는지 말해 주세요.

문항 유형	휴대폰에 대해 가장 좋아하는 기능 묘사
문항 수준	Intermediate
핵심 포인트	• 인터넷 주제의 '내가 인터넷으로 주로 하는 일'에서 쓰인 표현과 어휘, 스토리라인을 그대로 활용해서 말하기 연습 • 본인이 휴대폰을 사용할 때 가장 좋아하는 기능을 서술하기 때문에 주어는 I 사용 • 평상시 쓰는 핸드폰의 편리한 기능을 묘사하기 때문에 현재 시제 사용
중요도	★★★

2 **What do you do on your phone besides talking to people? Do you make updates on your social media page? Do you play games? Tell me what you typically do on your phone.**

사람들과 이야기하는 것 외에 전화로 무엇을 하나요? 소셜 미디어 업데이트를 하나요? 게임을 하나요? 전화기로 주로 무엇을 하는지 말해 주세요.

문항 유형	전화 통화 외에 전화기로 주로 하는 일들 묘사
문항 수준	Intermediate
핵심 포인트	• 본인이 일반적인 습관을 서술하기 위해 주어 I 사용 • 음악 듣기, 운동하기 등 본인이 휴대폰으로 할 수 있는 다양한 일을 현재형 시제로 묘사 • 다양한 부사 및 접속사 사용하여 순서대로 나열
중요도	★★★

3 **Tell me about the first phone you used. How was it different from the phone you are using now?**

처음 사용한 전화기에 대해 말해 주세요. 지금 쓰고 있는 전화기와 어떻게 다른가요?

문항 유형	첫 전화기와 지금 전화기 비교
문항 수준	Advanced
핵심 포인트	• 처음으로 사용했던 휴대폰을 묘사하기 위해 과거 시제와 주어 I 사용 • 그 후 현재 쓰고 있는 전화기와의 차이점을 비교
중요도	★★★★★

4 **Tell me about a time when you had trouble while using your phone. What was the problem and how did you deal with the situation?**

전화기를 사용하던 중 문제가 있었던 때에 대해 말해 주세요. 무엇이 문제였고 어떻게 대처했나요?

문항 유형	전화기 사용 중 문제 설명
문항 수준	Advanced
핵심 포인트	• 휴대폰에 문제가 생겨서 겪었던 불편한 사항에 대해 주어 I를 사용하여 자세히 나열 • 과거의 경험이기 때문에 과거형 시제 사용 • 그 경험으로 인해 느낀 점 또는 배운 점 추가
중요도	★★★★★

5 **Describe how people used cell phones five years ago. What did they do with their phones or mobile applications? What are some of the biggest changes in how people use their phones?**

5년 전에 사람들이 휴대폰을 어떻게 사용했는지 묘사하세요. 그들의 전화기나 모바일 어플리케이션으로 무엇을 했나요? 사람들이 휴대폰을 사용하는 방법에 있어서 가장 큰 변화는 무엇인가요?

문항 유형	5년 전 휴대폰 특징 묘사, 현재 휴대폰과 비교
문항 수준	Advanced
핵심 포인트	• 14번 기출문제 • 과거 휴대폰의 기능, 특징을 현재의 휴대폰과 비교하기 위해 시제는 과거 시제와 현재 시제 둘 다 사용 • 주어는 cell phones/smartphones/they 를 사용하며 최대한 주어 I 사용은 피하기
중요도	★★★★★

6 In some societies, there is a concern that young people are not developing face-to-face communication skills because they spend too much time on their phones. What do people in your country think about the way in which young people use their phones?

일부 사회에서는, 젊은 사람들이 전화기를 사용하는 데 너무 많은 시간을 소비하기 때문에 직접 대면하는 의사소통 방법을 익히지 못한다는 우려가 있습니다. 당신 나라의 사람들도 젊은 사람들이 휴대폰을 사용하는 방식에 대해 어떻게 생각하나요?

문항 유형	젊은이들의 휴대폰 과다 사용 부작용 설명
문항 수준	Advanced
핵심 포인트	• 15번 기출문제 • 현재 사람들이 관심 가지고 있는 사회적 문제에 대한 질문이기 때문에 시제는 현재형과 현재완료형을 사용 • 사람들의 의견 및 생각에 대해 서술하기 때문에 주어는 people/they 사용
중요도	★★★★★

7 I would like to know about the phone calls that you make. What kinds of things do you talk about with your friends over the phone?

당신이 하는 전화 통화에 대해 말해 주세요. 친구들과 전화 통화를 하면서 어떤 이야기를 나누나요?

문항 유형	친구들과 전화 통화 주제 묘사
문항 수준	Intermediate
핵심 포인트	• 친구들과 나의 습관을 묘사하기 때문에 주어는 I 와 we 사용 • 전화 통화할 때 주로 나오는 대화 내용을 다양한 접속사와 현재형을 사용하여 나열
중요도	★★★

8 Tell me when and where you talk on the phone most often. Who do you talk with most often when you talk on the phone?

언제 어디서 가장 자주 통화하는지 알려 주세요. 전화 통화할 때 누구와 가장 자주 통화하나요?

문항 유형	전화 통화 상대, 장소, 시간 묘사
문항 수준	Intermediate
핵심 포인트	• 본인이 평소에 자주 통화하는 상대와 용건을 간단하게 묘사 • 주어는 I 를 사용하여 평소의 습관 묘사이기 때문에 현재형 유지 • 주로 통화 하는 장소 언급
중요도	★★★

9 Tell me about a recent phone call you remember. Who did you talk to and what did you talk about? What made that phone call so memorable?

최근에 한 전화 통화에 대해 말해 주세요. 누구와 무슨 이야기를 나누었나요? 왜 그 전화 통화가 기억에 남나요?

문항 유형	최근에 친구와 한 기억에 남는 전화 통화 설명
문항 수준	Advanced
핵심 포인트	• 영화 주제의 '좋아하는 배우가 나오는 영화'에 대한 답변 활용 • 과거의 경험이기 때문에 과거 시제 사용 • 혼자 경험한 일이라면 주어 I, 사건 발생 당시 동반한 친구나 가족이 있다면 주어 we 사용
중요도	★★★

10 How did you get to pick your current phone? Did someone recommend that phone to you? What were some things that made you buy that phone?

현재 사용하는 휴대폰은 어떻게 고르게 됐나요? 누가 그 휴대폰을 추천했나요? 그 휴대폰을 사게 만든 것은 무엇인가요?

문항 유형	현재 본인이 사용하는 휴대폰 기종 선택 이유 설명
문항 수준	Advanced
핵심 포인트	• 현재 사용하고 있는 휴대폰의 종류와 산 이유, 가격 등 휴대폰 구매 관련 경험을 과거 시제를 사용하여 나열 • 본인의 경험이기 때문에 주어는 I 사용
중요도	★★★

Technology

1 What kinds of technology do people typically use in your country? Do people use computers, cell phones or hand-held devices? What are some common forms of technology that people use?

당신 나라의 사람들은 보통 어떤 종류의 기술을 사용하나요? 사람들이 컴퓨터, 휴대폰 또는 휴대용 기기를 사용하나요? 사람들이 사용하는 일반적인 형태의 기술은 무엇인가요?

문항 유형	사람들이 가장 많이 사용하는 기술 묘사
문항 수준	Intermediate
핵심 포인트	• 사람들이 가장 자주 사용하는 기계로 스마트폰 선택 후 묘사 • 인터넷 주제의 '사람들이 인터넷으로 주로 하는 일'에서 쓰인 표현과 어휘, 그리고 스토리라인을 그대로 활용해서 말하기 연습 • 한국 사람들이 주로 쓰는 기능 묘사를 위해 주어는 people/they 사용
중요도	★

2 What piece of technology do you use most often? Do you use computers or mobile phones? Tell me about the most typical type of technology you use every day.

어떤 기계를 가장 자주 사용하나요? 컴퓨터나 휴대폰을 사용하나요? 매일 사용하는 가장 일반적인 기계에 대해 말해 주세요.

문항 유형	일상적으로 가장 많이 사용하는 기술 묘사
문항 수준	Intermediate
핵심 포인트	• 가장 좋아하는 기계로 휴대폰 선택 후 묘사 • 인터넷 주제의 '내가 인터넷으로 주로 하는 일'에서 쓰인 표현과 어휘, 그리고 스토리라인을 그대로 적용해서 말하기 연습 • 평상시 나의 경험이기 때문에 주어 I 와 현재 시제 사용
중요도	★

3 Technology has definitely changed over time. Tell me about an early memory that you have about a piece of technology. It could be a computer or a mobile phone from many years ago. How has that technology changed over time?

기술은 시간이 지남에 따라 확실히 바뀌었습니다. 기술에 대한 예전 기억에 대해 말해 주세요. 수년 전의 컴퓨터나 휴대폰일 수 있습니다. 시간이 지남에 따라 그 기술은 어떻게 변했나요?

문항 유형	특정 기술의 변화 설명
문항 수준	Advanced
핵심 포인트	• 비교할 기술로 휴대폰 선택하여 과거와 현재 비교 • 과거 휴대폰의 기능, 특징을 현재의 휴대폰과 비교하기 위해 시제는 과거 시제와 현재 시제 둘 다 사용 • 주어는 cell phones/smartphones/they 를 사용
중요도	★★★

4 Problems often come up because of our dependence on technology. Think about a time when you experienced a problem because some piece of technology was not working properly. Maybe your computer crashed or maybe your cell phone had no service. Tell me about a time when you had some kind of problem getting technology to work.

우리는 기계에 많이 의존하기 때문에 종종 문제가 발생합니다. 기계가 제대로 작동하지 않았기 때문에 문제를 겪었던 때를 생각해 보세요. 컴퓨터가 고장 났거나 휴대폰이 고장 났을 수도 있습니다. 기계를 작동시키는 데 문제가 있었던 경험에 대해 말해 주세요.

문항 유형	어떤 기술에 문제가 있어서 겪은 불편 설명
문항 수준	Advanced
핵심 포인트	• 기계 관련 문제점으로 휴대폰 선택 • 가지고 있던 휴대폰에 문제가 생겨 겪었던 불편한 사항에 대해 자세히 나열 • 과거의 경험이기 때문에 과거 시제 사용 • 그 경험으로 인해 느낀 점 또는 배운 점 추가
중요도	★★★

OPIc 모범 답변 학습하기

OPIc 질문에 대한 모범 답변을 살펴본 후, 질문의 핵심 포인트를 파악하여 나만의 OPIc 답변을 만들어 보세요.

1. What kinds of technology do people typically use in your country? Do people use computers, cell phones or hand-held devices? What are some common forms of technology that people use?

🎧 MP3 04_Q1

당신 나라의 사람들은 보통 어떤 종류의 기술을 사용하나요? 사람들이 컴퓨터, 휴대폰 또는 휴대용 기기를 사용하나요? 사람들이 사용하는 일반적인 형태의 기술은 무엇인가요?

	Structure	Idea
시작 문장	주제 문장 소개	tons of things on their smartphones
본문	사람들이 핸드폰을 쓸 때 주로 하는 일 나열	check messages, play online games, watch video clips, shop online, online banking
마무리 문장	나의 답변 마무리	these are, things people do

Model Answer 🎧 MP3 04_A1

People do tons of things on their ❶ smartphones these days.

First, they send email or ❷ check messages. **A**

Plus, they play online games or watch video clips.

Also, they ❸ post things on social media quite often.

❹ Plus, they shop online or do online banking. **B**

So, these are the things people do on their smartphones.
C

Tips for Better Answers

❶ 인터넷 주제의 '사람들이 인터넷으로 주로 하는 일' 답변 활용
사람들이 자주 사용하는 기계로 스마트폰을 묘사해야 하기 때문에 서론과 본론에 꼭 **핵심 단어**인 smartphone 언급 필요

❷ 일반적으로 하는 행동을 묘사할 때 반드시 **복수 명사** 사용
Ex: I check messages using my smartphone.
나는 내 스마트폰을 활용하여 문자를 확인한다.

❸ 소셜 미디어에 무엇인가를 올리다
= put things on social media
SNS (Social Networking Service)는 원어민이 쓰는 표현이 아니기 때문에 쓰지 않기
답변의 양을 늘리기 위해 social media의 종류를 나열하는 것도 추천 방법
= I am on social media, such as Facebook and Instagram.
나는 페이스북, 인스타그램과 같은 소셜 미디어를 한다.

❹ 접속사: 게다가, 뿐만 아니라
= besides, in addition, moreover, furthermore
문법 실수를 줄이기 위해 **문장의 제일 앞**에 넣어서 사용
Ex: Besides, I enjoy online shopping.
뿐만 아니라 난 온라인 쇼핑을 즐긴다.

Expanding Your Answer
더 풍부하고 논리적인 답변을 위해 문장을 추가해 보세요.

A I use an application called Kakao Talk because I don't need to pay for using it.
저는 카카오톡이라는 앱을 사용하는데 돈을 낼 필요가 없기 때문입니다.

B I don't need to go to banks in person to do any banking work.
은행 업무를 보기 위해 직접 은행에 갈 필요가 없습니다.

C I cannot imagine living without my smartphone.
스마트폰 없는 삶은 상상할 수도 없습니다.

Key Expressions

- **do tons of things** 수많은 것을 하다
- **these days** 요즘에는, 근래에는
- **send email** 이메일을 보내다
- **check messages** 메시지를 확인하다
- **social media** 소셜 미디어, SNS
- **play online games** 온라인 게임을 하다
- **watch video clips** 동영상을 보다
- **shop online** 온라인 쇼핑을 하다
- **do online banking** 온라인 뱅킹을 하다

사람들은 요즘 스마트폰으로 많은 것들을 합니다. 첫째, 그들은 이메일을 보내거나 메시지를 체크합니다. 게다가, 그들은 온라인 게임을 하거나 비디오를 봅니다. 또한, 그들은 소셜 미디어에 자주 글을 올립니다. 뿐만 아니라 그들은 온라인 쇼핑을 하거나 온라인 뱅킹을 합니다. 이런 것들이 사람들이 스마트폰으로 하는 것들입니다.

OPIc 모범 답변 학습하기

OPIc 질문에 대한 모범 답변을 살펴본 후, 질문의 핵심 포인트를 파악하여 나만의 OPIc 답변을 만들어 보세요.

2-1 What do you like most about your phone? Maybe you like the camera or maybe you like certain applications. Tell me why you like those features.
🎧 MP3 04_Q2-1

당신의 휴대폰에서 가장 마음에 드는 것은 무엇인가요? 카메라를 좋아하거나 특정 어플리케이션을 좋아할 수도 있습니다. 왜 그런 기능들을 좋아하는지 말해 주세요.

2-2 What piece of technology do you use most often? Do you use computers or mobile phones? Tell me about the most typical type of technology you use every day.
🎧 MP3 04_Q2-2

어떤 기계를 가장 자주 사용하나요? 컴퓨터나 휴대폰을 사용하나요? 매일 사용하는 가장 일반적인 기계에 대해 말해 주세요.

	Structure	Idea
시작 문장	주제 문장 소개	cell phone, every single day
본문	자주 사용하는 기계: 휴대폰 휴대폰으로 평상시 하는 일 묘사	get access to the internet, whenever I want to, do online searches, read news articles, check the weather forecast
마무리 문장	나의 답변 마무리	things I do

Model Answer 🎧 MP3 04_A2

I use my cell phone ❶ every single day.

I ❷ usually use my smartphone to get access to the internet. So, I can surf the internet ❸ whenever I want to.

First, I do online searches or read news articles. **A**

Also, I chat with people on messaging apps. **B**

❹ Next, I stream music or watch movies. **C**

Plus, I check the weather forecast.

Also, I leave comments on people's postings.

So, these are the things I do on my phone.

Expanding Your Answer
더 풍부하고 논리적인 답변을 위해 문장을 추가해 보세요.

A Actually, I have a plan to travel to China next month, so these days, I am searching for travel information these days.
사실 저는 다음 달에 중국으로 여행 갈 계획이 있기 때문에 요즘 여행 정보를 찾고 있습니다.

B My friends and I enjoy watching Korean movies and dramas so we often talk about those.
친구들과 저는 한국 영화와 드라마 보는 것을 매우 좋아해서 그것에 대해 자주 이야기합니다.

C I am a big fan of BTS, so I usually listen to their music.
저는 BTS의 엄청난 팬이어서 그들의 음악을 주로 듣습니다.

Tips for Better Answers
인터넷 주제의 '내가 인터넷으로 주로 하는 일'의 답변 내용 최대한 활용

❶ '하루도 빠짐없이'라는 뜻으로 every day를 강조하기 위해 사용
Ex: I go jogging every single day.
나는 매일 하루도 빠짐없이 조깅을 한다.

❷ 부사
= normally: 보통
  occasionally: 가끔, 때때로
  generally: 일반적으로
문법 실수를 줄이기 위해 문장의 제일 앞이나 주어 뒤에 사용
Ex: I usually check the weather.
    Usually, I check the weather.
나는 보통 날씨를 확인한다.

❸ 복합관계부사를 사용하여 다양한 문장 구조로 말하기 연습 필수
Ex: I can use the internet wherever I go.
나는 어디를 가던지 인터넷을 사용할 수 있다.

❹ 아이디어를 나열할 때 다양한 접속사 및 부사 활용
besides, furthermore, moreover
뿐만 아니라, 더욱이, 게다가

Key Expressions
- **every single day** 매일매일
- **get access to the internet** 인터넷에 접속하다
- **surf the internet** 인터넷 서핑하다
- **whenever I want to** 내가 원할 때에는 언제든지
- **chat with people** 사람들과 채팅하다, 수다 떨다
- **check the weather forecast** 일기예보를 확인하다
- **leave comments** 댓글을 남기다

저는 매일 휴대폰을 사용합니다. 주로 스마트폰을 사용하여 인터넷에 접속합니다. 그래서 저는 언제든지 인터넷을 할 수 있습니다. 첫째, 온라인 검색을 하거나 뉴스 기사를 읽습니다. 또한, 메신저 앱으로 사람들과 대화합니다. 그리고 음악을 스트리밍해서 듣거나 영화를 봅니다. 게다가, 일기예보를 확인합니다. 또, 저는 사람들의 게시물에 댓글을 달기도 합니다. 이러한 것들이 제가 폰으로 하는 것들입니다.

OPIc 모범 답변 학습하기

OPIc 질문에 대한 모범 답변을 살펴본 후, 질문의 핵심 포인트를 파악하여 나만의 OPIc 답변을 만들어 보세요.

3 What do you do on your phone besides talking to people? Do you make updates on your social media page? Do you play games? Tell me what you typically do on your phone. 🎧 MP3 04_Q3

사람들과 이야기하는 것 외에 전화로 무엇을 하나요? 소셜 미디어를 업데이트를 하나요? 게임을 하나요? 전화기로 주로 무엇을 하는지 말해 주세요.

	Structure	Idea
시작 문장	주제 문장 소개	making phone calls, listen to music
본문	전화 외 음악 듣는 습관 묘사 (언제, 어디서 주로 듣는지)	whenever I want to, on the move, driving, walking down the street, working out, feel down, gloomy
마무리 문장	나의 답변 마무리	listen to music

Model Answer 🎧 MP3 04_A3

❶ Other than making phone calls, I mostly listen to music on my smartphone.

So, I can listen to music ❷ whenever I want to.

I like to listen to music when I'm on the move.

I usually do that on the subway or the bus. **A**

+Plus, I listen to music in the car ❸ when I'm driving.

+Also, I listen to music when I'm ❹ walking down the street.

+Next, I listen to music when I'm ❹ working out. **B**

+Next, I ❺ listen to music when I'm working or studying.

+Plus, I listen to music when I feel down or gloomy. **C**

+Also, I listen to music when I'm bored.

So, I listen to music on my phone wherever I am.

Expanding Your Answer

더 풍부하고 논리적인 답변을 위해 문장을 추가해 보세요.

A It takes about 30 minutes from my house to work by bus, so listening to music is a must.
집에서 회사까지 약 30분 정도 걸리기 때문에 꼭 음악을 들어야 합니다.

B Since I am working out, I usually listen to speedy music.
운동을 하기 때문에 보통 빠른 음악을 듣습니다.

C Listening to K-pop music helps me cheer up because most K-pop songs are fast-paced.
K-pop 노래들은 대부분 속도가 빠르기 때문에 그 음악을 들으면 기분이 좋아집니다.

Tips for Better Answers

* 음악 주제의 '음악을 듣는 장소, 시간 묘사' 답변에 활용 가능

▶ ❶ other than 명사, 동명사: (명사, 동명사) 외에도~
Ex: Other than listening to music, I also watch movies on my phone.
음악 듣는 것 외에 나는 내 휴대폰으로 영화를 본다.

▶ ❷ 복합관계부사 사용으로 등급 업!
Ex: I can listen to music whenever I want to, wherever I am.
내가 원할 때에는 언제든지 어디에 있던지 음악을 들을 수 있다.

▶ ❸ '어떠한 행동을 하는 중'이라는 것을 강조하기 위해 현재형이 아닌 현재진행형 사용
while + 동명사로 대체 가능
Ex: I listen to music while driving.
나는 운전 중에 음악을 듣는다.

▶ ❹ walking과 working out 발음 차이 유의
walk 워크 / work 월~크
등급 업을 위해 R/L 또는 TH/S와 같은 기본 영어 발음 실수를 최대한 줄이기

▶ ❺ listen to music을 다양한 부사, 동사를 활용하여 문장 구조 바꿔 말하기
Ex: I enjoy listening to music. / I often listen to music.
나는 음악 듣는 것을 즐긴다. / 나는 자주 음악을 듣는다.
I always listen to music. / I prefer to listen to music.
나는 항상 음악을 듣는다. / 나는 음악 듣는 것을 선호한다.

Key Expressions

- **mostly** 대체로, 대부분
- **on the move** 이동 중에
- **usually** 보통, 대개
- **when I'm driving** 운전 중에
- **when I'm walking down the street** 길을 걷는 중에
- **when I'm working out** 운동 중에
- **when I'm working** 일하는 중에
- **feel down** 우울하다, 울적하다
- **gloomy** 우울하다, 침울하다
- **bored** 심심한, 지겨운

저는 전화 통화 말고도 주로 스마트폰으로 음악을 듣습니다. 그래서 언제든지 음악을 들을 수 있습니다. 이동 중일 때 음악 듣는 것을 좋아합니다. 지하철이나 버스에서 주로 그렇게 합니다. (+또한, 운전할 때 차 안에서 음악을 듣습니다. +또한, 길을 걸을 때 음악을 듣습니다. +다음으로, 운동을 할 때 음악을 듣습니다. +또한, 저는 일을 하거나 공부를 할 때 음악을 듣습니다. +그리고, 기분이 우울하거나 울적할 때 음악을 듣습니다. +또한 심심할 때 음악을 듣습니다.) 그래서 저는 어디에 있든지 핸드폰으로 음악을 듣습니다.

OPIc 모범 답변 학습하기

OPIc 질문에 대한 모범 답변을 살펴본 후, 질문의 핵심 포인트를 파악하여 나만의 OPIc 답변을 만들어 보세요.

4-1 Tell me about the first phone you used. How was it different from the phone you are using now? 🎧 MP3 04_Q4-1

처음 사용한 전화기에 대해 말해 주세요. 지금 쓰고 있는 전화기와 어떻게 다른가요?

4-2 Technology has definitely changed over time. Tell me about an early memory that you have about a piece of technology. It could be a computer or a mobile phone from many years ago. How has that technology changed over time? 🎧 MP3 04_Q4-2

기술은 시간이 지남에 따라 확실히 바뀌었습니다. 당신이 가지고 있는 기술에 대한 예전 기억에 대해 말해 주세요. 수년 전의 컴퓨터나 휴대폰일 수 있습니다. 시간이 지남에 따라 그 기술은 어떻게 변했나요?

	Structure	Idea
시작 문장	주제 문장 소개	first phone
본문	5년 전 휴대폰의 기능과 현재 휴대폰의 기능 차이 묘사	able to make phone calls, send text messages, phones have changed, have become a lot better
마무리 문장	나의 답변 마무리	have made a world of difference

Model Answer 🎧 MP3 04_A4

My first cell phone was ❶ a just phone.
I ❷ was able to just make phone calls and send text messages, but that was it. **A**
However, phones ❸ have changed a lot over the years. **B**
They have become a lot better in quality than in the past. **C**
I can do ❹ a lot more on my smartphone now.
I can get access to the internet whenever I want to.
So, smartphones ❺ have made a world of difference in our lives.

Tips for Better Answers

▶ ❶ = a simple phone 단순한 휴대폰
 Ex: My phone is just a simple phone.
 내 핸드폰은 그냥 단순한 휴대폰이다.

▶ ❷ just가 들어감으로 문장의 의미가 변함
 I was able to make phone calls.
 전화 통화를 할 수 있었다.
 I was able to just make phone calls.
 전화 통화 정도만 할 수 있었다.
 = only: just와 비슷한 의미
 Ex: I could make only phone calls.
 전화 통화 외에 다른 것은 다 되지 않았다.

▶ ❸ 과거와 현재를 비교하는 답변이기 때문에 높은 등급을 받기 위해 반드시 현재 완료형 사용

▶ ❹ 비교급 more를 강조하는 표현
 Ex: The speed of the internet in the city is a lot faster than in the countryside.
 도시의 인터넷 속도는 시골보다 훨씬 더 빠르다.

▶ ❺ 매우 큰 차이, 변화를 만들다, 가져오다
 현재까지 우리의 삶에 영향을 주고 있기 때문에 현재 완료형 사용
 Ex: The new system has made a world of difference in Korea.
 새로운 시스템은 한국에 매우 큰 변화를 가져왔다.

Expanding Your Answer

더 풍부하고 논리적인 답변을 위해 문장을 추가해 보세요.

A I thought that buying a phone was a waste of money at that time.
그 당시에는 휴대폰을 사는 것이 돈 낭비라고 생각했습니다.

B Now, they have various kinds of functions and features.
이제 휴대폰은 다양한 종류의 기능과 특징이 있습니다.

C Newly released smartphones are durable and they are cost-efficient.
새로 출시되는 스마트폰은 내구성이 있고 비용적으로 효율성이 있습니다.

Key Expressions

- **be able to** ~을 할 수 있다
- **That is it.** 그게 다다. = That is all.
- **over the years** 지난 몇 년간
- **a lot better in quality** 질적으로 훨씬 좋아진
- **get access to the internet** 인터넷에 접속, 연결하다
- **whenever I want to** 내가 원할 때에는 언제든지
- **make a world of difference** 큰 차이, 변화를 가져오다

제 첫 번째 휴대폰은 그냥 휴대폰이었습니다. 통화를 하고 문자도 보낼 수 있었는데 그게 다였습니다. 하지만, 휴대폰은 몇 년 동안 많이 바뀌었습니다. 과거보다 질적으로 훨씬 좋아졌습니다. 저는 지금 스마트폰으로 더 많은 것을 할 수 있습니다. 제가 원할 때 언제든지 인터넷에 접속할 수 있습니다. 스마트폰은 우리 생활에 큰 변화를 가져왔습니다.

OPIc 모범 답변 학습하기

OPIc 질문에 대한 모범 답변을 살펴본 후, 질문의 핵심 포인트를 파악하여 나만의 OPIc 답변을 만들어 보세요.

5-1 Tell me about a time when you had trouble while using your phone. What was the problem and how did you deal with the situation? 🎧 MP3 04_Q5-1

전화기를 사용하던 중 문제가 있었던 때에 대해 말해 주세요. 무엇이 문제였고 어떻게 대처했나요?

5-2 Problems often come up because of our dependence on technology. Think about a time when you experienced a problem because some piece of technology was not working properly. Maybe your computer crashed or maybe your cell phone had no service. Tell me about a time when you had some kind of problem getting technology to work. 🎧 MP3 04_Q5-2

우리는 기계에 많이 의존하기 때문에 종종 문제가 발생합니다. 어떤 기계가 제대로 작동하지 않았기 때문에 문제를 겪었던 때를 생각해 보세요. 컴퓨터가 고장났거나 휴대폰이 고장났을 수도 있습니다. 기계를 작동시키는 데 문제가 있었던 경험에 대해 말해 주세요.

	Structure	Idea
시작 문장	주제 문장 소개	use my phone, runs out of battery
본문	휴대폰 배터리가 나가서 불편했던 점들 나열	phone died, inconvenient, wanted to call, check some messages, do some searches, check my phone after I got home
마무리 문장	나의 답변 마무리	since then, carry around

Model Answer 🎧 MP3 04_A5

I use my phone ❶ throughout the day, so it ❷ runs out of battery quite often. **A**

Once, my phone died when I was outside. It was very inconvenient. **B**

I wanted to call someone, but I could NOT.

I wanted to check some messages, but I could NOT.

I wanted to do some searches, but I could NOT.

❸ In the end, I had to check my phone after I got home. **C**

+I went to a coffee shop ❹ to get my phone charged.

Since then, I always ❺ carry around my charger.

+I always carry around my battery pack.

Expanding Your Answer

더 풍부하고 논리적인 답변을 위해 문장을 추가해 보세요.

A My phone is quite old, so the battery lasts only about 5 hours.
제 휴대폰은 꽤 오래된 거라서 배터리가 5시간 정도만 지속 가능합니다.

B Actually, I was going to meet up my friends later that day, but I could not.
사실 그날 늦게 친구들을 만날 계획이었는데 그럴 수 없었습니다.

C There were so many missed messages and phone calls.
받지 못한 전화와 문자가 매우 많았습니다.

Tips for Better Answers

❶ 필수 표현: ~쪽, 내내
= all day long
Ex: I listen to music using my phone throughout the day.
나는 휴대폰을 사용해서 내내 음악을 듣는다.

❷ 방전되다
= be out of juice, died.
Ex: My phone battery is out of juice. / My phone died.
내 핸드폰의 배터리가 방전되었다.

❸ 마침내, 결국에는
= finally, eventually
스토리의 마무리 문장을 시작할 때 유용한 부사
Ex: Finally, I got home and could recharge my phone.
드디어 집에 가서 내 핸드폰을 다시 충전할 수 있었다.

❹ get 명사 charged: (명사)를 충전하다
= charge 명사: (명사)를 충전하다
Ex: I need to charge my phone.
내 휴대폰 충전해야 돼.

❺ = carry
around를 추가하면서 무엇인가를 들고 더 움직이거나 이동한다는 느낌을 강조
Ex: I carried a bag.
나는 가방을 들었다/들고 갔다.
I carried around a bag.
나는 가방을 들고 돌아다녔다.

Key Expressions

- **throughout the day** 하루 종일, 내내
- **run out of battery** 방전되다, 배터리가 나가다
- **phone died / phone is dead** 방전되다, 배터리가 나가다
- **in the end** 결국에는, 마침내
- **carry around** 휴대하다, 가지고 다니다
- **battery pack** 외장형 충전기

하루 종일 휴대폰을 사용하기 때문에 배터리가 꽤 자주 방전됩니다. 한번은, 제가 밖에 있을 때 전화기의 배터리가 나갔습니다. 전화기를 쓸 수 없어서 매우 불편했습니다. 누군가에게 전화를 하고 싶었지만 그럴 수 없었습니다. 메시지 몇 개를 확인하고 싶었지만 확인할 수 없었습니다. 몇 가지 검색을 하고 싶었지만 할 수 없었습니다. 결국, 집에 돌아온 후에 제 전화를 확인해야 했습니다. (+핸드폰을 충전하러 커피숍에 갔습니다.) 그 이후로 저는 항상 충전기를 가지고 다닙니다. (+배터리 충전기는 항상 가지고 다닙니다.)

OPIc 모범 답변 학습하기

OPIc 질문에 대한 모범 답변을 살펴본 후, 질문의 핵심 포인트를 파악하여 나만의 OPIc 답변을 만들어 보세요.

6. I would like to know about the phone calls that you make. What kinds of things do you talk about with your friends over the phone?

당신이 하는 전화 통화에 대해 말해 주세요. 친구들과 전화 통화를 하면서 어떤 이야기를 나누나요?

	Structure	Idea
시작 문장	주제 문장 소개	talk about, over the phone
본문	친구들과 이야기하는 대화 주제 나열	catching up, talk about, work, career goals, family, friends, going out with, marriage plans, movies, decent restaurants, bars, trips
마무리 문장	나의 답변 마무리	talk about, with my friends over the phone

Model Answer

I talk about tons of things with my friends ❶ **over the phone**. **A**
We ask how each other is doing and ❷ **do some catching up**.
+Plus, ❸ **we talk about** our work or career goals. **B**
+Also, we talk about our family members or children.
+Also, we talk about our ❹ **mutual friends**.
+Also, we talk about people we are going out with.
+Plus, we talk about each other's marriage plans.
+Plus, we talk about movies we watched recently.
+Plus, we talk about decent restaurants or nice bars/clubs. **C**
+Next, we talk about gatherings we went to.
+Next, we talk about trips we went on.
+Next, we talk about sports or music we both like.
Once again, I talk about various types of things with my friends over the phone.

Tips for Better Answers

❶ 전치사 over 대신 on으로 변경 가능
  Ex: My friends and I talk about millions of things **on** the phone.
  나와 내 친구들은 전화로 수많은 것에 대해 이야기한다.

❷ 물리적 거리가 멀 때 '따라잡겠다'라는 의미로 쓰이기도 하지만 **오랜만에 만난 사람과 못다 한 이야기를 할 때도** catch up을 사용 동사로도 사용 가능
  Ex: I have not seen you for ages. We really need to catch up!
  나 너 안 본 지 엄청 오래 됐어. 얼른 만나서 이야기 나누자!

❸ tell vs talk
  tell은 누구에게 말을 하는 것이 중요하기 때문에 일반적으로 tell 뒤에 '누구에게'가 나옴
  talk는 무엇에 대해 이야기하는 것이 중요하기 때문에 '누구에게'라는 정보가 빠져도 될 때 주로 사용
  Ex: I want to tell you about my work.
  나 너에게 내 일에 대해 말해 주고 싶어.
  I want to talk about my work.
  내 일에 대해 말하고 싶어. (누구에게 말하는 건지 중요하지 않음)

❹ 대화에 참여한 사람이 모두 알고 있는 특정한 사람을 지칭할 때 mutual friend라고 표현
  mutual는 명사 앞에 쓰이며 '서로 상호간인'이라는 뜻
  mutual agreement 합의
  mutual misunderstanding 서로 한 오해
  Ex: We have so many mutual friends because we went to the same high school.
  우리는 같은 고등학교를 나와서 서로 아는 친구가 많다.

Expanding Your Answer

더 풍부하고 논리적인 답변을 위해 문장을 추가해 보세요.

A I call my best friend at least once a day and we talk for hours.
저는 제일 친한 친구에게 하루에 한 번은 전화하고 몇 시간 동안 이야기합니다.

B These days, I am thinking about changing my job, so I talk about it with my friends.
제가 요즘 직업을 바꿀 생각을 하고 있어서 이것에 관해 친구들과 많이 대화합니다.

C Since we live in a big city, there are so many amazing bars and clubs.
우리는 큰 도시에 살고 있기 때문에 멋진 술집과 클럽이 많습니다.

Key Expressions

- **over the phone** 전화로
- **catch up** 못다 한 이야기를 하다
- **career goal** 직업의 목표
- **mutual** 상호간의, 서로의
- **mutual friends** 같이 아는 친구
- **go out with** ~와 사귀다
- **marriage plan** 결혼 계획
- **decent** 꽤 괜찮은, (수준, 질이) 제대로 된
- **gatherings** 모임

저는 전화로 친구들과 수많은 것들에 대해 이야기합니다. 서로 어떻게 지내는지 묻고 못다 한 이야기를 하기도 합니다. (+또한, 우리의 일이나 직업 목표에 대해 이야기합니다. +또한, 가족이나 아이들에 대해 이야기합니다. +또한, 서로 아는 친구에 대해 이야기합니다. +또한, 사귀는 사람들에 대해서도 이야기합니다. +그리고, 서로의 결혼 계획에 대해 이야기합니다. +또한, 최근에 본 영화에 대해 이야기합니다. +또한, 괜찮은 레스토랑이나 멋진 술집/클럽에 대해 이야기합니다. +다음으로, 우리가 갔던 모임에 대해 이야기합니다. +그리고, 우리가 갔던 여행에 대해 이야기합니다. +또한, 모두가 좋아하는 스포츠나 음악에 대해 이야기합니다.) 저는 친구들과 전화로 여러 가지 이야기를 나눕니다.

 OPIc 모범 답변 학습하기

OPIc 질문에 대한 모범 답변을 살펴본 후, 질문의 핵심 포인트를 파악하여 나만의 OPIc 답변을 만들어 보세요.

 Tell me when and where you talk on the phone most often. Who do you talk with most often when you talk on the phone? 🎧 MP3 04_Q7

언제 어디서 가장 자주 통화하는지 알려 주세요. 전화 통화할 때 누구와 가장 자주 통화하나요?

	Structure	Idea
시작 문장	주제 문장 소개	talk to, over the phone
본문	평상시 누구와, 어디서, 무슨 이야기를 주로 하는지 묘사	call, family members, friends, co-workers, personal, work-related, make calls, indoors, on the move
마무리 문장	나의 답변 마무리	make phone calls

Model Answer 🎧 MP3 04_A7

I talk to various types of people ❶ over the phone.

❷ I call my family members, friends or ❸ co-workers. **A**

Some calls are ❹ personal, but some calls are ❺ work-related.

I normally make calls when I'm indoors. **B**

However, I also make calls ❻ when I'm on the move.

I call my friends when I'm on the bus or the subway. **C**

So, I make phone calls ❼ whenever I want to.

Expanding Your Answer

더 풍부하고 논리적인 답변을 위해 문장을 추가해 보세요.

A I call my family at least once a day and I often talk to my co-workers on the phone.
가족에게는 최소한 하루에 한 번 전화를 하고 직장 동료들과도 전화로 자주 대화합니다.

B However, I try not to make phone calls when I am in public.
하지만 공공장소에서는 전화를 하지 않으려고 합니다.

C I try to keep my voice volume down when there are people around me.
제 주위에 사람이 있을 때는 목소리를 낮추려고 합니다.

Tips for Better Answers

▶ ❶ = on the phone
Ex: I enjoy talking to people on the phone.
나는 사람들과 전화로 통화하는 것을 즐긴다.

▶ ❷ call 뒤에는 to가 나오지 않고 바로 목적어가 나옴
I call to my friends. (X)
I call my friends. (O)

▶ ❸ = colleagues
Ex: I often talk to my colleagues about our work.
나는 직장 동료들과 우리의 일에 대해 자주 이야기 나눈다.

▶ ❹ = private
Ex: I do not like to talk about personal (private) things.
나는 개인적인 이야기를 하는 것을 좋아하지 않는다.

▶ ❺ 업무와 관련된
banking-related work: 은행 관련 업무

▶ ❻ 이동 중에도
= on the go
Ex: I listen to music using on my smartphone on the go.
나는 이동 중에도 스마트폰으로 음악을 듣는다.

▶ ❼ 복합관계부사 whenever를 문장의 끝이나 앞에 넣어 사용
Ex: I talk to my friends over the phone whenever I want to, wherever I am.
Whenever I want to, wherever I am, I talk to my friends over the phone.
나는 내가 원할 때에는 언제든지, 내가 어디에 있던지, 친구들과 전화 통화를 한다.

Key Expressions

- **various** 다양한
- **over the phone** 전화로, 유선상으로
- **co-workers** 직장 동료
- **personal** 개인적인
- **work-related** 업무에 관련된
- **normally** 보통은, 보통 때는
- **indoors** 실내
- **on the move** 이동 중에

저는 전화로 다양한 유형의 사람들과 이야기합니다. 가족, 친구, 또는 직장 동료들에게 전화합니다. 개인적인 전화도 있지만 업무와 관련된 통화도 있습니다. 보통 실내에 있을 때 전화를 합니다. 하지만 이동하는 중에 전화를 하기도 합니다. 버스나 지하철을 탈 때 친구들에게 전화를 합니다. 저는 제가 원할 때마다 전화를 합니다.

OPIc 모범 답변 학습하기

OPIc 질문에 대한 모범 답변을 살펴본 후, 질문의 핵심 포인트를 파악하여 나만의 OPIc 답변을 만들어 보세요.

8. Tell me about a recent phone call you remember. Who did you talk to and what did you talk about? What made that phone call so memorable?

최근에 한 전화 통화에 대해 말해 주세요. 누구와 무슨 이야기를 나누었나요? 왜 그 전화가 기억에 남나요?

	Structure	Idea
시작 문장	주제 문장 소개	talking to a friend, about a movie
본문	최근에 본 영화에 대해 친구와 통화로 이야기한 경험 묘사	a Korean movie, it starred, the movie was about, packed with, entertaining scenes, storyline, twist, action scenes, thrilling, original soundtrack, funny lines, killer movie, box-office hit
마무리 문장	나의 답변 마무리	recommended, to my friend

Model Answer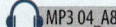

I **❶ remember talking** to a friend over the phone recently about a movie.
We talked about a Korean movie called 'Along with the Gods.' **❷ It starred ❸ one of my favorite actors**, Ha Jeong Woo. **A**
The movie was about what happens in a person's afterlife. **B** The movie was packed with entertaining scenes.
I really liked the **❹ storyline** and the **❺ twist** at the end.
+I liked the acting and action scenes in the movie.
+Some of the scenes were very thrilling.
+I also liked the **❻ original soundtrack**.
+There were many funny lines in the movie. **C**
I think it was a killer movie. The movie did very well at the box office in Korea. It was a box-office hit.
I strongly recommended that movie to my friend.

Tips for Better Answers

* 영화 주제의 '기억에 남는 영화'에 대해 이야기할 때 활용 가능

▶ ❶ remember + 동명사/remember that 주어 + 동사
과거의 경험이나 기억에 대해 이야기할 때 문장의 시작으로 추천 문법
Ex: I remember hanging out with my friends.
친구들과 놀았던 기억이 난다.
Ex: I remember that I used to hang out with my friends.
친구들과 놀곤 했었던 기억이 난다.

▶ ❷ 영화, 연극 등에서 주연을 맡다, 출연하다 (동사)
Ex: Tom Cruise starred in the movie as a pilot.
톰 크루즈가 영화에 파일럿으로 출연했다.

▶ ❸ one of the + 최상급 + 복수 명사: 가장 ~한 (명사)들 중 하나
Ex: He is one of the most popular actors in the world.
그는 세상에서 가장 인기 있는 배우 중 하나이다.

▶ ❹ 줄거리
= plots
Ex: The plot of the new movie is so interesting.
새 영화의 줄거리가 매우 흥미롭다.

▶ ❺ turns and twists: 반전들
Ex: The movie had so many turns and twists at the end.
영화 마지막에 많은 반전들이 있었다.

▶ ❻ original soundtrack의 약자 OST는 한국에서 많이 쓰이는 표현이지만 원어민이 자주 쓰는 표현은 soundtrack 또는 background music

Expanding Your Answer

더 풍부하고 논리적인 답변을 위해 문장을 추가해 보세요.

A He is one of the most well-known movie actors in Korea.
그는 한국에서 가장 유명한 영화배우들 중 한 명입니다.

B The story is super complicated so it is impossible to sum it up in one sentence.
줄거리가 매우 복잡해서 한 문장으로 요약하는 것은 불가능합니다.

C Visual and sound effects used in the movie were breathtaking.
영화에 나온 영상과 음향 효과는 숨이 막힐 듯 놀라웠습니다.

Key Expressions

- **recently** 최근에
- **star** 출연하다
- **afterlife** 내세, 사후세계
- **packed with~** ~로 가득 차 있다, 꽉 차 있다
- **entertaining scenes** 흥미로운 장면들
- **storyline** 줄거리
- **twist** 반전
- **thrilling** 흥분되는, 아주 신나는
- **original sound track** OST, 배경음악
- **lines** 대사
- **killer movie** 죽이는 영화, 매우 재미있는 영화
- **box-office hit** 흥행작

최근에 친구와 전화 통화를 한 기억이 납니다. 우리는 '신과 함께'라는 한국 영화에 대해 이야기 했습니다. 이 영화에는 제가 가장 좋아하는 배우들 중 한 명이 출연했습니다. 그 영화는 사람의 사후세계에서 일어나는 일에 관한 것이었습니다. 재미있는 장면들로 가득 차 있었습니다. 줄거리와 마지막에 나오는 반전 (+영화 속 연기와 액션 장면)이 너무 좋았습니다. (+일부 장면은 흥분을 불러일으켰습니다. +배경 음악도 좋았습니다. +영화에는 재미있는 대사가 많았습니다). 저는 매우 재미있는 영화였다고 생각합니다. '신과 함께'는 한국 박스 오피스에서 선전했고, 흥행에 성공했습니다. 저는 친구에게 이 영화를 강력히 추천했습니다.

OPIc 모범 답변 학습하기

OPIc 질문에 대한 모범 답변을 살펴본 후, 질문의 핵심 포인트를 파악하여 나만의 OPIc 답변을 만들어 보세요.

9 How did you get to pick your current phone? Did someone recommend that phone to you? What were some things that made you buy that phone? 🎧 MP3 04_Q9

현재 사용하는 전화기를 어떻게 고르게 됐나요? 누가 그 전화를 추천했나요? 그 전화기를 사게 만든 것은 무엇인가요?

	Structure	Idea
시작 문장	주제 문장 소개	used to use, but now
본문	휴대폰을 바꾸게 된 계기 및 그 기계의 장점 묘사	got, was used to, wanted a change, liked the color and design, a larger screen, a promotion, a great deal
마무리 문장	나의 답변 마무리	currently, worth the money

Model Answer 🎧 MP3 04_A9

❶ I used to use Galaxy 7, but now I use Galaxy 9.

I ❷ got the Galaxy 9 because ❸ I was used to that model.

+❹ because I wanted a change. **A**

First, I liked the color and design.

+Also, I wanted to get a larger screen.

+Also, there was a promotion. I ❺ got a great deal on my phone. **B**

+Plus, my friends said it was pretty good. **C**

I like the phone I'm currently using. It was worth the money I spent.

Tips for Better Answers

*답변의 양을 늘리기 위해 휴대폰을 바꾸게 된 원인을 더 자세하게 설명하는 것도 좋은 아이디어!
  Ex: I had to change the phone because I lost my previous one.
  예전 핸드폰을 잃어버려서 새로 사야만 했다.

▶ ❶ 과거에 반복적으로 또는 지속적으로 한 일을 묘사할 때에는 used to 동사 사용
  Ex: I used to have two phones.
  예전에는 전화기가 두 대였다.

▶ ❷ get (명사): '얻다'란 뜻도 있지만 '사다'라는 의미로도 자주 쓰임
  Ex: I got a new car recently.
  최근에 새 차를 샀다.

▶ ❸ be used to 명사: (명사)에 익숙해지다
  Ex: I was not used to that model because it was a brand one.
  새로운 모델이어서 익숙하지 않았다.

▶ ❹ because와 같은 의미인 since로 바꿔서 사용 가능
  Ex: I bought a new phone since I wanted a change.
  나는 변화를 원했기 때문에 새로운 전화기를 샀다.

▶ ❺ get a great deal on 명사: (명사)를 살 때 큰 할인을 받다
  Ex: I got a great deal on my clothes.
  옷을 샀는데 큰 할인을 받았다.

Expanding Your Answer

더 풍부하고 논리적인 답변을 위해 문장을 추가해 보세요.

A I was getting sick of using Galaxy 7 because I bought it 3 years ago.
갤럭시 7을 3년 전에 샀기 때문에 지겨워지고 있었습니다.

B Because I was a regular there, I could get a 10% off.
제가 거기 단골이라 10% 할인을 받을 수 있었습니다.

C Actually, one of my friends said that she would buy the same phone.
사실 제 친구들 중 한 명은 같은 휴대폰을 살 거라고 했습니다.

Key Expressions

- **used to** 동사 과거에 (동사)하곤 했었다
- **get** 얻다, 사다
- **be used to + 명사** ~에 익숙하다
- **want a change** 변화를 원하다
- **a promotion** 행사, 판촉행사, 프로모션
- **a great deal** 큰 할인, 좋은 가격
- **currently** 현재, 지금
- **worth + 명사** ~를 한/쓴 가치가 있는

예전에는 갤럭시 7을 사용했지만 지금은 갤럭시 9를 사용합니다. 저는 그 모델에 익숙해졌기 때문에 갤럭시 9를 샀습니다. (+변화를 원했기 때문에) 우선 색상과 디자인이 마음에 들었습니다. (+또한 더 큰 화면을 쓰고 싶었습니다. +또한, 프로모션도 있었습니다. 저는 핸드폰을 살 때 많은 할인을 받았습니다. +게다가, 제 친구들은 이 핸드폰이 꽤 괜찮다고 말했습니다.) 저는 지금 쓰고 있는 전화기가 좋습니다. 제가 쓴 돈만큼의 가치가 있습니다.

OPIc 모범 답변 학습하기

OPIc 질문에 대한 모범 답변을 살펴본 후, 질문의 핵심 포인트를 파악하여 나만의 OPIc 답변을 만들어 보세요.

10 Describe how people used cell phones five years ago. What did they do with their phones or mobile applications? What are some of the biggest changes in how people use their phones?

🎧 MP3 04_Q10

5년 전에 사람들이 어떻게 휴대폰을 사용했는지 묘사하세요. 그들의 전화기나 모바일 어플리케이션으로 무엇을 했나요? 사람들이 휴대폰을 사용하는 방법에 있어서 가장 큰 변화는 무엇인가요?

Structure		Idea
시작 문장	주제 문장 소개	cell phones five years ago
본문	5년 전의 휴대폰과 현재 휴대폰의 차이점 묘사	internet connection, slow, did online searches, has become a lot faster, wi-fi connection, stream music, watch video clips, play online games, take online classes
마무리 문장	나의 답변 마무리	use their phones, various types of

Model Answer 🎧 MP3 04_A10

Cell phones ❶ five years ago were smartphones. **A**

However, the internet connection was quite slow. **B**

People did online searches on their phones, but that was it.

❷ But these days, mobile internet ❸ has become a lot faster.

Plus, we can get wi-fi connection at many places. **C**

People do tons of things on their phones now.

They often stream music and watch video clips.

Plus, they play online games and take online classes.

So, people use their phones to do various types of things now.

Expanding Your Answer

더 풍부하고 논리적인 답변을 위해 문장을 추가해 보세요.

A I used to use a phone from Samsung because I liked its design.
그 당시에 삼성에서 나온 휴대폰의 디자인이 마음에 들어서 그것을 사용했습니다.

B Even though I could get access to the internet anywhere, I did not use that function that often.
어디에서든 인터넷 연결을 할 수 있었지만 그 기능을 잘 사용하지 않았습니다.

C Actually, you can enjoy super-fast internet in Korea.
사실 한국에서는 엄청 빠른 속도의 인터넷을 사용할 수 있습니다.

Tips for Better Answers

* 14번 기출문제
* 인터넷 주제의 '초창기 인터넷 서핑을 했던 경험 묘사'에 나온 표현과 문장을 최대한 많이 활용하여 말하기 연습

➤ ❶ 과거 휴대폰의 특징에 대해 말하기 때문에 반드시 과거형 시제 사용
과거임을 알려 주기 위해 five years ago와 같은 표현 사용
문장의 시작을 '시간'으로 하는 것도 추천 방법
Ex: Five years ago, cell phones were smartphones.
About a decade ago, not many people were using smartphones.
약 10년 전에는 스마트폰을 사용하는 사람들이 많지 않았다.

➤ ❷ 현재 휴대폰의 특징에 대해 말할 것임을 알려 주는 표현
= However now, but now
이 표현 후에는 반드시 현재형 또는 현재 완료형 사용
* 과거와 현재를 비교하는 문제에서는 시제를 틀리지 않는 것이 매우 중요
과거의 특징을 먼저 묘사하며 과거형 사용
그 후 현재의 특징을 말할 때에는 현재형을 사용하여 말하기 연습

➤ ❸ 등급 업을 위해선 과거와 현재 비교 질문이 나올 때 반드시 현재완료형을 한번이라도 쓰기
일반적인 변화를 이야기하기 때문에 가장 많이 쓰이는 동사는 become
Ex: Everything has become better.
모든 것이 좋아졌다.

Key Expressions

- **cell phones** 휴대폰 (= mobile phone)
- **internet connection** 인터넷 연결, 접속
- **quite** 꽤
- **That was it.** 그게 다였다.
- **get wi-fi connection** 와이파이를 연결하다
- **tons of** 수많은
- **stream music** 음악을 스트리밍해서 듣다
- **take online classes** 온라인 수업을 듣다

5년 전의 휴대폰도 스마트폰이었습니다. 하지만 인터넷 연결이 꽤 느렸습니다. 사람들은 자신들의 휴대폰을 사용해서 인터넷 검색을 하긴 했지만 그게 다 였습니다. 하지만 지금은 휴대폰의 인터넷이 훨씬 더 빨라졌습니다. 게다가 많은 장소에서 와이파이를 사용할 수 있습니다. 사람들은 자신들의 휴대폰으로 수많은 일을 할 수 있습니다. 그들은 음악을 듣거나 비디오 영상을 봅니다. 그리고 그들은 온라인 게임을 하거나 온라인 수업을 듣습니다. 그래서 사람들은 다양한 것을 하기 위해 자신의 휴대폰을 사용합니다.

OPIc 모범 답변 학습하기

OPIc 질문에 대한 모범 답변을 살펴본 후, 질문의 핵심 포인트를 파악하여 나만의 OPIc 답변을 만들어 보세요.

11 In some societies, there is a concern that young people are not developing face-to-face communication skills because they spend too much time on their phones. What do people in your country think about the way in which young people use their phones?

🎧 MP3 04_Q11

일부 사회에서는, 젊은 사람들이 전화기를 사용하는 데 너무 많은 시간을 소비하기 때문에 직접 대면하는 의사소통 방법을 익히지 못한다는 우려가 있습니다. 당신 나라의 사람들은 젊은 사람들이 휴대폰을 사용하는 방식에 대해 어떻게 생각하나요?

	Structure	Idea
시작 문장	주제 문장 소개	youngsters are addicted
본문	휴대폰 또는 인터넷 중독 증상 묘사	in their hands all day long, cannot put them down, constantly chat, post, develop face-to-face communication skills
마무리 문장	나의 답변 마무리	phone addiction, major issue

Model Answer 🎧 MP3 04_A11

Many ❶ youngsters ❷ are addicted to their phones.
They have their phones in their hands all day long. **A**
They ❸ just cannot put them down.
They ❹ constantly chat on messaging apps. **B**
They constantly post comments on ❺ social media. **C**
It is hard for them to develop face-to-face communication skills.
Many people are concerned about this problem.
So, ❻ phone addiction has become a major issue among youngsters.

Expanding Your Answer

더 풍부하고 논리적인 답변을 위해 문장을 추가해 보세요.

A You can easily see people looking at their phones even when they are hanging out with their friends.
친구들과 놀고 있을 때도 자신의 휴대폰만 보고 있는 사람들을 쉽게 찾아볼 수 있습니다.

B They share pictures and videos with their friends 24/7.
그들은 하루 종일 친구들과 사진이나 영상을 주고 받습니다.

C Some people visit famous places only to take pictures to post on their social media.
어떤 사람들은 자신들의 소셜 미디어에 올릴 사진을 찍기 위해 유명한 장소에 갑니다.

Tips for Better Answers

* 15번 기출문제

▶ ❶ 젊은 세대, 젊은이: 주로 기성세대가 쓰는 표현
= young people

▶ ❷ be addicted to 명사: (명사)에 중독되다
Ex: I am addicted to junk food like chocolate or ice cream.
나는 초콜릿이나 아이스크림 같은 정크푸드에 중독됐다.

▶ ❸ just를 사용하면서 put down을 강조
Ex: They cannot put them down.
내려놓을 수 없다.
They just cannot put them down.
도저히 내려놓을 수 없다./쉽게 내려놓을 수 없다.

▶ ❹ 행동이 지속적으로 반복된다는 것을 강조하기 위해 사용하는 부사
= continuously
Ex: People are constantly complaining about the recycling system.
사람들은 계속해서 재활용 시스템에 대해 불평하고 있다.

▶ ❺ SNS는 Social Networking Service의 약자
원어민은 SNS가 아닌 social media를 사용

▶ ❻ 휴대폰 중독: 이 주제의 가장 중요한 키워드이기 때문에 마무리 문장에서 다시 한번 언급 필요

Key Expressions

- **youngsters** 젊은 사람들, 젊은 세대
- **be addicted to A** A에 중독되다
- **all day long** 하루 종일
- **put down** 내려놓다
- **constantly** 지속적으로, 끊임없이
- **develop** 발달하다, 발전하다, 성장하다
- **face-to-face communication** 얼굴을 보고 대화하는 것
- **be concerned** 걱정하다

많은 젊은 사람들이 휴대폰에 중독되어 있습니다. 그들은 하루 종일 핸드폰을 지니고 있습니다. 그들은 후대폰을 내려놓을 수 없습니다. 그들은 메신저 앱에서 끊임없이 대화를 합니다. 그들은 끊임없이 소셜 미디어에 댓글을 달고 있습니다. 그들이 직접 대면하는 의사소통 방법을 익히는 것은 어려운 일입니다. 많은 사람들이 이 문제에 대해 걱정하고 있습니다. 그래서, 휴대폰 중독은 젊은 사람들 사이에서 주요 이슈가 되었습니다.

Chapter 05

Music

빈출 주제 파악하기

질문을 제대로 파악하는 것만으로도 성공적으로 시험을 치를 수 있습니다. OPIc에서 자주 출제되는 질문들을 알아보세요.

1 You indicated in the survey that you listen to music. What kinds of music do you listen to? Who are some of your favorite musicians or composers?

당신은 음악을 듣는다고 했습니다. 어떤 종류의 음악을 듣나요? 가장 좋아하는 음악가나 작곡가는 누구인가요?

문항 유형	좋아하는 음악 장르, 좋아하는 가수 묘사
문항 수준	Intermediate
핵심 포인트	• 14번 기출문제 '두 가지 다른 종류의 음악 비교'에서 활용할 수 있도록 장르 2개, 가수 2명 묘사 • 본인의 취향이기 때문에 주어 I 사용 • 현재 좋아하는 음악을 묘사하기 때문에 시제는 현재형 사용
중요도	★★★

2 When and where do you usually listen to music? Do you listen to the radio? Do you go to concerts? Tell me about the different ways you enjoy music.
보통 언제 어디서 음악을 듣나요? 라디오를 듣나요? 콘서트에 가나요? 당신이 음악을 즐기는 다른 방법에 대해 말해 주세요.

문항 유형	음악을 듣는 장소, 시간 묘사
문항 수준	Intermediate
핵심 포인트	• 전화기 주제의 '전화 통화 외에 전화기로 주로 하는 일들 묘사'의 답변 활용 • 평소에 어떤 행동을 하면서 음악을 듣는지 현재형으로 묘사 • 본인의 습관이기 때문에 주어 I 사용
중요도	★★★

3 When did you first become interested in music? What kinds of music did you like at first? Tell me how your interest in music developed from your childhood until today.
언제 처음으로 음악에 관심을 갖게 되었나요? 처음에 어떤 종류의 음악을 좋아했나요? 어린 시절부터 오늘까지 음악에 대한 관심이 어떻게 발전했는지 말해 주세요.

문항 유형	음악에 처음 관심 갖게 된 계기, 음악 취향 변화 설명
문항 수준	Advanced
핵심 포인트	• 과거에 좋아했던 음악에 대해 묘사하기 위해 과거형 사용 • 본인의 취향이기 때문에 주어 I 사용 • 현재 좋아하는 음악은 현재형 또는 현재완료형으로 묘사
중요도	★★★★★

4 Could you think back to a particularly memorable time when you heard live music? When was it? Where were you? Who were you with? What happened that made that performance so memorable?
라이브 음악을 들었을 때 특히 기억에 남는 때가 있었나요? 그게 언제였나요? 당신은 어디에 있었나요? 누구와 함께 있었나요? 무슨 일이 있었기에 그 공연이 그렇게 기억에 남나요?

문항 유형	라이브 음악 들었던 경험 묘사
문항 수준	Advanced
핵심 포인트	• 언제, 누구의 콘서트를 갔는지 묘사 • 콘서트장의 분위기를 과거형 시제를 사용하여 묘사 • 본인의 경험이기 때문에 주어 I 위주로 사용하나 콘서트 또는 관객을 묘사할 땐 it/they 등 다양한 주어 활용
중요도	★★★

5 You indicated in the survey that you listen to music. Pick two different types of music or composers. Describe each in as much detail as possible. Compare the similarities and differences between them.
사전 설문에서 당신은 음악을 듣는다고 했습니다. 두 가지 다른 종류의 음악이나 작곡가를 고르세요. 각각을 가능한 한 상세히 묘사하세요. 그들 사이의 유사점과 차이점을 비교하세요.

문항 유형	두 가지 다른 종류의 음악 비교
문항 수준	Advanced
핵심 포인트	• 14번 기출문제 • '좋아하는 음악 장르, 가수' 문제의 답변 그대로 활용하여 말하기 • 현재 좋아하는 가수나 음악이기 때문에 현재형 시제 사용
중요도	★★★★★

6 What new electronic gadgets or equipment are people who like music interested in these days? What new products excite them and why?
요즘 음악을 좋아하는 사람들은 어떤 새로운 전자 기기나 장비에 관심이 있나요? 어떤 신상품이 그들을 신나게 하고 그 이유는 무엇인가요?

문항 유형	음악을 좋아하는 사람들이 관심을 갖는 음악기기/장비묘사
문항 수준	Advanced
핵심 포인트	• 15번 기출문제 • 사람들이 관심 가지는 기기로 스마트폰과 블루투스 장비 묘사 • 주어는 people, they 사용하며 현재형 사용
중요도	★★★★

OPIc 모범 답변 학습하기

OPIc 질문에 대한 모범 답변을 살펴본 후, 질문의 핵심 포인트를 파악하여 나만의 OPIc 답변을 만들어 보세요.

1-1 You indicated in the survey that you listen to music. What kinds of music do you listen to? Who are some of your favorite musicians or composers? 🎧 MP3 05_Q1-1

당신은 음악을 듣는다고 했습니다. 어떤 종류의 음악을 듣나요? 당신이 가장 좋아하는 음악가나 작곡가는 누구인가요?

1-2 You indicated in the survey that you listen to music. Pick two different types of music or composers. Describe each in as much detail as possible. Compare the similarities and differences between them. 🎧 MP3 05_Q1-2

사전 설문에서 당신은 음악을 듣는다고 했습니다. 두 가지 다른 종류의 음악이나 작곡가를 고르세요. 각각을 가능한 한 상세히 묘사하세요. 그들 사이의 유사점과 차이점을 비교하세요.

	Structure	Idea
시작 문장	주제 문장 소개	when it comes to music
본문	좋아하는 장르 2개와 가수 또는 작곡가 2명을 골라 좋아하는 이유 묘사	I do not like, classical, heavy metal, Bruno Mars, best-selling, Billboard chart, won many music awards, catchy, trendy, TWICE, successful, fans all over the world, tons of hit songs, both Bruno Mars and TWICE, quite different
마무리 문장	나의 답변 마무리	these are the singers

Model Answer 🎧 MP3 05_A1

❶ When it comes to music, I just listen to ❷ whatever is good.

The only types of music I do NOT like are classical and heavy-metal. **A**

One of my favorite singers is Bruno Mars. He is one of the best-selling artists of all time.
+His songs hit No.1 on the Billboard chart many times.
+He also won many music awards.

His music is very ❸ catchy and trendy. **B**

He is an amazing singer and an ❹ incredible dancer. He makes the crowd go crazy at live concerts.
+Also, he has a nice and unique voice.
+Plus, he is very good-looking and talented.

Among his hit songs, Just the Way You Are is my favorite. I really like the ❺ melody and the lyrics of that song.

Meanwhile, I also like a Korean ❻ girl group called TWICE. They are one of the most successful groups in Korea. They have fans all over the world. Most of their concerts get sold-out.

Tips for Better Answers

* 14번 기출문제인 '좋아하는 음악 장르 2개' 또는 '좋아하는 가수 2명' 비교 질문이 나왔을 때 활용

▶ ❶ 주제 소개로 유용한 시작 문장
등급 업을 위해 my favorite의 사용 빈도를 줄이기
Ex: My favorite type of music is R&B. ➡ 너무 쉬움!
내가 좋아하는 음악 장르는 R&B이다.

▶ ❷ whatever is 형용사: (형용사) 한 건 아무거나 다
Ex: I will just watch whatever is good.
그냥 괜찮은 거 아무거나 볼게.

▶ ❸ 음악 묘사 형용사
melodious: 감미로운
soothing: 달래는, 위로하는
fast-paced: 속도가 빠른

▶ ❹ 재능 묘사 형용사
Ex: He is very versatile.
그는 매우 다재다능하다.
His voice is breathtaking.
그의 목소리는 숨이 멎을 듯 하다.
등급 업을 위해선 수준 높은 형용사 사용이 필수!

▶ ❺ 음악을 묘사하는 주제에 꼭 들어가야 하는 핵심 표현
좋아하는 음악 또는 가수의 디테일을 묘사할수록 등급 업!

▶ ❻ idol은 우상이란 뜻으로 가수 그룹을 의미하는 뜻으로 쓰이지 않음
= boy band, boy group

+There are nine members in the group. C
+They have tons of hit songs.
+❼ They write and produce their own music.
Both TWICE and Bruno Mars are very popular, but their music is quite different.
❽ TWICE does a lot of pop music, but Bruno Mars does a lot of R&B and funk music.
So, these are the singers I like the most.

▶ ❼ 이 문장 그대로 외우기
좋아하는 작곡가 (composer)를 묻는 질문이 나왔을 때에는 준비한 가수에 대해 묘사한 후 그들이 작곡도 한다는 표현을 반드시 추가해야 함
Ex: They are also great composers.
그들은 또한 훌륭한 작곡가들이다.

▶ ❽ 가수 2명의 차이점 묘사를 요구하는 주제이기 때문에 마지막 부분에 차이점을 다시 한번 언급

Expanding Your Answer
더 풍부하고 논리적인 답변을 위해 문장을 추가해 보세요.

A I just cannot stand heavy-metal because it is too loud.
헤비메탈은 너무 시끄럽기 때문에 도저히 견딜 수가 없습니다.

B I usually listen to his songs when I exercise because it gives me energy.
그의 노래들은 저에게 힘을 주기 때문에 보통 운동 갈 때 듣습니다.

C Every member of the group is versatile and they know how to dance.
그룹의 모든 멤버는 다재다능하고 춤을 매우 잘 춥니다.

Key Expressions

- **whatever is good** 좋은 건 다
- **of all time** 역대 (지금껏)
- **music awards** 음악 상
- **catchy** 기억하기 쉬운
- **trendy** 트렌디한, 유행을 타는
- **amazing** 놀라운
- **incredible** 엄청난
- **make the crowd go crazy** 관중이 열광하게 만들다
- **unique** 독특한
- **good-looking** 잘생긴
- **talented** 재능 있는
- **hit songs** 히트송
- **melody** 멜로디
- **lyrics** 가사
- **successful** 성공한
- **sold-out** 매진

음악에 관한 한, 저는 그저 좋은 것은 다 듣습니다. 제가 좋아하지 않는 음악의 종류는 클래식과 헤비메탈입니다. 제가 가장 좋아하는 가수 중 하나는 브루노 마스입니다. 그는 역사상 가장 (앨범을) 가장 많이 판매한 예술가 중 한 명입니다. (+그의 노래는 빌보드 차트에서 여러 번 1위를 기록했습니다. +그는 또한 많은 음악상을 수상하였습니다.) 그의 음악은 매우 기억하기 쉽고 트렌디합니다. 그는 놀라운 가수이면서 엄청난 댄서입니다. 그는 라이브 콘서트에서 관중들을 열광하게 만듭니다. (+또한, 그는 멋지고 독특한 목소리를 가지고 있습니다. +또한, 그는 매우 잘생기고 재능이 있습니다.) 그의 히트곡 중 Just the Way You Are는 제가 가장 좋아하는 곡입니다. 저는 멜로디와 그 노래의 가사를 정말 좋아합니다. 한편 저는 트와이스라는 한국 걸그룹도 좋아합니다. 그들은 한국에서 가장 성공한 그룹 중 하나입니다. 그들은 전 세계에 팬을 가지고 있습니다. 그들의 콘서트는 대부분 매진되었습니다. (+그룹에는 9명의 멤버가 있습니다. +그들은 수많은 히트곡을 가지고 있습니다. +그들은 직접 음악을 작곡하고 만듭니다.) 트와이스와 브루노 마스는 둘 다 매우 인기가 있지만 그들의 음악은 상당히 다릅니다. 트와이스는 팝 음악을 많이 하지만 브루노 마스는 R&B와 펑크 음악을 많이 합니다. 이들이 제가 가장 좋아하는 가수들입니다.

OPIc 모범 답변 학습하기

OPIc 질문에 대한 모범 답변을 살펴본 후, 질문의 핵심 포인트를 파악하여 나만의 OPIc 답변을 만들어 보세요.

2 When and where do you usually listen to music? Do you listen to the radio? Do you go to concerts? Tell me about the different ways you enjoy music. 🎧 MP3 05_Q2

보통 언제 어디서 음악을 듣나요? 라디오를 듣나요? 콘서트에 가나요? 당신이 음악을 즐기는 다른 방법에 대해 말해 주세요.

	Structure	Idea
시작 문장	주제 문장 소개	mostly listen to music
본문	무슨 행동을 할 때, 어디에서 음악을 듣는지 하나씩 나열	whenever I want to, on the move, driving, walking down the street, working out, feel down, gloomy
마무리 문장	나의 답변 마무리	listen to music on my phone

Model Answer 🎧 MP3 05_A2

I mostly listen to music on my smartphone.
So, I can listen to music ❶ whenever I want to.
I like to listen to music when I'm on the move.
I usually do that on the subway or the bus. **A**
+Plus, I listen to music in the car ❷ when I'm driving.
+Also, I listen to music when I'm walking down the street.
+Next, I listen to music when I'm working out. **B**
+Next, I ❸ listen to music when I'm working or studying.
+Plus, I listen to music when I feel down or gloomy. **C**
+Also, I listen to music when I'm bored.
So, I listen to music on my phone wherever I am.

Tips for Better Answers

* 전화기 주제의 '전화 통화 외에 전화기로 주로 하는 일들 묘사' 답변 활용하기

❶ 복합관계부사 사용으로 등급 업!
  Ex: I can call you whenever I want to, wherever I am.
  내가 원할 때에는 언제든지 어디에 있던지 너한테 전화할 수 있다.

❷ '어떠한 행동을 하는 중'이란 것을 강조하기 위해 현재형이 아닌 현재진행형 사용
  while + 동명사로 대체 가능
  Ex: I listen to music while jogging.
  나는 조깅 중에 음악을 듣는다.

❸ listen to music을 다양한 부사, 동사를 활용하여 문장 구조 바꿔 말하기
  Ex: I enjoy listening to music. / I often listen to music.
  나는 음악 듣는 것을 즐긴다. / 나는 자주 음악을 듣는다.
  I always listen to music. / I prefer to listen to music.
  나는 항상 음악을 듣는다. / 나는 음악 듣는 것을 선호한다.

Expanding Your Answer

더 풍부하고 논리적인 답변을 위해 문장을 추가해 보세요.

A It takes about 1 hour from my place to school by bus, so listening to music is a must.
집에서 학교까지 1시간 정도 걸리기 때문에 꼭 음악을 들어야 합니다.

B Listening to speedy music gives me energy.
빠른 음악을 들으면 에너지가 더 생깁니다.

C I usually listen to heavy-metal because it is exciting.
헤비메탈은 신나기 때문에 보통 그것을 듣습니다.

Key Expressions

- **mostly** 대체로, 대부분
- **on the move** 이동 중에
- **usually** 보통, 대개
- **when I'm driving** 운전 중에
- **when I'm walking down the street** 길을 걷는 중에
- **when I'm working out** 운동 중에
- **when I'm working** 일하는 중에
- **feel down** 우울하다, 울적하다
- **gloomy** 우울한, 침울한
- **bored** 심심한, 지겨운

저는 주로 스마트폰으로 음악을 듣습니다. 그래서 저는 언제든지 음악을 들을 수 있습니다. 저는 이동 중일 때 음악 듣는 것을 좋아합니다. 지하철이나 버스에서 주로 그렇게 합니다. (+또한, 운전할 때 차 안에서 음악을 듣습니다. +또한, 길을 걸을 때 음악을 듣습니다. +다음으로, 운동을 할 때 음악을 듣습니다. +또한, 저는 일을 하거나 공부를 할 때 음악을 듣습니다. +그리고, 기분이 우울하거나 울적할 때 음악을 듣습니다. +또한 심심할 때 음악을 듣습니다.) 그래서 저는 어디에 있던지 핸드폰으로 음악을 듣습니다.

OPIc 모범 답변 학습하기

OPIc 질문에 대한 모범 답변을 살펴본 후, 질문의 핵심 포인트를 파악하여 나만의 OPIc 답변을 만들어 보세요.

3 When did you first become interested in music? What kinds of music did you like at first? Tell me how your interest in music developed from your childhood until today. 🎧 MP3 05_Q3

언제 처음으로 음악에 관심을 갖게 되었나요? 처음에 어떤 종류의 음악을 좋아했나요? 어린 시절부터 오늘까지 음악에 대한 관심이 어떻게 발전했는지 말해 주세요.

	Structure	Idea
시작 문장	주제 문장 소개	became interested in
본문	과거에 좋아했던 가수 묘사 후 현재 좋아하는 음악 장르 묘사	be into, pop group, sensation, immensely popular, my favorite, used to listen to it, as I got little older, taste, changed, various artists
마무리 문장	나의 답변 마무리	various types of

Model Answer 🎧 MP3 05_A3

I first ❶ **became interested in** music when I was a kid.
I ❷ **was really into** a Korean pop group called SES.
They were a sensation back then. **A**
There were three members in the group, all of whom were ❸ **immensely popular**.
Among their hit songs, Dreams Come True was my favorite. **B**
I used to listen to it ❹ **again and again and again**.
But as I got little older, ❺ **my taste for music changed**.
I began to listen to music by various artists.
I sometimes listen to R&B music, but I sometimes listen to hip hop music. **C**
I sometimes enjoy Korean music, but ❻ **I sometimes enjoy foreign music**.
+pop music +rock music +heavy metal +classical music
So, I now listen to various types of music.

Tips for Better Answers

▶ ❶ become interested in 명사: 과거의 취향을 묘사할 때 가장 유용한 표현
= be interested in, get interested in
Ex: I got interested in travelling thanks to my friends.
친구들 덕분에 여행에 관심을 가지게 되었다.

▶ ❷ be into 명사: (명사)에 빠지다
Ex: I was really into shopping.
쇼핑에 빠졌었다.

▶ ❸ 등급 업을 위해 고급 형용사 활용
extremely: 굉장하게
unbelievably: 믿을 수 없게
Ex: They were unbelievably talented.
그들은 믿을 수 없을 정도로 재능이 많았다.

▶ ❹ 자주 듣는다는 것을 강조하기 위해 여러 번 반복
= over and over again
Ex: I used to listen to it over and over again.
그것을 계속해서 듣곤 했었다.

▶ ❺ 음악 취향 변화를 묻는 질문이기 때문에 반드시 들어가야 하는 문장
과거형이 아닌 현재완료형으로 변형 가능
Ex: My taste for music has changed dramatically.
내 음악적 취향은 엄청나게 바뀌었다.

▶ ❻ 답변의 양을 늘리고 싶을 때에는 음악 종류 나열

Expanding Your Answer

더 풍부하고 논리적인 답변을 위해 문장을 추가해 보세요.

A I used to buy all of their albums and went to their concerts.
그들의 앨범을 다 사곤 했었고 콘서트에도 갔습니다.

B The song was about trying hard to achieve your dream. It was very touching.
그 노래는 꿈을 이루기 위해 노력하는 것에 관한 것이었습니다. 매우 감동적이었습니다.

C When I feel down or gloomy, I usually listen to fast-paced and cheerful music.
우울하거나 울적할 때에는 보통 속도가 빠르고 신나는 노래를 듣습니다.

Key Expressions

- **become interested in A** A에 관심을 가지다
- **be into A** A에 빠지다
- **sensation** 선풍, 돌풍, 센세이션
- **immensely** 엄청나게
- **popular** 인기 있는
- **hit song** 히트송, 인기 노래
- **taste for music** 음악 취향
- **various** 다양한
- **foreign** 외국의

제가 어렸을 때 처음 음악에 관심을 갖게 되었습니다. 저는 SES라는 한국 팝 그룹에 정말 빠져 있었습니다. 그들은 그 당시에 센세이션을 일으켰었습니다. 그 그룹에는 세 명의 멤버가 있었는데, 모두 엄청난 인기를 끌었습니다. 그들의 히트곡 중 Dreams Come True는 제가 가장 좋아하는 곡이었습니다. 저는 그것을 반복해서 듣곤 했습니다. 하지만 나이가 조금 들수록 음악에 대한 취향이 바뀌었습니다. 저는 다양한 예술가들의 음악을 듣기 시작했습니다. 저는 가끔 R&B 음악을 듣지만, 때때로 힙합 음악을 듣습니다. 저는 가끔 한국 음악을 즐기지만, 때때로 외국 음악을 즐깁니다. (+팝뮤직 +록음악 +헤비메탈 +클래식 음악) 그래서 저는 지금 다양한 종류의 음악을 듣습니다.

OPIc 질문에 대한 모범 답변을 살펴본 후, 질문의 핵심 포인트를 파악하여 나만의 OPIc 답변을 만들어 보세요.

4. Could you think back to a particularly memorable time when you heard live music? When was it? Where were you? Who were you with? What happened that made that performance so memorable?

🎧 MP3 05_Q4

라이브 음악을 들었을 때 특히 기억에 남는 때가 있었나요? 그게 언제였나요? 당신은 어디에 있었나요? 누구와 함께 있었나요? 무슨 일이 있었기에 그 공연이 그렇게 기억에 남나요?

	Structure	Idea
시작 문장	주제 문장 소개	going to a concert, a few years ago
본문	콘서트에 가게 된 이유, 콘서트홀의 분위기와 감상 묘사	British rock band, Coldplay, live performance, sold out, held at, concert hall, mood, incredible, screaming, singing along to, overwhelming experience, had the time of my life
마무리 문장	나의 답변 마무리	one of the most memorable, worth the money

Model Answer 🎧 MP3 05_A4

❶ I remember going to a concert with my family a few years ago.
It was a concert by a British rock band called Coldplay. **A**
They came to Korea for a live performance, ❷ which was completely sold out.
The concert was held at a large concert hall. **B**
+It was a concert during my college festival.
+Many bands came to perform.
The mood of the concert was ❸ incredible.
People were screaming throughout the concert.
They were singing along to the songs. **C**
It was quite an ❹ overwhelming experience.
❺ I had the time of my life.
Looking back, it was ❻ one of the most memorable concerts in my life.
It was worth the money I spent.

Expanding Your Answer

더 풍부하고 논리적인 답변을 위해 문장을 추가해 보세요.

A They are one of the most popular pop bands in the world and they have tons of hit songs.
그들은 세계에서 가장 인기 있는 팝 밴드 중 하나고 히트송이 수없이 많습니다.

B Fortunately, the concert hall was not far from my place, so I could walk there.
다행히 콘서트장이 집에서 멀지 않아서 걸어서 갈 수 있었습니다.

C Some people were taking videos of the concert and some were even crying.
어떤 사람들은 콘서트 영상을 찍고 있기도 했고 어떤 사람들은 심지어 울기까지 했습니다.

Tips for Better Answers

▶ ❶ 과거의 특정한 장소에 간 경험을 묻는 질문의 시작 문장에는 언제, 어디를, 누구와 갔는지 언급
Ex: I recall going to a newly opened restaurant with my friends a few days ago.
며칠 전, 새로 오픈한 식당에 친구들과 간 기억이 난다.

▶ ❷ 관계대명사 which와 who 사용하여 문장 늘리며 다양한 문장 구조만들기 및 발화량 확보!
Ex: I went to a famous café in Seoul, which is the capital city of Korea.
한국의 수도인 서울에 있는 유명한 카페에 갔다.
My favorite singer is Coldplay who is very talented.
내가 좋아하는 가수는 재능이 많은 콜드플레이다.

▶ ❸ 콘서트 분위기를 묘사할 수 있는 다양한 형용사 사용
amazing: 놀라운
breathtaking: 숨이 멎을 듯한
lively: 활기찬

▶ ❹ 콘서트 후 감상을 묘사할 수 있는 고급 형용사 사용으로 등급 업!

▶ ❺ '내 인생 최고의 순간이었다'라는 의미로 여행지의 경치 묘사에 활용 가능
좋았던 경험의 마무리 문장에 유용
I almost cried. 거의 울 뻔했다
이와 같은 문장을 뒤에 추가해서 감상을 더 세밀하게 묘사하는 것도 추천 방법

▶ ❻ one of the 최상급 + 명사: 가장 (최상급)한 명사들 중 하나
결론 문장으로 유용한 문법
Ex: It was one of the best vacations in my life.
내 인생 최고의 휴가 중 하나였다.

Key Expressions

- **performance** 공연
- **completely** 완전히
- **sold-out** 매진
- **be held at** ~에서 열리다
- **concert hall** 콘서트장
- **perform** 공연하다
- **mood** 분위기
- **incredible** 멋진, 엄청난
- **throughout the concert** 콘서트 내내
- **overwhelming** 가슴 벅찬, 압도적인

저는 몇 년 전에 가족과 함께 콘서트에 갔던 것을 기억합니다. 콜드플레이라고 불리는 영국의 록 밴드의 콘서트였습니다. 그들은 라이브 공연을 위해 한국에 왔는데, 콘서트가 완전히 매진되었습니다. 그 콘서트는 큰 공연장에서 열렸습니다. (+대학 축제 때의 콘서트였습니다. +많은 밴드들이 공연을 하러 왔습니다.) 콘서트의 분위기는 믿을 수 없을 정도였습니다. 콘서트 내내 사람들이 소리를 지르고 있었습니다. 사람들은 노래를 따라 부르고 있었습니다. 그것은 꽤 압도적인 경험이었습니다. 그때, 정말 최고였습니다. 돌이켜보면, 그것은 제 인생에서 가장 기억에 남는 콘서트 중 하나였습니다. 제가 쓴 돈의 가치가 있었습니다.

OPIc 모범 답변 학습하기

OPIc 질문에 대한 모범 답변을 살펴본 후, 질문의 핵심 포인트를 파악하여 나만의 OPIc 답변을 만들어 보세요.

5 What new electronic gadgets or equipment are people who like music interested in these days? What new products excite them and why?

요즘 음악을 좋아하는 사람들은 어떤 새로운 전자 기기나 장비에 관심이 있나요? 어떤 신상품이 그들을 신나게 하고 그 이유는 무엇인가요?

	Structure	Idea
시작 문장	주제 문장 소개	use their smartphone, these days
본문	사람들이 관심 가지는 기기로 스마트폰과 블루투스 기기 묘사	stream music, easy to search for, see the lyrics, listen to the same song, randomly, sound quality, interested in Bluetooth devices, connect them to, no need for wires, convenient
마무리 문장	나의 답변 마무리	one of the hottest devices

Model Answer

People use their ❶ smartphones to listen to music these days. **A**
❷ Most of them stream music on their phones.
It is very easy to search for music on streaming sites. **B**
+Plus, people can see the lyrics on their screens ❸ while they listen to music.
+Also, they can listen to the same song over and over again.
+Plus, they can listen to songs randomly.
+Also, the sound quality is ❹ pretty good.
❺ Meanwhile, people are very interested in Bluetooth devices these days. **C**
Smartphones have Bluetooth, so you can connect them to various types of devices. There are tons of Bluetooth earphones and Bluetooth speakers. There is no need for wires, so they are much more convenient.
Once again, Bluetooth devices are one of the hottest devices these days.

Tips for Better Answers
* 15번 기출문제

❶ 질문이 요구하는 답변인 smartphone을 꼭 시작 문장에 언급하기=핵심 단어 스마트폰을 일반화해서 말하기 때문에 복수 명사 사용

❷ 사람들이 관심 가지는 '음악 기기'가 왜 스마트폰인지 설명하기 위해 반드시 외워야 할 문장!

❸ while 대신 when으로 변경 가능 사람들이 하는 행동을 강조하고 싶을 때에는 현재진행형으로 바꾸기
Ex: People listen to music when (while) they are walking.
사람들은 걷고 있을 때 음악을 듣는다.

❹ = quite good, pretty decent
Ex: The sound quality is pretty decent.
음질이 꽤 괜찮다.

❺ 답변 양의 확보를 위해 기기 하나를 추가 (Bluetooth) 해서 설명하기 새로운 정보를 말할 때 어울리는 접속사
besides, in addition, furthermore, additionally
Ex: In addition, people are interested in wireless earphones to listen to music.
추가로 사람들은 음악을 듣기 위해 무선 이어폰에 관심을 가지고 있다.

Expanding Your Answer
더 풍부하고 논리적인 답변을 위해 문장을 추가해 보세요.

A It is almost impossible to find people who do not use smartphones now.
이제 스마트폰 없는 사람을 찾는 것이 거의 불가능합니다.

B In my case, I use a music application and I pay 3 dollars per month to listen to music.
제 경우에는 음악 앱을 사용하고 한 달에 3달러를 내고 음악을 듣습니다.

C Bluetooth devices used to be very expensive but they are affordable these days.
블루투스 기기가 예전에는 매우 비쌌는데 지금은 가격이 적당합니다.

Key Expressions
- **stream music** 음악을 스트리밍하다
- **easy to search for** ~을 찾기 쉬운
- **lyrics** 가사
- **over and over again** 반복해서 계속
- **randomly** 무작위로
- **sound quality** 음질
- **pretty** 꽤, 상당히
- **device** 기계, 기기
- **connect** 연결하다
- **convenient** 편리한
- **hot** 인기 있는

요즘 사람들은 음악을 듣기 위해 스마트폰을 사용합니다. 그들 대부분은 휴대폰으로 음악을 스트리밍합니다. 스트리밍 사이트에서 음악을 검색하는 것은 매우 쉽습니다. (+또한, 사람들은 음악을 들으면서 화면에서 가사를 볼 수 있습니다. +또한, 그들은 같은 노래를 반복해서 들을 수 있습니다. +게다가, 그들은 무작위로 노래를 들을 수 있습니다. +또한 음질이 꽤 좋습니다.) 한편, 사람들은 요즘 블루투스 기기에 관심이 많습니다. 스마트폰은 블루투스가 있어 다양한 종류의 장치에 연결할 수 있습니다. 블루투스 이어폰과 블루투스 스피커가 수없이 많이 있습니다. 선이 필요 없어 훨씬 편리합니다. 다시 한번 말하지만, 블루투스 기기는 요즘 가장 인기 있는 기기 중 하나입니다.

Chapter 06

Movies

빈출 주제 파악하기

질문을 제대로 파악하는 것만으로도 성공적으로 시험을 치를 수 있습니다. OPIc에서 자주 출제되는 질문들을 알아보세요.

1 You indicated in the survey that you like to watch movies. What kinds of movies do you like to watch? Why do you like those types of movies?

사전 설문에서 당신은 영화 보는 것을 좋아한다고 답했습니다. 어떤 종류의 영화를 보는 것을 좋아하나요? 왜 그 종류의 영화를 좋아하나요?

문항 유형	가장 좋아하는 영화 장르와 좋아하는 이유 묘사
문항 수준	Intermediate
핵심 포인트	• 좋아하는 음악 장르의 표현 활용하여 좋아하는 영화 장르 묘사 • 본인이 평소에 좋아하는 영화 종류이기 때문에 주어 I 와 현재형 시제 사용하여 묘사
중요도	★★★

2 **Tell me about when you went to the movies recently. Who did you go with and how was that day? What did you do before the movie and what did you do after?**

최근에 영화를 보러 간 경험에 대해 말해 주세요. 누구와 함께 갔으며 그날은 어땠나요? 영화 보기 전에는 무엇을 하고 그 후에는 무엇을 했나요?

문항 유형	최근 영화관에 영화를 보러 가서 한 일들 설명
문항 수준	Advanced
핵심 포인트	• 영화 보러 가기 전과 후에 한 일을 자세히 묘사 • '최근 간 음식점에 간 경험'의 답변과 함께 활용 가능 • 본인의 과거 경험이기 때문에 주어 I 와 과거형 시제 사용
중요도	★★★

3 **Tell me about a memorable movie that you watched in the past. What was it about? What was special about that movie?**

예전에 봤던 기억에 남는 영화에 대해 알려 주세요. 그것은 무엇에 관한 것이었나요? 그 영화의 특별한 점은 무엇인가요?

문항 유형	기억에 남는 영화 자세히 설명
문항 수준	Advanced
핵심 포인트	• 기억에 남는 영화 하나를 선택하여 제목, 주인공, 내용 설명 • 영화에 대한 감상을 다양한 형용사 사용하며 묘사 • 본인의 경험이나 영화에 대한 이야기를 많이 하기 때문에 주어는 I 와 movie, it 상황에 맞게 사용
중요도	★★★★★

4 **Talk about a news story about your favorite actor or actress that you watched recently. Start by telling me about his or her background and then describe in detail what the news was about.**

가장 좋아하는 배우나 여배우에 대한 최근 뉴스 이야기를 말해 주세요. 먼저 그나 그녀의 배경에 대해 말한 후 그 소식이 무엇에 관한 것인지 자세히 설명해 주세요.

문항 유형	가장 좋아하는 영화배우에 대한 최근 본 뉴스 설명
문항 수준	Advanced
핵심 포인트	• 가장 좋아하는 배우에 대한 소식 설명 • 답변 양의 확보하기 위해 '기억에 남는 영화'의 답변 최대한 활용 • 좋아하는 배우와 그의 영화에 관한 이야기이기 때문에 주어는 3인칭 단수 he, she 사용
중요도	★★★★★

5 **You indicated in the survey that you like to watch movies. Could you compare the movies made today to movies you watched while you were growing up? How have movies changed over the years? What are the differences and similarities?**

사전 설문에서 당신은 영화 보는 것을 좋아한다고 답했습니다. 요즘 만들어진 영화들과 당신이 자라면서 본 영화를 비교해 주세요. 몇 년 동안 영화는 어떻게 변했나요? 차이점과 유사점은 무엇인가요?

문항 유형	영화 작품들의 과거와 현재 변화 설명
문항 수준	Advanced
핵심 포인트	• 14번 기출문제 • 과거에 좋아했던 영화 간단하게 언급 • '가장 좋아하는 영화 장르와 좋아하는 이유 설명'의 답변 그대로 활용 • 영화의 변화를 묘사하기 때문에 주어는 movies, they 사용 • 과거와 현재 비교이기 때문에 과거형과 현재형 사용
중요도	★★★

6 When you talk to your friends about movies, what topics do you discuss? Why are these issues of interest or concern to you and your friends? What makes them so important?

친구들과 영화에 대해 이야기할 때 어떤 주제에 대해 토론하나요? 왜 이러한 문제들이 당신과 당신의 친구들에게 관심거리인가요? 그 이슈들이 왜 그렇게 중요하나요?

문항 유형	친구들과 이야기하는 영화 관련 대화 주제 설명
문항 수준	Advanced
핵심 포인트	• 15번 기출문제 • 음식점, 영화관을 묘사하는 표현 활용 • 답변 양의 확보를 위해 다양한 영화관 종류와 시설 묘사 • 영화관에 관해 이야기하기 때문에 현재형과 주어 movie theaters와 they 사용
중요도	★★★

OPIc 모범 답변 학습하기

OPIc 질문에 대한 모범 답변을 살펴본 후, 질문의 핵심 포인트를 파악하여 나만의 OPIc 답변을 만들어 보세요.

1 You indicated in the survey that you like to watch movies. What kinds of movies do you like to watch? Why do you like those types of movies?
🎧 MP3 06_Q1

사전 설문에서 당신은 영화 보는 것을 좋아한다고 답했습니다. 어떤 종류의 영화를 보는 것을 좋아하나요? 왜 그 종류의 영화를 좋아하나요?

	Structure	Idea
시작 문장	주제 문장 소개	when it comes to, whatever is fun
본문	평상시 자주 보는 영화의 종류 나열하고 이유 설명	only types of movies I do not like, enjoy watching, become a lot better, fun, entertaining, doing well, box office, breaking, the record, being released, winning awards, film festivals
마무리 문장	나의 답변 마무리	whatever is fun, movies

Model Answer 🎧 MP3 06_A1

❶ When it comes to movies, I just watch ❷ whatever is fun.

❸ The only types of movies I do NOT like are horror movies and animations. **A**

+fantasy movies +action movies +sci-fi movies +romantic comedies

Plus, I enjoy watching Korean movies.

❹ Korean movies have become a lot better in quality than in the past. They are very fun to watch and ❺ entertaining.

They are doing very well at the box office.

Some of them are breaking the box office record.

Plus, some Korean movies are being released overseas. **B**

Also, some Korean movies are winning awards at big film festivals. **C**

Once again, ❻ I just watch whatever is fun when it comes to movies.

Tips for Better Answers

* 음악과 TV에 나온 표현과 문장 최대한 활용

▶ ❶ 주제를 소개할 때 시작 문장으로 강력 추천
  Ex: When it comes to music, I listen to almost every kind.
  음악에 관한 한, 나는 거의 모든 종류를 다 듣는다.

▶ ❷ whatever is 형용사: (형용사) 한 것은 다
  Ex: I just watch whatever is thrilling.
  신나는 것은 그냥 다 본다.

▶ ❸ 좋아하는 장르를 나열하는 것이 아닌 싫어하는 장르를 언급할 수 있는 문장
  The only types of TV shows I do NOT like are music programs and cooking shows.
  내가 좋아하지 않는 유일한 TV 프로그램은 음악과 요리 프로그램이다.

▶ ❹ 14번 기출문제인 '영화 작품들의 과거와 현재 변화 설명'에 활용할 수 있도록 문단 전체 암기 필수!

▶ ❺ 다양한 형용사 사용으로 등급 업!
  thrilling: 매우 신나는
  amusing: 재미있는
  surprising: 놀라운

▶ ❻ 마무리 문장은 when it comes to의 위치만 바꾸고 시작 문장 반복

Expanding Your Answer

더 풍부하고 논리적인 답변을 위해 문장을 추가해 보세요.

A I have nightmares for days after I watch horror movies.
전 호러 영화를 보곤 난 후에는 며칠 동안 악몽을 꿉니다.

B There are many fans from all over the world because plots are interesting.
줄거리가 흥미롭기 때문에 전 세계에 팬이 많이 있습니다.

C I think it is because Korean movies have a lot of turns and twists.
제 생각에 한국 영화에는 반전들이 많이 있기 때문인 것 같습니다.

Key Expressions

- **when it comes to** ~에 관한 한
- **whatever is fun** 재미있는 건 모두
- **sci-fi movies** SF 영화
- **become better** 좋아지다, 나아지다
- **in quality** 질적으로
- **entertaining** 재미있는
- **do very well** 선전하다, 잘하다
- **box office** 매표소, 박스 오피스
- **break the record** 기록을 깨다
- **be released** 출시하다, 개봉하다
- **win awards** 상을 받다
- **film festivals** 영화제

영화에 관한 한, 저는 그저 재미있는 것을 볼 뿐입니다. 제가 좋아하지 않는 영화의 유일한 종류는 공포영화와 애니메이션입니다. (+판타지 영화 +액션 영화 +스파이 영화 +로맨틱 코미디) 그리고, 저는 한국 영화를 보는 것을 즐깁니다. 한국 영화는 과거보다 질이 훨씬 좋아졌습니다. 그것들을 보고 즐기는 것이 매우 재미있습니다. 또한 박스 오피스에서 매우 선전하고 있습니다. 그들 중 일부는 박스 오피스 기록을 경신하고 있습니다. 게다가, 일부 한국 영화들이 해외에서 개봉되고 있습니다. 또한, 몇몇 한국 영화들은 큰 영화제에서 상을 받고 있습니다. 다시 한번 말하자면, 저는 영화에 관한 한 재미있는 것을 볼 뿐입니다.

OPIc 모범 답변 학습하기

OPIc 질문에 대한 모범 답변을 살펴본 후, 질문의 핵심 포인트를 파악하여 나만의 OPIc 답변을 만들어 보세요.

2 Tell me about when you went to the movies recently. Who did you go with and how was that day? What did you do before the movie and what did you do after? 🎧 MP3 06_Q2

최근에 영화를 보러 간 경험에 대해 말해 주세요. 누구와 함께 갔으며 그날은 어땠나요? 영화 보기 전에는 무엇을 하고 그 후에는 무엇을 했나요?

	Structure	Idea
시작 문장	주제 문장 소개	going to watch a movie
본문	최근 본 영화의 내용이 아닌 영화 보러 가기 전 한 일과 영화 본 후 방문한 식당에 대해 자세히 묘사	before going, popcorn, soft drinks, after watching, decent restaurant, food tasted, starving, fish, juicy, tender, popular, soft drinks, go well with
마무리 문장	나의 답변 마무리	enjoyable dinner

Model Answer 🎧 MP3 06_A2

❶ I remember going to watch a movie with my family recently. **A**
❷ Before watching the movie, we got some popcorn and soft drinks at the snack bar.
❸ After watching the movie, we went to a decent Japanese restaurant. **B**
+Italian +Mexican +Thai +Vietnamese +Chinese
They had the best sushi in town.
❹ +pasta +tacos +Thai curry +rice noodles +fried pork
The food tasted extra good because ❺ I was starving.
The fish we ordered was so ❻ juicy and tender.
+beef +shrimp +crab +lobster +octopus +steak
I could see why that place was so popular.
We had some drinks with the meal.
We ordered some beer, which ❼ went very well with the food.
+wine +soft drinks +cocktails **C**
Looking back, it was a very enjoyable dinner.

Expanding Your Answer

더 풍부하고 논리적인 답변을 위해 문장을 추가해 보세요.

A I read reviews of movies and chose one. Then, I booked four tickets using the movie application.
영화의 평을 읽고 하나를 골랐습니다. 그리고 나서 영화 앱을 사용해서 4장을 예약했습니다.

B It was located right next to the movie theater.
영화관 바로 옆에 위치해 있었습니다.

C The dinner we had was worth the money.
우리가 한 식사는 돈 쓴 만큼의 가치가 있었습니다.

Tips for Better Answers

❶ 과거의 경험을 이야기하는 시작 문장에는 언제, 누구와, 어디를 갔는지 한 줄로 요약해서 말하기 연습 필수
   Ex: I remember going a concert with my friends last month.
   지난 달에 친구들과 콘서트에 간 기억이 난다.

❷ 영화 보러 가기 전에 한 일을 물었기 때문에 간단하게라도 반드시 언급해야 함
   Ex: Before watching the movie, we booked tickets and double checked the seat and time.
   영화 보러 가기 전에 우리는 영화표를 예매하고 자리와 시간을 다시 한번 확인했다.

❸ 영화 보고 난 후 한 일은 음식점 간 이야기하기 '최근 간 음식점 경험'에 대해 답할 때 그대로 활용하기 때문에 음식점 묘사하는 문단 통째로 외우기

❹ 답변 양을 쉽게 확보하기 위해 다양한 음식 또는 음료 종류 나열

❺ I was hungry보다 고급 표현

❻ 음식 표현하는 형용사
   음식점, 음식 주제에 활용
   bitter 쓴 / sweet 단 / dry 건조한 / bland 싱거운
   spicy 매운 / savory 풍미 있는 / rich 맛이 진한
   salty 짠 / greasy 느끼한 / crunchy 바삭한

❼ 쇼핑, 패션에 유용한 표현
   Ex: The shirt goes well with me.
   그 셔츠는 나에게 잘 어울린다.

Key Expressions

- **recently** 최근에
- **get some popcorn** 팝콘을 사다
- **soft drinks** 탄산 음료
- **decent** 꽤 괜찮은
- **extra good** 더 좋은
- **starving** 매우 배가 고픈
- **juicy** 즙이 많은
- **tender** 부드러운
- **go well with** ~와 잘 어울리다
- **enjoyable** 기분 좋은, 즐거운

최근에 가족과 함께 영화를 보러 갔던 것이 기억에 납니다. 영화를 보기 전에, 우리는 스낵바에서 팝콘과 탄산음료를 먹었습니다. 영화를 보고 나서 우리는 괜찮은 일식집으로 갔습니다. (+이탈리아 +멕시코 +태국 +베트남 +중국) 그곳은 동네에서 가장 맛있는 초밥을 줍니다. (+파스타 +타코 +태국 카레 +쌀국수 +볶음 돼지고기) 배가 고파서 음식이 더 맛있었습니다. 우리가 주문한 생선은 육즙이 많고 부드러웠습니다. (+소고기 +새우 +게 +랍스터 +문어 +스테이크) 그곳이 왜 그렇게 인기가 많은지 알 수 있었습니다. 우리는 식사와 함께 술을 좀 마셨습니다. 맥주를 조금 주문했는데, 음식에 아주 잘 어울렸습니다. (+와인 +탄산 음료 +칵테일) 돌이켜 보면, 아주 즐거운 저녁 식사였습니다.

 OPIc 모범 답변 학습하기

OPIc 질문에 대한 모범 답변을 살펴본 후, 질문의 핵심 포인트를 파악하여 나만의 OPIc 답변을 만들어 보세요.

3 Tell me about a memorable movie that you watched in the past. What was it about? What was special about that movie?  MP3 06_Q3

예전에 봤던 기억에 남는 영화에 대해 알려 주세요. 그것은 무엇에 관한 것이었나요? 그 영화의 특별한 점은 무엇인가요?

	Structure	Idea
시작 문장	주제 문장 소개	remember, Korean movie, Along with the Gods
본문	기억에 남는 영화의 제목, 줄거리 설명 후 감상 말하기	starred, my favorite actor, the movie was about, packed with, scenes, storyline, twist, acting, action, original soundtrack, funny lines, killer movie, did well at the box office
마무리 문장	나의 답변 마무리	memorable movie, worth the money

Model Answer   🎧 MP3 06_A3

❶ I remember going to watch a Korean movie called Along with the Gods recently.

It ❷ starred ❸ one of my favorite actors Ha Jeong Woo. **A**

+the Mission Impossible sequel +Tom Cruise

The movie was about what happens in a person's afterlife.
+Ethan Hunt trying to stop nuclear bombs from going off.
The movie was ❹ packed with entertaining scenes.
I really liked the storyline and the twist at the end.
+I liked the acting and action scenes in the movie. **B**
+Some of the scenes were very ❺ thrilling.
+I also liked the original sound track. **C**
+There were many funny lines in the movie.
I think it was a killer movie.
The movie did very well at the box office in Korea.
It was a box-office hit.

Looking back, ❻ it was one of the most memorable movies in my life.
It was worth the money I spent.

Tips for Better Answers

* 전화기 주제의 '최근에 친구와 한 기억에 남는 전화 통화 묘사'의 답변과 표현 최대한 활용

▶ ❶ remember + 동명사 = remember that 주어 + 동사
  과거의 경험이나 기억에 대해 이야기할 때 문장의 시작으로 추천 문법
  Ex: I remember watching a fun Korean movie.
  I remember that I watched a fun Korean movie.
  재미있는 한국 영화를 본 기억이 난다.

▶ ❷ 영화, 연극 등에서 주연을 맡다, 출연하다
  Ex: Ha Jeong Woo starred in the movie as a serial killer.
  하정우가 연쇄살인마 역할로 영화에 출연했다.

▶ ❸ one of the + 최상급 + 복수 명사: 가장 ~한 (명사)들 중 하나
  Ex: Brad Pitt is one of the most good-looking actors in the world.
  브래드 피트는 세상에서 가장 잘생긴 배우 중 하나이다.

▶ ❹ = The movie was filled with exciting scenes.
  영화는 재미있는 장면들로 가득 차 있었다.

▶ ❺ 영화 감상평에 유용한 형용사
  exciting: 신나는
  surprising: 놀라운
  shocking: 충격적인
  amusing: 웃긴, 재미있는
  Ex: The plot of the movie was surprising and amusing.
  그 영화의 줄거리는 놀랍고 재미있었다.

▶ ❻ 마무리 문장은 이 답변의 핵심 단어인 memorable movie가 반드시 들어가야 함

* 영화의 줄거리는 한 줄로 간단히 설명 후 감상평에 다양한 명사 (storyline, original soundtrack, scenes, lines) 와 형용사 (thrilling, entertaining, funny) 사용하여 답변 양 늘리기

Expanding Your Answer

더 풍부하고 논리적인 답변을 위해 문장을 추가해 보세요.

A He is one of the most talented actors in South Korea.
그는 한국에서 가장 재능 있는 배우 중 하나입니다.

B I know they used a lot of CGI, but everything seemed so realistic.
많은 CG가 쓰인 것은 알지만 그래도 모든 것이 현실적으로 보였습니다.

C I actually downloaded all the background music right after I watched the movie.
사실 영화를 보고 난 후 바로 모든 배경 음악을 다운 받았습니다.

Key Expressions

- **recently** 최근에
- **star** 출연하다
- **sequel** 후속편
- **afterlife** 사후세계
- **nuclear bomb** 핵폭탄
- **go off** 터지다
- **packed with** 가득 차 있다
- **entertaining** 재미있는
- **storyline** 줄거리
- **twist** 반전
- **thrilling** 신나는, 흥분되는
- **original sound track** OST, 배경음악
- **lines** 대사
- **killer movie** 대박 영화 (죽여주는 영화)
- **do well at the box office** 박스 오피스에서 선전하다
- **hit** 흥행하다
- **worth** 가치 있다

최근에 신과 함께라는 한국 영화를 보러 갔던 것을 기억합니다. 이 영화에는 제가 가장 좋아하는 배우 중 한 명인 하정우가 출연했습니다. (+The Mission Impossible 후속 +Tom Cruise) 그 영화는 사람의 사후세계에서 일어나는 일에 관한 것이었습니다. (+핵폭탄 터지는 것을 막으려는 Ethan Hunt에 관한 것) 그 영화는 재미있는 장면들로 가득 차 있었습니다. 저는 줄거리와 마지막에 나오는 반전이 정말 좋았습니다. (+영화 속 연기 장면과 액션 장면이 좋았습니다. +일부 장면은 매우 짜릿했습니다. +배경음악도 좋았습니다. +영화에는 재미있는 대사들이 많았습니다.) 저는 그것이 대박 (죽여주는) 영화였다고 생각합니다. 그 영화는 한국 박스 오피스에서 매우 선전했습니다. 그것은 흥행에 성공했습니다. 돌이켜 보면, 그것은 제 인생에서 가장 기억에 남는 영화 중 하나입니다. 제가 쓴 돈의 가치가 있었습니다.

OPIc 모범 답변 학습하기

OPIc 질문에 대한 모범 답변을 살펴본 후, 질문의 핵심 포인트를 파악하여 나만의 OPIc 답변을 만들어 보세요.

4. Talk about a news story about your favorite actor or actress that you watched recently. Start by telling me about his or her background and then describe in detail what the news was about.

🎧 MP3 06_Q4

가장 좋아하는 배우나 여배우에 대한 최근 뉴스 이야기를 말해 주세요. 먼저 그나 그녀의 배경에 대해 말한 후 그 소식이 무엇에 관한 것인지 자세히 설명해 주세요.

	Structure	Idea
시작 문장	주제 문장 소개	favorite actor would have to be,
본문	좋아하는 배우가 한국에 방문한 경험 그리고 촬영하는 영화에 대해 설명	watching the news about , came to Korea to promote, newly-released movie, 9th visit, a lot of media coverage, popular Korean TV show, a lot of hype, did very well at the box office
마무리 문장	나의 답변 마무리	news I remember, favorite movie stars

Model Answer 🎧 MP3 06_A4

One of my favorite actors ❶ would have to be Tom Cruise. **A**

❷ I remember watching the news about him recently.

He came to Korea to promote his ❸ newly-released movie, Mission Impossible. **B**

This was his 9th visit to Korea.

There was ❹ a lot of media coverage of his visit.

He ❺ even appeared on a popular Korean TV show. **C**

Due to his visit, there was ❻ a lot of hype surrounding the new movie.

❼ In fact, it did very well at the box office in Korea.

It was a box-office hit.

So, this was the news I remember about one of my favorite movie stars.

Tips for Better Answers

▶ ❶ 조동사구 〈would have to be : ~이어야 할 것이다〉 사용으로 등급 업!
Ex: One of my favorite places to travel in Korea would have to be Seoul.
한국에서 가장 여행하기 좋아하는 장소는 서울이어야 할 것이다.

▶ ❷ 질문의 핵심 내용은 좋아하는 배우에 관한 뉴스이기 때문에 news 또는 news story가 핵심 단어인 시작 문장에 반드시 들어가야 함

▶ ❸ '새롭게 개봉한, 출시한'이란 뜻의 합성어
Ex: I am going to buy the newly-released smartphone from Samsung.
나는 삼성에서 새로 출시된 스마트폰 살 거야.

▶ ❹❻ media, coverage, hype는 불가산 명사
불가산 명사인지 가산 명사인지 확실하게 모를 때에는 a lot of 사용이 가장 안전

▶ ❺ 심지어 (동사)도 했다: (동사)의 의미를 강조하기 위해 사용
Ex: They are even having concerts in America.
그들은 심지어 미국에서도 콘서트를 한다.

▶ ❼ '기억에 남는 영화 자세히 설명'에 나온 표현 그대로 활용

Expanding Your Answer

더 풍부하고 논리적인 답변을 위해 문장을 추가해 보세요.

A He has been acting for more than 30 years.
그는 30년 이상 연기를 해왔습니다.

B Actually, I watched that movie and it had so many amusing scenes and the action scenes were impressive.
사실 저는 그 영화를 봤는데 재미있는 장면이 많았고 액션 장면도 인상적이었습니다.

C I think he enjoys visiting Korea for the movie promotion.
제 생각에 그는 영화 홍보를 위해 한국에 오는 것을 즐기는 것 같습니다.

Key Expressions

- **recently** 최근에
- **promote** 홍보하다
- **newly-released** 새로 개봉한
- **a visit** 방문
- **media coverage** 언론의 보도
- **appear** 나타나다, 출연하다
- **popular** 인기 있는
- **hype** 화제, 홍보, 광고
- **surrounding** 둘러싼
- **do very well** 잘하다, 선전하다, 흥행하다
- **box-office hit** 흥행 성공

제가 가장 좋아하는 배우 중 한 명은 톰 크루즈입니다. 최근에 그에 대한 뉴스를 본 기억이 납니다. 그는 새로 개봉한 영화 '미션 임파서블'을 홍보하기 위해 한국에 왔습니다. 이번이 그의 9번째 한국 방문이었습니다. 그의 방문에 대한 많은 언론의 보도가 있었습니다. 그는 심지어 인기 있는 한국 TV 쇼에 출연했습니다. 그의 방문으로 인해, 새 영화를 둘러싼 많은 홍보가 있었습니다. 사실, 그것은 한국의 박스 오피스에서 매우 선전했고, 흥행에 성공했습니다. 그래서, 이것이 제가 가장 좋아하는 영화배우에 대해 기억하는 뉴스입니다.

OPIc 모범 답변 학습하기

OPIc 질문에 대한 모범 답변을 살펴본 후, 질문의 핵심 포인트를 파악하여 나만의 OPIc 답변을 만들어 보세요.

5 You indicated in the survey that you like to watch movies. Could you compare the movies made today to movies you watched while you were growing up? How have movies changed over the years? What are the differences and similarities? 🎧 MP3 06_Q5

사전 조사에서 당신은 영화 보는 것을 좋아한다고 답했습니다. 요즘 만들어진 영화들과 당신이 자라면서 본 영화를 비교해 주세요. 몇 년 동안 영화는 어떻게 변했나요? 차이점과 유사점은 무엇인가요?

	Structure	Idea
시작 문장	주제 문장 소개	I was a kid, used to, Hollywood movies
본문	과거에는 할리우드 영화를 좋아했지만 현재 한국 영화를 더 좋아하는 나의 취향 변화에 대해 묘사	but now, Korean movies, have become, better in quality, fun to watch, entertaining, doing very well, breaking the record, released overseas, winning awards
마무리 문장	나의 답변 마무리	have become much better

Model Answer 🎧 MP3 06_A5

❶ When I was a kid, ❷ I used to watch Hollywood movies most of the time. **A**

❸ But now, I also enjoy watching Korean movies.

❹ Korean movies have become a lot better in quality than in the past. They are very fun to watch and entertaining. **B**

They are doing very well at the box office.

Some of them are breaking the box office record.

Plus, some Korean movies are being released overseas. **C**

Also, some Korean movies are winning awards at big film festivals.

Once again, Korean movies ❺ have become much better over the years.

Tips for Better Answers
* 14번 기출문제

❶ 과거의 취향을 우선 이야기하기 때문에 과거를 나타내는 시간 표현으로 문장 시작
= when I was younger, back then, in the past
이 표현 후에는 반드시 과거형 사용

❷ used to 동사: 과거에 (동사)를 반복적으로 하곤 했었다.
Ex: I used to enjoy listening to pop music.
팝 음악을 즐겨 듣곤 했었다.

❸ 현재 취향 변화를 묘사해야 하기 때문에 현재를 나타내는 시간 표현 but now를 사용한 후 현재형으로 지금 좋아하는 영화에 대해 말하기
= however these days, but nowadays

❹ 본문의 답변은 '가장 좋아하는 영화 장르와 좋아하는 이유 설명'의 답변을 그대로 활용

❺ 과거와 현재 비교를 묻는 질문이기 때문에 마무리 문장에 현재 완료형 사용
영화의 차이점을 묻기 때문에 핵심 표현인 become better 사용

Expanding Your Answer
더 풍부하고 논리적인 답변을 위해 문장을 추가해 보세요.

A At that time, I thought storylines of Korean movies were cliché.
그때에 저는 한국 영화의 줄거리가 뻔하다고 생각했습니다.

B There are so many surprising and amusing scenes in the movies.
영화에 놀랍고 웃긴 장면들이 많이 있습니다.

C Some Korean movies are even remade in Hollywood.
어떤 한국 영화들은 할리우드에서 리메이크 되기도 했습니다.

Key Expressions
- **used to** 과거에 ~하곤 했었다
- **most of the time** 대부분의 시간을
- **become better** 더 나아지다
- **in quality** 질적으로
- **do very well** 선전하다, 잘하다
- **entertaining** 재미있는
- **box office** 매표소, 박스 오피스
- **break the record** 기록을 깨다
- **be released** 출시하다, 개봉되다
- **win awards** 상을 받다
- **film festivals** 영화제

제가 어렸을 때, 대부분 할리우드 영화를 보곤 했습니다. 하지만 지금은 한국 영화 보는 것도 좋아합니다. 한국 영화는 과거보다 질적으로 훨씬 좋아졌습니다. 보고 즐기는 것이 매우 재미있습니다. 박스 오피스에서 매우 선전하고 있습니다. 그들 중 일부는 박스 오피스 기록을 경신하고 있습니다. 게다가, 일부 한국 영화들이 해외에서 개봉되고 있습니다. 또한, 몇몇 한국 영화들은 큰 영화제에서 상을 받고 있습니다. 다시 한번 말하자면, 한국 영화는 지난 몇 년 동안 훨씬 더 좋아졌습니다.

OPIc 모범 답변 학습하기

OPIc 질문에 대한 모범 답변을 살펴본 후, 질문의 핵심 포인트를 파악하여 나만의 OPIc 답변을 만들어 보세요.

6 When you talk to your friends about movies, what topics do you discuss? Why are these issues of interest or concern to you and your friends? What makes them so important?

🎧 MP3 06_Q6

친구들과 영화에 대해 이야기할 때 어떤 주제에 대해 토론하나요? 왜 이러한 문제들이 당신과 당신의 친구들에게 관심거리인가요? 그 이슈들이 왜 그렇게 중요하나요?

	Structure	Idea
시작 문장	주제 문장 소개	talk about movies, movie theaters
본문	친구들과 대화하는 주제로 영화관 시설에 대해 자세하게 묘사	tons of movie theaters, everywhere, on busy streets, foot traffic, concentrated, subway, universities, three major theater chains, great facilities, special seats, comfy seats, leg room
마무리 문장	나의 답변 마무리	movie theaters, better in quality

Model Answer 🎧 MP3 06_A6

❶ When my friends and I talk about movies, we often talk about movie theaters.
There are tons of movie theaters in Korea.
❷ They are everywhere these days. **A**
Many movie theaters are on busy streets with a lot of foot traffic. They are concentrated near subway stations or large universities. **B**
❸ There are three major theater chains in Korea.
They are CGV, Megabox and Lotte Cinema.
These theaters have ❹ great facilities. **C**
Most of them have 3D, 4D and IMAX theaters.
+Plus, they have ❺ special seats for couples.
+Also, they have ❻ comfy seats with a lot of ❼ leg room.
So, movie theaters have become a lot better in quality than in the past.

Expanding Your Answer

더 풍부하고 논리적인 답변을 위해 문장을 추가해 보세요.

A Actually, there are three movie theaters near my place.
사실 우리 집 근처엔 극장이 3개나 있습니다.

B I think it is because many university students enjoy watching movies after class.
제 생각에는 수업 후에 영화를 즐기는 대학생들이 많아서인 것 같습니다.

C They usually have enough parking space.
보통 주차 장소가 매우 충분합니다.

Tips for Better Answers

*15번 기출문제

▶ ❶ 시작 문장은 반드시 질문이 원하는 답변과 핵심 단어가 들어가야 함
친구들과 이야기하는 영화 관련 대화에 대해 물었기 때문에 핵심 단어는 friends, talk 그리고 movies, movie theaters

▶ ❷ 음식점, 영화관, 은행과 같은 영업점/영업소를 묘사하는 문단으로 활용도가 매우 높기 때문에 반드시 암기 필수

▶ ❸ 답변 양의 확보를 위해 한국의 체인 영화관에 대해 묘사

▶ ❹ 시설이란 뜻의 facilities는 공원, 음식점, 쇼핑센터 등을 묘사할 때 자주 쓰이는 중요 단어!
useful facilities: 유용한 시설
entertaining facilities: 재미있는 시설
sports facilities: 운동 시설
Ex: There are so many sports facilities in the park.
공원에 운동 시설이 매우 많다.

▶ ❺ 특정한 장소나 물건의 명칭을 물을 때 정확한 설명이 어렵다면 〈special 명사 for 누군가〉를 활용
Ex: They have a special room for families.
가족을 위한 특별한 방이 있다.

▶ ❻ = comfortable

▶ ❼ 좌석의 앞뒤 간격을 말하는 표현으로 붙여서 한 단어로도 사용 가능
= legroom

Key Expressions

- **movie theaters** 극장
- **tons of** 수없이 많은
- **on busy streets** 번화가
- **a lot of foot traffic** 많은 유동인구
- **concentrated** 집중된
- **subway station** 지하철역
- **near universities** 대학가
- **major theater chains** 주요 극장 체인
- **facilities** 시설
- **comfy** 편안한
- **leg room** 앞뒤 간격이 넓은
- **in quality** 질적으로

친구들과 제가 영화에 대해 이야기할 때, 우리는 종종 영화관에 대해 이야기합니다. 한국에는 수많은 영화관이 있습니다. 그들은 요즘 어디에나 있습니다. 많은 영화관들이 유동인구가 많은 번화가에 있습니다. 그들은 지하철역이나 큰 대학 근처에 집중되어 있습니다. 한국에는 3개의 주요 극장 체인이 있습니다. CGV, 메가박스, 롯데시네마 등이 있습니다. 이 극장들은 시설이 아주 좋습니다. 그들 대부분은 3D, 4D, 아이맥스 극장을 가지고 있습니다. (+또한 그들은 커플을 위한 특별한 좌석을 가지고 있습니다. +또한, 좌석의 공간이 충분한 편안한 좌석을 가지고 있습니다.) 그래서 영화관은 과거보다 질적인 면에서 훨씬 좋아졌습니다.

Chapter 07

Industry

빈출 주제 파악하기

질문을 제대로 파악하는 것만으로도 성공적으로 시험을 치를 수 있습니다. OPIc에서 자주 출제되는 질문들을 알아보세요.

1 Tell me about one of the rising industries in your country. Why is that industry famous and what is special about it?

당신 나라의 떠오르는 산업에 대해 말해 주세요. 왜 그 산업은 인기가 있고 무엇이 특별한가요?

문항 유형	우리나라 유망 산업 분야 묘사
문항 수준	Intermediate
핵심 포인트	• 우리나라의 유망 산업으로 영화계에 대해 말하기 • 영화 주제의 '영화 작품들의 과거와 현재 변화 설명' 답변 내용 그대로 활용 • 한국의 현재 산업에 대해 묘사하기 때문에 주어는 Korea 와 they, 그리고 시제는 현재형 사용
중요도	★

2 Talk about a well-known company in the industry you just mentioned. What is special about that company?
방금 언급한 산업에서 잘 알려진 회사에 대해 이야기해 주세요. 그 회사의 특별한 점은 무엇인가요?

문항 유형	산업의 잘 알려진 기업 묘사
문항 수준	Intermediate
핵심 포인트	• 영화 주제의 '친구들과 이야기하는 영화 관련 대화 주제 설명'의 영화관 묘사의 내용 활용 • 영화관에 대해 이야기하기 때문에 주어는 movie theaters와 they 사용
중요도	★

3 Tell me about the benefits that industry provides. What kind of good is it doing for your country?
그 산업이 주는 혜택에 대해 말해 주세요. 그것이 당신 나라에 어떤 도움이 되나요?

문항 유형	산업이 주는 혜택 설명
문항 수준	Advanced
핵심 포인트	• 영화 산업 업계에 대해 자세히 설명한 후 영화 산업이 우리나라에 가져오는 혜택 묘사 • 산업, 우리나라, 혜택 등 다양한 주제가 나오기 때문에 사용되는 주어도 movie industry, it, Korean, they 등을 상황에 맞게 사용 • 현재 우리나라에 혜택을 주는 산업에 대해 묘사하기 때문에 현재형 사용
중요도	★★★

4 What kinds of companies do young people in your country want to work for? Why do they want to work for those companies?
당신 나라의 젊은이들은 어떤 회사에서 일하고 싶어 하나요? 왜 그들은 그 회사들에서 일하고 싶어하나요?

문항 유형	요즘 젊은이들이 일하기를 원하는 기업 묘사
문항 수준	Intermediate
핵심 포인트	• 산업 주제의 '산업이 주는 혜택' 답변을 그대로 활용 • 젊은 사람들이 일하고 싶어하는 회사에 관한 질문이기 때문에 주어는 young people, they 위주로 사용 • 현재 일하기를 원하는 기업을 묘사해야 하기 때문에 현재형 사용
중요도	★

5 What kinds of efforts have you made to help your career in the past? Why did you do those things and how did they help you?
당신은 과거에 경력을 쌓기 위해 어떤 노력을 했나요? 왜 그런 것을 했고 그 행동이 어떻게 도움이 되었나요?

문항 유형	본인 커리어를 위해 해 온 노력들 설명
문항 수준	Advanced
핵심 포인트	• 커리어를 위해 한 공부, 인터넷, 시험 등에 대해 나열 • 나의 경험이기 때문에 주어 I 사용 • 과거의 노력이기 때문에 과거 시제 사용
중요도	★

6 Tell me about an industry you follow. Is it related to food, energy or mobile computing? How is it different from three years ago?
관심 가지고 있는 산업에 대해 말해 주세요. 음식, 에너지 또는 모바일 컴퓨팅과 관련이 있나요? 그것이 3년 전과 어떻게 다른가요?

문항 유형	관심 갖고 있는 산업 최근 근황, 3년 전과 비교
문항 수준	Advanced
핵심 포인트	• 14번 기출문제 • 영화 주제의 '영화 작품들의 과거와 현재 변화 설명'의 답변 활용 • 본인이 관심 가지고 있는 산업이기 때문에 시작은 I 로 하나 영화에 관련된 답변을 할 때는 주어 movies, they로 바꾸기 • 과거와 현재를 비교하는 답변이기 때문에 과거형과 현재형을 함께 사용
중요도	★

7 **Tell me about an incident that occurred in the industry you follow. Perhaps a game company released a new game, but the public was disappointed about it. Or, perhaps a company released a new device, but it didn't meet people's expectations. How did your community react to the incident?**

관심 갖고 있는 업계에서 발생한 사건에 대해 말해 주세요. 게임회사가 새로운 게임을 출시했는데 사람들이 실망했을 수도 있습니다. 아니면 어떤 회사가 새로운 기기를 출시했지만, 사람들의 기대에 미치지 못했을 수도 있습니다. 그 일에 대해 당신이 속한 사회는 어떻게 반응했나요?

문항 유형	관심 업계에서 기대에 못 미친 상품/서비스 설명
문항 수준	Advanced
핵심 포인트	• 15번 기출문제 • 흥행에 실패한 영화에 대해 묘사 • 영화와 사람들의 반응에 관한 내용이기 때문에 주어는 movie, it, people, they 사용 • 과거에 나온 영화에 대해 이야기하기 때문에 과거형 시제 사용
중요도	★

8 **How do people prepare for future work in your country's industries? Do they get general education first or receive specific training once they join a company? Do they receive specific job training from a young age? How has the process changed over the past 5 years? Give me all the details.**

당신 나라의 산업현장에서 장차 일하고 싶어하는 사람들은 무엇을 준비하고 있나요? 일반교육을 먼저 받나요? 아니면 입사 후 구체적인 교육을 받나요? 그들은 어릴 때부터 특정한 직업 훈련을 받나요? 지난 5년간 그 과정은 어떻게 변했나요? 자세하게 말해 주세요.

문항 유형	사람들이 커리어를 위해서 하는 일, 5년 전과 비교
문항 수준	Advanced
핵심 포인트	• 14번 기출문제 • 산업 주제의 '본인 커리어를 위해 해 온 노력들 설명'의 답변 활용 • 사람들의 노력에 관한 내용이기 때문에 주어는 people, they 사용 • 5년 전과 큰 변화가 없다고 말하고 현재의 노력을 중점적으로 현재형 사용하여 묘사
중요도	★

9 **What is an industry or a company that people in your country are talking about nowadays? Tell me why people are interested in this industry and what they are saying about it.**

당신 나라의 사람들이 요즘 관심을 가지고 있는 산업이나 회사는 무엇인가요? 사람들이 왜 이 산업에 관심을 가지고 있는지 그리고 그것에 대해 무슨 이야기를 하고 있는지 말해 주세요.

문항 유형	우리나라 사람들이 관심을 갖는 산업 분야 설명
문항 수준	Advanced
핵심 포인트	• 15번 기출문제 • 산업 주제의 '그 산업이 주는 혜택 설명'의 답변 활용 • 우리나라 사람이 관심을 가지고 있는 분야로 영화계 묘사하며 주어는 people, they, movie industry, it 등을 다양하게 사용 • 현재 관심 가지고 있는 분야이기 때문에 현재형 사용
중요도	★

 **OPIc 모범 답변 학습하기**

OPIc 질문에 대한 모범 답변을 살펴본 후, 질문의 핵심 포인트를 파악하여 나만의 OPIc 답변을 만들어 보세요.

1. Tell me about one of the rising industries in your country. Why is that industry famous and what is special about it?

당신 나라의 떠오르는 산업에 대해 말해 주세요. 왜 그 산업은 인기 있고, 무엇이 특별한가요?

	Structure	Idea
시작 문장	주제 문장 소개	rising industries, movie industry
본문	한국의 떠오르는 산업으로 영화 업계 설명	become a lot better, fun, entertaining, doing very well, box office, breaking, the record, being released, winning awards, film festivals
마무리 문장	나의 답변 마무리	movie industry, most promising

Model Answer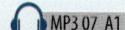

❶ One of the rising industries in Korea is the movie industry. **A**

Korean movies have become a lot better in quality than in the past. **B**

They are very fun to watch and ❷ entertaining.

They are doing very well at the box office.

Some of them are breaking the box office record.

Plus, some Korean movies are being released overseas.

Also, some Korean movies are winning awards at big film festivals. **C**

So, ❸ the movie industry is ❹ one of the most promising industries in Korea.

Expanding Your Answer

더 풍부하고 논리적인 답변을 위해 문장을 추가해 보세요.

A It is because so many Koreans enjoy watching movies in their free time.
그 이유는 매우 많은 한국 사람들이 자유 시간에 영화 보는 것을 좋아하기 때문입니다.

B I think plots of Korean movies are unique.
제 생각에 한국 영화의 줄거리가 독특한 것 같습니다.

C Of course movie production companies are making tons of money.
물론 영화 제작사들은 엄청 많은 돈을 벌고 있습니다.

Tips for Better Answers

* 영화 주제의 '가장 좋아하는 영화 장르와 좋아하는 이유 설명' 그리고 '영화 작품들의 과거와 현재 변화 설명' 내용을 활용

▶ ❶ one of the 복수 명수 is: 복수 명사 중 하나는...
질문의 핵심 표현은 rising industry이기 때문에 반드시 서론에 언급
Ex: One of the rising industries in Korea is the music industry.
한국의 뜨고 있는 산업 중 하나는 음악 산업이다.

* 본문 전체는 영화 주제의 답변 활용하여 외울 내용 줄이기

▶ ❷ 영화 묘사할 때 다양한 형용사 사용은 필수
thrilling: 매우 신나는
amusing: 재미있는
surprising: 놀라운
exciting: 신나는
unpredictable: 예측하지 못한

▶ ❸ 마무리 문장은 시작 문장과 같은 내용이지만 다른 문장 구조로 바꾸어 말하기
핵심 표현인 movie industry 반드시 넣기

▶ ❹ one of the 최상급 형용사 + 복수 명사: 가장 (형용사) 한 (명사) 중 하나
Ex: The music industry is one of the most promising industries.
음악 업계가 가장 전도유망한 업계 중 하나다.

Key Expressions

- **rising** 떠오르는
- **movie industry** 영화계, 영화 산업
- **become better** 더 나아지다
- **in quality** 질적으로
- **do very well** 선전하다, 잘하다
- **entertaining** 재미있는
- **box office** 매표소, 박스 오피스
- **break the record** 기록을 깨다
- **be released** 출시되다, 개봉하다
- **win awards** 상을 받다
- **film festivals** 영화제

한국의 떠오르는 산업 중 하나는 영화 산업입니다. 영화는 과거보다 질적인 면에서 훨씬 좋아졌습니다. 보고 즐기는 것이 매우 재미있습니다. 박스 오피스에서 매우 선전하고 있습니다. 그들 중 일부는 박스 오피스 기록을 경신하고 있습니다. 게다가, 일부 한국 영화들이 해외에서 개봉되고 있습니다. 또한, 몇몇 한국 영화들은 큰 영화제에서 상을 받고 있습니다. 그래서 영화 산업은 한국에서 가장 유망한 산업 중 하나입니다.

OPIc 모범 답변 학습하기

OPIc 질문에 대한 모범 답변을 살펴본 후, 질문의 핵심 포인트를 파악하여 나만의 OPIc 답변을 만들어 보세요.

2 Talk about a well-known company in the industry you just mentioned. What is special about that company?

방금 언급한 산업에서 잘 알려진 회사에 대해 이야기해 주세요. 그 회사의 특별한 점은 무엇인가요?

Structure		Idea
시작 문장	주제 문장 소개	tons of movie theaters
본문	영화 산업에서 잘 알려진 회사로 영화관 소개	everywhere, on busy streets, foot traffic, concentrated near, subway, universities, three major theater chains, great facilities, special seats, comfy seats, leg room
마무리 문장	나의 답변 마무리	movie theaters, better in quality

Model Answer 🎧 MP3 07_A2

There are tons of movie theaters in Korea.

❶ They are everywhere these days. **A**

Many movie theaters are ❷ on busy streets with a lot of foot traffic.
They are concentrated near subway stations or large universities. **B**

❸ There are three major theater chains in Korea.
They are CGV, Megabox and Lotte Cinema.

These theaters have ❹ great facilities. **C**

Most of them have 3D, 4D and IMAX theaters.

+Plus, they have ❺ special seats for couples.

+Also, they have ❻ comfy seats with a lot of leg room.

So, movie theaters have become a lot better in quality than in the past.

Tips for Better Answers

* 영화 주제의 '친구들과 이야기하는 영화관련 대화 주제 설명' 답변의 내용 그대로 활용

▶ ❶ 영업점의 위치를 묘사하는 문장으로 산업, 영화, 음식점 등 다양한 주제의 답변으로 유용하게 쓰이기 때문에 암기 필수

▶ ❷ '유동인구가 많은 번화가'라는 표현 카페, 음식점, 바, 영화관 등 다양한 영업점 묘사에 활용

▶ ❸ 영화 산업에서 잘 알려진 회사로 영화관 이름 나열

▶ ❹ 시설이란 뜻의 facilities는 공원, 음식점, 쇼핑센터 등을 묘사할 때 자주 쓰이는 중요 단어!
useful facilities: 유용한 시설
entertaining facilities: 재미있는 시설
sports facilities: 운동 시설
Ex: There are so many entertaining facilities at the hotel.
호텔에 재미있는 시설이 매우 많다.

▶ ❺ 특정한 장소나 물건의 명칭을 물을 때 정확한 설명이 어렵다면 〈special 명사 for 누군가〉를 활용
Ex: They have a special area for children.
아이들을 위한 공간이 있다.

▶ ❻ = comfortable

Expanding Your Answer

더 풍부하고 논리적인 답변을 위해 문장을 추가해 보세요.

A I live in the capital city of Korea, so there are hundreds of movie theaters in the city.
저는 한국의 수도에 살고 있기 때문에 도시에 극장이 수백 개 있습니다.

B People who do not drive can easily get there even late at night to enjoy movies.
운전을 하지 않는 사람들도 영화를 즐기기 위해 밤 늦게라도 쉽게 그곳에 갈 수 있습니다.

C Some people go there by car because most movie theaters validate parking for 4 hour.
대부분의 영화관은 4시간 동안 주차 지원을 해주기 때문에 몇몇 사람들은 차를 타고 그곳에 갑니다.

Key Expressions

- **movie theaters** 극장
- **tons of** 수없이 많은
- **on busy streets** 번화가
- **a lot of foot traffic** 많은 유동인구
- **concentrated** 집중된
- **subway station** 지하철역
- **near universities** 대학가
- **major theater chains** 주요 극장 체인
- **facilities** 시설
- **comfy** 편안한
- **leg room** 앞뒤 간격이 넓은
- **in quality** 질적으로

한국에는 수많은 영화관이 있습니다. 영화관은 요즘 어디에나 있습니다. 많은 영화관들이 유동인구가 많은 번화가에 있습니다. 지하철역이나 큰 대학 근처에 집중되어 있습니다. 한국에는 3개의 주요 체인 극장이 있습니다. CGV, 메가박스, 롯데시네마가 그것입니다. 이 극장들은 시설이 아주 좋습니다. 대부분은 3D, 4D, 아이맥스 극장을 가지고 있습니다. (+또한 커플을 위한 특별한 좌석이 있습니다. +또한, 다리 공간이 넓은 편안한 좌석을 가지고 있습니다.) 그래서 영화관은 과거보다 질적인 면에서 훨씬 좋아졌습니다.

OPIc 질문에 대한 모범 답변을 살펴본 후, 질문의 핵심 포인트를 파악하여 나만의 OPIc 답변을 만들어 보세요.

3 Tell me about the benefits that industry provides. What kind of good is it doing for your country?   🎧 MP3 07_Q3

그 산업이 주는 혜택에 대해 말해 주세요. 그것이 당신 나라에 어떤 도움이 되나요?

	Structure	Idea
시작 문장	주제 문장 소개	movie industry, fastest growing
본문	한국 사람들이 영화를 얼마나 자주 보는지, 그리고 성장하는 영화 업계 덕분에 우리나라가 받는 혜택 설명	going to the movies, popular form of entertainment, average Korean, 4.2 times a year, highest numbers, movie market, third largest in the world, ticket sales, brings, benefits, economy, creates, jobs, keeps the money flowing, liked to, gaming industry
마무리 문장	나의 답변 마무리	movie industry, important

Model Answer 🎧 MP3 07_A3

The ❶ movie industry is ❷ one of the fastest growing industries in Korea.

❸ Going to the movies is a ❹ popular form of entertainment among Koreans. **A**

❺ An average Korean goes to a movie theater 4.2 times a year. **B**

This is one of the highest numbers in the world.

The Korean movie market is very big.

It is the third largest in the world when it comes to tickets sales.

❻ The movie industry brings a lot of benefits for the economy.

It creates a lot of jobs and keeps the money flowing.

It is also linked to other industries such as the gaming industry. **C**

❼ So, the movie industry is a very important industry for Korea.

Expanding Your Answer

더 풍부하고 논리적인 답변을 위해 문장을 추가해 보세요.

A I think it is because Koreans enjoy indoor activities.
한국인들은 실내 활동을 즐기기 때문인 것 같습니다.

B Actually, I watch at least 10 movies in one year because I go to the movie theater once a month.
사실 전 한 달에 한 번 극장에 가기 때문에 1년에 최소 10편의 영화를 봅니다.

C So many young people in Korea hope to work in the gaming industry.
한국의 많은 젊은 사람들은 게임 업계에서 일하고 싶어합니다.

Tips for Better Answers

▶ ❶ 핵심 표현인 movie industry는 시작 문장에 반드시 언급

▶ ❷ 가장 빨리 성장하는 산업 중 하나
Ex: The music industry is one of the fastest growing industries in the world.
세계에서 가장 빠르게 성장하는 산업 중 하나는 음악 업계이다.

▶ ❸ 동명사로 문장 시작하며 다양한 문장 구조 사용
Ex: People like to go shopping.
사람들은 쇼핑 가는 것을 좋아한다.
Going shopping is what people like to do.
쇼핑 가는 것은 사람들이 좋아하는 것이다.

▶ ❹ hobby는 너무 쉬운 표현이기 때문에 피하기
= pastime 취미, 오락거리
Ex: Hiking is one of the most popular forms of pastimes in Korea.
등산은 한국에서 가장 인기 있는 취미 중 하나이다.

▶ ❺ 답변의 양을 늘리고 싶을 때 숫자나 대략적인 추측이 들어간 예시를 더하기
Ex: Most Koreans travel domestically at least once a year.
대부분의 한국 사람들은 최소한 1년에 한 번 국내 여행을 간다.

▶ ❻ 산업이 나라에 주는 혜택을 묻는 주제이기 핵심 단어인 benefits 필수 사용
영화 산업이 어떻게 우리나라에 도움이 되는지 설명한 문단은 다른 주제에서도 활용도가 높기 때문에 내용 그대로 외우기

▶ ❼ 핵심 단어인 movie industry가 important 하다는 것을 마무리 문장에 다시 한번 언급

> **Key Expressions**
>
> - **growing** 성장하는
> - **form of entertainment** 여가, 오락의 한 형태
> - **average** 평균
> - **times** 몇 번 (횟수)
> - **market** 업계, 산업
> - **when it comes to** ~에 관한 한
> - **ticket sales** 티켓 판매
> - **bring** 가져오다
> - **benefits** 혜택
> - **economy** 경제
> - **create** 창출하다
> - **jobs** 직업
> - **keep 명사 flow** (명사)가 흐르게 하다
> - **be linked to** ~와 연계되어 있다, 연결되어 있다
> - **gaming industry** 게임 업계
> - **important** 중요한

영화 산업은 한국에서 가장 빠르게 성장하는 산업 중 하나입니다. 영화를 보러 가는 것은 한국인들 사이에서 인기 있는 오락의 한 형태입니다. 평균적으로 한국인들은 일 년에 4.2번 영화관에 갑니다. 이것은 세계에서 가장 높은 숫자 중 하나입니다. 한국 영화 시장은 매우 큽니다. 티켓 판매에 관한 한 세계에서 세 번째로 큰 규모입니다. 영화 산업은 경제에 많은 이익을 가져다줍니다. 많은 일자리를 창출하고 돈을 계속 흐르게 합니다. 게임 산업 등 다른 산업과도 연계돼 있습니다. 그래서 영화 산업은 한국에서 매우 중요한 산업입니다.

OPIc 모범 답변 학습하기

OPIc 질문에 대한 모범 답변을 살펴본 후, 질문의 핵심 포인트를 파악하여 나만의 OPIc 답변을 만들어 보세요.

4 What kinds of companies do young people in your country want to work for? Why do they want to work for those companies?

당신 나라의 젊은이들은 어떤 회사에서 일하고 싶어 하나요? 왜 그들은 그 회사들에서 일하고 싶어하나요?

	Structure	Idea
시작 문장	주제 문장 소개	young Koreans, work for
본문	한국의 젊은 사람들이 일하고 싶어하는 곳으로 영화 업계 선택 후 이유 묘사	going to the movies, popular form of entertainment, average Korean, 4.2 times a year, highest numbers, movie market, third largest in the world, ticket sales, brings, benefits, economy, creates, jobs, keeps the money flowing, liked to, gaming industry
마무리 문장	나의 답변 마무리	Once again, young Koreans, work in

Model Answer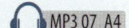

❶ Many young Koreans want to work for companies in the movie industry.

Going to the movies is a popular form of entertainment among Koreans. **A**

An average Korean goes to a movie theater 4.2 times a year.

This is one of the highest numbers in the world.

The Korean movie market is very big.

It is the third largest in the world ❷ when it comes to tickets sales.

The movie industry brings a lot of benefits for the economy. **B**

It creates a lot of jobs and ❸ keeps the money flowing.

It ❹ is also linked to other industries such as the gaming industry. **C**

Once again, many young Koreans want to work in the movie industry.

Tips for Better Answers

* 산업 주제의 '그 산업이 주는 혜택 설명'의 답변을 활용하기

* '그 산업이 주는 혜택 설명'과 '요즘 젊은이들이 일하기 원하는 기업 묘사' 질문은 동시에 나오지 않기 때문에 답변은 하나로 활용

▶ ❶ 한국의 젊은 사람들이 일하고 싶어하는 곳을 묻는 질문이기 때문에 핵심 표현인 young people (young Koreans) work for 시작 문장에 반드시 넣어 말하기

▶ ❷ '~에 관한 한'이라는 뜻으로 새로운 주제나 단어를 언급할 때 유용
  Ex: When it comes to prices of movie tickets, I think they are overpriced.
  영화 티켓 가격에 관한 한, 나는 너무 비싸다고 생각한다.

▶ ❸ keep은 동명사를 목적어로 취하는 동사 keep이 들어가면 동사 (V)가 계속 된다는 의미를 포함
  Ex: The movie industry makes money.
  영화 산업은 돈을 번다.
  The movie industry keeps making money.
  영화 산업은 계속해서 돈을 번다.

▶ ❹ = connected to
  Ex: The movie industry is closely connected to the music industry because of the background music.
  배경음악 때문에 영화 업계와 음악 업계는 매우 가깝게 연결되어 있다.

Expanding Your Answer

더 풍부하고 논리적인 답변을 위해 문장을 추가해 보세요.

A Korean people especially love superhero movies.
한국인들은 특히 슈퍼히어로 영화를 좋아합니다.

B Of course movie production companies are making a lot of money from all over the world.
물론 영화 제작사는 전 세계에서 엄청난 돈을 벌고 있습니다.

C So many young people in Korea try to get jobs in the gaming industry.
그래서 한국의 많은 젊은 사람들은 게임 업계에 취직하려고 노력합니다.

> **Key Expressions**
>
> - **work for** 일하다
> - **form of entertainment** 여가, 오락의 한 형태
> - **average** 평균
> - **times** 몇 번 (횟수)
> - **market** 업계, 산업
> - **when it comes to** ~에 관한 한
> - **ticket sales** 티켓 판매
> - **bring** 가져오다
> - **benefits** 혜택
> - **economy** 경제
> - **create** 창출하다
> - **jobs** 직업
> - **keep** 명사 **flow** (명사)가 흐르게 하다
> - **be linked to** ~와 연계되어 있다, 연결되어 있다
> - **gaming industry** 게임 업계
> - **important** 중요한

많은 젊은 한국인들은 영화 산업의 회사에서 일하고 싶어합니다. 영화를 보러 가는 것은 한국인들 사이에서 인기 있는 오락의 한 형태입니다. 평균적으로 한국인들은 일 년에 4.2번 영화관에 갑니다. 이것은 세계에서 가장 높은 숫자 중 하나입니다. 한국 영화 시장은 매우 큽니다. 티켓 판매에 관한 한 세계에서 세 번째로 큰 규모입니다. 영화 산업은 경제에 많은 이익을 가져다줍니다. 그것은 많은 일자리를 창출하고 돈을 계속 흐르게 합니다. 게임 산업 등 다른 산업과도 연계돼 있습니다. 다시 한 번 말하자면, 많은 젊은 한국인들은 영화 산업에서 일하고 싶어합니다.

OPIc 모범 답변 학습하기

OPIc 질문에 대한 모범 답변을 살펴본 후, 질문의 핵심 포인트를 파악하여 나만의 OPIc 답변을 만들어 보세요.

5 What kinds of efforts have you made to help your career in the past? Why did you do those things and how did they help you?

당신은 과거에 경력을 쌓기 위해 어떤 노력을 했나요? 왜 그런 것을 했고 그 행동이 어떻게 도움이 되었나요?

	Structure	Idea
시작 문장	주제 문장 소개	have done, things, career
본문	커리어를 위해 한 공부, 본 시험 그리고 영어 공부 한 경험 묘사	went to college, degree, study, to get a job, prepared for, tests, job interviews, tried to improve my English, language schools, private tutoring
마무리 문장	나의 답변 마무리	these are, have done, career

Model Answer

I ❶ have done various things for my ❷ career over the years.
I ❸ went to college and ❹ got a Bachelor's degree. **A**
+I also went to grad school to get a Master's degree and a PhD.
I had to study a lot to get a job.
I prepared for ❺ written tests and job interviews. **B**
Plus, I ❻ have always tried to improve my English.
English was a subject in school. **C**
+❼ I also went to language schools to learn English.
+I also got private tutoring to learn English.
+I also took online courses for English tests.
So, these are the things I have done for my career.

Tips for Better Answers

❶ 지금까지 해왔던 경험을 묘사할 때에는 현재 완료형 사용
Ex: I have tried many things to get a job.
직업을 가지기 위해 많은 것을 해봤다.

❷ 발음 유의
carrier: 캐~리어
career: 커뤼~~어~

❸ 미국의 경우 college는 4년제! 2년제 대학은 community college

❹ '학위를 얻다'에 쓰이는 동사는 get, earn, hold, receive
Ex: I received a Bachelor's degree last year.
작년에 학사학위를 받았다.

❺ written test는 필기 시험
writing test는 쓰기 시험

❻ 현재까지도 하고 있는 노력이기 때문에 현재완료형 사용

❼ 발화량 확보를 위해 영어 실력 향상을 위해 한 여러 가지 노력 나열
Ex: I went to America for 6 months to study English.
영어를 공부하기 위해 미국에 6개월 갔다.

Expanding Your Answer

더 풍부하고 논리적인 답변을 위해 문장을 추가해 보세요.

A I majored in Engineering because I was always good at math and science.
저는 수학과 과학을 항상 잘 했기 때문에 공학을 전공했습니다.

B Whenever I had job interviews, I felt like I had butterflies in my stomach.
취업 면접이 있을 때마다 가슴이 미친듯이 뛰었습니다.

C I have studied English since I was young, but it is still difficult.
어렸을 때부터 영어를 공부해왔지만 아직도 어렵습니다.

Key Expressions

- **career** 경력, 커리어
- **go to college** 대학에 가다
- **Bachelor's degree** 학사 학위
- **grad school** 대학원
- **Master's degree** 석사 학위
- **PhD.** 박사 학위
- **prepare** 준비하다, 대비하다
- **written tests** 필기 시험
- **job interview** 취업 면접
- **improve** 향상하다, 발전하다, 개선하다
- **subject** 과목
- **language school** 어학원
- **private tutoring** 과외
- **online classes** 온라인 수업

저는 여러 해 동안 경력을 위해 여러 가지 일을 해 왔습니다. 저는 대학에 가서 학사 학위를 받았습니다. (+석사 학위와 박사 학위를 따러 대학원에 갔습니다.) 취직하기 위해 공부를 많이 해야 했습니다. 필기시험과 취업 면접을 준비했습니다. 게다가, 저는 항상 제 영어 실력을 향상시키기 위해 노력해 왔습니다. 영어는 학교 과목 중 하나였습니다. (+영어를 배우기 위해 어학원도 다녔습니다. +영어를 배우기 위해 과외도 받았습니다. +영어 시험을 위한 온라인 강좌도 들었습니다.) 이것들은 제가 경력을 쌓기 위해 한 일입니다.

OPIc 모범 답변 학습하기

OPIc 질문에 대한 모범 답변을 살펴본 후, 질문의 핵심 포인트를 파악하여 나만의 OPIc 답변을 만들어 보세요.

6 Tell me about an industry you follow. Is it related to food, energy or mobile computing? How is it different from three years ago?

관심 가지고 있는 산업에 대해 말해 주세요. 음식, 에너지 또는 모바일 컴퓨팅과 관련이 있나요? 그것이 3년 전과 어떻게 다른가요?

	Structure	Idea
시작 문장	주제 문장 소개	follow, movie industry
본문	관심 가지고 있는 영화 분야를 3년전과 현재 비교	compared to, become a lot better, fun, entertaining. doing very well, box office, breaking, the record, being released, winning awards, film festivals
마무리 문장	나의 답변 마무리	movie industry, most promising

Model Answer

❶ I follow the movie industry quite closely. **A**

❷ Compared to three years ago,
Korean movies ❸ have become a lot better ❹ in quality. **B**

❺ They are very fun to watch and entertaining.
They are doing very well at the box office.
Some of them are breaking the box office record.
Plus, some Korean movies are being released overseas. **C**
Also, some Korean movies are winning awards at big film festivals.

The movie industry is ❻ one of the most promising industries in Korea.

Expanding Your Answer

더 풍부하고 논리적인 답변을 위해 문장을 추가해 보세요.

A I think it is one of the most rising industries in Korea.
저는 이것이 한국에서 가장 뜨고 있는 산업 중 하나라고 생각합니다.

B I was not a big fan of Korean movies at that time because stories were predictable.
그 당시엔 줄거리가 뻔해서 한국 영화를 크게 좋아하진 않았습니다.

C Actually, some Korean movie actors are starring in Hollywood movies.
사실 어떤 한국 배우들은 할리우드 영화에 출연하고 있습니다.

Tips for Better Answers

* 14번 기출문제
* 산업 주제의 '우리나라 유명 산업 분야 묘사'의 답변을 활용

❶ '관심 가지고 있기 때문에 평소에 지속적으로 따른다'라는 의미로 동사 **follow**가 쓰임
질문의 핵심 단어이기 때문에 시작 문장에 반드시 언급 필요

❷ 3년 전과 지금의 산업 비교를 요구하는 질문이기 때문에 '3년 전과 비교해서'라는 표현이 반드시 언급되어야 함

❸ 과거와 현재를 비교하는 문장이기 때문에 현재완료형 사용

❹ in quality (질적으로) 대신 쓰일 수 있는 표현
in many aspects 여러 방면에서
in various ways 다양한 방면에서

❺ 본문 내용 암기!

❻ one of the 최상급 형용사 + 복수 명사: 가장 (형용사)한 (명사) 중 하나
Ex: The music industry is one of the most promising industries.
음악 업계가 가장 전도유망한 업계 중 하나다.

Key Expressions

- **follow** 관심을 가지고 보다
- **compare to** ~와 비교해서
- **movie industry** 영화계, 영화 산업
- **become better** 더 나아지다
- **in quality** 질적으로
- **do very well** 선전하다, 잘하다
- **entertaining** 재미있는
- **do well** 잘하다, 선전하다
- **box office** 매표소, 박스 오피스
- **break the record** 기록을 깨다
- **be released** 출시하다, 개봉하다
- **win awards** 상을 받다
- **film festivals** 영화제

저는 영화 산업에 매우 관심을 가지고 있습니다. 3년 전과 비교하면, 한국 영화는 과거보다 질적으로 훨씬 좋아졌습니다. 보고 즐기는 것이 매우 재미있습니다. 박스 오피스에서 매우 선전하고 있습니다. 그들 중 일부는 박스 오피스 기록을 경신하고 있습니다. 게다가, 일부 한국 영화들이 해외에서 개봉되고 있습니다. 또한, 몇몇 한국 영화들은 큰 영화제에서 상을 받고 있습니다. 그래서 영화 산업은 한국에서 가장 유망한 산업 중 하나입니다.

OPIc 모범 답변 학습하기

OPIc 질문에 대한 모범 답변을 살펴본 후, 질문의 핵심 포인트를 파악하여 나만의 OPIc 답변을 만들어 보세요.

7. Tell me about an incident that occurred in the industry you follow. Perhaps a game company released a new game, but the public was disappointed about it. Or, perhaps a company released a new device, but it didn't meet people's expectations. How did your community react to the incident?

MP3 07_Q7

관심 갖고 있는 업계에서 발생한 사건에 대해 말해 주세요. 게임회사가 새로운 게임을 출시했는데 하지만 사람들의 실망했을 수도 있습니다. 아니면 어떤 회사가 새로운 기기를 출시했지만, 사람들의 기대에 미치지 못했을 수도 있습니다. 그 일에 대해 당신이 속한 사회는 어떻게 반응했나요?

	Structure	Idea
시작 문장	주제 문장 소개	remember, did not meet, expectations
본문	흥행에 실패한 영화에 대해 이야기	before, released, hype surrounding, however, disappointed with, critics said, a total flop, did terrible, taken away
마무리 문장	나의 답변 마무리	movies, fail like this

Model Answer
MP3 07_A7

❶ I remember when a movie did NOT meet people's expectations.

Before it was released, ❷ there was a lot of hype surrounding the movie. **A**

However, many people ❸ were disappointed with the movie.

Many critics said it was a ❹ total flop. **B**

The movie did terrible at the box office. **C**

It was taken down very early.

There are some movies that fail like this from time to time.

Expanding Your Answer

더 풍부하고 논리적인 답변을 위해 문장을 추가해 보세요.

A It was because so many popular actors were starring in that movie.
인기 많은 배우들이 그 영화에 많이 출연해서 그랬습니다.

B They said the story was boring and the performances of actors were horrible.
그들이 말하길 줄거리는 지겨웠고 배우들의 연기는 최악이었다고 합니다.

C Actually, I heard only about 200,000 people watched that movie.
사실 겨우 200,000명의 사람들만 그 영화를 봤다고 들었습니다.

Tips for Better Answers

* 15번 기출문제

❶ 주제인 '사람들의 기대에 미치지 못한'을 시작 문장에 넣기
핵심 표현은 meet people's expectations
Ex: I did my best to meet the expectations.
기대에 맞추기 위해 내 최선을 다했다.
Although they did their best, they did not meet people's expectations.
그들이 최선을 다 했음에도 불구하고 사람들의 기대에 미치지 못했다.

❷ hype은 대대적이고 과장된 선전, 광고 또는 홍보를 나타내는 비격식 표현
Ex: There was too much type about that movie.
그 영화의 홍보가 너무 심했었다.

❸ disappoint 뒤에는 with, in, by 등 다양한 전치사가 올 수 있음
with는 일반적인 경우에 주로 쓰이며 with 뒤에 사람, 물건, 상황 등 다양한 명사가 올 수 있음
Ex: I was disappointed with the new song.
새 노래에 실망했다.
in은 사람 앞에 주로 쓰이며 실망과 배신 당한 느낌이 강함
I was disappointed in you. Why did you lie like that?
너에게 실망했다. 왜 그런 거짓말을 했니?
by는 in과 비슷하나 실망감을 안겨준 원인이 조금 더 예상하지 못했던 경우일 때 주로 쓰임
I was disappointed by your sudden decision.
너의 갑작스런 결정에 실망했다.

❹ 실패작이란 뜻으로 고급 단어!
영화뿐만 아니라 음악, 연극, 공연에 쓰일 수 있음

Key Expressions

- **meet expectations** 기대에 미치다, 부응하다
- **release** 출시하다, 개봉하다
- **hype** 홍보, 광고, 화제
- **disappointed with** ~에 실망하다
- **critics** 비평가
- **a total flop** 형편없는 졸작, 완전한 실패
- **do terrible at** ~에서 형편없다, 참패하다
- **be taken down** 종영하다, 막을 내리다, 철퇴하다
- **fail** 실패하다
- **from time to time** 가끔

저는 영화가 사람들의 기대에 미치지 못했을 때를 기억합니다. 개봉 전부터 영화를 둘러싼 과대 홍보가 끊이지 않았습니다. 하지만 많은 사람들이 이 영화에 실망했습니다. 많은 비평가들은 영화가 완전히 실패했다고 말했습니다. 흥행에서 참패했습니다. 그것은 매우 일찍 종영했습니다. 가끔 이렇게 실패하는 영화도 있습니다.

OPIc 모범 답변 학습하기

OPIc 질문에 대한 모범 답변을 살펴본 후, 질문의 핵심 포인트를 파악하여 나만의 OPIc 답변을 만들어 보세요.

8 How do people prepare for future work in your country's industries? Do they get general education first or receive specific training once they join a company? Do they receive specific job training from a young age? How has the process changed over the past 5 years? Give me all the details.

🎧 MP3 07_Q8

당신 나라의 산업현장에서 장차 일하고 싶어하는 사람들은 무엇을 준비하고 있나요? 일반교육을 먼저 받나요? 아니면 입사 후 구체적인 교육을 받나요? 그들은 어릴 때부터 특정한 직업 훈련을 받나요? 지난 5년간 그 과정은 어떻게 변했나요? 자세하게 말해 주세요.

	Structure	Idea
시작 문장	주제 문장 소개	compared to five years ago, do for their careers
본문	사람들이 직업을 얻기 위해 현재 하는 일과 5년 전의 일 비교	various things, go to college, degree, study, to get a job, prepare for, tests, job interviews, improve their English, language schools, private tutoring
마무리 문장	나의 답변 마무리	these are, people do, careers

Model Answer 🎧 MP3 07_A8

❶ Compared to five years ago, what people do for their careers is ❷ pretty much the same. **A**

People do various things for their careers.
They go to college and get a Bachelor's degree.
+They also go to ❸ grad school to get a Master's degree or a PhD. **B**
They have to study a lot to get a job.
They prepare for written tests and job interviews.
Plus, people try to improve their English.
English is a subject in school.
+People also go to language schools to learn English.
+People also get private tutoring to learn English.
+People also take online courses for English tests. **C**
So, these are things people do for their careers.

Tips for Better Answers

* 14번 기출문제

* 산업 주제의 '본인 커리어를 위해 해 온 노력들 설명'의 답변 활용

주어 I 를 people 로 바꾸고, 과거형을 현재형으로 바꿔 말하기

▶❶ 과거와 비교하는 것이 질문의 목적이니 compared to five years ago가 핵심 표현
과거의 특징을 나타낼 때에는 항상 시간을 먼저 말한 후 과거형 사용

▶❷ 과거에 사람들이 커리어를 위해 한 일과 현재 하는 일이 큰 차이가 없다고 답변
pretty much the same: 거의 같은, 큰 차이가 없는
Ex: What I did 5 years ago and what I do now is pretty much the same.
내가 5년 전 한 일과 지금 하는 일이 거의 같다.

▶❸ undergraduate: 대학 학부생, 대학생
graduate school 대학원

* 사람들이 하는 일을 묘사하는 질문이기 때문에 최대한 주어는 people 유지하며 I 의 사용 줄이기

Expanding Your Answer

더 풍부하고 논리적인 답변을 위해 문장을 추가해 보세요.

A They have always worked hard to get better jobs.
그들은 항상 더 나은 직업을 위해 노력해 왔습니다.

B In my case, I got a Bachelor's Degree in Engineering.
저의 경우에는 공학 학사 학위를 받았습니다.

C Some people go to English-speaking countries to study English.
어떤 사람들은 영어권 국가에 영어를 공부하러 갑니다.

Key Expressions

- **career** 경력, 커리어
- **go to college** 대학에 가다
- **Bachelor's degree** 학사 학위
- **grad school** 대학원
- **Master's degree** 석사 학위
- **PhD.** 박사 학위
- **prepare** 준비하다, 대비하다
- **written tests** 필기 시험
- **job interview** 취업 면접
- **improve** 향상하다, 발전하다, 개선하다
- **subject** 과목
- **language school** 어학원
- **private tutoring** 과외
- **online classes** 온라인 수업

5년 전과 비교했을 때, 사람들이 직업을 위해 하는 일은 거의 같습니다. 사람들은 그들의 직업을 위해 다양한 일들을 합니다. 그들은 대학에 가서 학사 학위를 받습니다. (+석사 학위와 박사 학위를 따러 대학원에 갑니다.) 취직하기 위해 공부를 많이 해야 합니다. 필기시험과 취업 면접을 준비합니다. 게다가, 항상 영어 실력을 향상시키기 위해 노력해야 합니다. 영어는 학교에서 한 과목입니다. (+영어를 배우기 위해 어학원도 다닙니다. +영어를 배우기 위해 과외도 받습니다. +영어 시험을 위한 온라인 강좌도 듣습니다.) 이것들이 사람들이 경력을 쌓기 위해 하는 일들입니다.

OPIc 모범 답변 학습하기

OPIc 질문에 대한 모범 답변을 살펴본 후, 질문의 핵심 포인트를 파악하여 나만의 OPIc 답변을 만들어 보세요.

9 What is an industry or a company that people in your country are talking about nowadays? Tell me why people are interested in this industry and what they are saying about it. 🎧 MP3 07_Q9

요즘 당신 나라 사람들이 관심을 가지고 있는 산업이나 회사는 무엇인가요? 사람들이 왜 이 산업에 관심을 가지고 있는지 그리고 그것에 대해 무슨 이야기를 하고 있는지 말해 주세요.

	Structure	Idea
시작 문장	주제 문장 소개	people, interested in, movie industry
본문	한국 사람들이 영화를 얼마나 자주 보는지, 그리고 성장하는 영화 업계 덕분에 우리나라가 받는 혜택 설명	going to the movies, popular form of entertainment, average Korean, 4.2 times a year, highest numbers, movie market, third largest in the world, ticket sales, brings, benefits, economy, creates, jobs, keeps the money flowing, liked to, gaming industry
마무리 문장	나의 답변 마무리	Koreans, interested in, movie industry

Model Answer 🎧 MP3 07_A9

❶ Many Koreans are interested in the movie industry. **A**

❷ Going to the movies is a ❸ popular form of entertainment among Koreans.

An average Korean goes to a movie theater 4.2 times a year. **B**

This is one of the highest numbers in the world.

The Korean movie market is very big.

It is the third largest in the world when it comes to tickets sales.

The movie industry brings a lot of benefits for the economy.

It creates a lot of jobs and keeps the money flowing. **C**

It is also linked to other industries such as the gaming industry.

❹ Once again, many Koreans are interested in the movie industry.

Expanding Your Answer

더 풍부하고 논리적인 답변을 위해 문장을 추가해 보세요.

A Of course I am one of them.
물론 저도 그중 한 명입니다.

B Some people go to the movie theaters every weekend.
어떤 사람들은 영화관에 매주 갑니다.

C Young people hope to work in the movie or music industries.
젊은 사람들은 영화나 음악 업계에서 일하길 희망합니다.

Tips for Better Answers

* 15번 기출문제

* 산업 주제의 '그 산업이 주는 혜택 설명'과 '요즘 젊은이들이 일하기를 원하는 기업 묘사'의 답변을 활용

➤ ❶ 한국 사람들이 관심 가지는 업계를 묻는 질문이기 때문에 시작 문장에 핵심 단어 Koreans, interested 그리고 movie industry 넣어서 말하기

* 영화 산업의 특징을 설명하는 본문은 앞서 학습한 답변 그대로 사용하여 말하기 연습

➤ ❷ 동명사로 문장 시작하며 다양한 문장 구조 사용
  Ex: People like to go jogging.
  사람들은 조깅 가는 것을 좋아한다.
  Going shopping is what people like to do.
  쇼핑 가는 것은 사람들이 좋아하는 것이다.

➤ ❸ hobby는 너무 쉬운 표현이기 때문에 피하기
  = pastime 취미, 오락거리
  Ex: Shopping is one of the most popular forms of pastimes in Korea.
  쇼핑은 한국에서 가장 인기 있는 취미 중 하나이다.

➤ ❹ 마지막 문장은 시작 문장의 핵심 단어인 interested와 movie industry를 다시 한번 언급하는 걸로 마무리

Key Expressions

- **popular** 인기 있는
- **form of entertainment** 여가, 오락의 한 형태
- **average** 평균
- **times** 몇 번 (횟수)
- **market** 업계, 산업
- **when it comes to** ~에 관한 한
- **ticket sales** 티켓 판매
- **bring** 가져오다
- **benefits** 혜택
- **economy** 경제
- **create** 창출하다
- **jobs** 직업
- **keep** 명사 **flow** (명사)가 흐르게 하다
- **be linked to** ~와 연계되어 있다, 연결되어 있다
- **gaming industry** 게임 업계
- **important** 중요한

한국 사람들은 영화 산업에 관심을 가지고 있습니다. 영화를 보러 가는 것은 한국인들 사이에서 인기 있는 오락의 한 형태입니다. 평균적으로 한국인들은 일 년에 4.2번 영화관에 갑니다. 이것은 세계에서 가장 높은 숫자 중 하나입니다. 한국 영화 시장은 매우 큽니다. 티켓 판매에 관한 한 세계에서 세 번째로 큰 규모입니다. 영화 산업은 경제에 많은 이익을 가져다줍니다. 그것은 많은 일자리를 창출하고 돈을 계속 흐르게 합니다. 게임 산업 등 다른 산업과도 연계돼 있습니다. 다시 한번 말하자면, 한국 사람들은 영화 산업에 관심을 가지고 있습니다.

Chapter 08

Housing 1

빈출 주제 파악하기

질문을 제대로 파악하는 것만으로도 성공적으로 시험을 치를 수 있습니다. OPIc에서 자주 출제되는 질문들을 알아보세요.

1 I would like to know where you live. Can you describe your home to me? What does it look like? How many rooms does it have?

당신이 사는 곳이 궁금합니다. 집에 대해 묘사해 줄 수 있나요? 어떻게 생겼나요? 방이 몇 개인가요?

문항 유형	현재 살고 있는 집 묘사
문항 수준	Intermediate
핵심 포인트	• 현재 살고 있는 집에 있는 방의 개수와 그 안에 있는 가구 및 가전제품 나열 • 현재 살고 있는 집이기 때문에 주어 I 사용하고 현재형으로 설명
중요도	★★★

2 **What is your normal routine at home? What do you usually do on weekdays and what do you do on weekends?**
집에서 보통 보내는 일상은 무엇인가요? 평일에는 주로 무엇을 하고 주말에는 무엇을 하나요?

문항 유형	집에서의 본인 일과 묘사
문항 수준	Intermediate
핵심 포인트	• 집 주제의 '본인이 집에서 하는 집안일 묘사'와 집에서 '집에서 본인의 책임 묘사'에서 같은 답변 활용 • 본인이 평소에 하는 집안일에 대한 내용이기 때문에 주어 I 사용하며 현재형 시제로 묘사
중요도	★★★

3 **Describe the home you lived in as a child. How was it different from the home you live in now?**
어렸을 때 살았던 집을 묘사하세요. 지금 살고 있는 집과 어떻게 달랐나요?

문항 유형	어렸을 때 살았던 집과 지금 집 비교
문항 수준	Advanced
핵심 포인트	• 집 주제의 '어렸을 때 살았던 동네 묘사'와 같은 답변 준비 • 본인이 과거 살았던 집과 현재 살았던 집의 특징 및 주변 환경 비교 • 과거의 집에 대해 말할 땐 과거형 시제, 현재 살고 있는 집에 대해 말할 땐 현재형 시제 사용 • 본인의 집이기 때문에 주어 I 사용
중요도	★★★★★

4 **I would like to know where you live. Talk about the different rooms in your home. Tell me about your favorite room. What does it look like?**
당신이 사는 곳이 궁금합니다. 집에 있는 다른 방들에 대해 말해 주세요. 가장 좋아하는 방에 대해 말해 주세요. 어떻게 생겼나요?

문항 유형	요집에서 가장 좋아하는 방 묘사
문항 수준	Intermediate
핵심 포인트	• 좋아하는 방으로 침실 선택 후 그 안에 있는 가구 묘사 • 침실에서 평소에 하는 일을 현재형 시제와 주어 I 사용하여 나열
중요도	★★★

5 **What kinds of things do you do to keep your house clean and comfortable? What kinds of housework do you do at home?**
집을 깨끗하고 편안하게 유지하기 위해 어떤 종류의 일을 하나요? 집에서 어떤 종류의 집안일을 하나요?

문항 유형	집에서 하는 집안일 묘사
문항 수준	Intermediate
핵심 포인트	• 집 주제의 '집에서의 본인 일과 묘사'와 집에서 '집에서 본인의 책임 묘사'에서 같은 답변 활용 • 본인이 평소에 하는 집안일에 대한 내용이기 때문에 주어 I 사용하며 현재형 시제로 묘사
중요도	★★★

6 **We sometimes want to change something in our home, maybe get new furniture or do some painting or decorating. Tell me about one change that you made to your home. Tell me why you decided to make that change and everything you had to do to make that change happen.**
우리는 가끔 집에서 무엇가를 바꾸고 싶어하거나, 새로운 가구를 사거나, 그림이나 장식을 하고 싶어 합니다. 집에 준 한 가지 변화에 대해 말해 주세요. 왜 그런 변화를 주기로 결심했는지, 그리고 그 변화를 위해 해야 했던 것들을 말해 주세요.

문항 유형	집에 준 변화 중 하나 자세히 묘사
문항 수준	Advanced
핵심 포인트	• 집에 준 변화로 집을 수리한 경험과 새로 가구 산 경험 묘사 • 과거의 경험이기 때문에 과거형 시제 사용 • 본인이 직접 준 변화이기 때문에 주어 I 사용
중요도	★★★★★

7 Talk about the place you lived in and the surrounding area when you were a child. What do you remember about that place? Describe your home from your early childhood in detail.

어릴 때 살던 곳과 주변 지역에 대해 이야기해 주세요. 그 장소에 대해 무엇을 기억하나요? 어린 시절 당신의 집을 자세히 묘사하세요.

문항 유형	어렸을 때 살았던 동네 묘사
문항 수준	Advanced
핵심 포인트	• 집 주제의 '어렸을 때 살았던 집과 지금 집 비교'와 같은 답변 준비 • 본인이 과거에 살던 집과 현재 살고 있는 집의 특징 및 주변 환경 비교 • 과거의 집에 대해 말할 땐 과거형 시제, 현재 살고 있는 집에 대해 말할 때에는 현재형 시제 사용 • 본인의 집이기 때문에 주어 I 사용
중요도	★★★★★

8 Talk about a special memory you had at home with your family members. Perhaps you had guests over or had a party of some sort. Tell me about that experience in detail.

가족과 함께 집에서 가졌던 특별한 추억에 대해 이야기해 주세요. 아마도 당신은 손님들을 초대하거나 어떤 종류의 파티를 열었을 것입니다. 그 경험에 대해 자세히 말해 주세요.

문항 유형	집에서 가족들과 가진 추억 묘사
문항 수준	Advanced
핵심 포인트	• 집에서 파티 했던 경험 묘사 • 가족과 함께 한 일이기 때문에 주어 we 사용 • 과거의 경험이기 때문에 과거형 시제 사용
중요도	★★★★★

9 There are always problems that happen in any home. Things break, projects do not go as planned, or people you live with do not cooperate. Tell me about some problems or issues you had in your home.

어떤 집에서든 일어나는 문제들은 항상 있습니다. 물건이 깨지거나, 프로젝트가 계획대로 진행되지 않거나, 함께 사는 사람들이 협조하지 않을 수도 있습니다. 집에 있던 문제나 이슈에 대해 말해 주세요.

문항 유형	본인 집에 생겼던 여러 문제점들 묘사
문항 수준	Advanced
핵심 포인트	• 기기 고장, 누수 등 집에서 발생할 수 있는 문제점을 간단하게 나열 • 평소에 일어나는 문제점에 관한 내용이기 때문에 현재형 사용 • 본인이 고장 낸 경우 주어 I 사용, 기계에 관해 이야기할 땐 주어 it 사용
중요도	★★★★★

10 Pick one of those problems and explain everything that happened. When did it occur and what caused the problem? Explain in detail everything you did to resolve the situation.

그 문제들 중 하나를 골라 자세하게 설명해 주세요. 언제 발생했고 무엇이 문제의 원인이 되었나요? 문제 해결을 위해 했던 모든 일을 상세히 설명해 주세요.

문항 유형	위의 문제 중 한 가지 구체적 묘사
문항 수준	Advanced
핵심 포인트	• 집에서 물건을 떨어트려 깨트린 경험에 대해 묘사 • 과거에 본인에 의해 발생한 문제점에 대해 이야기하기 때문에 주어 I 와 과거형 시제 사용
중요도	★★★

11 **I would like to talk about where you live. Tell me about the different responsibilities in your home. Who is responsible for what? How are these things done?**

당신의 집에 대해 말해 보고 싶습니다. 집에서 각기 맡은 집안일에 대해 말해 주세요. 누가 무엇을 책임져야 하나요? 이 일들은 어떻게 하는 건가요?

문항 유형	집에서 본인의 책임 묘사
문항 수준	Intermediate
핵심 포인트	• 집 주제의 '집에서의 본인 일과 묘사'와 집에서 '본인이 집에서 하는 집안일 묘사'와 같은 답변 활용 • 본인이 평소에 하는 집안일에 대한 내용이기 때문에 주어 I 사용하며 현재형 시제로 묘사
중요도	★★★

12 **Tell me about the responsibilities you had as a child. What were you expected to do? How did you handle your responsibilities?**

어렸을 때 맡았던 책임에 대해 말해 주세요. 무엇을 하기로 되어 있었나요? 맡은 책임을 어떻게 해결했나요?

문항 유형	어렸을 때 본인의 책임 묘사
문항 수준	Advanced
핵심 포인트	• 집안일 위주의 답변이 아닌 학생으로서의 책임에 대해 묘사 • 과거의 일이기 때문에 주어 I 를 사용하여 과거형 시제로 묘사
중요도	★★★

13 **Do you remember a specific incident as a child when you were not able to do a task that you were supposed to do? I would like to know all the details about what you were expected to do and why you could not do it.**

어렸을 때 하기로 되어 있었던 일이 있는데 어떠한 이유로 인해 할 수 없었던 특정한 사건을 기억하나요? 무엇을 하기로 되어 있었고, 왜 그것을 할 수 없었는지에 대해 자세히 말해 주세요.

문항 유형	어렸을 때 본인의 책임을 다하지 못한 경험 묘사
문항 수준	Advanced
핵심 포인트	• 식중독에 걸려 약 먹어야 했던 경험 활용 • 나의 과거의 일이기 때문에 주어 I 와 과거 시제 사용
중요도	★★★

OPIc 질문에 대한 모범 답변을 살펴본 후, 질문의 핵심 포인트를 파악하여 나만의 OPIc 답변을 만들어 보세요.

1 I would like to know where you live. Can you describe your home to me? What does it look like? How many rooms does it have?

MP3 08_Q1

당신이 사는 곳이 궁금합니다. 집에 대해 묘사해 줄 수 있나요? 어떻게 생겼나요? 방이 몇 개인가요?

	Structure	Idea
시작 문장	주제 문장 소개	live in an apartment
본문	현재 살고 있는 집에 있는 방들과 그 안의 가구 및 가전기기 나열	have lived here, living room, kitchen, bedrooms, bathrooms, balconies, living room, furniture, home appliances, kitchen, sink, dining table, fridge, dishes, pots
마무리 문장	나의 답변 마무리	this is, place is like

Model Answer
MP3 08_A1

I live in an apartment with my family. **A**

I ❶ have lived here for three years.

❷ There is a living room and a kitchen.

Plus, there are four bedrooms, two bathrooms and two balconies.

In the living room, there are ❸ various types of furniture and home appliances. **B**

❹ First, there is a sofa, a tea table, a cabinet and a mirror.

Also, there is a TV, an air-conditioner and an air-purifier.

In the kitchen, there are some electronics and various miscellaneous items. **C**

❺ there is a sink, a dining table and some cabinets.

Plus, there is a fridge, a microwave and a gas stove.

Also, there is a water cooler, a rice cooker, a toaster and a coffee machine.

Plus, there are dishes, pots, pans and utensils in the kitchen cabinets.

So, this is what my place is like.

Tips for Better Answers

▶ ❶ 현재 살고 있는 집이지만 과거부터 살아왔기 때문에 현재완료형 시제 사용
뒤에 기간을 추가할 때는 전치사 for 사용
Ex: I have lived in this house for more than 10 years.
이 집에서 10년 넘게 살았다.

▶ ❷ 집에 있는 방의 개수 우선 나열하기
발화량을 확보하고 싶을 경우 방의 위치 묘사
Ex: There is a living room on the right and a kitchen on the left.
오른쪽에는 거실이 있고 왼쪽에는 부엌이 있다.

▶ ❸ furniture는 불가산 명사
s 붙이지 않도록 유의
가구를 세고 싶을 때에는 a piece of를 사용
Ex: There are many pieces of furniture in my house.
우리 집에 가구가 많이 있다.

▶ ❹ 충분한 발화량 확보를 위해 가구 및 가전제품 충분히 나열하기
가구를 꾸미는 형용사 사용해서 등급 업!
Ex: There is a comfortable sofa and a brand new tea table.
편한 소파와 새 티테이블이 있다.

▶ ❺ 가구 및 가전제품에 대해 말할 때 가장 유용한 시작 표현은 there is와 you will see
Ex: There is a bed on the left.
왼쪽에 침대가 있다.
You will see a bed on the left.
왼쪽에 침대가 보인다.

Expanding Your Answer

더 풍부하고 논리적인 답변을 위해 문장을 추가해 보세요.

A It gets a lot of sunlight because it faces south.
남향이기 때문에 해가 많이 들어옵니다.

B Actually, this is my favorite area because I enjoy watching TV in the living room.
사실 거실에서 TV 보는 것을 즐기기 때문에 이곳이 제가 제일 좋아하는 공간입니다.

C However, I do not enjoy cooking, so the kitchen is always super clean.
하지만 저는 요리를 좋아하지 않기 때문에 주방이 언제나 엄청 깨끗합니다.

Key Expressions

- **bedroom** 침실
- **living room** 거실
- **kitchen** 주방
- **bathroom** 화장실
- **balcony** 발코니
- **furniture** 가구
- **home appliances** 가전제품
- **tea table** 소파 앞 작은 테이블
- **cabinet** 수납장
- **mirror** 거울
- **AC** 에어컨
- **air-purifier** 공기청정기
- **sink** 싱크대
- **dining table** 식탁
- **fridge** 냉장고
- **microwave** 전자레인지
- **stove** 가스레인지
- **water cooler** 정수기
- **rice cooker** 밥솥
- **utensils** 주방

저는 가족과 함께 아파트에 삽니다. 여기서 3년 동안 살았습니다. 거실과 부엌이 있습니다. 추가로, 침실 4개, 욕실 2개, 발코니 2개가 있습니다. 거실에는 다양한 종류의 가구와 가전제품이 있습니다. 먼저 소파, 차 테이블, 수납장, 거울이 있습니다. 또한 TV, 에어컨, 공기청정기도 있습니다. 부엌에는 몇 가지 전자 제품과 여러 가지 잡다한 물건들이 있습니다. 먼저 싱크대와 식탁 그리고 수납장이 있습니다. 또한 냉장고, 전자레인지, 가스레인지도 있습니다. 또한, 정수기, 밥솥, 토스터, 커피 머신이 있습니다. 그리고 부엌 수납장에는 접시, 냄비, 후라이팬, 주방도구들이 있습니다. 저의 집은 이렇게 생겼습니다.

OPIc 모범 답변 학습하기

OPIc 질문에 대한 모범 답변을 살펴본 후, 질문의 핵심 포인트를 파악하여 나만의 OPIc 답변을 만들어 보세요.

2 I would like to know where you live. Talk about the different rooms in your home. Tell me about your favorite room. What does it look like?

당신이 사는 곳이 궁금합니다. 집에 있는 다른 방들에 대해 말해 주세요. 가장 좋아하는 방에 대해 말해 주세요. 어떻게 생겼나요?

	Structure	Idea
시작 문장	주제 문장 소개	favorite room, bedroom
본문	가장 좋아하는 방으로 침실을 선택 후 그 안의 가구와 내가 그곳에서 하는 일 묘사	best place, kick back, relax, get some rest, various types of things, desk, computer, dressing table, do whatever I want to, surf the internet, listen to music
마무리 문장	나의 답변 마무리	this is, my favorite room

Model Answer

My favorite room at home is ❶ **my bedroom**. **A**

My room is the best place to ❷ **kick back and relax**.

I can get some rest when I get home. **B**

In my bedroom, I have various types of things.

❸ **I have a desk, a chair, a computer and a dressing table.**

I also have a bookshelf, a bed and a nightstand. **C**

I also have some dressers and some built-in closets.

Plus, I can do whatever I want to in my room.

I can surf the internet, listen to music or get some sleep.

I can also watch TV, read ❹ **books or watch movies**.

So, this is what my favorite room is like.

Tips for Better Answers

❶ 질문이 요구하는 답변인 '내가 가장 좋아하는 방'을 시작 문장에 언급
다양한 문장 구조를 쓰기 위해 조동사 would 사용 가능
Ex: My favorite room at home would have to be the bedroom.
집에서 내가 가장 좋아하는 방은 침실이어야 한다.

❷ kick back은 '긴장을 풀고 누워서 느긋하게 쉬다'라는 의미의 관용구로 relax, get some rest, rest와 같은 의미
take a rest는 broken English이기 때문에 절대 사용하지 않기

❸ 답변 양 확보를 위해 방에 있는 가구 나열 가구 앞에 다양한 형용사를 사용하면 등급 업!
Ex: I have a big desk and a comfortable chair.
큰 책상과 편한 의자가 있다.
I also have some spacious dressers.
또한 큼직한 수납장이 있다.

❹ 한 권의 책과 한 편 이상의 영화를 보기 때문에 반드시 복수형으로 사용

Expanding Your Answer

더 풍부하고 논리적인 답변을 위해 문장을 추가해 보세요.

A This is the biggest room in my house.
우리 집에서 가장 큰 방입니다.

B I work a lot, so when I come home, I just want to rest.
일을 많이 하기 때문에 집에 오면 그냥 쉬고 싶습니다.

C I enjoy reading before I go to bed so I use the nightstand every single day.
취침하기 전에 책을 읽는 것을 즐기기 때문에 매일 침실용 탁자를 사용합니다.

Key Expressions

- **kick back** 느긋하게 쉬다
- **relax** 쉬다
- **get some rest** 쉬다
- **various** 다양한
- **desk** 책상
- **chair** 의자
- **dressing table** 화장대
- **bookshelf** 책꽂이
- **nightstand** 침실용 탁자
- **dresser** 옷 수납장
- **built-in closet** 붙박이장
- **surf the internet** 인터넷 검색하다
- **get some sleep** 잠을 자다

제가 집에서 가장 좋아하는 방은 제 침실입니다. 제 방은 긴장을 풀고 쉬면서 휴식을 취하기에 가장 좋은 곳입니다. 집에 가면 좀 쉴 수 있습니다. 제 침실에는 다양한 종류의 물건들이 있습니다. 책상, 의자, 컴퓨터 그리고 화장대가 있습니다. 책꽂이와 침대 그리고 침실용 탁자도 가지고 있습니다. 또한 저는 옷 수납장 몇 개와 붙박이 옷장이 있습니다. 게다가, 제 방에서 하고 싶은 건 뭐든지 할 수 있습니다. 저는 인터넷 서핑을 하거나 음악을 듣거나 잠을 잘 수 있습니다. 또한 TV를 보거나, 책을 읽거나, 영화를 볼 수 있습니다. 제가 가장 좋아하는 방은 이렇게 생겼습니다.

OPIc 질문에 대한 모범 답변을 살펴본 후, 질문의 핵심 포인트를 파악하여 나만의 OPIc 답변을 만들어 보세요.

3-1 What is your normal routine at home? What do you usually do on weekdays and what do you do on weekends?   🎧 MP3 08_Q3-1

집에서 보통 보내는 일상은 무엇인가요? 평일과 주말에는 주로 무엇을 하나요?

3-2 What kinds of things do you do to keep your house clean and comfortable? What kinds of housework do you do at home?   🎧 MP3 08_Q3-2

집을 깨끗하고 편안하게 유지하기 위해 어떤 종류의 일을 하나요? 당신은 집에서 어떤 종류의 집안일을 하나요?

3-3 I would like to talk about where you live. Tell me about the different responsibilities in your home. Who is responsible for what? How are these things done?   🎧 MP3 08_Q3-3

당신의 집에 대해 이야기해 보고 싶습니다. 집에서 각기 맡은 집안일에 대해 말해 주세요. 누가 무엇을 책임져야 하나요? 이 일들은 어떻게 하는 건가요?

	Structure	Idea
시작 문장	주제 문장 소개	various, housework
본문	집에서 하는 다양한 종류의 집안일 묘사	my responsibilities, clean my place, vacuum, mop the floors, dust, clean the bathroom, do the dishes, take out the garbage, do the laundry, wash my clothes, fold the clothes
마무리 문장	나의 답변 마무리	these are, responsibilities

Model Answer   🎧 MP3 08_A3

❶ I do various types of housework at home.

Doing housework is ❷ one of my responsibilities.

I try to clean my place ❸ whenever I can. **A**

❹ First, I vacuum and mop the floors and dust the furniture.

Plus, I clean the bathroom after I take showers.

Next, I do the dishes after I have meals. **B**

Also, I ❺ take out the garbage and the recycling.

On weekends, I do the laundry.

First, I throw my laundry in the washer.

And then, I wash my clothes.

After that, I ❻ hang-dry the laundry on the laundry rack.

When they dry, I fold the clothes and put them in the dressers. **C**

So, these are my responsibilities at home.

Tips for Better Answers

* '집에서의 본인 일과 묘사', '본인이 집에서 하는 집안일 묘사', 그리고 '집에서 본인 책임 묘사'에 똑같이 활용되는 답변
각 질문의 핵심 표현이 답변에 들어가야 함

▶ ❶ '본인이 집에서 하는 집안일 묘사' 질문에 대비한 시작 문장에는 핵심 표현 housework 필수 사용

▶ ❷ '집에서 본인 책임 묘사' 질문에 대비한 문장으로 핵심 표현 responsibilities 필수 사용

▶ ❸ 복합관계부사: 쉬운 표현인 often 사용을 줄이기 위해 사용
Ex: I do housework whenever I want to.
내가 원할 때에는 언제든지 집안일을 한다.

▶ ❹ 집에서의 본인 일과 묘사 할 때 접속사 first, plus, next, I do 사용하여 일과 나열

▶ ❺ 재활용 주제에서 유용한 문장으로 암기 필수!

▶ ❻ 원어민이 쓰는 표현 사용으로 등급 업!

Expanding Your Answer

더 풍부하고 논리적인 답변을 위해 문장을 추가해 보세요.

A Since I work full-time, I don't have much time to do housework.
풀타임으로 일하기 때문에 집안일을 할 시간이 많이 없습니다.

B When I don't feel like doing the dishes, I just do it at once before I go to bed.
설거지를 하기 싫을 때에는 자기 전에 한 번에 합니다.

C Doing the laundry takes much time.
빨래 하는 것은 시간이 많이 걸립니다.

Key Expressions

- **various** 다양한 종류의
- **housework** 집안일
- **responsibilities** 맡은 업무, 책임지고 할 일
- **clean** 치우다
- **vacuum** 청소기 돌리다
- **mop the floors** 걸레질 하다
- **dust the furniture** 가구의 먼지를 털다
- **clean the bathroom** 화장실 청소하다
- **take showers** 샤워하다
- **do the dishes** 설거지하다
- **take out the garbage** 쓰레기를 버리다
- **recycling** 재활용
- **do the laundry** 빨래를 하다
- **throw the laundry in the washer** 세탁기에 빨래 넣다
- **wash clothes** 옷을 세탁하다
- **hang-dry the laundry** 널어서 말리다
- **laundry rack** 건조대
- **fold the clothes** 옷을 개다
- **dressers** 옷 서랍장

저는 집에서 다양한 종류의 집안일을 합니다. 집안일을 하는 것도 제 책임 중 하나입니다. 틈만 나면 제 자리를 청소하려고 합니다. 먼저 진공청소기로 바닥을 닦고 가구에 먼지를 털어냅니다. 그리고 저는 샤워를 한 후에 화장실을 청소합니다. 다음에는 밥을 먹고 설거지를 합니다. 또한, 저는 쓰레기와 재활용품을 꺼냅니다. 주말에는 빨래를 합니다. 먼저 세탁기에 빨래를 던져 넣습니다. 그리고 나서, 옷을 뺍니다. 그 후, 빨래 선반에 빨래를 넙니다. 빨래가 마르면 저는 옷을 접어서 옷장에 넣습니다. 이것들은 제가 집에서 맡은 일들입니다.

 **OPIc 모범 답변 학습하기**

OPIc 질문에 대한 모범 답변을 살펴본 후, 질문의 핵심 포인트를 파악하여 나만의 OPIc 답변을 만들어 보세요.

4-1 Describe the home you lived in as a child. How was it different from the home you live in now? 🎧 MP3 08_Q4-1

어렸을 때 살았던 집을 묘사하세요. 지금 살고 있는 집과 어떻게 달랐나요?

4-2 Talk about the place you lived in and the surrounding area when you were a child. What do you remember about that place? Describe your home from your early childhood in detail. 🎧 MP3 08_Q4-2

어릴 때 살던 곳과 주변 지역에 대해 이야기해 주세요. 그 장소에 대해 무엇을 기억하나요? 어린 시절 당신의 집을 자세히 묘사하세요.

	Structure	Idea
시작 문장	주제 문장 소개	remember living, when I was a kid
본문	과거에 살았던 집과 주변 환경 묘사 후 현재 사는 집과 주변 환경 묘사	used to be, playground, play there, with my friends, go on rides, used to play, in the sand, fond memories, but now, spacious apartment, a park nearby, take walks, ride bikes, post office, police station, bakery, subway
마무리 문장	나의 답변 마무리	this is, neighborhood

Model Answer 🎧 MP3 08_A4

I remember living in ❶ a house ❷ when I was a kid. **A**

There ❸ used to be a playground near my house.

I ❹ used to play there all the time with my friends.

I used to go on rides such as swings or slides.

I also used to play in the sand or play with a ball.

I have many fond memories of that place.

❺ But now, I live in a more spacious apartment. **B**

There is a park nearby where I can take walks or ride bikes.

I can get some exercise or get some fresh air there.

There is ❻ a post office, a police station and a fire station.

Also, there is a bank, a bakery, a convenience store and a dry cleaner's.

Plus, there is a subway station, a bus stop, a gym and a library.

Next, ❼ there are many restaurants, bars and coffee shops.

So, this is what my neighborhood is like. **C**

Tips for Better Answers

* '어렸을 때 살았던 집과 지금 집 비교' 그리고 '어렸을 때 살았던 동네 묘사' 질문 동시 대비

▶ ❶ 집 비교를 위해 과거에는 apartment가 아닌 house에 살았다는 것을 언급

▶ ❷ 과거의 특징이란 것을 말하기 위해 when I was a kid 추가
 Ex: When I was young, I lived in a house.
 어렸을 때 집에 살았었다.

▶ ❸ 동네 묘사 질문에 대비하기 위해 neighboring 묘사
 neighboring은 집 근처에 있는 모든 시설과 교통 포함해서 설명

▶ ❹ used to 동사: 어렸을 때 반복적으로 한 행동을 묘사하기 위해 사용
 Ex: I used to play with my friends at the playground every single day.
 매일 친구들과 놀이터에서 놀곤 했다.

▶ ❺ 현재 살고 있는 집을 묘사하기 위해 필수로 나와야 하는 문장! 암기 필수
 but now 이후부터는 현재형 사용

▶ ❻ 나의 neighboring에 있는 시설들이 한 개씩 있을 경우 단수 명사로 사용

▶ ❼ 음식점, 카페, 바의 경우 한 개 이상으로 있을 확률이 높으니 복수 명사 사용

Expanding Your Answer

더 풍부하고 논리적인 답변을 위해 문장을 추가해 보세요.

A It had a small garden in front of the house.
 집 앞에 작은 정원이 있었습니다.

B It is located in the center of the city, so it is very easy to move around.
 도시 중심부에 위치해 있어서 돌아다니기 매우 쉽습니다.

C Although I am satisfied with my current place, I sometimes miss my old house.
 물론 현재 집에 만족하기는 하지만 가끔 예전 집이 그립습니다.

> **Key Expressions**
> - **house** 집
> - **playground** 놀이터
> - **all the time** 항상
> - **go on rides** 놀이기구 타다
> - **swings** 그네
> - **slides** 미끄럼틀
> - **play in the sand** 모래에서 놀다
> - **play with a ball** 공을 가지고 놀다
> - **fond** 기분 좋은
> - **memories** 기억
> - **spacious** 넓은
> - **apartment** 아파트
> - **take walks** 산책
> - **rides bikes** 자전거 타다
> - **exercise** 운동
> - **get some fresh air** 상쾌한 공기를 마시다

어렸을 때 살던 집이 기억이 납니다. 우리 집 근처에 놀이터가 있었습니다. 저는 그곳에서 항상 친구들과 놀곤 했습니다. 그네나 미끄럼틀 같은 놀이기구를 타곤 했습니다. 모래밭에서 놀거나 공놀이를 하고는 했습니다. 저는 그 장소에 대한 많은 추억들을 가지고 있습니다. 하지만 지금은 좀 더 넓은 아파트에 살고 있습니다. 근처에 산책이나 자전거를 탈 수 있는 공원이 있습니다. 저는 그곳에서 운동을 하거나 신선한 공기를 마실 수 있습니다. 우체국, 경찰서, 소방서가 있습니다. 또한 은행, 제과점, 편의점, 세탁소 등이 있습니다. 게다가 지하철역, 버스정류장, 체육관과 도서관이 있습니다. 다음으로 식당, 술집, 커피숍이 많습니다. 우리 동네는 이렇게 생겼습니다.

OPIc 모범 답변 학습하기

OPIc 질문에 대한 모범 답변을 살펴본 후, 질문의 핵심 포인트를 파악하여 나만의 OPIc 답변을 만들어 보세요.

5. Talk about a special memory you had at home with your family members. Perhaps you had guests over or had a party of some sort. Tell me about that experience in detail.
🎧 MP3 08_Q5

가족과 함께 집에서 가졌던 특별한 추억에 대해 이야기해 주세요. 아마도 당신은 손님들을 초대하거나 어떤 종류의 파티를 열었을 것입니다. 그 경험에 대해 자세히 말해 주세요.

	Structure	Idea
시작 문장	주제 문장 소개	remember, birthday party
본문	집에 가족들을 초대해서 파티 했던 경험 묘사	68th birthday, birthday cake, gifts, cooked some food, ordered, tasted extra good, starving, after the party, leftovers, clean up
마무리 문장	나의 답변 마무리	looking back, enjoyable

Model Answer 🎧 MP3 08_A5

❶ I remember having my dad's birthday party at home. **A**
+mom's +son's +daughter's +sister's +brother's
+wife's +husband's +father-in-law's +mother-in-law's
It was his 68th birthday.
We ❷ got a birthday cake and some gifts for my dad. **B**
We cooked some food for the party.
Plus, ❸ we ordered in some Chinese food.
+some pizza +some fried chicken
❹ The food tasted extra good because I was starving.
After the party, there were some leftovers.
I helped clean up after the party. **C**
Looking back, it was a ❺ very enjoyable party.

Tips for Better Answers

❶ 〈remember + 동명사〉는 과거의 경험에 대해 이야기할 때 가장 유용한 시작 표현
파티를 열다 동사는 have와 throw가 쓰임
Ex: I remember throwing my day's birthday party.

❷ get은 buy 또는 bring의 의미를 지니고 있음
Ex: I got you a gift.
나 너의 선물 사왔어. (가져왔어)

❸ order: 주문하다
order in: (전화로) 음식을 배달시키다
음식점 주제의 '테이크아웃 음식점 묘사'에 쓰이는 필수 표현!
Ex: I ordered some clothes online.
인터넷으로 옷을 조금 주문했다.
I ordered in Korean food.
한국 음식을 배달 주문했다.

❹ 국내여행, 해외여행, 음식점 등 특정 장소에서 간 식당 경험에 대해 묘사할 때 쓰이는 필수 문장
extra 대신 super, extremely로 바꿔서 사용 가능
starving은 hungry의 고급 표현
Ex: The food tasted super good because I was starving.
너무 배가 고팠기 때문에 음식이 너무 맛있었다.

❺ 즐거웠던 경험에 대해 이야기한 후 마무리 문장에 잘 어울리는 형용사
= pleasing, exciting

Expanding Your Answer

더 풍부하고 논리적인 답변을 위해 문장을 추가해 보세요.

A We decided to have the party at home because my father does not like eating out.
아버지는 외식을 좋아하지 않으셔서 집에서 파티를 하기로 결정했습니다.

B He was very satisfied with the gifts.
그는 선물에 매우 만족했습니다.

C I was extremely exhausted after the party.
나는 파티가 끝난 후에 너무 지쳤습니다.

Key Expressions

- **birthday party** 생일파티
- **birthday cake** 생일 케이크
- **gift** 선물
- **order** 주문하다
- **starving** 배가 고픈
- **leftovers** 남은 음식
- **clean up** 치우다
- **enjoyable** 재미있는, 즐거운

집에서 아버지의 생일 파티를 했던 기억이 납니다. (+엄마 +아들 +딸 +누나 +형제 +자매 +아내 +남편 +장인어른, 시아버지 +장모님, 시어머니) 그의 68번째 생일이었습니다. 아빠에게 줄 생일 케이크와 선물을 샀습니다. 우리는 파티를 위해 음식을 요리했습니다. 게다가, 우리는 중국 음식을 주문했습니다. (+피자 +치킨) 배가 고파서 음식이 더 맛있었습니다. 파티가 끝나고 남은 음식이 좀 있었습니다. 저는 파티가 끝난 후 청소를 도왔습니다. 돌이켜 보면 아주 즐거운 파티였습니다.

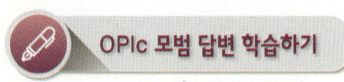

OPIc 모범 답변 학습하기

OPIc 질문에 대한 모범 답변을 살펴본 후, 질문의 핵심 포인트를 파악하여 나만의 OPIc 답변을 만들어 보세요.

6 We sometimes want to change something in our home, maybe get new furniture or do some painting or decorating. Tell me about one change that you made to your home. Tell me why you decided to make that change and everything you had to do to make that change happen.

🎧 MP3 08_Q6

우리는 가끔 집에서 무언가를 바꾸고 싶어하거나, 새로운 가구를 사거나, 그림이나 장식을 하고 싶어 합니다. 당신의 집에 준 한 가지 변화에 대해 말해 주세요. 왜 그런 변화를 주기로 결심했는지, 그리고 그 변화를 위해 해야 했던 것들을 말해 주세요.

	Structure	Idea
시작 문장	주제 문장 소개	remember, the wallpaper
본문	집을 수리, 개조한 이야기와 새로 산 가구 이야기	getting old, time for a renovation, done, looked brand new, happy with, worth the money, some new furniture, rearranged
마무리 문장	나의 답변 마무리	these are, changes, make

Model Answer 🎧 MP3 08_A6

I remember ❶ redoing the wallpaper at my apartment.
+the floors +the windows +the curtains +the blinds
+the bathroom +the kitchen +the living room

The wallpaper ❷ was getting old and it was time for a renovation. **A**

❸ After it was done, the walls ❹ looked brand new.

I was very happy with ❺ the new look. **B**

It was worth the money I spent.

Plus, I remember getting ❻ some new furniture for my apartment.

I got a new bed, a new table and a new bookshelf. **C**

And then, I rearranged the furniture.
+Also, I got some plants and pictures.
+Plus, I got a new TV and a new AC.
+Also, I took a family picture and put it up on the wall.

So, these are the changes I remember making to my apartment.

Tips for Better Answers

▶ ❶ 이미 벽지는 있고 새로 하는 것이기 때문에 (동사)를 다시 한다는 의미로 앞에 re- 붙이기
Ex: I need to reorganize the plan.
계획을 다시 정리해야 해.
(이미 한번 정리했었다는 의미)

▶ ❷ 과거진행형을 사용하면 old인 상태가 계속 진행되고 있다는 것을 강조
Ex: It is old. 낡았다.
It is getting old. 계속 낡아지고 있다.

▶ ❸ 본인이 직접 한 일이 아니기 때문에 수동태 사용
직접 한 경우 after I finished it으로 표현 가능

▶ ❹ look을 동사로 사용
Ex: You look amazing today!
너는 오늘 멋져 보인다!

▶ ❺ look을 명사로 사용 가능
Ex: I love your new look.
네 새로운 모습 너무 좋다!
다양한 문장 구조 사용으로 등급 업!

▶ ❻ furniture: 불가산 명사
뒤에 절대 s 붙이지 않기

Expanding Your Answer

더 풍부하고 논리적인 답변을 위해 문장을 추가해 보세요.

A I could not do it myself so I had to get some help.
혼자 할 수 없었기에 도움을 받아야 했습니다.

B My house looked much more modern after the renovation.
수리 후에 집이 훨씬 더 세련되게 보였습니다.

C Fortunately, I could get great deals on some furniture.
다행히 가구 몇 개를 저렴하게 살 수 있었습니다.

Key Expressions

- **redo the wallpaper** 벽지를 다시 칠하다
- **get old** 오래되다
- **renovation** 수리, 개조
- **brand new** 완전 새것
- **furniture** 가구
- **rearrange** 재배치하다

아파트에서 벽지를 다시 칠한 것이 기억에 납니다. (+바닥 +창 +커튼 +블라인드 +화장실 +주방 +거실) 벽지가 낡아 수리할 때가 되었습니다. 그 일이 끝난 후, 그 벽은 완전히 새것처럼 보였습니다. 저는 새로운 모습에 매우 기뻤습니다. 그것은 제가 쓴 돈의 가치가 있었습니다. 또한 저는 제 아파트에 새 가구를 몇 개 샀던 것을 기억합니다. 새 침대, 새 테이블, 새 책장을 샀습니다. 그리고 나서 가구를 다시 재배치했습니다. (+또한 식물과 사진을 몇 장 샀습니다. +또한, 새 TV와 새 AC를 샀습니다. +또한 가족사진을 찍어 벽에 걸었습니다.) 그래서, 이것들은 제가 제 아파트에 준 변화들입니다.

OPIc 모범 답변 학습하기

OPIc 질문에 대한 모범 답변을 살펴본 후, 질문의 핵심 포인트를 파악하여 나만의 OPIc 답변을 만들어 보세요.

7 There are always problems that happen in any home. Things break, projects do not go as planned, or people you live with do not cooperate. Tell me about some problems or issues you had in your home.

🎧 MP3 08_Q7

어떤 집에서든 일어나는 문제들은 항상 있습니다. 물건이 깨지거나, 프로젝트가 계획대로 진행되지 않거나, 함께 사는 사람들이 협조하지 않을 수도 있습니다. 집에 있었던 문제나 이슈에 대해 말해 주세요.

	Structure	Idea
시작 문장	주제 문장 소개	remember, broke down
본문	집에 있는 기기 고장 경험과 누수에 대해 이야기	during summer, hot, technician, fix, remote control, did not work, replace, water leaked, fridge, wipe off, breaking, by mistake
마무리 문장	나의 답변 마무리	these are, problems, at home

Model Answer 🎧 MP3 08_A7

I ❶ remember ❷ when the air-conditioner broke down at home.

It was during summer and it was very hot without air-conditioning. **A**

I had to ❸ call up a technician to fix the problem. **B**

Plus, I remember when the remote control for the ❹ TV did NOT work well.

I had to replace the batteries for the remote.
+the clock +the door lock

Also, I remember when water leaked from the fridge.
+the air-conditioner +the water cooler +the washer

I had to wipe off the water from the floor.

Plus, I remember breaking a plate ❺ by mistake. **C**

So, these are the problems I remember having at home.

Expanding Your Answer

더 풍부하고 논리적인 답변을 위해 문장을 추가해 보세요.

A It was scorching hot and I could not stay at home for more than 5 minutes.
폭염이었기 때문에 집에 5분 이상 있을 수 없었습니다.

B The technician got it fixed and it took about 1 hour.
기술자가 와서 고쳤는데 한 시간 정도 걸렸습니다.

C It was one of my favorite plates, so I was extremely sad.
제가 제일 좋아하는 그릇 중 하나여서 너무 슬펐습니다.

Key Expressions

- **air-conditioner** 에어컨
- **break down** 고장 나다
- **technician** 기술자
- **fix** 고치다
- **do not work** 고장 나다
- **replace** 교체하다
- **leak** 새다, 흐르다
- **wipe off** 닦다
- **by mistake** 실수로

Tips for Better Answers

* 한 가지의 문제를 세세하게 말하는 것이 아닌 여러 가지 문제점들을 간단하게 언급

▶ ❶ 문제점을 여러 개 언급할 때 시작 문장으로 〈remember when 주어 + 동사〉와 〈remember + 동명사〉 사용
Ex: I remember when the air-conditioner broke down. (에어컨 고장)
I remember when the remote control for the TV did NOT work well. (TV 리모콘 고장)
I remember when water leaked from the fridge. (냉장고에서 물이 샘)
I remember breaking a plate by mistake. (접시 깨트림)

▶ ❷ '물건이 고장 났다'를 표현하고 싶을 때 주로 쓰이는 동사 break down
Ex: The refrigerator broke down.
냉장고가 고장 났다.
명확한 이유를 알 수 없을 때 뒤에 for some reason 추가
Ex: The washer broke down for some reason.
어떤 이유에서인지 세탁기가 고장 났다.

▶ ❸ = call
고치는 사람은 technician 또는 repairperson 으로 표현
Ex: I had to call a repairperson.
수리공을 불러야만 했다.

▶ ❹ 잘 작동이 되지 않는다
Ex: TV did not work at all.
(전혀 작동이 되지 않을 경우)

▶ ❺ = accidently, by accident

저는 집에서 에어컨이 고장 났을 때를 기억합니다. 여름이었고 에어컨도 없이 무척 더웠습니다. 그 문제를 해결하기 위해 기술자를 불러야 했습니다. 또한, TV 리모콘이 잘 작동하지 않았을 때를 기억합니다. 저는 배터리를 교체해야 했습니다. (+시계 +도어 자물쇠) 또한, 냉장고에서 물이 새어 나왔을 때가 기억납니다. (+에어컨 +정수기 +세탁기) 바닥의 물을 닦아야야 했습니다. 게다가 실수로 접시를 깨트린 기억이 있습니다. 이런 것들이 집에 발생한 문제들입니다.

OPIc 모범 답변 학습하기

OPIc 질문에 대한 모범 답변을 살펴본 후, 질문의 핵심 포인트를 파악하여 나만의 OPIc 답변을 만들어 보세요.

8 Pick one of those problems and explain everything that happened. When did it occur and what caused the problem? Explain in detail everything you did to resolve the situation.
🎧 MP3 08_Q8

그 문제들 중 하나를 골라 자세하게 설명해 주세요. 언제 발생했고 무엇이 문제의 원인이 되었나요? 문제 해결을 위해 당신이 한 모든 일을 상세히 설명해 주세요.

	Structure	Idea
시작 문장	주제 문장 소개	breaking a plate
본문	접시를 깨트려서 치우려다 다친 경험 묘사	dropped, by accident, slippery, lost my grip, broke into, clean up, picked up, vacuumed up, cut my hand, bleeding, sore, clean the cut
마무리 문장	나의 답변 마무리	since then, careful

Model Answer 🎧 MP3 08_A8

❶ As I mentioned, I ❷ remember breaking a plate at home. **A**

+a cup +a bowl +a wine glass

I dropped the plate ❸ by accident because it was ❹ slippery.

❺ I lost my grip. **B**

❻ The plate broke into several pieces.

I had to clean up the glass.

I picked up the big pieces and vacuumed up the small pieces.

I tried to be careful, but I cut my hand on a piece of glass.

It was bleeding and it was a little sore.

I had to clean the cut and put a Band-Aid on it. **C**

❼ Since then, I try to be more careful.

Expanding Your Answer

더 풍부하고 논리적인 답변을 위해 문장을 추가해 보세요.

A It was a gift from my best friend so I was very disappointed.
제일 친한 친구가 준 선물이어서 매우 실망했습니다.

B Actually, my hands were a bit wet.
사실 손이 약간 젖어 있었습니다.

C It was not a big wound, so I did not need to go to the hospital.
큰 부상은 아니어서 병원에 갈 필요는 없었습니다.

Tips for Better Answers

❶ '집에서 생겼던 여러 문제점들 묘사' 답변에서 이미 접시 깨트렸다는 것을 간단하게 언급했기 때문에 시작은 as I mentioned
= as I said

❷ 〈remember + 동명사〉 문장을 〈remember when 주어 + 동사〉로 변형 가능
Ex: I remember when I broke a plate at home.
집에서 접시 깨트린 기억이 난다.

❸ = accidently, by mistake

❹ 접시를 떨어뜨린 다른 이유로 변경 가능
Ex: I dropped it on the floor because it was too hot.
너무 뜨거워서 바닥에 떨어트렸다.
I dropped it because it was too heavy for me.
나한테 너무 무거워서 떨어트렸다.

❺ '손에서 놓치다' '떨어트리다'라는 의미의 관용구

❻ 다른 주제에서도 활용도가 높은 문장!
다양하게 활용하기 위해 have to, need to 동사 활용하기
Ex: I picked up the glass. → I had to pick up the glass.
유리를 집었다. → 유리를 집어야만 했다.
I vacuumed up the small pieces. →
I needed to vacuum up the small pieces.
작은 조각은 청소기를 돌렸다. → 작은 조각은 청소기를 돌릴 필요가 있었다.

❼ 좋지 않았던 경험에 대해 이야기한 후 마무리 할 때 유용한 마무리 문장

Key Expressions

- **break** 깨트리다
- **drop** 떨어트리다
- **by accident** 실수로
- **slippery** 미끄러운
- **lose grip** 손에서 놓치다
- **vacuum** 청소기를 돌리다
- **cut hand** 손을 베이다
- **bleeding** 피가 나는
- **sore** 따가운, 아픈
- **put a Band-Aid on** 반창고를 붙이다

제가 말했듯이, 집에서 접시를 깨뜨린 기억이 납니다. (+컵 +그릇 +와인잔) 접시가 미끄러워서 실수로 떨어뜨렸습니다. 손에서 놓쳤습니다. 접시가 여러 조각으로 깨졌습니다. 유리를 치워야 했습니다. 저는 큰 조각들을 집어 들고 작은 조각들을 진공청소기로 청소했습니다. 조심하려고 했지만 유리 조각에 손을 베였습니다. 피가 났고 약간 아팠습니다. 베인 부분을 닦고 그 위에 반창고를 붙여야 했습니다. 그 이후로, 저는 좀 더 조심하려고 노력합니다.

OPIc 모범 답변 학습하기

OPIc 질문에 대한 모범 답변을 살펴본 후, 질문의 핵심 포인트를 파악하여 나만의 OPIc 답변을 만들어 보세요.

9 Tell me about the responsibilities you had as a child. What were you expected to do? How did you handle your responsibilities?

어렸을 때 맡았던 책임에 대해 말해 주세요. 무엇을 하기로 되어 있었나요? 맡은 책임을 어떻게 해결했나요?

	Structure	Idea
시작 문장	주제 문장 소개	when I was a kid, responsibility, studying
본문	어렸을 때 학생으로서의 책임 묘사	went to school, came back, late at night, cram schools, online courses, private tutoring, study day and night, a lot on my plate, pull all-nighters, college entrance exam
마무리 문장	나의 답변 마무리	main responsibility, studying

Model Answer

❶ When I was a kid, my main responsibility was ❷ studying.

I went to school early in the morning and came back home late at night.

+I ❸ also went to cram schools after class. **A**

+I also took online courses for exams. **B**

+I also got private tutoring.

I had to study ❹ day and night.

I ❺ had a lot on my plate.

Sometimes, I had to ❻ pull all-nighters.

I especially did NOT have much free time in my senior year of high school. **C**

I ❼ was busy studying for the college entrance exam.

Once again, my main responsibility was studying when I was a kid.

Tips for Better Answers

▶ ❶ 어렸을 때의 경험을 묻기 때문에 반드시 시작 문장에 나와야 하는 표현
  = when I was a child
  (children이라고 하지 않도록 주의)

▶ ❷ 답변의 핵심 단어는 studying
  시작 문장과 마무리 문장에 언급 필수

▶ ❸ go to 앞에 다른 동사 추가 가능
  I used to go to cram schools. 학원에 가곤 했었다.
  I had to go to cram schools. 학원에 가야만 했었다.
  I needed to go to cram schools. 학원에 갈 필요가 있었다.

▶ ❹ 밤낮으로
  = 24/7 (twenty-four seven)
  Ex: I had to study 24/7.
      밤낮으로 공부해야 했다.

▶ ❺ '해야 할 일이 매우 많다'라는 의미의 비격식 표현
  Ex: I have too much on my plate at the moment.
      지금 당장 해야 할 일이 너무 많다.

▶ ❻ 밤을 새다
  = stay up all night

▶ ❼ 바쁜 것을 강조할 때 쓸 수 있는 표현
  Ex: I was working. 일하고 있었다.
      I was busy working. 일하느라 바빴다.

Expanding Your Answer

더 풍부하고 논리적인 답변을 위해 문장을 추가해 보세요.

A I hated going there but I had no choice.
  정말 가기 싫었지만 선택권이 없었습니다.

B I used to take science and mathematics classes online.
  온라인으로 과학과 수학 수업을 듣곤 했습니다.

C For one year, all I did was studying, eating and sleeping.
  1년 내내 한 것은 공부, 먹기, 자기밖에 없었습니다.

Key Expressions

- **main responsibility** 주된 업무
- **cram school** 학원 (입시 준비 학원)
- **take online classes** 온라인 수업 듣다
- **get private tutoring** 개인 과외 받다
- **day and night** 밤낮으로
- **have a lot on plate** 해야 할 일이 많다
- **pull all-nighters** 밤을 새다
- **college entrance exam** 대학 입학 시험

제가 어렸을 때, 저의 주된 책임은 공부였습니다. 아침 일찍 학교에 갔다가 밤늦게 집에 돌아왔습니다. (+수업이 끝난 후 학원도 다녀왔습니다. +또한 시험을 위해 온라인 강좌를 들었습니다. +과외를 받았습니다.) 밤낮으로 공부해야 했습니다. 저는 할 일이 많았습니다. 때로는 밤을 새워야만 했습니다. 저는 특히 고등학교 3학년 때 자유 시간이 많지 않았습니다. 저는 대학 입학 시험 공부를 하느라 바빴습니다. 다시 한번 말하자면, 제가 어렸을 때 저의 주된 책임은 공부하는 것이었습니다.

OPIc 모범 답변 학습하기

OPIc 질문에 대한 모범 답변을 살펴본 후, 질문의 핵심 포인트를 파악하여 나만의 OPIc 답변을 만들어 보세요.

10 Do you remember a specific incident as a child when you were not able to do a task that you were supposed to do? I would like to know all the details about what you were expected to do and why you could not do it. 🎧 MP3 08_Q10

어렸을 때 하기로 되어 있었던 일이 있는데 어떠한 이유로 인해 할 수 없었던 특정한 사건을 기억하나요? 무엇을 하기로 되어 있었고, 왜 그것을 할 수 없었는지에 대해 자세히 말해 주세요.

	Structure	Idea
시작 문장	주제 문장 소개	remember studying
본문	공부하다 식중독에 걸린 이야기 묘사	food poisoning, pretty bad, stomach, upset, throwing up, light-headed, fever, go to the drug store, took some medicine, get a lot of rest, study for the test
마무리 문장	나의 답변 마무리	since then, careful

Model Answer 🎧 MP3 08_A10

❶ I remember studying for a test when I was a kid.

However, I ate something that went bad. **A**

I got food poisoning and it was pretty bad.

My stomach was upset and ❷ I felt like throwing up.

I felt light-headed because of a fever. **B**

I had to go to the drug store to get some medicine.

I took some medicine to get better.

I ❸ had to stay inside and ❹ get a lot of rest.

❺ I could NOT study for the test because I was sick. **C**

Since then, ❻ I try to be more careful when I eat something.

Tips for Better Answers

* 식중독에 걸린 경험을 이 답변에 그대로 활용

▶ ❶ 어렸을 때 하려다가 못한 일을 묻는 질문이기 때문에 시작 문장에 when I was a kid와 studying for a test 라는 나의 task 언급

▶ ❷ ~할 것 같다: 하지만 그 행동을 아직 하지 않았을 때 쓰는 표현
Ex: I feel like I am going to get sick.
아플 것 같아.
(지금은 아프지 않지만 약간의 증상이 있음)

▶ ❸ 하고 싶지 않았어도 꼭 해야만 했던 일에 대해 묘사할 때에는 had to를 사용하며 과거의 경험을 묘사할 때 매우 유용
Ex: I had to clean up the whole house.
전체 집을 다 치워야만 했다.
(치우기 싫었음)

▶ ❹ take a rest 는 broken English! 절대 사용하지 않기

▶ ❺ 주제가 요구하는 '하지 못한 task'에 대해 말해야 하기 때문에 써야 하는 문장

▶ ❻ 사건이나 사고가 생긴 기억에 남는 경험을 이야기한 후에는 반드시 마무리 문장을 말해서 답변 정리하기
Ex: Since then, I try not to go there.
그때 이후로, 거기에는 안 가려고 한다.
Since then, I try to be careful.
그때 이후로, 조심하려고 한다.

Expanding Your Answer

더 풍부하고 논리적인 답변을 위해 문장을 추가해 보세요.

A I had lunch at school cafeteria and I think it went bad because it was hot outside.
교내 식당에서 점심을 먹었는데 밖이 더워서 상한 것 같습니다.

B I could not even get up by myself, and I had rashes on my body.
혼자서 일어날 수도 없었고 몸에 두드러기도 났습니다.

C I could not go to school for three days.
3일 동안 학교에 갈 수 없었습니다.

Key Expressions

- **go bad** 상하다
- **food poisoning** 식중독
- **indigestion** 소화불량
- **enteritis** 장염
- **stomach** 배
- **upset** 아픈
- **throw up** 토하다
- **light-headed** 머리가 어지러운
- **have a fever** 열이 나다
- **drugstore** 약국
- **take some medicine** 약을 먹다
- **get a lot of rest** 충분히 쉬다

어렸을 때 시험공부를 했던 기억이 납니다. 하지만 상한 것을 먹었습니다. 저는 식중독에 걸렸고 꽤 심각했습니다. 배가 아파서 토할 것 같았습니다. 열이 나서 머리가 어지러웠습니다. 약을 구하러 약국에 가야 했습니다. 병이 낫기 위해 약을 좀 먹었습니다. 저는 실내에 있으면서 충분한 휴식을 취해야 했습니다. 아파서 시험공부를 할 수 없었습니다. 그 이후로, 저는 무언가를 먹을 때 더 조심하려고 노력합니다.

Chapter 09

Housing 2

빈출 주제 파악하기

질문을 제대로 파악하는 것만으로도 성공적으로 시험을 치를 수 있습니다. OPIc에서 자주 출제되는 질문들을 알아보세요.

1 I would like to talk about where you live. Homes today are quite different from those built in the past. Modern homes have new technology and new designs. Tell me how homes in your country have changed over the past few years.

당신의 집에 대해 이야기해 주세요. 오늘날 집들은 과거에 지어진 집들과는 상당히 다릅니다. 현대 가정은 새로운 기술과 새로운 디자인을 가지고 있습니다. 지난 몇 년간 당신 나라의 집들이 어떻게 변했는지 말해 주세요.

문항 유형	우리나라 주택 과거와 현재 비교
문항 수준	Advanced
핵심 포인트	• 14번 기출문제 • 과거의 집에 비해 훨씬 좋아진 현재 집의 특징 묘사 • 과거의 집에 대해 이야기할 땐 과거형 시제, 현재 집에 대해 이야기할 땐 현재형 시제 사용 • 주어는 homes, houses, they 등 상황에 맞게 다양하게 사용
중요도	★★★★★

2 **Housing is a topic that is often in the news. Tell me about what people in your country discuss when it comes to housing. Perhaps there are too many people who are looking for homes, or there are too many homes out on the market. Talk about a news story you remember about homes.**

주택은 뉴스에 자주 나오는 주제입니다. 당신 나라의 사람들이 주택에 관해서 어떤 논의를 하는지 말해 주세요. 아마도 집을 원하는 사람들이 너무 많거나, 부동산(주택) 시장에 너무 많은 집이 있을 것입니다. 집에 대해 기억나는 뉴스 이야기를 해보세요.

문항 유형	우리나라 주택 시장 문제 관련 뉴스 설명
문항 수준	Advanced
핵심 포인트	• 15번 기출문제 • 집 주제의 '집을 구할 때 사람들이 겪는 문제 묘사'와 같은 내용 활용 • 뉴스에 나오는 문제점에 관한 이야기이기 때문에 주어는 people, they 사용 • 아직 해결되지 않은 문제점이기 때문에 현재형 사용
중요도	★★★★★

3 **I would like to talk about where you live. Compare how you solve problems in your home to how your parents or friends solve problems that occur in their homes. How is it similar or different?**

당신의 집에 대해 이야기해 주세요. 여러분이 집에서 문제를 해결하는 방법과 부모님이나 친구들이 집에서 일어나는 문제를 어떻게 해결하는지 비교해 보세요. 어떻게 비슷하거나 다른가요?

문항 유형	집에 생기는 문제를 부모님과 본인이 해결하는 방법의 차이 묘사
문항 수준	Advanced
핵심 포인트	• 14번 기출문제 • 문제 발생 시 본인과 부모님의 문제 해결 방법에 큰 차이가 없다고 답하기 • 본인과 부모님에 관한 내용이기 때문에 주어 I, they, we 사용 • 평상시 문제 해결 방법에 대해 이야기하기 때문에 현재형 사용
중요도	★★★

4 **What are some major problems people have when they rent a house or an apartment? How do people deal with these issues? How do these things affect where people live?**

집이나 아파트를 빌릴 때 겪는 주요 문제점은 무엇인가요? 사람들은 이 문제들을 어떻게 하나요? 이런 것들이 사람들이 사는 곳에 어떤 영향을 미칠까요?

문항 유형	집을 구할 때 사람들이 겪는 문제 묘사
문항 수준	Advanced
핵심 포인트	• 15번 기출문제 • 집 주제의 '우리나라 주택 시장 문제 관련 뉴스 설명'과 같은 내용 활용 • 일반 사람들이 겪은 문제이기 때문에 주어는 people, they 사용하며 현재형으로 문제점 묘사
중요도	★★★★★

5 I would like to talk about where you live. Many homes today are equipped with new appliances or electronic devices that make everyday life more convenient. What are some of these new home appliances or electronic devices?

당신의 집에 대해 이야기해 주세요. 오늘날 많은 집들은 일상생활을 더 편리하게 해주는 새로운 가전제품이나 전자 제품을 갖추고 있습니다. 새로운 가전제품이나 전자 제품에는 어떤 것들이 있나요?

문항 유형	사람들 집에 있는 최신 가전제품들 묘사
문항 수준	Advanced
핵심 포인트	• 14번 기출문제 • 사람들이 사용하는 다양한 가전제품 나열 • 주어는 people, they 사용하며 현재형으로 묘사
중요도	★★★★★

6 Talk about a specific modern appliance or device that people consider as useful or convenient at home. Why do people consider this home appliance or device useful?

사람들이 집에서 유용하거나 편리하다고 여기는 특정 현대 가전기기에 대해 이야기해 주세요. 사람들은 왜 이 가전제품이나 기기가 유용하다고 생각하나요?

문항 유형	사람들이 유용하게 느끼는 가전제품 묘사
문항 수준	Advanced
핵심 포인트	• 15번 기출문제 • 집 주제의 '가전제품이 우리 삶에 가져온 변화 묘사'와 같은 답변 활용 • 사람들의 유용하게 생각하는 가전 또는 기기이기 때문에 주어는 people, we 사용
중요도	★★★

7 How have home appliances changed our lives? How was life before the appliances different from life now? What is the biggest change on our lives?

가전제품들이 우리의 삶을 어떻게 변화 시켰나요? 가전제품이 없던 이전의 삶은 지금의 삶과 어떻게 달랐을까요? 우리 삶의 가장 큰 변화는 무엇일까요?

문항 유형	가전제품이 우리 삶에 가져온 변화 묘사
문항 수준	Advanced
핵심 포인트	• 15번 기출문제 • 집 주제의 '사람들이 유용하게 느끼는 가전제품 묘사'와 같은 답변 활용 • 사람들의 유용하게 생각하는 가전제품에 대해 이야기하기 때문에 주어는 people, we 사용
중요도	★★★

OPIc 질문에 대한 모범 답변을 살펴본 후, 질문의 핵심 포인트를 파악하여 나만의 OPIc 답변을 만들어 보세요.

1. I would like to talk about where you live. Homes today are quite different from those built in the past. Modern homes have new technology and new designs. Tell me how homes in your country have changed over the past few years.

당신의 집에 대해 이야기해 주세요. 오늘날 집들은 과거에 지어진 집들과는 상당히 다릅니다. 현대 가정은 새로운 기술과 새로운 디자인을 가지고 있습니다. 지난 몇 년간 당신 나라의 집들이 어떻게 변했는지 말해 주세요.

Structure		Idea
시작 문장	주제 문장 소개	homes, changed
본문	과거의 집과 현재 집의 차이점 나열	a lot prettier, modern, well-designed, high-tech, equipped with, new technology, convenient, taller, twice as tall, better view
마무리 문장	나의 답변 마무리	homes, a lot better, in quality

Model Answer

❶ Homes have changed a lot over the years. **A**

For example, ❷ homes have become a lot prettier.

They look very ❸ modern and well-designed.

Also, homes have become much more high-tech.

They are equipped with various types of new technology. **B**

They ❹ have made our lives a lot more convenient.

Plus, apartments have become much taller.

They are at least twice as tall as they used to be.

People have a better view from their homes. **C**

So, homes have become a lot better in quality than in the past.

Tips for Better Answers

* 14번 기출문제

▶ ❶ 집의 과거와 현재를 비교하기 때문에 반드시 현재완료형 have p.p 사용
Ex: Homes have become better in so many ways.
집이 여러 방면으로 훨씬 더 좋아졌다.

▶ ❷ 어떻게 더 좋아졌는지 다양한 예시 나열
과거 현재 비교를 위해 비교급 사용
much taller: 더 높아진
much bigger: 더 커진
much more comfortable: 더 편안해진
much more spacious: 더 넓어진
Ex: Homes have become more convenient and spacious.
집이 훨씬 더 편리해지고 넓어졌다.

▶ ❸ 집뿐만 아니라 음식점, 은행, 호텔 같은 영업점 묘사에 유용한 표현
sophisticated: 세련된
spacious: 넓은
cozy: 안락한
cramped: 비좁은
Ex: My place is a bit cramped but cozy.
우리 집은 조금 작지만 안락하다.

▶ ❹ 등급 업을 위해 현재완료형 시제 사용 최대한 늘리기!
Ex: They have brought so many positive changes.
긍정적인 변화를 많이 가져왔다.

Expanding Your Answer

더 풍부하고 논리적인 답변을 위해 문장을 추가해 보세요.

A I think most of the changes are positive.
제 생각에 대부분의 변화는 긍정적이라고 생각합니다.

B You can control the AC even when you are not at home.
당신이 집에 없어도 에어컨을 조절할 수 있습니다.

C There is no need to visit the observatory tower to see the view of the city.
도시 전망을 보려고 전망대에 갈 필요가 없습니다.

Key Expressions

- **modern** 현대적인
- **well-designed** 잘 디자인되어 있는
- **high-tech** 첨단기술
- **be equipped with** 장착되어 있는, 갖추고 있는
- **various** 다양한
- **convenient** 편리한
- **view** 경치
- **in quality** 질적으로

몇 년 동안 집들은 많이 변했습니다. 예를 들어, 집은 훨씬 더 예뻐졌습니다. 집들은 매우 현대적이고 잘 디자인되어 있습니다. 또한, 집들에는 첨단기술이 도입되었습니다. 다양한 종류의 신기술들을 갖추고 있습니다. 우리의 삶을 훨씬 더 편리하게 만들었습니다. 게다가 아파트는 훨씬 더 커졌습니다. 그들은 적어도 예전보다 두 배 더 높습니다. 사람들은 집에서 경치를 더 잘 볼 수 있습니다. 그래서 집은 과거보다 질적인 면에서 훨씬 좋아졌습니다.

OPIc 모범 답변 학습하기

OPIc 질문에 대한 모범 답변을 살펴본 후, 질문의 핵심 포인트를 파악하여 나만의 OPIc 답변을 만들어 보세요.

2 I would like to talk about where you live. Compare how you solve problems in your home to how your parents or friends solve problems that occur in their homes. How is it similar or different? 🎧 MP3 09_Q2

당신의 집에 대해 이야기해 주세요. 여러분이 집에서 문제를 해결하는 방법과 여러분의 부모님이나 친구들이 집에서 일어나는 문제를 어떻게 해결하는지 비교해 보세요. 어떻게 비슷하거나 다른가요?

	Structure	Idea
시작 문장	주제 문장 소개	frankly speaking, do not solve, differently
본문	본인과 다른 사람들이집에 생기는 문제점을 보통 어떻게 처리하는지 묘사	deal with, break glass, clean up, pick up, vacuum up, get help for, home appliances, technician to fix
마무리 문장	나의 답변 마무리	once again, do not solve, differently

Model Answer 🎧 MP3 09_A2

❶ Frankly speaking, my parents and I do NOT solve problems at home ❷ THAT differently. **A**

First, we deal with small problems ❸ ourselves.

❹ For example, when we break glass by mistake, we clean up the glass.

We pick up the big pieces and vacuum up the small pieces. **B**

❺ On the other hand, we get help for bigger problems.

For instance, when home appliances break down, we get some help.

We call up a technician to fix the problem. **C**

❻ Once again, my parents and I do NOT solve problems at home THAT differently.

Expanding Your Answer

더 풍부하고 논리적인 답변을 위해 문장을 추가해 보세요.

A I am sure almost everyone deals with problems the same way.
거의 대부분의 사람들이 같은 방식으로 문제를 처리할 것이라 확신합니다.

B But we need to be careful not to cut our fingers while cleaning up.
치우다가 손이 베이지 않게 조심해야 합니다.

C Once, my AC broke down so I had to get help. The technician was very helpful.
한번은 에어컨이 고장 나서 도움을 요청해야만 했습니다. 기술자가 큰 도움이 되었습니다.

Tips for Better Answers

*14번 기출문제

▶ ❶ 본인과 다른 사람들의 문제 해결 처리 방법에 대해 묻는 질문이기 때문에 다르지 않다는 것을 시작 문장에 언급
핵심 표현인 parents, solve problems 넣기

▶ ❷ that: 그렇게 까지는
Ex: We are different but not that different.
우리가 다르긴 하지만 그렇게까지 다르진 않다.

▶ ❸ 스스로 해결한다는 것을 나타내기 위해 쓰임
ourselves 앞에 전치사 by 추가 가능
Ex: I am going to fix this all by myself.
이 문제는 나 혼자서 다 해결할 거야.

▶ ❹ 집 주제의 '본인 집에 생겼던 여러 문제점들 묘사'와 '위의 문제 중 한 가지 구체적 묘사'의 답변 그대로 활용

▶ ❺ 상반되는 의견이나 추가 정보를 제공하고 싶을 때 유용한 표현
= however
Ex: However, we still need help to solve bigger problems.
하지만 큰 문제를 해결할 때에는 아직 도움이 필요하다.

▶ ❻ 주제에서 벗어나지 않았다는 것을 보여주기 위해 시작 문장과 핵심 표현 parents, solve problems 다시 한번 언급해서 마무리하기
off-topic (주제에서 벗어나는 답변)을 피할 수 있는 가장 쉬운 방법

Key Expressions

- **frankly speaking** 솔직히 말해서
- **solve** 해결하다
- **differently** 다르게
- **deal with** 처리하다, 해결하다
- **pick up** 집다, 집어 들다
- **vacuum up** 청소기 돌리다
- **get help** 도움을 받다
- **home appliances** 가전제품
- **technician** 기술자

솔직히 말해서, 부모님과 저는 집에서 그렇게 다르게 문제를 해결하지 않습니다. 첫째, 우리는 작은 문제를 스스로 해결합니다. 예를 들어, 실수로 유리를 깨뜨릴 때, 우리는 유리를 청소합니다. 큰 조각들을 집어 들고 작은 조각들을 진공청소기로 청소합니다. 반면에, 우리는 더 큰 문제들에 대해선 도움을 받습니다. 예를 들어, 가전제품이 고장 나면, 우리는 약간의 도움을 받습니다. 우리는 문제를 해결하기 위해 기술자를 불러옵니다. 다시 한번 말하자면, 제 부모님과 저는 집에서 그렇게 다르게 문제를 해결하지 않습니다.

OPIc 모범 답변 학습하기

OPIc 질문에 대한 모범 답변을 살펴본 후, 질문의 핵심 포인트를 파악하여 나만의 OPIc 답변을 만들어 보세요.

3-1 Housing is a topic that is often in the news. Tell me about what people in your country discuss when it comes to housing. Perhaps there are too many people who are looking for homes, or there are too many homes out on the market. Talk about a news story you remember about homes.
🎧 MP3 09_Q3-1

주택은 뉴스에 자주 나오는 주제입니다. 당신 나라 사람들이 주택에 관해서 어떤 논의를 하는지 말해 주세요. 아마도 집을 원하는 사람들이 너무 많거나, 주택 시장에 너무 많은 집이 있을 것입니다. 집에 대해 기억나는 뉴스 이야기를 해보세요.

3-2 What are some major problems people have when they rent a house or an apartment? How do people deal with these issues? How do these things affect where people live?
🎧 MP3 09_Q3-2

사람들이 집이나 아파트를 빌릴 때 겪는 주요 문제점은 무엇인가요? 사람들은 이 문제들을 어떻게 하나요? 이런 것들이 사람들이 사는 곳에 어떤 영향을 미칠까요?

	Structure	Idea
시작 문장	주제 문장 소개	watched the news, housing market
본문	집값과 임대료 상승으로 인해 겪는 사람들이 겪는 문제점 설명	skyrocketed, rent prices, risen, have a lot of trouble, finding a home, rent a home, hard time, get a loan, move to, lower the rent, other areas, government, curb, housing policies, effective
마무리 문장	나의 답변 마무리	biggest problems, housing market, rising

Model Answer 🎧 MP3 09_A3

❶ I recently watched the news about the housing market in Korea.

❷ Housing prices ❸ have skyrocketed over the years. **A**

Rent prices have also risen a lot.

As a result, people have ❹ a lot of trouble finding a home to live in. **B**

People who rent a home have a hard time paying the rent.

❺ Some people get a loan to pay the rent.

Some people move to smaller homes to lower the rent.

Some people move to other areas to lower the rent.

The government is doing what it can to curb housing prices.

However, housing policies have NOT been THAT effective. **C**

So, one of the biggest problems in the housing market is the rising prices of homes.

Expanding Your Answer

더 풍부하고 논리적인 답변을 위해 문장을 추가해 보세요.

A Many people cannot afford to buy their own houses in the city.
많은 사람들이 도시에서 자신들의 집을 살 여력이 없습니다.

B Of course I am one of them.
물론 저도 그들 중 한 명입니다.

C I hope they find ways to solve this problem.
그들이 이 문제를 해결할 방법을 찾으면 좋겠습니다.

Tips for Better Answers

* 15번 기출문제

▶ ❶ 주택 시장 문제점 내용을 설명을 하기 위해 필수로 외워야 하는 문장
주택 시장 관련 뉴스를 묻는 질문이기 때문에 핵심 단어는 news와 housing
➜ 시작 문장에 반드시 언급!

▶ ❷ 집값을 일반화하여 표현하기 위해 price 뒤에 s 추가
Ex: Rent prices are going up.
임대료가 오르고 있다.

▶ ❸ increase의 고급 표현
계속 오르기 때문에 현재 완료형 사용
= rise
Ex: The living costs have risen dramatically.
생활비가 급격하게 올랐다.

▶ ❹ problem의 동의어인 trouble는 일반적으로 불가산 명사로 쓰임
하지만 걱정거리, 좋지 않았던 경험에 대해 말할 때 trouble를 사용한다면 복수형 사용 가능
Ex: I have a trouble with my car. (X)
problem이라는 의미로 쓰였기 때문에 불가산 명사 ➜ 앞에 a 가 붙지 않음
I have trouble with my car. (O)
내 차에 문제가 있다.
Tell me about all your troubles.
너의 걱정거리에 대해 말해 줘.
(worries라는 의미이기 때문에 복수 명사)

▶ ❺ 답변 양 확보를 위해 사람들이 집값 상승으로 인해 겪는 문제점 나열

> **Key Expressions**
> - **recently** 최근에
> - **housing market** 주택 시장
> - **housing price** 집값
> - **skyrocket** 급등하다
> - **rent price** 임대료
> - **have trouble** 어려움을 겪다
> - **paying the rent** 임대료 지불
> - **rent a home** 집을 임대하다
> - **get a loan** 대출을 받다
> - **housing policies** 주택 정책
> - **government** 정부
> - **curb** 억제하다
> - **effective** 효과적인
> - **rising** 오른, 상승한

최근 국내 주택 시장에 대한 뉴스를 봤습니다. 몇 년 동안 집값이 급등했습니다. 임대료도 많이 올랐습니다. 결과적으로, 사람들은 살 집을 찾는 데 많은 어려움을 겪습니다. 집을 빌리는 사람들은 집세를 내는 데 어려움을 겪습니다. 어떤 사람들은 집세를 내기 위해 대출을 받습니다. 임대료를 낮추기 위해 작은 집으로 이사하는 사람도 있습니다. 임대료를 낮추기 위해 다른 지역으로 이사하는 사람도 있습니다. 정부는 집값을 잡기 위해 할 수 있는 일을 하고 있습니다. 하지만, 주택 정책은 그렇게 효과적이지 않았습니다. 그래서 주택 시장에서 가장 큰 문제 중 하나가 집값 상승입니다.

OPIc 모범 답변 학습하기

OPIc 질문에 대한 모범 답변을 살펴본 후, 질문의 핵심 포인트를 파악하여 나만의 OPIc 답변을 만들어 보세요.

4 I would like to talk about where you live. Many homes today are equipped with new appliances or electronic devices that make everyday life more convenient. What are some of these new home appliances or electronic devices? 🎧 MP3 09_Q4

당신의 집에 대해 이야기해 주세요. 오늘날 많은 가정들은 일상생활을 더 편리하게 해주는 새로운 가전제품이나 전자 제품을 갖추고 있습니다. 새로운 가전제품이나 전자 제품에는 어떤 것들이 있나요?

	Structure	Idea
시작 문장	주제 문장 소개	various, home appliances
본문	냉장고, 전자레인지, 공기 청정기의 장점 이야기	high-tech, made our lives, convenient, important, fridges, keep food cold, prevent, going bad, microwaves, cook, more easily, less time and effort, air-purifiers, must-have item, air quality
마무리 문장	나의 답변 마무리	these are, new appliances

Model Answer 🎧 MP3 09_A4

There are various types of ❶ new home appliances.
They are very ❷ high-tech these days. **A**
They ❸ have made our lives a lot more convenient. **B**
One of the most important appliances is fridges.
They ❹ keep food cold and prevent it from going bad.
Next, microwaves heat food up. **C**
They help us cook food more easily.
It takes much less time and effort to cook things.
Also, air-purifiers ❺ make the air clean.
They are ❻ must-have items because the air quality is pretty bad these days.
So, these are some new appliances people have at home.

Expanding Your Answer

더 풍부하고 논리적인 답변을 위해 문장을 추가해 보세요.

A Also, new home appliances have better designs.
또한 새로운 가전제품의 디자인이 훨씬 낫습니다.

B I cannot even imagine living without the home appliances I have at home.
집에 있는 가전제품들 없이 사는 것은 상상조차 할 수 없습니다.

C I usually use it to heat up the leftovers.
저는 보통 남은 음식을 데우려고 사용합니다.

Tips for Better Answers

* 14번 기출문제

❶ 핵심 표현인 new home appliances 시작 문장에 언급

❷ 등급 업을 위해 고급 합성어 사용
= state-of-the-art: 최첨단의
Ex: There are many state-of-the-art technologies.
최첨단의 기술이 많이 있다.

❸ 우리의 삶에 준 변화를 묘사하기 위해 현재완료형 have made 사용
주어를 our lives로 바꿔 다양한 문장 구조로 말하기 연습하기
Ex: Our lives have become a lot more convenient. (thanks to the new home appliances)
우리의 삶이 더 편리해졌다 (새로운 가전제품 덕분에).

❹ keep + 목적어 + 형용사: (목적어)가 (형용사) 할 수 있게 유지하다
Ex: We need to keep the house clean.
집을 깨끗하게 유지해야 한다.

❺ make + 목적어 + 형용사: (목적어)가 (형용사) 할 수 있게 해주다
Ex: It makes the water clean.
물을 깨끗하게 해준다.

❻ 유용한 합성어!
Ex: Smartphones are must-have items for everyone.
스마트폰은 모든 사람들에게 꼭 있어야 하는 물건이다.

Key Expressions

- **home appliances** 가전제품
- **high-tech** 첨단 기술
- **convenient** 편리한
- **important** 중요한
- **fridges** 냉장고
- **keep the food cold** 차갑게 유지하다
- **prevent** 막다, 예방하다
- **go bad** 상하다
- **microwave** 전자레인지
- **heat up** 데우다
- **effort** 노력
- **air-purifier** 공기 청정기
- **must-have item** 꼭 가지고 있어야 할 물건
- **air quality** 공기 질

요즘 새로운 타입의 다양한 가전용품들이 많습니다. 이 가전용품들은 굉장히 최첨단입니다. 이것들이 우리의 삶을 훨씬 편하게 만들어 줬습니다. 가장 중요한 가전제품 중 하나는 냉장고입니다. 냉장고는 음식을 차갑게 유지하고 상하지 않게 합니다. 다음으로, 전자렌지가 음식을 데웁니다. 그것은 우리가 음식을 더 쉽게 요리할 수 있도록 도와줍니다. 음식을 요리하는 데 시간과 노력이 훨씬 덜 듭니다. 또 공기청정기는 공기를 깨끗하게 해줍니다. 요즘 공기 질이 꽤 안 좋아서 꼭 사야 할 물건입니다. 이것들이 사람들이 집에 가지고 있는 몇 가지 새로운 가전제품들입니다.

OPIc 모범 답변 학습하기

OPIc 질문에 대한 모범 답변을 살펴본 후, 질문의 핵심 포인트를 파악하여 나만의 OPIc 답변을 만들어 보세요.

5-1 Talk about a specific modern appliance or device that people consider as useful or convenient at home. Why do people consider this home appliance or device useful? 🎧 MP3 09_Q5-1

사람들이 집에서 유용하거나 편리하다고 여기는 특정 현재 가전기기에 대해 이야기해 주세요. 왜 이 가전제품이나 기기가 유용하다고 생각하나요?

5-2 How have home appliances changed our lives? How was life before the appliances different from life now? What is the biggest change on our lives? 🎧 MP3 09_Q5-2

가전제품들이 우리의 삶을 어떻게 변화시켰나요? 가전제품이 없던 이전의 삶은 지금의 삶과 어떻게 달랐을까요? 우리 삶에서 가장 큰 변화는 무엇일까요?

	Structure	Idea
시작 문장	주제 문장 소개	vacuum cleaners, useful
본문	유용한 가전제품으로 청소기 설명 덕분에 쉬워진 청소 방법 묘사	clean the floors, used to sweep, brooms, vacuum cleaners, suck up the dust, wireless vacuum cleaner, do not need to plug them in
마무리 문장	나의 답변 마무리	cleaning the floors, easier, vacuum cleaners

Model Answer 🎧 MP3 09_A5

❶ I think vacuum cleaners are one of the most useful home appliances.

They help us clean the floors more easily.

❷ Back in the day, we ❸ used to sweep the floors with brooms. **A**

❹ But now, we use vacuum cleaners to clean the floors.

They suck up the dust very easily. **B**

Plus, there are wireless vacuum cleaners these days.

They are even more convenient because we do NOT need to plug them in. **C**

❺ So, cleaning the floors have become a lot easier thanks to vacuum cleaners.

Expanding Your Answer

더 풍부하고 논리적인 답변을 위해 문장을 추가해 보세요.

A My mother used to make me do it and I hated it.
엄마가 저에게 그것을 시키곤 했는데 정말 싫었습니다.

B I can vacuum the whole house within 10 minutes.
10분이면 집안 전체를 다 청소기 돌릴 수 있습니다.

C However, it is much more expensive than regular vacuum cleaners.
하지만 일반 진공청소기보다 훨씬 더 비쌉니다.

Tips for Better Answers

*15번 기출문제

❶ 유용하게 느끼는 가전제품에 대해 물었기 때문에 핵심 표현 useful과 답변인 vacuum cleaner 반드시 시작 문장에 넣기

❷ 가전제품으로 인해 변화된 삶에 대해 묘사해야 하기 때문에 과거를 나타내는 표현 언급하기
in the past: 과거에는
when there were no home appliances: 가전제품이 없었을 때에는
이 표현 이후에는 과거형 시제 사용

❸ 청소기가 없어서 불편했던 점 묘사할 때에는 반복적으로 한 일이기 때문에 used to 동사 사용
Ex: We used to sweep the floors because the vacuum cleaners were too expensive.
그때 청소기가 너무 비싸서 바닥을 쓸곤 했다.

❹ 변화된 현재에 대해 설명하기 위해 반드시 들어가야 하는 표현
이 표현 뒤에는 현재형 또는 현재 완료형 사용
Ex: But now, cleaning has become much easier thanks to the vacuum cleaners.
하지만 지금은 청소기 덕분에 청소가 훨씬 쉬워졌다.

❺ 긍정적인 변화를 요약하는 마무리 문장으로 다른 주제에서도 유용하게 쓰이니 암기 필수!
So, doing the housework has become a lot easier thanks to the vacuum cleaners and the washers.
청소기와 세탁기 덕분에 집안일을 하는 것이 훨씬 쉬워졌다.

Key Expressions

- **vacuum cleaner** 진공청소기
- **useful** 유용한
- **home appliance** 가전제품
- **sweep** 쓸다 (바닥을)
- **broom** 빗자루
- **suck up** 빨아들이다
- **wireless vacuum cleaners** 무선 진공청소기
- **plug in** 플러그를 꽂다, 연결하다

저는 진공청소기가 가장 유용한 가전제품 중 하나라고 생각합니다. 진공청소기는 우리가 바닥을 더 쉽게 청소할 수 있도록 도와줍니다. 옛날에는 빗자루로 바닥을 쓸곤 했습니다. 그런데 지금은 진공청소기로 바닥을 청소하고 있습니다. 그것은 먼지를 아주 쉽게 빨아들입니다. 게다가 요즘 무선 진공 청소기도 있습니다. 플러그를 꽂을 필요가 없기 때문에 훨씬 더 편리합니다. 그래서 바닥 청소는 진공청소기 덕분에 훨씬 쉬워졌습니다.

Chapter 10
Furniture / Recycling

빈출 주제 파악하기

질문을 제대로 파악하는 것만으로도 성공적으로 시험을 치를 수 있습니다. OPIc에서 자주 출제되는 질문들을 알아보세요.

Furniture

1 Tell me about the furniture you have in your home. Is there a piece of furniture that is your favorite?

집에 있는 가구들에 대해 말해 주세요. 가장 좋아하는 가구가 있나요?

문항 유형	집에 있는 가장 좋아하는 가구 묘사
문항 수준	Intermediate
핵심 포인트	• 집 주제의 '본인 집에 가장 좋아하는 방 묘사'의 표현 및 단어 활용 • 현재 사용하는 가구의 종류를 현재형 사용하여 나열 • 본인의 집에 있는 가구이기 때문에 주어 I 위주로 사용
중요도	★

2 **Tell me about how you use your furniture on a typical day. What kinds of things do you do with your furniture?**

일상생활에서 가구를 어떻게 사용하는지 알려 주세요. 당신의 가구로 어떤 종류의 일을 합니까?

문항 유형	특정 가구들의 용도 묘사
문항 수준	Intermediate
핵심 포인트	• 평소 자주 사용하는 소파와 옷장에 대해 묘사 • 본인이 평소 사용하는 가구의 용도 묘사이기 때문에 주어 I 와 현재형 시제 사용하여 설명
중요도	★★★

3 **Tell me about the furniture you had at home when you were a child. Was there anything different from the furniture that you use today?**

어렸을 때 집에 가지고 있던 가구들에 대해 말해 주세요. 오늘날 사용하는 가구와 다른 점은 없었나요?

문항 유형	어렸을 때 사용하던 가구와 지금 사용하는 가구 비교
문항 수준	Advanced
핵심 포인트	• 어렸을 때 사용했던 가구는 과거형으로 묘사 • 현재 사용하는 가구는 현재형으로 묘사 • 본인이 사용한 가구에 대한 이야기이기 때문에 주어 I 사용
중요도	★

4 **Tell me about a time when you had a problem with your furniture. Perhaps it could have gotten damaged for some reason. Tell me what exactly happened and how you solved the problem.**

가구에 문제가 생겼던 때를 말해 주세요. 어떤 이유에선지 손상되었을 수도 있습니다. 정확하게 무슨 일이 일어났는지, 어떻게 문제를 해결했는지 말해 주세요.

문항 유형	특정가구에 생겼던 문제/해결방법 설명
문항 수준	Advanced
핵심 포인트	• 의자의 다리가 부러지고 침대가 망가진 문제점 묘사 • 과거의 경험이기 때문에 과거형 시제 사용해서 간단한 해결방법 설명 • 나의 경험이기 때문에 주어 I 사용
중요도	★

Recycling

1 **I would like to know about how recycling is practiced in your country. What do people specifically do? Tell me how things are recycled.**

당신 나라에서는 재활용이 어떻게 행해지는지 알고 싶습니다. 사람들은 구체적으로 무엇을 하나요? 어떻게 물건들이 재활용되는지 알려 주세요.

문항 유형	우리나라의 재활용 현황 묘사
문항 수준	Intermediate
핵심 포인트	• 한국의 재활용 방법에 대해 묘사하기 때문에 주어는 Korea, people, they 사용
	• 쓰레기를 모아 재활용하는 방법을 현재형으로 순서대로 나열
중요도	★★★

2 **Recycling is a common practice. Tell me about all the different kinds of things that you recycle.**

재활용은 보편적인 생활 습관입니다. 재활용하는 모든 종류의 물건들에 대해 말해 주세요.

문항 유형	재활용하는 물건들 묘사
문항 수준	Intermediate
핵심 포인트	• 재활용 방법 상세히 묘사
	• 본인의 방법이며 항상 하는 일이기 때문에 주어 I 와 현재형 시제 사용
중요도	★★★

3 **Problems sometimes occur while recycling. Perhaps the pick-up service did not come as planned. Or, the items were too big for the containers. Or, the container was knocked over and some items spilled out. Tell me about something memorable related to recycling.**

재활용하는 동안 문제가 발생하는 경우가 있습니다. 수거가 계획대로 되지 않았을 수도 있고, 수거함에 비해 물건이 너무 컸을 수도 있습니다. 아니면 수거함이 넘어져서 일부 물건이 쏟아졌을 수도 있습니다. 재활용과 관련하여 기억에 남는 것에 대해 말해 주세요.

문항 유형	재활용 관련된 예기치 않았던 문제 설명
문항 수준	Advanced
핵심 포인트	• '재활용 혹은 환경에 대해 본 뉴스 설명'의 답변과 함께 준비
	• 뉴스에서 본 내용을 이야기 해야 하기 때문에 주어는 news, Korea, people 등 상황에 맞게 다양하게 사용
	• 과거의 사건을 묘사하기 때문에 과거형 시제 사용
중요도	★★★★★

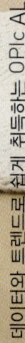

4 Tell me what recycling was like when you were a child. Was there a particular place to which you took out the recyclables? Were there any special containers? Describe what it was like and what you did in detail.

어렸을 때 재활용이 어땠는지 말해 주세요. 재활용품을 하는 특별한 장소가 있었나요? 특별한 수거함이 필요했나요? 어땠는지, 무엇을 했는지 자세히 설명해 주세요.

문항 유형	어렸을 때 했던 재활용방법 묘사
문항 수준	Advanced
핵심 포인트	• 재활용의 '재활용품 수거 방법의 과거와 현재 비교'와 답변 함께 준비 • 과거의 재활용 방법을 묘사할 때 과거형 시제 사용 • 현재 재활용 방법은 현재형으로 묘사 • 재활용 수거 방법과 나의 어렸을 때 재활용 방법을 함께 묘사해야 하기 때문에 주어는 people 와 I 를 상황에 맞게 돌아가며 사용
중요도	★★★★★

5 The handling of recycling materials has changed over the years. Tell me how recycling materials were collected in the past and how this has evolved over the years.

재활용 방법은 몇 년 동안 변해 왔습니다. 과거에 재활용 자재가 어떻게 수집되었는지, 그리고 이것이 몇 년 동안 어떻게 발전되어 왔는지 말해 주세요.

문항 유형	재활용품수거 방법의 과거와 현재 비교
문항 수준	Advanced
핵심 포인트	• 14번 기출문제 • 재활용의 '어렸을 때 했던 재활용 방법 묘사' 답변 함께 대비 • 과거의 재활용 방법을 묘사할 때 과거형 시제 사용 • 현재 재활용 방법은 현재형으로 묘사 • 재활용 수거 방법과 나의 어렸을 때 재활용 방법을 함께 묘사해야 하기 때문에 주어는 people 와 I 를 상황에 맞게 돌아가며 사용
중요도	★★★★★

6 Stories about recycling are often in the media. Tell me about one news story that you heard of related to the recycling or perhaps the environment. Describe what the story was about and how the reaction to story was.

재활용에 관한 이야기들은 종종 미디어에 실립니다. 재활용과 관련된 소식이나 환경과 관련된 소식 한 가지에 대해 말해 주세요. 어떤 내용이었는지, 어떤 반응이었는지 설명해 주세요.

문항 유형	재활용 혹은 환경에 대해 본 뉴스 내용 설명
문항 수준	Advanced
핵심 포인트	• 15번 기출문제 • '재활용 혹은 환경에 대해 본 뉴스 설명'의 답변과 함께 준비 • 뉴스에서 본 내용을 이야기 해야 하기 때문에 주어는 news, Korea, people 등 상황에 맞게 다양하게 사용 • 과거의 사건을 묘사하기 때문에 과거형 시제 사용
중요도	★★★★★

OPIc 모범 답변 학습하기

OPIc 질문에 대한 모범 답변을 살펴본 후, 질문의 핵심 포인트를 파악하여 나만의 OPIc 답변을 만들어 보세요.

1 Tell me about the furniture you have in your home. Is there a piece of furniture that is your favorite? 🎧 MP310_Q1

집에 있는 가구들에 대해 말해 주세요. 가장 좋아하는 가구가 있나요?

Structure		Idea
시작 문장	주제 문장 소개	various, furniture
본문	집에 있는 가구의 종류 나열하기	living room, tea table, bedroom, desk, nightstand, favorite furniture, bed, comfy, cozy, quality sleep
마무리 문장	나의 답변 마무리	bed, favorite, furniture

Model Answer 🎧 MP3 10_A1

❶ There are various types of furniture in my apartment.

❷ In the living room, there is a sofa, a tea table and a cabinet. **A**

In my bedroom, I have a desk, a chair, a bed and a nightstand.

I also have a bookshelf and a dressing table. **B**

I also have some dressers and some built-in closets.

One of my favorite furniture is my bed.

It has a very ❸ comfy and cozy mattress. **C**

It helps me to ❹ get a quality sleep.

Getting a good night's sleep is very important.

So, my bed is my favorite piece of furniture at home.

Tips for Better Answers

* 집 주제의 '본인 집에 가장 좋아하는 방 묘사'에 나온 어휘와 표현 활용

▶ ❶ there are 복수 명사
  furniture는 불가산 명사이기 때문에 앞에 types of 또는 pieces of 붙이기
  Ex: There are so many pieces of furniture in my house.
  우리 집에는 가구가 매우 많이 있다.

▶ ❷ 답변 양의 확보를 위해 각 방에 있는 가구 하나씩 나열
  집에 하나씩 있는 가구는 단수 명사 사용
  Ex: There is a queen-sized bed in my bedroom.
  내 방에는 퀸사이즈 침대가 있다.

▶ ❸ 가구뿐 아니라 장소의 분위기 묘사에 유용한 형용사
  Ex: The café has comfy and cozy atmosphere.
  카페의 분위기는 편안하고 안락하다.

▶ ❹ 합성어: quality가 명사 앞에 쓰이면 중요한, 질이 높은 (명사)라는 뜻
  quality sleep: 숙면
  quality time: 귀중한 시간
  Ex: I try to have more quality time with my family.
  가족과 귀중한 시간을 더 보내려고 노력한다.

Expanding Your Answer

더 풍부하고 논리적인 답변을 위해 문장을 추가해 보세요.

A Also, there is a big TV which I bought last year.
또한 제가 작년에 산 큰 TV도 있습니다.

B I like to read books before I go to bed, so there are many books on the bookshelf.
잠들기 전에 책 읽는 것을 좋아해서 책장에 책이 많이 있습니다.

C I got it a few years ago and it was actually over my budget.
몇 년 전에 샀는데 사실 예산보다 비쌌습니다.

Key Expressions

- **various** 다양한
- **cabinet** 수납장
- **desk** 책상
- **chair** 의자
- **dressing table** 화장대
- **bookshelf** 책꽂이
- **nightstand** 침실용 탁자
- **dresser** 옷 수납장
- **built-in closet** 붙박이장
- **comfy** 편안한
- **cozy** 안락한
- **quality sleep** 숙면

제 아파트에는 다양한 종류의 가구가 있습니다. 거실에는 소파, 차 테이블, 수납장이 있습니다. 침실에는 책상, 의자, 침대, 그리고 침실용 탁자가 있습니다. 책꽂이와 화장대도 있습니다. 옷장 몇 개와 붙박이 옷장 몇 개도 있습니다. 제가 가장 좋아하는 가구 중 하나는 제 침대입니다. 그것은 매우 편안하고 아늑한 매트리스가 있습니다. 그것은 제가 잠을 잘 수 있도록 도와줍니다. 잠을 푹 자는 것은 매우 중요합니다. 그래서 제 침대는 집에서 제가 가장 좋아하는 가구입니다.

 OPIc 모범 답변 학습하기

OPIc 질문에 대한 모범 답변을 살펴본 후, 질문의 핵심 포인트를 파악하여 나만의 OPIc 답변을 만들어 보세요.

2 Tell me about how you use your furniture on a typical day. What kinds of things do you do with your furniture?

일상생활에서 가구를 어떻게 사용하는지 알려 주세요. 당신의 가구로 어떤 종류의 일을 합니까?

	Structure	Idea
시작 문장	주제 문장 소개	sofa, living room
본문	거실에서 사용하는 소파와 방의 옷장에 대해 설명	four seater, several cushions, sit on, TV, some rest, lie down, take a nap, nice and clean, closets, store my clothes, hang, drawers
마무리 문장	나의 답변 마무리	try to keep, well-organized

Model Answer

I have a sofa in the living room. **A**

It is ❶ a four seater and it has several cushions on it.

I sit on it when I am watching TV or ❷ getting some rest.

I sometimes lie down on it and take a nap.

I always try to ❸ keep my sofa nice and clean. **B**

Plus, I have ❹ some closets in my room.

I use them to store my clothes.

There is a section where I hang my shirts.

There is another section ❺ where I hang my winter coats and jackets.

There are drawers underneath where I keep my socks and underwear. **C**

I always try to keep my closets well-organized.

Tips for Better Answers

▶ ❶ 4인용
　Ex: There is a sofa for 4 people.
　　　4인용 소파가 있다.

▶ ❷ take a rest는 broken English이기 때문에 절대 사용하지 않기
　= relax, rest, kick back
　Ex: I enjoy relaxing on the sofa.
　　　소파에서 쉬는 것을 즐긴다.

▶ ❸ keep + 목적어 + 형용사: (목적어)를 (형용사)하게 유지하려고 노력하다
　Ex: I try to keep my house clean.
　　　집을 깨끗하게 유지하려고 노력한다.
　　　I try to keep my room organized.
　　　집을 정돈되게 유지하려고 노력한다.

▶ ❹ 가구를 꾸미는 형용사 사용해서 등급 업!
　Ex: I have some closets. → I have some spacious closets.
　　　옷장이 있다. → 넓은 옷장이 있다.

▶ ❺ 공간 묘사를 위해 쓰인 관계 부사
　where + 주어 + 동사
　Ex: Let's go to the café where we visited last week.
　　　저번 주에 갔다 온 그 카페에 가자.

Expanding Your Answer

더 풍부하고 논리적인 답변을 위해 문장을 추가해 보세요.

A I bought it a few years ago when I moved into the current place.
몇 년 전, 현재 집으로 이사올 때 샀습니다.

B It is not easy to keep it clean as I have two dogs at home.
집에 강아지가 2마리 있어서 깨끗하게 유지하는 것이 쉽지 않습니다.

C But still, I feel like I need more space to store my clothes.
하지만 그래도 제 옷을 보관할 공간이 더 필요한 것 같습니다.

Key Expressions

- **four seater** 4인용
- **several** 몇 개의
- **sit on** ~에 앉다
- **get some rest** 쉬다
- **lie down on** ~에 눕다
- **take a nap** 낮잠 자다
- **store** 보관하다
- **hang** 걸다
- **drawer** 서랍
- **well-organized** 잘 정리된

거실에는 소파가 있습니다. 그것은 4인용이고 그 위에 몇 개의 쿠션이 있습니다. 저는 TV를 보거나 휴식을 취할 때 그 위에 앉습니다. 가끔 누워서 낮잠을 잡니다. 저는 항상 소파를 깔끔하고 깨끗하게 유지하려고 노력합니다. 또한, 제 방에 옷장이 몇 개 있습니다. 옷을 보관할 때 사용합니다. 셔츠를 걸어두는 공간이 있습니다. 겨울 외투와 재킷을 걸어두는 다른 공간도 또 있습니다. 양말과 속옷을 보관하는 서랍이 밑에 있습니다. 저는 항상 옷장을 잘 정리하려고 노력합니다.

OPIc 모범 답변 학습하기

OPIc 질문에 대한 모범 답변을 살펴본 후, 질문의 핵심 포인트를 파악하여 나만의 OPIc 답변을 만들어 보세요.

3 Tell me about the furniture you had at home when you were a child. Was there anything different from the furniture that you use today? 🎧 MP3 10_Q3

어렸을 때 집에 가지고 있던 가구들에 대해 말해 주세요. 오늘날 사용하는 가구와 다른 점은 없었나요?

	Structure	Idea
시작 문장	주제 문장 소개	kid, furniture, smaller
본문	어렸을 때 사용했던 침대와 책장을 현재 사용하는 가구와 비교	bed, a single bed, children, a queen-sized bed, adults, furniture, brighter, bookshelf, light brown, dark brown
마무리 문장	나의 답변 마무리	size, color, biggest differences

Model Answer 🎧 MP3 10_A3

❶ When I was a kid, the furniture I had was ❷ a lot smaller.

For example, my bed used to be a single bed for children. **A**

❸ The one I use now is a queen-sized bed for adults.

Also, most of the furniture used to be brighter when I was a kid.

For instance, my bookshelf used to be light brown. **B**

The one I use now is dark brown. **C**

❹ So, the size and color of the furniture are the biggest differences.

Tips for Better Answers

▶ ❶ 과거의 가구 특징을 묘사해야 하기 때문에 과거를 나타내는 표현
이 표현 후에는 반드시 과거형 사용
when I was in middle school 중학생 때
when I was young 어렸을 때

▶ ❷ smaller를 꾸미는 부사의 역할
= much more
Ex: The bed I had was a lot more comfortable.
내 침대는 훨씬 더 편안했다.

▶ ❸ the one (that/which) I use : 내가 사용하는 그것
(관계대명사 생략)
Ex: The one (that/which) I bought is really convenient.
내가 구매한 그것은 매우 편리하다.

▶ ❹ 차이점을 설명한 후 마무리 문장으로 추천!
마무리 문장 만들기 어려울 때 추천 문장
So, there are many differences between the two.
그 둘 사이에는 많은 차이점이 있었다.
So, there have been many changes.
많은 변화가 있었다.

Expanding Your Answer

더 풍부하고 논리적인 답변을 위해 문장을 추가해 보세요.

A Even though it was small, it was very comfy.
작긴 했지만 매우 편안했습니다.

B I really did not like the color so I always wanted to get a new one.
그 색상이 정말 싫어서 항상 새로운 것을 사고 싶었습니다.

C This is actually my favorite piece of furniture.
사실 이것은 제가 제일 좋아하는 가구입니다.

Key Expressions

- **smaller** 더 작은
- **single bed** 싱글 사이즈 침대
- **queen-sized bed** 퀸사이즈 침대
- **brighter** 더 밝은
- **light brown** 연한 갈색
- **dark brown** 진한 갈색
- **biggest difference** 가장 큰 차이점

제가 어렸을 때, 가지고 있던 가구는 훨씬 작았습니다. 예를 들어, 제 침대는 아이들을 위한 싱글 침대였습니다. 제가 지금 사용하는 것은 성인용 퀸사이즈 침대입니다. 또한, 제가 어렸을 때 대부분의 가구들은 더 밝은 색이었습니다. 예를 들어, 제 책꽂이는 연한 갈색이었습니다. 제가 지금 사용하는 것은 짙은 갈색입니다. 그래서 가구 크기와 색깔이 가장 큰 차이점입니다.

OPIc 모범 답변 학습하기

OPIc 질문에 대한 모범 답변을 살펴본 후, 질문의 핵심 포인트를 파악하여 나만의 OPIc 답변을 만들어 보세요.

4 Tell me about a time when you had a problem with your furniture. Perhaps it could have gotten damaged for some reason. Tell me what exactly happened and how you solved the problem. 🎧 MP3 10_Q4

가구에 문제가 생겼던 때를 말해 주세요. 아마 어떤 이유에선지 손상되었을 수도 있습니다. 정확히 무슨 일이 일어났는지 어떻게 문제를 해결했는지 말해 주세요.

Structure		Idea
시작 문장	주제 문장 소개	remember, chairs, got damaged
본문	의자, 침대가 고장 나서 해결했던 경험에 대해 묘사	legs, broke off, handles, fell off, impossible, throw it away, bed, damaged, scratches, covered it up
마무리 문장	나의 답변 마무리	these are, problems, furniture

Model Answer 🎧 MP3 10_A4

❶ I remember when one of the chairs at home got damaged.

One of the ❷ legs ❸ broke off. **A**

Plus, one of the handles fell off.

It was impossible to ❹ fix it, so I had to throw it away. **B**

❺ Also, I remember when my bed got damaged.

There were scratches on the side. **C**

It did NOT look good, so I covered it up with some sheets.

So, these are some of problems I had with my furniture.

Tips for Better Answers

❶ 물건이 고장 났던 과거의 경험에 대해 이야기하기 위해 문장의 시작은 I remember
동사 damage (손상을 주다) 를 사용하여 《 remember + 동명사》 형태로 변경 가능하나 의미가 바뀜
get damaged: 망가지다
damage: 직접 손상을 주다, 망가트리다
Ex: I remember damaging one of my chairs at home.
우리 집에 있는 의자 중 하나를 내가 고장 낸 기억이 납니다.

❷ 테이블 다리는 leg라고 표현
Ex: The leg of the table is shaky.
그 테이블의 다리가 흔들린다.

❸ break off: 갈라지다, ~로부터 분리되다
Ex: The album broke off from the wall.
앨범이 벽에서 떨어졌다.

❹ '스스로 고쳐보려 했다'는 의미
다른 사람을 통해 고치려고 했다면 get it fixed 사용
Ex: I tried to fix it myself.
혼자 고쳐보려고 했다.
I took it to the repair shop and got it fixed.
수리점에 가져가서 고쳤다.

❺ 충분한 답변 양의 확보를 위해 고장 난 가구를 2개 이상 언급하기
해결 방안으로 get it fixed, throw it away, get a new one 사용
Ex: My bed was damaged but I got it fixed.
침대가 손상됐지만 고쳤다.

Expanding Your Answer
더 풍부하고 논리적인 답변을 위해 문장을 추가해 보세요.

A I almost fell off the chair because of that.
그거 때문에 의자에서 떨어질 뻔 했습니다.

B It was a very old one, so I did not mind throwing it away.
엄청 오래된 거여서 버려도 상관 없었습니다.

C I could not figure out why there were scratches.
왜 스크래치가 생겼는지 알아내지는 못했습니다.

Key Expressions

- **get damaged** 망가지다
- **leg** 다리
- **break off** 분리되다, 갈라지다
- **handle** 손잡이
- **impossible** 불가능한
- **throw away** 버리다
- **scratches** 상처, 스크래치
- **cover up** 덮다
- **sheets** 침대 시트

집에 있는 의자 중 하나가 망가졌을 때를 기억합니다. 다리 하나가 부러졌습니다. 게다가 손잡이 하나가 떨어져 나갔습니다. 고치는 것이 불가능해서 버려야만 했습니다. 또한, 저는 제 침대가 손상되었을 때를 기억합니다. 침대 측면에 긁힌 자국이 있었습니다. 안 좋아 보여서 시트 몇 장으로 덮었습니다. 그래서, 이것들은 제가 제 가구 때문에 겪었던 몇 가지 문제들입니다.

OPIc 모범 답변 학습하기

OPIc 질문에 대한 모범 답변을 살펴본 후, 질문의 핵심 포인트를 파악하여 나만의 OPIc 답변을 만들어 보세요.

5 I would like to know about how recycling is practiced in your country. What do people specifically do? Tell me how things are recycled. 🎧 MP3 10_Q5

당신의 나라에서는 재활용이 어떻게 행해지는지 알고 싶습니다. 사람들은 구체적으로 무엇을 하나요? 어떻게 물건들이 재활용 되는지 알려 주세요.

	Structure	Idea
시작 문장	주제 문장 소개	Korea, great example, recycling
본문	한국에서 재활용할 때 따라야 하는 방식 묘사	well-practiced, daily routine, people's lives, gather the recyclables, take them out, designated area, dumpster, regular garbage
마무리 문장	나의 답변 마무리	recycling, well-practiced

Model Answer 🎧 MP3 10_A5

❶ Korea is a great example ❷ when it comes to recycling. Recycling is very ❸ well-practiced all across the country. **A**
It ❹ has become a daily routine in people's lives. **B**
❺ People gather the recyclables at home.
They take them out separately.
There is a designated area for the recyclables.
It is usually next to the dumpster for regular garbage.
Once again, recycling is very well-practiced in Korea. **C**

Expanding Your Answer
더 풍부하고 논리적인 답변을 위해 문장을 추가해 보세요.

A If you don't do the recycling, you have to pay fines.
재활용을 하지 않으면 벌금을 내야 합니다.
B People do recycling even at cafes.
사람들은 카페에서도 재활용을 합니다.
C I strongly believe that it is a great practice.
매우 훌륭한 관행이라고 생각합니다.

Tips for Better Answers

❶ 한국의 재활용에 대해 묻는 질문이기 때문에 핵심 단어는 Korea와 recycling
시작 문장에 반드시 넣어 말하기

❷ when it comes to + 동명사, 명사
주제를 소개할 때 유용한 표현
When it comes to doing recycling, I think it is necessary for the environment.
재활용에 관한 한, 내 생각에 환경을 위해 필요하다.

❸ = well-organized
그 외 재활용 묘사에 쓸 수 있는 표현
mandatory: 의무적인
not optional: 선택권이 없는

❹ 지금까지 사람들이 실행하고 있는 방식이기 때문에 현재완료형 사용
Ex: The way of doing recycling has not changed much.
재활용하는 방식은 크게 바뀌지 않았다.

❺ 재활용하는 방법 묘사 필수 표현
1. gather the recyclables
재활용품을 모으다
2. take them out to a designated area
지정된 장소로 가져가다

Key Expressions

- **example** 예시
- **when it comes to** ~에 관한 한
- **recycling** 재활용
- **well-practiced** 잘 실천되고 있는
- **all across the country** 전국에서
- **daily routine** 일상생활, 일상적인 일
- **gather** 모으다
- **the recyclables** 재활용품
- **take out** 가지고 나가다, 버리다
- **separately** 따로
- **designated area** 지정된 장소
- **dumpster** 쓰레기통
- **regular garbage** 일반 쓰레기

한국은 재활용을 하는 나라의 좋은 예입니다. (한국은 재활용에 관해서 좋은 예입니다.) 재활용은 전국에서 매우 잘 시행되고 있습니다. 그것은 사람들의 생활에서 일상적인 일이 되었습니다. 사람들은 집에서 재활용품을 모읍니다. 그리고 따로 가지고 나갑니다. 재활용하는 지정된 구역이 있습니다. 보통 쓰레기 처리장 옆에 있습니다. 다시 한번 말하자면, 재활용은 한국에서 매우 잘 시행되고 있습니다.

OPIc 모범 답변 학습하기

OPIc 질문에 대한 모범 답변을 살펴본 후, 질문의 핵심 포인트를 파악하여 나만의 OPIc 답변을 만들어 보세요.

6 Recycling is a common practice. Tell me about all the different kinds of things that you recycle. 🎧 MP3 10_Q6

재활용은 보편적인 생활 습관입니다. 당신이 재활용하는 모든 종류의 물건들에 대해 말해 주세요.

Structure		Idea
시작 문장	주제 문장 소개	gather, at home
본문	재활용하는 방법에 대한 생각 묘사	put, in the recycling basket, take them out, on average, on my way out, a hassle, good for the environment, eco-friendly
마무리 문장	나의 답변 마무리	reduce, garbage, reuse, resources

Model Answer 🎧 MP3 10_A6

I ❶ **gather the recyclables** at home separately. **A**

I put ❷ cans, bottles, plastics, paper and glass in the recycling basket.

I ❸ **take them out** at least once a week on average. **B**

I usually do that on ❹ **my way out**.

Sometimes, it feels like a hassle to recycle.

However, recycling is good for the environment.

It is very ❺ **eco-friendly**. **C**

It helps us reduce the amount of garbage and reuse our resources.

Expanding Your Answer

더 풍부하고 논리적인 답변을 위해 문장을 추가해 보세요.

A There are four trash cans at home.
집에 쓰레기통이 4개 있습니다.

B In some places, people can do recycling every day. But in my town, we can do it only on Sundays.
어떤 동네에서는 매일 재활용을 할 수 있습니다. 하지만 우리 동네에서는 일요일만 할 수 있습니다.

C Also, I try to use less disposable products.
그리고 일회용품 사용도 줄이려 합니다.

Tips for Better Answers

❶ '우리나라의 재활용 관습 묘사'에 쓰인 재활용 표현 활용
Ex: I gather the recyclables in advance.
나는 미리 재활용품을 모은다.

❷ 답변의 양을 늘리고 싶을 때 재활용 가능한 소재 또는 물품 나열

❸ '우리나라의 재활용 관습 묘사'에 쓰인 재활용 표현 활용
Ex: I take them out to a designated area once a week.
나는 그것들을 일주일에 한 번 지정된 장소에 버린다.

❹ 나가는 길에 정확한 목적지를 말하고 싶을 땐 to 추가
Ex: I take out the trash on my way out to work.
회사 가는 길에 쓰레기를 버린다.

❺ friendly가 쓰인 합성어
user-friendly: 이용하기 편리한
pet-friendly: 동물들이 이용할 수 있는
foreigner-friendly: 외국인들이 이용하기 편리한

Key Expressions

- **gather** 모으다
- **separately** 따로
- **put** 넣다
- **bottles** 유리병
- **plastics** 플라스틱
- **recycling basket** 재활용 바구니
- **on average** 평균적으로
- **on my way out** 나가는 길에
- **hassle** 귀찮은 일
- **good for** ~에 좋다
- **environment** 환경
- **eco-friendly** 친환경적인
- **reduce** 줄이다
- **reuse** 재사용하다
- **resources** 자원

저는 재활용품들을 집에서 따로 모읍니다. 재활용 바구니에 캔, 병, 플라스틱, 종이, 유리를 넣습니다. 적어도 일주일에 한 번은 가지고 나갑니다. 보통 외출하는 길에 가지고 나갑니다. 가끔은 재활용이 번거롭다는 생각이 들기도 합니다. 하지만 재활용은 환경에 좋습니다. 그것은 매우 친환경적입니다. 재활용을 통해 쓰레기의 양을 줄이고 자원을 재사용할 수 있습니다.

OPIc 모범 답변 학습하기

OPIc 질문에 대한 모범 답변을 살펴본 후, 질문의 핵심 포인트를 파악하여 나만의 OPIc 답변을 만들어 보세요.

7-1 Tell me what recycling was like when you were a child. Was there a particular place to which you took out the recyclables? Were there any special containers? Describe what it was like and what you did in detail.

🎧 MP3 10_Q7-1

어렸을 때 재활용이 어땠는지 말해 주세요. 재활용품을 두는 특별한 장소가 있었나요? 특별한 수거함이 필요했나요? 어땠는지, 무엇을 했는지 자세히 설명해 주세요.

7-2 The handling of recycling materials has changed over the years. Tell me how recycling materials were collected in the past and how this has evolved over the years.

🎧 MP3 10_Q7-2

재활용하는 방법은 몇 년 동안 변화해 왔습니다. 과거에 재활용 자재가 어떻게 수거되었는지, 그리고 이것이 지난 몇 년 동안 어떻게 발전되어 왔는지 말해 주세요.

	Structure	Idea
시작 문장	주제 문장 소개	kid, did not recycle
본문	재활용이 의무가 아니었던 과거와 의무인 현재 비교	no recycling policy, threw out, with other garbage, recycling days, take scrap paper, but these days, well-practiced
마무리 문장	나의 답변 마무리	a daily routine

Model Answer
🎧 MP3 10_A7

❶ When I was a kid, ❷ people did NOT recycle at home.
There was no recycling policy.
People just threw out the recyclables with the other garbage. **A**
Instead, ❸ there used to be recycling days at schools.
Students used to take scrap paper to school on those days.
+I remember doing that myself when I was a kid. **B**
❹ But these days, recycling is very well-practiced at people's homes. **C**
It ❺ has become a daily routine in people's lives.

Expanding Your Answer
더 풍부하고 논리적인 답변을 위해 문장을 추가해 보세요.

A Frankly speaking, it was super convenient.
솔직히 말하면 엄청 편리했습니다.

B I hated the recycling days because scrap paper was too heavy to carry.
파지를 들고 가니 너무 무거워서 재활용하는 날이 너무 싫었습니다.

C I also do it everywhere I go.
저 역시 어디를 가던지 합니다.

Tips for Better Answers
* 14번 기출문제

▶ ❶ 과거의 재활용 관습에 대해 설명하기 위해 과거를 나타내는 표현으로 문장 시작
when I was very young: 내가 아주 어렸을 때
only about 20 years ago: 20년 전만 해도

▶ ❷ 과거에는 재활용을 하지 않았다고 말하며 부정문 did NOT 강조
recycling을 명사로 바꿔 활용 가능
Ex: People did NOT do any recycling at home.
사람들은 집에서 재활용을 전혀 하지 않았다.

▶ ❸ 과거에 반복적으로 한 일들 묘사
Ex: There used to be cleaning days at school.
학교에서 청소하는 날이 있었다.

▶ ❹ 현재 재활용이 잘 시행되고 있다는 것을 언급하기 위해 '우리나라 재활용 현황 묘사'에 쓰인 표현 활용
well-practiced: 잘 시행되고 있는
well-organized: 잘 정리된
mandatory: 의무적인

▶ ❺ 과거와 현재 비교하는 질문을 마무리하기 위해 마지막 문장에 현재완료형 사용
과거와 현재 비교하는 답변에 유용하게 쓰이는 마무리 문장
Ex: There have been many changes.
많은 변화가 있었다.

Key Expressions
- **recycling police** 재활용 정책
- **threw out** 버렸다
- **the recyclables** 재활용품
- **garbage** 쓰레기
- **recycling days** 재활용하는 날
- **scrap paper** 파지, 종이
- **well-practiced** 잘 시행된
- **daily routine** 일상생활

제가 어렸을 때, 사람들은 집에서 재활용을 하지 않았습니다. 재활용 정책이 없었습니다. 사람들은 다른 쓰레기와 함께 재활용품을 버렸습니다. 대신, 예전에는 학교에서 재활용하는 날이 있었습니다. 학생들은 그날 학교에 파지를 가지고 가곤 했습니다. (+어렸을 때 직접 했던 기억이 납니다.) 하지만 요즘은 사람들의 집에서도 재활용이 아주 잘 시행되고 있습니다. 그것은 사람들의 생활에서 일상적인 일이 되었습니다.

OPIc 모범 답변 학습하기

OPIc 질문에 대한 모범 답변을 살펴본 후, 질문의 핵심 포인트를 파악하여 나만의 OPIc 답변을 만들어 보세요.

8-1 Problems sometimes occur while recycling. Perhaps the pick-up service did not come as planned. Or, the items were too big for the containers. Or, the container was knocked over and some items spilled out. Tell me about something memorable related to recycling.

🎧 MP3 10_Q8-1

재활용하는 동안 문제가 발생하는 경우가 있습니다. 수거가 계획대로 되지 않았을 수도 있고, 수거함에 비해 물건이 너무 컸을 수도 있습니다. 아니면 수거함이 넘어져서 일부 물건이 쏟아졌을 수도 있습니다. 재활용과 관련하여 기억에 남는 것에 대해 말해 주세요.

8-2 Stories about recycling are often in the media. Tell me about one news story that you heard of related to the recycling or perhaps the environment. Describe what the story was about and how the reaction to story was.

재활용에 관한 이야기들은 종종 미디어에 실립니다. 재활용과 관련된 소식이나 환경과 관련된 소식 한 가지에 대해 말해 주세요. 어떤 내용이었는지, 어떤 반응이었는지 설명해 주세요.

	Structure	Idea
시작 문장	주제 문장 소개	remember, news, recycling
본문	쓰레기 공급량이 많아 발생한 문제점에 대해 묘사	import, recyclables, environmental reasons, scrap plastic, supply, stopped collecting, pile up, serious, local governments, intervene, subsidies, collected
마무리 문장	나의 답변 마무리	incident, regarding recycling

Model Answer 🎧 MP3 10_A8

I remember watching ❶ the news recently about a recycling problem in Korea. **A**

❷ China used to import recyclables from other countries.

However, they stopped doing that recently due to environmental reasons.

The prices for scrap plastic ❸ plunged in Korea, because there was so much supply.

As a result, recycling companies ❹ stopped collecting scrap plastic.

They started to pile up at people's homes. **B**

It was a very serious problem.

In the end, local governments had to intervene.

They started to give subsidies to companies that collected scrap plastics. **C**

❺ So, this was the incident I remember regarding recycling.

Expanding Your Answer

더 풍부하고 논리적인 답변을 위해 문장을 추가해 보세요.

A I think it was on the news about one month ago.
제 생각에 뉴스에는 한 달쯤 전에 나온 거 같습니다.

B I also could not do recycling for weeks.
저도 몇 주 동안 재활용을 못했습니다.

C I think it was a wise decision.
현명한 선택이었다고 생각합니다.

Tips for Better Answers

* 15번 기출문제

▶ ❶ 뉴스를 묻는 15번 기출문제가 나올 때에는 시작 문장에 반드시 news 언급하기
또한 답변의 핵심 표현 recycling 또는 environment 언급

* 시작 문장을 만드는 가장 쉬운 방법은 질문을 듣고 중요한 문장 하나를 평서문으로 바꿔 말하는 것
질문: Tell me about one news story that you heard of related to the recycling or perhaps the environment.
재활용이나 환경에 관련해 너가 들은 뉴스 스토리 하나 말해 봐.
답변: I heard one news story about the recycling.
재활용에 관해 뉴스 하나를 들었어.

▶ ❷ 재활용 뉴스 내용의 핵심내용이기 때문에 암기 필수!

▶ ❸ 급등하다
decreased dramatically ┐
went down sharply   ┘ 폭락하다

▶ ❹ stopped + 동명사: (동명사)하는 것을 멈췄다
stopped to 동사: (동사)하기 위해 멈췄다.
Ex: I stopped recycling.
재활용하는 것을 멈췄다. (더 이상 하지 않음)
I stopped to recycle.
재활용하기 위해 멈췄다.

▶ ❺ 이슈 또는 뉴스를 묻는 15번 기출문제의 답변 마무리에 유용한 문장
과거와 현재를 비교하는 답변에 유용하게 쓰이는 마무리 문장
Ex: So, this is the news I heard about 주제.
이것이 내가 (주제)에 관해 들은 뉴스이다.

Key Expressions

- **recently** 최근에
- **import** 수입하다
- **recyclables** 재활용품
- **environmental reasons** 환경적인 요인, 이유
- **scrap plastic** 폐플라스틱
- **plunge** 폭락하다
- **supply** 공급
- **collect** 모으다, 가져가다
- **pile up** 쌓이다
- **serious** 심각한
- **local government** 지자체
- **intervene** 간섭하다, 끼어들다
- **subsidies** 보조금
- **regarding** ~에 관해서

최근 한국의 재활용 문제에 대한 뉴스를 본 기억이 납니다. 중국은 다른 나라에서 재활용품을 수입하곤 했습니다. 하지만 최근 환경적인 이유로 중단했습니다. 폐플라스틱의 공급량이 너무 많아서 한국에서 가격이 폭락한 것입니다. 이에 따라 재활용 업체들은 플라스틱 수거를 중단했습니다. 폐플라스틱은 사람들의 집에 쌓이기 시작했습니다. 아주 심각한 문제였습니다. 결국 지자체가 개입할 수밖에 없었습니다. 지자체는 플라스틱을 수거한 업체에 보조금을 주기 시작했습니다. 이것이 제가 기억하는 재활용에 관한 사건입니다.

Chapter 11

Work

빈출 주제 파악하기

질문을 제대로 파악하는 것만으로도 성공적으로 시험을 치를 수 있습니다. OPIc에서 자주 출제되는 질문들을 알아보세요.

1 You decided that you work. I would like to know about your company. What kind of company is it? When was it founded? Where is it located? What products or services does it offer?

당신은 일을 하고 있다고 했습니다. 당신 회사에 대해 알고 싶습니다. 어떤 회사인가요? 언제 설립 됐나요? 어디에 위치해 있나요? 어떤 제품이나 서비스를 제공하나요?

문항 유형	근무하는 회사 소개 (업종, 위치, 제품, 설립 연도)
문항 수준	Intermediate
핵심 포인트	• 근무하는 회사에 대한 정보 나열 • 현재 근무하고 있기 때문에 시제는 현재형 사용 • 회사에 대한 이야기이기 때문에 주어는 company, it 사용
중요도	★

2 Tell me about your daily routine at work. What kind of work do you engage in on a normal workday? What do you typically do as soon as you arrive at your office? Tell me everything about your day at work.

직장에서의 일상에 대해 말해 주세요. 평상시에는 어떤 일을 하나요? 당신은 사무실에 도착하자마자 주로 무엇을 하나요? 근무시간에 대한 모든 것을 말해 주세요.

문항 유형	회사에서 하는 업무 일과 묘사
문항 수준	Intermediate
핵심 포인트	• 현재 회사에서 맡고 있는 업무 묘사 • 다양한 접속사 사용하여 일과 나열 • 본인이 매일 하는 일이기 때문에 주어 I 와 현재형 시제 사용
중요도	★

3 Now, tell me about a project you did at work last week. What kind of project was it? How did it go? What did you have to do for the project? Did you have any meetings to attend for the project?

이제 지난주에 회사에서 했던 프로젝트에 대해 말해 주세요. 어떤 프로젝트였나요? 어떻게 됐나요? 그 프로젝트를 위해 무엇을 해야 했나요? 그 프로젝트를 위해 참석해야 할 회의가 있었나요?

문항 유형	지난주에 회사에서 진행한 프로젝트 설명
문항 수준	Advanced
핵심 포인트	• 진행한 프로젝트가 무엇인지 자세하게 설명하지 않아도 됨 • 프로젝트를 위해 한 일반적인 일을 과거형 시제로 나열 • 본인이 한 일이기 때문에 주어 I 사용
중요도	★

OPIc 모범 답변 학습하기

OPIc 질문에 대한 모범 답변을 살펴본 후, 질문의 핵심 포인트를 파악하여 나만의 OPIc 답변을 만들어 보세요.

1 You indicated that you work. I would like to know about your company. What kind of company is it? When was it founded? Where is it located? What products or services does it offer?

🎧 MP3 11_Q1

당신은 일을 하고 있다고 했습니다. 당신 회사에 대해 알고 싶습니다. 어떤 회사인가요? 언제 설립 됐나요? 어디에 위치해 있나요? 어떤 제품이나 서비스를 제공하나요?

Structure		Idea
시작 문장	주제 문장 소개	work for, electronics
본문	근무하는 회사 창립 연도, 제공하는 서비스 묘사	have worked, years, a global company, all across the world, market leaders, semi-conductors, digital appliances, was founded, small in size, first created, huge enterprise, come a long way, headquarters, production lines, R&D centers
마무리 문장	나의 답변 마무리	these are, about the company

Model Answer 🎧 MP3 11_A1

❶ I work for a large electronics company. **A**

I ❷ have worked here for nine years now.

My company is a global company ❸ that does business all across the world. **B**

It is one of the market leaders in semi-conductors and digital appliances.

My company ❹ was founded back in the late 1960s.

It was small in size when it was first created. **C**

Now, it is a huge enterprise. It has come a long way.

My company's headquarters is located in Seoul, Korea.

We have production lines and R&D centers in several other cities.

So, these are some details about the company I work for.

Expanding Your Answer

더 풍부하고 논리적인 답변을 위해 문장을 추가해 보세요.

A It is located in the capital city of South Korea.
한국의 수도에 위치에 있습니다.

B There are more than 100 branches all over the world.
전 세계에 100개 이상의 지점이 있습니다.

C Now, there are more than 50,000 employees.
지금은 직원이 5만 명이 넘습니다.

Tips for Better Answers

❶ 실제 근무하고 있는 회사의 이름 또는 업계 소개

❷ 현재까지 일을 하고 있기 때문에 일해 온 기간을 말할 때에는 반드시 현재완료형 사용
Ex: I worked there for three years.
그곳에서 3년 일했다. (지금은 일하고 있지 않음)
I have worked in the engineering field for the last 10 years.
지난 10년 간 공학 분야에서 일해왔다. (지금도 일하고 있음)

❸ global company를 꾸며 주는 관계 대명사
문장을 늘여 다양한 문장 구조를 만드는 가장 쉬운 방법은 관계 대명사 활용!
Ex: I work for a cosmetics company which is located in the center of the city.
도시 중심부에 위치한 화장품 회사에서 일한다.

❹ 회사의 역사에 대해 이야기할 때에는 반드시 수동태 사용
Ex: The company was founded in 1990.
회사는 1990년에 설립됐다.
The company was created 10 years ago.
회사는 10년 전에 세워졌다.

Key Expressions

- **electronics company** 전자 회사
- **global company** 글로벌 기업
- **market leader** 선도 업체
- **semi-conductor** 반도체
- **digital appliances** 디지털기기
- **be founded** 설립되다
- **be created** 생기다, 만들어지다
- **enterprise** 기업
- **come a long way** 먼 길을 왔다
- **headquarters** 본사
- **production lines** 생산라인
- **R&D centers** 연구개발 센터

저는 대형 전자 회사에서 일하고 있습니다. 여기서 9년째 일하고 있습니다. 우리 회사는 전 세계에서 사업을 하는 글로벌 기업입니다. 반도체와 디지털 가전 분야 시장 선도업체 중 하나죠. 우리 회사는 1960년대 후반에 설립되었습니다. 처음 세워졌을 때에는 규모가 작았습니다. 이제, 이곳은 거대한 기업입니다. 저희 회사는 먼 길을 왔습니다. 회사의 본사는 한국 서울에 있습니다. 다른 여러 도시에 생산라인과 연구개발 센터가 있습니다. 이것이 제가 일하는 회사에 대한 몇 가지 세부 사항입니다.

OPIc 모범 답변 학습하기

OPIc 질문에 대한 모범 답변을 살펴본 후, 질문의 핵심 포인트를 파악하여 나만의 OPIc 답변을 만들어 보세요.

2 Tell me about your daily routine at work. What kind of work do you engage in on a normal workday? What do you typically do as soon as you arrive at your office? Tell me everything about your day at work. 🎧 MP3 11_Q2

직장에서의 당신의 일상에 대해 말해 주세요. 평상시에는 어떤 일을 하나요? 당신은 사무실에 도착하자마자 주로 무엇을 하나요? 근무시간에 대한 모든 것을 말해 주세요.

	Structure	Idea
시작 문장	주제 문장 소개	work in, department
본문	출근 후부터 퇴근 때까지 주로 하는 업무 묘사	flexible work shift, decide when to, get to work, in the morning, check the things, to-do list, typically, research, paperwork, regular meetings, ad-hoc meetings, get off, work late
마무리 문장	나의 답변 마무리	these are, I do at work

Model Answer 🎧 MP3 11_A2

I ❶ currently work in the R&D department.

I have a ❷ flexible work shift. I can decide when to come to work.

I usually ❸ get to work around eight in the morning. **A**

First, I check the things ❹ I have to do that day.

I normally have a to-do list on my desk.

I typically do a lot of research during the day.

I have a lot of paperwork to file as well.

Plus, I have ❺ regular meetings with my team on Mondays. **B**

We sometimes have ad-hoc meetings when there are some new issues. **C**

I normally get off work around five every day.

However, there are times when I have to work late.

So, these are the things I do at work.

Tips for Better Answers

❶ 시작 문장에서 현재 본인이 일하고 있는 부서 언급하기
일한 기간을 언급하지 않고 부서에 대해 말할 때에는 현재완료형이 아닌 현재형이 쓰임
Ex: I work in the sales team.
나는 세일즈 팀에서 일한다.
I have worked in the sales team for more than 2 years.
세일즈 팀에서 일한 지 2년이 됐다.

❷ = flexible workhour (working hour)
Ex: I don't have flexible workhour. I work 9 to 6.
나는 탄력 근무를 하지 않는다. 나는 9시부터 6시까지 일한다.

❸ 출근하다 get to work, arrive at work, go to work
퇴근하다 get off work
Ex: I go to work at 8 am and I get off work at 5 pm.
나는 8시까지 출근하고, 5시에 퇴근한다.

❹ 시간이나 요일을 나타내는 명사 앞에 that, this, next, last, every 등이 쓰일 경우 전치사 생략
명사가 부사구의 역할
Ex: I have a meeting this morning. (in 생략)
오늘 아침에 미팅이 있다.
I have a presentation to do next Monday. (on 생략)
다음 주 월요일에 프레젠테이션이 있다.

❺ 평상시 업무에 대해 이야기하기 때문에 가산 명사는 모두 복수형 명사로 사용
meetings, Mondays, issues, times
paperwork는 불가산 명사

Expanding Your Answer

더 풍부하고 논리적인 답변을 위해 문장을 추가해 보세요.

A I commute by bus and it takes about 30 minutes to get to work from my place.
버스로 출근하는데 우리 집에서 회사까지 30분 정도 걸립니다.

B The meetings last only about 30 minutes.
회의는 30분 정도만 합니다.

C Personally, I really do not like ad-hoc meetings.
개인적으로 즉흥적인 회의를 정말 좋아하지 않습니다.

Key Expressions

- **R&D department** 연구개발 센터
- **flexible work shift** 유연근무제
- **get to work** 출근하다
- **to-do list** 해야 할 일 목록
- **typically** 일반적으로, 늘 하는 식으로
- **do research** 연구하다
- **do paperwork** 서류작업 하다
- **regular meeting** 정기 회의
- **ad-hoc meeting** 즉석, 임시 회의
- **get off work** 퇴근하다
- **work late** 야근하다

현재 저는 R&D 부서에서 일하고 있습니다. 저는 탄력근무를 합니다. 언제 출근할지 결정할 수 있습니다. 저는 보통 아침 8시쯤에 출근합니다. 먼저 그날 해야 할 일들을 점검합니다. 보통 제 책상 위에 할 일 목록이 있습니다. 보통 낮에 많은 연구를 합니다. 서류 작업도 해야 합니다. 게다가, 저는 월요일에 우리 팀과 정기적으로 회의를 합니다. 우리는 가끔 새로운 문제가 있을 때 임시 회의를 합니다. 보통 매일 5시쯤에 퇴근합니다. 하지만, 늦게까지 일해야 할 때가 있습니다. 이것들이 제가 직장에서 하는 것들입니다.

OPIc 모범 답변 학습하기

OPIc 질문에 대한 모범 답변을 살펴본 후, 질문의 핵심 포인트를 파악하여 나만의 OPIc 답변을 만들어 보세요.

3 Now, tell me about a project you did at work last week. What kind of project was it? How did it go? What did you have to do for the project? Did you have any meetings to attend for the project?

🎧 MP3 11_Q3

이제 지난주에 회사에서 했던 프로젝트에 대해 말해 주세요. 어떤 프로젝트였나요? 어떻게 됐나요? 그 프로젝트를 위해 무엇을 해야 했나요? 그 프로젝트를 위해 참석해야 할 회의가 있었나요?

	Structure	Idea
시작 문장	주제 문장 소개	work on, important
본문	최근 회사에서 맡은 프로젝트로 인해 바쁜 경험 묘사	take care of, a lot on my plate, hectic, here and there, back-to-back meetings, briefings, supervisor, ups and downs, turned out
마무리 문장	나의 답변 마무리	this is, I did

Model Answer 🎧 MP3 11_A3

I ① worked on an important project last week. **A**

There were so ② many things to take care of.

I ③ had a lot on my plate and it was very ④ hectic.

First, I had to do a lot of research.

Next, I had to make phone calls and send emails here and there. **B**

Plus, I ⑤ had to attend back-to-back meetings. **C**

Also, I had to make briefings to my supervisor every day.

I managed to finish my work at the end of the week.

⑥ There were some ups and downs along the way, but everything turned out okay in the end.

So, this is what I did at work last week.

Tips for Better Answers

① 과거에 맡은 프로젝트에 대해 이야기하기 때문에 과거형 사용
정확히 어떤 프로젝트인지 설명할 필요 없음

② = tons of, numerous
Ex: There were tons of things I had to do.
내가 해야 할 일이 수도 없이 많았다.

③ have a lot (enough) on one's plate
해야 할 일이 산더미처럼 (충분히) 있다

④ 정신없이 바쁜, 빡빡한
Ex: It has been really hectic at work.
회사에서 정말 정신없이 바빴다.
My life is so hectic these days.
내 인생은 요즘 정신이 없다.

⑤ 동사 앞에 have to를 붙여 쓸 경우 '하고 싶지 않지만 해야 하는'이란 느낌을 줌
Ex: I had to review everything in one day. I did not want to but I had no choice.
모든 것을 하루 만에 다시 살펴봐야 했다. 그렇게 하고 싶지 않았지만 선택권이 없었다.

⑥ 힘든 또는 바쁜 경험을 묘사한 후에 내용을 정리하는 문장으로 추천!

Expanding Your Answer

더 풍부하고 논리적인 답변을 위해 문장을 추가해 보세요.

A I was in charge of the project and I felt a lot of pressure.
제가 프로젝트 담당자였기 때문에 부담을 많이 느꼈습니다.

B I called at least 20 people in one day.
하루에 최소 20명에게 전화했습니다.

C I did not even have time to have lunch.
점심 먹을 시간도 없었습니다.

Key Expressions

- **take care of** 처리하다
- **have a lot on my plate** 할 일이 많다
- **hectic** 정신 없는
- **here and there** 여기저기
- **back-to-back meetings** 연속 회의
- **briefings** 브리핑 (정보나 지식 전달하는 회의)
- **supervisor** 상사
- **ups and downs** 우여곡절
- **turned out** 결국 ~게 되다

지난주에 중요한 프로젝트가 있었습니다. 처리해야 할 일이 너무 많았습니다. 할 일이 많아서 정신이 없었습니다. 우선, 저는 많은 연구를 해야 했습니다. 그 다음에 전화도 하고 이메일도 여기저기 보내야 했습니다. 게다가, 연속 회의에 참석해야 했습니다. 또한, 저는 매일 상사에게 브리핑을 해야 했습니다. 이번 주 마지막 날에 가까스로 일을 끝냈습니다. 도중에 약간의 우여곡절이 있었지만, 결국 모든 것이 잘 되었습니다. 이것이 지난주에 회사에서 한 일입니다.

Chapter 12

Food

빈출 주제 파악하기

질문을 제대로 파악하는 것만으로도 성공적으로 시험을 치를 수 있습니다. OPIc에서 자주 출제되는 질문들을 알아보세요.

1 What are some of the popular dishes in your country? Tell me about a particular dish. What is special about it? Please describe it in detail.

당신의 나라에서 인기 있는 요리는 무엇인가요? 특정 요리에 대해 말해 주세요. 이것이 왜 특별하나요? 자세히 설명해 주세요.

문항 유형	우리나라 대표적 음식 묘사
문항 수준	Intermediate
핵심 포인트	• 음식 주제의 '건강식을 최근에 먹어 본 경험 묘사'와 함께 답변 대비 • 우리나라 대표 음식/건강한 음식으로 김치 선택 후 묘사 • 음식에 대한 설명을 주어 kimchi, it을 사용하고 현재형 시제로 묘사
중요도	★★★★★

2 **What do you eat on a regular day? Tell me everything that you eat in detail.**

평소에 무엇을 먹나요? 먹는 모든 것을 자세히 말해 주세요.

문항 유형	먹는 일상 음식 묘사
문항 수준	Intermediate
핵심 포인트	• 음식 주제의 '건강식 종류와 건강에 좋은 이유 설명'과 같은 답변 활용 • 채소, 과일, 생선 등 건강에 좋은 음식 나열 후 이유 설명 • 음식에 대해 이야기할 땐 they, 본인이 먹는 음식에 대해 이야기할 땐 I 사용 • 평상시 먹는 건강한 음식에 대해 이야기하기 때문에 현재형 시제 사용
중요도	★★★★★

3 **Tell me about a memorable experience you had while eating something. It could have been something good or bad. What happened? Why was it so memorable or special? Tell me everything in as much detail as possible.**

무언가를 먹으면서 겪었던 기억에 남는 경험을 말해 주세요. 좋은 일이거나 나쁜 일이었을 수도 있습니다. 무슨 일이 있었나요? 왜 그렇게 기억에 남거나 특별했나요? 가능한 한 모든 것을 자세히 말해 주세요.

문항 유형	음식 관련 기억에 남는 에피소드 묘사
문항 수준	Advanced
핵심 포인트	• 식중독에 걸려 고생한 경험 이야기하기 • 본인의 경험이기 때문에 주어 I 사용하며 과거형 시제 사용하여 묘사
중요도	★★★★★

4 **Many people try to eat healthy these days. What kinds of foods are healthy and why are they healthy for us?**

요즘 많은 사람들이 건강하게 먹으려고 노력합니다. 어떤 종류의 음식이 건강에 좋고 왜 그것들이 우리의 건강에 좋을까요?

문항 유형	건강식 종류와 건강에 좋은 이유 설명
문항 수준	Intermediate
핵심 포인트	• 음식 주제의 '본인이 먹는 일상 음식 소개'와 같은 답변 활용 • 채소, 과일, 생선 등 건강에 좋은 음식 나열 후 이유 설명 • 음식에 대해 이야기할 땐 they, 본인이 먹는 음식에 대해 이야기할 땐 I 사용 • 평상시 먹는 건강한 음식에 대해 이야기하기 때문에 현재형 시제 사용
중요도	★★★★★

5 **How do you shop for healthy food? What kinds of things do you have to do to cook healthy food?**

건강식품을 어떻게 구입하나요? 건강에 좋은 음식을 요리하기 위해서 어떤 종류의 것들을 해야 하나요?

문항 유형	건강식 구매 방법 및 조리법 설명
문항 수준	Intermediate
핵심 포인트	• 건강식 구매 위해 신선한 재료를 사고 장보는 이야기하기 • 본인의 구매 방법이기 때문에 주어 I 사용하나 영업점에 대해 이야기할 땐 주어 they 사용 • 평상시 구매 및 조리법이기 때문에 현재형 시제 사용
중요도	★★★

6 Tell me how you found out about eating healthy. Did your family eat healthy when you were growing up? Did your friend become healthier by eating healthy food? Describe to me in detail about how you started to eat healthy.

건강한 식습관에 대해 어떻게 알게 되었는지 말해 주세요. 당신이 자랄 때 당신의 가족은 건강한 식사를 했나요? 당신의 친구는 건강한 음식을 먹음으로써 건강해졌나요? 어떻게 건강하게 먹기 시작했는지 자세히 설명해 주세요.

문항 유형	건강식을 먹게 된 계기 설명
문항 수준	Advanced
핵심 포인트	• 건강식을 먹게 된 계기 설명 후 현재 먹는 건강한 음식 나열 • 과거의 식습관은 과거형 시제로 묘사, 현재의 식습관은 현재형으로 묘사 • 가족과 본인의 식습관에 대해 이야기하기 때문에 주어는 parents, I, they 등 상황에 맞게 사용
중요도	★★★

7 When was the last time you had some healthy food? Who was it with and how did you feel? What was special about that experience?

마지막으로 몸에 좋은 음식을 먹은 게 언제인가요? 누구랑 같이 있었고 기분이 어땠나요? 그 경험에서 특별한 점은 무엇인가요?

문항 유형	건강식을 최근에 먹어 본 경험 묘사
문항 수준	Advanced
핵심 포인트	• 음식 주제의 '우리나라 대표적 음식'과 같은 답변 활용 • 우리나라 대표 음식/건강한 음식으로 김치 선택 후 묘사 • 음식에 대한 설명을 주어 kimchi, it을 사용하고 현재형 시제로 묘사
중요도	★★★★★

8 How has food shopping changed over the last 20 years? What are the changes in how people buy their food? Describe those changes in as much detail as possible.

지난 20년 동안 음식 쇼핑 방법은 어떻게 변했나요? 사람들이 음식을 사는 방법의 변화는 무엇인가요? 이러한 변화를 가능한 한 자세히 설명해 주세요.

문항 유형	지난 20년에 걸쳐 식품 구매방식의 변화 설명
문항 수준	Advanced
핵심 포인트	• 14번 기출문제 • 과거와 현재의 식품 구매 방식은 비교를 해야 하기 때문에 과거형, 현재형, 현재완료형 다양하게 사용 • 사람들의 구매 방식에 대해 이야기하기 때문에 주어는 people, they 사용
중요도	★★★

9 There are sometimes news reports on food. Food can get contaminated or be affected by dangerous bacteria. Talk about a news report you watched regarding a food scare incident.

가끔 음식에 대한 뉴스 보도가 있습니다. 음식은 오염되거나 위험한 박테리아에 의해 영향을 받을 수 있습니다. 음식과 관련된 사건과 관련된 뉴스에 대해 말해 주세요.

문항 유형	식품 오염 사건 관련 뉴스 보도 설명
문항 수준	Advanced
핵심 포인트	• 15번 기출문제 • TV 주제의 '본인이 최근에 본 TV 방송이나 영화에 대해 설명'의 답변 활용 • 뉴스에 나온 이야기이기 때문에 주어는 people, they 등 상황에 맞게 사용 • 이미 발생한 사건이기 때문에 과거형 시제 사용
중요도	★★★★★

 **OPIc 모범 답변 학습하기**

OPIc 질문에 대한 모범 답변을 살펴본 후, 질문의 핵심 포인트를 파악하여 나만의 OPIc 답변을 만들어 보세요.

1-1 What are some of the popular dishes in your country? Tell me about a particular dish. What is special about it? Please describe it in detail.   🎧 MP3 12_Q1-1

당신의 나라에서 인기 있는 요리는 무엇인가요? 특정 요리에 대해 말해 주세요. 이것이 왜 특별하나요? 자세히 설명해 주세요.

1-2 When was the last time you had some healthy food? Who was it with and how did you feel? What was special about that experience?   🎧 MP3 12_Q1-2

마지막으로 몸에 좋은 음식을 먹은 게 언제인가요? 누구와 같이 있었고 기분이 어땠나요? 그 경험에서 특별한 점은 무엇인가요?

	Structure	Idea
시작 문장	주제 문장 소개	common foods, kimchi
본문	한국의 인기 있는 요리로 김치 소개 후 최근 먹은 경험 묘사	rich in, vitamins, fiber, minerals, good for, strengthens, immune system, selected, healthiest, world, when I have meals, had some yesterday
마무리 문장	나의 답변 마무리	kimchi, healthiest

Model Answer   🎧 MP3 12_A1

One of the most ❶ common foods in Korea is kimchi. **A**
Kimchi is very ❷ rich in vitamins, fiber and minerals. **B**
It is very good for our health and ❸ it strengthens our immune system.
In fact, kimchi was selected as ❹ one of the healthiest foods in the world.
I have kimchi every single day when I have meals.
❺ I actually had some yesterday during dinner. **C**
Once again, kimchi is one of the healthiest foods I have every day.

Tips for Better Answers

❶ 한국의 popular dishes에 대해 물었기 때문에 시작 문장에 kimchi 넣기
   common foods는 질문의 핵심 표현인 popular dishes 대신 쓰인 표현
   Ex: One of the most popular dishes in Korea is kimchi.
       한국의 인기 있는 음식 중 하나는 김치다.

❷ '~이 풍부한'이란 뜻으로 형용사 rich 뒤에는 항상 in이 옴
   Ex: Korea is rich in historical places.
       한국에는 역사적인 장소가 많다.

❸ 건강한 음식을 묘사할 때 필수 문장 암기 필수

❹ one of the 최상급 형용사 + 복수 명사: (명사)들 중 가장 (형용사)한
   다양한 문장구조 활용을 위해 자주 쓰면 좋은 문장 구조!
   Ex: It is one of the best foods because it is rich in minerals.
       미네랄이 풍부하기 때문에 건강에 좋은 음식 중 하나이다.

❺ 마지막으로 먹은 건강한 음식이 무엇인지 답하기 위해 필수로 말해야 하는 답변
   Ex: Actually, I had some kimchi and rice for breakfast yesterday.
       사실 어제 아침으로 김치와 밥을 먹었다.

Expanding Your Answer

더 풍부하고 논리적인 답변을 위해 문장을 추가해 보세요.

A It is a famous traditional side dish.
그것은 유명하고 전통적인 반찬입니다.

B It is because kimchi is fermented just like cheese.
김치가 치즈처럼 발효됐기 때문입니다.

C I cannot imagine living without eating kimchi.
김치를 먹지 않고 사는 삶은 상상할 수도 없습니다.

Key Expressions

- **common** 흔한
- **rich in** 풍부한
- **vitamin** 비타민
- **fiber** 섬유질
- **mineral** 미네랄
- **strengthen** 강화하다, 튼튼하게 하다
- **immune system** 면역 체계
- **be selected** 선정되다
- **meal** 식사

한국에서 가장 흔한 음식 중 하나는 김치입니다. 김치는 비타민, 섬유질, 미네랄이 매우 풍부합니다. 김치는 우리의 건강에 매우 좋고 우리의 면역 체계를 강화시킵니다. 사실, 김치는 세계에서 가장 건강에 좋은 음식 중 하나로 선정되었습니다. 저는 매일 밥을 먹을 때 김치를 먹습니다. 사실 어제 저녁 식사 때에도 먹었습니다. 다시 한번 말하지만, 김치는 제가 매일 먹는 가장 건강에 좋은 음식 중 하나입니다.

OPIc 모범 답변 학습하기

OPIc 질문에 대한 모범 답변을 살펴본 후, 질문의 핵심 포인트를 파악하여 나만의 OPIc 답변을 만들어 보세요.

2-1 What do you eat on a regular day? Tell me everything that you eat in detail.
당신은 평소에 무엇을 먹나요? 당신이 먹는 모든 것을 자세히 말해 주세요.

2-2 Many people try to eat healthy these days. What kinds of foods are healthy and why are they healthy for us?
요즘 많은 사람들이 건강하게 먹으려고 노력합니다. 어떤 종류의 음식이 건강에 좋고 왜 그것들이 우리에게 건강에 좋을까요?

	Structure	Idea
시작 문장	주제 문장 소개	vegetables, fruits
본문	일상 음식으로 건강에 좋은 음식 선택 후 묘사	contain, vitamins, fiber, important, healthy diet, eat, fish, chicken breasts, rich in, protein, build stronger muscles, organic food, chemicals, pricey, worth
마무리 문장	나의 답변 마무리	types of food

Model Answer

I try to eat ❶ **vegetables and fruits** as often as I can.
They ❷ **contain a lot of vitamins and fiber**. **A**
They are very important for a ❸ **healthy diet**.
Plus, I try to eat ❹ **fish and chicken breasts** as much as I can.
+beans +tofu +beef +pork **B**
They are rich in healthy protein.
They help build stronger muscles. **C**
Also, I try to eat organic food whenever I can.
They are NOT grown with chemicals, so they are much healthier.
They are a bit ❺ **pricey**, but they are worth the money.
So, these are the types of food that are healthy.

Tips for Better Answers

❶ 본인을 포함한 사람들이 먹는 건강한 음식으로 vegetables와 fruits 선택 복수형으로 쓰임

❷ 가산 명사 vitamins와 불가산 명사 fiber가 한 문장에 들어갔기 때문에 어울리는 부사는 a lot of 또는 tons of contain 대신 have로도 변경 가능
Ex: Fruits have tons of vitamin C and fiber.
과일은 섬유질과 비타민 C가 풍부하게 포함되어 있다.

❸ diet가 동사로 쓰일 경우 '살을 빼다' 명사로 쓰일 경우 '식단, 식습관'이라는 의미
Ex: She is always dieting.
그녀는 항상 살을 빼는 중이야.
I am on a diet.
나는 살을 빼는 중이야.
I need to have a more balanced diet.
나는 좀 더 균형 잡힌 식사를 해야 돼.

❹ 답변 양 확보를 위해 건강한 음식의 종류 나열!

❺ = expensive
It costs a fortune.
엄청나게 비싸다.
It costs an arm and a leg.
엄청난 돈이 든다.

Expanding Your Answer

더 풍부하고 논리적인 답변을 위해 문장을 추가해 보세요.

A Plus, they are really tasty.
게다가 정말 맛있습니다.

B Actually, I am not a seafood person, but I try to eat them for my health.
사실 전 해산물을 좋아하지 않지만 제 건강을 위해 먹으려고 노력합니다.

C I feel stronger when I have a balanced diet.
균형 잡힌 식사를 하면 훨씬 튼튼해진 기분이 듭니다.

Key Expressions

- **contain** 가지고 있다, 포함하다
- **important** 중요한
- **healthy diet** 건강한 식단
- **chicken breast** 닭가슴살
- **protein** 단백질
- **build** 만들다
- **stronger muscles** 더 강한 근육
- **organic food** 유기농 음식
- **grow with chemicals** 화학약품을 써서 키우다
- **pricey** 비싼
- **worth the money** 돈을 쓴 가치가 있는

저는 야채와 과일을 최대한 자주 먹으려고 노력합니다. 그것들은 많은 비타민과 섬유질을 포함하고 있습니다. 그것들은 건강한 식단에 매우 중요합니다. 게다가 생선이나 닭가슴살도 많이 먹으려고 합니다. (+콩 +두부 +소고기 +돼지고기) 생선이나 닭가슴살은 건강한 단백질이 풍부합니다. 그들은 더 강한 근육을 만들도록 도와줍니다. 또한, 저는 유기농 음식을 기회가 있을 때마다 먹으려 노력합니다. 그들은 화학약품을 사용하지 않기 때문에 훨씬 더 건강합니다. 그것들은 가격이 좀 비싸지만, 그만한 가치가 있습니다. 그래서, 이것들은 건강에 좋은 음식의 종류입니다.

OPIc 모범 답변 학습하기

OPIc 질문에 대한 모범 답변을 살펴본 후, 질문의 핵심 포인트를 파악하여 나만의 OPIc 답변을 만들어 보세요.

3 How do you shop for healthy food? What kinds of things do you have to do to cook healthy food? 🎧 MP3 12_Q3

건강식품을 어떻게 구입하나요? 건강에 좋은 음식을 요리하기 위해서 어떤 종류의 것들을 해야 하나요?

	Structure	Idea
시작 문장	주제 문장 소개	best ways, fresh ingredients
본문	집 근처에 있는 식료품점에 가서 사는 음식 묘사	make sure, fresh ingredients, get groceries, local supermarket, large in size, options, good prices, good-quality
마무리 문장	나의 답변 마무리	great deals

Model Answer 🎧 MP3 12_A3

❶ One of the best ways to cook healthy food is to use fresh ❷ ingredients. **A**

I always ❸ make sure to get fresh ingredients for cooking.

I get groceries at a local supermarket near my house. **B**

The store is very ❹ large in size.

There are a lot of options to choose from. **C**

They have good prices and good-quality goods.

So, I can get ❺ great deals there.

Expanding Your Answer

더 풍부하고 논리적인 답변을 위해 문장을 추가해 보세요.

A Of course it tastes better when you cook with fresh ingredients.
물론 신선한 재료로 요리하면 맛도 더 있습니다.

B I am a regular there.
저는 거기 단골입니다.

C I spend at least one hour every time I go there.
그곳에 갈 때마다 최소한 한 시간을 소비하고 옵니다.

Tips for Better Answers

▶ ❶ one of the 최상급 형용사 ways to 동사: (동사) 할 수 있는 가장 (형용사)한 방법은…
　Ex: One of the easiest ways to save money is not spending.
　　돈을 모을 수 있는 가장 쉬운 방법은 안 쓰는 것이다.

▶ ❷ 일반적으로 음식의 재료에 대해 이야기할 때에는 materials가 아닌 ingredients 사용
　조리를 전혀 하지 않은 식재료는 raw materials 라고 표현
　Ex: These are building materials.
　　이것은 빌딩에 쓰이는 자재들이다.
　　These are ingredients I use to make kimchi.
　　이것이 내가 김치를 만드는데 쓰는 재료들이다.

▶ ❸ make sure to 동사: (동사) 하는 것을 확실히 하다
　Ex: Make sure to eat a lot of vegetables.
　　확실히 채소를 많이 먹어야 해.

▶ ❹ = spacious

▶ ❺ great deals는 '엄청난 양'이라는 의미도 있지만 물건을 살 때에는 '좋은 가격' 또는 '큰 할인'이라는 의미를 지님

Key Expressions

- **fresh ingredients** 신선한 재료
- **make sure** 확실하게 하다
- **get groceries** 장보다
- **local supermarket** 동네, 지역의 슈퍼마켓
- **large in size** 크기가 크다
- **option** 선택권
- **good prices** 좋은 가격
- **good-quality goods** 품질 좋은 상품
- **great deals** 할인, 많은 양, 싼 가격

건강한 음식을 요리하는 가장 좋은 방법 중 하나는 신선한 재료를 사용하는 것입니다. 저는 항상 신선한 요리 재료를 구합니다. 집 근처에 있는 동네 슈퍼마켓에서 식료품을 삽니다. 그 가게는 크기가 매우 큽니다. 선택할 수 있는 옵션이 많이 있습니다. 좋은 가격과 좋은 품질의 상품들이 있습니다. 거기에서 많은 할인을 받을 수 있습니다.

OPIc 모범 답변 학습하기

OPIc 질문에 대한 모범 답변을 살펴본 후, 질문의 핵심 포인트를 파악하여 나만의 OPIc 답변을 만들어 보세요.

4 Tell me how you found out about eating healthy. Did your family eat healthy when you were growing up? Did your friend become healthier by eating healthy food? Describe to me in detail about how you started to eat healthy.

🎧 MP3 12_Q4

건강한 식습관에 대해 어떻게 알게 되었는지 말해 주세요. 당신이 자랄 때 당신의 가족은 건강한 식사를 했나요? 당신의 친구는 건강한 음식을 먹음으로써 건강해졌나요? 어떻게 건강하게 먹기 시작했는지 자세히 설명해 주세요.

	Structure	Idea
시작 문장	주제 문장 소개	learned from, important, healthy
본문	어렸을 때 먹었던 건강한 음식 종류 나열	parents, health-conscious, made sure, getting the nutrients, balanced meals, eat meat, drink milk, thanks to, eat healthy, cut back on
마무리 문장	나의 답변 마무리	how I found out

Model Answer 🎧 MP3 12_A4

When I was a kid, I ❶ **learned from my parents that it is important to eat healthy.**

My parents used to be very ❷ **health-conscious.** **A**

They made sure that I ❸ **was getting the nutrients** I needed.

They made me have balanced meals.

For example, they ❹ **made me to eat meat.**

But they also made me to eat vegetables and fruits. **B**

They also made me to drink milk and yogurt every day.

Thanks to my parents, I still try to eat healthy myself. **C**

I try to ❺ **cut back on** unhealthy food such as junk food.

So, this is how I found out about eating healthy.

Expanding Your Answer

더 풍부하고 논리적인 답변을 위해 문장을 추가해 보세요.

A They knew the importance of eating healthy food.
그들은 건강한 음식 먹는 것의 중요성을 알고 있었습니다.

B At that time, I did not like eating vegetables, but I had to eat them.
그때는 채소 먹는 것을 싫어했지만 먹어야만 했습니다.

C I still try to eat a lot of vegetables and fruits.
저는 아직도 많은 채소와 과일을 먹으려고 노력합니다.

Tips for Better Answers

▶ ❶ 건강한 음식을 먹게 된 계기에 대해 묻는 질문이기 때문에 필수 표현 eat healthy 시작 문장에 넣기
주어 my parents 로 변경 가능
Ex: My parents taught me that it is important to eat healthy.
건강하게 먹는 것이 중요하다고 부모님이 가르쳐 주셨다.

▶ ❷ 건강과 음식에 대해 이야기할 때 필수 합성어
'깨어 있는, 의식하는'이라는 뜻의 conscious 앞에는 다른 명사가 올 수 있음
environment-conscious: 환경에 대해 의식하는
fashion-conscious: 유행에 민감한

▶ ❸ 필요한 영양분을 한번 받는 것이 아닌 꾸준히 받았다는 것을 나타내기 위해 과거 진행형 사용

▶ ❹ make 목적어 + 동사: (목적어)를 (동사)하게 하다
하기 싫은 일을 억지로 했다고 표현하고 싶을 때 유용
Ex: They made me do recycling.
그들은 나에게 재활용을 하게 했다.

▶ ❺ = reduce

Key Expressions

- **learn from** ~로부터 배우다
- **eat healthy** 건강하게 먹다
- **health-conscious** 건강을 의식하는
- **nutrients** 영양소
- **balanced meals** 균형 잡힌 식사
- **cut back on** ~을 줄이다
- **unhealthy** 건강하지 않은
- **find out** 알게 되다, 알아내다

어렸을 때, 저는 부모님으로부터 건강한 음식을 먹는 것이 중요하다는 것을 배웠습니다. 부모님은 건강을 매우 의식하곤 했습니다. 그들은 제가 필요로 하는 영양소를 섭취하도록 했습니다. 그들은 저에게 균형 잡힌 식사를 하게 했습니다. 예를 들어, 부모님은 제게 고기를 먹도록 했습니다. 하지만 제가 야채와 과일도 먹도록 했습니다. 또한 매일 우유와 요구르트를 마시게 했습니다. 부모님 덕분에, 저는 여전히 건강하게 먹으려고 노력합니다. 저는 정크 푸드 같은 건강에 좋지 않은 음식을 줄이려고 노력합니다. 이렇게 해서 건강하게 먹는 것을 알게 되었습니다.

OPIc 모범 답변 학습하기

OPIc 질문에 대한 모범 답변을 살펴본 후, 질문의 핵심 포인트를 파악하여 나만의 OPIc 답변을 만들어 보세요.

5 Tell me about a memorable experience you had while eating something. It could have been something good or bad. What happened? Why was it so memorable or special? Tell me everything in as much detail as possible. 🎧 MP3 12_Q5

무언가를 먹으면서 겪었던 기억에 남는 경험을 말해 주세요. 좋은 일이거나 나쁜 일이었을 수도 있습니다. 무슨 일이 있었나요? 왜 그렇게 기억에 남거나 특별했나요? 가능한 한 모든 것을 자세히 말해 주세요.

Structure		Idea
시작 문장	주제 문장 소개	remember, eating, went bad
본문	음식 때문에 고생한 경험 답변 활용	eating too fast, too much, too much spicy food, allergic to, undercooked, food poisoning, pretty bad, stomach, upset, throwing up, light-headed, fever, rashes, itchy, had the runs, go to the drug store, see the doctor, took some medicine, get a lot of rest
마무리 문장	나의 답변 마무리	since then, more careful, eat something

Model Answer 🎧 MP3 12_A5

I remember ❶ eating something that went bad recently.
+eating too fast
+eating too much
+eating too much spicy food
+eating something that ❷ I was allergic to A
+eating something that was undercooked
I got food poisoning and it was pretty bad.
+indigestion +food allergies +enteritis
My stomach was upset and I felt like throwing up. B
I felt ❸ light-headed because I had a fever.
+I had heartburn and had a bad stomachache.
+I got rashes and my body was itchy.
+I went to the bathroom over and over again because I had the runs.
I ❹ had to go to the drug store to get some medicine.
+I had to go to see the doctor. C
+I got a shot.
+I ❺ got an IV.
+I got some medicine prescribed.
I took some medicine to get better.
I had to stay inside and get a lot of rest.
❻ Since then, I try to be more careful when I eat something.

Tips for Better Answers

* '음식에 관련된 기억에 남는 에피소드' 내용을 이 답변에 그대로 활용

▶ ❶ 상한 무언가를
정확히 어떤 음식인지 말할 필요 없이 something으로 표현
Ex: I remember having something salty at the restaurant.
식당에서 뭔가 짠 음식을 먹은 기억이 난다.

▶ ❷ be allergic to A: A에 알레르기가 있다
Ex: I am allergic to cucumber.
오이에 알레르기가 있다.

▶ ❸ = dizzy
Ex: I felt dizzy and I could not even stand up by myself.
어지러워서 혼자 일어날 수도 없었다.

▶ ❹ 하고 싶지 않아도 꼭 해야 했던 일에 대해 묘사할 때에는 had to를 사용하며 과거의 경험을 묘사할 때 매우 유용
Ex: I had to get a physical checkup.
건강 검진을 받아야만 했었다.

▶ ❺ '링거'는 broken English!
= get an IV shot

▶ ❻ 사건이나 사고에 관해 이야기한 후에는 '그때 이후로 ~하려고 한다'로 마무리 문장 만들기
Ex: Since then, I try not to go there.
그때 이후로, 그곳에는 안 가려고 한다.

Expanding Your Answer

더 풍부하고 논리적인 답변을 위해 문장을 추가해 보세요.

A Actually, I am allergic to shrimp.
사실 저는 새우 알레르기가 있습니다.

B The pain got worse and worse.
고통이 점점 더 심해지고 있었습니다.

C Fortunately, there were not many patients at the hospital.
다행히 병원에 환자가 많지 않았습니다.

> **Key Expressions**
> - **go bad** 상하다
> - **spicy food** 매운 음식
> - **be allergic to** ~에 알레르기가 있다
> - **undercooked** 덜 익은
> - **food poisoning** 식중독
> - **indigestion** 소화불량
> - **food allergies** 음식 알레르기
> - **enteritis** 장염
> - **stomach** 배
> - **upset** 아픈
> - **throw up** 토하다
> - **light-headed** 머리가 어지러운
> - **have a fever** 열이 나다
> - **heartburn** (소화불량에 의한) 속 쓰림
> - **stomachache** 복통
> - **get rashes** 두드러기 나다
> - **itchy** 간지럽다
> - **had the runs** 설사하다
> - **drugstore** 약국
> - **get a shot** 주사 맞다
> - **get an IV** 정맥 주사를 맞다
> - **prescribed** 처방된

최근에 상한 걸 먹은 기억이 납니다. (+너무 빨리 먹었습니다. +너무 많이 먹었습니다. +매운 음식을 너무 많이 먹었습니다. +알레르기가 있는 것을 먹었습니다. +덜 익힌 것을 먹었습니다.) 식중독에 걸렸는데 꽤 심했습니다. (+소화불량 +음식 알레르기 +장염) 속이 상해서 토할 것 같았습니다. 열이 나서 머리가 어지러웠습니다. (+속이 쓰리고 복통이 심했습니다. +발진이 나서 몸이 가려웠습니다. +설사가 있어서 화장실을 몇 번이고 다녔습니다.) 약을 구하러 약국에 가야 했습니다. (+진료를 받으러 가야 했습니다. +저는 주사를 맞았습니다. +정맥 주사를 맞았습니다. +약을 처방 받았습니다.) 낫기 위해 약을 먹었습니다. 실내에 있으면서 많이 쉬어야 했습니다. 그 이후로, 저는 무언가를 먹을 때 더 조심하려고 노력합니다.

OPIc 모범 답변 학습하기

OPIc 질문에 대한 모범 답변을 살펴본 후, 질문의 핵심 포인트를 파악하여 나만의 OPIc 답변을 만들어 보세요.

6 How has food shopping changed over the last 20 years? What are the changes in how people buy their food? Describe those changes in as much detail as possible.

🎧 MP3 12_Q6

지난 20년 동안 음식 쇼핑 방법은 어떻게 변했나요? 사람들이 음식을 사는 방법의 변화는 무엇인가요? 이러한 변화를 가능한 한 자세히 설명해 주세요.

	Structure	Idea
시작 문장	주제 문장 소개	used to get groceries
본문	과거에는 직접 마트에 방문, 현재는 대형마트와 온라인으로 사는 음식 쇼핑 방법 비교	large discount stores, good prices, good-quality goods, options, great deals, meanwhile, online, order food, home shopping, delivered, takes, time, effort
마무리 문장	나의 답변 마무리	food shopping, easier

Model Answer 🎧 MP3 12_A6

❶ Back in the day, people ❷ used to ❸ get groceries at local markets. **A**

❹ But these days, people get groceries at large discount stores.

They have good prices and good-quality goods.

There are a lot of options to choose from. **B**

So, people can get great deals there.

❺ Meanwhile, people can also get groceries online these days.

They can also order food on home shopping channels.

The groceries are delivered to people's homes. **C**

❻ It takes much less time and effort to buy food now.

So, food shopping has become a lot easier over the last 20 years.

Expanding Your Answer

더 풍부하고 논리적인 답변을 위해 문장을 추가해 보세요.

A It was easy to get there but there were not many products.
가기에는 쉬웠지만 물건이 많지는 않았습니다.

B Plus, they have enough parking space.
게다가 주차장 공간도 충분합니다.

C Everything is delivered within a day.
하루면 모든 것이 배달됩니다.

Tips for Better Answers
* 14번 기출문제

▶ ❶ '과거를 나타내는 표현'으로 문장 시작한 후 과거 시제 사용
about two decades ago: 약 20년 전에는
in the past: 과거에는

▶ ❷ used to 동사: (동사)를 하곤 했었다
과거에 반복적으로 하던 행동을 묘사하는 동사
과거 묘사할 때 자주 활용하면 등급 업!
Ex: People used to visit local markets in person.
사람들이 직접 동네 슈퍼에 가곤 했었다.

▶ ❸ 장을 보다
= do grocery shopping

▶ ❹ '현재를 나타내는 표현'으로 현재의 변화 묘사 시작
이 표현 뒤에는 현재형 사용
Ex: However now, people do grocery shopping at big supermarkets.
하지만 지금 사람들은 큰 슈퍼마켓에서 장을 본다.

▶ ❺ 또 다른 의견을 제시할 때 쓰는 표현
= on the other hand
Ex: On the other hand, many people buy foods online these days.
또 다른 한편으로, 많은 사람들이 요즘 온라인으로 음식을 산다.

▶ ❻ '무엇을 하는 데 시간과 노력이 덜 든다'라는 표현으로 음식, 쇼핑, 은행 등 인터넷 덕분에 편리해진 생활 습관 묘사에 유용
= 암기 필수!
Ex: It takes much less time and effort to buy foods on weekends.
주말에 음식 사는 데 시간과 노력이 덜 든다.

Key Expressions

- **local markets** 지역의, 동네의 마트
- **get groceries** 장보다
- **large discount stores** 대형마트
- **good prices** 좋은 가격
- **good-quality goods** 좋은 품질의 물건
- **great deals** 큰 할인, 싼 가격
- **order food** 음식을 주문하다
- **deliver** 배달하다
- **effort** 노력

과거에 사람들은 동네 시장에서 식료품을 사곤 했습니다. 그런데 요즘은 대형마트에서 식료품을 삽니다. 그곳은 좋은 가격과 좋은 품질의 상품을 가지고 있습니다. 선택할 수 있는 옵션이 많이 있습니다. 그래서 사람들은 대형마트에서 많은 할인을 받을 수 있습니다. 한편, 사람들은 요즘 온라인에서 식료품을 구입할 수도 있습니다. 그들은 또한 홈쇼핑 채널에서 음식을 주문할 수 있습니다. 식료품들은 사람들의 집으로 배달됩니다. 이제는 음식을 사는 데 시간과 노력이 훨씬 덜 듭니다. 그래서, 지난 20년 동안 음식 쇼핑은 훨씬 더 쉬워졌습니다.

OPIc 모범 답변 학습하기

OPIc 질문에 대한 모범 답변을 살펴본 후, 질문의 핵심 포인트를 파악하여 나만의 OPIc 답변을 만들어 보세요.

7 There are sometimes news reports on food. Food can get contaminated or be affected by dangerous bacteria. Talk about a news report you watched regarding a food scare incident.

🎧 MP3 12_Q7

가끔 음식에 대한 뉴스 보도가 있습니다. 음식은 오염되거나 위험한 박테리아에 의해 영향을 받을 수 있습니다. 음식과 관련된 사건과 관련된 뉴스에 대해 말해 주세요.

Structure		Idea
시작 문장	주제 문장 소개	food poisoning incident
본문	뉴스에서 본 집단 식중독 사건에 대해 묘사	food went bad, school cafeterias, the weather was very hot, humid, contaminated by, were hospitalized, got sick, stomach pain, high fever, vomiting
마무리 문장	나의 답변 마무리	to be more careful, eat something

Model Answer
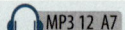

❶ I remember watching the news about a food poisoning incident recently. **A**

The food ❷ went bad at some student cafeterias. **B**

That was because the weather was very hot and humid.

❸ The food was contaminated by bacteria. Many of the students were hospitalized. ❹ They got seriously sick. They had stomach pain, high fever and vomiting. **C**

It was quite a pity that they got sick like that.

Since then, people started to be more careful when they eat something.

Expanding Your Answer
더 풍부하고 논리적인 답변을 위해 문장을 추가해 보세요.

A It happened a few days ago in Seoul.
며칠 전 서울에서 생긴 일입니다.

B According to the news, someone forgot to put the food in the fridge.
뉴스에 따르면 누군가 음식을 냉장고에 넣는 것을 잊었다고 합니다.

C The school cafeteria had to shut down for three days.
학교 식당은 3일 동안 닫아야 했습니다.

Tips for Better Answers

* 15번 기출문제

* TV 주제의 '본인이 최근에 본 TV 방송이나 영화에 대해 설명'의 답변 그대로 활용

▶ ❶ 과거에 본 또는 들은 사건에 대해 이야기할 때 가장 자연스러운 시작
= I **recall** seeing the accident on the internet portal site.
그 사고에 대해 인터넷 포털사이트에서 본 기억이 난다.

▶ ❷ 음식의 상한 상태를 더 자세하게 묘사 가능
go sour: 쉬었다
go rotten: 썩었다
go, get stale: 상하다
Ex: The seafood I had smelled fishy. I was sure it **went stale**.
내가 먹은 그 해산물은 비린내가 났다. 상한 것이라고 확신했다.

▶ ❸ 식품 오염에 대해 설명할 때 필수 문장으로 암기 필수! 사건을 묘사할 때에는 수동태 사용
be contaminated: 오염되다
be hospitalized: 입원하다

▶ ❹ 아픈 증상을 묘사하는 표현으로 '여행 중 겪은 기억에 남는 경험' 또는 '식당에서 기억에 남는 경험'등에 활용 가능
upset stomach: 복통
throw up: 구토하다
itchy: 몸이 가려운
have rashes: 두드러기 나다

Key Expressions

- **food poisoning** 식중독
- **incident** 사건, 사고
- **recently** 최근에
- **go bad** 상하다
- **student cafeterias** (학교의) 학생 식당
- **hot and humid** 덥고 습한
- **be contaminated by A** A에 의해 오염되다
- **bacteria** 박테리아
- **be hospitalized** 입원하다
- **seriously** 심각하게
- **stomach pain** 복통
- **high fever** 고열
- **vomiting** 구토
- **pity** 불쌍한, 안타까운

저는 최근에 식중독 사건에 대한 뉴스를 보았던 것을 기억합니다. 몇몇 학교 식당에서 음식이 상했습니다. 날씨가 매우 덥고 습했기 때문입니다. 음식이 박테리아에 의해 오염되었습니다. 많은 학생들이 병원에 입원했습니다. 그들은 심하게 아팠습니다. 그들은 복통, 고열, 구토를 했습니다. 그들이 그렇게 병이 난 것은 꽤 안타까운 일이었습니다. 그때 이후로 사람들은 무엇인가 먹을 때 조심하기 시작했습니다.

Chapter 13

Health

빈출 주제 파악하기

질문을 제대로 파악하는 것만으로도 성공적으로 시험을 치를 수 있습니다. OPIc에서 자주 출제되는 질문들을 알아보세요.

1. Tell me about the kinds of foods healthy people eat. What kinds of foods are they? Where do they buy these healthy foods?

건강한 사람들이 먹는 음식의 종류에 대해 말해 주세요. 어떤 종류의 음식인가요? 사람들은 어디에서 건강에 좋은 음식을 사나요?

문항 유형	건강한 사람들이 먹는 음식 묘사
문항 수준	Intermediate
핵심 포인트	• 음식 주제의 '본인이 먹는 일상 음식 묘사'의 답변 활용 • 채소, 과일, 생선 등 건강에 좋은 음식 나열 후 이유 설명 • 건강한 사람들이 현재 먹는 음식 묘사이기 때문에 주어 people, they와 현재형 사용
중요도	★★

2 **Tell me about all the things you do in order to stay healthy.**
건강을 유지하기 위해 하는 일들에 대해 말해 주세요.

> 문항 유형   본인이 건강 유지를 위해 하는 일들 묘사
> 문항 수준   Intermediate
> 핵심 포인트 • 건강 주제의 '본인이 건강을 위해 생활 방식에 준 경험'과 같은 답변 활용
> 　　　　　 • 건강을 위해 하는 운동 습관을 현재형으로 묘사
> 　　　　　 • 식습관을 주어 I 사용하여 묘사
> 중요도   ★★

3 **Ideas on what good health is and how to maintain health change frequently. What did people do to maintain good health when you were a child? What was considered to be a healthy diet at that time? How did people usually exercise? Describe how people's thoughts on what is healthy have changed over time.**
건강에 대한 인식과 건강을 유지하는 방법은 자주 바뀝니다. 어렸을 때에는 사람들이 건강을 유지하기 위해 무엇을 했나요? 그 당시에는 무엇이 건강한 식단으로 여겨졌나요? 사람들은 보통 어떻게 운동을 했나요? 건강에 대한 인식이 시간이 지남에 따라 어떻게 변했는지 말해 주세요.

> 문항 유형   건강에 대한 사람들의 생각/행동 과거와 현재 비교
> 문항 수준   Advanced
> 핵심 포인트 • 건강 주제의 '건강에 대한 세대간 인식의 과거와 현재 비교'와 같은 답변 활용
> 　　　　　 • 세대간 비교를 하기 때문에 과거형, 현재형, 현재완료형 상황에 맞게 사용
> 　　　　　 • 사람들의 인식에 대해 말하기 때문에 주어 people, they 사용
> 중요도   ★★★★

4 **Describe a healthy person you know of. What makes that person healthy? Tell me everything that makes that person healthier.**
알고 있는 건강한 사람을 묘사하세요. 왜 그 사람이 건강한가요? 그 사람을 더 건강하게 만드는 것에 대해 자세히 말해 주세요.

> 문항 유형   본인이 아는 건강한 사람 습관 묘사
> 문항 수준   Intermediate
> 핵심 포인트 • 음식 주제의 '건강식을 먹게 된 계기'의 표현 활용
> 　　　　　 • 본인이 아는 건강한 사람의 운동 습관과 식습관을 현재형으로 묘사
> 　　　　　 • 주어는 he 또는 she 사용
> 중요도   ★★

5 **Have you ever changed a habit or a certain lifestyle for your health? Maybe you started to work out or started to eat healthy. Tell me about that change you made.**
건강을 위해 습관이나 특정한 생활 방식을 바꾼 적이 있나요? 아마도 운동을 시작했거나 건강하게 먹기 시작했을 수도 있습니다. 당신이 건강을 위해 했던 변화에 대해 말해 주세요.

> 문항 유형   본인이 건강을 위해 생활방식에 변화를 준 경험
> 문항 수준   Intermediate
> 핵심 포인트 • 건강 주제의 '본인이 건강을 위해 평상시 하는 일들 묘사' 답변 그대로 활용
> 　　　　　 • 과거의 습관보다는 현재의 좋은 습관 위주로 묘사
> 　　　　　 • 본인의 생활방식 변화이기 때문에 주어 I 사용
> 중요도   ★★

6 **Talk about one thing that you did for your health in detail. What kind of impact did it have on your health? Tell me about the effect that had on your health.**

건강을 위해 한 일에 대해 자세히 말해 주세요. 그것이 건강에 어떤 영향을 끼쳤나요? 당신의 건강에 미친 영향에 대해 말해 주세요.

문항 유형	본인이 건강을 위해서 했던 일 한 가지의 효과 설명
문항 수준	Advanced
핵심 포인트	• 건강 주제의 '건강한 사람들이 먹는 음식 묘사'와 같은 답변 활용 • 건강을 위해 본인이 했던 일에 대해 말하기 때문에 주어는 I 사용, 시제는 과거형 사용
중요도	★★

7 **Different generations have different views on what is healthy. Some generations think people have to be skinny in order to be healthy, while others believe people must be muscular. What did your parents' generation think people have to be like to be healthy? How does that compare to what your generation believe?**

세대마다 건강에 대한 견해가 다릅니다. 어떤 세대는 사람들이 건강하기 위해서는 마른 체형이어야 한다고 생각하는 반면, 다른 세대는 근육질이어야 한다고 생각합니다. 여러분의 부모님 세대는 건강해지기 위해서 어떻게 되어야 한다고 생각하나요? 당신 세대가 믿는 것과 비교하면 어떻게 다른가요?

문항 유형	건강에 대한 세대간 인식 과거와 현재 비교
문항 수준	Advanced
핵심 포인트	• 14번 기출문제 • 건강 주제의 '건강에 대한 사람들의 생각/행동 과거와 현재 비교'와 같은 답변 활용 • 세대간 비교이므로 과거형, 현재형, 현재완료형 상황에 맞게 사용 • 사람들의 인식에 대해 말하기 때문에 주어 people, they 사용
중요도	★★★★

8 **Tell me about a recent news story that you saw related to health issues. Describe what the issue was about in detail. How did your community react to the news?**

최근에 본 건강 문제 뉴스에 대해 말해 주세요. 무슨 이슈였는지 자세히 설명해 주세요. 당신이 속한 사회는 그 뉴스에 어떻게 반응했나요?

문항 유형	본인이 본 건강 관련 뉴스 내용 설명
문항 수준	Advanced
핵심 포인트	• 15번 기출문제 • 음식 주제의 '식품 오염 사건 관련 뉴스 보도 설명' 그대로 활용 • 뉴스에 나온 이야기이기 때문에 주어는 people, they 등 상황에 맞게 사용 • 이미 발생한 사건이기 때문에 과거형 시제 사용
중요도	★★

9 **Tell me about the gym you used to go to in the past. What was it like? What kinds of facilities were there? How was it different from the gym you go to these days?**

예전에 다녔던 헬스장에 대해 말해 주세요. 어땠나요? 어떤 시설이 있었나요? 요즘 다니는 헬스장과는 어떻게 다른가요?

문항 유형	본인이 이용했던 헬스클럽 과거와 현재 비교
문항 수준	Advanced
핵심 포인트	• 15번 기출문제 • 헬스클럽에 안 가본 경우 짧게 답변 • 헬스클럽에 가본 경우 현재의 헬스클럽에 대해 현재형 사용하여 묘사
중요도	★★

OPIc 모범 답변 학습하기

OPIc 질문에 대한 모범 답변을 살펴본 후, 질문의 핵심 포인트를 파악하여 나만의 OPIc 답변을 만들어 보세요.

1 Tell me about the kinds of foods healthy people eat. What kinds of foods are they? Where do they buy these healthy foods?

건강한 사람들이 먹는 음식의 종류에 대해 말해 주세요. 사람들은 어떤 종류의 음식인가요? 어디에서 건강에 좋은 음식을 사나요?

Structure		Idea
시작 문장	주제 문장 소개	vegetables, fruits
본문	사람들이 먹는 건강한 음식과 이유 설명	contain, vitamins, fiber, important, healthy diet, eat, fish, chicken breasts, rich in, protein, build stronger muscles, organic food, chemicals, pricey, worth
마무리 문장	나의 답변 마무리	types of food

Model Answer   MP3 13_A1

❶ People try to eat vegetables and fruits as often as they can.

They contain a lot of vitamins and fiber. **A**

They are ❷ very important for a healthy ❸ diet.

Plus, people ❹ try to eat fish and chicken breasts as much as they can.

+beans +tofu +beef +pork **B**

They are rich in healthy protein.

They help build stronger muscles.

Also, people try to eat organic food ❺ whenever they can.

They are NOT grown with chemicals, so they are much healthier. **C**

They are a bit pricey, but they are worth the money.

So, these are the types of food that are healthy.

Expanding Your Answer

더 풍부하고 논리적인 답변을 위해 문장을 추가해 보세요.

A Many people love fruits that are juicy.
사람들은 과즙이 많은 과일을 매우 좋아합니다.

B Actually, I am not a meat person, but I try to eat them for my health.
사실 전 고기를 좋아하지 않지만 건강을 위해 먹으려고 노력합니다.

C People can feel better when they have a healthy diet.
건강한 식사를 하면 기분이 훨씬 나아집니다.

Tips for Better Answers

* 음식 주제의 '본인이 먹는 일상 음식 묘사' 답변 활용

▶ ❶ 사람들이 먹는 건강한 음식에 대해 이야기하기 때문에 주어는 반드시 people 사용

▶ ❷ = essential
Ex: Taking vitamins is essential for a healthy body
비타민을 먹는 것은 건강한 몸을 위해 필수다.

▶ ❸ diet가 동사로 쓰일 경우 '살을 빼다'
명사로 쓰일 경우 '식단, 식습관'이라는 의미
Ex: I need to change my diet.
나는 식단을 바꿔야 한다.

▶ ❹ 답변 양의 확보를 위해 건강한 음식의 종류 나열!

▶ ❺ 복합관계부사 〈whenever 주어 + 동사〉 사용으로 등급 업!
Ex: Whenever I feel tired, I take a lot of vitamin C.
피곤할 때마다 비타민 C를 많이 먹는다.

Key Expressions

- **contain** 가지고 있다, 포함하다
- **important** 중요한
- **healthy diet** 건강한 식단
- **chicken breast** 닭가슴살
- **protein** 단백질
- **build** 만들다
- **stronger muscles** 더 강한 근육
- **organic food** 유기농 음식
- **grow with chemicals** 화학약품을 써서 키우다
- **pricey** 비싼
- **worth the money** 돈을 쓴 가치가 있는

사람들은 가능한 한 채소와 과일을 자주 먹으려고 합니다. 채소와 과일에는 비타민과 섬유질이 많이 있고 건강한 식단에 매우 중요합니다. 게다가 생선이나 닭가슴살도 많이 먹으려고 합니다. (+콩 +두부 +소고기 +돼지고기) 이러한 음식들에는 풍부한 단백질이 많이 있고 강한 근육을 만들도록 도와줍니다. 또한, 유기농 음식을 먹으려고 노력합니다. 화학약품을 사용하지 않기 때문에 훨씬 더 건강합니다. 가격이 좀 비싸지만, 그만한 가치가 있습니다. 즉, 이러한 음식들이 건강에 좋은 음식의 종류입니다.

OPIc 모범 답변 학습하기

OPIc 질문에 대한 모범 답변을 살펴본 후, 질문의 핵심 포인트를 파악하여 나만의 OPIc 답변을 만들어 보세요.

2 Describe a healthy person you know of. What makes that person healthy? Tell me everything that makes that person healthier. 🎧 MP3 13_Q2

알고 있는 건강한 사람을 묘사하세요. 왜 그 사람이 건강한가요? 그 사람을 더 건강하게 만드는 것에 대해 자세히 말해 주세요.

	Structure	Idea
시작 문장	주제 문장 소개	health-conscious
본문	본인이 아는 건강한 사람의 생활 습관 묘사	works out, get some exercise, walk around, tries, eat healthy, cut back on, junk food
마무리 문장	나의 답변 마무리	these are, make, healthy

Model Answer 🎧 MP3 13_A2

❶ One of my friends is very ❷ health-conscious. **A**

+my dad +my mom +my brother +my sister +my wife +my husband

First, my friend ❸ works out as often as he can.

He ❹ tries to get some exercise at the gym almost every day.

He also tries to walk around as much as he can. **B**

Plus, my friend always tries to eat healthy.

He also tries to cut back on unhealthy food such as junk food. **C**

So, these are the things that make my friend healthy.

Expanding Your Answer

더 풍부하고 논리적인 답변을 위해 문장을 추가해 보세요.

A He cares about what he eats and what he does.
그는 먹고 하는 것에 매우 신경 씁니다.

B He does not take the elevator in the company. Instead, he takes stairs.
그는 회사에서 엘리베이터를 타지 않습니다. 대신에, 계단을 이용합니다.

C He used to have a sweet tooth, but not anymore.
예전에는 단 음식을 좋아했는데 더 이상 좋아하지 않습니다.

Tips for Better Answers

* 음식 주제의 '건강식을 먹게 된 계기 설명'의 단어와 표현 최대한 활용

❶ 본인이 아는 건강한 사람이 누군지 시작 문장에 필수로 언급!
Ex: The healthiest person I know is my mother.
내가 아는 가장 건강한 사람은 우리 엄마다.

❷ 건강과 음식에 대해 이야기할 때 필수 합성어 '깨어 있는, 의식하는'이란 뜻의 conscious 앞에는 다른 명사가 올 수 있음
environment-conscious : 환경에 대해 의식하는
fashion-conscious : 유행에 민감한
Ex: He was not that health-conscious before.
예전에는 그렇게까지 건강을 의식하지 않았다.

❸ = exercise, get some exercise
Ex: He exercises regularly.
그는 정기적으로 운동한다.

❹ 언제나 하는 일이 아니고 자주 하려고 노력하는 일이기 때문에 동사 try 사용

Key Expressions

- **health-conscious** 건강을 의식하는
- **work out** 운동하다
- **walk around** 걸어서 다니다
- **eat healthy** 건강하게 먹다
- **cut back on A** A를 줄이다

친구 중 한 명이 건강에 신경을 많이 씁니다. (+아빠 +엄마 +오빠 +언니 +아내 +남편) 첫째, 제 친구는 운동을 자주 합니다. 거의 매일 체육관에서 운동을 하려고 합니다. 또 최대한 많이 걸으려고 합니다. 게다가, 항상 건강하게 먹으려고 노력합니다. 정크푸드와 같은 건강에 좋지 않은 음식을 줄이려고도 노력합니다. 이러한 노력들이 제 친구를 건강하게 만듭니다.

OPIc 모범 답변 학습하기

OPIc 질문에 대한 모범 답변을 살펴본 후, 질문의 핵심 포인트를 파악하여 나만의 OPIc 답변을 만들어 보세요.

3. Tell me about all the things you do in order to stay healthy.
MP3 13_Q3

건강을 유지하기 위해 당신이 하는 일들에 대해 말해 주세요.

	Structure	Idea
시작 문장	주제 문장 소개	stay healthy, work out
본문	본인이 건강을 위해 하는 운동과 식습관 묘사	get some exercise, go for runs, try to eat well, balanced meals, positive mindset, bright side, less stress
마무리 문장	나의 답변 마무리	these are, I do, healthy

Model Answer
MP3 13_A3

To stay healthy, ❶ **I try to work out** whenever I can.

I try to get some exercise at the gym. **A**

I try to ❷ **go for runs** at the park.

❸ +ride bikes +go hiking +go swimming +play soccer/basketball +take yoga lessons +take Pilates classes +take cross-fit classes **B**

Plus, I try to eat well and properly.

I try to have balanced meals.

I try NOT to eat too much or too late.

+eat too fast or too salty +eat fatty or greasy food

Also, I always try to have ❹ **a positive mindset**.

I try to look on the bright side of things. **C**

That way, I can get less stress.

So, these are the things I do to stay healthy.

Tips for Better Answers

* 건강 주제의 '본인이 건강을 위해 생활 방식에 변화를 준 경험' 답변과 함께 준비

▶ ❶ 현재 본인이 건강을 위해 하는 일 묘사를 하기 때문에 현재형 시제 사용 또한 항상 하는 일이 아닌 노력하는 일이기 때문에 동사 try 사용
  Ex: I try to exercise and eat healthy.
  나는 운동하고 건강하게 먹으려고 노력한다.

▶ ❷ = jogging
  Ex: I try to go jogging at the park.
  공원에서 조깅하려고 한다.

▶ ❸ 답변 양의 확보를 위해 최대한 다양한 종류의 스포츠 나열하기 또한 얼마나 자주 운동을 가는지 예시를 들면서 답변 확보
  Ex: I go hiking every Saturday.
  나는 매주 토요일마다 하이킹을 간다.
  I go swimming once or twice a week.
  나는 일주일에 한두 번 수영을 간다.

▶ ❹ = positive mind, positive thinking, think positively
  Ex: I always try to think positively.
  나는 항상 긍정적으로 생각하려고 한다.

Expanding Your Answer

더 풍부하고 논리적인 답변을 위해 문장을 추가해 보세요.

A I joined the gym last year.
작년에 헬스장에 등록했습니다.

B One of the most challenging exercises is cross-fit.
크로스핏은 가장 힘든 운동 중 하나입니다.

C It is not easy, but I am doing my best.
쉽진 않지만 제 최선을 다하고 있습니다.

Key Expressions

- **work out** 운동하다
- **go for runs** 조깅하다
- **eat well** 잘 먹다
- **properly** 제대로, 적정하게
- **balanced** 균형 잡힌
- **salty** 짠
- **fatty** 기름진, 살찌는
- **greasy** 기름진, 느끼한
- **positive mindset** 긍정적인 마음, 사고방식
- **bright side** 좋은 면, 밝은 면

건강을 유지하기 위해서 틈틈이 운동을 하려고 노력합니다. 체육관에서 운동을 하거나 공원에서 달리기를 하려고 노력합니다. (+자전거 +하이킹 +수영 +축구, 농구 +요가 수업 +필라테스 수업 +크로스핏 수업) 그리고 제대로 잘 먹으려고 노력합니다. 균형 잡힌 식사를 하려고 노력하고 너무 많이 먹거나 너무 늦게 먹지 않도록 노력합니다. (+너무 빨리 또는 너무 짜게 먹거나 +살찌거나 기름진 음식을 먹거나) 또한, 저는 항상 긍정적인 사고방식을 가지려고 노력합니다. 모든 것의 밝은 면을 보려고 노력합니다. 그래야 스트레스를 덜 받을 수 있으니까요. 이것이 제가 건강을 유지하기 위해 하는 일입니다.

OPIc 모범 답변 학습하기

OPIc 질문에 대한 모범 답변을 살펴본 후, 질문의 핵심 포인트를 파악하여 나만의 OPIc 답변을 만들어 보세요.

4 Have you ever changed a habit or a certain lifestyle for your health? Maybe you started to work out or started to eat healthy. Tell me about that change you made.

🎧 MP3 13_Q4

건강을 위해 습관이나 특정한 생활 방식을 바꾼 적이 있나요? 아마도 운동을 시작했거나 건강하게 먹기 시작했을 수도 있습니다. 당신이 건강을 위해 줬던 변화에 대해 말해 주세요.

	Structure	Idea
시작 문장	주제 문장 소개	stay healthy, work out
본문	건강을 위해 예전에는 하지 않았지만 지금은 하는 행동 묘사	get some exercise, go for runs, try to eat well, balanced meals, positive mindset, bright side, less stress
마무리 문장	나의 답변 마무리	these are, I have made, healthy

Model Answer 🎧 MP3 13_A4

To stay healthy, I tried to work out ❶ whenever I could.

❷ I tried to get some exercise at the gym.

I tried to go for runs at the park. **A**

+ride bikes +go hiking +go swimming +play soccer/basketball +take yoga lessons +take Pilates classes +take cross-fit classes

Plus, I tried to eat well and properly.

I tried to have balanced meals. **B**

❸ I tried NOT to eat too much or too late.

+eat too fast or too salty +eat fatty or greasy food

Also, I tried to have a positive mindset. **C**

I tried to look on the bright side of things.

That way, I was able to get less stress.

❹ So, these are the changes I have made to my lifestyle to stay healthy.

Tips for Better Answers

* 건강 주제의 '본인이 건강을 위해 평상시 하는 일들 묘사' 답변 그대로 활용

▶ ❶ 현재 노력하는 일이라면 whenever I can 사용이 어울리나 과거의 노력이기 때문에 whenever I could로 변경

▶ ❷ 본문의 내용은 '본인이 건강을 위해 평상시 하는 일들 묘사'와 같으나 시제는 모두 과거형으로 바꾸기
건강을 위해 노력한 일이므로 동사는 모두 try로 통일
Ex: I tried to work out regularly.
나는 주기적으로 운동하려고 노력했다.

▶ ❸ 답변 양을 늘리기 위해 건강을 위해 먹은 음식 또는 먹지 않은 음식 나열
Ex: I tried not to eat instant or junk food for my health.
건강을 위해 인스턴트나 정크푸드는 먹지 않으려고 했다.

▶ ❹ '건강을 위해 내가 만든 변화'가 주제이기 때문에 마지막 문장에 현재완료형 사용 및 핵심 표현 change, my lifestyle 넣기

Expanding Your Answer

더 풍부하고 논리적인 답변을 위해 문장을 추가해 보세요.

A I joined the gym last year.
작년에 체육관에 등록했습니다.

B One of the most challenging exercises is cross-fit.
크로스핏은 가장 힘든 운동 중 하나입니다.

C It is not easy, but I am doing my best.
쉽진 않지만 제 최선을 다하고 있습니다.

Key Expressions

- **work out** 운동하다
- **go for runs** 조깅하다
- **eat well** 잘 먹다
- **properly** 제대로, 적정하게
- **balanced** 균형 잡힌
- **salty** 짠
- **fatty** 기름진, 살찌는
- **greasy** 기름진, 느끼한
- **positive mindset** 긍정적인 마음, 사고방식
- **bright side** 좋은 면, 밝은 면

건강을 유지하기 위해서 틈틈이 운동을 하려고 노력했습니다. 체육관에서 운동을 하거나 공원에서 달리기를 하려고 노력했습니다. (+자전거 +하이킹 +수영 +축구, 농구 +요가 수업 +필라테스 수업 +크로스핏 수업) 그리고 제대로 잘 먹으려고 노력했습니다. 저는 균형 잡힌 식사를 하려고 노력하고 너무 많이 먹거나 너무 늦게 먹지 않도록 노력했습니다. (+너무 빨리 또는 너무 짜게 먹거나 +살찌거나 기름진 음식을 먹거나) 또한, 저는 항상 긍정적인 사고방식을 가지려고 노력했습니다. 모든 것의 밝은 면을 보려고 노력했습니다. 이를 통해 저는 스트레스를 덜 받을 수 있었습니다. 이것이 제가 건강을 유지하기 위해 제 생활방식에 준 변화입니다.

OPIc 모범 답변 학습하기

OPIc 질문에 대한 모범 답변을 살펴본 후, 질문의 핵심 포인트를 파악하여 나만의 OPIc 답변을 만들어 보세요.

5 Talk about one thing that you did for your health in detail. What kind of impact did it have on your health? Tell me about the effect that had on your health.

🎧 MP3 13_Q5

건강을 위해 한 일에 대해 자세히 말해 주세요. 그것이 건강에 어떤 영향을 끼쳤나요? 당신의 건강에 미친 영향에 대해 말해 주세요.

	Structure	Idea
시작 문장	주제 문장 소개	eating healthy, effective
본문	본인이 과거부터 지금까지 건강을 위해 했던 습관 묘사	vegetables, fruits, contain, vitamins, fiber, important, healthy diet, eat, fish, chicken breasts, rich in, protein, build stronger muscles, organic food, chemicals, pricey, worth
마무리 문장	나의 답변 마무리	eating healthy, stay healthy, lose some weight

Model Answer 🎧 MP3 13_A5

❶ Eating healthy was ❷ one of the most effective ways to stay healthy. **A**

I ❸ tried to eat ❹ vegetables and fruits as often as I could.

They contain a lot of vitamins and fiber.

They are very important for a healthy diet.

Plus, I tried to eat fish and chicken breasts as much as I could.

+beans +tofu +beef +pork

They are rich in healthy protein. **B**

They help build stronger muscles.

Also, I tried to eat organic food whenever I could.

They are NOT grown with chemicals, so they are much healthier. **C**

They are a bit pricey, ❺ but they are worth the money.

So, eating healthy helped me stay healthy and lose some weight.

Expanding Your Answer

더 풍부하고 논리적인 답변을 위해 문장을 추가해 보세요.

A I tried to eat healthy food for my life.
내 삶을 위해 건강하게 먹으려고 노력했습니다.

B They also have a lot of minerals.
또한 엄청나게 많은 미네랄을 가지고 있습니다.

C I think they taste better as well.
제 생각엔 맛도 더 있는 거 같습니다.

Tips for Better Answers

* 건강 주제의 '건강한 사람들이 먹는 음식 묘사'와 음식 주제의 '건강식 종류와 건강에 좋은 이유 설명'의 답변 활용

▶ ❶ 동명사를 주어로 사용하면 등급 업!
  Ex: It is good for health to exercise regularly.
  운동을 주기적으로 하면 건강에 좋다.
  Exercising regularly is good for health.
  운동을 주기적으로 하는 것은 건강에 좋다.

▶ ❷ = efficient
  one of the 최상급 형용사 ways to 동사: (동사) 하는 데 가장 (형용사)한 방법 중에 하나
  Ex: It is one of the most efficient ways to lose weight.
  살 빼는 데 가장 효율적인 방법이다.

▶ ❸ '건강한 사람들이 먹는 음식 묘사'와 다르게 본인이 건강을 위해 한 일을 과거형 시제로 나열

▶ ❹ 건강한 음식으로 vegetables와 fruits 선택
  복수형으로 쓰임

▶ ❺ ~한 가치가 있다
  Ex: Exercising is worth the time and effort.
  운동은 시간과 노력을 쓴 가치가 있다.

Key Expressions

- **contain** 가지고 있다, 포함하다
- **important** 중요한
- **healthy diet** 건강한 식단
- **chicken breast** 닭가슴살
- **protein** 단백질
- **build** 만들다
- **stronger muscles** 더 강한 근육
- **organic food** 유기농 음식
- **grow with chemicals** 화학약품을 써서 키우다
- **pricey** 비싼
- **worth the money** 돈을 쓴 가치가 있는

건강하게 먹는 것은 건강을 유지하는 가장 효과적인 방법 중 하나였습니다. 채소와 과일을 최대한 자주 먹으려고 노력했습니다. 비타민과 섬유질을 많이 포함하고 있으니까요. 건강한 식단에 매우 중요한 요소입니다. 게다가 해산물과 닭가슴살도 많이 먹으려고 했습니다. (+콩 +두부 +소고기 +돼지고기) 이러한 음식들은 건강한 단백질이 풍부하고 더 강한 근육을 만들도록 도와줍니다. 또 유기농 음식을 먹으려고 틈틈이 노력했습니다. 화학약품을 사용하지 않았기 때문에 훨씬 더 건강합니다. 가격이 좀 비싸지만, 그만한 가치가 있습니다. 건강한 식습관으로 인해 저는 건강을 유지하고 살을 뺄 수 있었습니다.

OPIc 모범 답변 학습하기

OPIc 질문에 대한 모범 답변을 살펴본 후, 질문의 핵심 포인트를 파악하여 나만의 OPIc 답변을 만들어 보세요.

6-1 Ideas on what good health is and how to maintain health change frequently. What did people do to maintain good health when you were a child? What was considered to be a healthy diet at that time? How did people usually exercise? Describe how people's thoughts on what is healthy have changed over time.

🎧 MP3 13_Q6-1

건강에 대한 인식과 건강을 유지하는 방법은 자주 바뀝니다. 어렸을 때에는 사람들이 건강을 유지하기 위해 무엇을 했나요? 그 당시에는 무엇이 건강한 식단으로 여겨졌나요? 사람들은 보통 어떻게 운동을 했나요? 건강에 대한 인식이 시간이 지남에 따라 어떻게 변했는지 말해 주세요.

6-2 Different generations have different views on what is healthy. Some generations think people have to be skinny in order to be healthy, while others believe people must be muscular. What did your parents' generation think people have to be like to be healthy? How does that compare to what your generation believe?

🎧 MP3 13_Q6-2

세대마다 건강에 대한 견해가 다릅니다. 어떤 세대는 사람들이 건강하기 위해서는 마른 체형이어야 한다고 생각하는 반면, 다른 세대는 근육질이어야 한다고 생각합니다. 여러분의 부모님 세대는 건강해지기 위해서 어떻게 되어야 한다고 생각하나요? 당신 세대가 믿는 것과 비교하면 어떻게 다른가요?

	Structure	Idea
시작 문장	주제 문장 소개	being healthy, being sick
본문	과거와 현재 건강에 대해 가지고 있는 인식의 차이 설명	eat well, had the chance, more health-conscious, maintain their health, search for, health tips, learn about ways, get medical check-ups, give advice based on
마무리 문장	나의 답변 마무리	conscious about their health

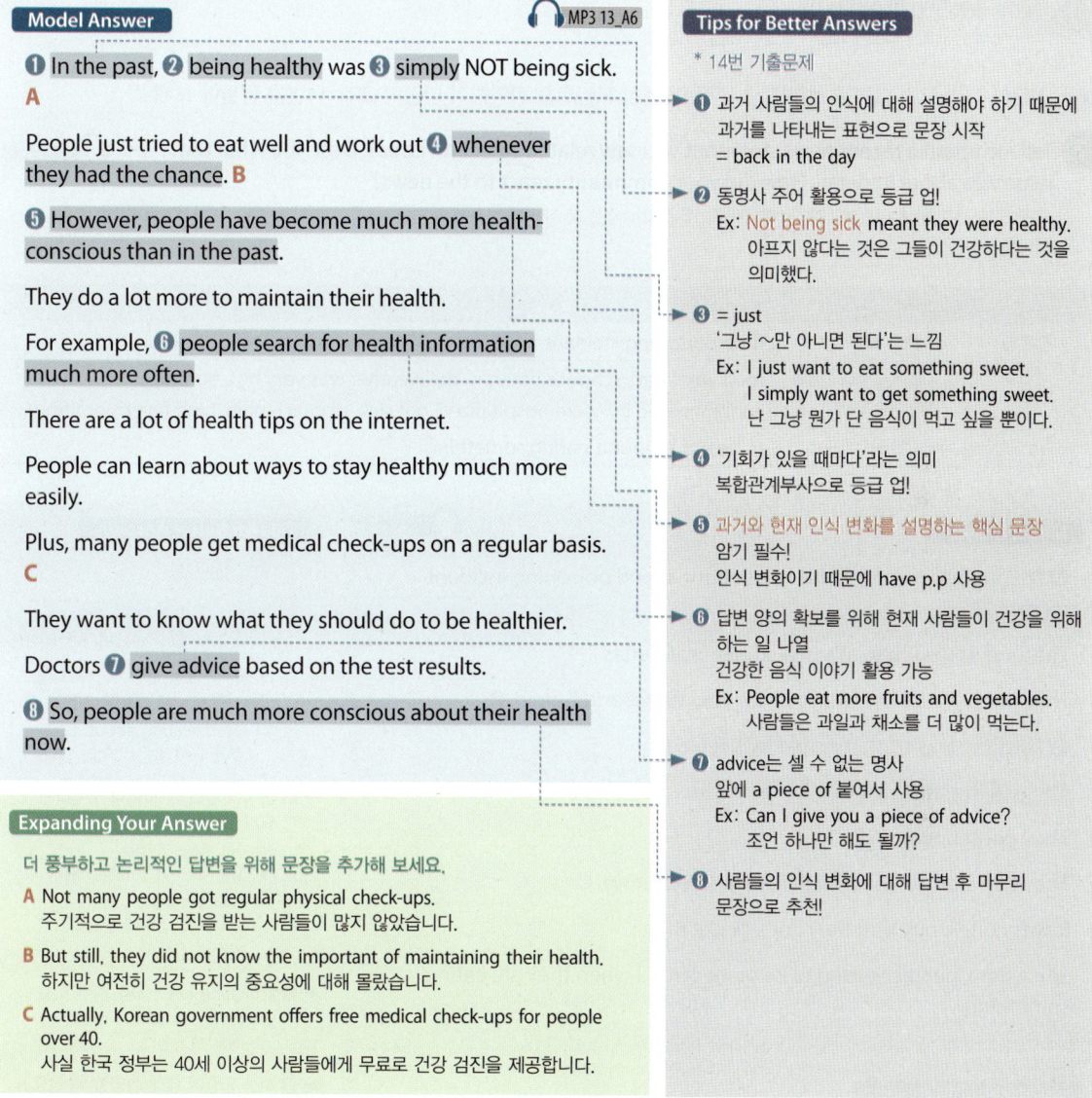

과거에는, 건강하다는 것은 단순히 아프지 않은 것이었습니다. 사람들은 단지 기회가 있으면 잘 먹고 운동하려고 했습니다. 하지만 과거보다 현재 사람들은 건강을 훨씬 더 의식합니다. 그들은 건강을 유지하기 위해 더 많은 것들을 합니다. 예를 들어, 사람들은 훨씬 더 자주 건강 정보를 검색합니다. 인터넷에는 건강 관련 조언이 많이 있습니다. 사람들은 건강을 유지하는 방법에 대해 훨씬 더 쉽게 배울 수 있습니다. 게다가, 많은 사람들이 정기적으로 건강 검진을 받습니다. 그들은 더 건강해지기 위해 무엇을 해야 하는지 알고 싶어합니다. 의사들은 검사 결과를 바탕으로 조언을 합니다. 즉, 사람들은 현재 건강에 대해 훨씬 더 많이 의식하고 있습니다.

OPIc 모범 답변 학습하기

OPIc 질문에 대한 모범 답변을 살펴본 후, 질문의 핵심 포인트를 파악하여 나만의 OPIc 답변을 만들어 보세요.

7 Tell me about a recent news story that you saw related to health issues. Describe what the issue was about in detail. How did your community react to the news?   🎧 MP3 13_Q7

최근에 본 건강 문제 뉴스에 대해 말해 주세요. 무슨 이슈였는지 자세히 설명해 주세요. 당신이 속한 사회는 그 뉴스에 어떻게 반응했나요?

Structure		Idea
시작 문장	주제 문장 소개	food poisoning incident
본문	뉴스에서 본 집단 식중독 사건에 대해 묘사	food went bad, school cafeterias, the weather was very hot, humid, contaminated by, were hospitalized, got sick, stomach pain, high fever, vomiting
마무리 문장	나의 답변 마무리	to be more careful, eating something

Model Answer   🎧 MP3 13_A7

❶ I remember watching the news about a food poisoning incident recently. **A**

The food ❷ went bad at some student cafeterias.

That was because the weather was very ❸ hot and humid. **B**

❹ The food was contaminated by bacteria.

Many of the students were hospitalized.

They got seriously sick.

They had stomach pain, high fever and vomiting. **C**

It was quite a pity that they got sick like that.

Since then, people started to be more careful when they are eating something.

Expanding Your Answer

더 풍부하고 논리적인 답변을 위해 문장을 추가해 보세요.

A It happened somewhere in the countryside.
시골 어딘가에서 발생한 일입니다.

B According to the news, it was 40 degrees Celsius that day.
뉴스에 따르면 그날 기온이 40도였다고 합니다.

C Students could not use the cafeteria for three days.
학생들은 3일동안 식당을 사용할 수 없었습니다.

Tips for Better Answers

* 15번 기출문제

* 음식 주제의 '식품 오염 관련 뉴스 보도 설명'의 답변 그대로 활용하기

▶ ❶ 과거에 본 또는 들은 사건에 대해 이야기할 때 가장 자연스러운 시작
= I recall hearing about it.
그것에 대해 들은 기억이 난다.

▶ ❷ 음식의 상한 상태를 더 자세하게 묘사 가능
go. get stale: 상하다
Ex: The shrimp smelled fishy. It totally went stale.
새우에서 비린내가 났다. 완전히 상했다.

▶ ❸ scorching hot: 폭염, 매우 더운
Ex: It was scorching hot.
매우 뜨거웠다.

▶ ❹ 식품 오염에 대해 설명할 때 필요한 문장으로 암기 필수!
사건을 묘사할 때는 수동태 사용
be contaminated: 오염되다
be hospitalized: 입원하다

Key Expressions

- **food poisoning** 식중독
- **incident** 사건, 사고
- **recently** 최근에
- **go bad** 상하다
- **student cafeterias** (학교의) 학생 식당
- **hot and humid** 덥고 습한
- **be contaminated by A** A에 의해 오염되다
- **bacteria** 박테리아
- **be hospitalized** 입원하다
- **seriously** 심각하게
- **stomach pain** 복통
- **high fever** 고열
- **vomiting** 구토
- **pity** 불쌍함, 안타까움

저는 최근 식중독 사건에 대한 뉴스를 보았던 것을 기억합니다. 몇몇 학교 식당에서 음식이 상했습니다. 날씨가 매우 덥고 습했기 때문에 음식이 박테리아에 의해 오염되었습니다. 많은 학생들이 병원에 입원했습니다. 그들은 심하게 아팠습니다. 복통, 고열, 구토를 했습니다. 그렇게 병이 난 것은 꽤 안타까운 일이었습니다. 그때 이후로 사람들은 무엇인가 먹을 때 조심하기 시작했습니다.

 OPIc 모범 답변 학습하기

OPIc 질문에 대한 모범 답변을 살펴본 후, 질문의 핵심 포인트를 파악하여 나만의 OPIc 답변을 만들어 보세요.

8 Tell me about the gym you used to go to in the past. What was it like? What kinds of facilities were there? How was it different from the gym you go to these days?

예전에 다녔던 헬스장에 대해 말해 주세요. 어땠나요? 어떤 시설이 있었나요? 요즘 다니는 헬스장과는 어떻게 다른가요?

Structure		Idea
시작 문장	주제 문장 소개	gyms, have changed
본문	'헬스 클럽에 가 본 경우'의 답변 말하기	much bigger in size, better in quality, various types of equipment, exercise programs
마무리 문장	나의 답변 마무리	gyms have changed

Model Answer

Answer 1 MP3 13_A8-1

❶ Frankly speaking, I have never been to a gym in my life. So, I really do NOT have much to say about this topic. **A**

Answer 2 MP3 13_A8-2

❷ Gyms ❸ have changed a lot over the years.

They have become much bigger in size. **B**

Plus, they have become a lot better in quality than in the past.

Also, there are ❹ various types of equipment these days.

They also provide various types of exercise programs such as yoga, Pilates and cross-fit. **C**

Once again, gyms have changed a lot over the years.

Expanding Your Answer

더 풍부하고 논리적인 답변을 위해 문장을 추가해 보세요.

A However, I am thinking about joining the gym near my place to work out.
하지만 운동하러 집 근처에 있는 체육관에 등록할까 고민중입니다.

B They have more than 20 treadmills.
러닝머신이 20개 이상 있습니다.

C I go there at least three times a week to do yoga.
요가를 하려고 일주일에 최소 3번 갑니다.

Tips for Better Answers

* 15번 기출문제

▶ ❶ gym에 안 가 본 경우 사용할 수 있는 답변
Ex: Frankly speaking, I have never attended festivals in my town. So, I really do not have much to say about this topic.
사실대로 말하자면 나는 동네에서 열린 축제에 가 본 적이 없다. 그래서 이 주제에 대해 할 말이 별로 없다.

▶ ❷ gym에 가 본 경우에 사용할 수 있는 답변
health club은 원어민이 쓰는 표현이 아니기 때문에 gym 또는 fitness center라고 표현

▶ ❸ 과거와 현재 비교 문제이기 때문에 현재완료형 have p.p 사용
Ex: Fitness centers have become better over the years.
지난 몇 년간 체육관은 훨씬 좋아졌다.

▶ ❹ equipment는 불가산 명사 세야 할 때에는 앞에 a piece of 또는 a type of 추가
Ex: There are many pieces of equipment at the gym.
체육관에 장비가 많다.

Key Expressions

- **frankly speaking** 솔직히 말하면
- **gym** 체육관, 헬스클럽
- **in size** 크기로
- **in quality** 질적으로
- **various** 다양한
- **equipment** 장비
- **provide** 제공하다
- **exercise programs** 운동 프로그램
- **Pilates** 필라테스

Answer 1) 솔직히 말해서, 저는 평생 헬스장에 가본 적이 없습니다. 그래서 이 주제에 대해 별로 할 말이 없습니다.
Answer 2) 헬스클럽은 몇 년 동안 많이 변했습니다. 크기가 훨씬 커졌습니다. 게다가, 과거보다 질적으로 훨씬 더 좋아졌습니다. 또, 요즘은 다양한 종류의 장비가 있습니다. 또한 요가, 필라테스, 크로스핏과 같은 다양한 종류의 운동 프로그램을 제공합니다. 다시 한번 말하자면 헬스클럽은 몇 년 동안 많이 변했습니다.

Chapter 14

Restaurants

빈출 주제 파악하기

질문을 제대로 파악하는 것만으로도 성공적으로 시험을 치를 수 있습니다. OPIc에서 자주 출제되는 질문들을 알아보세요.

1 I would like to know about restaurants in your country. What do typical restaurants look like? What kinds of food do they commonly offer?

당신 나라의 음식점에 대해 알고 싶습니다. 일반적인 음식점들은 어떻게 생겼나요? 보통 어떤 종류의 음식을 제공하나요?

문항 유형	우리나라 보편적인 음식점 묘사
문항 수준	Intermediate
핵심 포인트	• 영업점 묘사 표현 활용하여 바비큐 음식점 묘사 • 한국의 음식점 묘사이기 때문에 주어는 restaurants, they 사용하며 현재형 시제로 묘사
중요도	★★★

2 **Tell me about a restaurant you ate recently. What kind of restaurant was it? What was their menu and what did you eat? Who were you with? Did you like how the food tasted?**

최근에 갔던 음식점에 대해 말해 주세요. 어떤 음식점이었나요? 메뉴는 무엇이었고 무엇을 먹었나요? 누구와 함께 갔었나요? 음식 맛은 어땠나요?

문항 유형	최근에 음식점에 갔었던 경험 묘사
문항 수준	Advanced
핵심 포인트	• 최근에 간 음식점에서 먹은 음식과 맛 묘사 • 과거의 경험이기 때문에 과거형 시제 사용 • 가족이나 직장 동료와 갔다면 주어는 we 사용하며 음식점에 대해 말할 땐 주어 they 사용
중요도	★★★★★

3 **Now, tell me about a restaurant you used to go to as a child. What was it like? What did you eat? Who did you go with? What do you remember most about that place? Tell me about that restaurant in as much detail as possible.**

어렸을 때 갔던 음식점에 대해 말해 주세요. 그곳은 어땠나요? 무엇을 먹었나요? 누구와 같이 갔었나요? 그곳에서 가장 기억에 남는 것은 무엇인가요? 그 음식점에 대해 가능한 한 자세히 말해 주세요.

문항 유형	어렸을 때 갔던 음식점 묘사
문항 수준	Advanced
핵심 포인트	• 음식점 주제의 '테이크아웃/배달 음식점에서 최근 음식을 사본 경험' 답변에 활용 • 배달 음식점에 가서 본인이 먹은 음식을 주어 I 와 과거형 시제 사용하여 설명
중요도	★★★★★

4 **Talk about your favorite take-out or delivery food restaurant. What is that place like? What kinds of food do they commonly offer?**

가장 좋아하는 테이크아웃 음식점이나 배달 음식점에 대해 이야기해 보세요. 그곳은 어떤 곳인가요? 보통 어떤 종류의 음식을 제공하나요?

문항 유형	좋아하는 테이크아웃 음식점/배달 음식점 묘사
문항 수준	Intermediate
핵심 포인트	• 영업점 묘사 표현 활용하여 테이크아웃 음식점 묘사 • 평소 자주 가는 테이크아웃/배달 음식점이기 때문에 현재형 시제 사용 • 본인의 습관을 이야기할 때에는 주어 I 사용하며 음식점을 묘사할 땐 they 사용
중요도	★★★

5 **Talk about the last time you used a take-out or a delivery food service. Where was it and what did you get? What do you remember about that experience?**

최근에 테이크아웃이나 배달 음식 서비스를 이용했던 경험에 대해 말해 주세요. 어디에 있었고 무엇을 주문했나요? 그 경험에 대해 무엇을 기억하나요?

문항 유형	테이크아웃/배달 음식점에서 음식을 사본 경험
문항 수준	Advanced
핵심 포인트	• 음식점 주제의 '어렸을 때 갔던 음식점 묘사' 활용 • 배달 음식점에 가서 본인이 먹은 음식을 주어 I 와 과거형 시제 사용하여 설명
중요도	★★★

6 Talk about a time when you prepared for a special occasion using a take-out or a delivery service. What kinds of food did you get from the restaurant? Tell me about that experience with lots of details.

테이크아웃이나 배달 서비스를 이용해 특별한 행사를 준비했던 경험에 대해 이야기해 보세요. 음식점에서 어떤 종류의 음식을 주문했나요? 그 경험을 자세히 말해 주세요.

문항 유형	테이크아웃/배달 음식점을 통해 특별한 행사 준비 경험
문항 수준	Advanced
핵심 포인트	• 집 주제의 '집에서 가족들과 있었던 추억 묘사' 답변 활용 • 음식을 주문해 파티를 한 과거의 경험에 대해 이야기하기 때문에 과거형 시제 사용 • 여러 명이 참석한 파티에 관한 이야기이기 때문에 주어는 we 사용
중요도	★★★

7 Many restaurants are changing their menus to suit customers who are more health-conscious. Talk about the changes you notice about restaurants in your country related to this trend.

건강에 신경을 쓰는 손님들에게 맞춰 메뉴를 바꾸는 음식점이 많이 있습니다. 이러한 경향과 관련하여 당신 나라의 음식점에 대해 당신이 알아차린 변화에 대해 이야기해 보세요.

문항 유형	음식점들의 건강식 메뉴로의 변화 추세설명
문항 수준	Advanced
핵심 포인트	• 14번 기출문제 • 음식점 주제의 '음식점과 외식 문화의 변화 설명'과 '테이크아웃/배달 음식점들의 건강식 제공 추세 설명'에 답변 활용 • 과거 음식점의 특징 묘사는 과거형 시제 사용하며 현재 추세는 현재형 시제 사용 • 사람들과 음식점의 변화에 대해 이야기하기 때문에 주어는 people와 they 사용
중요도	★★★★★

8 Chain restaurants such as McDonald's have a set menu you can expect. On the other hand, small local restaurants have their own menus and you may not know what to expect. Talk about your experience of going to a chain restaurant and a local restaurant. What was the biggest difference?

맥도날드 같은 체인 음식점에 가면 볼 수 있는 세트 메뉴가 있습니다. 반면, 작은 지역 음식점들은 메뉴가 따로 있어서 무엇을 주문해야 할지 모를 수도 있습니다. 체인 음식점과 지역 음식점에 간 경험에 대해 이야기해 보세요. 가장 큰 차이점은 무엇인가요?

문항 유형	체인 음식점과 지역 음식점에 가본 본인 경험 차이
문항 수준	Advanced
핵심 포인트	• 15번 기출문제 • 음식점의 '좋아하는 테이크아웃/배달 음식점 묘사'의 답변 활용 • 다른 음식점 종류를 비교하기 때문에 현재형 시제 사용하며 주어는 restaurants, they 사용
중요도	★★★

9 What kinds of changes in restaurants or eating out have you noticed over the last few years? How was eating out different in the past? What has brought about these changes?

지난 몇 년 동안 외식이나 음식점에 어떤 변화가 있었나요? 과거의 외식과 어떻게 달라졌나요? 무엇이 이러한 변화를 가져왔나요?

문항 유형	음식점과 외식문화의 변화 설명
문항 수준	Advanced
핵심 포인트	• 14번 기출문제 • 음식점 주제의 '음식점들의 건강식 메뉴로의 변화 추세 설명'과 '테이크아웃/배달 음식점들의 건강식 제공 추세 설명'에 답변 활용 • 과거 음식점의 특징 묘사는 과거형 시제 사용하며 현재 추세는 현재형 시제 사용하여 묘사 • 사람들과 음식점의 변화에 대해 이야기하기 때문에 주어는 people, they 사용
중요도	★★★★★

10 When your friends or family discuss restaurants they like or dislike, what are some of the characteristics they discuss the most? How do these characteristics affect their dining experience?

친구나 가족이 그들이 좋아하거나 싫어하는 음식점에 대해 토론할 때, 가장 많이 논의하는 음식점의 특징은 무엇인가요? 이러한 특징이 식사 경험에 어떤 영향을 미치나요?

문항 유형	음식점에 대해 언급하는 요소 설명
문항 수준	Advanced
핵심 포인트	• 15번 기출문제 • 가격, 분위기, 맛 등 사람들이 음식점에 대해 이야기할 때 고려하는 사항 묘사 • 사람들이 토론하는 것에 대해 이야기하기 때문에 주어는 we 사용하며 현재형으로 묘사
중요도	★★★

11 Many fast-food, take-out or delivery restaurants are now offering healthy choices. Why do you think this change has happened in recent years? Was it a result of consumer pressure, market forces or something else?

많은 패스트푸드, 테이크아웃 음식점 또는 배달 음식점들이 현재 건강한 식단 선택을 제공하고 있습니다. 최근 몇 년 동안 이런 변화가 왜 생겼다고 생각하나요? 소비자의 요구, 시장의 힘 또는 다른 무언가 때문인가요?

문항 유형	테이크아웃/배달 음식점들의 건강식 메뉴 추세 설명
문항 수준	Advanced
핵심 포인트	• 14번 기출문제 • 음식점 주제의 '음식점과 외식 문화의 변화 설명'과 '음식점들의 건강식 메뉴로의 변화 추세 설명'에 답변 활용 • 과거 음식점의 특징 묘사는 과거형 시제 사용하며 현재 추세는 현재형 시제 사용 • 사람들과 음식점의 변화에 대해 이야기하기 때문에 주어는 people, they 사용
중요도	★★★★★

12 What are the latest trends people are talking about related to take-out or delivery food options? Perhaps it has to do with ordering online or an app. Or, it has to do with some new kinds of menus. Discuss the changes that you have observed recently regarding take-out or delivery food options.

테이크아웃 음식이나 배달 음식과 관련하여 사람들이 이야기하고 있는 최근의 트렌드는 무엇인가요? 아마도 온라인이나 앱으로 주문하는 것과 관련이 있을 것입니다. 또는, 새로운 종류의 메뉴와 관련이 있을 수도 있습니다. 최근에 테이크아웃 또는 배달 옵션과 관련하여 알게 된 변화에 대해 이야기해 주세요.

문항 유형	테이크아웃/배달 음식의 트렌드 변화 설명
문항 수준	Advanced
핵심 포인트	• 15번 기출문제 • 온라인 또는 배달 앱을 사용하여 음식 주문하는 현재 트렌드를 현재형으로 묘사 • 음식점과 사람들의 지불 방식에 대해 이야기하기 때문에 주어는 people, restaurants, they 사용
중요도	★★★

13 How do busy working people usually get their meals on weekdays? Do they order food or go to restaurants? What do they usually do?

바쁜 사람들은 보통 평일에 어떻게 식사를 하나요? 음식을 주문하나요, 아니면 음식점에 가나요? 보통 무엇을 하나요?

문항 유형	직장인들이 평일 식사를 어떻게 해결하는지 묘사
문항 수준	Intermediate
핵심 포인트	• 직장인들이 식사하는 다양한 방식 나열 • 직장인들의 평소 습관에 관한 내용이기 때문에 주어 people, they 사용하여 현재형으로 묘사
중요도	★★★

14 What do you usually do for dinner during the week? Do you order food or go out to eat? Do you cook your own meals? Does someone else cook for you? Do you eat alone or eat with other people?

주로 주중에 저녁으로 무엇을 하나요? 음식을 주문하나요, 아니면 외식하러 나가나요? 스스로 요리를 하나요? 누군가 요리를 해 주나요? 혼자 먹나요, 아니면 다른 사람들과 먹나요?

| 문항 유형 | 주로 평일에 저녁식사를 어떻게 하는지 묘사 |
| 문항 수준 | Intermediate |
| 핵심 포인트 | • 평소 식사하는 방식 묘사
• 평소 본인의 습관이기 때문에 주어 I 와 현재형 시제 사용 |
| 중요도 | ★★★ |

15 Tell me about how you found out about a special grocery store. Maybe a new specialty store opened in your community or a new farmer's market opened and you wanted to check that place out. How did you find out about this new grocery store?

어떻게 특별한 식료품점에 대해 알게 되었는지 말해 주세요. 아마도 지역에 새로운 전문 가게가 생겼거나 새로운 농산물 직판장이 생겨서 그곳을 가보고 싶어했을 수도 있습니다. 이 새로운 식료품점에 대해 어떻게 알게 되었나요?

| 문항 유형 | 새로운 식료품점을 알게 된 계기 설명 |
| 문항 수준 | Advanced |
| 핵심 포인트 | • 식료품점을 어떻게 알게 되었는지 설명 후 그곳의 장점 묘사
• 과거에 찾은 장소이기 때문에 과거형 시제 사용
• 본인이 한 행동을 이야기할 땐 주어 I 사용하며 식료품점 묘사할 땐 they 사용 |
| 중요도 | ★★★ |

OPIc 모범 답변 학습하기

OPIc 질문에 대한 모범 답변을 살펴본 후, 질문의 핵심 포인트를 파악하여 나만의 OPIc 답변을 만들어 보세요.

1 I would like to know about restaurants in your country. What do typical restaurants look like? What kinds of food do they commonly offer? 🎧 MP3 14_Q1

당신 나라의 음식점에 대해 알고 싶습니다. 일반적인 음식점들은 어떻게 생겼나요? 보통 어떤 종류의 음식을 제공하나요?

Structure		Idea
시작 문장	주제 문장 소개	barbeque restaurants
본문	한국에 있는 바비큐 음식점의 특징 설명	everywhere, on busy streets, foot traffic, concentrated, serve, meat, side dishes, a barbeque grill, typically grill, drink at, typical venues, social gatherings, staff-dinners
마무리 문장	나의 답변 마무리	most typical, restaurants

Model Answer 🎧 MP3 14_A1

There are tons of ❶ barbeque restaurants in Korea. **A**

❷ They are everywhere these days. Many barbeque places are on busy streets with ❸ a lot of foot traffic. They are concentrated near subway stations or large universities.

They serve various types of meat such as pork, beef, chicken, duck and lamb. **B**

They also ❹ serve various side dishes with the meat.

At these restaurants, there is a barbeque grill on each table.

Customers ❺ typically grill the meat on the grill themselves.

People also like to drink at these places.

They are the ❻ most typical venues for ❼ social gatherings or staff-dinners. **C**

So, barbeque places are the most typical types of restaurants in Korea.

Tips for Better Answers

❶ 한국의 전형적인 음식점에 대해 묻는 질문이기 때문에 핵심 표현 restaurants와 Korea를 시작 문장에 넣기

❷ 영업점 묘사에 필수로 쓰이는 문장이기 때문에 암기 필수!

❸ foot traffic은 비즈니스 지역 또는 상업 지역에 사람들이 많이 걸어 다니는 것을 표현 불가산 명사이기 때문에 a lot of 사용
 Ex: There are many pedestrians on the streets.
 길거리에 보행자가 많다.

❹ 특정 장소가 제공하는 서비스를 묘사할 때 유용한 동사
 = offer, provide, have
 Ex: They also provide various types of meat.
 그들은 또한 다양한 종류의 고기를 제공한다.

❺ 손님들이 일반적으로 음식점에서 하는 일을 묘사하기 때문에 현재형 시제 사용
 Ex: Customers normally grill the seafood themselves.
 손님들은 보통 스스로 해산물을 굽는다.

❻ = the most common places

❼ 여러 명의 사람들이 만나 시간을 함께 보내는 모든 만남을 표현
 생일 파티, 동창회, 가족 모임, 회사 야유회 등 다양한 모임을 social gathering라고 표현
 Ex: I do not like attending social gatherings.
 난 사교 모임에 가는 것을 좋아하지 않는다.

Expanding Your Answer

더 풍부하고 논리적인 답변을 위해 문장을 추가해 보세요.

A It is the most popular type of restaurant in Korea.
한국에서 가장 인기 있는 종류의 음식점입니다.

B Whenever I go there, I always get pork.
저는 갈 때마다 항상 돼지고기를 먹습니다.

C Whenever there are company dinners, we go there because everyone loves it.
모두가 좋아하기 때문에 회식이 있을 때마다 그곳에 갑니다.

Key Expressions

- **tons of** 수많은
- **on busy streets** 번화가
- **foot traffic** 유동인구
- **be concentrated** 집중되어 있는
- **subway stations** 지하철역
- **large universities** 큰 대학가
- **various** 다양한
- **duck** 오리
- **lamb** 양
- **side dishes** 반찬
- **typically** 일반적으로
- **venues** 장소
- **social gathering** 사교 모임
- **staff-dinner** 회식

한국에는 수많은 바비큐 음식점이 있습니다. 요즘은 어디에나 있습니다. 많은 고기집들이 유동인구가 많은 혼잡한 거리에 있습니다. 지하철역이나 큰 대학 근처에 집중되어 있습니다. 돼지고기, 소고기, 닭고기, 오리 그리고 양고기 같은 다양한 종류의 고기를 제공합니다. 또한 고기와 함께 다양한 반찬을 제공합니다. 음식점에는 테이블마다 바비큐 그릴이 있습니다. 손님들은 일반적으로 그릴 위에서 직접 고기를 굽습니다. 사람들은 또한 이런 곳에서 술을 마시는 것을 좋아합니다. 그곳은 사교 모임이나 회식을 위한 가장 전형적인 장소입니다. 그래서 바비큐 음식점도 한국에서 가장 대표적인 음식점입니다.

OPIc 모범 답변 학습하기

OPIc 질문에 대한 모범 답변을 살펴본 후, 질문의 핵심 포인트를 파악하여 나만의 OPIc 답변을 만들어 보세요.

2. Tell me about a restaurant you ate recently. What kind of restaurant was it? What was their menu and what did you eat? Who were you with? Did you like how the food tasted?

🎧 MP3 14_Q2

최근에 갔던 음식점에 대해 말해 주세요. 어떤 음식점이었나요? 그들의 메뉴는 무엇이었고 무엇을 먹었나요? 누구와 함께 갔었나요? 음식 맛은 어땠나요?

	Structure	Idea
시작 문장	주제 문장 소개	gathering, a few weeks ago
본문	최근 음식점에 간 경험 묘사	decent, restaurant, best, in town, food tasted, starving, juicy, tender, the place was so popular
마무리 문장	나의 답변 마무리	enjoyable

Model Answer 🎧 MP3 14_A2

❶ My friends and I had ❷ a gathering a few weeks ago. **A**
+My co-workers and I had a staff-dinner near my office a few days ago.
+My family and I ❸ had dinner/lunch near my house last weekend.
We went to a decent Japanese restaurant. **B**
❹ +Italian +Mexican +Thai +Vietnamese +Chinese
They had the best sushi in town.
+pasta +tacos +Thai curry +rice noodles +fried pork
The food tasted extra good because I was starving. **C**
The fish we ordered was so juicy and tender.
+beef +shrimp +crab +lobster +octopus +steak
❺ I could see why that place was so popular.
We had some drinks with the meal.
We ordered some beer, which went very well with the food.
+wine +soft drinks +cocktails
Looking back, it was a very enjoyable dinner.

Expanding Your Answer

더 풍부하고 논리적인 답변을 위해 문장을 추가해 보세요.

A We just wanted to catch up.
그냥 못다 한 이야기를 하고 싶었습니다.

B Actually, it was one of the most popular places in the town.
사실 동네에서 가장 인기 있는 장소 중 하나였습니다.

C We ordered a lot.
엄청 많이 주문했습니다.

Tips for Better Answers

❶ '나와 친구들'의 순이 아닌 '친구들과 나'의 순으로 이야기하기
I and my family (x)
my family and I (o)

❷ 친구들과 사적인 만남을 할 때는 appointment 또는 promise라는 표현 쓰지 않음
appointment는 특정 서비스를 받기 위해 정확한 시간과 날짜를 정해 서비스 제공자를 만날 때 사용
promise는 무엇인가 할 것이라는 결심이 들어가 있는 표현
사적인 만남은 meet up 또는 have a get-together 주로 사용
Ex: I am going to meet up my friends tonight.
오늘은 친구들 만날 예정이다.
My friends and I are having a get-together this weekend.
내 친구들과 나는 이번 주말에 모임을 가질 것이다.

❸ eat dinner, lunch가 아닌 have dinner, lunch
eat은 특정 음식을 먹을 때 주로 사용
Ex: I want to eat pasta.
나는 파스타가 먹고 싶어.

❹ 답변 양의 확보를 위해 다양한 음식점과 음식 종류 나열

❺ '그 장소가 왜 그렇게 인기가 있는지 알 수 있었다'라는 의미
이때 동사 know가 아닌 see 또는 understand 사용
Ex: I could understand why everyone liked him.
모두가 왜 그를 좋아했는지 이해할 수 있었다.

Key Expressions

- **gathering** 모임
- **co-workers** 직장 동료
- **staff-dinner** 회식
- **decent** 꽤 괜찮은
- **extra good** 더 좋은
- **be starving** 매우 배가 고프다
- **juicy** 즙이 많은
- **tender** 부드러운
- **popular** 인기 많은
- **go well with A** A와 잘 어울리다
- **enjoyable** 즐거운

제 친구들과 저는 몇 주 전에 모임을 가졌습니다. (+며칠 전 직장 동료들과 사무실 근처에서 회식을 했습니다. (+지난 주말에 가족과 집 근처에서 저녁/점심을 먹었습니다.) 우리는 괜찮은 일식집에 갔습니다. (+이탈리아 +멕시코 +태국 +베트남 +중국) 그곳은 동네에서 가장 맛있는 초밥을 제공합니다. (+파스타 +타코 +태국 카레 +쌀국수 +볶음 돼지고기) 배가 고파서 음식이 더 맛있었습니다. 우리가 주문한 생선은 육즙이 많고 부드러웠습니다. 왜 그렇게 인기가 많은지 알 수 있었습니다. (+소고기 +새우 +게 +랍스터 +문어 +스테이크) 우리는 식사와 함께 술을 조금 마셨습니다. 우리는 맥주를 주문했는데, 음식에 아주 잘 어울렸습니다. (+와인 +탄산음료 +칵테일) 돌이켜 보면, 매우 즐거운 저녁 식사였습니다.

OPIc 모범 답변 학습하기

OPIc 질문에 대한 모범 답변을 살펴본 후, 질문의 핵심 포인트를 파악하여 나만의 OPIc 답변을 만들어 보세요.

3 Now, tell me about a restaurant you used to go to as a child. What was it like? What did you eat? Who did you go with? What do you remember most about that place? Tell me about that restaurant in as much detail as possible.

MP3 14_Q3

어렸을 때 갔던 음식점에 대해 말해 주세요. 그곳은 어땠나요? 무엇을 먹었나요? 누구와 같이 갔었나요? 그곳에서 가장 기억에 남는 것은 무엇인가요? 그 음식점에 대해 가능한 한 자세히 말해 주세요.

	Structure	Idea
시작 문장	주제 문장 소개	Burger King, when I was a kid
본문	패스트푸드점에 가서 주문한 음식 묘사	ordered, got a coke, chicken nuggets, side dish, tasted, crispy, crunchy, remember how good
마무리 문장	나의 답변 마무리	looking back, memorable, childhood

Model Answer
MP3 14_A3

I remember going to ❶ Burger King near my house when I was a kid. **A**

I ❷ ordered a Whopper combo. **B**

I got a coke for the drink.

I got chicken nuggets and chicken tenders as a side dish.

The burger tasted ❸ amazing.

The french fries were so crispy and crunchy. **C**

Other side dishes were very tasty as well.

I can still remember how good the food was.

❹ Looking back, it was one of the most memorable restaurants in my childhood.

Tips for Better Answers

▶ ❶ '테이크아웃/배달 음식점에서 최근 음식을 사본 경험'에 대한 답변과 함께 사용할 수 있도록 테이크아웃 가능한 음식점 선택
  Ex: I recall going to McDonald's when I was young.
  어렸을 때 맥도날드에 갔던 기억이 난다.

▶ ❷ 주문한 음식에 대해 이야기할 때 쓸 수 있는 동사는 order, have, get, buy
  Ex: I got some milk shake and french fries.
  밀크쉐이크와 프렌치후라이를 주문했다.

▶ ❸ 맛을 묘사할 때 사용할 수 있는 형용사
  super delicious: 엄청 맛있는
  delish: (delicious를 줄인 말) 맛있는
  fantastic: 환상적인

▶ ❹ 어렸을 때 간 음식점이라는 것을 마무리 문장에 다시 한번 언급해서 답변 정리
  Ex: So, it was one of the most unforgettable restaurants I visited when I was young.
  그래서 이곳이 내가 어렸을 때 방문했던 가장 기억에 남는 음식점 중 하나이다.

Expanding Your Answer

더 풍부하고 논리적인 답변을 위해 문장을 추가해 보세요.

A It was near my place at that time.
그 당시에 우리 집 근처에 있었습니다.

B It is one of the most popular menus of Burger King.
버거킹에서 가장 인기 있는 메뉴 중 하나입니다.

C The hamburger was juicy and tender.
햄버거는 육즙이 많고 부드러웠습니다.

Key Expressions

- **order** 주문하다
- **side dish** 반찬, 사이드 메뉴
- **taste A** 맛이 A하다
- **crispy** 바삭바삭한
- **crunchy** 아삭아삭한
- **memorable** 기억에 남는

어렸을 때 집 근처에 있는 버거킹에 갔던 기억이 납니다. 와퍼 콤보를 주문했습니다. 음료수로는 콜라를 시켰습니다. 사이드로 치킨 너겟과 치킨 텐더를 샀습니다. 버거 맛이 끝내줬습니다. 프렌치프라이가 너무 바삭바삭하고 아삭아삭했습니다. 다른 사이드도 아주 맛있었습니다. 음식이 얼마나 맛있었는지 아직도 기억할 수 있습니다. 돌이켜보면, 제 어린시절에 가장 기억에 남는 음식점 중 하나였습니다.

OPIc 모범 답변 학습하기

OPIc 질문에 대한 모범 답변을 살펴본 후, 질문의 핵심 포인트를 파악하여 나만의 OPIc 답변을 만들어 보세요.

4 Talk about your favorite take-out or delivery food restaurant. What is that place like? What kinds of food do they commonly offer?

MP3 14_Q4

가장 좋아하는 테이크아웃 음식점이나 배달 음식점에 대해 이야기해 보세요. 그곳은 어떤 곳인가요? 보통 어떤 종류의 음식을 제공하나요?

	Structure	Idea
시작 문장	주제 문장 소개	tons of take-out restaurants
본문	한국에 있는 테이크아웃/배달 음식점의 특징 묘사	everywhere, take-out places, busy streets, foot traffic, concentrated near, what to get, pre-set menu, search for, combo menus, decide, Burger King, order, food to go, on the spot
마무리 문장	나의 답변 마무리	take-out places

Model Answer MP3 14_A4

There are tons of ❶ take-out restaurants in Korea.

❷ They are everywhere these days. Many take-out places are on busy streets with a lot of foot traffic. They are concentrated near subway stations or large universities.

When I go to places, I know ❸ what to get in advance. **A**

❹ That's because they have a pre-set menu. **B**

I can search for their menus online.

Plus, they often have combo menus, so it is very easy to decide what to order.

❺ For instance, when I go to Burger King, I always order the Whopper combo. **C**

I sometimes get the food ❻ to go or eat it on the spot.

So, this is what take-out places in Korea are like.

Tips for Better Answers

▶ ❶ take-out 또는 delivery food restaurant에 대해 묻는 질문이기 때문에 시작 문장에 반드시 언급하기

▶ ❷ 음식점의 '우리나라 보편적인 음식점 묘사'에 나온 영업점 묘사 그대로 활용

▶ ❸ 목적어로 쓰인 〈what 절〉은 명사 역할을 함
Ex: I know what you want.
네가 무엇을 원하는지 알아.
I know what you want to eat.
네가 무엇을 먹고 싶어하는지 알아.

▶ ❹ 음식점의 '음식점 체인점과 지역 음식점에 가본 본인 경험 차이' 답변에 활용하기 때문에 암기 필수!

▶ ❺ 답변 양을 늘리기 가장 좋은 방법은 음식점에서 주로 주문하는 메뉴 나열!
= for example
Ex: For example, I always get the chicken burger when I go to McDonald's.
예를 들어 나는 맥도날드에 가면 항상 치킨버거를 먹는다.

▶ ❻ 포장하다
Ex: I got the burger to go.
햄버거를 포장했다.

Expanding Your Answer
더 풍부하고 논리적인 답변을 위해 문장을 추가해 보세요.

A I don't want to waste time on deciding on what to get.
무엇을 먹을지 결정하는 데 시간 낭비하는 것을 원하지 않습니다.

B The main dish comes out with one side dish and one drink.
메인 메뉴가 사이드 메뉴 하나, 그리고 음료와 같이 나옵니다.

C It is the best menu there.
이것이 그곳의 최고의 메뉴입니다.

Key Expressions

- **tons of** 수많은
- **on busy streets** 번화가
- **foot traffic** 유동인구
- **be concentrated** 집중되어 있는
- **subway stations** 지하철역
- **large universities** 큰 대학가
- **in advance** 미리
- **pre-set menu** 미리 설정된 메뉴
- **search for** 찾다
- **decide** 결정하다
- **to go** 포장하다
- **on the spot** 그 자리에서

한국에는 수많은 테이크아웃 음식점이 있습니다. 요즘은 어디에나 있습니다. 많은 테이크아웃 장소들이 유동인구가 많은 번화가에 있습니다. 지하철역이나 큰 대학 근처에 집중되어 있습니다. 저는 그곳에 가면 미리 무엇을 주문해야 할지 알고 있습니다. 미리 설정된 메뉴가 있기 때문입니다. 온라인에서 메뉴를 검색할 수 있습니다. 게다가, 종종 콤보 메뉴가 있어서 무엇을 주문할지 결정하는 것이 매우 쉽습니다. 예를 들어, 버거킹에 갈 때, 저는 항상 와퍼 콤보를 주문합니다. 저는 가끔 음식을 포장해 가거나 즉석에서 먹습니다. 한국의 테이크아웃 음식점은 이렇습니다.

OPIc 모범 답변 학습하기

OPIc 질문에 대한 모범 답변을 살펴본 후, 질문의 핵심 포인트를 파악하여 나만의 OPIc 답변을 만들어 보세요.

5 Talk about the last time you used a take-out or a delivery food service. Where was it and what did you get? What do you remember about that experience?

MP3 14_Q5

최근에 테이크아웃 음식이나 배달 음식 서비스를 이용했던 경험에 대해 말해 주세요. 어디에 있었고 무엇을 주문했나요? 그 경험에 대해 무엇을 기억하나요?

	Structure	Idea
시작 문장	주제 문장 소개	Burget King, recently
본문	패스트푸드점에 가서 주문한 음식 묘사	ordered, got a coke, chicken nuggets, side dish, tasted, crispy, crunchy, remember how good
마무리 문장	나의 답변 마무리	enjoyable

Model Answer
MP3 14_A5

I remember going to Burger King near my house recently.

I ordered a Whopper combo. **A**

I got a coke for ❶ the drink.

I ❷ got chicken nuggets and chicken tenders as a side dish.

I got the food ❸ to go and left the restaurant. **B**

The burger tasted amazing. **C**

The french fries were so ❹ crispy and crunchy.

Other side dishes were very tasty as well.

I can still remember how good the food was.

Looking back, it was a very enjoyable meal.

Tips for Better Answers

* 음식점 주제의 '어렸을 때 갔던 음식점 묘사' 답변 활용

❶ 미국의 경우 get a drink는 일반적으로 술을 의미
  Ex: Let's get a drink.
      술 마시자.

❷ 주문한 음식에 대해 이야기할 때 쓸 수 있는 동사는 order, have, get, buy
  Ex: I had some fried chicken.
      후라이드 치킨을 주문했다. (먹었다)

❸ 미국의 경우 포장 주문 할 때 take out이 아닌 to go 사용
  영국의 경우 takeaway 사용
  Ex: I am going to get the Whopper combo to go.
      와퍼세트 포장할 거야.

❹ 맛을 묘사할 때 사용할 수 있는 형용사
  super delicious: 엄청 맛있는
  delish: (delicious를 줄인 말) 맛있는
  bland: 싱거운
  fresh: 신선한
  refreshing: 상쾌한

Expanding Your Answer
더 풍부하고 논리적인 답변을 위해 문장을 추가해 보세요.

A I always get that whenever I go there.
저는 그곳에 갈 때마다 그것을 먹습니다.

B I had the burger at home.
집에서 햄버거를 먹었습니다.

C Everything was so fresh.
모든 것이 너무 신선했습니다.

Key Expressions

- **order** 주문하다
- **side dish** 반찬, 사이드 메뉴
- **taste A** 맛이 A하다
- **crispy** 바삭바삭한
- **crunchy** 아삭아삭한
- **memorable** 기억에 남는

어렸을 때 집 근처에 있는 버거킹에 갔던 기억이 납니다. 와퍼 콤보를 주문했습니다. 음료수 때문에 콜라를 샀습니다. 사이드로 치킨 너겟과 치킨 텐더를 샀습니다. 버거 맛이 끝내줬습니다. 감자튀김이 너무 바삭바삭하고 아삭아삭했습니다. 다른 사이드도 아주 맛있었습니다. 음식이 얼마나 맛있었는지 아직도 기억할 수 있습니다. 돌이켜보면, 이곳이 제 어린시절에 가장 기억에 남는 음식점 중 하나였습니다.

OPIc 모범 답변 학습하기

OPIc 질문에 대한 모범 답변을 살펴본 후, 질문의 핵심 포인트를 파악하여 나만의 OPIc 답변을 만들어 보세요.

6 Talk about a time when you prepared for a special occasion using a take-out or a delivery service. What kinds of food did you get from the restaurant? Tell me about that experience with lots of details. 🎧 MP3 14_Q6

테이크아웃이나 배달 서비스를 이용해 특별한 행사를 준비했던 경험에 대해 이야기해 보세요. 음식점에서 어떤 종류의 음식을 주문했나요? 그 경험을 자세히 말해 주세요.

	Structure	Idea
시작 문장	주제 문장 소개	remember, birthday party
본문	음식을 주문해서 집에서 가족들과 파티한 이야기	68th birthday, birthday cake, gifts. cooked food, ordered, tasted extra good, starving, after the party, leftovers, clean up
마무리 문장	나의 답변 마무리	looking back, enjoyable

Model Answer 🎧 MP3 14_A6

I ❶ remember having my dad's birthday party ❷ at home. **A**
+mom's +son's +daughter's +sister's +brother's
+wife's +husband's +father-in-law's +mother-in-law's
It was his 68th birthday.
We got a birthday cake and some gifts for my dad. **B**
We cooked some food for the party.
Plus, we ❸ ordered in some Chinese food.
❹ +some pizza +some fried chicken
The food tasted extra good because I was starving.
After the party, there were some leftovers.
I helped clean up after the party. **C**
Looking back, it was a ❺ very enjoyable party.

Expanding Your Answer

더 풍부하고 논리적인 답변을 위해 문장을 추가해 보세요.

A I wanted to cook something nice for him.
아버지를 위해 뭔가 멋진 요리를 해드리고 싶었습니다.
B I got him a new wallet and he liked it very much.
저는 지갑을 선물해 드렸고 매우 마음에 들어 하셨습니다.
C It took hours to clean up the whole house.
집을 치우는 데 몇 시간이 걸렸습니다.

Tips for Better Answers

* 집 주제의 '집에서 가족들과 있었던 추억 묘사' 답변 활용

▶ ❶ 〈remember + 동명사〉는 과거의 경험에 대해 이야기할 때 가장 유용한 시작 표현
'파티를 열다' 동사는 have와 throw가 쓰임
Ex: I remember throwing a nice birthday party for my mother.
어머니를 위해 멋진 생신 파티를 연 기억이 난다.

▶ ❷ home 앞에는 my 같은 소유격 대명사 사용할 필요 없음
Ex: I just want to go home.
난 그냥 집에 가고 싶을 뿐이야.
work 또한 앞에 소유격 대명사 필요 없음
Ex: I go to work early in the morning.
난 아침 일찍 출근한다.

▶ ❸ order: 주문하다
order in: (전화로) 음식을 배달시키다
음식점 주제의 '테이크아웃 음식점 묘사'에 쓰이는 표현으로 암기 필수!
I ordered in some sushi.
스시를 배달 주문했다.

▶ ❹ 답변 양의 확보를 위해 주문한 음식 종류 나열
Ex: We ordered in some Italian pizza and tomato pasta.
이탈리안 피자와 토마토 파스타를 주문했다.

▶ ❺ 즐거웠던 경험에 대해 이야기한 후 마무리 문장에 잘 어울리는 형용사
= pleasing, exciting

Key Expressions

- **birthday party** 생일파티
- **birthday cake** 생일 케이크
- **gift** 선물
- **order** 주문하다
- **starving** 배가 고픈
- **leftovers** 남은 음식
- **clean up** 치우다
- **enjoyable** 재미있는, 즐거운

집에서 아버지의 생일 파티를 했던 기억이 납니다. (+엄마 +아들 +딸 +누나 +형제 +자매 +아내 +남편 +장인어른, 시아버지 +장모님, 시어머니) 그의 68번째 생일이었습니다. 아빠에게 줄 생일 케이크와 선물을 샀습니다. 우리는 파티를 위해 음식을 요리했습니다. 게다가, 우리는 중국 음식을 주문했습니다. (+피자 +치킨) 배가 고파서 음식이 더 맛있었습니다. 파티가 끝나고 남은 음식이 조금 있었습니다. 저는 파티가 끝난 후 청소를 도왔습니다. 돌이켜보면 아주 즐거운 파티였습니다.

OPIc 모범 답변 학습하기

OPIc 질문에 대한 모범 답변을 살펴본 후, 질문의 핵심 포인트를 파악하여 나만의 OPIc 답변을 만들어 보세요.

7-1 Many restaurants are changing their menus to suit customers who are more health-conscious. Talk about the changes you notice about restaurants in your country related to this trend. 🎧 MP3 14_Q7-1

건강에 신경을 쓰는 손님들에게 맞춰 메뉴를 바꾸는 음식점이 많이 있습니다. 이러한 경향과 관련하여 당신 나라의 음식점들에 대해 알아차린 변화에 대해 이야기해 보세요.

7-2 What kinds of changes in restaurants or eating out have you noticed over the last few years? How was eating out different in the past? What has brought about these changes? 🎧 MP3 14_Q7-2

지난 몇 년 동안 외식이나 음식점에서 어떤 변화가 있었나요? 과거의 외식과 어떻게 다른가요? 무엇이 이러한 변화를 가져오게 했나요?

7-3 Many fast-food, take-out or delivery restaurants are now offering healthy choices. Why do you think this change has happened in recent years? Was it a result of consumer pressure, market forces or something else? 🎧 MP3 14_Q7-3

많은 패스트푸드, 테이크아웃 또는 배달 음식점이 현재 건강한 식단 선택을 제공하고 있습니다. 최근 몇 년 동안 이런 변화가 왜 생겼다고 생각하나요? 소비자의 요구, 시장의 힘 또는 다른 무언가 때문인가요?

	Structure	Idea
시작 문장	주제 문장 소개	people, a lot busier
본문	사람들이 건강의 중요성을 인식하면서 변화된 음식점에 대해 묘사	do not have time, eat out, order in, meanwhile, health-conscious, think about their health, go out to eat, serve healthy food, restaurants, developed, promote, benefits
마무리 문장	나의 답변 마무리	a lot better in quality

Model Answer 🎧 MP3 14_A7

❶ People have become a lot busier than in the past. **A**

They often do NOT have time to ❷ cook themselves.

So, they ❸ eat out or order in much more often. **B**

Meanwhile, people have become much more ❹ health-conscious than in the past.

They think about their health even when they go out to eat.

They are ❺ more likely to eat at places that serve healthy food. **C**

❻ Due to this trend, many (take-out) restaurants have developed healthy menus.

They promote the health benefits of their food to the customers.

So, restaurant food has become a lot better in quality than in the past.

Expanding Your Answer

더 풍부하고 논리적인 답변을 위해 문장을 추가해 보세요.

A Many people work overtime and some even work on weekends.
많은 사람들이 초과근무를 하고 어떤 사람들은 주말에도 일합니다.

B Plus, eating out is not that expensive.
게다가 외식하는 것이 그렇게까지 비싸지 않습니다.

C People try not to go to restaurants that use too much salt or sugar.
소금이나 설탕을 너무 많이 쓰는 음식점에 가지 않으려고 노력합니다.

Tips for Better Answers

* 14번 기출문제

❶ 사람들의 과거와 현재 인식 또는 습관 변화를 묘사할 때 주로 쓰이는 시작 문장
등급 업을 위해 현재 완료형 사용 후 비교급을 써서 과거와 비교
Ex: People have become a lot more interested in recycling than in the past.
사람들은 과거보다 재활용에 더 관심을 보이게 되었다.

❷ cook for: ~를 위해 요리하다
cook with: ~로 요리하다 (재료)
Ex: I am going to cook for my family and I will cook with fresh ingredients.
가족을 위해 요리 할 건데 신선한 재료로 요리 할 거야.

❸ = dine out
eating out보다 고급 표현

❹ 사람들의 의식 변화에 대해 이야기
Ex: People have become environment-conscious.
사람들이 환경에 대해 의식하기 시작했다.

❺ more likely to 동사: 조금 더 (동사) 할 것 같은...
Ex: They are more likely to travel abroad.
그들이 해외여행을 더 할 것 같다.

❻ = because of

> **Key Expressions**
> - **busier** 더 바빠지다
> - **eat out** 외식하다
> - **order in** 배달 주문하다
> - **meanwhile** 한편으로
> - **health-conscious** 건강을 의식하는
> - **go out** 나가다
> - **likely** ~할 것 같은, ~할 것으로 예상되는
> - **serve** 제공하다
> - **healthy food** 건강한 음식
> - **develop** 발달하다, 개발하다
> - **promote** 장려하다, 홍보하다
> - **benefits** 혜택, 이점

사람들은 과거보다 훨씬 더 바빠졌습니다. 직접 요리할 시간이 많이 없습니다. 그래서 외식을 하거나 음식 배달 주문을 자주 합니다. 한편, 사람들은 과거에 비해 건강을 훨씬 더 의식하게 되었습니다. 외식하러 나갈 때도 자신의 건강에 대해 생각합니다. 건강에 좋은 음식을 제공하는 장소에서 더 먹으려고 합니다. 이런 추세 때문에 많은 (테이크아웃) 음식점들이 건강한 메뉴를 개발했습니다. 음식점들은 고객들에게 음식이 지닌 건강상의 이점을 홍보합니다. 그래서 음식점의 음식은 과거보다 질적으로 훨씬 좋아졌습니다.

OPIc 모범 답변 학습하기

OPIc 질문에 대한 모범 답변을 살펴본 후, 질문의 핵심 포인트를 파악하여 나만의 OPIc 답변을 만들어 보세요.

8 Chain restaurants such as McDonald's have a set menu you can expect. On the other hand, small local restaurants have their own menus and you may not know what to expect. Talk about your experience of going to a chain restaurant and a local restaurant. What was the biggest difference?

🎧 MP3 14_Q8

맥도날드 같은 체인 음식점에 가면 볼 수 있는 세트 메뉴가 있습니다. 반면, 작은 지역 음식점들은 메뉴가 따로 있어서 무엇을 주문해야 할지 모를 수도 있습니다. 체인 음식점과 지역 음식점에 간 경험에 대해 이야기해 보세요. 가장 큰 차이점은 무엇인가요?

	Structure	Idea
시작 문장	주제 문장 소개	restaurant chains, in advance
본문	체인 음식점과 작은 음식점의 차이점 묘사	pre-set menu, search for, menus online, combo menus, easy to decide, local restaurants, what to get, pre-set menu, carefully, ask for recommendations
마무리 문장	나의 답변 마무리	biggest difference between

Model Answer 🎧 MP3 14_A8

❶ When I go to restaurant chains, I know what to get in advance. That's because they have a pre-set menu.

I can search for their menus online. **A**

Plus, they often have combo menus, so it is very easy to decide what to order.

❷ However, when I go to local restaurants, I do NOT know what to get.

That's because they do NOT have a pre-set menu.

I have to look at the menu carefully to see ❸ what to get. **B**

I sometimes have to ask for recommendations if I cannot decide what to order. **C**

❹ So, this is the biggest difference between restaurant chains and local restaurants.

Tips for Better Answers

* 15번 기출문제

❶ 음식점의 '좋아하는 테이크아웃/배달 음식점 묘사'의 답변 활용
암기 필수!

❷ 체인 음식점과 작은 지역 음식점에 대해 비교하기 위해 문장 시작은 however, on the other hand 또는 while 사용
Ex: On the other hand, I do not know what to get when I go to local restaurants.
그와 반대로 지역 음식점에 가면 무엇을 주문해야 할지 모르겠다.

❸ 목적어로 쓰인 〈what 절〉로써 명사의 역할을 함
Ex: I do not know what to eat.
뭘 먹어야 할지 모르겠다.
I do not know what to do tomorrow.
내일 뭘 해야 할지 모르겠다.

❹ 두 가지를 현재형으로 비교한 후에 자연스럽게 마무리할 수 있는 필수 문장 암기 필수!
Ex: So, these are the differences between small parks and big parks.
이것들이 작은 공원과 큰 공원의 차이다.

Expanding Your Answer

더 풍부하고 논리적인 답변을 위해 문장을 추가해 보세요.

A It is very time-saving.
시간을 많이 절약할 수 있습니다.

B It takes quite some time.
시간이 꽤 걸립니다.

C It is the easiest way to decide what to order.
무엇을 주문할지 가장 쉽게 정하는 방법입니다.

Key Expressions

- **restaurant chains** 음식점 체인점
- **in advance** 미리
- **pre-set menu** 미리 설정된 메뉴
- **search for** 찾다
- **decide** 결정하다
- **what to order** 뭘 주문할지
- **what to get** 뭘 살지
- **carefully** 조심스럽게
- **recommendation** 추천
- **biggest** 가장 큰
- **local restaurant** 지역의 음식점

음식점 체인에 가면 미리 무엇을 주문해야 할지 알고 있습니다. 미리 설정된 메뉴가 있기 때문입니다. 온라인에서 그들의 메뉴를 검색할 수 있습니다. 게다가, 그들은 종종 콤보 메뉴가 있어서 무엇을 주문할지 결정하는 것은 매우 쉽습니다. 하지만 동네 음식점에 가면 무엇을 골라야 할지 모르겠습니다. 미리 설정된 메뉴가 없기 때문입니다. 메뉴를 자세히 봐야 무엇을 주문할 알 수 있습니다. 주문할 것을 결정할 수 없으면 추천을 요청해야 할 때가 있습니다. 그래서 이것이 음식점 체인점과 동네 음식점의 가장 큰 차이입니다.

OPIc 모범 답변 학습하기

OPIc 질문에 대한 모범 답변을 살펴본 후, 질문의 핵심 포인트를 파악하여 나만의 OPIc 답변을 만들어 보세요.

9 When your friends or family discuss restaurants they like or dislike, what are some of the characteristics they discuss the most? How do these characteristics affect their dining experience? 🎧 MP3 14_Q9

친구나 가족이 그들이 좋아하거나 싫어하는 음식점에 대해 토론할 때, 가장 많이 논의하는 음식점의 특징은 무엇인가요? 이러한 특징이 식사 경험에 어떤 영향을 미치나요?

	Structure	Idea
시작 문장	주제 문장 소개	when it comes to, taste
본문	친구 또는 지인들과 음식점에 대해 이야기할 때 나오는 주제 묘사	dine at, serve tasty food, tastier, more likely, mood, enjoy the meal, pretty view, price, great deals, price, reasonable
마무리 문장	나의 답변 마무리	taste, mood, price

Model Answer 🎧 MP3 14_A9

❶ When it comes to restaurants, my friends and I talk about the taste the most. **A**

We like to dine at restaurants that ❷ serve tasty food.

❸ The tastier the food is, the more likely we are to go there.

Plus, we talk about the mood. **B**

The mood helps us enjoy the meal.

If a restaurant has a pretty view, we can enjoy the meal better.

Next, we talk about the price.

We like to ❹ get great deals when we go out to eat.

We are more likely to go there often if the price is reasonable. **C**

❺ So, we talk about the taste, mood, and price when it comes to restaurants.

Tips for Better Answers

➤ ❶ 주제를 소개할 때 유용한 표현
Ex: When it comes to recycling, people do it because it is mandatory.
재활용에 대해 말하자면, 의무이기 때문에 사람들이 한다.

➤ ❷ = offer, provide
Ex: We like to eat out at places that offer food at reasonable prices.
우리는 적당한 가격에 음식을 제공하는 곳에서 외식하는 것을 좋아한다.

➤ ❸ the 비교급 A, the 비교급 B:
A 하면 할수록 B 하다
Ex: The more expensive it is, the better it gets.
비쌀수록 더 좋아진다.
The older we get, the weaker we become.
나이가 들수록 더 약해진다.

➤ ❹ 큰 할인을 받다, 저렴한 가격에 하다
Ex: I got good deals because I am a regular there.
난 그곳 단골이기 때문에 큰 할인을 받았다.

➤ ❺ 답변을 자연스럽게 마무리하기 위해 사람들이 토론하는 음식점의 특징 다시 한번 나열하기

Expanding Your Answer

더 풍부하고 논리적인 답변을 위해 문장을 추가해 보세요.

A I am sure everyone does.
모든 사람이 그럴 것이라 확신합니다.

B Personally, this is the most important one when I choose restaurants.
개인적으로 제가 음식점을 고를 때 이것이 가장 중요한 것입니다.

C However, if their food is so good, I am willing to pay more.
하지만 음식이 너무 맛있으면 돈을 더 낼 생각이 있습니다.

Key Expressions

- **when it comes to** ~에 관한 한
- **talk about** ~에 대해 이야기하다
- **taste** 맛
- **dine** 식사하다
- **serve** 제공하다
- **tasty food** 맛있는 음식
- **mood** 분위기
- **meal** 식사
- **view** 전망, 경치
- **get great deals** 할인 받다
- **go out to eat** 외식하다
- **reasonable** 적당한, 합리적인

음식점에 관한 한 친구들과 저는 맛에 대해 가장 많이 이야기합니다. 우리는 맛있는 음식을 제공하는 음식점에서 식사하는 것을 좋아합니다. 음식이 맛있을수록, 우리는 그곳에 더 많이 갈 것입니다. 또한 분위기 얘기도 합니다. 그 분위기는 우리가 식사를 즐길 수 있도록 도와줍니다. 만약 음식점이 전망이 좋다면, 우리는 식사를 더 잘 즐길 수 있습니다. 다음은 가격에 대한 이야기입니다. 우리는 외식하러 나갈 때 할인 받는 것을 좋아합니다. 가격이 적당하면 자주 갈 가능성이 높습니다. 그래서 맛, 분위기, 가격에 대해서 이야기를 합니다.

OPIc 모범 답변 학습하기

OPIc 질문에 대한 모범 답변을 살펴본 후, 질문의 핵심 포인트를 파악하여 나만의 OPIc 답변을 만들어 보세요.

10 What are the latest trends people are talking about related to take-out or delivery food options? Perhaps it has to do with ordering online or an app. Or, it has to do with some new kinds of menus. Discuss the changes that you have observed recently regarding take-out or delivery food options.

테이크아웃이나 배달 음식과 관련되어 사람들이 이야기하고 있는 최근의 트렌드는 무엇인가요? 아마도 온라인이나 앱으로 주문하는 것과 관련이 있을 것입니다. 또는, 새로운 종류의 메뉴와 관련이 있을 수도 있습니다. 최근에 테이크아웃 또는 배달 옵션과 관련하여 알게 된 변화에 대해 이야기해 주세요.

	Structure	Idea
시작 문장	주제 문장 소개	delivery restaurants
본문	사람들이 사용하는 배달 음식 애플리케이션에 관해 설명	everywhere, delivery places, busy streets, foot traffic, concentrated, food delivery apps, tons of menus, options, pay for the food, less time and effort
마무리 문장	나의 답변 마무리	ordering in, a lot easier

Model Answer

There are tons of ❶ delivery restaurants in Korea. **A**

❷ They are everywhere these days.

Many delivery places are on busy streets with a lot of foot traffic. They are concentrated near subway stations or large universities.

❸ Meanwhile, people use various types of food delivery apps to order in these days. **B**

There are tons of menus on these apps. **C**

There are a lot of options to choose from.

Plus, we can pay for the food on the app ❹ as we order.

It is a lot more convenient that way.

It takes much less time and effort to have food delivered.

So, ❺ ordering in has become a lot easier than in the past.

Tips for Better Answers

❶ 배달 음식에 관해 묻는 질문이기 때문에 핵심 단어인 delivery restaurant를 시작 문장에 언급

❷ 영업점 묘사에 쓰인 표현 및 문장 그대로 활용

❸ 또 다른 의견을 제시할 때 쓰이는 접속사
= on the other hand, also, plus, besides
Ex: Besides, people use the internet to order in.
게다가 사람들은 배달 주문하기 위해 인터넷을 사용한다.
On the other hand, some people still call restaurants to order in.
그와 반면에 어떤 사람들은 아직도 음식점에 직접 전화해서 배달 주문한다.

❹ 시간을 나타내는 접속사 as
'~하면서'라는 의미로 두 가지의 일이 비교적 짧은 시간이지만 동시에 진행되고 있는 경우에 사용
Ex: I called my friend as I sat down at the table.
테이블에 앉자마자 친구에게 전화했다.
상당히 긴 시간 동안 두 가지 일이 동시에 함께 진행될 때에는 while 사용
Ex: While he was cooking, I was washing the dishes.
그가 요리하는 동안 난 설거지를 했다.

❺ 배달 음식의 과거와 현재 비교를 묻는 질문이기 때문에 마무리 문장에 핵심 표현인 ordering in (또는 delivery food) 와 has become (또는 has changed) 넣기

Expanding Your Answer

더 풍부하고 논리적인 답변을 위해 문장을 추가해 보세요.

A Most Korean people enjoy ordering in.
많은 한국 사람들은 배달 주문하는 것을 즐깁니다.

B The apps are user-friendly and they sometimes offer discount coupons.
그 앱들은 사용하기 편리하고 가끔 할인 쿠폰을 줍니다.

C It takes time to choose one.
하나 고르는 데 시간이 걸립니다.

Key Expressions

- **tons of** 수많은
- **on busy streets** 번화가
- **foot traffic** 유동인구
- **be concentrated** 집중되어 있는
- **subway stations** 지하철역
- **large universities** 큰 대학가
- **various** 다양한
- **food delivery app** 음식 배달 앱
- **order in** 음식 포장 배달하다
- **option** 선택권
- **pay for** 지불하다
- **convenient** 편리한

한국에는 테이크아웃 음식점이 수없이 많습니다. 그것은 요즘 어디에나 있습니다. 유동인구가 많은 번화가에 있습니다. 그들은 지하철역이나 큰 대학 근처에 집중되어 있습니다. 한편, 요즘엔 다양한 종류의 음식 배달 앱을 이용해 주문하기도 합니다. 이런 앱에는 메뉴가 수없이 있습니다. 선택할 수 있는 옵션이 많이 있습니다. 게다가, 우리는 주문한 앱으로 음식값을 지불할 수 있습니다. 그렇게 하는 것이 훨씬 더 편리합니다. 음식을 배달시키는 데 시간과 노력이 훨씬 덜 듭니다. 그래서 배달 주문은 과거보다 훨씬 쉬워졌습니다.

OPIc 모범 답변 학습하기

OPIc 질문에 대한 모범 답변을 살펴본 후, 질문의 핵심 포인트를 파악하여 나만의 OPIc 답변을 만들어 보세요.

11 How do busy working people usually get their meals on weekdays? Do they order food or go to restaurants? What do they usually do? 🎧 MP3 14_Q11

바쁜 사람들은 보통 평일에 어떻게 식사를 하나요? 음식을 주문하나요, 아니면 음식점에 가나요? 보통 무엇을 하나요?

	Structure	Idea
시작 문장	주제 문장 소개	people, busier
본문	바쁜 사람들이 평소에 식사 하는 방식 묘사	do not have time, eat out, order in, meanwhile, more health-conscious, think about their health, more likely to eat, serve healthy food, trend, developed healthy menus, promote, health benefits
마무리 문장	나의 답변 마무리	busy working people eat out, order in

Model Answer 🎧 MP3 14_A11

❶ People have become a lot busier than in the past. **A**

They often do NOT have time to cook themselves.

So, they ❷ eat out or ❸ order in much more often. **B**

Meanwhile, people have become much more ❹ health-conscious than in the past. **C**

They think about their health even when they go out to eat.

They are more likely to eat at places that serve healthy food.

❺ Due to this trend, many (take-out) restaurants have developed healthy menus.

They promote the health benefits of their food to the customers.

So, ❻ busy working people eat out or order in on weekdays quite often.

Expanding Your Answer

더 풍부하고 논리적인 답변을 위해 문장을 추가해 보세요.

A Some people don't even have time to have lunch at work.
어떤 사람들은 회사에서 점심 먹을 시간조차 없습니다.

B Plus, eating out is affordable in Korea.
게다가 한국에서 외식하는 것은 감당할 만합니다.

C People know the importance of keeping their health.
사람들은 자신의 건강을 유지하는 것이 중요하다는 것을 압니다.

Tips for Better Answers

* 음식점 주제의 '음식점들의 건강식 메뉴로의 변화 추세 설명'의 답변 활용

▶ ❶ 바쁜 사람들의 습관에 대해 묻기 때문에 주어 people와 핵심 표현 busy 사용
Ex: There are many busy people these days.
요즘 바쁜 사람들이 많다.

▶ ❷ = dine out
eating out보다 고급 표현
Ex: People like to dine out on special occasions.
사람들은 특별한 날 외식하는 것을 좋아한다.

▶ ❸ order: 주문하다
order in: 배달 주문하다
Ex: I like to order in some food on weekends.
주말에 음식 배달 주문하는 것을 좋아한다.

▶ ❹ 사람들의 의식 변화에 대해 이야기할 때 필수로 쓰이는 표현
Ex: People have become fashion-conscious.
사람들이 패션에 대해 의식하기 시작했다.

▶ ❺ = because of
Ex: Because of this trend, people eat out very often.
이런 트렌드 때문에 사람들이 더 자주 외식한다.

▶ ❻ 핵심 표현인 busy, people 마무리 문장에서 다시 한번 언급

Key Expressions

- busier 더 바빠지다
- eat out 외식하다
- order in 배달 주문하다
- meanwhile 한편으로
- health-conscious 건강을 의식하는
- go out 나가다
- likely ~할 것 같은, ~할 것으로 예상되는
- serve 제공하다
- healthy food 건강한 음식
- develop 발달하다, 개발하다
- promote 장려하다, 홍보하다
- benefits 혜택, 이점

사람들은 과거보다 훨씬 더 바빠졌습니다. 그들은 직접 요리할 시간이 많이 없습니다. 그래서 외식을 하거나 자주 음식 배달 주문을 합니다. 한편, 사람들은 과거에 비해 건강을 훨씬 더 의식하게 되었습니다. 외식하러 나갈 때도 자신의 건강에 대해 생각합니다. 건강에 좋은 음식을 제공하는 장소에서 더 먹으려고 합니다. 이런 추세 때문에 많은 (테이크아웃) 음식점들이 건강한 메뉴를 개발했습니다. 음식점들은 고객들에게 음식이 지닌 건강상의 이점을 홍보합니다. 그래서, 바쁜 사람들은 평일에 외식을 하거나 배달 주문을 합니다.

OPIc 모범 답변 학습하기

OPIc 질문에 대한 모범 답변을 살펴본 후, 질문의 핵심 포인트를 파악하여 나만의 OPIc 답변을 만들어 보세요.

12 What do you usually do for dinner during the week? Do you order food or go out to eat? 🎧 MP3 14_Q12
Do you cook your own meals? Does someone else cook for you? Do you eat alone or eat with other people?

주로 주중에 저녁으로 무엇을 하나요? 음식을 주문하나요, 아니면 외식하러 나가나요? 스스로 요리를 하나요? 누군가 요리를 해주나요? 혼자 먹나요, 아니면 다른 사람들과 먹나요?

Structure		Idea
시작 문장	주제 문장 소개	fifty fifty
본문	평상시에 본인이 식사 하는 방법 묘사	depends on, eat out, order in, cook, busy schedule, grab a bite, easier that way, less time and effort, have some time, cook, basic things, several kinds of, make, well
마무리 문장	나의 답변 마무리	what I do for dinner

Model Answer 🎧 MP3 14_A12

Well, ❶ I think it's fifty fifty.

❷ It depends on the situation.

I sometimes eat out or order in, but I sometimes cook something as well. **A**

When I have a busy schedule, I just ❸ grab a bite outside. **B**

❹ It is easier that way because it takes much less time and effort.

On the other hand, when I have some time, I cook something up.

I am NOT a great cook, but I know how to cook basic things. **C**

I have several kinds of dishes I can make pretty well.

So, this is what I do for dinner during the week.

Tips for Better Answers

▶ ❶ '반반이다'라는 의미로 정확한 의견을 제시하기 어려울 때 유용한 표현

▶ ❷ '상황에 따라 다르다'란 의미로 fifty fifty 대신 쓸 수 있음
= depend on 명사: (명사)에 달려 있다
= it depends on 의문사 (how, where, why, what, which) + 주어 + 동사: (주어)가 (동사)하는 것에 달려 있다
Ex: It depends on where we are going.
우리가 어딜 가느냐에 달려 있다.
It depends on the situations.
상황에 따라 다르다.

▶ ❸ '간단하게 요기하다, 먹다'란 의미
take a sip: 한 모금 마시다
take a bite: 한 입 먹다

▶ ❹ '그렇게 하는 것이 쉽다'라는 의미
Ex: It is faster that way.
그렇게 하는 것이 빠르다.
It is more time-efficient that way.
그렇게 하는 것이 더 시간 절약할 수 있다.
It is cheaper this way.
이렇게 하는 것이 더 저렴하다.

Expanding Your Answer

더 풍부하고 논리적인 답변을 위해 문장을 추가해 보세요.

A I guess it depends on how I feel.
제 기분이 어떤가에 따라 다른 것 같습니다.

B I usually get some sandwich.
보통 샌드위치를 삽니다.

C I normally make pasta because it is not so hard.
별로 어렵지 않기 때문에 보통 파스타를 만듭니다.

Key Expressions

- **fifty fifty** 반반
- **depend on** ~에 달려 있다
- **eat out** 외식
- **order in** 배달 주문하다
- **busy schedule** 바쁜 스케줄
- **grab a bite** 간단하게 먹다
- **basic things** 기본적인 것들
- **several** 몇 개

음, 반반인 거 같습니다. 그건 상황에 따라 다릅니다. 가끔 외식을 하거나 주문하기도 하지만, 가끔 음식을 요리하기도 합니다. 바쁜 스케줄이 있을 때는 밖에서 간단히 먹습니다. 시간과 노력이 훨씬 덜 들기 때문에 그렇게 하는 것이 더 쉽습니다. 반면에, 시간이 날 때, 저는 무언가를 요리합니다. 저는 훌륭한 요리사는 아니지만 기본적인 요리법은 알고 있습니다. 제가 꽤 잘 만들 수 있는 몇 가지 종류의 음식이 있습니다. 그래서, 이것은 제가 주중에 저녁으로 먹는 것입니다.

OPIc 모범 답변 학습하기

OPIc 질문에 대한 모범 답변을 살펴본 후, 질문의 핵심 포인트를 파악하여 나만의 OPIc 답변을 만들어 보세요.

13 Tell me about how you found out about a special grocery store. Maybe a new specialty store opened in your community or a new farmer's market opened and you wanted to check that place out. How did you find out about this new grocery store?

🎧 MP3 14_Q13

어떻게 특별한 식료품점에 대해 알게 되었는지 말해 주세요. 아마도 지역에 새로운 전문 가게가 열렸거나 새로운 농산물 직판장이 열려서 그곳을 가보고 싶어했을 수도 있습니다. 이 새로운 식료품점에 대해 어떻게 알게 되었나요?

	Structure	Idea
시작 문장	주제 문장 소개	search online, grocery store
본문	새로 알게 된 식료품점에 대해 설명	good place, good prices, good-quality goods, get great deals, a regular, go there at least, on average
마무리 문장	나의 답변 마무리	found, grocery store.

Model Answer 🎧 MP3 14_A13

I ❶ did a search online for a ❷ grocery store recently.

I ❸ found a good place nearby. **A**

They had good prices and good-quality goods. **B**

I was able to get great deals there.

Now, I am a regular there.

I think I go there at least once a month on average. **C**

So, ❹ this was how I found a new grocery store.

Tips for Better Answers

▶ ❶ search 동사로 사용 가능
 Ex: I searched online.
 인터넷으로 검색했다.

▶ ❷ 질문의 핵심 표현인 grocery store 시작 문장에 넣기
 = do grocery shopping: 장보다

▶ ❸ found: 찾았다
 found out (모르던 정보를) 알아냈다
 Ex: I found a nice restaurant near my place but I found out that they close early.
 집 근처에서 좋은 음식점을 찾았는데 일찍 닫는다는 것을 알아냈다.

▶ ❹ 식료품점을 어떻게 찾았는지 묻는 질문이기 때문에 핵심 표현인 grocery store, found 마무리 문장에 넣기

Expanding Your Answer

더 풍부하고 논리적인 답변을 위해 문장을 추가해 보세요.

A It was right next to the subway station.
지하철역 바로 옆이었습니다.

B There were lots of fresh ingredients.
신선한 재료가 많았습니다.

C I usually go there after work.
보통 일이 끝난 후에 갑니다.

Key Expressions

- **do a search online** 인터넷으로 검색하다
- **grocery store** 식료품점
- **recently** 최근에
- **nearby** 근처에
- **good prices** 좋은 가격
- **good-quality goods** 좋은 품질의 물건
- **regular** 단골
- **at least** 최소한
- **on average** 평균적으로

최근에 인터넷으로 식료품점을 검색했습니다. 근처에서 좋은 곳을 찾았습니다. 좋은 가격과 좋은 품질의 상품을 가지고 있었습니다. 거기서 많은 할인을 받을 수 있었습니다. 이제, 저는 그곳의 단골입니다. 적어도 한 달에 한 번은 가는 것 같습니다. 이렇게 해서 새로운 식료품점을 찾았습니다.

Chapter 15

Bars

빈출 주제 파악하기

질문을 제대로 파악하는 것만으로도 성공적으로 시험을 치를 수 있습니다. OPIc에서 자주 출제되는 질문들을 알아보세요.

1 You indicated that you go to bars. Describe the bar you go to most often. Tell me everything about that place in detail.

당신은 술집에 간다고 답했습니다. 가장 즐겨 가는 바를 설명해주세요. 그곳에 대해 자세히 말해 주세요.

문항 유형	본인이 즐겨 가는 술집 묘사
문항 수준	Intermediate
핵심 포인트	• 술집 주제의 '본인이 자주 가는 맥주집 묘사'와 '본인이 좋아하는 술집이나 맥주집 묘사'와 같은 답변 활용 • 영업점 묘사 표현 활용 • 한국의 술집 묘사이기 때문에 주어는 bars, pubs, they 위주로 사용하며 현재형 시제로 묘사
중요도	★★★★★

2 **Tell me about what you normally do at bars. Who do you usually go with? Tell me everything about your experience of going to bars.**
술집에서 주로 무엇을 하나요? 보통 누구와 가나요? 술집에 간 경험에 대해 전부 말해 주세요.

문항 유형	술집에 주로 언제 가고 무엇을 하는지 묘사
문항 수준	Intermediate
핵심 포인트	• 술집 주제의 '본인이 맥주집에서 하는 일들 묘사'와 '술 마시는 것 외에 술집이나 맥주집에서 하는 일들 묘사'와 같은 답변 활용 • 본인의 술 마시는 습관에 대해 이야기하기 때문에 주어 I 와 현재형 시제 사용
중요도	★★★★★

3 **Tell me about a memorable incident that happened at a bar. What exactly happened and why was it special? Tell me everything about that unforgettable incident at a bar.**
술집에서 있었던 기억에 남는 사건에 대해 말해 주세요. 정확히 무슨 일이 일어났고 왜 기억에 남나요? 술집에서 있었던 잊을 수 없는 사건에 대해 자세히 말해 주세요.

문항 유형	술집에 있었던 에피소드 묘사
문항 수준	Advanced
핵심 포인트	• 술집 주제의 '최근 술집에서 한 기억에 남는 술자리 묘사'와 '기억에 남는 술자리 추억 묘사'와 답변 같이 활용 • 과거에 본인이 겪은 경험이기 때문에 주어 I 와 과거형 시제로 묘사
중요도	★★★★★

4 **Tell me about your favorite pub that you like to go to.**
가장 좋아하는 맥주집에 대해 말해 주세요.

문항 유형	본인이 자주 가는 맥주집 묘사
문항 수준	Intermediate
핵심 포인트	• 술집 주제의 '본인이 즐겨 가는 술집 묘사'와 '본인이 좋아하는 술집이나 맥주집 묘사'와 같은 답변 활용 • 영업점 묘사 표현 활용 • 한국의 술집 묘사이기 때문에 주어는 bars, pubs, they 위주로 사용하며 현재형 시제로 묘사
중요도	★★★★★

5 **What do you normally do when you have gatherings at pubs? Do you call your friends first? Do you go to a bank before you visit pubs? Talk about what you do when you get together with your friends at pubs.**
맥주집에서 모임을 할 때 보통 무엇을 하나요? 친구에게 먼저 전화를 거나요? 가기 전에 은행을 들리나요? 친구들과 맥주집에서 만날 때 무엇을 하는지 이야기해 주세요.

문항 유형	맥주집에서 하는 일들 묘사
문항 수준	Intermediate
핵심 포인트	• 술집 주제의 '술집에 주로 언제 가고 무엇을 하는지 묘사'와 '술 마시는 것 외에 술집이나 맥주집에서 하는 일들 묘사'와 같은 답변 활용 • 본인의 술 마시는 습관에 대해 이야기하기 때문에 주어 I 와 현재형 시제 사용
중요도	★★★★★

6 **How have pubs changed over the years? How were they in the past and how are they now? What are the differences and the similarities?**

몇 년 동안 맥주집은 어떻게 변했나요? 과거에는 어땠고 지금은 어떤가요? 차이점과 유사점은 무엇인가요?

문항 유형	맥주집 과거와 현재 비교
문항 수준	Advanced
핵심 포인트	• 14번 기출문제인 '5~10년 전 술집과 지금 술집 비교'와 '술집과 클럽이 주는 즐거움 과거와 현재 비교'의 답변을 함께 활용 • 과거와 현재 비교이기 때문에 과거형, 현재형, 현재완료형을 상황에 맞게 사용 • 술집 묘사이기 때문에 주어는 bars, pubs, people, they 위주로 사용
중요도	★★★★★

7 **Describe a pub or a bar that you go often. Why do you like to go to that place?**

자주 가는 술집이나 맥주집에 대해 설명하세요. 왜 그곳을 좋아하나요?

문항 유형	좋아하는 술집이나 맥주집 묘사
문항 수준	Intermediate
핵심 포인트	• 술집 주제의 '본인이 즐겨 가는 술집 묘사'와 '본인이 좋아하는 맥주집 묘사'와 같은 답변 활용 • 영업점 묘사 표현 활용 • 한국의 술집 묘사이기 때문에 주어는 bars, pubs, they 위주로 사용하며 현재형 시제로 묘사
중요도	★★★★★

8 **Besides drinking, what kinds of things do you do at bars or pubs?**

술 마시는 것 외에 술집이나 맥주집에서 무엇을 하나요?

문항 유형	술 마시는 것 외에 술집이나 맥주집에서 하는 일들 묘사
문항 수준	Intermediate
핵심 포인트	• 술집 주제의 '술집에 주로 언제 가고 무엇을 하는지 묘사'와 '본인이 맥주집에서 하는 일들 묘사'와 같은 답변 활용 • 본인의 술 마시는 습관에 대해 이야기하기 때문에 주어 I 와 현재형 시제 사용
중요도	★★★★★

9 **Tell me about a memorable visit to a bar or a pub. When was this? Who did you go with? What did you do there? Tell me everything about that moment at bar.**

기억에 남는 술집 또는 맥주집 방문기에 대해 말해 주세요. 언제였고 누구와 같이 있었나요? 무엇을 했나요? 그 추억에 대해 자세히 말해 주세요.

문항 유형	기억에 남는 술집에서의 술자리 추억 묘사
문항 수준	Advanced
핵심 포인트	• 술집 주제의 '최근 술집에서 한 기억에 남는 술자리 묘사'와 '술집에서 있었던 에피소드 묘사'의 답변 활용 • 과거에 본인이 겪은 경험이기 때문에 주어 I 와 과거형 시제로 묘사
중요도	★★★★★

10 **Most bars and pubs have a special area to make drinks. Tell me what this area looks like at your favorite bar or pub.**

대부분 술집과 맥주집에는 술을 제조하는 특별한 장소가 있습니다. 가장 좋아하는 술집이나 맥주집의 그 공간에 대해 말해 주세요.

문항 유형	본인이 가장 좋아하는 술집에 술 만드는 공간 묘사
문항 수준	Intermediate
핵심 포인트	• 좋아하는 술집에 술 만드는 공간이 없다고 말하기 • 내가 좋아하는 술집에 대한 이야기이기 때문에 현재형과 주어 I 사용
중요도	★

11 **Tell me about the first bar you remember going to. What did it look like? What was your impression of that place? Describe the first bar you went to with lots of details.**

처음 갔던 술집에 대해 말해 주세요. 어떻게 생겼었나요? 그곳에 대한 인상은 어땠나요? 처음 가본 술집에 대해 자세히 설명해 보세요.

문항 유형	본인이 처음으로 가본 술집 묘사
문항 수준	Advanced
핵심 포인트	• '처음 가본 술집이 기억에 나지 않는다'라고 말한 후 대학 때 가본 술집 이야기하기 • 본인의 경험이기 때문에 과거형 시제와 주어 I 사용
중요도	★★★

12 **Tell me about a special visit to a bar or a pub. Maybe you celebrated your birthday there. Tell me what you did before and after your bar visit and how you spent your time at that bar. Tell me the whole story.**

술집이나 맥주집에 방문한 특별한 경험에 대해 말해 주세요. 아마 거기서 생일파티를 했을 수도 있습니다. 술집을 방문하기 전과 후에 무엇을 했는지, 그리고 거기서 어떻게 시간을 보냈는지 자초지종을 말해 주세요.

문항 유형	최근 술집에서 한 기억에 남는 술자리 묘사
문항 수준	Advanced
핵심 포인트	• 술집 주제의 '술집에서 있었던 에피소드 묘사'와 '기억에 남는 술자리 추억 묘사'의 답변 같이 활용 • 과거에 본인이 겪은 경험이기 때문에 주어 I 와 과거형 시제로 묘사
중요도	★★★★★

13 **What is a typical routine for a bartender? How do they start their day? What do they do while they work? How do they end their day?**

바텐더에게 있어 전형적인 일상은 무엇인가요? 하루를 어떻게 시작하나요? 일하는 동안 무엇을 하나요? 어떻게 하루를 마무리하나요?

문항 유형	술집 바텐더들의 출근, 근무, 퇴근업무 묘사
문항 수준	Intermediate
핵심 포인트	• 바텐더가 술집에서 일반적으로 하는 일을 현재형으로 묘사 • 바텐더의 업무에 관한 내용이기 때문에 주어는 bartenders, they를 사용
중요도	★★★

14 Many people say that bars have changed a lot in recent years. How are bars these days different from bars 5 or 10 years ago?

최근 몇 년간 술집이 많이 바뀌었다고 말합니다. 요즘 술집이 5~10년 전 술집과 어떻게 다른가요?

문항 유형	5~10년 전 술집과 지금 술집 비교
문항 수준	Advanced
핵심 포인트	• 술집 주제의 '맥주집 과거와 현재 비교'와 14번 기출문제인 '술집과 클럽이 주는 즐거움 과거와 현재 비교'의 답변 함께 활용 • 과거와 현재 비교이기 때문에 과거형, 현재형, 현재완료형을 상황에 맞게 사용 • 술집 묘사이기 때문에 주어는 bars, pubs, people, they 위주로 사용
중요도	★★★★★

15 The media often reports on bars or pubs. Tell me about a media report you recently saw regarding bars or pubs. What happened? Where was it? Who was involved? Give me all the details about that report.

언론은 종종 술집이나 맥주집에 대해 보도합니다. 술집이나 맥주집에 관련된 최근 언론 보도에 대해 말해 주세요. 무슨 일이 일어났고 어디 있었나요? 누가 연루되었나요? 그 뉴스에 대해 상세히 말해 주세요.

문항 유형	언론에서 본 술집 관련 보도 설명
문항 수준	Advanced
핵심 포인트	• 15번 기출문제인 'TV/SNS에서 본 유명 술집 관련 방송/게시물 설명'과 '경찰이 술집을 단속한 뉴스 설명'의 답변을 함께 준비 • 술집에서 발생한 사건을 과거형 시제로 묘사 • 사건에 연루된 police, they, bar를 주어로 사용
중요도	★★★★★

16 Bars and clubs have changed a lot over the years in terms of the entertainment, the cost or the services they offer. Compare the similarities and differences between old-time bars and present bars or clubs.

술집과 클럽은 수년간 오락, 비용, 서비스 면에서 많이 변했습니다. 과거와 현재 술집/클럽의 유사점과 차이점을 비교해주세요.

문항 유형	술집과 클럽이 주는 즐거움 과거와 현재 비교
문항 수준	Advanced
핵심 포인트	• 술집 주제의 '맥주집 과거와 현재 비교'와 14번 기출문제인 '5~10년 전 술집과 지금 술집 비교'의 답변 함께 활용 • 과거와 현재 비교이기 때문에 과거형, 현재형, 현재완료형을 상황에 맞게 사용 • 술집 묘사이기 때문에 주어는 bars, pubs, people, they 위주로 사용
중요도	★★★

17 **Popular bars and pubs are often featured on TV or on social media such as Facebook. Tell me about a special occasion you have heard of or read about regarding a well-known bar or club on TV or on social media. Perhaps there was a celebrity visit or a special party there. Describe in detail what happened from beginning to end.**

인기 술집과 맥주집은 TV나 페이스북 같은 소셜 미디어에서 자주 등장합니다. TV나 소셜 미디어에서 잘 알려진 술집이나 클럽의 특별한 상황에 대해 들어보거나 읽은 적이 있다면 말해 주세요. 아마도 그곳에 유명인사가 방문했거나 특별한 파티가 있었을 수도 있습니다. 무슨 일이 있었는지 처음부터 끝까지 자세히 설명해주세요.

문항 유형	TV나 SNS에서 본 유명 술집 방송/게시물 설명
문항 수준	Advanced
핵심 포인트	• 15번 기출문제인 '언론에서 본 술집 관련 보도 설명'과 '경찰이 술집을 단속한 뉴스 설명'의 답변과 함께 준비 • 술집에서 발생한 사건을 과거형 시제로 묘사 • 사건에 연루된 police, they, bar를 주어로 사용
중요도	★★★★★

18 **People nowadays don't go to bars just to drink. What kinds of activities they do now? How have those activities at bars changed over the years?**

요즘 사람들은 술만 마시러 술집에 가지 않습니다. 거기서 어떤 활동을 하나요? 그동안 술집에서의 활동은 어떻게 바뀌어왔나요?

문항 유형	술집에서 하는 일들 과거와 현재 비교
문항 수준	Advanced
핵심 포인트	• 술집에서 하는 일들은 크게 변하지 않았다고 답하기 • 현재 술집에서 사람들이 하는 일은 주어 people, they와 현재형 시제를 사용하여 묘사
중요도	★★★

19 **The police sometimes have to raid bars for some reason. Tell me about a news you saw that involved both the police and a bar.**

경찰은 가끔 어떠한 이유로 술집을 급습해야 합니다. 경찰과 술집이 관련된 뉴스에 대해 말해 주세요.

문항 유형	경찰이 술집을 단속한 뉴스 설명
문항 수준	Advanced
핵심 포인트	• 15번 기출문제인 '언론에서 본 술집 관련 보도 설명'과 'TV/SNS에서 본 유명 술집 관련 방송/게시물 설명'의 답변을 함께 준비 • 술집에서 발생한 사건을 과거형 시제로 묘사 • 사건에 연루된 police, they, bar를 주어로 사용
중요도	★★★★★

OPIc 모범 답변 학습하기

OPIc 질문에 대한 모범 답변을 살펴본 후, 질문의 핵심 포인트를 파악하여 나만의 OPIc 답변을 만들어 보세요.

1-1 You indicated that you go to bars. Describe the bar you go to most often. Tell me everything about that place in detail. 🎧 MP3 15_Q1-1
당신은 술집에 간다고 답했습니다. 가장 즐겨 가는 가는 바를 설명해주세요. 그곳에 대해 자세히 말해 주세요.

1-2 Tell me about your favorite pub that you like to go to. 🎧 MP3 15_Q1-2
가장 좋아하는 맥주집에 대해 말해 주세요.

1-3 Describe a pub or a bar that you go often. Why do you like to go to that place? 🎧 MP3 15_Q1-3
자주 가는 술집이나 맥주집에 대해 설명하세요. 그곳을 왜 좋아하나요?

Structure		Idea
시작 문장	주제 문장 소개	tons of bars
본문	평소 본인이 가는 술집과 맥주집에 대해 묘사	everywhere, on busy streets, foot traffic, concentrated, personally, near my office, fancy, local, draft beer, food, mood, staff, friendly, cheaper, regular there
마무리 문장	나의 답변 마무리	this is, my favorite bar

Model Answer 🎧 MP3 15_A1

There are tons of ❶ bars in Korea.

❷ They are everywhere these days. **A**

Many bars are on busy streets with a lot of ❸ foot traffic.

They are concentrated near subway stations or large universities.

❹ Personally, I like going to a pub near my office (house).

+It is a fancy pub that ❺ serves various types of beer. **B**

+It is a local pub that serves draft beer.

I like that place because I like the food and the mood.

+Plus, it is close to my office (house). **C**

+Also, the staff are very friendly.

+Plus, it is cheaper than other pubs.

I am a regular there. I think I go there at least once a month on average.

So, this is what my favorite bar is like.

Tips for Better Answers

❶ 한국의 전형적인 술집에 대해 묻는 질문이기 때문에 핵심 표현 bars와 Korea를 시작 문장에 넣기

❷ 영업점 묘사에 필수로 쓰이는 문장이기 때문에 암기 필수!

❸ foot traffic은 비즈니스 지역 또는 상업 지역에 사람들이 많이 걸어 다니는 것을 표현
불가산 명사이기 때문에 a lot of 사용
Ex: Bars are usually located at places where there is a lot of foot traffic.
술집은 보통 유동인구가 많은 장소에 위치해 있다.

❹ 개인적인 취향 또는 습관에 대해 말하고 싶을 때 유용
= in my case, in case of me
Ex: In my case, I like going to pubs on Saturdays.
나의 경우에는 토요일마다 맥주집에 가는 것을 좋아한다.

❺ 특정 장소가 제공하는 서비스를 묘사할 때 유용한 동사
= offer, provide, have
Ex: They also provide various types of wine.
그들은 또한 다양한 종류의 와인을 제공한다.

Expanding Your Answer

더 풍부하고 논리적인 답변을 위해 문장을 추가해 보세요.

A It is because Korean people love drinking.
한국 사람들이 술 마시는 것을 좋아하기 때문입니다.

B Whenever I go there, I always get draft beer.
저는 갈 때마다 항상 생맥주를 마십니다.

C Whenever there are social gatherings, we go there because everyone loves it.
모두가 그곳을 좋아해서 모임이 있을 때마다 거기에 갑니다.

> **Key Expressions**
>
> - **tons of** 수많은
> - **on busy streets** 번화가
> - **foot traffic** 유동인구
> - **be concentrated** 집중되어 있는
> - **subway stations** 지하철역
> - **large universities** 큰 대학가
> - **fancy** 화려한
> - **serve** 제공하는
> - **draft beer** 생맥주
> - **mood** 분위기
> - **staff** 직원
> - **at least** 최소한

한국에는 술집이 많습니다. 이제는 어디에나 있죠. 술집은 대부분 유동인구가 많은 번화가에 있습니다. 지하철역이나 큰 대학 근처에 집중되어 있습니다. 개인적으로는 사무실(집) 근처에 있는 맥주집에 가는 것을 좋아합니다. (+다양한 종류의 맥주를 제공하는 화려한 맥주집입니다. +생맥주를 파는 동네 맥주집입니다.) 음식도 맛있고 분위기도 좋아서 그곳을 좋아합니다. (+게다가, 제 사무실(집)과 가깝습니다. +직원들도 매우 친절합니다. +또한, 다른 술집보다 저렴합니다.) 저는 단골입니다. 평균적으로 적어도 한 달에 한 번은 가는 것 같습니다. 즉, 제가 좋아하는 술집은 이렇습니다.

OPIc 모범 답변 학습하기

OPIc 질문에 대한 모범 답변을 살펴본 후, 질문의 핵심 포인트를 파악하여 나만의 OPIc 답변을 만들어 보세요.

2-1 Tell me about what you normally do at bars. Who do you usually go with? Tell me everything about your experience of going to bars. 🎧 MP3 15_Q2-1
술집에서 주로 무엇을 하나요? 보통 누구와 가나요? 술집에 간 경험에 대해 전부 말해 주세요.

2-1 What do you normally do when you have gatherings at pubs? Do you call your friends first? Do you go to a bank before you visit pubs? Talk about what you do when you get together with your friends at pubs. 🎧 MP3 15_Q2-2
맥주집에서 모임을 할 때 보통 무엇을 하나요? 친구에게 먼저 전화를 거나요? 가기 전에 은행을 들리나요? 친구들과 맥주집에서 만날 때 무엇을 하는지 이야기해 주세요.

2-3 Besides drinking, what kinds of things do you do at bars or pubs? 🎧 MP3 15_Q2-3
술 마시는 것 외에 술집이나 맥주집에서 무엇을 하나요?

	Structure	Idea
시작 문장	주제 문장 소개	social gatherings
본문	평상시 술집에 누구와 가는지, 가서 무엇을 하는지 묘사	grab some drinks, break the ice, spice up, drinking games, several rounds, staff-dinners, after-parties, bond with, build chemistry with, special occasions, good to have some drinks
마무리 문장	나의 답변 마무리	bars to hang out with

Model Answer 🎧 MP3 15_A2

I ❶ often go to bars for ❷ social gatherings.

I ❸ grab some drinks with my friends. **A**

Drinks ❹ break the ice and spice up the mood.

We sometimes play drinking games.

We sometimes do several rounds. **B**

Plus, I sometimes go to bars for staff-dinners or after-parties.

They are a great chance ❺ to bond with co-workers. **C**

They help build chemistry with colleagues.

Also, I sometimes go to bars for special occasions.

❻ Such occasions include birthday parties, anniversaries or farewell parties.

It is always good to have some drinks on special days like that.

So, I usually go to bars to hang out with my friends or co-workers.

Tips for Better Answers

▶ ❶ 평상시에 자주 하는 일이라는 것을 알려 주는 표현
= normally, usually, generally
Ex: I usually go to bars to hang out with people.
보통 사람들과 놀려고 술집에 간다.

▶ ❷ 생일파티, 회식, 송별회, 집들이 등 사람들이 모이는 모든 모임은 social gathering으로 표현 가능

▶ ❸ = have drinks

▶ ❹ 어색함을 깨다
Ex: Drinking and talking help people break the ice.
음주와 대화는 어색함을 깰 수 있게 도와준다.

▶ ❺ 가까워지다, 유대감을 형성하다
명사로 쓰일 경우 '유대감, 끈'이라는 의미
Ex: There is a strong bond between those two people.
저 두 명 사이에는 강한 유대감이 있다.

▶ ❻ 답변 양의 확보를 위해 special occasions의 종류 나열
Ex: There are so many types of social gatherings, such as birthday parties, farewell parties and housewarming parties.
생일파티, 송별회, 집들이처럼 사교모임의 종류가 매우 많다.

Expanding Your Answer

더 풍부하고 논리적인 답변을 위해 문장을 추가해 보세요.

A I have drinks with my friends about once a week.
친구들과 일주일에 한 번 정도 술을 마십니다.

B Sometimes, we drink overnight.
가끔 밤새 마십니다.

C People can get to know each other better.
사람들은 서로에 대해 더 잘 알 수 있습니다.

Key Expressions

- **social gathering** 사교 모임
- **grab drinks** 술을 조금 마시다
- **break the ice** 어색함을 깨다
- **spice up** 돋구다, 더 좋게 되다
- **do several rounds** 몇 차례 마시다
- **staff-dinners** 회식
- **after-parties** 파티 후의 또 다른 파티
- **bond with** ~와 친해지다, 유대감이 형성되다
- **build chemistry** 친밀감, 친근함을 느끼다
- **special occasions** 특별한 경우
- **anniversaries** 기념일
- **farewell party** 송별회

저는 주로 친목 도모를 위해 술집에 갑니다. 친구들과 술을 마십니다. 술은 어색함을 깨고 분위기를 돋웁니다. 우리는 가끔 술 게임을 합니다. 가끔 몇 차까지 마십니다. 또한, 저는 가끔 회식이나 뒤풀이를 위해 술집에 갑니다. 동료들과 친해질 수 있는 좋은 기회입니다. 동료들과 친밀감이 생길 수 있도록 술이 도와줍니다. 생일 파티, 기념일, 송별회 같이 특별한 날에도 술집에 갑니다. 그런 특별한 날에는 술이 빠질 수 없습니다. 즉, 저는 주로 친구나 직장 동료들과 어울리기 위해 술집에 갑니다.

OPIc 모범 답변 학습하기

OPIc 질문에 대한 모범 답변을 살펴본 후, 질문의 핵심 포인트를 파악하여 나만의 OPIc 답변을 만들어 보세요.

3-1 Tell me about a memorable incident that happened at a bar. What exactly happened and why was it special? Tell me everything about that unforgettable incident at a bar. 🎧 MP3 15_Q3-1

술집에서 있었던 기억에 남는 사건에 대해 말해 주세요. 정확히 무슨 일이 일어났고 왜 기억에 남나요? 술집에서 있었던 잊을 수 없는 사건에 대해 자세히 말해 주세요.

3-2 Tell me about a special visit to a bar or a pub. Maybe you celebrated your birthday there. Tell me what you did before and after your bar visit and how you spent your time at that bar. Tell me the whole story. 🎧 MP3 15_Q3-2

술집이나 맥주집에 방문한 특별한 경험에 대해 말해 주세요. 아마 거기서 생일파티를 했을 수도 있습니다. 술집을 방문하기 전과 후에 무엇을 했는지, 그리고 거기서 어떻게 시간을 보냈는지 자초지종을 말해 주세요.

3-3 Tell me about a memorable visit to a bar or a pub. When was this? Who did you go with? What did you do there? Tell me everything about that moment at bar. 🎧 MP3 15_Q3-3

기억에 남는 술집 또는 맥주집 방문기에 대해 말해 주세요. 언제였고 누구와 같이 있었나요? 무엇을 했나요? 그 추억에 대해 자세히 말해 주세요.

	Structure	Idea
시작 문장	주제 문장 소개	remember, gathering
본문	모임에 나가서 만족했던 경험 묘사	held at, drank beer, ended up drinking, got very drunk, quite a lot, stomach, upset, dizzy, walk straight, hangover, sober up
마무리 문장	나의 답변 마무리	try, more careful

Model Answer 🎧 MP3 15_A3

I remember going to a ❶ gathering several weeks ago. **A**
+a staff-dinner +a year-end party +a birthday party **B**
It ❷ was held at a Korean bar and we ❸ drank beer there.
+a Japanese bar +a wine bar +wine +Whiskey +cocktails
However, I ended up drinking quite a lot that day.
I ❹ got very drunk because I drank too much.
+I drank too fast +I drank on an empty stomach +I mixed drinks
My stomach was upset. **C**
I felt dizzy and I could NOT walk straight.
+I ❺ got wasted and blacked out.
+I do NOT even remember how I got home.
I had a hangover the next day. It took me quite a while to ❻ sober up.
Since then, I try to be more careful when I drink.

Expanding Your Answer

더 풍부하고 논리적인 답변을 위해 문장을 추가해 보세요.

A More than 10 people were there.
10명이 넘는 사람들이 있었습니다.

B We gathered to celebrate our friend's promotion.
친구의 승진을 축하하기 위해 모였습니다.

C I felt like I was going to throw up.
토할 거 같은 기분이었습니다.

Tips for Better Answers

▶ ❶ 가볍게 사람들과 만나는 모임은 gathering으로 표현
= get-together
Ex: I had a get-together with my friends a few weeks ago.
몇 주 전에 친구들과 모임을 가졌다.

▶ ❷ 특정한 이벤트나 모임이 열리는 장소에 대해 이야기할 때 쓰임
Ex: The party was held at a fancy bar.
비싼 바에서 파티가 열렸다.

▶ ❸ = had beer, grabbed beer
Ex: I wanted to grab some beer.
맥주를 조금 마시고 싶었다.

▶ ❹ '술에 취했다'는 I am drunk.
I am drunken. (x)
drunken 뒤에는 일반적으로 명사 사용
Ex: I saw a drunken man.
나는 술 취한 남자를 봤어.

▶ ❺ 완전히 취한 상태
tippy: 약간 취한
beery: 맥주에 취한
stoned: 완전 취한

▶ ❻ 술이 깬 상태
Ex: I need to sober up before going home.
집에 가기 전에 술이 조금 깨야 해.

Key Expressions

- **gathering** 모임
- **end up** 결국 ~하게 되다
- **quite a lot** 꽤 많이
- **get drunk** 술에 취하다
- **empty stomach** 빈속
- **upset** 아픈, 화가 난
- **dizzy** 어지러운
- **get wasted** 만취하다
- **get blacked out** 정신을 잃다
- **hangover** 숙취
- **sober up** 술이 깨다

몇 주 전에 모임에 갔던 기억이 납니다. (+회식 +연말파티 +생일파티) 한국식 술집이었고 저는 거기서 맥주를 마셨습니다. (+일본식 술집 +와인 술집 +와인 +위스키 +칵테일) 결국 그날 술을 꽤 많이 마셨습니다. 술을 너무 많이 마셔서 많이 취했습니다. (+너무 빨리 마셔서 +빈속에 마셔서 +섞어 마셔서) 속이 너무 안 좋았습니다. 현기증이 나서 똑바로 걸을 수가 없었습니다. (+완전히 취해서 정신을 잃었습니다. +집에 어떻게 왔는지 기억도 나지 않습니다.) 다음날 숙취에 시달렸습니다. 술이 깨는 데 꽤 오래 걸렸습니다. 그 이후로, 저는 술을 마실 때 더 조심하려고 노력합니다.

OPIc 모범 답변 학습하기

OPIc 질문에 대한 모범 답변을 살펴본 후, 질문의 핵심 포인트를 파악하여 나만의 OPIc 답변을 만들어 보세요.

4-1 How have pubs changed over the years? How were they in the past and how are they now? What are the differences and the similarities? 🎧 MP3 15_Q4-1
몇 년 동안 맥주집은 어떻게 변했나요? 과거에는 어땠고 지금은 어떤가요? 차이점과 유사점은 무엇인가요?

4-2 Many people say that bars have changed a lot in recent years. How are bars these days different from bars 5 or 10 years ago? 🎧 MP3 15_Q4-2
최근 몇 년간 술집이 많이 바뀌었다고 말합니다. 요즘 술집이 5~10년 전 술집과 어떻게 다른가요?

4-3 Bars and clubs have changed a lot over the years in terms of the entertainment, the cost or the services they offer. Compare the similarities and differences between old-time bars and present bars or clubs. 🎧 MP3 15_Q4-3
술집과 클럽은 수년간 오락, 비용, 서비스 면에서 많이 변했습니다. 과거와 현재 술집/클럽의 유사점과 차이점을 비교해 주세요.

	Structure	Idea
시작 문장	주제 문장 소개	bars, pubs, changed a lot
본문	맥주의 종류가 많지 않았던 과거의 맥주집과 반대의 상황인 현재 맥주집 묘사	past, served domestic beer, options, but these days, various types of, get beer from, a lot of options, past, local pubs, beer chains, same quality service, neighborhoods, beer chains, busy streets, food traffic, concentrated near
마무리 문장	나의 답변 마무리	bars, pubs, become a lot better, past

Model Answer

🎧 MP3 15_A4

❶ Bars and pubs in Korea have changed a lot over ❷ the last 5 to 10 years.

❸ In the past, they mostly served domestic beer. **A**

❹ People did NOT have THAT many options. **B**

But these days, pubs serve various types of beer from all across the world.

People can get beer from Japan, China, the US and many European countries.

There are a lot of options to choose from.

❺ Plus, in the past, most beer places used to be local pubs.

But now, many of them are beer chains.

People can enjoy the same quality service at different neighborhoods. **C**

❻ There are tons of beer chains on busy streets with a lot of foot traffic.

They are concentrated near subway stations or large universities.

So, bars and pubs ❼ have become a lot better in quality than in the past.

Tips for Better Answers

➤ ❶ 한국에 있는 술집/맥주집의 과거와 현재의 차이점을 묻는 질문이기 때문에 핵심 표현인 bars, pubs, Korea와 현재완료형인 have changed를 시작 문장에 넣기

➤ ❷ 5년 전 또는 10년 전과 같이 질문에 정확히 비교할 기간이 정해져 있다면 반드시 시작 문장에 언급하기
시간을 언급하며 문장을 시작해도 자연스러움
Ex: Over the last 5 to 10 years, bars and pubs in Korea have changed a lot.
지난 5~10년 동안, 한국의 술집과 맥주집은 많이 바뀌었습니다.

➤ ❸ '5년 전' 같은 특정한 기간이 주어지지 않았을 때 쓸 수 있는 표현
= back in the day

➤ ❹ 말할 때 NOT과 THAT 강조하기
option이 아예 없는 것이 아닌 '그렇게 까지 많지는 않았다'라는 의미
Ex: Domestic beer was okay but they were NOT THAT tasty.
국산 맥주가 나쁘지는 않았지만 그렇게까지 맛있지는 않았다.

➤ ❺ 술 종류만 비교한 것으로 답변의 내용이 충분하지 않기 때문에 또 하나의 의견 제시
접속사 plus 사용
= besides, in addition, meanwhile

➤ ❻ 영업점 묘사에 쓰인 문장 그대로 활용하기

➤ ❼ 과거와 현재를 비교하는 질문이기 때문에 현재완료형으로 문장 마무리!

Expanding Your Answer

더 풍부하고 논리적인 답변을 위해 문장을 추가해 보세요.

A Unfortunately, domestic beer was not as good as imported beer at that time.
불행히도 그 당시 국산 맥주는 수입 맥주만큼 맛이 좋지는 않았습니다.

B People could only drink domestic beer and some draft beer.
사람들은 국산 맥주와 생맥주만 마실 수 있었습니다.

C However, the price of beer at beer chains is a bit pricey.
하지만 맥주 체인점의 맥주 가격은 약간 비쌉니다.

Key Expressions

- **domestic beer** 국산 맥주
- **local pubs** 동네, 지역의 맥주집
- **beer chains** 맥주 체인점
- **same quality service** 같은 품질의 서비스
- **busy streets** 번화가
- **foot traffic** 유동인구
- **be concentrated** ~에 밀집된, 집중된
- **in quality** 질적으로

한국의 술집과 맥주집은 지난 5년에서 10년 사이에 많이 변했습니다. 과거에는 주로 국산 맥주를 제공했습니다. 사람들에게는 그렇게 많은 선택권이 없었습니다. 하지만 요즘, 맥주집은 전 세계의 다양한 맥주를 제공합니다. 사람들은 일본, 중국, 미국, 많은 유럽 국가의 맥주를 마실 수 있어 선택권이 많아졌습니다. 게다가 과거에는 대부분의 맥주집이 동네 술집이었습니다. 하지만 지금은 맥주 체인점이 많습니다. 사람들은 다른 곳에서도 동일한 질의 서비스를 즐길 수 있습니다. 술집이 유동인구가 많은 번화가에 많습니다. 지하철역이나 큰 대학가 근처에 집중되어 있습니다. 즉, 술집과 맥주집은 과거보다 질적으로 훨씬 좋아졌습니다.

OPIc 모범 답변 학습하기

OPIc 질문에 대한 모범 답변을 살펴본 후, 질문의 핵심 포인트를 파악하여 나만의 OPIc 답변을 만들어 보세요.

5 Most bars and pubs have a special area to make drinks. Tell me what this area looks like at your favorite bar or pub. 🎧 MP3 15_Q5

대부분 술집과 맥주집에는 술을 제조하는 특별한 장소가 있습니다. 가장 좋아하는 술집이나 맥주집의 그 공간에 대해 말해 주세요.

	Structure	Idea
시작 문장	주제 문장 소개	favorite, small bar area
본문	좋아하는 술집의 술 만드는 공간 묘사	enter, counter, right, behind, bartenders, prepare, beverages, liquor shelves, various types
마무리 문장	나의 답변 마무리	this is, bar area

Model Answer

Answer 1 🎧 MP3 15_A5-1

❶ At my favorite bar, there is NO bar area. **A, B**

They make the food and drinks inside the kitchen. **C**

❷ So, I really do NOT have much to say about this topic.

Answer 2 🎧 MP3 15_A5-2

At my favorite bar, there is a very small bar area.

❸ When you enter the bar, you can see a counter on the right.

Behind the counter, ❹ bartenders prepare alcoholic or non-alcoholic beverages for customers.

There are liquor shelves, and you can see various types of alcohol.

So, this is what the bar area looks like.

Tips for Better Answers

Answer 1

* 경험해 본 적이 없거나 잘 알지 못하는 부분에 관한 질문이 나왔을 때 활용할 수 있는 답변

▶ ❶ 바텐더가 술 만드는 공간이 없다고 시작 문장에 말하기

▶ ❷ 마지막 문장을 그대로 외운 후 긴 답변을 제공하지 못할 때 사용

Answer 2

▶ ❸ 공간 묘사할 때 주어 you와 현재형 사용하여 묘사
  Ex: When you enter the house, you will see the living room first.
  집에 들어오면 거실이 먼저 보일 것이다.

▶ ❹ 바텐더가 평소 하는 행동이기 때문에 현재형 시제 사용

Expanding Your Answer

더 풍부하고 논리적인 답변을 위해 문장을 추가해 보세요.

A I think it is because it is a very small bar.
너무 작은 술집이라 그런 것 같습니다.

B Also, they do not make cocktails here.
여기서 칵테일도 만들지 않습니다.

C Of course I do not know what is in the kitchen.
물론 주방에 뭐가 있는지는 모릅니다.

Key Expressions

- **bar area** 술 만드는 구역
- **prepare** 준비하다
- **alcoholic** 술이 들어간
- **non-alcoholic** 술이 들어가지 않은
- **beverage** 음료
- **customer** 고객, 손님
- **liquor shelf** 술 놓는 선반

Answer 1) 제가 좋아하는 술집에는 술을 만드는 구역이 없습니다. 부엌에서 음식과 음료를 만듭니다. 그래서 이 주제에 대해 별로 할 말이 없습니다.
Answer 2) 제가 좋아하는 술집에 작은 술 만드는 구역이 있습니다. 술집에 들어가면 오른쪽에 카운터가 보입니다. 카운터 뒤에서 바텐더들이 손님들을 위해 알코올 또는 무 알코올 음료를 준비하고 있습니다. 술을 놓는 선반이 있고 많은 종류의 술을 볼 수 있습니다. 그래서 술을 만드는 장소는 이렇게 생겼습니다.

 OPIc 모범 답변 학습하기

OPIc 질문에 대한 모범 답변을 살펴본 후, 질문의 핵심 포인트를 파악하여 나만의 OPIc 답변을 만들어 보세요.

6. What is a typical routine for a bartender? How do they start their day? What do they do while they work? How do they end their day?

🎧 MP3 15_Q6

바텐더에게 있어 전형적인 일상은 무엇인가요? 하루를 어떻게 시작하나요? 일하는 동안 무엇을 하나요? 어떻게 하루를 마무리하나요?

	Structure	Idea
시작 문장	주제 문장 소개	bartenders get to work, get ready
본문	바텐더들이 술집에서 하는 일을 순서대로 묘사	customers come, take orders, make drinks, give recommendations, end of the day, clean up, get ready for, head home
마무리 문장	나의 답변 마무리	these are, bartenders, at work

Model Answer 🎧 MP3 15_A6

❶ Bartenders ❷ get to work and ❸ get ready to serve drinks. **A**

When the customers come, they ❹ take orders and make drinks for them. **B**

They sometimes give recommendations for drinks or bar food.

At the end of the day, bartenders clean up.

They clean the bar area and the floors.

Plus, they get ready for business for the next day.

And then, they head home. **C**

So, these are the things bartenders do at work.

Tips for Better Answers

▶ ❶ 바텐더의 일상에 대해 묘사하기 때문에 시작 문장을 bartenders로 시작하며 이후 계속 현재형 시제 유지

▶ ❷ = go to work
get off work: 퇴근하다
Ex: I get to work early in the morning and get off work late at night.
나는 아침 일찍 출근하고 밤 늦게 퇴근한다.

▶ ❸ = prepare
Ex: Bartenders have to prepare to serve drinks, so they get to work early.
바텐더는 술을 제공할 준비를 해야 해서 일찍 출근한다.

▶ ❹ 주문 받다
Ex: They do not take orders after 10 pm.
저녁 10시 이후로는 주문을 받지 않는다.

Expanding Your Answer

더 풍부하고 논리적인 답변을 위해 문장을 추가해 보세요.

A Most bars open around 5 pm.
대부분의 술집은 오후 5시쯤에 엽니다.

B They work long hours since most bars close around 5 am.
대부분 술집은 오전 5시에 닫기 때문에 그들은 장시간 일합니다.

C They need to get enough rest once they get home.
집에 가면 충분하게 쉬어야 합니다.

Key Expressions

- **get to work** 출근하다
- **get ready** 준비하다
- **serve** 제공하다
- **drinks** 술
- **give recommendations** 추천하다
- **clean up** 치우다
- **head home** 집으로 향하다

바텐더들은 일하러 가서 술을 제공할 준비를 합니다. 손님이 오면 주문을 받아 술을 만들어 줍니다. 가끔 술이나 음식을 추천도 해줍니다. 일이 끝나면 바텐더들은 청소를 합니다. 카운터와 바닥을 청소합니다. 다음 날 장사를 위한 준비도 합니다. 그리고 나서 퇴근합니다. 이러한 일들이 바텐더가 하는 일입니다.

OPIc 모범 답변 학습하기

OPIc 질문에 대한 모범 답변을 살펴본 후, 질문의 핵심 포인트를 파악하여 나만의 OPIc 답변을 만들어 보세요.

7 Tell me about the first bar you remember going to. What did it look like? What was your impression of that place? Describe the first bar you went to with lots of details.
🎧 MP3 15_Q7

처음 갔던 술집에 대해 말해 주세요. 어떻게 생겼었나요? 그곳에 대한 인상은 어땠나요? 처음 가본 술집에 대해 자세히 설명해 보세요.

Structure		Idea
시작 문장	주제 문장 소개	frankly speaking, do not remember
본문	처음 간 술집의 분위기와 술 종류 묘사	guess, freshman year of college, legally allowed to, going to a pub, with my classmates
마무리 문장	나의 답변 마무리	this was, first bars

Model Answer 🎧 MP3 15_A7

❶ Frankly speaking, I do NOT remember the first bar I went to.

But ❷ I guess it was when I was in my ❸ freshman year of college. **A**

That was when I was legally allowed to drink. **B**

I remember going to a pub near my school quite often with my classmates.

❹ +It was a fancy pub that served various types of beer.

+It was a local pub that served draft beer.

I liked that place because I liked the food and the mood. **C**

+Plus, it was close to ❺ my school.

+Next, the staff were very friendly.

+Also, it was cheaper than other pubs.

So, this was one of the first bars I went to.

Expanding Your Answer
더 풍부하고 논리적인 답변을 위해 문장을 추가해 보세요.

A At that time, I used to drink almost every single day.
그 당시에 거의 매일 술을 마시곤 했습니다.

B I used to have a lot of gatherings because I really enjoyed drinking.
술 마시는 것을 너무 좋아해서 모임을 많이 가지곤 했습니다.

C I was a regular there.
전 거기 단골이었습니다.

Tips for Better Answers

▶ ❶ 처음으로 어딘가에 간 경험을 물었을 때 시작 문장으로 추천
Ex: Honestly, I cannot remember the first time I went to a bar because it was such a long time ago.
솔직히 너무 오래 전이라 처음으로 술집에 갔던 적이 기억나지 않는다.

▶ ❷ 추측을 한다는 의미로 쓰이는 동사
= think
Ex: I think it was when I was in college.
내가 대학생이었을 때였던 것 같다.

▶ ❸ freshmen: 1학년 (고등학교, 대학교)
sophomore: 2학년
junior: 3학년
senior: 4학년
Ex: He is a sophomore in high school.
그는 고등학교 2학년이야.
When I was a freshman in college, I used to drink a lot.
내가 대학교 1학년생일 때 술을 엄청 마셨다.

▶ ❹ 술집 주제의 '본인이 즐겨 가는 술집 묘사'의 답변을 과거형 시제로 바꿔서 활용

▶ ❺ '본인이 즐겨 가는 술집 묘사'의 답변은 현재 즐겨 가는 술집이기 때문에 office, house, school 등 평소 본인이 자주 가는 곳의 근처에 있다고 답변
이와 다르게 처음 갔던 술집에 대해 말할 때에는 school, university, my previous house와 같이 과거임을 나타내는 표현 사용

Key Expressions

- **frankly speaking** 솔직히 말해서
- **freshman** 1학년(고등학교, 대학교)
- **legally** 법적으로
- **allow** 허락하다
- **fancy** 화려한, 화사한
- **serve** 제공하다
- **draft beer** 생맥주
- **mood** 분위기
- **staff** 직원
- **friendly** 친절한

솔직히 말해서, 처음 갔던 술집을 기억하지 못합니다. 아마도 대학 1학년 때인 것 같습니다. 그때가 제가 법적으로 술을 마실 수 있는 나이가 되었습니다. 학교 근처 맥주집에 학교 친구들과 자주 갔던 기억이 납니다. (+다양한 종류의 맥주를 제공하는 화려한 맥주집입니다. +생맥주를 파는 동네 맥주집입니다.) 음식도 맛있고 분위기도 좋아서 그곳을 좋아했습니다. (+게다가, 우리 학교와 가까웠습니다. +직원들도 매우 친절했습니다. +그리고, 다른 술집들보다 저렴했습니다.) 이곳이 제가 처음으로 간 술집들 중 한 곳이었습니다.

OPIc 모범 답변 학습하기

OPIc 질문에 대한 모범 답변을 살펴본 후, 질문의 핵심 포인트를 파악하여 나만의 OPIc 답변을 만들어 보세요.

8 People nowadays don't go to bars just to drink. What kinds of activities they do now? How have those activities at bars changed over the years?

 MP3 15_Q8

요즘 사람들은 술만 마시러 술집에 가지 않습니다. 거기서 어떤 활동을 하나요? 그동안 술집에서의 활동은 어떻게 바뀌어왔나요?

	Structure	Idea
시작 문장	주제 문장 소개	to be honest, have not changed
본문	사람들이 술집에서 하는 일은 과거와 크게 다르지 않다고 답한 후 현재 술집에서 하는 활동 묘사	grab some drinks, break the ice, spice up, drinking games, several rounds, staff-dinners, after-parties, bond with, build chemistry with, special occasions, good to have some drinks
마무리 문장	나의 답변 마무리	activities at bar, not changed

Model Answer   MP3 15_A8

❶ To be honest, activities at bars have NOT changed over the years. **A**

❷ People often go to bars for social gatherings.

❸ They grab some drinks with their friends.

Drinks break the ice and spice up the mood. **B**

They sometimes play drinking games.

They sometimes do several rounds.

Plus, people sometimes go to bars for staff-dinners or after-parties.

They are a great chance to bond with co-workers.

They help ❹ build chemistry with colleagues.

Also, people sometimes go to bars for special occasions.

Such occasions include birthday parties, anniversaries or farewell parties.

It is always good to have some drinks on special days like that. **C**

Once again, activities at bars have NOT changed over the years.

Tips for Better Answers

* 14번 기출문제

❶ 과거와 현재 비교 질문이 나왔을 때 변한 부분이 크게 없다면 사용할 수 있는 문장
Ex: Frankly speaking, what people do at bars have NOT changed THAT much over the years.
솔직히 말하자면 지난 몇 년 동안 사람들이 술집에서 하는 일들은 그렇게까지 바뀌지는 않았다.

❷ 술집 주제의 '술집에 주로 언제 가고 무엇을 하는지 묘사'의 답변 활용

❸ 본인의 경험이 아닌 일반 사람들이 하는 일을 묘사하기 때문에 주어 people, they로 변경

❹ = create chemistry, develop chemistry
chemistry 앞에 동사 have가 쓰일 경우 '서로 잘 통하다,' '잘 맞다'라는 의미
동사 build나 create이 들어갈 때는 아직 chemistry가 많지는 않지만 '서로 잘 통하기 위해 노력하다'라는 느낌이 포함되어 있음
Ex: We have the right chemistry.
우리는 정말 잘 통한다.
I hope we can create chemistry.
나는 우리가 잘 통했으면 좋겠어.

Expanding Your Answer

더 풍부하고 논리적인 답변을 위해 문장을 추가해 보세요.

A People still go to bars to have drinks and hang out with others.
사람들은 여전히 술을 마시고 다른 사람들과 어울리기 위해 술집에 갑니다.

B Drinks make people feel more relaxed.
술은 사람들의 긴장을 풀게 해줍니다.

C Many people dress up on those special occasions.
많은 사람들이 그런 특별한 날에는 옷을 차려 입습니다.

Key Expressions

- **social gathering** 사교 모임
- **grab drinks** 술을 조금 마시다
- **break the ice** 어색함을 깨다
- **spice up** 돋구다, 더 좋게 되다
- **do several rounds** 몇 차례 마시다
- **staff-dinners** 회식
- **after-parties** 파티 후의 또 다른 파티
- **bond with** ~와 친해지다, 유대감이 형성되다
- **build chemistry** 친밀감, 친근함을 느끼다
- **special occasions** 특별한 경우
- **anniversaries** 기념일
- **farewell party** 송별회

솔직히 그동안 술집에서 사람들이 하는 활동은 변하지 않았습니다. 사람들은 주로 친목 도모를 위해 술집에 갑니다. 친구들과 술을 마십니다. 술은 어색함을 깨고 분위기를 돋웁니다. 사람들은 가끔 술 게임을 합니다. 가끔 몇 차까지 마십니다. 또한, 가끔 회식이나 뒤풀이를 위해 술집에 갑니다. 동료들과 친해질 수 있는 좋은 기회입니다. 동료들과 친밀감이 생길 수 있도록 술이 도와줍니다. 생일 파티, 기념일, 송별회 같이 특별한 날에도 술집에 갑니다. 그런 특별한 날에는 술이 빠질 수 없습니다. 다시 한번 말하지만, 술집에서의 활동은 몇 년 동안 변하지 않았습니다.

OPIc 모범 답변 학습하기

OPIc 질문에 대한 모범 답변을 살펴본 후, 질문의 핵심 포인트를 파악하여 나만의 OPIc 답변을 만들어 보세요.

9-1 The media often reports on bars or pubs. Tell me about a media report you recently saw regarding bars or pubs. What happened? Where was it? Who was involved? Give me all the details about that report.

MP3 15_Q9-1

언론은 종종 술집이나 맥주집에 대해 보도합니다. 술집이나 맥주집에 관련된 최근 언론 보도에 대해 말해 주세요. 무슨 일이 일어났고 어디 있었나요? 누가 연루되었나요? 그 뉴스에 대해 상세히 말해 주세요.

9-2 Popular bars and pubs are often featured on TV or on social media such as Facebook. Tell me about a special occasion you have heard of or read about regarding a well-known bar or club on TV or on social media. Perhaps there was a celebrity visit or a special party there. Describe in detail what happened from beginning to end.

MP3 15_Q9-2

인기 술집과 맥주집은 TV나 페이스북 같은 소셜 미디어에서 자주 등장합니다. TV나 소셜 미디어에서 잘 알려진 술집이나 클럽의 특별한 상황에 대해 들어보거나 읽은 적이 있다면 말해 주세요. 아마도 그곳에 유명인사가 방문했거나 특별한 파티가 있었을 수도 있습니다. 무슨 일이 있었는지 처음부터 끝까지 자세히 설명해주세요.

9-3 The police sometimes have to raid bars for some reason. Tell me about a news you saw that involved both the police and a bar.

MP3 15_Q9-3

경찰은 가끔 어떠한 이유로 술집을 급습해야 합니다. 경찰과 술집이 관련된 뉴스에 대해 말해 주세요.

	Structure	Idea
시작 문장	주제 문장 소개	remember, news on TV, police, bar
본문	술집으로 경찰이 출동했던 사건 묘사	cracking down, illegal prostitution, live video, crackdown, police, blasted, rushed it, arrested, at the scene, disturbing, shocking, millions of dollars, prostitution, confiscated, profits
마무리 문장	나의 답변 마무리	news, about the police and a bar

Model Answer

I remember watching the news on TV about ❶ the police and a bar.

The ❷ police were cracking down on illegal prostitution. **A**

There was live video of the ❸ crackdown on the news. **B**

The police blasted the doors and rushed it.

They ❹ arrested many people at the scene. **C**

It was quite ❺ disturbing and shocking.

The bar had made millions of dollars through prostitution.

❻ The police confiscated the illegal profits from the bar.

So, this was the news I remember about the police and a bar.

Expanding Your Answer
더 풍부하고 논리적인 답변을 위해 문장을 추가해 보세요.

A This has been a serious issue in Korea.
이 문제는 한국에서 계속 심각했습니다.

B I thought I was watching some kind of movie at first.
처음에는 영화를 보고 있는 줄 알았습니다.

C More than 50 people were arrested.
50명이 넘는 사람들이 체포되었습니다.

Tips for Better Answers
* 15번 기출문제

❶ police와 bar에 관련된 특별한 이야기거리를 묻는 질문이기 때문에 시작 문장에 핵심 표현을 반드시 넣기
 Ex: 주제가 housing일 경우
  I remember watching the news about housing issues.
  집 문제에 관한 뉴스를 본 기억이 난다.

❷ police는 불가산 명사지만 clothes, goods 처럼 항상 복수형 동사와 쓰임
 시간을 언급하며 문장을 시작해도 자연스러움
 Ex: The police are coming to help.
  경찰이 도우러 오고 있다.
  The goods were very expensive.
  그 물건은 매우 비쌌다.

❸ crack down은 동사로 쓰이며 한 단어인 crackdown은 명사로 쓰임

❹ '체포되었다'로 표현하고 싶을 때에는 arrest를 수동태로 바꾸기
 Ex: Many people were arrested at the scene.
  많은 사람들이 그 자리에서 체포되었다.

❺ 충격적인 일이 발생한 후 감정을 묘사할 때 유용한 표현
 dreadful: 무서운
 horrendous: 무서운, 끔찍한
 appalling: 소름 끼치는, 간담이 서늘해지는

❻ 고급 표현 사용으로 등급 업! 암기 필수

Key Expressions

- **crack down** 단속하다
- **illegal** 불법
- **prostitution** 매춘
- **crackdown** 단속
- **blast** 폭파하다, 발로 차버리다
- **rush** 돌진하다, 급히 행동하다
- **arrest** 체포하다
- **at the scene** 그 자리에서, 현장에서
- **disturbing** 충격적인, 심란한, 불안한
- **shocking** 놀라운, 충격적인
- **confiscate** 압수하다, 몰수하다
- **profit** 수익

TV에서 경찰과 술집에 대한 뉴스를 본 기억이 납니다. 경찰은 불법 매춘을 단속하고 있었습니다. 뉴스에 단속 영상이 생중계됐습니다. 경찰이 문을 발로 차고 돌진했고 현장에서 많은 사람들을 체포했습니다. 상당히 심란하고 충격적인 장면이었습니다. 그 술집은 매춘을 통해 수백만 달러를 벌었습니다. 경찰은 그 불법 수익을 몰수했습니다. 이것이 제가 기억하는 경찰과 술집에 관한 뉴스입니다.

Chapter 16

Gatherings

빈출 주제 파악하기

질문을 제대로 파악하는 것만으로도 성공적으로 시험을 치를 수 있습니다. OPIc에서 자주 출제되는 질문들을 알아보세요.

1 Talk about gatherings or celebrations in your country. What do people do when they get together to celebrate things?

당신이 살고 있는 나라에서 열리는 사교 모임이나 축하 행사에 대해 이야기해 주세요. 사람들은 이러한 일들을 축하하기 위해 모였을 때 무엇을 하나요?

문항 유형	사람들이 가는 보편적인 모임들 묘사
문항 수준	Intermediate
핵심 포인트	• 모임 주제의 '사람들이 파티를 하는 보편적인 장소 묘사'와 같은 답변 활용 • 모임의 종류를 다양한 접속사를 활용하여 나열 • 일반적인 모임 방법에 대해 묘사하기 때문에 주어 people, they와 현재형 시제 사용
중요도	★

2 **What did you do at your last gathering or celebration? What was the occasion? Give me all the details.**

지난번 사교 모임이나 축하 행사에서 무엇을 했나요? 무엇 때문에 모였나요? 자세하게 말해 주세요.

문항 유형	본인이 참석한 지난번 모임에서 있었던 일들 묘사
문항 수준	Intermediate
핵심 포인트	• 음식점 주제의 '최근에 간 식당에서 먹은 음식과 맛 묘사' 답변 활용 • 과거의 경험이기 때문에 과거형 시제 사용 • 가족이나 직장 동료와 갔다면 주어는 we를 사용하며 식당에 대해 말할 때에는 주어 they를 사용
중요도	★

3 **Talk about a memorable incident that happened at a gathering or a celebration. Why was it so memorable or unforgettable?**

사교 모임이나 축하 행사에서 일어났던 기억에 남는 사건에 대해 이야기해 보세요. 왜 기억에 남거나 잊을 수 없나요?

문항 유형	참석한 모임에서 기억나는 에피소드 묘사
문항 수준	Advanced
핵심 포인트	• 모임 주제의 '최근 본인이 간 휴일 파티에서 했던 일 묘사'와 같은 답변 활용 • 술집 주제의 '최근 술집에서 한 기억에 남는 술자리 묘사'의 표현과 답변 최대한 활용 • 본인이 겪은 경험이기 때문에 주어 I 와 과거형 시제로 묘사
중요도	★

4 **Where do people usually have celebrations or parties in your area? Is it at someone's home, a park, or some place else? Tell me everything about that place in as much detail as you can.**

당신의 동네 사람들은 주로 어디에서 축하 행사나 파티를 하나요? 누군가의 집, 공원, 아니면 다른 곳이 있나요? 그 장소에 대해 가능한 한 자세히 말해 주세요.

문항 유형	사람들이 파티를 하는 보편적인 장소 묘사
문항 수준	Intermediate
핵심 포인트	• 모임 주제의 '사람들이 가는 보편적인 모임들 묘사'와 같은 답변 활용 • 모임의 종류를 다양한 접속사를 활용하여 나열 • 사람들의 일반적인 모임 방법에 대해 묘사하기 때문에 주어 people, they와 현재형 시제 사용
중요도	★

5 **Tell me about the last holiday party or celebration that you attended. What happened and who was there with you? Tell me about what you did from beginning to end.**

최근 참석한 휴일 파티나 축하 파티에 대해 말해 주세요. 무슨 일이 있었고 누구와 함께 있었나요? 그때 한 일에 대해 처음부터 끝까지 말해 주세요.

문항 유형	최근에 본인이 간 휴일 파티에서 했던 일 묘사
문항 수준	Advanced
핵심 포인트	• 모임 주제의 '본인이 참석한 모임에서 기억나는 에피소드 묘사'와 같은 답변 활용 • 술집 주제의 '최근 술집에서 한 기억에 남는 술자리 묘사'의 표현과 답변 최대한 활용 • 본인이 겪은 경험이기 때문에 주어 I 와 과거형 시제로 묘사
중요도	★

6 Talk about a time when you helped prepare for a party or a celebration. Perhaps you helped invite people, or you helped decorate the venue, or you helped get the food or drinks. Tell me about this experience from the beginning to the end.

직접 파티나 축하 행사의 준비를 도왔던 경험에 대해 이야기하세요. 아마도 손님 초대, 행사장 장식, 또는 음식이나 술을 준비하는 것을 도왔을 것입니다. 이 경험에 대해 처음부터 끝까지 말해주세요.

문항 유형	파티 준비를 도와준 경험 묘사
문항 수준	Advanced
핵심 포인트	• 음식점 주제의 '테이크아웃/배달 음식점을 통해 특별한 행사 준비 경험' 답변 내용 활용 • 음식을 준비했던 과거의 경험에 대해 이야기하기 때문에 과거형 시제 사용 • 여러 명이 참석한 파티에 관한 이야기이기 때문에 주어는 we 사용
중요도	★

7 How were gatherings or celebrations when you were a child? How are they different from now? What kinds of events are popular more recently?

어렸을 때 사교 모임이나 축하 행사는 어땠나요? 지금과 어떻게 다른가요? 최근에는 어떤 행사가 더 인기 있나요?

문항 유형	어렸을 때 모임과 현재 모임 비교
문항 수준	Advanced
핵심 포인트	• 14번 기출문제 • 과거와 현재 모임 방법이 크게 바뀌지 않았다고 답변 • 술집 주제의 '술집에서 하는 일들 과거와 현재 비교' 답변 그대로 활용 • 술집에서 열리는 모임에 관한 내용이기 때문에 people, they, bar를 주어로 사용하며 현재형 시제로 묘사
중요도	★

8 Gatherings and celebrations are important to people living in a city. However, the organization of these events takes time, energy and money. What are some issues people talk about related to organizing these events?

사교 모임과 축하 행사는 도시에 사는 사람들에게 중요합니다. 하지만 이러한 행사를 준비하려면 시간과 노력과 돈이 듭니다. 이런 행사 준비와 관련하여 사람들이 이야기하는 이슈에는 어떤 것들이 있나요?

문항 유형	모임 준비할 때 어려운 점 설명
문항 수준	Advanced
핵심 포인트	• 15번 기출문제 • 소셜 미디어 덕분에 모임을 준비할 때 어려움 점이 없다고 답변 • 평상시 어려운 점에 대해 묻기 때문에 현재형 시제 사용 • 모임 준비 방법에 대해 묻기 때문에 주어는 gatherings, it, there 등 상황에 맞게 다양하게 사용
중요도	★★★

9 **Gatherings or celebrations in small towns are often different from those in big cities. Tell me about some of the similarities and differences between the celebrations people have in small towns and in big cities in your country.**

작은 마을에서 열리는 사교 모임이나 축하 행사는 대도시에서 열리는 것과는 다릅니다. 작은 마을과 대도시에서 열리는 행사들의 유사점과 차이점에 대해 말해 주세요.

문항 유형	작은 마을과 대도시간 모임 비교
문항 수준	Advanced
핵심 포인트	• 14번 기출문제 • 작은 마을과 대도시에 열리는 모임에 차이가 없다고 답변 • 술집 주제의 '술집에서 하는 일들 과거와 현재 비교' 답변 그대로 활용 • 사람들의 모임에 관한 답변이기 때문에 주어 people, they를 사용하며 현재형 시제로 묘사
중요도	★

10 **What kinds of concerns do you hear people express regarding gatherings or celebrations in your area? Do people complain about traffic, parking, noise, garbage or other problems?**

사교 모임이나 축하 행사에 대해 사람들이 갖는 우려는 어떤 것들이 있나요? 교통, 주차, 소음, 쓰레기 또는 다른 문제들에 대해 불평하나요?

문항 유형	모임 관련 사람들이 갖고 있는 우려 설명
문항 수준	Advanced
핵심 포인트	• 15번 기출문제 • 모임 때 술로 인해 발생할 수 있는 문제점 나열 • 사람들이 평소 가지고 있는 우려사항이기 때문에 주어 people, they를 사용하며 현재형 시제로 묘사
중요도	★★★

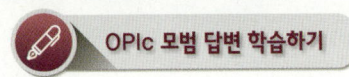

OPIc 모범 답변 학습하기

OPIc 질문에 대한 모범 답변을 살펴본 후, 질문의 핵심 포인트를 파악하여 나만의 OPIc 답변을 만들어 보세요.

1-1 Talk about gatherings or celebrations in your country. What do people do when they get together to celebrate things?
MP3 16_Q1-1

당신이 살고 있는 나라에서 열리는 사교 모임이나 축하 행사에 대해 이야기해 주세요. 사람들은 이러한 일들을 축하하기 위해 모였을 때 무엇을 하나요?

1-2 Where do people usually have celebrations or parties in your area? Is it at someone's home, a park, or some place else? Tell me everything about that place in as much detail as you can
MP3 16_Q1-2

당신의 동네 사람들은 주로 어디에서 축하 행사나 파티를 하나요? 누군가의 집, 공원, 아니면 다른 곳이 있나요? 그 장소에 대해 가능한 한 자세히 말해 주세요.

Structure		Idea
시작 문장	주제 문장 소개	social gatherings
본문	사람들이 모임 가지는 장소로 술집 묘사	grab some drinks, break the ice, spice up, drinking games, several rounds, staff-dinners, after-parties, bond with, build chemistry with, special occasions, good to have some drinks
마무리 문장	나의 답변 마무리	gatherings, with friends, co-workers

Model Answer
MP3 16_A1

❶ People often go to bars for social gatherings. **A**

They ❷ grab some drinks with their friends.

Drinks break the ice and ❸ spice up the mood.

They sometimes play drinking games.

They sometimes do several rounds.

Plus, people sometimes ❹ go to bars for staff-dinners or after-parties.

They are a great chance to bond with co-workers. **B**

They help ❺ build chemistry with colleagues.

Also, people sometimes go to bars for special occasions.

Such occasions include birthday parties, anniversaries or farewell parties. **C**

It is always good to have some drinks on special days like that.

So, these are the gatherings people have with friends or co-workers.

Expanding Your Answer

더 풍부하고 논리적인 답변을 위해 문장을 추가해 보세요.

A They gather to celebrate birthdays, promotions and so on.
사람들은 생일, 승진 등을 축하하기 위해 모입니다.

B Drinks make people feel more comfortable.
술은 사람들을 더 편안하게 느끼도록 해줍니다.

C They sometimes exchange gifts.
그들은 가끔 선물을 주고 받습니다.

Tips for Better Answers

▶ ❶ 사람들의 모임 방식에 대해 묻는 질문이기 때문에 핵심 표현 people, social gatherings를 시작 문장에 넣기
Ex: People have various types of social gatherings.
사람들은 다양한 종류의 모임을 즐긴다.

▶ ❷ = have drinks, go for drinks
Ex: I decided to have drinks with my coworkers last Friday.
지난 금요일에 직장 동료들과 술을 마시기로 했다.

▶ ❸ mood 대신 atmosphere 사용 가능
Ex: People started drinking to spice up the atmosphere.
사람들은 분위기를 띄우려고 술을 마시기 시작했다.

▶ ❹ 한 번 하는 회식이 아닌 일반적인 회식 또는 모임에 대해 말하기 때문에 복수 명사 사용
company dinners

▶ ❺ = create chemistry, develop chemistry
chemistry 앞에 동사 have가 쓰일 경우 '서로 잘 통한다.' '잘 맞다'라는 의미
chemistry는 '통함' 이라는 느낌의 명사로 쓰임
동사 build나 create이 쓰이면 '잘 통하기 위해 노력하다'라는 의미
Ex: We have the right chemistry.
우리는 정말 잘 통한다.
I hope we can create chemistry.
나는 우리가 잘 통했으면 좋겠어.

Key Expressions

- **social gathering** 사교 모임
- **grab drinks** 술을 마시다
- **break the ice** 어색함을 깨다
- **spice up** 돋구다, 더 좋게 되다
- **do several rounds** 몇 차례 마시다
- **staff-dinners** 회식
- **after-parties** 파티 후의 또 다른 파티
- **bond with** ~와 친해지다, 유대감이 형성되다
- **build chemistry** 친밀감, 친근함을 느끼다
- **special occasions** 특별한 경우
- **anniversaries** 기념일
- **farewell party** 송별회

사람들은 주로 친목 도모를 위해 술집에 갑니다 친구들과 술을 마십니다. 술은 어색함을 깨고 분위기를 돋웁니다. 사람들은 가끔 술 게임도 합니다. 가끔 몇 차까지 마십니다. 또한, 가끔 회식이나 뒤풀이를 위해 술집에 갑니다. 동료들과 친해질 수 있는 좋은 기회입니다. 동료들과 친밀감이 생길 수 있도록 술이 도와줍니다. 생일 파티, 기념일, 송별회 같이 특별한 날에도 술집에 갑니다. 그런 특별한 날에는 술이 빠질 수 없습니다. 즉, 이러한 사교 모임들이 사람들이 제가 친구들이나 동료들과 갖는 모임들입니다.

OPIc 모범 답변 학습하기

OPIc 질문에 대한 모범 답변을 살펴본 후, 질문의 핵심 포인트를 파악하여 나만의 OPIc 답변을 만들어 보세요.

2. What did you do at your last gathering or celebration? What was the occasion? Give me all the details.

🎧 MP3 16_Q2

지난번 사교 모임이나 축하 행사에서 무엇을 했나요? 무엇 때문에 모였나요? 자세하게 말해 주세요.

	Structure	Idea
시작 문장	주제 문장 소개	gathering, a few weeks ago
본문	최근 모임을 위해 간 식당 경험에 대해 묘사	decent, restaurant, best, in town, food tasted, starving, juicy, tender, the place was so popular
마무리 문장	나의 답변 마무리	enjoyable

Model Answer 🎧 MP3 16_A2

❶ My friends and I had ❷ a gathering a few weeks ago. **A**
+My co-workers and I had a staff-dinner near my office ❸ a few days ago.
+My family and I had dinner/lunch near my house last weekend.
We went to a decent Japanese restaurant. **B**
❹ +Italian +Mexican +Thai +Vietnamese +Chinese
They had the best sushi in town.
+pasta +tacos +Thai curry +rice noodles +fried pork
The food tasted extra good because I was starving.
The fish we ordered was so juicy and tender. **C**
+beef +shrimp +crab +lobster +octopus +steak
❺ I could see why that place was so popular.
We had some drinks with the meal.
We ordered some beer, which went very well with the food.
+wine +soft drinks +cocktails
Looking back, it was a very enjoyable dinner.

Expanding Your Answer
더 풍부하고 논리적인 답변을 위해 문장을 추가해 보세요.

A It was to celebrate my friend's birthday.
친구의 생일을 축하하기 위해서였습니다.

B It was one of the hottest places in my neighborhood.
우리 동네에서 가장 인기 있는 장소 중 하나였습니다.

C I could not stop eating.
먹는 것을 멈출 수 없었습니다.

Tips for Better Answers

* 음식점 주제의 '최근에 간 식당에서 먹은 음식과 맛 묘사' 답변 활용

▶❶ I가 다른 주어와 함께 쓰일 때 언제나 I가 제일 뒤로 감
I and my family had a gathering yesterday. (x)
My family and I had a gathering yesterday. (o)
가족과 나는 어제 모임을 가졌다.

▶❷ 하나의 특정한 모임을 묘사하기 때문에 단수 명사 사용
Ex: I have gatherings almost every weekend.
거의 매주 주말마다 모임이 있다. (일반적인 모임이기 때문에 복수 명사)
I have a gathering this weekend.
이번 주에 모임이 있다. (하나의 모임을 말하기 때문에 단수 명사)

▶❸ 최근 가진 모임에 대해 묻는 질문이기 때문에 과거인 것을 나타내는 표현 사용
시간을 말하며 문장 시작하는 것도 추천 방법
Ex: A few days ago, I had a gathering.
며칠 전, 모임이 있었다.

▶❹ 답변 양의 확보를 위해 다양한 음식점과 음식 종류 나열

▶❺ '그 장소가 왜 그렇게 인기 있는지 알 수 있었다'라는 의미
동사 know가 아닌 see 또는 understand 사용
Ex: I could see why everyone wanted to go there for gatherings.
모두가 왜 그곳에서 모임을 하고 싶어했는지 알 수 있었다.

Key Expressions

- **gathering** 모임
- **co-workers** 직장 동료
- **staff-dinner** 회식
- **decent** 꽤 괜찮은
- **extra good** 더 좋은
- **be starving** 매우 배가 고프다
- **juicy** 즙이 많은
- **tender** 부드러운
- **popular** 인기 많은
- **go well with A** A와 잘 어울리다
- **enjoyable** 즐거운

제 친구들과 저는 몇 주 전에 모임을 가졌습니다. (+며칠 전 직장 동료들과 사무실 근처에서 회식을 했습니다. +지난 주말에 가족과 집 근처에서 저녁/점심을 먹었습니다.) 우리는 괜찮은 일식집에 갔습니다. (+이탈리아 +멕시코 +태국 +베트남 +중국) 그곳은 동네에서 가장 맛있는 초밥을 제공합니다. (+파스타 +타코 +태국 카레 +쌀국수 +볶음 돼지고기) 배가 고파서 음식이 더 맛있었습니다. 우리가 주문한 생선은 육즙이 많고 부드러웠습니다. (+소고기 +새우 +게 +랍스터 +문어 +스테이크) 그곳이 왜 그렇게 인기가 많은지 알 수 있었습니다. 우리는 식사와 함께 술을 좀 마셨습니다. 우리는 맥주를 주문했는데, 그것은 음식에 아주 잘 어울렸습니다. (+와인 +탄산음료 +칵테일) 돌이켜보면, 매우 즐거운 저녁 식사였습니다.

OPIc 모범 답변 학습하기

OPIc 질문에 대한 모범 답변을 살펴본 후, 질문의 핵심 포인트를 파악하여 나만의 OPIc 답변을 만들어 보세요.

3-1 Talk about a memorable incident that happened at a gathering or a celebration. Why was it so memorable or unforgettable? 🎧 MP3 16_Q3-1

사교 모임이나 축하 행사에서 일어났던 기억에 남는 사건에 대해 이야기해 보세요. 왜 기억에 남거나 잊을 수 없나요?

3-2 Tell me about the last holiday party or celebration that you attended. What happened and who was there with you? Tell me about what you did from beginning to end. 🎧 MP3 16_Q3-2

최근 참석한 명절 파티나 축하 파티에 대해 말해 주세요. 무슨 일이 있었고 누구와 함께 있었나요? 그때 한 일에 대해 처음부터 끝까지 말해 주세요.

Structure		Idea
시작 문장	주제 문장 소개	remember, gathering
본문	모임에 나가서 만취했던 경험 묘사	held at, drank beer, ended up drinking, got very drunk, quite a lot, stomach, upset, dizzy, walk straight, hangover, sober up
마무리 문장	나의 답변 마무리	try, more careful

Model Answer 🎧 MP3 16_A3

I remember ❶ going to ❷ a gathering several weeks ago. **A**

+a staff-dinner +a year-end party +a birthday party

It was held at a Korean bar and we ❸ drank beer there.

+a Japanese bar +a wine bar +wine +Whiskey +cocktails

However, I ❹ ended up drinking quite a lot that day.

I ❺ got very drunk because I drank too much.

+I drank too fast +I drank on an empty stomach +I mixed drinks

My stomach was upset. **B**

I felt dizzy and I could NOT walk straight.

+I got wasted and blacked out.

+I do NOT even remember how I got home.

I had a hangover the next day. It took me quite a while to sober up. **C**

Since then, I try to be more careful when I drink.

Expanding Your Answer

더 풍부하고 논리적인 답변을 위해 문장을 추가해 보세요.

A There were more than 20 people.
20명이 넘는 사람들이 있었습니다.

B I felt like I was going to vomit.
토할 거 같은 기분이었습니다.

C I could not concentrate at work due to the hangover.
숙취 때문에 일에 집중할 수 없었습니다.

Tips for Better Answers

* 술집 주제의 '최근 술집에서 한 기억에 남는 술자리 묘사'의 표현과 답변 활용

❶ gathering과 어울리는 동사는 go to, have
= get interested in
Ex: I went to a gathering last week.
지난주에 모임에 갔다. (다른 사람이 여는 모임에 참석했다는 의미 포함)
I had a gathering last week.
지난주에 모임을 가졌다. (내가 모임을 주최했다는 뜻도 있음)

❷ 가볍게 사람들과 만나는 모임은 gathering으로 표현
= get-together
Ex: I had a get-together with my coworkers yesterday.
어제 직장 동료들과 모임을 가졌다.

❸ = have drinks, grab drinks
Ex: We had some drinks there.
그곳에서 술을 좀 마셨다.

❹ end up + 동명사: 결국 (동명사)하게 되다
Ex: We ended up fighting.
우리는 결국 싸웠다.
We ended up cancelling the trip.
결국 여행을 취소했다.

❺ '술에 취했다'는 I am drunk.
I am drunken. (x)

Key Expressions

- **gathering** 모임
- **end up** 결국 ~하게 되다
- **quite a lot** 꽤 많이
- **get drunk** 술에 취하다
- **empty stomach** 빈속
- **upset** 아픈, 화가 난
- **dizzy** 어지러운
- **get wasted** 만취하다
- **get blacked out** 정신을 잃다
- **hangover** 숙취
- **sober up** 술이 깨다

몇 주 전에 모임에 갔던 기억이 납니다. (+회식 +연말파티 +생일파티) 한국식 술집이었고 저는 거기서 맥주를 마셨습니다. (+일본식 술집 +와인 술집 +와인 +위스키 +칵테일) 결국 그날 술을 꽤 많이 마셨습니다. 술을 너무 많이 마셔서 많이 취했습니다. (+너무 빨리 마셔서 +빈속에 마셔서 +섞어 마셔서) 속이 너무 안 좋았습니다. 현기증이 나서 똑바로 걸을 수가 없었습니다. (+완전히 취해서 정신을 잃었습니다. +집에 어떻게 왔는지 기억도 나지 않습니다.) 다음날 숙취에 시달렸습니다. 술이 깨는 데 꽤 오래 걸렸습니다. 그 이후로, 저는 술을 마실 때 더 조심하려고 노력합니다.

OPIc 모범 답변 학습하기

OPIc 질문에 대한 모범 답변을 살펴본 후, 질문의 핵심 포인트를 파악하여 나만의 OPIc 답변을 만들어 보세요.

4 Talk about a time when you helped prepare for a party or a celebration. Perhaps you helped invite people, or you helped decorate the venue, or you helped get the food or drinks. Tell me about this experience from the beginning to the end.

🎧 MP3 16_Q4

직접 파티나 축하 행사의 준비를 도왔던 경험에 대해 이야기하세요. 아마도 손님 초대, 행사장 장식, 또는 음식이나 술을 준비하는 것을 도왔을 것입니다. 이 경험에 대해 처음부터 끝까지 말해 주세요.

	Structure	Idea
시작 문장	주제 문장 소개	remember, birthday party
본문	집에서 생일 파티를 준비한 경험 묘사	68th birthday, birthday cake, gifts. cooked food, ordered, tasted extra good, starving, after the party, leftovers, clean up
마무리 문장	나의 답변 마무리	looking back, enjoyable

Model Answer 🎧 MP3 16_A4

I ❶ remember having my dad's birthday party at home. **A**
+mom's +son's +daughter's +sister's +brother's
+wife's +husband's +father-in-law's +mother-in-law's
It was his 68th birthday.
We got a birthday cake and some gifts for my dad. **B**
We ❷ cooked some food for the party.
Plus, we ❸ ordered in some Chinese food. **C**
+❹ some pizza +some fried chicken
The food tasted extra good because I was starving.
After the party, there were ❺ some leftovers.
I helped clean up after the party.
Looking back, it was a very enjoyable party.

Tips for Better Answers

* 음식점 주제의 '테이크아웃/배달 음식점을 통해 특별한 행사 준비경험' 답변 활용

▶ ❶ 〈remember + 동명사〉
과거의 경험에 대해 이야기할 때 시작 문장으로 가장 자연스러움
party와 어울리는 동사는 have, throw
Ex: I remember having a housewarming party last weekend.
지난주에 집들이 파티를 한 기억이 난다.

▶ ❷ = make
Ex: We made some food for the party.
우리는 파티를 위해 요리를 했다.

▶ ❸ order: 주문하다
order in: 음식을 배달시키다
Ex: We ordered in some pizza and pasta from a nice Italian restaurant.
우리는 좋은 이탈리안 식당에서 피자와 파스타를 배달 주문했다.

▶ ❹ 답변 양의 확보를 위해 주문한 음식 종류 나열
Ex: We ordered in some Mexican food.
우리는 멕시코 음식을 배달 주문했다.

▶ ❺ 남은 음식
Ex: I put the leftovers in the fridge.
나는 남은 음식을 냉장고에 넣었다.

Expanding Your Answer

더 풍부하고 논리적인 답변을 위해 문장을 추가해 보세요.

A I wanted to throw the best party for him.
그를 위해 제일 멋진 파티를 열어주고 싶었습니다.

B I prepared a chocolate cake and he liked it very much.
저는 초콜릿 케이크를 준비했고 그는 매우 마음에 들어 했습니다.

C It was cost-saving and time-efficient.
비용도 절약되고 시간도 아낄 수 있었습니다.

Key Expressions

- **birthday party** 생일 파티
- **birthday cake** 생일 케이크
- **gift** 선물
- **order** 주문하다
- **starving** 배가 고픈
- **leftovers** 남은 음식
- **clean up** 치우다
- **enjoyable** 재미있는, 즐거운

집에서 아버지의 생일 파티를 했던 기억이 납니다. (+엄마의 +아들의 +딸의 +누나의 +형제의 +자매의 +아내의 +남편의 +장인어른의, 시아버지의 +장모님의, 시어머니의) 아버지의 68번째 생일이었습니다. 생일 케이크와 선물을 준비했습니다. 우리는 파티를 위해 요리를 했고, 중국 음식도 주문했습니다. (+피자 +후라이드 치킨) 배가 고파서 음식이 더 맛있었습니다. 파티가 끝나고 음식이 좀 남았습니다. 저는 파티가 끝난 후 청소를 도왔습니다. 돌이켜보면 아주 즐거운 파티였습니다.

OPIc 모범 답변 학습하기

OPIc 질문에 대한 모범 답변을 살펴본 후, 질문의 핵심 포인트를 파악하여 나만의 OPIc 답변을 만들어 보세요.

5 How were gatherings or celebrations when you were a child? How are they different from now? What kinds of events are popular more recently? 🎧 MP3 16_Q5

어렸을 때 사교 모임이나 축하 행사는 어땠나요? 지금과 어떻게 다른가요? 최근에는 어떤 행사가 더 인기 있나요?

	Structure	Idea
시작 문장	주제 문장 소개	frankly speaking, have not changed
본문	모임은 과거와 크게 다르지 않다고 답한 후 술집에서 열리는 모임에 대해 묘사	grab some drinks, break the ice, spice up, drinking games, several rounds, staff-dinners, after-parties, bond with, build chemistry with, special occasions, good to some have drinks
마무리 문장	나의 답변 마무리	gatherings, not changed

Model Answer 🎧 MP3 16_A5

Frankly speaking, ❶ gatherings have NOT changed THAT much over the years. **A**

❷ People often go to bars for social gatherings.
They grab some drinks with their friends.
Drinks break the ice and spice up the mood.
They sometimes play drinking games.
They sometimes do several rounds. **B**
Plus, people sometimes go to bars for staff-dinners or after-parties.
They are a great chance ❸ to bond with co-workers.
They help build chemistry with colleagues.
Also, people sometimes go to bars for special occasions.
❹ Such occasions include birthday parties, anniversaries or farewell parties. **C**
It is always good to have some drinks on special days like that.
Once again, gatherings have NOT changed THAT much over the years.

Expanding Your Answer

더 풍부하고 논리적인 답변을 위해 문장을 추가해 보세요.

A I think people go to bars for similar reasons.
저는 사람들이 비슷한 이유로 술집에 간다고 생각합니다.

B Some people like to drink until midnight.
어떤 사람들은 자정까지 술 마시기를 좋아합니다.

C Also, people gather to celebrate one's promotion.
또한 사람들은 누군가의 승진을 축하하기 위해 모입니다.

Tips for Better Answers

* 14번 기출문제
* 술집 주제의 '술집에서 하는 일들 과거와 현재 비교' 답변 그대로 활용

❶ 과거와 현재 모임의 방식이 크게 바뀌지 않았다고 말하기
Ex: Frankly speaking, what people do when they meet have NOT changed THAT much over the years.
솔직히 말하자면 지난 몇 년 동안 사람들이 만나서 하는 일은 그렇게까지 바뀌지는 않았다.
강조하기 위해 NOT과 THAT에 강세 주면서 말하기

❷ 술집 주제의 '술집에 주로 언제 가고 무엇을 하는지 묘사'의 답변 그대로 활용

❸ bond with A: A와 유대감을 형성하다
bond가 명사로 쓰일 경우 '끈, 유대감'을 의미
Ex: I have a strong bond with my mother.
나는 어머니와 강한 유대감이 있다.

❹ 답변 양을 확보할 수 있는 가장 쉬운 방법은 모임의 종류 나열
Ex: People gather to celebrate various types of events, such as birthdays, anniversaries and promotions.
사람들은 생일, 기념일, 승진 같은 다양한 이벤트를 축하하기 위해 모인다.

Key Expressions

- **social gathering** 사교 모임
- **grab drinks** 술을 마시다
- **break the ice** 어색함을 깨다
- **spice up** 돋구다, 더 좋게 되다
- **do several rounds** 몇 차례 마시다
- **staff-dinners** 회식
- **after-parties** 파티 후의 또 다른 파티
- **bond with** ~와 친해지다, 유대감이 형성되다
- **build chemistry** 친밀감, 친근함을 느끼다
- **special occasions** 특별한 경우
- **anniversaries** 기념일
- **farewell party** 송별회

솔직히 말해서, 사교 모임은 몇 년 동안 그렇게 많이 변하지 않았습니다. 사람들은 주로 친목 도모를 위해 술집에 갑니다. 친구들과 술을 마십니다. 술은 어색함을 깨고 분위기를 돋웁니다. 사람들은 가끔 술 게임을 합니다. 가끔 몇 차까지 마십니다. 또한, 가끔 회식이나 뒤풀이를 위해 술집에 갑니다. 동료들과 친해질 수 있는 좋은 기회입니다. 동료들과 친밀감이 생길 수 있도록 술이 도와줍니다. 생일 파티, 기념일, 송별회 같이 특별한 날에도 술집에 갑니다. 그런 특별한 날에는 술이 빠질 수 없습니다. 다시 한번 말하자면 모임은 몇 년 동안 그렇게 많이 변하지 않았습니다.

OPIc 모범 답변 학습하기

OPIc 질문에 대한 모범 답변을 살펴본 후, 질문의 핵심 포인트를 파악하여 나만의 OPIc 답변을 만들어 보세요.

6 Gatherings and celebrations are important to people living in a city. However, the organization of these events takes time, energy and money. What are some issues people talk about related to organizing these events?

 MP3 16_Q6

사교 모임과 축하 행사는 도시에 사는 사람들에게 중요합니다. 하지만 이러한 행사를 준비하려면 시간과 노력과 돈이 듭니다. 이런 행사 준비와 관련하여 사람들이 이야기하는 이슈에는 어떤 것들이 있나요?

	Structure	Idea
시작 문장	주제 문장 소개	organizing gatherings, easier
본문	파티 장소 예약 등 모임을 위해 준비해야 하는 것들 묘사	social media, contact people, less time and effort, invite, events, find venues, information, regarding party venues, booking, that difficult
마무리 문장	나의 답변 마무리	organizing gatherings, easier

Model Answer MP3 16_A6

To be honest, ① organizing gatherings has become much easier than in the past. **A**

② Thanks to social media, it is easier to contact people. **B**

It takes much less time and effort to invite them to various events.

Plus, it is easier to find venues for gatherings.

There is a lot of information online regarding party venues.

Booking a place for an event is ③ NOT THAT difficult. **C**

④ Once again, I think organizing gatherings has become a lot easier.

Tips for Better Answers

* 15번 기출문제

▶ ① 모임을 준비하는 것이 예전보다 쉬워졌다고 말할 때에는 현재완료형 have p.p 사용
주제의 핵심 표현인 organizing gatherings를 시작 문장에 포함
과거와 현재를 비교할 때 유용한 문장이며 활용도가 높기 때문에 암기 필수!

▶ ② = due to, because of
thanks to는 due to, because of와 달리 고마운 느낌이 포함됨
좋지 않은 결과의 원인을 묘사할 때에는 thanks to 사용하지 않음
Ex: I got this job thanks to you.
    너 덕분에 이 일을 구했어.
    I got into this trouble because of you.
    너 때문에 이 문제에 휘말렸어.

▶ ③ not that 형용사: 그렇게 (형용사)하지는 않은
Ex: The restaurant is expensive, but not THAT expensive.
    그 식당이 비싸긴 하지만 그렇게까지 비싸지는 않다.

▶ ④ 현재 완료형을 다시 한번 사용하기 위해 시작 문장의 핵심 표현인 organizing gatherings을 반복

Expanding Your Answer

더 풍부하고 논리적인 답변을 위해 문장을 추가해 보세요.

A It took some time to find party places and contact people.
파티 장소를 찾고 사람들과 연락하는 것은 시간이 조금 걸렸습니다.

B People can send all the invitations at once.
사람들은 초대장을 한 번에 보낼 수 있습니다.

C Plus, people can get great deals since they can easily compare prices.
게다가 쉽게 가격을 비교할 수 있어 꽤 싸게 예약할 수 있습니다.

Key Expressions

- **organize** 준비하다, 계획하다
- **contact** 연락하다
- **invite** 초대하다
- **various** 다양한
- **venue** 장소, 홀
- **book a place** 장소 예약하다

솔직히 모임 준비는 예전보다 훨씬 쉬워졌습니다. 소셜 미디어 덕분에 사람들과 연락하는 것이 더 쉬워졌습니다. 다양한 행사에 초대하는 것은 훨씬 시간과 노력이 덜 듭니다. 게다가, 모임을 위한 장소를 찾는 것도 더 쉬워졌습니다. 인터넷에 파티 장소에 대해 정보가 아주 많습니다. 행사 장소를 예약하는 것은 그렇게 어렵지 않습니다. 즉, 모임을 준비하는 것이 훨씬 쉬워진 것 같습니다.

 OPIc 모범 답변 학습하기

OPIc 질문에 대한 모범 답변을 살펴본 후, 질문의 핵심 포인트를 파악하여 나만의 OPIc 답변을 만들어 보세요.

7 Gatherings or celebrations in small towns are often different from those in big cities. Tell me about some of the similarities and differences between the celebrations people have in small towns and in big cities in your country. MP3 16_Q7

작은 마을에서 열리는 사교 모임이나 축하 행사는 대도시에서 열리는 것과는 다릅니다. 작은 마을과 대도시에서 열리는 행사들의 유사점과 차이점에 대해 말해 주세요.

	Structure	Idea
시작 문장	주제 문장 소개	gatherings, the same
본문	두 도시간 모임의 차이가 없기 때문에 일반적인 모임 방법 묘사	grab some drinks, break the ice, spice up, drinking games, several rounds, staff-dinners, after-parties, bond with, build chemistry with, special occasions, good to have drinks
마무리 문장	나의 답변 마무리	gatherings, the same

Model Answer 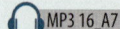 MP3 16_A7

To be honest, ❶ gatherings are pretty much the same ❷ wherever you are.

❸ People often go to bars for social gatherings.

They grab some drinks with their friends. **A**

Drinks break the ice and spice up the mood.

They sometimes play drinking games.

They sometimes do several rounds. **B**

Plus, people sometimes go to bars for staff-dinners or after-parties.

They are a great chance to bond with co-workers.

They help build chemistry with colleagues. **C**

Also, people sometimes go to bars for special occasions.

Such occasions include birthday parties, anniversaries or farewell parties.

It is always good to have some drinks on special days like that.

❹ Once again, gatherings are pretty much the same wherever you are.

Expanding Your Answer

더 풍부하고 논리적인 답변을 위해 문장을 추가해 보세요.

A They gather to talk about their work and family.
그들은 일과 가족에 대해 이야기하기 위해 모입니다.

B People try to go home early when they drink on weekdays.
사람들은 평일에 술을 마시면 집에 일찍 가려고 노력합니다.

C They can even be friends.
그들은 심지어 친구가 될 수도 있습니다.

Tips for Better Answers

* 14번 기출문제

* 술집 주제의 '술집에서 하는 일들 과거와 현재 비교' 답변 그대로 활용

❶ 과거와 현재 비교 질문이 나왔을 때 변한 부분이 크게 없다면 사용할 수 있는 문장
  the same: 완전 같다, 똑같다
  pretty much the same: 거의 같다, 거의 똑같다
  = almost the same
  Ex: Drinks at bars are almost the same.
  술집에 있는 술은 거의 다 똑같다.
  What we do here is exactly the same.
  우리가 여기서 하는 것은 완전 똑같다.

❷ whenever 주어+동사: (주어)가 (동사) 할 때에는 언제든지
  wherever 주어+동사: (주어)가 어디에서 (동사)를 하던지
  복합관계부사 사용으로 등급 업!
  Ex: I have gatherings whenever I want to.
  나는 내가 원할 때 언제든지 모임을 가진다.
  I have gatherings wherever I go.
  나는 어디를 가든지 모임을 가진다.

❸ 본인의 경험이 아닌 사람들이 하는 일을 묘사하기 때문에 주어 people, they를 사용하며 평소의 모임 습관에 대해 이야기하기 때문에 gatherings 복수 명사 사용

❹ 문장 마무리를 위해 시작 문장 다시 한번 반복 답변의 핵심 단어인 gatherings, the same을 포함하며 과거와 현재를 비교 했기 때문에 현재완료형을 사용하여 마무리

> **Key Expressions**
> - **social gathering** 사교 모임
> - **grab drinks** 술을 마시다
> - **break the ice** 어색함을 깨다
> - **spice up** 돋구다, 더 좋게 되다
> - **do several rounds** 몇 차례 마시다
> - **staff-dinners** 회식
> - **after-parties** 파티 후의 또 다른 파티
> - **bond with** ~와 친해지다, 유대감이 형성되다
> - **build chemistry** 친밀감, 친근함을 느끼다
> - **special occasions** 특별한 경우
> - **anniversaries** 기념일
> - **farewell party** 송별회

솔직히 어디에 있든지 모임은 거의 똑같습니다. 사람들은 주로 친목 도모를 위해 술집에 갑니다 친구들과 술을 마십니다. 술은 어색함을 깨고 분위기를 돋웁니다. 사람들은 가끔 술 게임을 합니다. 가끔 몇 차까지 마십니다. 또한, 가끔 회식이나 뒤풀이를 위해 술집에 갑니다. 동료들과 친해질 수 있는 좋은 기회입니다. 동료들과 친밀감이 생길 수 있도록 술이 도와줍니다. 생일 파티, 기념일, 송별회 같이 특별한 날에도 술집에 갑니다. 그런 특별한 날에는 술이 빠질 수 없습니다. 즉, 장소에 상관없이 사교 모임은 거의 똑같습니다.

OPIc 모범 답변 학습하기

OPIc 질문에 대한 모범 답변을 살펴본 후, 질문의 핵심 포인트를 파악하여 나만의 OPIc 답변을 만들어 보세요.

8 What kinds of concerns do you hear people express regarding gatherings or celebrations in your area? Do people complain about traffic, parking, noise, garbage or other problems? 🎧 MP3 16_Q8

사교 모임이나 축하 행사에 대해 사람들이 갖는 우려는 어떤 것들이 있나요? 교통, 주차, 소음, 쓰레기 또는 다른 문제들에 대해 불평하나요?

	Structure	Idea
시작 문장	주제 문장 소개	biggest concerns, overdrinking, gatherings
본문	모임에 나가 술에 취한 사람들로 인해 생기는 문제점 나열	get drunk, make mistakes, cause, trouble, noise, get into fights, responsible
마무리 문장	나의 답변 마무리	should, drink, moderation, gatherings

Model Answer 🎧 MP3 16_A8

❶ One of the biggest concerns is ❷ overdrinking when it comes to gatherings. **A**

People often drink too much and get drunk.

❸ When they get drunk, they can make mistakes.

Drunk people usually ❹ cause a lot of trouble. **B**

They can also cause a lot of noise.

Some drunk people even get into fights.

People should try to be responsible drinkers. **C**

They should always drink in moderation at gatherings.

Expanding Your Answer
더 풍부하고 논리적인 답변을 위해 문장을 추가해 보세요.

A Actually, it happens quite often.
사실 꽤 자주 일어납니다.

B They can lose their belongings.
그들은 자신들의 물건을 잃어버릴 수 있습니다.

C And they try to sober up before going home.
그리고 그들은 집에 가기 전에 술에서 깨려고 노력합니다.

Tips for Better Answers
* 15번 기출문제

➤ ❶ one of the 최상급 형용사 + 복수명사 + 단수동사:
가장 (형용사)한 (명사)들 중에 하나
15번 기출문제인 issue 또는 problem에 관한 질문이 나올 때 시작 문장으로 추천
암기 필수!
Ex: One of the most controversial problems regarding housing in Korea is expensive housing price.
한국의 거주지와 관련하여 가장 논쟁거리가 되는 문제 중 하나는 비싼 집값이다.

➤ ❷ = drinking too much
= excessive drinking
Ex: My stomach is upset by the excessive drinking last night.
어제 저녁 과음을 해서 속이 좋지 않다.

➤ ❸ 술에 취하면 발생하는 일반적인 사건, 사고에 대해 말할 때 반드시 현재형 시제 사용
술에 취하는 것은 발생할 가능성이 높은 일이기 때문에 if가 아닌 when 사용

➤ ❹ = get into trouble
Ex: Drunk people easily get into trouble.
술에 취한 사람들은 쉽게 문제를 일으킨다.

Key Expressions
- **concern** 걱정거리
- **overdrinking** 술을 많이 마시는 것
- **get drunk** 술에 취하다
- **make mistake** 실수하다
- **cause** 유발하다, 야기하다
- **trouble** 문제점
- **get into fights** 싸움에 휘말리다
- **responsible** 책임감 있는
- **drinker** 술 마시는 사람
- **in moderation** 적당히, 적절하게

모임과 관련된 문제점 중 가장 큰 문제 중 하나는 과음하는 것입니다. 사람들은 종종 술을 너무 많이 마시고 취합니다. 술에 취하면 실수를 할 수 있습니다. 술 취한 사람들은 보통 문제를 많이 일으킵니다. 또한 많은 소음을 유발할 수도 있습니다. 어떤 술 취한 사람들은 심지어 싸움을 하기도 합니다. 사람들은 책임감 있는 음주자가 되도록 노력해야 합니다. 모임에서 항상 적당히 술을 마셔야 합니다.

Chapter 16 Gatherings

Chapter 17
Domestic Trips

빈출 주제 파악하기

질문을 제대로 파악하는 것만으로도 성공적으로 시험을 치를 수 있습니다. OPIc에서 자주 출제되는 질문들을 알아보세요.

1 You indicated in the survey that you take vacations domestically. Tell me about some of the places you like to travel to and why you like going there.

사전 설문에서 당신은 국내에서 휴가를 보낸다고 답했습니다. 여행가기 좋은 장소가 어디인지, 왜 좋아하는지 말해 주세요.

문항 유형	좋아하는 국내 여행 장소들 묘사
문항 수준	Intermediate
핵심 포인트	• 본인이 좋아하는 여행 장소에 대해 이야기하기 때문에 주어는 I 사용 • 장소 묘사에 어울리는 고급 형용사 사용 • 현재 본인의 취향을 묻는 질문이기 때문에 현재형 시제 사용
중요도	★★★

2 **Can you tell me about the things you do in order to prepare for trips?**
여행 준비를 위해 하는 일들에 대해 말해 줄 수 있나요?

문항 유형	여행가기 전에 하는 준비 설명
문항 수준	Intermediate
핵심 포인트	• 해변을 포함한 여행 장소에 갈 때 가져가는 준비물 나열
	• 평소에 가져가는 물건을 묘사해야 하므로 주어 I 와 현재형 사용
	• 다양한 부사를 사용하여 아이디어 나열
중요도	★★★

3 **Traveling can lead to many kinds of interesting, funny and unexpected experiences. Tell me about one travel experience you had that was unforgettable. Start by telling me when this happened, where you were, and who you were with. And then, tell me about all the things that happened that made this experience so memorable.**
여행 중에는 흥미롭고, 재미있고, 예상치 못한 일들이 생길 수 있습니다. 잊을 수 없는 경험에 대해 말해 주세요. 언제, 어디서, 누구와 함께 있었는지 말해 주세요. 왜 기억에 남는지도 말해 주세요.

문항 유형	여행 중에 있었던 잊을 수 없는 에피소드 설명
문항 수준	Advanced
핵심 포인트	• 음식 때문에 고생한 경험 또는 술에 취한 경험 내용 활용
	• 본인이 겪은 기억에 남는 경험이기 때문에 주어 I 사용
	• 다른 사람에게 발생한 일이라면 주어 바꾸기
	• 과거의 경험이기 때문에 과거형 시제 사용
중요도	★★★

4 **Tell me about some of the trips that you took in your youth. Where did you go? Who did you go with? And what did you do or see during those early trips?**
어릴 때 갔던 여행에 대해 말해 주세요. 어디를 갔고 누구와 갔나요? 무엇을 했거나 보았나요?

문항 유형	어렸을 때 갔었던 여행들 설명
문항 수준	Advanced
핵심 포인트	• 해변에 관련된 질문에도 답변을 활용할 수 있도록 장소는 해변 선택
	• 음식점 주제에 같이 쓰일 수 있는 표현 및 어휘 활용
	• 과거의 경험이기 때문에 과거형 시제 사용
	• 상황에 따라 주어는 I 와 we 번갈아 가며 사용
중요도	★★★★★

5 **You indicated in the survey that you take vacations domestically. People say that traveling has become more difficult in the past 5 years. Tell me about the types of changes you have observed while traveling and talk about how these changes have affected travelers.**
당신은 국내에서 휴가를 보낸다고 했습니다. 사람들은 지난 5년 동안 여행이 더 어려워졌다고 말합니다. 여행 중에 느낀 변화와 이러한 변화가 여행자들에게 어떤 영향을 미쳤는지 말해 주세요.

문항 유형	지난 5년간 여행이 더 어려워진 이유 설명
문항 수준	Advanced
핵심 포인트	• 과거의 여행 특징에 대해 말할 때에는 과거형 시제 사용
	• 현재 여행 특징에 대해 말할 때에는 현재형 시제로 묘사
	• 과거와 현재의 차이점을 비교할 때에는 현재완료형 사용
	• traveling, trains, planes 등 여행과 관련된 다양한 주어 사용
중요도	★★★★★

6 What are some issues people have regarding trips? What are the main issues or concerns they typically raise or discuss? What causes these concerns? What is being done to address them for the future?

여행과 관련하여 사람들이 가지고 있는 이슈는 무엇인가요? 일반적으로 제기하거나 토론하는 주요 이슈나 우려 사항은 무엇인가요? 이러한 우려는 무엇 때문인가요? 미래에 대비해 그러한 우려 사항은 어떻게 다루어지고 있나요?

문항 유형	여행 관련해서 사람들이 갖고 있는 걱정 설명
문항 수준	Advanced
핵심 포인트	• 사람들이 관심 가지는 이슈에 대해 말하기 때문에 주어는 people, they 사용 • 현재 관심을 가지고 있고 아직 해결되지 못한 문제이기 때문에 현재형과 현재완료형 사용 • 여행 중 발생할 수 있는 다양한 사건, 사고 및 걱정거리 묘사
중요도	★★★★★

OPIc 모범 답변 학습하기

OPIc 질문에 대한 모범 답변을 살펴본 후, 질문의 핵심 포인트를 파악하여 나만의 OPIc 답변을 만들어 보세요.

1 You indicated in the survey that you take vacations domestically. Tell me about some of the places you like to travel to and why you like going there.

사전 조사에서 당신은 국내에서 휴가를 보낸다고 했습니다. 여행가기 좋은 장소가 어디인지, 왜 좋아하는지 말해 주세요.

	Structure	Idea
시작 문장	주제 문장 소개	exciting beaches, peninsula
본문	내가 좋아하는 여행 장소로 해변 선택 후 장소 묘사 및 자주 가는 식당 묘사	go to the beaches, south coast of Korea, well-known beaches, gets extremely crowded, coastline, scenic, sunset, breathtaking
마무리 문장	나의 답변 마무리	my favorite beach

Model Answer

Korea has tons of exciting ❶ beaches because it is a peninsula.

So, I can go to beaches ❷ whenever I want to.

❸ One of my favorite beaches is on the south coast of Korea. **A**

It is one of the most well-known beaches in my country.

It gets extremely crowded during the peak season.

The coastline is very ❹ scenic. **B**

The sunset (the sunrise) is breathtaking.

There are tons of things to do near the beach.

There are a lot of seafood restaurants and bars. **C**

So, this is what my favorite beach is like.

Tips for Better Answers

* 해변 주제가 나왔을 때 활용할 수 있도록 좋아하는 국내 여행 장소는 해변을 위주로 묘사

❶ 하나의 특정한 해변이 아닌 한국의 일반적인 해변을 묘사하기 때문에 복수 명사 사용

❷ 다양한 문장구조를 사용하기 위해 복합관계부사를 문장의 앞이나 뒤에 추가
   Ex: Wherever I go in Korea, I can enjoy breathtaking scenery.
   한국에서는 어디를 가든지 숨이 막힐 듯한 경치를 즐길 수 있다.

❸ one of the + 최상급 + 복수 명사: 가장 ~한 (명사들) 중의 하나
   이 뒤에는 단수 동사가 나옴
   Ex: Kangwon Province is one of the most popular summer vacation places in Korea.
   강원도는 한국에서 가장 인기 있는 여름 휴가 장소 중 하나이다.

❹ 장소 묘사에 쓸 수 있는 다양한 형용사 활용
   picturesque: 그림같은
   spectacular: 장관의
   stunning: 놀라운
   impressive: 인상적인
   Ex: The view from the top of the mountain is picturesque and stunning.
   산 꼭대기에서 바라본 경치는 그림 같고 놀랍다.

Expanding Your Answer

더 풍부하고 논리적인 답변을 위해 문장을 추가해 보세요.

A It takes only about 2 hours to get there by car from my place.
우리 집에서 그곳에 가는 데 차로 2시간이면 갑니다.

B Every time I go there, I enjoy taking a walk along the coastline.
그곳에 갈 때마다 해안가를 따라 걷는 것을 즐깁니다.

C You can enjoy fresh seafood at reasonable prices when you go there.
그곳에 가면 신선한 해산물을 적당한 가격에 즐길 수 있습니다.

Key Expressions

- **peninsula** 반도
- **favorite** 가장 좋아하는
- **south coast** 남쪽 해안
- **well-known** 잘 알려진
- **get crowded** 사람들로 북적이다, 혼잡해지다
- **peak season** 성수기
- **coastline** 해안가
- **scenic** 경치가 좋은
- **sunset**, **sunrise** 일몰, 일출
- **breathtaking** 숨이 멎을 듯한

한국은 반도이기 때문에 멋진 해변이 많습니다. 그렇기 때문에 원하면 언제든지 해변에 갈 수 있습니다. 제가 제일 좋아하는 해변은 한국의 남쪽 해안가에 있습니다. 이곳은 우리나라에서 가장 잘 알려진 해변 중 하나입니다. 성수기 때는 매우 혼잡해집니다. 해안 지대는 경치가 좋고 일몰 (일출)은 숨이 멎을 듯 아름답습니다. 해변 근처에서 할 수 있는 일은 매우 많습니다. 해산물 식당과 술집이 많습니다. 제가 좋아하는 해변은 이렇게 생겼습니다.

OPIc 질문에 대한 모범 답변을 살펴본 후, 질문의 핵심 포인트를 파악하여 나만의 OPIc 답변을 만들어 보세요.

2. Can you tell me about the things you do in order to prepare for trips?
여행 준비를 위해 하는 일들에 대해 말해 줄 수 있나요?

	Structure	Idea
시작 문장	주제 문장 소개	heavy packer
본문	평상시 여행을 갈 때 가져가는 준비물 나열	pack, before I go, suitable clothes, swimsuit, flip-flops, sunglasses, rash guard, warm jacket, toiletries and skin products, toothbrush
마무리 문장	나의 답변 마무리	things I pack

Model Answer

I am ❶ a heavy packer.

I pack tons of things before I go on ❷ trips. **A**

+I am a light packer. I do NOT ❸ pack that many things before I go on trips.

First, I pack suitable clothes for the weather.

I ❹ make sure to pack my swimsuit, my flip-flops and my sunglasses.

I also pack my rash guard, a cap or hat, and a warm jacket. **B**

Also, I pack my toiletries and skin products.

I pack my razor, shaving cream, toothbrush, toothpaste and shampoo.

I also pack some towels, some lotion, and some sunblock. **C**

Plus, I make sure to pack some emergency medicine.

I make sure to pack some painkillers and some Band-Aids.

So, these are the things I pack before I go on trips.

Tips for Better Answers

* '해변 갈 때 가져가는 준비물'이란 질문에 동시에 대비할 수 있도록 여행 갈 때 가져가는 준비물로 해변과 관련된 물건 반드시 언급하기

❶ 짐을 많이 가져가는 사람
light packer: 짐을 적게 가져가는 사람
I am a heavy packer because there are so many things I need when I travel.
난 여행갈 때 필요한 게 너무 많아서 짐을 많이 가져간다.

❷ 한 번의 여행이 아닌 여행을 갈 때마다 가져가는 준비물을 묘사하는 것이기 때문에 trip 복수 명사 사용
하나씩 가져가는 준비물이라면 단수 명사 사용

❸ that: '그렇게까지는, 그 정도까지는'이라는 의미로 many things를 꾸밈
Ex: I do not bring many things when I travel.
난 여행갈 때 많이 가져가지 않는다.
I do not bring that many things when I travel.
난 여행갈 때 그렇게까지 많이 가져가지는 않는다.

❹ make sure to + 동사/make sure 주어+동사
(주어)가 그 행동 (동사)을 하는지 강조해야 할 때에는 make sure 주어 + 동사 활용
Ex: I make sure to bring my wallet.
지갑을 꼭 챙긴다.
I make sure I bring my wallet.
내가 지갑을 가져가도록 꼭 챙긴다.

Expanding Your Answer
더 풍부하고 논리적인 답변을 위해 문장을 추가해 보세요.

A So, I always pack everything at least two days before I leave.
그래서 저는 떠나기 최소 이틀 전에 짐을 모두 쌉니다.

B Plus, I enjoy taking pictures, so I make sure I bring a camera.
또한 저는 사진 찍는 것을 좋아하기 때문에 반드시 카메라를 가져갑니다.

C I hate getting tanned, so I always make sure I bring enough sunblock.
저는 살 타는 것이 너무 싫기 때문에 항상 충분한 선크림을 가져갑니다.

Key Expressions

- **heavy packer** 짐을 무겁게 싸는 사람
- **light packer** 짐을 가볍게 싸는 사람
- **pack** 싸다, 가져가다
- **suitable** 어울리는
- **make sure** ~을 확실히 하다
- **swimsuit** 수영복
- **toiletries** 세면도구
- **razor** 면도기
- **shaving cream** 면도 크림
- **emergency medicine** 비상약품
- **painkiller** 진통제
- **Band-Aids** 반창고

저는 짐을 무겁게 싸는 사람이라 여행을 가기 전에 짐을 많이 쌉니다. (+저는 짐을 가볍게 쌉니다. 여행을 가기 전에 짐을 그렇게 많이 싸지 않습니다.) 먼저, 저는 날씨에 맞는 옷을 쌉니다. 수영복과 슬리퍼 샌들, 선글라스를 꼭 챙깁니다. 수영복, 모자, 따뜻한 재킷도 챙깁니다. 세면도구와 화장품도 가져갑니다. 면도기, 면도 크림, 칫솔, 치약 그리고 샴푸를 쌉니다. 수건, 로션, 선크림도 가져갑니다. 또한 저는 응급 약품을 꼭 가져갑니다. 진통제와 반창고도 꼭 챙깁니다. 이것들이 제가 여행을 가기 전에 싸는 것들입니다.

OPIc 모범 답변 학습하기

OPIc 질문에 대한 모범 답변을 살펴본 후, 질문의 핵심 포인트를 파악하여 나만의 OPIc 답변을 만들어 보세요.

3 Tell me about some of the trips that you took in your youth. Where did you go? Who did you go with? And what did you do or see during those early trips?

어릴 때 갔던 여행에 대해 말해 주세요. 어디를 갔고 누구와 갔나요? 무엇을 했거나 보았나요?

	Structure	Idea
시작 문장	주제 문장 소개	remember, beach, with my family
본문	어렸을 때 갔던 해변에서 한 일들과 즐겨 먹었던 음식 묘사	stayed at a beachside hotel, ocean view, used to swim, pick up seashells, play in the sand, play with a ball
마무리 문장	나의 답변 마무리	looking back, most memorable

Model Answer

❶ I remember going to the beach quite often with my family when I was a kid.

We often stayed at a beachside hotel that had a great ocean view. **A**

+a beachside ❷ cabin

During the day, ❸ we used to swim in the ocean. **B**

Also, we used to pick up seashells on the ❹ seashore.

+Also, we used to play in the sand on the beach.

+Plus, we used to play with a ball on the beach.

+Plus, we used to catch some clams and crabs on the beach.

+Also, we used to go on some water rides. **C**

For lunch, we used to go out for some food.

❺ I remember having steak, pizza, hamburgers and pasta.

+raw fish +shrimp +octopus +squid +lobster +crab +shell fish

For dinner, we used to have a barbeque. +We grilled meat, sausages and mushrooms on the grill. The food always tasted extra good because ❻ I was starving.

After having dinner, we used to play all night long.

+Plus, we played with some firecrackers on the beach.

+Also, we watched fireworks near the beach.

❼ Looking back, they were some of the most memorable trips in my childhood.

Tips for Better Answers

* '어렸을 때 간 해변에서의 경험'을 묻는 질문에도 동시에 대비 할 수 있도록 방문한 장소를 해변으로 묘사

▶ ❶ 과거의 경험을 이야기하는 시작 문장에는 언제, 누구와, 어디를 갔는지 한 줄로 요약해서 말하기 연습 필수
  Ex: I remember going to a nice café with my friend last week.
  지난주에 친구와 멋진 카페에 간 기억이 난다.

▶ ❷ 펜션은 broken English! cabin이라고 표현하기
  Ex: My family used to go to a small cabin near the river.
  우리 가족은 강 근처에 있는 작은 펜션에 가곤 했었다.

▶ ❸ used to 동사: 과거에 (동사)하곤 했었다 과거에 반복적으로 했던 행동을 묘사할 때 주로 활용
  지금은 더 이상 하지 않는다는 의미를 가지고 있음
  Ex: My family used to travel once a year.
  우리 가족은 1년에 한 번씩은 여행하곤 했다.

▶ ❹ = beach, ocean, coastline 등 해안가, 바다를 다양한 명사로 바꿔서 말하기

▶ ❺ 가장 쉽게 충분한 발화량을 확보하는 방법 다양한 종류의 음식 나열하기

▶ ❻ I was hungry보다 고급 표현

▶ ❼ 과거의 경험을 이야기한 후 마무리 할 때 가장 유용한 문장이기 때문에 암기 필수!
  Ex: Looking back, it was one of the most unforgettable experiences I had.
  뒤돌아 보면, 가장 기억에 남는 경험 중 하나였다.

Expanding Your Answer

더 풍부하고 논리적인 답변을 위해 문장을 추가해 보세요.

A The view was stunning and I could breathe in fresh air.
경치는 놀라웠고 상쾌한 공기를 마실 수 있었습니다.

B When I was really young, I did not know how to swim, so my father taught me.
아주 어렸을 때에는 수영을 할 줄 몰라서 아버지가 가르쳐 주셨습니다.

C We used to take tons of pictures and videos.
사진과 영상을 아주 많이 찍기도 했습니다.

> **Key Expressions**
>
> - **quite often** 꽤 자주
> - **beachside** 해안가 옆
> - **ocean view** 해변이 보이는 뷰
> - **seashell** 조개
> - **seashore** 바닷가
> - **play with the sand** 모래를 가지고 놀다
> - **play with a ball** 공을 가지고 놀다
> - **clam** 조개
> - **crab** 게
> - **water rides** 물놀이 기구
> - **go out** 나가다
> - **raw fish** 회
> - **octopus** 문어
> - **squid** 오징어
> - **grill** 화로, 굽다
> - **be starving** 배가 매우 고프다
> - **all night long** 밤새도록
> - **firecracker** 불꽃놀이
> - **memorable** 기억에 남는

어릴 때 가족들과 함께 바닷가에 자주 갔던 기억이 납니다. 우리는 종종 바다가 보이는 해변가 호텔에 묵었습니다. (+해안가 쪽 펜션) 낮에는 바다에서 수영을 하곤 했습니다. 또한, 우리는 바닷가에서 조개를 줍곤 했습니다. (+또한, 우리는 해변에서 모래를 가지고 놀았습니다. +또한 우리는 해변에서 공을 가지고 놀았습니다. +그리고 우리는 바닷가에서 조개와 게를 잡곤 했습니다. +또한, 우리는 물놀이 기구도 좀 탔습니다.) 점심 때에는 외식을 했습니다. 그때 스테이크, 피자, 햄버거, 파스타를 먹은 기억이 납니다. (+회, 새우, 문어, 오징어, 랍스터, 게, 조개) 저녁으로는 바비큐를 하곤 했습니다. (+고기, 소시지, 버섯을 구웠습니다.) 저는 항상 배가 고팠기 때문에 음식이 매우 맛있었습니다. 저녁을 먹은 후에는 밤새 놀았습니다. (+게다가 우리는 해변에서 불꽃놀이를 했습니다. +또한 해변 근처에서 불꽃놀이를 보았습니다.) 떠올려 보면, 그러한 여행이 어릴 때 간 가장 기억에 남는 여행이었습니다.

OPIc 모범 답변 학습하기

OPIc 질문에 대한 모범 답변을 살펴본 후, 질문의 핵심 포인트를 파악하여 나만의 OPIc 답변을 만들어 보세요.

4 Traveling can lead to many kinds of interesting, funny and unexpected experiences. Tell me about one travel experience you had that was unforgettable. Start by telling me when this happened, where you were, and who you were with. And then, tell me about all the things that happened that made this experience so memorable. 🎧 MP3 17_Q4

여행 중에는 흥미롭고, 재미있고, 예상치 못한 일들이 생길 수 있습니다. 잊을 수 없는 경험에 대해 말해 주세요. 언제, 어디서, 누구와 함께 있었는지 말해 주세요. 왜 기억에 남는지도 말해 주세요.

Structure		Idea
시작 문장	주제 문장 소개	remember, eating, went bad
본문	음식 때문에 고생한 경험 답변 활용	food poisoning, pretty bad, stomach, upset, throwing up, light-headed, fever, rashes, itchy, had the runs, go to the drug store, took some medicine, get a lot of rest
마무리 문장	나의 답변 마무리	since then, more careful

Model Answer 🎧 MP3 17_A4

I remember eating ❶ something that went bad during a trip. **A**

+eating too fast +eating too much

I ❷ got food poisoning and it was pretty bad.

+got indigestion +got enteritis

My stomach was upset and ❸ I felt like throwing up.

I felt light-headed because I had a fever. **B**

+I got rashes and my body was itchy.

+I went to the bathroom over and over again because I had the runs.

I ❹ had to go to the drug store to get some medicine.

I took some medicine to get better.

I had to stay inside and get a lot of rest. **C**

❺ Since then, I try to be more careful when I eat something.

Expanding Your Answer

더 풍부하고 논리적인 답변을 위해 문장을 추가해 보세요.

A I had some seafood at a small local restaurant and I think it went bad because it was hot outside.
동네에 있는 작은 식당에서 해산물을 먹었는데 밖이 더워서 상한 것 같습니다.

B I could not even get up by myself.
혼자서 일어날 수도 없었습니다.

C I could not go to work for three days, so I had to work at home.
3일 동안 회사를 갈 수 없어서 집에서 일을 해야 했습니다.

Tips for Better Answers

* '음식에 관련된 기억에 남는 에피소드' 내용을 이 답변에 활용

▶ ❶ 상한 무언가를
정확히 어떤 음식인지 말할 필요 없이 something으로 표현
Ex: I remember having something sweet and sour at the restaurant.
식당에서 뭔가 달고 시큼한 걸 먹은 기억이 난다.
정확히 어떤 음식인지 말하고 싶을 경우에는 음식 이름을 말한 후 관계대명사 which를 사용하여 음식 설명
Ex: I remember having fried rice which was sweet and sour.
달고 시큼한 볶음밥을 먹은 기억이 난다.

▶ ❷ '병에 걸리다'에 어울리는 동사는 get과 have
Ex: I had food poisoning last year.
난 작년에 식중독에 걸렸었다.

▶ ❸ ~할 것 같다: 하지만 그 행동을 아직 하지 않았을 때 쓰는 표현
Ex: I feel like I am going to get sick.
나 아플 거 같아. (지금은 아프지 않지만 약간의 증상이 있음)

▶ ❹ 하고 싶지 않았어도 꼭 해야만 했던 일에 대해 묘사할 때 had to를 사용
과거의 경험을 묘사할 때 매우 유용
Ex: I had to clean up the whole house.
집 전체를 치워야만 했다. (치우기 싫었음)

▶ ❺ 사건이나 사고가 생긴 기억에 남는 경험을 이야기한 후에는 반드시 마무리 문장을 말해서 답변 정리
Ex: Since then, I try not to go there.
그 이후로 거기에는 안 가려고 한다.

> **Key Expressions**
> - **go bad** 상하다
> - **food poisoning** 식중독
> - **indigestion** 소화불량
> - **enteritis** 장염
> - **stomach** 배
> - **upset** 아픈
> - **throw up** 토하다
> - **light-headed** 머리가 어지러운
> - **have a fever** 열이 나다
> - **get rashes** 두드러기 나다
> - **itchy** 간지럽다
> - **drugstore** 약국

여행 중에 상한 것을 먹은 기억이 납니다. (+너무 빨리 먹은 +너무 많이 먹은) 식중독에 걸렸는데 꽤 심했습니다. (+소화불량 +장염) 배가 아파서 토할 것 같았습니다. 열이 나서 머리가 어지러웠습니다. (+발진이 나서 몸이 가려웠습니다. +설사 때문에 화장실을 들락날락했습니다.) 약을 구하러 약국에 가야 했고, 낫기 위해 약을 먹었습니다. 실내에 있으면서 많이 쉬어야 했습니다. 그 이후로, 저는 무언가를 먹을 때 더 조심하려고 노력합니다.

OPIc 모범 답변 학습하기

OPIc 질문에 대한 모범 답변을 살펴본 후, 질문의 핵심 포인트를 파악하여 나만의 OPIc 답변을 만들어 보세요.

5 You indicated in the survey that you take vacations domestically. People say that traveling has become more difficult in the past 5 years. Tell me about the types of changes you have observed while traveling and talk about how these changes have affected travelers.

🎧 MP3 17_Q5

당신은 국내에서 휴가를 보낸다고 했습니다. 사람들은 지난 5년 동안 여행이 더 어려워졌다고 말합니다. 여행 중에 느낀 변화와 이러한 변화가 여행자들에게 어떤 영향을 미쳤는지 말해 주세요.

	Structure	Idea
시작 문장	주제 문장 소개	traveling, has become much easier
본문	질문과 다르게 여행이 더 쉬워졌다고 답변 과거에 비해 지금이 더 쉬운 이유 묘사	transportation, has become a lot better, trains, faster, half the time, plane tickets, cheaper, low-cost carriers, half the price, driving, easier, GPS
마무리 문장	나의 답변 마무리	once again, travelling has become, easier

Model Answer 🎧 MP3 17_A5

Frankly speaking, ❶ **traveling has become much easier** than 5 years ago.

That's because transportation ❷ **has become** a lot better over the years.

❸ **For example**, trains have become much faster than in the past. **A**

❹ **They are at least twice as fast as they used to be.**

It takes half the time to get somewhere now. **B**

Plus, plane tickets have become much cheaper thanks to low-cost carriers.

People can get great deals for plane tickets.

Some flights only cost half the price. **C**

Also, driving has become much easier because we now have GPS.

People do NOT get lost as often as they used to.

The GPS tells them where to go.

❺ **Once again,** ❻ **traveling has become a lot easier than in the past.**

Expanding Your Answer

더 풍부하고 논리적인 답변을 위해 문장을 추가해 보세요.

A There are two express trains in Korea and they provide the best service.
한국에는 고속열차가 두 개 있는데 최고의 서비스를 제공합니다.

B It took 5 hours to visit my hometown before but now, it takes only 2 hours.
예전에는 고향에 가는 데 5시간이 걸렸는데 이제는 2시간이면 갑니다.

C It costs only about 200 dollars to fly from Korea to China.
한국에서 중국 가는 비행기 표가 200달러 정도밖에 들지 않습니다.

Tips for Better Answers

* 14번 기출문제

▶ ❶ 여행 방법의 과거와 현재 차이점을 묻는 질문이기 때문에 주어는 traveling, transportation, trains, planes, hotels와 같이 여행과 관련된 명사로 문장 시작

▶ ❷ 과거와 현재를 비교하는 14번 질문에서 높은 등급을 받기 위해서 현재완료형을 최대한 많이 사용

▶ ❸ 답변 양을 늘리기 위해 주제와 관련된 예시 많이 언급
Ex: For instance, trains were dirty and slow back in the day.
예를 들어, 과거에는 기차가 더럽고 느렸다.
For example, trains were extremely slow and there were too many people in one car.
예를 들어, 기차는 매우 느렸고 한 칸에 사람들이 너무 많았다.

▶ ❹ 외워서 쓰기 좋은 문장
fast 대신 다른 형용사를 넣어 과거와 현재 비교할 때 사용
Ex: They are at least twice as expensive as they used to be.
예전보다 최소 2배는 비싸다.
They are at least twice as spacious as they used to be.
예전보다 최소 2배는 넓어졌다.

▶ ❺ 스토리를 마무리하고 싶을 때 좋은 표현
= anyway, anyways, so
Ex: Anyway, I think travelling has become easier.
아무튼 내 생각에 여행이 더 쉬워진 거 같다.

▶ ❻ 마무리 문장에는 반드시 여행 방법의 변화를 현재완료형 사용해서 요약

> **Key Expressions**
> - **frankly speaking** 솔직히 말해서
> - **transportation** 교통수단
> - **twice** 두 배로, 두 배의
> - **half the time** 절반의 시간
> - **low-cost carriers** 저가 항공사
> - **great deals** 큰 할인, 싸게 산
> - **GPS** 내비게이션
> - **get lost** 길을 잃다

솔직히 말해서, 여행은 5년 전보다 훨씬 쉬워졌습니다. 지난 몇 년 동안 교통수단이 많이 좋아졌기 때문입니다. 예를 들어, 기차는 과거보다 훨씬 빨라졌습니다. 예전보다 적어도 두 배는 빠릅니다. 지금은 어디든지 가는 데 시간이 절반밖에 안 걸립니다. 게다가 저가 항공사들 덕분에 비행기표 값도 훨씬 저렴해졌습니다. 할인 티켓을 구할 수 있습니다. 일부 항공편은 반값밖에 안 합니다. 내비게이션을 사용해서 운전이 훨씬 더 쉬워졌습니다. 사람들은 예전처럼 길을 잃지 않습니다. 내비게이션이 어디로 가야 하는지 알려줍니다. 다시 한번 말하자면, 여행은 과거보다 훨씬 더 쉬워졌습니다.

OPIc 모범 답변 학습하기

OPIc 질문에 대한 모범 답변을 살펴본 후, 질문의 핵심 포인트를 파악하여 나만의 OPIc 답변을 만들어 보세요.

6 What are some issues people have regarding trips? What are the main issues or concerns they typically raise or discuss? What causes these concerns? What is being done to address them for the future? 🎧 MP3 17_Q6

여행과 관련하여 사람들이 가지고 있는 이슈는 무엇인가요? 일반적으로 제기하거나 토론하는 주요 이슈나 우려 사항은 무엇인가요? 이러한 우려는 무엇 때문인가요? 미래에 대비해 그러한 우려 사항은 어떻게 다루어지고 있나요?

	Structure	Idea
시작 문장	주제 문장 소개	when it comes to, concerns, safety
본문	사람들이 여행을 가서 걱정하는 안전문제에 대해 묘사	take precautions, for example, warm up, go into the water, get cramps, keep an eye on, get hurt, get lost, food safety, food poisoning
마무리 문장	나의 답변 마무리	once again, safety, concerns, when it comes to

Model Answer 🎧 MP3 17_A6

❶ When it comes to traveling, ❷ one of the biggest concerns is safety. **A**

People have to ❸ take precautions to be safe.

For example, people have to warm up before they go into the water.

If not, they could get cramps. **B**

Plus, parents ❹ must always keep an eye on their children.

If not, children could get hurt or get lost.

Meanwhile, another concern is food safety.

People must make sure to eat safe food.

If not, they could get food poisoning. **C**

Once again, safety is one of the biggest concerns when it comes to traveling.

Tips for Better Answers

* 15번 기출문제

❶ 주제를 소개하고 싶을 때 가장 유용한 표현
when it comes to 뒤에 명사 또는 동명사 추가
Ex: When it comes to eating out (food), people only care about the taste.
외식 (음식)에 관한 한, 사람들은 맛에만 신경을 쓴다.

❷ one of the 최상급 형용사 + 복수 명사 + 단수 동사: 최고로 (형용사)한 (명사) 중 하나는…
Ex: One of the biggest problems is food safety.
가장 큰 문제점들 중 하나는 식품 안전이다.

❸ be careful보다 고급 표현

❹ 어떠한 행동을 해야 하는 것을 강조하기 위해 must 사용
= should, have to (조금 더 약한 제안)
if not 주어 + 동사: 그렇게 하지 않으면, (주어 + 동사)하게 된다 (결과적)
Ex: You have to exercise regularly. If not, you will regret later.
주기적으로 운동해. 그렇지 않으면 나중에 후회할 거야.

Expanding Your Answer

더 풍부하고 논리적인 답변을 위해 문장을 추가해 보세요.

A There are so many things people need to worry about when they travel because dangers are everywhere.
위험은 어디에나 있기 때문에 여행 중에 걱정할 것들이 너무 많습니다.

B It is recommended to do stretching for at least 10 minutes before swimming.
수영하기 전 최소 10분은 스트레칭을 하도록 권장됩니다.

C If they get food poisoning, they have to go to the hospital and take some medicine.
식중독에 걸리면 병원에 가서 약을 먹어야 합니다.

Key Expressions

- **when it comes to~** ~에 관한 한, ~에 대해서라면
- **biggest concern** 가장 큰 걱정거리
- **safety** 안전
- **take precautions** 사전에 예방조치하다
- **warm up** 몸을 따뜻하게 하다
- **get cramps** 근육에 경련이 생기다
- **keep an eye on** 예의 주시하다
- **get hurt** 다치다
- **get lost** 잃어버리다
- **food poisoning** 식중독

여행에 관해 이야기할 때 가장 큰 걱정거리 중 하나는 안전입니다. 사람들은 안전을 위해 사전에 예방 조치를 취해야 합니다. 예를 들어, 물에 들어가기 전에 몸을 따뜻하게 해야 합니다. 그렇지 않으면, 경련이 일어날 수 있습니다. 또한, 부모들은 항상 아이들을 주시해야 합니다. 그렇지 않다면, 아이들이 다치거나 길을 잃을 수 있습니다. 또 다른 걱정거리는 식품 안전입니다. 사람들은 안전하게 음식을 먹어야 합니다. 그렇지 않다면, 식중독에 걸릴 수 있습니다. 다시 한번 말하자면, 여행에 관한 한, 안전이 가장 큰 걱정거리 중 하나입니다.

Chapter 18

Overseas Trips

빈출 주제 파악하기

질문을 제대로 파악하는 것만으로도 성공적으로 시험을 치를 수 있습니다. OPIc에서 자주 출제되는 질문들을 알아보세요.

1 You indicated in the survey that you take vacations internationally. Could you describe for me one of the countries you have visited? What did it look like and what were the people like there?

당신은 설문에서 해외로 휴가를 간다고 했습니다. 방문한 나라들 중 한 곳을 설명해 주시겠어요? 어떤 모습이었고 그곳 사람들은 어땠나요?

문항 유형	본인이 가본 해외 국가나 도시, 현지인 묘사
문항 수준	Intermediate
핵심 포인트	• 본인이 가본 해외여행지의 특징 및 가서 할 수 있는 일 묘사 • 본인의 경험이기 때문에 주어 I 사용 • 국가를 묘사할 때는 현재형 사용
중요도	★★★★★

2 **Talk about the things that you typically do when you visit another country or overseas city.**

다른 나라나 해외 도시를 방문할 때 주로 하는 것들에 대해 말해 주세요.

문항 유형	본인이 해외여행지에 가서 주로 하는 일들 묘사
문항 수준	Intermediate
핵심 포인트	• 어떤 나라를 선택해도 통용해서 쓸 수 있는 표현 활용 • 본인의 경험이기 때문에 주어 I 사용 • 평상시 습관을 묘사할 때는 현재형 사용
중요도	★★★★★

3 **Tell me about your first trip to another country or city. When did you go? Where did you visit? What did you do there? Who did you go with? Tell me everything about that trip with lots of details.**

다른 나라나 도시를 처음 여행했던 경험에 대해 말해 주세요. 언제 어디로 갔었나요? 무엇을 했나요? 누구와 같이 갔죠? 그 여행에 대해 자세히 말해 주세요.

문항 유형	본인이 처음으로 가보았던 해외 국가나 도시 묘사
문항 수준	Advanced
핵심 포인트	• 실제 가봤던 장소 선택 후 가서 한 활동 설명 • 과거의 경험이기 때문에 과거형 사용 • 혼자 간 여행이라면 주어는 I, 여러 명이 간 여행이라면 주어 we 사용
중요도	★★★

4 **Sometimes, something out of the ordinary happens while traveling. I wonder if you have ever experienced anything surprising, unexpected or unusual during a trip. Tell me about that experience. Start by telling when and where you were traveling, and then give me all the details of that experience.**

여행 중에 예상치 못한 일이 종종 생길 수 있습니다. 여행 중에 놀랍거나 특이했던 경험을 한 적이 있다면 그 경험에 대해 말해 주세요. 먼저 언제 어디를 여행하고 있었는지 말하고, 그 경험에 대해 자세히 말해 주세요.

문항 유형	해외여행 중에 겪은 잊을 수 없는 에피소드 설명
문항 수준	Advanced
핵심 포인트	• 국내 여행 주제에 나온 '음식 때문에 고생한 경험' 내용 활용 • 본인이 겪은 기억에 남는 경험이기 때문에 주어 I 사용 • 다른 사람에게 발생한 일이라면 주어 바꾸기 • 과거의 경험이기 때문에 과거형 시제 사용
중요도	★★★

5 **Tell me about a popular place tourists like to go to when traveling outside your country. Why do they like visiting those locations?**

관광객들이 해외여행으로 가기 좋아하는 인기 있는 장소에 대해 말해 주세요. 왜 그곳들에 가는 것을 좋아하나요?

문항 유형	우리나라 관광객들이 즐겨 가는 해외여행지 묘사
문항 수준	Intermediate
핵심 포인트	• '본인이 가본 해외 국가나 도시, 현지인 묘사'와 같은 답변 활용 • 우리나라 사람들이 좋아하는 여행지 묘사이기 때문에 주어는 we 사용 • 평소 사람들이 즐겨 가는 여행지이기 때문에 현재형 사용
중요도	★★★

6 **Think about another country that you visited when you were young. Describe what that country was like with lots of details. What were your impressions of the place?**

어릴 때 방문했던 나라를 생각해 보세요. 그 나라에 대해 자세히 설명해 주세요. 그곳은 어땠나요?

문항 유형	본인이 어렸을 때 가보았던 해외 국가 묘사
문항 수준	Advanced
핵심 포인트	• '본인이 처음으로 가보았던 해외 국가나 도시 묘사'와 같은 답변 활용 • 어렸을 때 경험이기 때문에 과거 시제 사용 • 가족여행일 경우 주어 we 사용
중요도	★★★

7 **Tell me about a specific experience you had while you travelled outside your country. Perhaps something happened that was funny, interesting or frightening. Tell me about what happened from beginning to end.**

해외여행 중에 겪었던 구체적인 경험에 대해 말해 주세요. 아마도 재미있거나, 흥미롭거나, 무서운 일이 일어났을 수도 있습니다. 처음부터 끝까지 무슨 일이 있었는지 말해 주세요.

문항 유형	해외여행 중에 겪은 잊을 수 없는 에피소드 설명
문항 수준	Advanced
핵심 포인트	• 국내 여행 주제에 나온 '음식 때문에 고생한 경험' 내용 활용 • 본인이 겪은 기억에 남는 경험이기 때문에 주어 I 사용 • 과거의 경험이기 때문에 과거형 시제 사용
중요도	★★★

8 **Tell me about where tourists go and what they do when they go on overseas trips.**

해외여행 시 관광객들이 어디로 가고 무엇을 하는지 알려 주세요.

문항 유형	우리나라 관광객들이 해외여행지에서 하는 일들 묘사
문항 수준	Advanced
핵심 포인트	• '해외로 나가는 여행객들이 관심 갖는 것들 묘사'와 같은 답변 활용 • 우리나라 사람들이 좋아하는 여행지 묘사이기 때문에 주어는 we 사용 • 평소 사람들이 즐겨 가는 여행지이기 때문에 현재형 사용
중요도	★★★

9 **You indicated in the survey that you take vacations internationally. How has traveling to other countries changed over the years? Is it easier or more difficult? Describe what traveling was like in the past and what changes you have seen over the years.**

당신은 해외로 휴가를 간다고 했습니다. 지난 몇 년간 해외여행은 어떻게 바뀌었나요? 더 쉬워졌나요, 아니면 더 어려워졌나요? 과거에 여행은 어땠는지, 그동안 어떤 변화를 겪었는지 말해 주세요.

문항 유형	해외여행의 과거와 현재 비교
문항 수준	Advanced
핵심 포인트	• 14번 기출문제 • 국내 여행의 '지난 5년간 여행이 더 어려워진 이유 설명' 답변 그대로 활용 • 과거의 여행 특징에 대해 말할 때에는 과거형을 사용하고 현재 여행 특징에 대해 말할 때에는 현재형으로 묘사 • traveling, trains, planes 등 여행과 관련된 다양한 주어 사용
중요도	★★★

10 **When people discuss traveling to other countries, what are the things that they are mostly interested in doing or seeing? Why are these things of such interest or importance to travelers?**

사람들이 외국 여행에 대해 얘기할 때, 가장 관심을 가지는 것은 무엇인가요? 왜 이런 것들이 여행자들에게 흥미롭거나 중요한가요?

문항 유형	해외로 나가는 여행객들이 관심 갖는 것들 묘사
문항 수준	Advanced
핵심 포인트	• 15번 기출문제 • '우리나라 관광객들이 해외여행지에서 하는 일들 묘사'와 같은 답변으로 활용 • 사람들이 평상시 관심 가지는 일이기 때문에 현재형 시제와 주어 people, they 사용하여 묘사
중요도	★★★

OPIc 모범 답변 학습하기

OPIc 질문에 대한 모범 답변을 살펴본 후, 질문의 핵심 포인트를 파악하여 나만의 OPIc 답변을 만들어 보세요.

1 You indicated in the survey that you take vacations internationally. Could you describe for me one of the countries you have visited? What did it look like and what were the people like there?

🎧 MP3 18_Q1

당신은 설문에서 해외로 휴가를 간다고 했습니다. 방문한 나라들 중 한 곳을 설명해 주시겠어요? 어떤 모습이었고 그곳 사람들은 어땠나요?

Structure		Idea
시작 문장	주제 문장 소개	remember going to, with my friends
본문	해외여행 기본 장소의 위치, 특징 설명	our closest neighboring, many mountains, island nation, tons of beaches, popular vacation spots, coastline, scenic, friendly, impression I got
마무리 문장	나의 답변 마무리	the country, have been to

Model Answer 🎧 MP3 18_A1

❶ I remember going to Japan with my friends a few years ago.

Japan is one of ❷ our closest neighboring countries. **A**

There are many mountains in Japan.

❸ In fact, roughly half of Japan is ❹ mountains. **B**

Also, Japan is an island nation, so there are tons of beaches.

Some beaches are popular vacation spots.

The coastline is very ❺ scenic.

People often go on vacations to coastal areas. **C**

Meanwhile, Japanese people are quite friendly in general.

That is the impression I got from the Japanese.

So, Japan is the country I have been to.

Expanding Your Answer

더 풍부하고 논리적인 답변을 위해 문장을 추가해 보세요.

A It takes only 2 hours to get there by flight.
비행기를 타고 2시간이면 갑니다.

B The tallest mountain in Japan is Fuju Mountain and it is a very popular hiking place.
가장 높은 산은 후지산이며 등산 코스로 인기가 많습니다.

C Besides, there are so many Japanese restaurants alongside the coastline.
게다가 해안가를 따라 일식당이 매우 많습니다.

Tips for Better Answers

* 지리 주제의 '우리나라의 지형적 특징 묘사'와 '이웃 국가 모습과 그 나라 사람들/성향/전통 묘사'에 활용

▶ ❶ 과거 어딘가를 방문한 경험을 이야기할 때 가장 자연스러운 시작 문장은 내가, 언제, 누구와 어디에 갔는지 말하는 것
Ex: I remember visiting Jeju Island with my family a couple of months ago.
몇 달 전 가족들과 제주도에 갔던 기억이 난다.

▶ ❷ one of the + 최상급 + 복수 명사: 가장 ~한 (명사)들 중 하나
이 뒤에는 단수 동사가 나옴
'이웃 국가 모습' 묘사할 답변에서 꼭 써야 하는 필수 문장!

▶ ❸ 조금 더 구어체로 말하고 싶을 때에는 actually 사용
Ex: Actually, Japan is famous for hot spring.
사실 일본은 온천으로 유명하다.

▶ ❹ 한 개 이상의 산이 있을 테니 일반화하여 복수 명사 사용

▶ ❺ 장소 묘사에 쓸 수 있는 다양한 형용사 활용
stunning: 놀라운
impressive: 인상적인
picturesque: 그림같은
spectacular: 장관의
Ex: The view of the beach from my hotel room is spectacular.
내 호텔 방에서 본 해변의 경치는 장관이다.

Key Expressions

- **closest** 가장 가까운
- **neighboring** 이웃
- **mountains** 산
- **roughly** 대략적으로
- **island nation** 섬나라
- **popular** 인기 있는
- **vacation spot** 휴가 장소
- **coastline** 해안선
- **scenic** 경치 좋은
- **coastal area** 해안 지역
- **quite** 꽤
- **friendly** 친절한
- **in general** 일반적으로
- **impression** 인상

몇 년 전 친구들과 일본에 갔던 기억이 납니다. 일본은 우리나라에서 가까운 이웃 국가들 중 하나입니다. 일본에는 산이 많습니다. 사실, 일본의 대략 절반은 산입니다. 또한 일본은 섬나라이기 때문에 해변이 많습니다. 몇몇 해변은 유명한 휴양지입니다. 해안선은 매우 경치가 좋습니다. 사람들은 종종 해안 지역으로 휴가를 갑니다. 한편, 일본 사람들은 대체로 꽤 친절한 편인데, 이것이 제가 일본 사람들로부터 받은 인상입니다. 즉, 저는 일본에 가봤습니다.

OPIc 모범 답변 학습하기

OPIc 질문에 대한 모범 답변을 살펴본 후, 질문의 핵심 포인트를 파악하여 나만의 OPIc 답변을 만들어 보세요.

2 Talk about the things that you typically do when you visit another country or overseas city. 🎧 MP3 18_Q2
다른 나라나 해외 도시를 방문할 때 주로 하는 것들에 대해 말해 주세요.

Structure		Idea
시작 문장	주제 문장 소개	tourist attractions, travel overseas
본문	여행을 가서 할 수 있는 다양한 활동 나열	historic sites, landmarks, take a lot of pictures, on the spot, do a lot of shopping, buy some souvenirs, duty free shops, get gifts, decent restaurants, local food, dining
마무리 문장	나의 답변 마무리	things I do, travel overseas

Model Answer 🎧 MP3 18_A2

I like to go to ❶ **tourist attractions** when I travel overseas. **A**

I go to ❷ **historic sites or landmarks** in the country.

I take a lot of pictures there.

I like to post them up ❸ **on the spot**. **B**

Plus, I do a lot of shopping ❹ **when** I travel overseas.

I buy ❺ **some souvenirs** when I visit famous places.

Also, I go to ❻ **duty free shops** at airports to get gifts.

Next, I go to ❼ **decent restaurants** to enjoy the local food.

Dining at local restaurants is one of the greatest pleasures of traveling. **C**

So, these are the things I do when I travel overseas.

Expanding Your Answer

더 풍부하고 논리적인 답변을 위해 문장을 추가해 보세요.

A I have visited many famous places in the world, including Europe and America.
유럽과 미국을 포함해서 유명한 장소를 많이 가보았습니다.

B In fact, I am on social media, so I like to share pictures and videos with my friends.
사실 전 소셜 미디어를 하기 때문에 친구들과 사진과 영상을 공유하는 것을 좋아합니다.

C I also enjoy visiting high-end restaurants when I travel.
여행할 때 고급 음식점에 가는 것도 즐깁니다.

Tips for Better Answers

* 어느 도시, 나라를 묘사해도 어울리는 답변
  실제 **본인이** 가는 여행지를 선택해 시작 문장에 언급하기
  Ex: One of my favorite places to travel is Italy.
  내가 여행하기 좋아하는 장소들 중 하나는 이탈리아이다.

❶ must-visit attractions: 반드시 방문해야 하는 명소
  popular attractions: 인기 있는 명소
  Ex: There are so many must-visit attractions in Korea.
  한국에는 반드시 방문해야 하는 명소가 많이 있다.

❷ 한 곳 이상의 유적지와 명소가 있기 때문에 반드시 복수 명사 사용

❸ 즉석에서, 바로 그 자리에서
  Ex: The food was so amazing that I ate the whole plate **on the spot**.
  음식이 너무 맛있어서 그 자리에서 한 그릇을 다 먹었다.

❹ 복합관계부사 whenever으로 변경 가능
  Ex: I do a lot of shopping **whenever** I travel abroad.
  외국에 여행갈 때마다 쇼핑을 아주 많이 한다.

❺❻ 여행에 대해 이야기할 때 꼭 사용해야 할 필수 단어

❼ nice, good 수준의 형용사 사용 피하기
  high-end restaurants: 고급 식당
  affordable restaurants: (비용이) 부담 없는 식당
  Ex: Whenever I travel abroad, I go to affordable restaurants.
  해외여행을 할 때마다 나는 비용이 부담 없는 식당에 간다.

Key Expressions

- **tourist attractions** 관광 명소
- **travel overseas** 해외여행가다
- **historical sites** 유적지
- **landmarks** 명소
- **on the spot** 그 자리에서
- **souvenirs** 기념품
- **duty free shops** 면세점
- **get gifts** 선물 사다
- **decent** 꽤 괜찮은
- **local food** 지역의 음식 (로컬 음식)
- **dining** 식사, 정찬
- **pleasure** 기쁨, 즐거움

저는 해외에 가면 관광 명소에 가는 것을 좋아합니다. 저는 그 나라의 유적지나 명소에 가서 사진을 많이 찍습니다. 저는 거기서 찍은 사진을 (소셜 미디어에) 올리는 것을 좋아합니다. 게다가, 저는 해외여행을 가면 쇼핑을 많이 합니다. 유명한 곳을 방문하면 기념품을 삽니다. 또, 공항 면세점에서 선물을 삽니다. 다음으로, 저는 현지 음식을 즐기기 위해 괜찮은 음식점에 갑니다. 현지 식당에서 식사를 하는 것은 여행의 가장 큰 즐거움 중 하나입니다. 이러한 일들이 제가 해외여행을 갈 때 하는 일들입니다.

OPIc 모범 답변 학습하기

OPIc 질문에 대한 모범 답변을 살펴본 후, 질문의 핵심 포인트를 파악하여 나만의 OPIc 답변을 만들어 보세요.

3-1 Tell me about your first trip to another country or city. When did you go? Where did you visit? What did you do there? Who did you go with? Tell me everything about that trip with lots of details. 🎧 MP3 18_Q3-1

다른 나라나 도시를 처음 여행했던 경험에 대해 말해 주세요. 언제 어디로 갔었나요? 무엇을 했나요? 누구와 같이 갔죠? 그 여행에 대해 자세히 말해 주세요.

3-2 Think about another country that you visited when you were young. Describe what that country was like with lots of details. What were your impressions of the place? 🎧 MP3 18_Q3-2

어릴 때 방문했던 나라를 생각해 보세요. 그 나라에 대해 자세히 설명해 주세요. 그곳은 어땠나요?

	Structure	Idea
시작 문장	주제 문장 소개	remember, a trip to Thailand
본문	어렸을 때 또는 처음으로 가본 해외 국가나 도시 묘사	one of my first trips, excited, arrived, went straight to, check in, went on a tour, landmarks, dining at, local food, exotic, how good the food was
마무리 문장	나의 답변 마무리	looking back, the most memorable

Model Answer 🎧 MP3 18_A3

❶ I remember going on a trip to Thailand when I was a kid.

❷ It was one of my first trips overseas, so I was very excited. **A**

When we arrived, we ❸ went straight to the hotel to check in.

And then, we went on a tour. **B**

We visited several landmarks in the area.

I was very ❹ amused by the ❺ things that I saw there. **C**

I also remember dining at various types of restaurants.

The local food tasted ❻ exotic.

I can still remember how good the food was.

Looking back, it was one of the most memorable trips in my childhood.

Expanding Your Answer

더 풍부하고 논리적인 답변을 위해 문장을 추가해 보세요.

A I remember that I could not even sleep well before going on the trip because of the excitement.
너무 신나서 여행가기 전에 잠도 제대로 못 잔 기억이 납니다.

B We walked around the whole city and everything was so impressive.
도시 전체를 다 걸어서 돌아다녔는데 모든 것이 인상적이었습니다.

C One of the most memorable things I saw there was the night view of the city.
본 것들 중 가장 기억에 남는 것은 도시의 야경입니다.

Tips for Better Answers

❶ 어딘가를 방문했던 본인의 경험을 묘사할 때 시작 문장에 언제, 어디를, 누구와 갔는지 정보 주기
Ex: Last year, I went to China with my friends.
작년에 친구들과 중국에 갔다.

❷ 처음으로 갔던 해외여행들 중 하나
Ex: It was one of my first experiences of going abroad.
처음 해외여행 간 경험들 중 하나였다.

❸ went to: 갔다
went straight to: 바로 갔다 (다른 곳은 아무데도 들리지 않고)
Ex: We did not go straight to the hotel.
우리는 호텔로 바로 가지 않았다.

❹ 여행 중 본인이 느낀 감정을 묘사하는 형용사
impressed: 감명 받은
touched: 감동 받은

❺ 실제로 무엇을 봤는지 다 나열할 필요 없게 쓰인 표현
본 것들을 나열하고 싶다면 such as 또는 including을 붙여 추가 가능
Ex: I was impressed by the things I saw there, such as skyscrapers and the night view of the city.
고층빌딩과 도시의 야경 같이 그곳에서 본 것들에 감명받았다.

❻ 맛을 표현하는 형용사
장소를 묘사하는 표현으로도 유용
Ex: I really enjoyed that country because it was so exotic.
그 나라는 굉장히 이국적이어서 너무 재미있었다.

> **Key Expressions**
>
> - **go on a trip** 여행가다
> - **excited** 신난, 흥분된
> - **arrive** 도착하다
> - **go straight to** ~로 바로 가다
> - **check in** 체크인하다
> - **go on a tour** 관광하다
> - **several** 몇 개의
> - **landmarks** 명소
> - **amused** 신기한, 놀란
> - **dining** 외식
> - **local food** 지역의 음식
> - **exotic** 이국적인

어릴 때 태국에 여행 갔던 기억이 납니다. 첫 해외여행이었기 때문에 무척 신이 났었습니다. 도착하자마자 우리는 체크인하기 위해 곧장 호텔로 갔습니다. 그리고 나서, 투어를 했습니다. 그 지역 명소 몇 군데를 방문했습니다. 거기서 본 것들이 너무 재미있었습니다. 다양한 종류의 음식점에서 식사를 했던 것도 기억납니다. 현지 음식은 이국적이었습니다. 음식이 얼마나 맛있었는지 아직도 기억납니다. 돌이켜보면, 제 어린 시절에 가장 기억에 남는 여행 중 하나였습니다.

OPIc 모범 답변 학습하기

OPIc 질문에 대한 모범 답변을 살펴본 후, 질문의 핵심 포인트를 파악하여 나만의 OPIc 답변을 만들어 보세요.

4-1 Sometimes, something out of the ordinary happens while traveling. I wonder if you have ever experienced anything surprising, unexpected or unusual during a trip. Tell me about that experience. Start by telling when and where you were traveling, and then give me all the details of that experience. 🎧 MP3 18_Q4-1

여행 중에 예상치 못한 일이 종종 생길 수 있습니다. 여행 중에 놀랍거나 특이했던 경험을 한 적이 있다면 그 경험에 대해 말해 주세요. 먼저 언제 어디를 여행하고 있었는지 말하고, 그 경험에 대해 자세히 말해 주세요.

4-2 Tell me about a specific experience you had while you travelled outside your country. Perhaps something happened that was funny, interesting or frightening. Tell me about what happened from beginning to end. 🎧 MP3 18_Q4-2

해외여행 중에 겪었던 구체적인 경험에 대해 말해 주세요. 아마도 재미있거나, 흥미롭거나, 무서운 일이 일어났을 수도 있습니다. 처음부터 끝까지 무슨 일이 있었는지 말해 주세요.

Structure		Idea
시작 문장	주제 문장 소개	remember, eating, went bad
본문	음식 때문에 고생한 이야기하기	food poisoning, pretty bad, stomach, upset, throwing up, light-headed, fever, rashes, itchy, had the runs, go to the drug store, took some medicine, get a lot of rest
마무리 문장	나의 답변 마무리	since then, more careful

Model Answer 🎧 MP3 18_A4

I remember eating ❶ something that went bad during a trip.
+eating too fast +eating too much
I got food poisoning and it was ❷ pretty bad.
+got indigestion +got enteritis
My stomach was upset and I felt like throwing up.
I felt light-headed because I had a fever. **A**
+I got rashes and my body was itchy.
+I went to the bathroom over and over again because I had the runs.
I ❸ had to go to the drug store to get some medicine. **B**
I took some medicine to get better.
I had to stay inside and get a lot of rest. **C**
❹ Since then, I try to be more careful when I eat something.

Expanding Your Answer

더 풍부하고 논리적인 답변을 위해 문장을 추가해 보세요.

A I was so dizzy that I could not even walk straight.
너무 어지러워서 똑바로 걷지도 못했습니다.

B Fortunately, I could find one drugstore that opened until late at night.
다행히 밤 늦게까지 여는 약국을 찾을 수 있었습니다.

C Actually, I had a plan to do sightseeing, but I could not.
사실 관광 계획이 있었는데 못했습니다.

Tips for Better Answers

* '음식에 관련된 기억에 남는 에피소드' 내용을 이 답변에 그대로 활용

▶ ❶ 상한 무언가를 정확히 어떤 음식인지 말할 필요 없이 something으로 표현 가능
Ex: I remember having something bitter at the café.
카페에서 무언가 쓴 걸 먹은 기억이 난다.

▶ ❷ pretty는 '꽤, 상당히'란 의미로 bad를 꾸미는 부사
Ex: The weather was pretty good.
날씨가 꽤 좋았다.

▶ ❸ 하고 싶지 않았어도 꼭 해야만 했던 일에 대해 묘사할 때에는 had to를 사용. 과거의 경험을 묘사할 때 매우 유용
Ex: I had to do some overtime work.
초과근무를 해야 했다.

▶ ❹ 사건이나 사고에 관련된 경험을 이야기한 후에는 마무리 문장을 말해서 답변 정리하기
Ex: Since then, I try not to eat fast.
그때 이후로, 빠르게 먹지 않으려고 한다.

Key Expressions

- **go bad** 상하다
- **food poisoning** 식중독
- **indigestion** 소화불량
- **enteritis** 장염
- **stomach** 배
- **upset** 아픈
- **throw up** 토하다
- **light-headed** 머리가 어지러운
- **have a fever** 열이 나다
- **get rashes** 두드러기 나다
- **itchy** 간지럽다
- **drugstore** 약국

여행 중에 상한 것을 먹은 기억이 납니다. (+너무 빨리 먹은 + 너무 많이 먹은) 식중독에 걸렸는데 꽤 심했습니다. (+소화불량 +장염) 배가 아파서 토할 것 같았습니다. 열이 나서 머리가 어지러웠습니다. (+발진이 나서 몸이 가려웠습니다. +설사 때문에 화장실을 들락날락했습니다.) 약을 구하러 약국에 가야 했습니다. 낫기 위해 약을 먹었습니다. 실내에 있으면서 많이 쉬어야 했습니다. 그 이후로, 저는 무언가를 먹을 때 더 조심하려고 노력합니다.

OPIc 모범 답변 학습하기

OPIc 질문에 대한 모범 답변을 살펴본 후, 질문의 핵심 포인트를 파악하여 나만의 OPIc 답변을 만들어 보세요.

5 Tell me about a popular place tourists like to go to when traveling outside your country. Why do they like visiting those locations?

관광객들이 해외여행으로 가기 좋아하는 인기 있는 장소에 대해 말해 주세요. 왜 그곳들에 가는 것을 좋아하나요?

Structure		Idea
시작 문장	주제 문장 소개	often go to, travel overseas
본문	한국 사람들이 좋아하는 여행지의 지리적 특징과 유명한 장소 묘사	our closest neighboring, many mountains, island nation, tons of beaches, popular vacation spots, coastline, scenic, friendly, impression I got
마무리 문장	나의 답변 마무리	often go to, travel overseas

Model Answer

❶ Koreans often go to Japan when they travel overseas. **A**

Japan is one of ❷ our closest neighboring countries.

There are many mountains in Japan.

In fact, roughly half of Japan is mountains.

Also, Japan is an island nation, so there are tons of beaches. **B**

Some beaches are popular vacation spots.

The coastline is very ❸ scenic.

People often go on vacations to coastal areas. **C**

❹ Once again, Koreans often go to Japan when they travel overseas.

Tips for Better Answers

* 본문의 내용은 '본인이 가본 해외 국가나 도시, 현지인 묘사'의 답변 그대로 활용

▶ ❶ 시작 문장에 사람들이 좋아하는 여행지 이름 말하기

▶ ❷ one of the + 최상급 형용사 + 복수 명사: 가장 (형용사)한 (명사)들 중의 하나
이 뒤에는 단수 동사가 나옴
'이웃 국가 모습' 묘사할 답변에서 꼭 쓰셔야 하는 필수 문장!

▶ ❸ 장소 묘사에 쓸 수 있는 다양한 형용사 활용
stunning: 놀라운
impressive: 인상적인
picturesque: 그림같은
spectacular: 장관의
Ex: The view of the beach from my hotel room is spectacular.
내 호텔 방에서 본 해변의 경치는 장관이다.

▶ ❹ 마지막 문장에서 시작 문장을 다시 한번 반복하며 강조하기
*답변을 자연스럽게 마무리 하는 가장 좋은 방법은 질문 또는 시작 문장에 나온 핵심 표현을 다시 한번 반복하는 것
Ex: What is your favorite movie?
가장 좋아하는 영화는 뭐야?
My favorite movie is Avengers.
내가 가장 좋아하는 영화는 Avengers야.

Expanding Your Answer

더 풍부하고 논리적인 답변을 위해 문장을 추가해 보세요.

A I think people go there very often because it is easy to get there.
사람들이 그곳에 자주 가는 이유는 가기 쉽기 때문인 것 같습니다.

B Since it is an island, you can enjoy fresh seafood at reasonable prices.
섬이기 때문에 신선한 해산물을 합리적인 가격에 즐길 수 있습니다.

C People can do various types of water activities, such as snorkeling, scuba diving and swimming.
사람들은 스노클링, 스쿠버 다이빙, 수영과 같은 다양한 해양 액티비티를 할 수 있습니다.

Key Expressions

- **closest** 가장 가까운
- **neighboring** 이웃
- **mountains** 산
- **roughly** 대략으로
- **island nation** 섬나라
- **popular** 인기 있는
- **vacation spot** 휴가 장소
- **coastline** 해안선
- **scenic** 경치 좋은
- **coastal area** 해안 지역

한국인들은 종종 일본으로 해외여행을 갑니다. 일본은 우리나라에서 가장 가까운 이웃 국가들 중 하나입니다. 일본에는 산이 많습니다. 사실, 일본의 거의 절반은 산입니다. 또한 일본은 섬나라이기 때문에 해변이 많습니다. 몇몇 해변은 유명한 휴양지입니다. 해안선은 매우 경치가 좋습니다. 사람들은 종종 해안 지역으로 휴가를 갑니다. 다시 한번 말하자면, 한국인들은 일본으로 자주 해외여행을 갑니다.

OPIc 모범 답변 학습하기

OPIc 질문에 대한 모범 답변을 살펴본 후, 질문의 핵심 포인트를 파악하여 나만의 OPIc 답변을 만들어 보세요.

6-1 Tell me about where tourists go and what they do when they go on overseas trips. 🎧 MP3 18_Q6-1
해외여행 시 관광객들이 어디로 가고 무엇을 하는지 알려 주세요.

6-2 When people discuss traveling to other countries, what are the things that they are mostly interested in doing or seeing? Why are these things of such interest or importance to travelers? 🎧 MP3 18_Q6-2
사람들이 외국 여행에 대해 얘기할 때, 가장 관심을 가지는 것은 무엇인가요? 왜 이런 것들이 여행자들에게 흥미롭거나 중요한가요?

Structure		Idea
시작 문장	주제 문장 소개	tourist attractions, travel overseas
본문	여행가서 할 수 있는 다양한 활동 나열	historic sites, landmarks, take a lot of pictures, on the spot, do a lot of shopping buy some souvenirs, duty free shops, get gifts, decent restaurants, local food, dining
마무리 문장	나의 답변 마무리	things people do, travel overseas

Model Answer 🎧 MP3 18_A6

❶ Koreans like to go to tourist attractions when they travel overseas.
They go to ❷ historic sites or landmarks in the country. **A**
They take a lot of pictures there.
They like to post them up on the spot.
Plus, people do a lot of shopping when they travel overseas. **B**
They ❸ buy some souvenirs when they visit famous places.
Also, they ❹ go to duty free shops at airports to get gifts. **C**
Next, they go to decent restaurants to enjoy the local food.
❺ Dining at local restaurants is ❻ one of the greatest pleasures of traveling.
So, these are the things people do when they travel overseas.

Tips for Better Answers

* 15번 기출문제
* '본인이 해외여행지에 가서 주로 하는 일들 묘사' 답변 활용

▶ ❶ 본인의 경험을 묻는 질문이 아닌 사람들이 좋아하는 해외여행지를 묘사해야 하기 때문에 people로 시작

▶ ❷ 한 곳 이상의 유적지와 명소가 있기 때문에 복수 명사 사용
  Ex: There are so many exotic historic sites in China.
  중국에는 이국적인 유적지가 많다.

▶ ❸ ❹ 여행에 대해 이야기할 때 꼭 사용해야 할 필수 단어

▶ ❺ eating out 보다 더 격식을 차린 느낌의 표현 (잘 차린 식사)

▶ ❻ one of the 최상급 형용사 + 복수 명사: 최고로 (형용사)한 (명사) 중 하나
  Ex: Traveling abroad is one of the greatest pleasures of my life.
  해외여행은 내 인생에서 가장 큰 즐거움 중 하나이다.

Expanding Your Answer

더 풍부하고 논리적인 답변을 위해 문장을 추가해 보세요.

A Many people enjoy visiting museums to learn more about the country they visit.
방문하는 나라에 대해 더 알기 위해 많은 사람들이 박물관에 가는 것을 즐깁니다.

B For instance, many people buy chocolate as souvenirs when they visit Switzerland.
예를 들어, 사람들은 스위스를 방문하면 기념품으로 초콜릿을 삽니다.

C Since you don't have to pay taxes, everything is much cheaper.
세금을 낼 필요가 없기 때문에 모든 것이 훨씬 저렴합니다.

Key Expressions

- **tourist attractions** 관광 명소
- **travel overseas** 해외여행가다
- **historical sites** 유적지
- **landmarks** 명소
- **on the spot** 그 자리에서
- **souvenirs** 기념품
- **duty free shops** 면세점
- **get gifts** 선물 사다
- **decent** 꽤 괜찮은
- **local food** 지역의 음식 (로컬 음식)
- **dining** 식사, 정찬
- **pleasure** 기쁨, 즐거움

한국인들은 해외여행을 할 때 관광지에 가는 것을 좋아합니다. 그들은 그 나라의 역사적인 유적지나 명소에 가서 사진을 많이 찍습니다. 그들은 그 자리에서 찍은 사진을 (소셜 미디어에) 올리는 것을 좋아합니다. 게다가, 사람들은 해외여행을 가면 쇼핑을 많이 합니다. 그들은 유명한 곳을 방문하면 기념품을 삽니다. 또, 공항 면세점에서 선물을 삽니다. 다음으로, 그들은 현지 음식을 즐기기 위해 괜찮은 음식점에 갑니다. 현지 식당에서 식사를 하는 것은 여행의 가장 큰 즐거움 중 하나입니다. 이러한 일들이 사람들이 해외여행을 가면 하는 일들입니다.

OPIc 모범 답변 학습하기

OPIc 질문에 대한 모범 답변을 살펴본 후, 질문의 핵심 포인트를 파악하여 나만의 OPIc 답변을 만들어 보세요.

7 You indicated in the survey that you take vacations internationally. How has traveling to other countries changed over the years? Is it easier or more difficult? Describe what traveling was like in the past and what changes you have seen over the years.

MP3 18_Q7

당신은 해외로 휴가를 간다고 했습니다. 지난 몇 년간 해외여행은 어떻게 바뀌었나요? 더 쉬워졌나요, 아니면 더 어려워졌나요? 과거에 여행은 어땠는지, 그동안 어떤 변화를 겪었는지 말해 주세요.

	Structure	Idea
시작 문장	주제 문장 소개	traveling, has become much easier
본문	교통의 발달로 쉬워진 해외여행에 대해 묘사	transportation, has become a lot better, trains, faster, half the time, plane tickets, cheaper, low-cost carriers, half the price, driving, easier, GPS
마무리 문장	나의 답변 마무리	once again, travelling, has become, easier

Model Answer

MP3 18_A7

❶ Traveling overseas ❷ has become much easier than in the past. That's because transportation has become ❸ a lot better over the years. **A**
For example, trains have become much faster than in the past.
❹ They are at least twice as fast as they used to be.
It takes half the time to get somewhere now.
Plus, plane tickets have become much cheaper thanks to low-cost carriers.
People can get great deals for plane tickets.
Some flights only cost half the price. **B**
Also, driving has become much easier because we now have GPS.
People do NOT get lost as often as they used to.
The GPS tells them where to go. **C**
❺ Once again, traveling overseas has become a lot easier than in the past.

Tips for Better Answers

* 14번 기출문제
* 국내 여행 주제의 '지난 5년간 여행이 더 어려워진 이유 설명'의 답변 활용

➤ ❶ 해외여행의 과거 현재 차이점을 묻는 질문이기 때문에 시작 문장에 핵심 표현인 traveling overseas 넣기

➤ ❷ 교통 발전이 현재 여행 방식에 영향을 계속 주고 있기 때문에 현재완료형 사용
Ex: The development of transportations has changed the way people travel.
대중교통의 발전이 사람들이 여행하는 방식을 바꿨다.

➤ ❸ 훨씬 더 = much

➤ ❹ 외워서 쓰기 좋은 문장
fast 대신 다른 형용사를 넣어 과거와 현재 비교할 때 사용
Ex: They are at least twice as expensive as they used to be.
예전과 비교해서 최소 2배는 비싸다.
They are at least twice as spacious as they used to be.
예전과 비교해서 최소 2배는 넓어졌다.

➤ ❺ 마무리 문장에는 반드시 주제의 핵심 표현인 travelling overseas와 변화 become easier 넣기

Expanding Your Answer

더 풍부하고 논리적인 답변을 위해 문장을 추가해 보세요.

A Also, there are many transportation methods, such as trains, buses, planes and ships.
또한 기차, 버스, 비행기, 배 같은 다양한 교통수단이 있습니다.

B For instance, it costs only about 300 dollars to fly from Korea to Vietnam.
예를 들어 한국에서 베트남까지 비행기를 타고 가는데 300달러만 내면 됩니다.

C Many people rent cars to drive around in other countries.
많은 사람들이 다른 나라에서 운전하면서 다니기 위해 차를 빌립니다.

Key Expressions

- **has become easier** 쉬워졌다
- **transportation** 교통수단
- **twice** 두 배로, 두 배의
- **half the time** 절반의 시간
- **low-cost carriers** 저가 항공사
- **great deals** 큰 할인, 싼 가격
- **GPS** 내비게이션
- **get lost** 길을 잃다

해외여행은 과거보다 훨씬 쉬워졌습니다. 지난 몇 년 동안 교통수단이 많이 좋아졌기 때문입니다. 예를 들어, 기차는 과거보다 훨씬 빨라졌습니다. 예전보다 적어도 두 배는 빠릅니다. 지금은 어디론가 가는 데 시간이 절반밖에 안 걸립니다. 게다가 저가 항공사들 덕분에 비행기표 값도 훨씬 저렴해졌습니다. 할인 티켓을 구할 수 있습니다. 일부 항공편은 반값밖에 안 합니다. 또한, 내비게이션을 사용해서 운전이 훨씬 더 쉬워졌습니다. 사람들은 예전처럼 길을 잃지 않습니다. 내비게이션이 어디로 가야 하는지 알려줍니다. 다시 한번 말하자면, 해외여행은 과거보다 훨씬 쉬워졌습니다.

Chapter 19

Geography

빈출 주제 파악하기

질문을 제대로 파악하는 것만으로도 성공적으로 시험을 치를 수 있습니다. OPIc에서 자주 출제되는 질문들을 알아보세요.

1 Describe your country's geography for me. Are there mountains, lakes or rivers? What is your country like?

사는 곳의 지형에 대해 설명해 주세요. 산, 호수, 강이 있나요? 어떻게 생겼나요?

문항 유형	우리나라의 지형적 특징 묘사
문항 수준	Intermediate
핵심 포인트	• 산과 바다가 많은 한국의 지형적 특징 묘사 • 한국의 지형 묘사이기 때문에 주어는 Korea 위주로 사용하며 현재형 시제로 묘사
중요도	★★

2 I would like you to pick a favorite place in your country from your childhood. Describe that place in detail. What was your memory of that place?

어릴 때부터 좋아했던 장소를 선택하고 그곳에 대해 자세히 설명해 주세요. 어떤 기억이 있나요?

문항 유형	어렸을 때 국내에서 가보았던 가장 좋았던 장소 묘사
문항 수준	Advanced
핵심 포인트	• 국내 여행 주제의 '좋아하는 국내 여행 장소들 묘사'의 답변 최대한 활용 • 지형 주제의 '어렸을 때 기억나는 지형 관련 추억 묘사'와 같은 답변 준비 • 어렸을 때 경험이기 때문에 주어 I 와 과거형 시제 사용하여 답변
중요도	★★

3 People often have memorable or moving experiences when they explore their country's geography. You might have climbed a famous mountain or might have been to a beautiful beach. Tell me a memorable story of when you visited a natural place in your country.

사람들은 종종 국내를 여행하면서 기억에 남거나 감동적인 경험을 합니다. 유명한 산을 올랐을 수도 있고 아름다운 해변에 갔을 수도 있습니다. 자연적인 장소에 방문했을 때 겪은 기억에 남는 경험에 대해 말해 주세요.

문항 유형	최근 가보았던 지형적으로 유명한 장소에서의 추억 묘사
문항 수준	Advanced
핵심 포인트	• 국내 여행 주제의 '어렸을 때 갔었던 여행들 설명' 답변의 표현과 어휘 최대한 활용 • 과거 경험에 대해 이야기하기 때문에 주어 I 와 과거형 시제 사용
중요도	★★★★

4 Tell me about the outdoor activities that are popular in your country. Do people go hiking, bike or swim? What do people typically do outdoors?

인기 있는 야외 활동에 대해 말해 주세요. 사람들은 하이킹을 가나요, 자전거를 타나요, 아니면 수영을 하나요? 사람들은 보통 야외에서 무엇을 하나요?

문항 유형	우리나라 사람들의 보편적인 야외 활동 묘사
문항 수준	Intermediate
핵심 포인트	• 지형 주제의 '우리나라 사람들이 시간이 날 때 하는 활동 묘사'와 같은 답변 준비 • 사람들이 보편적으로 하는 야외 활동을 다양한 접속사를 사용하여 나열 • 주어는 people, they, there 등 상황에 맞게 사용하며 현재형 시제로 묘사
중요도	★★

5 Tell me about an early memory of your country's geography. Perhaps it was a special place or an important landmark. What were your memories about that place?

국내 지형과 관련된 어릴 적 기억에 대해 말해 주세요. 아마도 특별한 곳이었거나 중요한 랜드마크였을 수도 있습니다. 그곳에 대한 기억은 어땠나요?

문항 유형	어렸을 때 기억나는 지형 관련 추억 묘사
문항 수준	Advanced
핵심 포인트	• 국내 여행 주제의 '좋아하는 국내 여행 장소들 묘사'의 답변 최대한 활용 • 지형 주제의 '어렸을 때 국내에서 가보았던 가장 좋았던 장소 묘사와 같은 답변 대비 • 어렸을 때 본인의 경험이기 때문에 주어 I 와 과거형 시제 사용하여 답변
중요도	★★

6 **Tell me a little bit about a country close to your country. Talk about what the country looks like, and about its people and some of its traditions.**

이웃 나라에 대해 말해 주세요. 그 나라는 어떤지, 사람들은 어떤지, 전통은 어떠한지에 대해 이야기해 주세요.

문항 유형	이웃 국가 모습과 그 나라 사람들 성향/전통 묘사
문항 수준	Intermediate
핵심 포인트	• 이웃 나라로 일본을 선택하여 그 나라의 지형적 특징 묘사 • 나라의 지형적 특징을 묘사하기 때문에 Japan, they, beach, mountains 등 지형과 관련된 명사를 주어로 사용하며 현재형 시제로 묘사
중요도	★★

7 **Please tell me about the kinds of free time activities people in your country do.**

사람들이 여가 시간에 즐기는 활동의 종류에 대해 말해 주세요.

문항 유형	우리나라 사람들이 시간이 날 때 하는 활동 묘사
문항 수준	Intermediate
핵심 포인트	• 지형 주제의 '우리나라 사람들의 보편적인 야외 활동 묘사'와 같은 답변 준비 • 사람들이 보편적으로 하는 야외 활동을 다양한 접속사를 사용하여 나열 • 주어는 people, they, there 등 상황에 맞게 사용하며 현재형 시제로 묘사
중요도	★★

8 **How has your country changed in the past decade? Perhaps there were changes in urban development, tourism, or any other area. Choose one area of change and describe it with a lot of details.**

지난 10년간 당신의 나라는 어떻게 변했나요? 아마도 도시 개발, 관광, 또는 다른 분야에서 변화가 있었을 것입니다. 변화의 한 분야를 선택하여 자세히 말해 주세요.

문항 유형	우리나라가 최근 10년간 겪은 변화 중 하나 설명
문항 수준	Advanced
핵심 포인트	• 국내 여행 주제의 '지난 5년간 여행이 더 어려워진 이유 설명'의 답변 활용 • 과거에 대해 이야기할 때에는 과거형 시제, 현재에 대해 이야기할 때에는 현재형 시제 사용 • 교통수단의 변화에 대해 이야기하기 때문에 주어는 Korea, transportation, trains, plane tickets, driving 등 상황에 맞게 다양하게 사용
중요도	★★

9 **Talk about a country that is geographically similar to your country. What are the changes the country has gone through in recent years?**

당신 나라의 지형과 비슷한 다른 나라에 대해 이야기해 주세요. 최근 몇 년간 그 나라가 겪은 변화는 무엇인가요?

문항 유형	지형적으로 유사한 이웃 국가 묘사, 변화 추세 설명
문항 수준	Advanced
핵심 포인트	• 14번 기출문제 • 지형 주제의 '이웃 국가 모습과 그 나라 사람들 성향/전통 묘사'의 표현과 문장 최대한 활용 • 이웃 국가로 일본을 선택하여 묘사하기 때문에 주어는 Japan, there, people를 사용하며 현재형 시제로 묘사
중요도	★★

10 **Tell me about an article you read about the country you have mentioned. What was the article about? Was it related to the politics or the economy of the country?**

앞서 언급한 나라에 관련되어 읽은 기사에 대해 말해 주세요. 그 기사는 무엇에 관한 것이었나요? 정치나 국가 경제와 관련이 있었나요?

문항 유형	이웃 국가 시사문제 신문기사 읽은 내용
문항 수준	Advanced
핵심 포인트	• 15번 기출문제 • 지형 주제의 '우리나라와 다른 국가와의 관계와 관계 변화 설명'과 같은 답변 준비 • 한국과 일본에 대한 이야기이기 때문에 주어는 Korea, Japan, there 등 내용에 맞게 사용하며 현재형 시제로 묘사
중요도	★★★★

11 **Tell me in detail about changes you have observed concerning the relationship between your country and other countries. The change could be related to the economy, sports, arts, culture or politics. Describe the change in detail.**

다른 나라와의 관계에 대해 변한 부분에 대해 자세히 말해 주세요. 경제, 스포츠, 예술, 문화, 정치와 관련된 변화일 수 있습니다. 변화된 부분을 자세히 설명해주세요.

문항 유형	우리나라와 다른 국가와의 관계와 관계 변화 설명
문항 수준	Advanced
핵심 포인트	• 14번 기출문제 • 지형 주제의 '이웃 국가 시사 문제 신문기사 읽은 내용'과 같은 답변 준비 • 한국과 일본에 대한 이야기이기 때문에 주어는 Korea, Japan, there 등 내용에 맞게 사용하며 현재형 시제로 묘사
중요도	★★★★

12 **I would like for you to think about a specific historic event that has affected the relationship between your country and one of its neighboring nations. It could be a treaty signed between two countries, a cultural event or a visit of another country's minister or president. Tell me everything that happened in detail.**

이웃 국가와의 관계에 영향을 준 구체적인 역사적 사건에 대해 생각해보세요. 두 나라 사이에 체결된 조약이나 문화 행사일 수도 있고 다른 나라의 장관이나 대통령 방문일 수도 있습니다. 무슨 일이 있었는지 자세히 말해 주세요.

문항 유형	우리나라와 다른 국가 사이에 있었던 역사적 사건과 파장 및 여파
문항 수준	Advanced
핵심 포인트	• 15번 기출문제 • 한반도 비핵화 이슈에 대해 설명 • 국가들 사이의 과거 사건이기 때문에 과거형 시제를 사용하며 주어는 Korea, war, people, there 등 내용에 맞게 사용
중요도	★★★★

Chapter 19 Geography

OPIc 모범 답변 학습하기

OPIc 질문에 대한 모범 답변을 살펴본 후, 질문의 핵심 포인트를 파악하여 나만의 OPIc 답변을 만들어 보세요.

1 Describe your country's geography for me. Are there mountains, lakes or rivers? What is your country like?   🎧 MP3 19_Q1

사는 곳의 지형에 대해 설명해 주세요. 산, 호수, 강이 있나요? 어떻게 생겼나요?

	Structure	Idea
시작 문장	주제 문장 소개	diverse
본문	산과 바다가 많은 한국의 지형적 특징 묘사	first, mountains, 70 percent, plus, peninsula, tons of beaches, popular vacation spots, coastline, scenic, go on vacations, rivers that run through, create, scenery, provide drinking water
마무리 문장	나의 답변 마무리	Korea, diverse

Model Answer 🎧 MP3 19_A1

❶ Korea has a diverse geography.

First, there are ❷ many mountains in Korea.

In fact, 70 percent of Korea is mountains. **A**

❸ Plus, Korea is a peninsula, so there are tons of beaches.

Some beaches are popular vacation spots. **B**

The coastline is very ❹ scenic.

People often go on vacations to coastal areas. **C**

Next, there are many rivers that ❺ run through large cities.

The rivers create a beautiful scenery and provide drinking water for people.

Once again, Korea has a diverse geography.

Expanding Your Answer

더 풍부하고 논리적인 답변을 위해 문장을 추가해 보세요.

A People can see beautiful mountains anywhere they go.
사람들은 어디를 가든지 아름다운 산을 볼 수 있습니다.

B Most famous beaches are on the east side of Korea.
유명한 해변은 대부분 한국의 동쪽에 있습니다.

C Korea is not a big country, so people can get to the beaches within 2 hours.
한국이 큰 나라가 아니기 때문에 2시간이면 해변에 갈 수 있습니다.

Tips for Better Answers

▶ ❶ 한국의 지형을 묻는 질문이기 때문에 핵심 단어 Korea와 geography를 시작 문장에 넣기
  Ex: The geography of Korea is diverse.
  한국의 지형은 다양하다.

▶ ❷ 한국의 지형적 특징으로 산이 많다고 답변하기
  특정 산 한 개를 말하는 것이 아니기 때문에 복수 명사 사용

▶ ❸ 국내 여행 주제의 '좋아하는 국내 여행 장소 묘사' 답변 그대로 활용하여 암기 내용 줄이기

▶ ❹ 경치 묘사에 쓰이는 다양한 형용사 암기 필수!
  stunning: 놀라운
  breathtaking: 숨이 멎을 듯한
  impressive: 감명적인
  The scenery of the mountains is stunning and impressive.
  산의 경치가 놀랍고 감명적이다.

▶ ❺ = flow
  Ex: The rivers flow into the ocean.
  강이 바다로 흘러간다.

Key Expressions

- **diverse** 다양한
- **peninsula** 반도
- **popular** 인기 있는
- **vacation spots** 휴가 장소
- **coastline** 해안가
- **scenic** 경치 좋은, 멋진
- **coastal areas** 해안 지역
- **run through** 흐르는
- **scenery** 경치
- **provide** 제공하다
- **drinking water** 식수

한국에는 다양한 지형이 있습니다. 첫째, 한국에는 산이 많습니다. 사실 한국의 70%는 산입니다. 게다가 한국은 반도이기 때문에 해변이 수없이 많습니다. 몇몇 해변은 유명한 휴양지입니다. 해안선은 매우 경치가 좋습니다. 사람들은 종종 해안 지역으로 휴가를 갑니다. 다음으로 대도시를 흐르는 강이 많습니다. 강은 아름다운 경치를 만들고 식수를 제공합니다. 즉, 한국에는 지형이 다양합니다.

 OPIc 모범 답변 학습하기

OPIc 질문에 대한 모범 답변을 살펴본 후, 질문의 핵심 포인트를 파악하여 나만의 OPIc 답변을 만들어 보세요.

2 Tell me a little bit about a country close to your country. Talk about what the country looks like, and about its people and some of its traditions.  MP3 19_Q2

이웃 나라에 대해 말해 주세요. 그 나라는 어떤지, 사람들은 어떤지, 전통은 어떠한지에 대해 이야기해 주세요.

Structure		Idea
시작 문장	주제 문장 소개	Japan, closest neighboring
본문	이웃 국가인 일본을 선택하여 특징 묘사	mountains, roughly half of, island nation, tons of beaches, popular vacation spots, coastline, scenic, go on vacations, meanwhile, friendly in general
마무리 문장	나의 답변 마무리	impression, from the Japanese

Model Answer  MP3 19_A2

❶ Japan is one of our closest neighboring countries. **A**

❷ There are many mountains in Japan.

In fact, roughly half of Japan is mountains. **B**

Also, ❸ Japan is an island nation, so there are tons of beaches.

Some beaches are popular vacation spots.

The coastline is very scenic. **C**

People often go on vacations to coastal areas.

❹ Meanwhile, Japanese people are quite friendly in general.

That is the ❺ impression I got from the Japanese.

Expanding Your Answer

더 풍부하고 논리적인 답변을 위해 문장을 추가해 보세요.

A It takes only two hours to get there from Korea.
한국에서 2시간이면 갑니다.

B It is similar to the geography of Korea.
한국의 지형과 매우 비슷합니다.

C Also, people can enjoy various types of water activities there.
또한 사람들은 그곳에서 다양한 해양 활동을 즐길 수 있습니다.

Tips for Better Answers

▶ ❶ 한국과 가까운 나라로 일본을 선택했기 때문에 시작 문장에 핵심 표현 Japan 언급
〈one of 최상급 형용사 + 복수명사〉 문장 구조 사용으로 등급 업!
Ex: Japan is a close country. ➡ Japan is one of our closest neighboring countries.
일본은 가까운 나라다. ➡ 일본은 가까운 이웃 국가들 중 하나다.

▶ ❷ 본문의 내용은 지형 질문의 '우리나라의 지형적 특징 묘사' 그대로 활용
한국이 아닌 일본에 관한 내용이기 때문에 Korea를 Japan으로 바꿔 말하기

▶ ❸ peninsula인 한국과 다르게 일본은 island nation이기 때문에 반드시 들어가야 하는 표현
발음 유의
island 아이스랜드 (X) 아일랜드 (O)

▶ ❹ 그 나라 사람들의 성향에 대해 물었기 때문에 반드시 추가되어야 하는 문장
Ex: Also, people from Japan are quite generous.
또한 일본에서 온 사람들은 꽤 너그럽다.

▶ ❺ impress: 감동시키다, 감명시키다
be impressed: 감동받다, 감명받다
impressive: 감동적인, 감동적인
impression: 감명, 인상, 느낌
Ex: The first impression is very important.
첫 인상은 매우 중요하다.

Key Expressions

- **closest** 가장 가까운
- **neighboring** 이웃의
- **in fact** 사실은
- **roughly** 대략적으로
- **island nation** 섬나라
- **vacation spots** 휴양지
- **coastal areas** 해안 지역
- **friendly** 친절한
- **in general** 일반적으로
- **impression** 인상

일본은 가장 가까운 이웃 국가들 중 하나입니다. 일본에는 산이 많습니다. 사실, 일본의 대략 절반은 산입니다. 또한 일본은 섬나라이기 때문에 해변이 많습니다. 몇몇 해변은 유명한 휴양지입니다. 해안선은 매우 경치가 좋습니다. 사람들은 종종 해안 지역으로 휴가를 갑니다. 한편, 일본 사람들은 대체로 꽤 우호적입니다. 그것이 제가 일본사람들로부터 받은 인상입니다.

OPIc 모범 답변 학습하기

OPIc 질문에 대한 모범 답변을 살펴본 후, 질문의 핵심 포인트를 파악하여 나만의 OPIc 답변을 만들어 보세요.

3-1 Tell me about the outdoor activities that are popular in your country. Do people go hiking, bike or swim? What do people typically do outdoors? 🎧 MP3 19_Q3-1

인기 있는 야외 활동에 대해 말해 주세요. 사람들은 하이킹을 가나요, 자전거를 타나요, 아니면 수영을 하나요? 사람들은 보통 야외에서 무엇을 하나요?

3-2 Please tell me about the kinds of free time activities people in your country do. 🎧 MP3 19_Q3-2

사람들이 여가 시간에 즐기는 활동의 종류에 대해 말해 주세요.

	Structure	Idea
시작 문장	주제 문장 소개	Koreans, outdoor activities
본문	사람들이 자유 시간에 즐길 수 있는 다양한 야외 활동 나열	many mountains, go hiking, camping, next, beaches, go on vacations to, rivers, riverside parks, exercise, some fresh air
마무리 문장	나의 답변 마무리	Koreans, outdoor activities

Model Answer 🎧 MP3 19_A3

❶ Koreans do various types of outdoor activities. **A**

Because there are ❷ many mountains, people like to go hiking or camping to the mountains. **B**

❸ Next, because there are many beaches, people like to go on vacations to coastal areas.

Also, because there are many rivers, there are riverside parks along the river. **C**

❹ People can get some exercise or get some fresh air there.

Once again, Koreans do various types of outdoor activities.

Expanding Your Answer

더 풍부하고 논리적인 답변을 위해 문장을 추가해 보세요.

A People always try to do something fun.
사람들은 항상 무언가 재미있는 것을 하려고 합니다.

B One of the most popular mountains in Korea is Halla Mountain.
한국에서 가장 인기 있는 산 중 하나는 한라산입니다.

C There are so many things you can do at the parks.
공원에서 할 수 있는 일이 매우 많습니다.

Tips for Better Answers

* 15번 기출문제

▶ ❶ 한국 사람들이 좋아하는 야외활동에 대해 물었기 때문에 핵심 단어 Koreans, outdoor activities를 시작 문장에 추가
일반적으로 하는 활동 묘사이기 때문에 반드시 복수 명사 사용
Ex: There are so many outdoor activities people can do in Korea.
한국에서 사람들이 할 수 있는 야외 활동이 매우 많다.

▶ ❷ 산, 바다, 강에서 각각 사람들이 할 수 있는 야외활동 나열하기
Ex: Many people go hiking and take pictures.
많은 사람들이 산에 가서 사진을 찍는다.

▶ ❸ 새로운 장소를 소개하기 때문에 필요한 접속사
= plus, also, besides, next, in addition
Ex: Plus, there are tons of beaches in Korea.
또한 한국에는 해변이 아주 많다.

▶ ❹ 답변 양 확보를 위해 본인이 하는 야외 활동을 추가로 묘사하기
Ex: In my case, I go jogging at the riverside park.
나의 경우에는 강가 공원에 가서 조깅을 한다.

Key Expressions

- **outdoor activities** 야외 활동
- **coastal areas** 해안 지역
- **riverside park** 강가 공원
- **exercise** 운동하다

한국인들은 다양한 종류의 야외 활동을 합니다. 산이 많기 때문에 사람들은 산으로 등산이나 캠핑하러 가는 것을 좋아합니다. 그리고 해변이 많기 때문에, 사람들은 해안 지역으로 휴가를 가는 것을 좋아합니다. 또한, 강이 많기 때문에, 강을 따라 강가 공원이 있습니다. 사람들은 그곳에서 운동을 하거나 신선한 공기를 마실 수 있습니다. 즉, 한국인들은 다양한 종류의 야외 활동을 합니다.

 OPIc 모범 답변 학습하기

OPIc 질문에 대한 모범 답변을 살펴본 후, 질문의 핵심 포인트를 파악하여 나만의 OPIc 답변을 만들어 보세요.

4-1 I would like you to pick a favorite place in your country from your childhood. Describe that place in detail. What was your memory of that place? 🎧 MP3 19_Q4-1

어릴 때부터 좋아했던 장소를 선택하고 그곳에 대해 자세히 설명해 주세요. 어떤 기억이 있나요?

4-2 Tell me about an early memory of your country's geography. Perhaps it was a special place or an important landmark. What were your memories about that place? 🎧 MP3 19_Q4-2

국내 지형과 관련된 어릴 적 기억에 대해 말해 주세요. 아마도 특별한 곳이었거나 중요한 랜드마크였을 수도 있습니다. 그곳에 대한 기억은 어땠나요?

Structure		Idea
시작 문장	주제 문장 소개	remember, beach, when I was a kid
본문	어렸을 때 가본 장소로 해변 선택하여 묘사	one of my favorite, south coast, most well-known, extremely crowded, peak season, coastline, scenic, breathing, tons of things to do, seafood restaurants
마무리 문장	나의 답변 마무리	remember, beach, when I was a kid

Model Answer 🎧 MP3 19_A4

I remember going to the beach with my family ❶ when I was a kid. **A**
One of my favorite beaches was ❷ on the south coast of Korea.
It was ❸ one of the most well-known beaches in my country. **B**
It got extremely crowded during the peak season.
The coastline was very scenic.
The sunset (the sunrise) was breathtaking. **C**
❹ There were tons of things to do near the beach.
There were a lot of seafood restaurants and bars.
Once again, I remember going to the beach when I was a kid.

Tips for Better Answers

* 국내 여행 주제의 '좋아하는 국내 여행 장소들 묘사'의 답변 최대한 활용

▶ ❶ 어렸을 때의 경험을 묻기 때문에 과거인 것을 나타내는 표현 추가
= when I was young
과거의 경험이기 때문에 시제는 과거형으로 유지해서 말하기

▶ ❷ = on the southern part of Korea
Ex: My favorite beach was located on the southern part of Korea.
내가 좋아하는 해변은 한국의 남쪽에 있었다.

▶ ❸ one of the 최상급 형용사+복수 명사: 가장 (형용사)한 명사들 중 하나
Ex: It was one of the most famous beaches in Korea.
한국에서 가장 인기 있는 해변 중 하나다.
popular: 인기 있는
crowded: 사람 많은, 북적이는

▶ ❹ 답변 양 확보를 위해 해변에서 할 수 있는 활동 나열 가능
Ex: We enjoyed swimming and snorkeling.
우리는 수영과 스노클링을 즐겼다.

Expanding Your Answer

더 풍부하고 논리적인 답변을 위해 문장을 추가해 보세요.

A I think I was in elementary school at that time.
그때 저는 초등학교에 다니고 있었던 것 같습니다.

B It took three hours to get there from my place.
우리 집에서 그곳에 가는 데 3시간이 걸렸습니다.

C We took a lot of pictures and videos.
우리는 사진과 영상을 매우 많이 찍었습니다.

Key Expressions

- **south coast** 남해안
- **well-known** 유명한, 잘 알려진
- **get crowded** 복잡해지다, 북적이다
- **peak season** 성수기
- **coastline** 해안가
- **scenic** 멋진
- **breathtaking** 숨이 멎을 듯한

어렸을 때 가족들과 바닷가에 갔던 기억이 납니다. 제가 가장 좋아했던 해변 중 하나는 한국의 남해안에 있었습니다. 그곳은 우리나라에서 가장 유명한 해변 중 하나였습니다. 성수기 때는 매우 붐볐습니다. 해안 지대는 경치가 좋고 일몰 (일출)은 숨이 멎을 듯 아름다웠습니다. 해변 근처에서 할 수 있는 일은 매우 많았습니다. 해산물 식당과 술집이 많았습니다. 다시 한번 말하자면, 어렸을 때 바닷가에 갔던 기억이 납니다.

OPIc 모범 답변 학습하기

OPIc 질문에 대한 모범 답변을 살펴본 후, 질문의 핵심 포인트를 파악하여 나만의 OPIc 답변을 만들어 보세요.

5 People often have memorable or moving experiences when they explore their country's geography. You might have climbed a famous mountain or might have been to a beautiful beach. Tell me a memorable story of when you visited a natural place in your country.

🎧 MP3 19_Q5

사람들은 종종 국내를 여행하면서 기억에 남거나 감동적인 경험을 합니다. 유명한 산을 올랐을 수도 있고 아름다운 해변에 갔을 수도 있습니다. 자연적인 장소에 방문했을 때 겪은 기억에 남는 경험에 대해 말해 주세요.

	Structure	Idea
시작 문장	주제 문장 소개	remember, beach, a few years ago
본문	지형적으로 유명한 장소로 여행 가서 한 일 묘사	well-known beaches, beachside cabin, great ocean view, took a walk, took a lot of pictures, snorkeling, fish, lunch, some seafood, raw fish, shrimp, barbeque, food tasted, starving, some drinks, partied
마무리 문장	나의 답변 마무리	worth, money

Model Answer 🎧 MP3 19_A5

❶ I remember going to the beach with my friends ❷ a few years ago. It was one of the most well-known beaches in Korea. **A**
We ❸ stayed at a beachside cabin that had a great ocean view. **B**
During the day, we took a walk along the beach.
❹ Plus, we took a lot of pictures near the beach.
+We did some snorkeling (scuba diving).
+We went out on a boat to fish.
For lunch, we went out for some seafood.
We had some raw fish and shrimp.
For dinner, we had a barbeque at our cabin.
❺ The food tasted extra good because I was starving.
We ❻ had some drinks while having the meal.
After having dinner, we partied all night long. **C**
Looking back, it was one of the most memorable trips in my life.
It was worth the money I spent.

Tips for Better Answers

▶ ❶ remember/recall + 동명사/명사
과거의 경험에 대해 이야기할 때 가장 자연스러운 시작
Ex: I recall going to Halla Mountain which is geographically unique.
지형적으로 독특한 한라산에 간 기억이 난다.

▶ ❷ 과거인 것을 나타내는 시간 표시 후 과거형 시제 사용
= several years ago, a couple of months ago, many years ago
Ex: Several years ago, I went to a famous beach.
몇 년 전에 나는 유명한 해변에 갔다.

▶ ❸ 관계대명사 that을 사용하여 cabin에 대한 추가 정보 제시
Ex: We stayed at a hotel which/that had an amazing view of the beach.
우리는 해변의 멋진 경치가 보이는 호텔에 머물렀다.

▶ ❹ 답변 양 확보를 위해 해변에서 할 수 있는 일을 과거형 시제로 나열하기

▶ ❺ 음식점, 모임 등에서 반복적으로 쓰이는 문장 암기 필수!

▶ ❻ have drinks는 alcohol이라는 단어가 없지만 술을 의미
Ex: Let's have some drinks.
술 마시자!
I want to drink some water.
나는 물을 마시고 싶어. (다른 음료일 경우 어떤 건지 정확히 말하기)

Expanding Your Answer

더 풍부하고 논리적인 답변을 위해 문장을 추가해 보세요.

A There were so many people at the beach.
해변에 사람들이 매우 많았습니다.

B The room was clean and spacious.
방은 깨끗하고 넓었습니다.

C I had a hangover on the next day.
저는 다음 날 숙취가 있었습니다.

Key Expressions

- **well-known** 잘 알려진, 유명한
- **beachside** 해안가
- **fish** 낚시하다
- **raw fish** 회, 익히지 않은 생선
- **starving** 배가 많이 고픈
- **have drinks** 술 마시다
- **meal** 식사
- **all night long** 밤새도록
- **memorable** 기억에 남는

몇 년 전 친구들과 바닷가에 갔던 기억이 납니다. 그곳은 한국에서 가장 잘 알려진 해변 중 하나였습니다. 우리는 바다가 내다보이는 해변 쪽 펜션에 머물렀습니다. 낮에는 바닷가를 산책했습니다. 또한, 우리는 해변 근처에서 사진을 많이 찍었습니다. (+스노클링(스쿠버 다이빙)을 했습니다.) +우리는 낚시를 하기 위해 보트를 타고 나갔습니다.) 점심으로, 우리는 해산물을 먹으러 나갔습니다. 회와 새우를 먹었습니다. 저녁으로, 우리는 펜션에서 바비큐를 했습니다. 배가 고파서 음식이 더 맛있었습니다. 식사를 하면서 술을 좀 마셨습니다. 저녁을 먹고 나서, 밤새도록 파티를 했습니다. 돌이켜보면, 제 인생에서 가장 기억에 남는 여행 중 하나였습니다. 쓴 돈이 아깝지 않았습니다.

OPIc 모범 답변 학습하기

OPIc 질문에 대한 모범 답변을 살펴본 후, 질문의 핵심 포인트를 파악하여 나만의 OPIc 답변을 만들어 보세요.

6 How has your country changed in the past decade? Perhaps there were changes in urban development, tourism, or any other area. Choose one area of change and describe it with a lot of details. 🎧 MP3 19_Q6

지난 10년간 당신의 나라는 어떻게 변했나요? 아마도 도시 개발, 관광, 또는 다른 분야에서 변화가 있었을 것입니다. 변화의 한 분야를 선택하여 자세히 말해 주세요.

	Structure	Idea
시작 문장	주제 문장 소개	Korea, changed, past decade
본문	한국의 변화로 교통수단 사용하여 묘사	noticeably, transportation, a lot better, for example, trains, must faster, at least twice as, takes half the time, plane tickets, cheaper, get great deals, cost half the price, driving, easier, GPS, do not get lost
마무리 문장	나의 답변 마무리	Korea, changed, 10 years

Model Answer 🎧 MP3 19_A6

❶ Korea has changed a lot in the past decade.
Most noticeably, ❷ transportation has become a lot better over the years. **A**
❸ For example, trains have become much faster than in the past.
They are ❹ at least twice as fast as they used to be.
It takes half the time to get somewhere now. **B**
Plus, plane tickets have become much cheaper thanks to low-cost carriers.
People can get great deals for plane tickets. **C**
Some flights only cost half the price.
Also, ❺ driving has become much easier because we now have GPS.
People do NOT get lost as often as they used to.
The GPS tells them where to go.
❻ Once again, Korea ❼ has changed a lot over the last 10 years.

Expanding Your Answer

더 풍부하고 논리적인 답변을 위해 문장을 추가해 보세요.

A It has developed dramatically.
엄청나게 발전했습니다.

B It is much more time-saving.
시간 절약이 훨씬 많이 됩니다.

C People can easily compare flight costs on the internet.
사람들은 인터넷으로 쉽게 비행기 가격을 비교할 수 있습니다.

Tips for Better Answers

▶ ❶ 지난 10년 동안 한국의 변화를 묻는 질문이기 때문에 핵심 단어인 Korea, changed, decade를 시작 문장에 넣기
변화에 대해 묻기 때문에 현재완료형 시제 사용
= for the last 10 years
Ex: For the last 10 years, many things have changed in Korea.
지난 10년 동안, 한국에는 많은 것이 변했다.

▶ ❷ 한국의 변화 중 하나로 transportation 선택 후 교통 발전의 예시 묘사

▶ ❸ 국내 여행 주제의 '지난 5년간 여행이 더 어려워진 이유 설명' 답변 그대로 활용

▶ ❹ 외워서 쓰기 좋은 문장
fast 대신 다른 형용사를 넣어 과거와 현재 비교할 때 사용
Ex: They are at least twice as cheap as they used to be.
과거와 비교해서 최소 2배는 저렴하다.

▶ ❺ because 대신 because of, due to, thanks to 사용 가능
Ex: Thank to GPS, driving has become much easier.
내비게이션 덕에 운전이 훨씬 더 쉬워졌다.

▶ ❻ 스토리를 마무리하고 싶을 때 좋은 표현
= anyway, anyways, so
Ex: Anyway, I think many things have changed in Korea.
아무튼 내 생각에 한국에는 많은 것이 바뀐 것 같다.

▶ ❼ 마무리 문장에 반드시 한국의 교통 변화를 현재완료형 사용해서 요약

Key Expressions

- **decade** 10년
- **noticeably** 눈에 띄게
- **transportation** 교통수단
- **twice** 두 배로, 두 배의
- **half the time** 절반의 시간
- **low-cost carriers** 저가 항공사
- **great deals** 큰 할인, 싸게 산
- **GPS** 내비게이션
- **get lost** 길을 잃다

한국은 지난 10년 동안 많이 변했습니다. 가장 눈에 띄는 것은 교통수단이 그동안 많이 좋아졌다는 것입니다. 예를 들어, 기차는 과거보다 훨씬 빨라졌습니다. 예전보다 적어도 두 배는 빠릅니다. 지금은 어디든지 가는 데 시간이 절반밖에 안 걸립니다. 게다가 저가 항공사들 덕분에 비행기표 값도 훨씬 저렴해졌습니다. 사람들은 비행기 표 할인을 많이 받을 수 있습니다. 일부 항공편은 반값밖에 안 합니다. 또한, 우리는 내비게이션을 사용하기 때문에 운전이 훨씬 더 쉬워졌습니다. 사람들은 예전처럼 길을 잃지 않습니다. 내비게이션이 어디로 가야 하는지 알려줍니다. 즉, 한국은 지난 10년 동안 많이 변했습니다.

OPIc 모범 답변 학습하기

OPIc 질문에 대한 모범 답변을 살펴본 후, 질문의 핵심 포인트를 파악하여 나만의 OPIc 답변을 만들어 보세요.

7 Talk about a country that is geographically similar to your country. What are the changes the country has gone through in recent years? 🎧 MP3 19_Q7

당신 나라의 지형과 비슷한 다른 나라에 대해 이야기해 주세요. 최근 몇 년간 그 나라가 겪은 변화는 무엇인가요?

Structure		Idea
시작 문장	주제 문장 소개	Japan, closest neighboring
본문	한국과 지형적으로 비슷한 나라인 일본 묘사	mountains, roughly half, mountains, island nation, vacation spots, coastline, scenic, go on vacations, population, aging, fastest aging countries
마무리 문장	나의 답변 마무리	is causing, social problems

Model Answer 🎧 MP3 19_A7

❶ Japan is one of our closest neighboring countries. **A**

❷ There are many mountains in Japan.
In fact, roughly half of Japan is mountains.
Also, Japan is an ❸ island nation, so there are tons of beaches. **B**
Some beaches are popular vacation spots.
The coastline is very scenic.
People often go on vacations to coastal areas.

❹ Meanwhile, Japan's population is aging rapidly.
It is ❺ one of the fastest aging countries in the world. **C**
This ❻ is causing many social problems in the country.

Expanding Your Answer

더 풍부하고 논리적인 답변을 위해 문장을 추가해 보세요.

A Koreans can even go there by boat and it takes only three hours.
한국 사람들은 배를 타고도 갈 수 있는데 3시간이면 갑니다.

B Also, there are many small islands around Japan.
또한, 일본 주위로 작은 섬들이 많이 있습니다.

C Many people are worried about this issue.
많은 사람들이 이 이슈에 대해 걱정하고 있습니다.

Tips for Better Answers

*14번 기출문제

❶ 한국과 가까운 나라로 일본을 선택했기 때문에 시작 문장에 핵심 표현 Japan 언급
〈one of + 최상급 형용사 + 복수명사〉 문장 구조 사용으로 등급 업!
Ex: Japan is a close country. → Japan is one of our closest neighboring countries.
일본은 가까운 나라다. → 일본은 가장 가까운 이웃 국가 중 하나이다.

❷ 본문의 내용은 지형 질문의 '이웃 국가 모습과 그 나라 사람들 성향/전통 묘사' 답변 그대로 활용
일본의 지형적 특징을 현재형으로 묘사

❸ peninsula인 한국과 다르게 일본은 island nation이기 때문에 반드시 들어가야 하는 표현

❹ 이 나라가 겪은 변화 추세로 고령화에 대해 설명 이때 핵심 단어로 population, aging 언급

❺ '가장 고령화가 빨리 진행되고 있는 나라 중 하나' 얼마나 빠른 지 강조하기 위해 최상급 one of the fastest 사용

❻ this has caused/this causes 사용 가능
this is causing으로 현재 진행형을 쓴 이유는 현재 고령화가 사회적 문제를 일으키고 있다는 것을 강조하기 위해 사용

Key Expressions

- **closest** 가장 가까운
- **neighboring** 이웃의
- **in fact** 사실은
- **roughly** 대략적으로
- **island nation** 섬나라
- **vacation spots** 휴양지
- **coastal areas** 해안 지역
- **population** 인구
- **aging** 고령화되고 있는
- **rapidly** 빠르게
- **cause** 야기하다, 유발하다
- **social problem** 사회적 문제

일본은 가장 가까운 이웃 국가들 중 하나입니다. 일본에는 산이 많습니다. 사실, 일본의 대략 절반은 산입니다. 또한 일본은 섬나라이기 때문에 해변이 많습니다. 몇몇 해변은 유명한 휴양지입니다. 해안선은 매우 경치가 좋습니다. 사람들은 종종 해안 지역으로 휴가를 갑니다. 한편, 일본의 인구는 급속히 고령화되고 있습니다. 세계에서 가장 빨리 고령화되는 국가 중 하나입니다. 이것은 국가적으로 많은 사회적인 문제를 일으키고 있습니다.

OPIc 모범 답변 학습하기

OPIc 질문에 대한 모범 답변을 살펴본 후, 질문의 핵심 포인트를 파악하여 나만의 OPIc 답변을 만들어 보세요.

8-1 Tell me about an article you read about the country you have mentioned. What was the article about? Was it related to the politics or the economy of the country? 🎧 MP3 19_Q8-1
앞서 언급한 나라에 관련되어 읽은 기사에 대해 말해 주세요. 그 기사는 무엇에 관한 것이었나요? 정치나 국가 경제와 관련이 있었나요?

8-2 Tell me in detail about changes you have observed concerning the relationship between your country and other countries. The change could be related to the economy, sports, arts, culture or politics. Describe the change in detail. 🎧 MP3 19_Q8-2
다른 나라와의 관계에 대해 변한 부분에 대해 자세히 말해 주세요. 경제, 스포츠, 예술, 문화, 정치와 관련된 변화일 수 있습니다. 변화된 부분을 자세히 설명해 주세요.

	Structure	Idea
시작 문장	주제 문장 소개	relations, Korea, Japan, ups and downs
본문	한국과 일본의 영토 분쟁 묘사	read an article, diplomatic issue, ongoing territorial dispute, a small island, Dokdo, Japan argues, its territory, NOT, belongs to, keeps on arguing, a major dispute
마무리 문장	나의 답변 마무리	article, more insight

Model Answer 🎧 MP3 19_A8

❶ Relations between Korea and Japan ❷ have gone through many ups and downs.
I recently ❸ read an article about a diplomatic issue between Korea and Japan. **A**
❹ There is an ongoing territorial dispute between the two countries.
There is a small island between Korea and Japan called Dokdo. **B**
❺ Japan argues that the island is its territory, but it is NOT.
The island belongs to Korea.
Nonetheless, Japan ❻ keeps on arguing that the island is its territory.
This is a major dispute between the two countries. **C**
The article I read gave me more insight about this issue.

Expanding Your Answer

더 풍부하고 논리적인 답변을 위해 문장을 추가해 보세요.

A This issue has been going on for decades.
이 문제는 몇십 년 동안 계속되고 있습니다.

B Dokdo is a beautiful island.
독도는 아름다운 섬입니다.

C It is going to take a long time to resolve this issue.
이 문제를 해결하는 데 시간이 많이 걸릴 것입니다.

Tips for Better Answers

* 14번, 15번 기출문제

❶ 일본과 한국의 관계에 대해 묘사하기 위해 핵심 표현인 Korea, Japan, relations를 시작 문장에 언급
  Ex: I will talk about the relations between Korea and Japan.
  내가 한국과 일본의 관계에 대해 말할게.

❷ '우여곡절을 겪었다'라는 의미로 현재까지 이어져 오는 상황이기 때문에 현재 완료형 시제 사용
  go through 대신 experience, have 사용 가능
  Ex: They have experienced so many ups and downs.
  그들은 많은 우여곡절을 경험했다.

❸ read 과거형의 발음은 뤠~드
  여러 편의 기사가 아닌 본인이 최근 읽은 한 편의 기사에 대해 말하기 때문에 단수 명사 사용

❹ 한국과 일본의 영토 분쟁에 대해 설명하기 위해 암기 필수!

❺ argue 주어 + 동사: (주어 + 동사)라고 주장하다
  오랜 기간 변함없이 주장해 오고 있기 때문에 현재형 시제 사용
  최근 제시된 주장일 때는 is arguing

❻ 한 번이 아닌 여러 번 argue 하고 있다는 것을 강조하기 위해 동사 keep 사용

Key Expressions

- **relations** 관계
- **go through** 겪다, 경험하다
- **ups and downs** 우여곡절
- **diplomatic issue** 외교적 문제
- **argue** 주장하다
- **territory** 영토
- **belong to** ~에 소유되어 있다
- **major dispute** 주요 분쟁
- **insight** 통찰력

한일 관계는 많은 우여곡절을 겪었습니다. 최근 한일 외교 문제에 대한 기사를 읽었습니다. 두 나라 사이에 영토 분쟁이 계속되고 있습니다. 한국과 일본 사이에는 독도라는 작은 섬이 있습니다. 일본은 이 섬이 자국의 영토라고 주장하지만, 그렇지 않습니다. 그 섬은 한국의 섬입니다. 그럼에도 불구하고, 일본은 이 섬이 자국의 영토라고 계속 주장하고 있습니다. 이것은 두 나라 사이의 주요 분쟁입니다. 제가 읽은 기사는 이 문제에 대해 많은 통찰력을 주었습니다.

OPIc 모범 답변 학습하기

OPIc 질문에 대한 모범 답변을 살펴본 후, 질문의 핵심 포인트를 파악하여 나만의 OPIc 답변을 만들어 보세요.

9 I would like for you to think about a specific historic event that has affected the relationship between your country and one of its neighboring nations. It could be a treaty signed between two countries, a cultural event or a visit of another country's minister or president. Tell me everything that happened in detail.

🎧 MP3 19_Q9

이웃 국가와의 관계에 영향을 준 구체적인 역사적 사건에 대해 생각해보세요. 두 나라 사이에 체결된 조약이나 문화 행사일 수도 있고 다른 나라의 장관이나 대통령 방문일 수도 있습니다. 무슨 일이 있었는지 자세히 말해 주세요.

	Structure	Idea
시작 문장	주제 문장 소개	turning point, Korean War
본문	한반도 비핵화 이슈에 대해 설명	1950, war broke out, lasted for, lost their lives, signed a ceasefire treaty, still divided into, recently, diplomatic efforts, peace, inter-Korean summits, aimed, denuclearization
마무리 문장	나의 답변 마무리	high-level talks, going on

Model Answer 🎧 MP3 19_A9

A major turning point in Korean history was ❶ the Korean War. ❷ Back in 1950, a war broke out between the North and the South. **A** The war lasted for 3 years. Many people lost their lives in the war. **B** The two sides signed a ceasefire treaty in 1953. Korea is still divided into North and South Korea. More recently, ❸ there have been diplomatic efforts to bring peace on the Korean peninsula. There were ❹ inter-Korean summits and a summit between North Korea and the US. **C** They were aimed at the denuclearization of North Korea. High-level talks are still going on to reach this goal.

Expanding Your Answer

더 풍부하고 논리적인 답변을 위해 문장을 추가해 보세요.

A It is one of the saddest periods of Korean history.
한국 역사상 가장 슬픈 기간 중 하나입니다.

B People did not have places to eat or sleep.
사람들은 먹고 잘 장소가 없었습니다.

C People from all over the world were interested in the summits.
전 세계의 사람들이 이 정상회담에 관심을 보였습니다.

Tips for Better Answers

* 15번 기출문제
* 한국과 북한의 역사적 사건으로 한국전쟁과 북한의 비핵화에 대해 묘사
어려운 주제를 설명할수록 등급 업!

➤ ❶ 한국전쟁에 대해 이야기할 것이라는 것을 시작 문장에 미리 언급 필수
답변이 바로 생각나지 않을 때 쓸 수 있는 문장
Ex: There have been so many historic events in Korea, so it is hard to choose just one. I guess one of the most significant events is the Korean War.
한국에 역사적 사건이 많이 있었기 때문에 하나만 고르기 어렵다. 그래도 가장 중대한 사건 중 하나는 한국전쟁인 것 같다.

➤ ❷ 한국전쟁에 대해 설명하기 위해 알아야 하는 문장
암기 필수!
과거의 일이기 때문에 과거형 시제 유지

➤ ❸ 한국과 북한에 관련된 최신 뉴스 제공
최신 뉴스를 세세하게 설명할수록 등급 업!

➤ ❹ 고급 표현을 외워서 사용할수록 등급 업!
Ex: There have been a few summits between North Korea and South Korea.
한국과 북한 사이에 정상회담이 몇 번 있었다.

Key Expressions

- **turning point** 전환점
- **war break out** 전쟁이 발발하다
- **last for** ~동안 지속되다
- **lose lives** 목숨을 잃다
- **ceasefire treaty** 휴전 조약
- **divide into** 나누다
- **diplomatic** 외교적
- **inter-Korean summits** 남북 정상회담
- **aim** 목표로 하다
- **denuclearization** 비핵화
- **high-level** 고위급
- **reach the goal** 목표를 달성하다, 이루다

한국 역사의 주요 전환점은 한국전쟁입니다. 지난 1950년, 남북 간에 전쟁이 발발했습니다. 전쟁은 3년 동안 지속되었습니다. 많은 사람들이 전쟁에서 목숨을 잃었습니다. 양측은 1953년에 휴전 조약을 맺었습니다. 한국은 여전히 북한과 남한으로 나뉘어져 있습니다. 최근에는 한반도 평화를 위한 외교적 노력이 있었습니다. 남북 정상회담과 북한과 미국 간의 정상회담이 있었습니다. 그들은 북한의 비핵화를 목표로 했습니다. 이 목표를 이루기 위해 고위급 회담은 여전히 진행 중입니다.

Chapter 20

Parks / Walking

빈출 주제 파악하기

질문을 제대로 파악하는 것만으로도 성공적으로 시험을 치를 수 있습니다. OPIc에서 자주 출제되는 질문들을 알아보세요.

Parks

1 You indicated in the survey that you go to parks with adults. Tell me about the kinds of parks that you like to visit. What do the parks look like?

사전 설문에서 당신은 어른들과 함께 공원에 간다고 했습니다. 즐겨 가는 공원에 대해 말해 주세요. 공원은 어떻게 생겼나요?

문항 유형	즐겨 가는 공원 묘사
문항 수준	Intermediate
핵심 포인트	• 공원 주제의 '본인이 알고 있는 두 공원 비교'와 걷기 주제의 '본인의 평상시 산책 습관 묘사'와 함께 답변 대비사 • 본인이 공원에 가서 산책 하는 습관에 대해 묘사하기 때문에 주어 I와 현재형 시제 사용
중요도	★★★

2 Describe what a typical visit to a park is like for you. Tell me about the things you do and see at parks.

당신이 일반적으로 하는 공원 방문에 대해 묘사해 보세요. 공원에서 무엇을 하고 보는지에 대해 말해 주세요.

문항 유형	공원에 가서 주로 하는 활동, 보는 것들 묘사
문항 수준	Intermediate
핵심 포인트	• 공원에 가서 할 수 있는 활동을 다양한 접속사 사용하여 나열 • 평소 본인의 활동이기 때문에 주어 I 와 현재형 시제 사용하여 묘사
중요도	★

3 Tell me about the last time you went to a park. Which park was it? When was it that you went? Tell me everything you did from the moment you arrived at the park to the time you left.

최근 공원에 간 경험에 대해 말해 주세요. 언제 어디로 갔나요? 공원에 도착한 순간부터 떠나기 전까지 한 모든 것을 말해 주세요.

문항 유형	가장 최근에 공원에 가서 했던 일 묘사
문항 수준	Advanced
핵심 포인트	• 걷기 주제의 '최근 산책 경험 묘사'와 함께 답변 준비 • 과거에 공원에서 산책한 경험을 이야기하기 때문에 주어 I 와 과거형 시제 사용
중요도	★

4 How did you first start going to parks? What made you visit parks in the first place? Why do you go to parks now?

어떻게 처음 공원에 가기 시작했나요? 무엇 때문에 공원을 방문했나요? 지금은 왜 지금 공원에 가나요?

문항 유형	공원에 처음 가기 시작한 계기와 이유 변화 설명
문항 수준	Advanced
핵심 포인트	• 산책 주제의 '처음으로 산책을 하게 된 계기와 이유 변화 설명'과 같은 답변 준비 • 처음 공원에 간 경험은 과거형 시제, 현재 공원에 가서 걷는 습관은 현재형 시제로 묘사 • 본인의 경험이기 때문에 시제는 I 사용
중요도	★

5 Tell me about a memorable experience you had at a park. Maybe there was a special event, or maybe something unexpected happened. Begin by giving me some background about when and where it was. And then, give me all the details about what happened.

공원에서 겪었던 기억에 남는 경험을 말해 주세요. 특별한 행사가 있었을 수도 있고, 예상치 못한 일이 발생했을 수도 있습니다. 언제, 어디에서 그 일이 있었는지 사건의 배경에 대해 알려 주세요. 무슨 일이 일어났는지 자세히 말해 주세요.

문항 유형	공원에서 기억에 남는 에피소드 설명
문항 수준	Advanced
핵심 포인트	• 공원에서 우연히 아는 사람을 마주친 경험 설명 • 과거 경험이기 때문에 주어 I 와 과거형 시제 사용하여 묘사
중요도	★

6 **Pick two popular parks that you know of. Tell me about their similarities and differences.**

유명한 공원 두 곳을 고르고 유사점과 차이점에 대해 말해 주세요.

| 문항 유형 | 본인이 알고 있는 두 공원 비교 |
| 문항 수준 | Advanced |
| 핵심 포인트 | • 14번 기출문제
• 공원 주제의 '본인이 즐겨 가는 공원들 묘사'와 걷기 주제의 '본인의 평상시 산책 습관 묘사'와 함께 답변 대비
• 본인의 공원 산책 습관에 대해 묘사하기 때문에 주어 I 위주로 묘사하며 현재형 시제 사용 |
| 중요도 | ★★★ |

7 **I would like to know about one of the issues parks are faced with. What are the challenges public parks are facing these days? Discuss what has caused those concerns. What kinds of steps need to be taken to address those issues?**

공원들이 직면하고 있는 문제들 중 하나에 대해 말해 주세요. 요즘 공원들이 직면하고 있는 어려운 점은 무엇인가요? 무엇이 그러한 우려를 야기하는지 말해 주세요. 이러한 문제를 해결하기 위해 어떤 조치를 취해야 하나요?

| 문항 유형 | 공원들이 직면하고 있는 이슈 설명 |
| 문항 수준 | Advanced |
| 핵심 포인트 | • 15번 기출문제
• 문제점으로 공원의 쓰레기에 관해 묘사
• 사람들이 걱정하는 현재 공원의 문제점이기 때문에 주어 people, parks, they 등 상황에 맞게 사용하며 현재형 시제로 묘사 |
| 중요도 | ★ |

8 **Compare the activities that children do at parks to activities that adults do while they are there. What are the differences? How are the facilities at parks for children and adults different?**

공원에서 어린이들이 하는 활동과 어른들이 하는 활동을 비교해 보세요. 어떤 차이가 있나요? 어린이를 위한 시설과 어른을 위한 시설은 어떻게 다른가요?

| 문항 유형 | 공원에서 어른과 아이들 활동/시설 비교 |
| 문항 수준 | Advanced |
| 핵심 포인트 | • 14번 기출문제
• 연령별로 공원에서 하는 다양한 활동들을 현재형 시제로 묘사
• 아이들, 어른들이 공원에서 하는 일이기 때문에 주어 adults, people, children, parks, they 등 상황에 맞게 사용 |
| 중요도 | ★ |

Walking

1 You indicated in the survey that you like to take walks. Talk about the things you do when you go for walks. Where do you normally go and how do you feel after taking walks?

당신은 산책하는 것을 좋아한다고 답했습니다. 산책할 때 하는 것들에 대해 이야기하세요. 보통 어디를 가고, 산책을 한 후의 기분은 어떤가요?

문항 유형	평상시 산책 습관 묘사
문항 수준	Intermediate
핵심 포인트	• 공원 주제의 '본인이 즐겨 가는 공원들 묘사'와 '본인이 알고 있는 두 공원 비교'와 함께 답변 대비 • 본인이 공원에 가서 산책 하는 습관에 대해 묘사하기 때문에 주어 I 위주로 묘사하며 현재형 시제 사용
중요도	★★★

2 Tell me about the last time you went for a walk. Where did you go to and what happened? What did you do to prepare for the walk? What did you do after you were done?

가장 최근에 산책을 갔던 경험에 대해 말해 주세요. 어디로 갔고, 무슨 일이 있었나요? 산책 준비로 무엇을 했나요? 끝난 후에 무엇을 했나요?

문항 유형	최근 산책 경험 묘사
문항 수준	Advanced
핵심 포인트	• 공원 주제의 '가장 최근 공원에 가서 했던 일 묘사'와 함께 답변 준비 • 본인이 과거에 공원에서 산책한 경험을 이야기하기 때문에 주어 I 와 과거형 시제 사용
중요도	★

3 Now, tell me why you started to take walks in the first place. How has your interest in taking walks changed over the years? Why do you take walks now?

왜 산책을 시작하게 되었는지 말해 주세요. 그동안 산책에 대한 관심이 어떻게 바뀌었나요? 지금은 왜 산책을 하나요?

문항 유형	처음으로 산책을 하게 된 계기와 이유 변화 설명
문항 수준	Advanced
핵심 포인트	• 공원 주제의 '공원에 처음 가기 시작한 계기와 이유 변화 설명'과 같은 답변 준비 • 처음 공원에 간 경험은 과거형 시제로, 현재의 공원에 가서 걷는 습관은 현재형 시제로 묘사 • 본인의 경험이기 때문에 시제는 I 사용
중요도	★

OPIc 모범 답변 학습하기

OPIc 질문에 대한 모범 답변을 살펴본 후, 질문의 핵심 포인트를 파악하여 나만의 OPIc 답변을 만들어 보세요.

1-1 You indicated in the survey that you go to parks with adults. Tell me about the kinds of parks that you like to visit. What do the parks look like? 🎧 MP3 20_Q1-1

사전 설문에서 당신은 어른들과 함께 공원에 간다고 했습니다. 즐겨가는 공원에 대해 말해 주세요. 공원은 어떻게 생겼나요?

1-2 You indicated in the survey that you like to take walks. Talk about the things you do when you go for walks. Where do you normally go and how do you feel after taking walks? 🎧 MP3 20_Q1-2

당신은 산책하는 것을 좋아한다고 답했습니다. 산책할 때 하는 것들에 대해 이야기하세요. 보통 어디를 가고, 산책을 한 후의 기분은 어떤가요?

1-3 Pick two popular parks that you know of. Tell me about their similarities and differences. 🎧 MP3 20_Q1-3

유명한 공원 두 곳을 고르고 유사점과 차이점에 대해 말해 주세요.

Structure		Idea
시작 문장	주제 문장 소개	park, my neighborhood, take walks
본문	산책하기 위해 자주 가는 공원 두 개 비교	exercise, walk my dog, sports facilities, another park, bigger, riverside park, nice view, take walks, sculptures, fountains, camping grounds, swimming pools, bridges
마무리 문장	나의 답변 마무리	two parks, take walks

Model Answer 🎧 MP3 20_A1

There is ❶ a park in my neighborhood where I can ❷ take walks. **A**

I can ❸ get some exercise there.

+I often walk my dog there as well.

+❹ There are a lot of sports facilities at the park such as tennis courts. **B**

❺ Meanwhile, there is another park that is much bigger.

It is a riverside park along the river.

I can enjoy the nice view when I take walks there.

+There are some sculptures and fountains at that park.

+There are also camping grounds and outdoor swimming pools. **C**

+There are also bridges crossing the river. They are very pretty at night.

So, ❻ these are the two parks where I take walks.

Expanding Your Answer

더 풍부하고 논리적인 답변을 위해 문장을 추가해 보세요.

A It takes only about 5 minutes to get there from my house.
우리 집에서 5분이면 그곳에 갑니다.

B I usually use the tennis courts.
저는 보통 테니스장을 사용합니다.

C Many people go there in summer.
많은 사람들이 여름에 그곳에 갑니다.

Tips for Better Answers

* 14번 기출문제
* 공원과 걷기 주제에 둘 다 활용할 수 있도록 답변에 공원에서 산책한 이야기 묘사하기

▶ ❶ 동네에 있는 하나의 공원을 묘사하기 때문에 단수 명사 사용

▶ ❷ 산책을 한 번만 하는 것이 아닌 습관적으로 하기 때문에 take a walk가 아닌 take walks 사용

▶ ❸ = workout: 운동 (명사)
work out: 운동하다 (동사)
Ex: This workout helps you lose weight.
이 운동은 네가 살을 빼는 데 도움이 된다.
I can work out there.
나는 거기서 운동할 수 있다.

▶ ❹ 답변 양을 확보할 수 있는 방법은 공원의 다양한 시설 나열
Ex: There are various types of sports facilities at the park such as basketball courts, tennis courts and a jogging track.
공원에는 농구장, 테니스장, 조깅 트랙 같은 다양한 종류의 운동 시설이 있다.

▶ ❺ 14번 기출문제인 '공원 2개 비교하기' 답변에 대비하기 위해 또 다른 공원 묘사
새로운 내용을 제시할 때는 meanwhile, on the other hand로 문장 시작

▶ ❻ 현재형 시제로 두 가지를 비교한 후 마무리 문장은 these are 로 시작
Ex: So, these are the two types of music I like.
이것이 내가 좋아하는 두 종류의 음악이다.

> **Key Expressions**
> - **neighborhood** 동네
> - **exercise** 운동하다
> - **walk dogs** 강아지 산책시키다
> - **sports facilities** 운동 시설
> - **riverside park** 강가에 있는 공원, 강변 공원
> - **take walks** 산책하다
> - **sculptures** 조각품
> - **fountains** 분수
> - **camping grounds** 캠핑장
> - **bridges** 다리

우리 동네에는 산책할 수 있는 공원이 있습니다. 거기서 운동을 할 수 있습니다. (+가끔 그곳에서 강아지 산책을 시킵니다. +공원에는 테니스 코트 등 스포츠 시설이 많습니다.) 또한, 훨씬 더 큰 공원이 하나 더 있습니다. 강을 따라 있는 강변 공원입니다. 거기서 산책을 하면 멋진 경치를 즐길 수 있습니다. (+공원에는 조각품과 분수가 있습니다. +캠핑장과 야외수영장도 있습니다. +강을 가로지르는 다리도 있습니다. 밤에 매우 예쁩니다.) 이것이 제가 산책하는 두 개의 공원입니다.

OPIc 모범 답변 학습하기

OPIc 질문에 대한 모범 답변을 살펴본 후, 질문의 핵심 포인트를 파악하여 나만의 OPIc 답변을 만들어 보세요.

2. Describe what a typical visit to a park is like for you. Tell me about the things you do and see at parks.
🎧 MP3 20_Q2

당신이 일반적으로 하는 공원 방문에 대해 묘사해 보세요. 공원에서 무엇을 하고 보는지에 대해 말해 주세요.

	Structure	Idea
시작 문장	주제 문장 소개	go to parks, fresh air
본문	평소 공원에서 하는 활동 나열	take walks, walk my dog, sit, relax, enjoy the breeze, trees and flowers, pictures, from time to time
마무리 문장	나의 답변 마무리	these are, typically

Model Answer 🎧 MP3 20_A2

I ❶ usually go to parks to get some fresh air. A
I ❷ sometimes take walks at the park. B
Also, I sometimes walk my dog there.
Plus, I sometimes sit on a bench and relax.
Also, I sometimes just enjoy the breeze.
Plus, I sometimes just enjoy the trees and flowers.
Also, I ❸ take pictures at the park from time to time. C
So, ❹ these are the things I typically do at parks.

Tips for Better Answers

▶ ❶ 평소의 습관에 대해 묘사하기 때문에 부사 usually 사용
= normally, often
Ex: I often go to parks to take walks.
나는 산책하기 위해 공원에 자주 간다.

▶ ❷ sometimes는 usually보다 낮은 빈도수를 의미
= from time to time
Ex: I go to parks to walk my dog from time to time.
나는 가끔 강아지 산책을 시키기 위해 공원에 간다.

▶ ❸ 사진을 한 장만 찍는 것이 아니기 때문에 반드시 복수 명사 사용
I take a picture. 나는 사진을 한 장만 찍는다.
I take pictures: 나는 사진(들)을 찍는다.

▶ ❹ these are the things + 주어 + 동사: (주어)가 (동사)일 때 하는 것들이다
다양한 활동 나열 후 마무리 문장으로 추천
Ex: These are the things I do on holidays.
이것이 내가 휴일에 하는 것들이다.

Expanding Your Answer

더 풍부하고 논리적인 답변을 위해 문장을 추가해 보세요.

A I need some fresh air because I work indoors.
저는 실내에서 일하기 때문에 상쾌한 공기가 필요합니다.

B When the weather is nice, I walk for at least 20 minutes.
날씨가 좋으면 저는 최소한 20분을 걷습니다.

C And then, I post them on my social media.
그리고 나서 그것을 제 소셜 미디어에 올립니다.

Key Expressions

- **get fresh air** 신선한 공기를 마시다
- **take walks** 산책하다
- **walk dog** 강아지 산책 시키다
- **breeze** 상쾌한 바람
- **from time to time** 가끔
- **typically** 일반적으로, 전형적으로

저는 보통 신선한 공기를 마시러 공원에 갑니다. 저는 가끔 공원에서 산책을 합니다. 가끔 개를 산책시키기도 합니다. 또한, 저는 가끔 벤치에 앉아서 휴식을 취합니다. 가끔 상쾌한 바람도 즐깁니다. 그리고 가끔 나무와 꽃을 즐깁니다. 공원에서 가끔 사진도 찍습니다. 이런 것들이 제가 주로 공원에서 하는 것들입니다.

OPIc 모범 답변 학습하기

OPIc 질문에 대한 모범 답변을 살펴본 후, 질문의 핵심 포인트를 파악하여 나만의 OPIc 답변을 만들어 보세요.

3-1 Tell me about the last time you went to a park. Which park was it? When was it that you went? Tell me everything you did from the moment you arrived at the park to the time you left. 🎧 MP3 20_Q3-1

최근 공원에 간 경험에 대해 말해 주세요. 언제 어디로 갔나요? 공원에 도착한 순간부터 떠나기 전까지 한 모든 것을 말해 주세요.

3-2 Tell me about the last time you went for a walk. Where did you go to and what happened? What did you do to prepare for the walk? What did you do after you were done? 🎧 MP3 20_Q3-2

가장 최근에 산책을 갔던 경험에 대해 말해 주세요. 어디로 갔고, 무슨 일이 있었나요? 산책 준비로 무엇을 했나요? 끝난 후에 무엇을 했나요?

	Structure	Idea
시작 문장	주제 문장 소개	remember, park, take a walk
본문	최근 공원에 가서 산책했던 경험 묘사	went there, after dinner, able to get, burn, refreshed, after the walk, parks, exercise
마무리 문장	나의 답변 마무리	what I did, park

Model Answer 🎧 MP3 20_A3

I remember going to the park recently to take a walk.

I went there with my family after dinner. **A**

+with my friend in the evening

+with my co-worker after lunch

+by myself in the morning **B**

I ❶ was able to get some exercise and burn some calories. **C**

I ❷ felt very refreshed after the walk.

I think parks are great places for exercise.

So, this was what I did at the park recently.

Tips for Better Answers

* 14번, 15번 기출문제

❶ be able to는 과거, 현재, 미래를 자유롭게 나타낼 수 있기 때문에 유용하게 쓰이며 조동사 can과 비슷한 의미
 Ex: I was able to lose weight.
  나는 살을 뺄 수 있었다.
  I am able to lose weight.
  내가 살을 뺄 수 있다.
  I will be able to lose weight.
  내가 살을 뺄 수 있을 것이다.

❷ 사람의 감정 또는 기분이 상쾌할 때: refreshed
 사람이 아닌 날씨, 맛 등이 상쾌할 때: refreshing
 명사 refreshment는 '상쾌'라는 의미 외에도 간단한 다과, 음료라는 의미 포함
 Ex: I feel refreshed after a good sleep.
  잠을 푹 자고 나니 몸이 상쾌하다.
  This tea is really refreshing.
  이 차 맛이 상쾌하다.
  He offered me some refreshment.
  그는 나에게 간단한 다과를 줬다.

Expanding Your Answer

더 풍부하고 논리적인 답변을 위해 문장을 추가해 보세요.

A We just wanted to get some fresh air.
 우리는 그냥 상쾌한 공기가 마시고 싶었습니다.

B There were a lot of people at the park.
 공원에는 사람들이 많았습니다.

C We walked for about one hour.
 우리는 한 시간 정도 걸었습니다.

Key Expressions

- **recently** 최근에
- **take a walk** 산책하다
- **co-worker** 직장 동료
- **be able to** 할 수 있다
- **get exercise** 운동하다
- **burn calories** 칼로리를 소모하다
- **refreshed** 상쾌한

최근에 산책하러 공원에 간 기억이 납니다. 저녁을 먹고 가족들과 함께 갔습니다. (+저녁에 친구와 함께 갔습니다. +점심식사 후 직장 동료와 함께 갔습니다. +아침에 혼자 갔습니다.) 운동도 하고 칼로리도 소모할 수 있었습니다. 산책하고 나서 기분이 아주 상쾌했습니다. 저는 공원이 운동을 하기에 좋은 장소라고 생각합니다. 이것이 제가 최근에 공원에서 했던 일입니다.

OPIc 모범 답변 학습하기

OPIc 질문에 대한 모범 답변을 살펴본 후, 질문의 핵심 포인트를 파악하여 나만의 OPIc 답변을 만들어 보세요.

4 Tell me about a memorable experience you had at a park. Maybe there was a special event, or maybe something unexpected happened. Begin by giving me some background about when and where it was. And then, give me all the details about what happened.

🎧 MP3 20_Q4

공원에서 겪었던 기억에 남는 경험을 말해 주세요. 특별한 행사가 있었을 수도 있고, 예상치 못한 일이 발생했을 수도 있습니다. 언제, 어디에 있었는지 사건의 배경에 대해 알려 주세요. 무슨 일이 일어났는지 자세히 말해 주세요.

	Structure	Idea
시작 문장	주제 문장 소개	bumping into, park
본문	공원에서 우연히 친구를 마주친 경험 묘사	taking a walk, exercise, suddenly, saw, went over to, happy to see, asked, some catching up
마무리 문장	나의 답변 마무리	incident, remember

Model Answer 🎧 MP3 20_A4

I remember ❶ bumping into my friend at a park.

+my co-worker +my neighbor

I was taking a walk to get some exercise.

❷ Suddenly, I saw my friend there. I ❸ went over to her and said hi. **A**

+Suddenly, someone called my name. I looked back and saw my friend. **B**

I was very happy to see her.

We asked how each other was doing and did some catching up. **C**

So, this was the incident I remember.

Tips for Better Answers

❶ (사람을) 우연히 마주치다 또는 (무언가에) 부딪히다
Ex: I did not want to bump into him.
나는 그와 우연히 마주치고 싶지 않았다.
I bumped into something at night while driving.
밤에 운전하다가 어딘가에 부딪혔다.

❷ 예상하지 못했던 경험에 대해 말하기 전에 나오는 부사
= unexpectedly
Ex: I bumped into my friend unexpectedly.
나는 우연치 않게 친구와 마주쳤다.

❸ go over: 살펴보다, 조사하다, 검토하다
= examine, consider
go over to: (그룹, 모임)으로 건너가다, 넘어가다
Ex: Let's go over this issue next week.
다음 주에 이 문제를 이야기해 보자.
I will go over to his house next week.
나는 다음 주에 그의 집으로 갈 거야.

Expanding Your Answer

더 풍부하고 논리적인 답변을 위해 문장을 추가해 보세요.

A It was a nice surprise.
뜻밖이었지만 기분이 좋았습니다.

B At first, I did not recognize her.
처음에는 그녀를 알아보지 못했습니다.

C We decided to have coffee.
우리는 커피를 마시기로 했습니다.

Key Expressions

- **recently** 최근에
- **take a walk** 산책하다
- **co-worker** 직장 동료
- **be able to** 할 수 있다
- **get exercise** 운동하다
- **burn calories** 칼로리를 태우다
- **refreshed** 상쾌한

공원에서 친구와 마주쳤던 기억이 납니다. (+동료 +이웃) 운동을 위해 산책 중이었습니다. 갑자기, 그곳에서 제 친구를 보았습니다. 저는 그녀에게 가서 인사했습니다. (+갑자기 누군가 제 이름을 불렀습니다. 뒤를 돌아보니 친구가 보였습니다.) 그녀를 만나서 매우 기뻤습니다. 우리는 서로 어떻게 지내는지 물어보고 못다 한 이야기를 했습니다. 이것이 제가 기억하는 사건입니다.

 **OPIc 모범 답변 학습하기**

OPIc 질문에 대한 모범 답변을 살펴본 후, 질문의 핵심 포인트를 파악하여 나만의 OPIc 답변을 만들어 보세요.

5-1 How did you first start going to parks? What made you visit parks in the first place? Why do you go to parks now?   🎧 MP3 20_Q5-1

어떻게 처음 공원에 가기 시작했나요? 무엇 때문에 공원을 방문했나요? 지금은 왜 지금 공원에 가나요?

5-2 Now, tell me why you started to take walks in the first place. How has your interest in taking walks changed over the years? Why do you take walks now?   🎧 MP3 20_Q5-2

왜 산책을 시작하게 되었는지 말해 주세요. 그동안 산책에 대한 관심이 어떻게 바뀌었나요? 지금은 왜 산책을 하나요?

	Structure	Idea
시작 문장	주제 문장 소개	first, parks, fresh air
본문	처음 공원에 가서 한 일과 현재 공원에 가면 하는 일 비교	enjoyed, trees, flowers, sat on, the breeze, but these days, get some exercise, take walks, refreshed
마무리 문장	나의 답변 마무리	started to take walks

Model Answer   🎧 MP3 20_A5

I ❶ first ❷ started to go to parks to get some fresh air. **A**
I enjoyed the trees and flowers there.
I usually sat on a bench and enjoyed the breeze. **B**
❸ But these days, I go to parks to get some exercise.
I go there to take walks whenever I can.
I feel very refreshed after I take walks. **C**
So, this is why I started to take walks at parks.

Expanding Your Answer

더 풍부하고 논리적인 답변을 위해 문장을 추가해 보세요.

A I did not want to work out.
  운동 하고 싶지 않았습니다.
B Sometimes, I took some pictures.
  가끔 사진을 찍었습니다.
C I sometimes ride a bicycle there.
  가끔 그곳에서 자전거를 탑니다.

Tips for Better Answers

▶ ❶ 처음 걷기를 시작하거나 공원에 가기 시작한 경험을 묻기 때문에 시작 문장에 핵심 표현인 first 넣기
  Ex: I first got interested in taking walks because of my friend.
    나는 친구 덕분에 처음 산책하는 것에 관심을 가지기 시작했다.

▶ ❷ go 앞에 start를 넣음으로써 단순히 공원에 간 것이 아니라 가기 시작했다는 계기를 더 상세히 설명
  Ex: I first went to parks.
    나는 처음 공원에 갔다.
    I first started to go to parks.
    나는 처음으로 공원에 가기 시작했다.

▶ ❸ 지금 왜 공원에 가는지 물었기 때문에 들어가야 하는 필수 문장
  = 현재 공원에 가는 이유를 간단하게 현재형으로 설명
  Ex: But now, I go there to work out.
    하지만 이제는 운동을 하기 위해 간다.

Key Expressions

• **get fresh air** 상쾌한 공기를 마시다
• **breeze** 상쾌한 공기
• **get exercise** 운동하다
• **take walks** 산책하다
• **refreshed** 상쾌한

저는 신선한 공기를 마시기 위해 처음 공원에 가기 시작했습니다. 그곳에서 나무와 꽃을 즐겼습니다. 보통 벤치에 앉아서 상쾌한 공기를 즐겼습니다. 하지만 요즘은 운동을 하러 공원에 갑니다. 저는 틈만 나면 산책을 하러 갑니다. 산책을 하고 나면 기분이 매우 상쾌해집니다. 즉, 이것이 제가 공원에서 산책하기 시작한 이유입니다.

OPIc 모범 답변 학습하기

OPIc 질문에 대한 모범 답변을 살펴본 후, 질문의 핵심 포인트를 파악하여 나만의 OPIc 답변을 만들어 보세요.

6 Compare the activities that children do at parks to activities that adults do while they are there. What are the differences? How are the facilities at parks for children and adults different?

🎧 MP3 20_Q6

공원에서 어린이들이 하는 활동과 어른들이 하는 활동을 비교해 보세요. 어떤 차이가 있나요? 어린이를 위한 시설과 어른을 위한 시설은 어떻게 다른가요?

	Structure	Idea
시작 문장	주제 문장 소개	adults, exercise, fresh air
본문	어른들과 어린이들이 공원에서 하는 활동 비교	some people, take walks, bikes, walk their dogs, do various sports, sports facilities, such as, on the other hand, children, hang out, playgrounds, go on rides, swings, slides, sand, ball
마무리 문장	나의 답변 마무리	adults, children, different

Model Answer 🎧 MP3 20_A6

❶ **Adults go to parks** to get some exercise or get some fresh air. **A**

❷ **Some people take** walks or ride bikes.
Some people walk their dogs.
Some people do various sports.
There are a lot of sports facilities for adults such as tennis courts.

❸ **On the other hand,** ❹ **children go to parks to hang out with their peers.**
Parks have playgrounds for kids. **B**
They go on rides such as swings or slides.
They also play in the sand or play with a ball there. **C**
So, adults and children go to parks for different reasons.

Expanding Your Answer

더 풍부하고 논리적인 답변을 위해 문장을 추가해 보세요.

A They usually go there in the evening.
그들은 보통 저녁에 갑니다.

B There are many fun rides.
재미있는 놀이기구가 많이 있습니다.

C They spend most of their free time at the parks.
그들은 대부분의 자유 시간을 공원에서 보냅니다.

Tips for Better Answers

* 14번, 15번 기출문제

▶ ❶ 어른들이 공원에 가서 하는 일들에 대해 묻기 때문에 핵심 표현인 adults와 parks를 시작 문장에 넣기
Ex: In case of adults, they go to parks to get some exercise.
어른들의 경우에는, 운동을 하기 위해 공원에 간다.

▶ ❷ 모든 사람들이 하는 행동이 아닌 몇몇 사람들이 하는 행동이기 때문에 some people 사용
일반화를 피하고 싶을 때는 명사 앞에 most, some, many와 같은 한정사 사용
Ex: People like chocolate.
(모든) 사람들은 초콜릿을 좋아한다.
Some people like chocolate.
어떤 사람들은 초콜릿을 좋아한다.

▶ ❸ 상반되는 의견에 대해 말할 때 시작 문장으로 추천
= meanwhile
Ex: Meanwhile, children go to parks for different reasons.
한편 아이들은 다른 이유로 공원에 간다.

▶ ❹ 아이들이 공원에서 하는 일들에 대해 물었기 때문에 반드시 나와야 하는 문장
play는 아이들이 놀 때 주로 쓰는 표현이지만 hang out은 아이들뿐만 아니라 어른들에게도 자주 사용
Ex: Let's hang out tonight at a bar.
오늘 술집에서 놀자.

Key Expressions

- **adult** 어른
- **take walks** 산책하다
- **ride bikes** 자전거 타다
- **walk their dogs** 강아지 산책시키다
- **sports facilities** 스포츠 시설
- **on the other hand** 그와 반면에
- **hang out** 어울려 놀다
- **playgrounds** 놀이터
- **go on rides** 놀이기구 타다
- **swings** 그네
- **slides** 미끄럼틀

어른들은 운동을 하거나 신선한 공기를 마시러 공원에 갑니다. 어떤 사람들은 산책을 하거나 자전거를 탑니다. 어떤 사람들은 개를 산책시킵니다. 어떤 사람들은 다양한 스포츠를 합니다. 테니스장 같은 어른들을 위한 스포츠 시설들이 많이 있습니다. 반면에, 어린이들은 친구들과 어울려 놀기 위해 공원에 갑니다. 공원에는 아이들을 위한 놀이터가 있습니다. 아이들은 그네나 미끄럼틀 같은 놀이기구를 탑니다. 또한 모래에서 놀거나 공을 가지고 놀기도 합니다. 즉, 어른들과 아이들은 다른 이유로 공원에 갑니다.

OPIc 모범 답변 학습하기

OPIc 질문에 대한 모범 답변을 살펴본 후, 질문의 핵심 포인트를 파악하여 나만의 OPIc 답변을 만들어 보세요.

7 I would like to know about one of the issues parks are faced with. What are the challenges public parks are facing these days? Discuss what has caused those concerns. What kinds of steps need to be taken to address those issues?

MP3 20_Q7

공원들이 직면하고 있는 문제들 중 하나에 대해 말해 주세요. 요즘 공원들이 직면하고 있는 어려운 점은 무엇인가요? 무엇이 그러한 우려를 야기하는지 말해 주세요. 이러한 문제를 해결하기 위해 어떤 조치를 취해야 하나요?

	Structure	Idea
시작 문장	주제 문장 소개	biggest issues, garbage
본문	공원의 쓰레기 문제에 대해 설명	throw away, do not know any better, dirty, garbage, littering, irresponsible, be punished, severely
마무리 문장	나의 답변 마무리	biggest issues, garbage

Model Answer
MP3 20_A7

❶ One of the biggest issues with parks is garbage problems.

❷ Some people throw away garbage at parks. **A**

❸ They just do NOT know any better.

Parks become very dirty because of the garbage people throw away. **B**

❹ Littering is very irresponsible.

I think people who litter at parks should be punished severely. **C**

Once again, one of the biggest issues with parks is garbage problems.

Expanding Your Answer

더 풍부하고 논리적인 답변을 위해 문장을 추가해 보세요.

A They do that even though there are trash cans.
그들은 쓰레기통이 있어도 그렇게 합니다.

B It is getting more serious every year.
매년 더 심각해지고 있습니다.

C People who litter should pay fines.
쓰레기 버리는 사람들은 벌금을 내야 합니다.

Tips for Better Answers

* 15번 기출문제

▶ ❶ one of the 최상급 형용사 + 복수명사
여러가지 문제점들 중 가장 심각한 하나라는 것을 강조하기 위해 쓰이는 문법
Ex: One of the most serious problems at parks is trash issues.
공원에서 가장 심각한 문제들 중 하나는 쓰레기 문제이다.

▶ ❷ 모든 사람들이 하는 행동이 아니기 때문에 일반화를 피하기 위해 쓰이는 표현
Ex: Some irresponsible people throw away garbage.
어떤 책임감 없는 사람들이 쓰레기를 버린다.

▶ ❸ '철이 없다, 분별력이 없다, 배운 적이 없다' 등 상황에 따라 다양한 의미로 해석
규칙에 어긋나거나 예의 바르지 못한 행동을 했을 때 쓰는 숙어
Ex: He has horrible table manners. He does not know any better.
그의 식사 예절은 최악이다. 제대로 배운 적이 없다.
Children cause a lot of trouble. They do not know any better.
아이들은 많은 문제를 일으킨다. 그들은 철이 없다.

▶ ❹ litter: (명사) 쓰레기/(동사) 버리다
trash란 단어가 들어가지 않아도 이미 쓰레기라는 의미가 포함됨
= throwing away trash

Key Expressions

- **garbage** 쓰레기
- **throw away** 버리다
- **dirty** 더러운, 지저분한
- **littering** 쓰레기를 버리다. 투기하다. 쓰레기
- **irresponsible** 책임감 없는
- **litter** 쓰레기를 버리다
- **be punished** 처벌 받다
- **severely** 심각하게, 엄하게

공원의 가장 큰 문제 중 하나는 쓰레기 문제입니다. 어떤 사람들은 쓰레기를 공원에 버리기도 합니다. 철이 없는 것 같습니다. 공원도 사람들이 버린 쓰레기로 아주 더러워졌습니다. 이런 쓰레기를 투기하는 행위는 아주 무책임한 행동입니다. 제 생각에는 공원에 쓰레기를 무단투기하는 사람들은 조금 더 엄격히 처벌받아야 합니다. 다시 말하자면, 공원들이 가지고 있는 문제 중 하나는 쓰레기 문제입니다.

Chapter 21

Shopping

빈출 주제 파악하기

질문을 제대로 파악하는 것만으로도 성공적으로 시험을 치를 수 있습니다. OPIc에서 자주 출제되는 질문들을 알아보세요.

1 You indicated in the survey that you like to go shopping. Talk about stores or shopping centers in your country. What are they like? Describe them in detail.

당신은 쇼핑하는 것을 좋아한다고 했습니다. 당신 나라의 상점이나 쇼핑센터에 대해 이야기해 보세요. 어떤 곳인가요? 자세히 묘사해 주세요.

문항 유형	우리나라 상점/쇼핑센터 묘사
문항 수준	Intermediate
핵심 포인트	• 영업점 묘사 표현 활용 • 우리나라의 상점 묘사이기 때문에 주어 shopping centers, they를 사용하며 현재형 시제로 묘사
중요도	★★★

2 **Where do you go when you go shopping for something? What do you buy when you go there? What is special about that place?**

당신은 보통 쇼핑할 때 어디로 가나요? 가서 무엇을 사나요? 그곳의 어떤 점이 특별한가요?

문항 유형	본인이 즐겨 가는 쇼핑 장소 묘사
문항 수준	Intermediate
핵심 포인트	• 쇼핑 주제의 '본인의 쇼핑 습관 묘사'와 같은 답변 활용 • 온라인 쇼핑을 좋아한다고 답한 후 온라인 쇼핑 방법 묘사 • 본인의 습관이기 때문에 주어 I 와 현재형 시제 사용
중요도	★★★★★

3 **Think of your early memories of shopping. Was there a store you remember from your childhood? What did it look like and what was your impression of that place? Describe that place for me in detail.**

쇼핑에 대한 초기 경험을 생각해 보세요. 어렸을 때 기억나는 가게가 있나요? 어떻게 생겼고 인상이 어땠나요? 자세히 설명해 주세요.

문항 유형	본인의 어렸을 때 쇼핑 추억 묘사
문항 수준	Advanced
핵심 포인트	• 어렸을 때 쇼핑 간 장소로 집 근처 슈퍼마켓 묘사 • 과거의 본인 경험이기 때문에 주어 I 와 과거형 시제 사용
중요도	★★★

4 **Sometimes, funny or unexpected things happen while shopping. Tell me about a memorable shopping experience you had. Maybe you saw a friend at a store, maybe the item you bought was broken or did not work. Tell me about a shopping trip that you remember for some reason.**

때로는 쇼핑할 때 재미있거나 예상치 못한 일들이 가끔 일어날 수 있습니다. 기억에 남는 쇼핑 경험에 대해 말해 주세요. 가게에서 친구를 봤을 수도 있고, 산 물건이 고장 났거나 작동하지 않았을 수도 있습니다. 기억에 남는 쇼핑 경험에 대해 말해 주세요.

문항 유형	본인이 쇼핑 중 겪은 예상치 못했던 경험 묘사
문항 수준	Advanced
핵심 포인트	• 쇼핑 주제의 '본인이 겪은 쇼핑 에피소드 묘사'와 같은 답변 활용 • 사려던 물건이 품절된 경험을 과거형 시제로 묘사 • 본인의 경험이기 때문에 주어 I 사용
중요도	★★★★★

5 **You indicated in the survey that you like to go shopping. I would like to know about your interest in shopping. How often do you go shopping? What do you most often buy? Where do you go for your shopping?**

설문조사를 통해 당신은 쇼핑하는 것을 좋아한다고 했습니다. 쇼핑에 대한 당신의 관심에 대해 알고 싶습니다. 얼마나 자주 쇼핑을 가나요? 무엇을 주로 사나요? 쇼핑하러 어디로 가나요?

문항 유형	본인의 쇼핑 습관 묘사
문항 수준	Intermediate
핵심 포인트	• 쇼핑 주제의 '본인이 즐겨 가는 쇼핑 장소 묘사'와 같은 답변 활용 • 온라인 쇼핑을 좋아한다고 답한 후 온라인 쇼핑 방법 묘사 • 본인의 습관이기 때문에 주어 I 와 현재형 시제 사용
중요도	★★★★★

6 You probably had many interesting experiences while shopping. Perhaps something good, funny or problematic happened. Where were you, what happened, and what did you do to deal with the situation? Tell me about that particular experience in as much detail as possible.

당신은 아마도 쇼핑하는 동안 흥미로운 경험을 많이 했을 것입니다. 좋거나, 재미있거나, 문제가 일어났을지도 모릅니다. 그때 어디에 있었고, 무슨 일이 일어났으며, 어떻게 그 상황에 대처했나요? 특별한 경험에 대해 가능한 한 자세히 말해 주세요.

문항 유형	본인이 겪은 쇼핑 에피소드 묘사
문항 수준	Advanced
핵심 포인트	• 쇼핑 주제의 '본인이 쇼핑 중 겪은 예상치 못했던 경험 묘사'와 같은 답변 활용
	• 사려던 물건이 품절된 경험을 과거형 시제로 묘사
	• 본인의 경험이기 때문에 주어 I 사용
중요도	★★★★★

7 When was the last time you went to shop for something? Where did you go and what did you buy? Who did you go with? What was special about that shopping experience?

마지막으로 물건을 사러 간 게 언제인가요? 어디에 가서 무엇을 샀나요? 누구와 같이 갔나요? 어떤 점이 특별했나요?

문항 유형	본인의 최근 쇼핑 경험 묘사
문항 수준	Advanced
핵심 포인트	• 최근 가족과 함께 장 보러 간 경험 묘사
	• 과거의 경험이기 때문에 과거형 시제 사용
	• 가족과 함께 갔기 때문에 주어 we를 사용하여 묘사
중요도	★★★

8 You indicated in the survey that you like to go shopping. Shopping has changed a great deal over the years. What are some changes in people's shopping habits? Talk about some significant changes that have happened over the years.

당신은 쇼핑하는 것을 좋아한다고 했습니다. 쇼핑은 몇 년 동안 크게 변했습니다. 사람들의 쇼핑 습관에 어떤 변화가 있었나요? 그동안의 중요한 변화에 대해 이야기해 보세요.

문항 유형	사람들의 쇼핑 습관 관련된 변화 묘사
문항 수준	Advanced
핵심 포인트	• 14번 기출문제
	• 현재 사람들의 쇼핑 방법으로 온라인 쇼핑에 대해 묘사
	• 과거의 쇼핑 습관에 대한 묘사는 줄이고 현재 습관에 대해 자세히 묘사하며 현재형 시제 위주로 사용
	• 사람들의 쇼핑 습관에 대해 이야기하기 때문에 주어 people, they, shopping, it을 사용
중요도	★★★

9 What kinds of products or services do you hear shoppers talk about these days? Why are they generating so much interest? Tell me about those products people talk about in detail.

요즘 사람들은 어떤 종류의 상품이나 서비스에 관심을 가지나요? 왜 사람들은 그곳에 관심을 많이 가지나요? 사람들이 관심 가지는 제품에 대해 자세히 말해 주세요.

문항 유형	사람들에게 요즘 관심을 끌고 있는 상품 묘사
문항 수준	Advanced
핵심 포인트	• 15번 기출문제
	• 사람들이 관심 가지는 상품으로 스마트폰 묘사
	• 음악의 '사람들이 관심 가지는 음악 기기' 내용 활용
	• 사람들이 현재 관심을 가지고 있는 상품이기 때문에 people, smartphone, they를 주어로 사용하며 현재형 시제로 묘사
중요도	★★★

OPIc 모범 답변 학습하기

OPIc 질문에 대한 모범 답변을 살펴본 후, 질문의 핵심 포인트를 파악하여 나만의 OPIc 답변을 만들어 보세요.

1 You indicated in the survey that you like to go shopping. Talk about stores or shopping centers in your country. What are they like? Describe them in detail. 🎧 MP3 21_Q1

당신은 쇼핑하는 것을 좋아한다고 했습니다. 당신 나라의 상점이나 쇼핑 센터에 대해 이야기해 보세요. 어떤 곳인가요? 자세히 묘사해 주세요.

Structure		Idea
시작 문장	주제 문장 소개	tons of shopping centers
본문	한국의 쇼핑센터 묘사	everywhere, shopping centers, busy streets, foot traffic, concentrated near, meanwhile, have become a lot bigger, outlet malls, various types of, discounts, get great deals, many restaurants, hungry
마무리 문장	나의 답변 마무리	tons of shopping centers

Model Answer 🎧 MP3 21_A1

There are tons of ❶ shopping centers in Korea. **A**

❷ They are everywhere these days.

Many shopping centers are on busy streets with a lot of ❸ foot traffic.

They are concentrated near subway stations or large universities. **B**

Meanwhile, shopping centers have become a lot bigger than in the past.

❹ One of the biggest places to shop is outlet malls.

There are various ❺ types of stores at these places.

You can get discounts, so you can get great deals.

Also, there are many restaurants at outlet malls. **C**

So, you can grab a bite if you are hungry.

Once again, there are tons of shopping centers in Korea.

Tips for Better Answers

➤ ❶ 한국의 일반적인 쇼핑 센터에 대해 묻는 질문이기 때문에 핵심 표현 shopping centers와 Korea를 시작 문장에 넣기

➤ ❷ 영업점 묘사에 필수로 쓰이는 문장이기 때문에 암기 필수!

➤ ❸ foot traffic은 비즈니스 지역 또는 상업 지역에 사람들이 많이 걸어 다니는 것을 표현
불가산 명사이기 때문에 a lot of 사용
Ex: I live in a commercial area, so there is a lot of foot traffic.
나는 상업지역에 살고 있어서 유동인구가 많다.

➤ ❹ one of the 최상급 형용사 + 복수 명사: (복수 명사) 중 가장 (형용사)한 것들 중 하나
Ex: One of the biggest shopping centers in Korea is Starfield.
한국에서 가장 큰 쇼핑센터 중 하나는 스타필드이다.

➤ ❺ 답변 양을 늘리기 위해 stores의 종류를 나열하는 것도 추천 방법!
Ex: There are clothing stores, cosmetics stores and shoes stores.
옷 가게, 화장품 가게, 신발 가게가 있다.

Expanding Your Answer

더 풍부하고 논리적인 답변을 위해 문장을 추가해 보세요.

A Korean people enjoy shopping in their free time.
한국 사람들은 여가 시간에 쇼핑을 즐깁니다.

B Many university students enjoy shopping after classes.
많은 대학생들이 수업 후에 쇼핑을 즐깁니다.

C Personally, I go there to buy some clothes.
개인적으로 그곳에 옷을 사러 갑니다.

Key Expressions

- **tons of** 수많은
- **on busy streets** 번화가
- **foot traffic** 유동인구
- **be concentrated** 집중되어 있는
- **subway stations** 지하철역
- **large universities** 큰 대학가
- **outlet malls** 아울렛 쇼핑몰
- **various** 다양한
- **get discounts** 할인 받다
- **get great deals** 큰 할인 받다, 싸게 사다
- **grab a bite** 간단히 먹다

한국에는 쇼핑 센터가 많습니다. 이제는 어디에나 있죠. 쇼핑 센터는 대부분 유동인구가 많은 번화가에 있습니다. 지하철역이나 큰 대학 근처에 집중되어 있습니다. 한편 쇼핑센터는 과거에 비해 규모가 훨씬 커졌습니다. 가장 큰 곳 중 한 곳이 아웃렛입니다. 아웃렛 안에는 다양한 종류의 상점들이 있습니다. 할인을 받을 수 있기 때문에 싸게 살 수 있습니다. 아웃렛에는 식당도 많습니다. 그래서, 배가 고프면 간단히 먹을 수 있습니다. 다시 한번 말하자면, 한국에는 쇼핑 센터가 아주 많습니다.

OPIc 질문에 대한 모범 답변을 살펴본 후, 질문의 핵심 포인트를 파악하여 나만의 OPIc 답변을 만들어 보세요.

2-1 Where do you go when you go shopping for something? What do you buy when you go there? What is special about that place? 🎧 MP3 21_Q2-1

당신은 보통 쇼핑할 때 어디로 가나요? 가서 무엇을 사나요? 그곳의 어떤 점이 특별한가요?

2-2 You indicated in the survey that you like to go shopping. I would like to know about your interest in shopping. How often do you go shopping? What do you most often buy? Where do you go for your shopping? 🎧 MP3 21_Q2-2

설문을 통해 당신은 쇼핑하는 것을 좋아한다고 했습니다. 쇼핑에 대한 당신의 관심에 대해 알고 싶습니다. 얼마나 자주 쇼핑을 가나요? 무엇을 주로 사나요? 쇼핑하러 어디로 가나요?

	Structure	Idea
시작 문장	주제 문장 소개	various places, outlet malls, department stores
본문	온라인 쇼핑을 하는 방법과 주로 사는 물건 묘사	however, shop online, convenient, do not, actual stores, less time and effort, a lot of options, get great deals, shopping, easier, thanks to, on my phone, whenever I want to, get cosmetics, clothes, on the internet, food, skin products
마무리 문장	나의 답변 마무리	shop online

Model Answer

🎧 MP3 21_A2

I go to ❶ various places to shop such as outlet malls or department stores.

However, I also like to ❷ shop online. A

Online shopping is very convenient ❸ in many ways.

I do NOT have to go to actual stores.

It takes much less time and effort to buy things.

Also, there are a lot of options to choose from, so I can get great deals. B

❹ Shopping has become a lot easier than in the past thanks to online shopping.

Plus, I shop online on my phone now, so I can buy things ❺ whenever I want to. C

I get cosmetics, clothes or tickets on the internet most often.

Plus, I sometimes ❻ get food or skin products online as well.

+electronics +shoes +accessories +groceries +books

+dog supplies +cat supplies +health products +baby products

Once again, I like to shop online quite often.

Tips for Better Answers

▶ ❶ 쇼핑할 수 있는 다양한 장소 나열
   Ex: I do shopping at various places including department stores, outlet malls and online shopping malls.
   나는 백화점, 아웃렛, 온라인 쇼핑몰을 포함한 다양한 곳에서 쇼핑을 한다.

▶ ❷ = do online shopping

▶ ❸ = in various ways, in tons of ways

▶ ❹ 과거와 현재의 쇼핑 습관을 비교할 때 활용할 수 있는 문장이기 때문에 암기 필수!
   Ex: Shopping has become much easier than in the past due to online shopping.

▶ ❺ whenever 주어 + 동사: (주어)가 (동사)할 때에는 언제든지
   복합관계부사 사용으로 등급 업!
   Ex: Whenever I have time, I do online shopping.
   시간이 있을 때마다 온라인 쇼핑을 한다.

▶ ❻ 답변 양 확보를 위해 온라인 쇼핑으로 구매할 수 있는 물품 나열
   Ex: There are so many things I can get there. I get fresh ingredients, trendy clothes and brand new electronic goods.
   거기서 살 수 있는 것이 정말 많다. 나는 신선한 재료, 트렌디한 옷, 최신 전자 제품을 산다.

Expanding Your Answer

더 풍부하고 논리적인 답변을 위해 문장을 추가해 보세요.

A It is time-saving and cost-efficient.
시간과 비용을 절약할 수 있습니다.

B Once I become a regular, I can get extra discounts.
단골이 되면 할인을 더 많이 받을 수 있습니다.

C I usually do shopping on my way to work.
보통 회사로 출근하는 길에 쇼핑을 합니다.

Key Expressions

- **various** 다양한
- **outlet malls** 아웃렛 쇼핑몰
- **department stores** 백화점
- **shop online** 인터넷으로 쇼핑하다
- **convenient** 편리한
- **actual store** 실제 가게
- **get great deals** 할인 받다, 싸게 사다

저는 아웃렛이나 백화점 등 다양한 곳에 쇼핑하러 갑니다. 하지만, 온라인 쇼핑도 좋아합니다. 온라인 쇼핑은 많은 면에서 매우 편리합니다. 직접 가게에 갈 필요가 없습니다. 물건을 사는 데 시간과 노력이 훨씬 덜 듭니다. 또, 선택할 수 있는 옵션도 많아 싸게 살 수 있습니다. 온라인 쇼핑 덕분에 쇼핑이 예전보다 훨씬 쉬워졌습니다. 게다가, 이제는 휴대폰으로도 온라인 쇼핑을 하기 때문에, 원할 때 언제든지 물건을 살 수 있습니다. 저는 인터넷에서 화장품, 옷, 티켓을 제일 자주 삽니다. 가끔 음식이나 화장품도 온라인에서 삽니다. (+전자 제품 +신발 +액세서리 +식료품 +책 +강아지 용품 +고양이 용품 +건강용품 +유아용품) 다시 한번 말하지만, 저는 자주 온라인 쇼핑 하는 것을 즐깁니다.

OPIc 질문에 대한 모범 답변을 살펴본 후, 질문의 핵심 포인트를 파악하여 나만의 OPIc 답변을 만들어 보세요.

3 Think of your early memories of shopping. Was there a store you remember from your childhood? What did it look like and what was your impression of that place? Describe that place for me in detail.

🎧 MP3 21_Q3

쇼핑에 대한 초기 경험을 생각해 보세요. 어렸을 때 기억나는 가게가 있나요? 어떻게 생겼고 인상이 어땠나요? 자세히 설명해 주세요.

	Structure	Idea
시작 문장	주제 문장 소개	remember, groceries, my family
본문	어렸을 때 가족과 장 보러 슈퍼마켓에 간 경험 묘사	local supermarket, good prices, good-quality goods, great deals, used to get, excited whenever
마무리 문장	나의 답변 마무리	early memory

Model Answer 🎧 MP3 21_A3

❶ I remember getting groceries with my family ❷ when I was a kid. **A**

We went to a local supermarket near our house. **B**

They had good prices and good-quality goods.

So, we were able to get great deals there. **C**

We ❸ used to get some ice-cream, milk, and cheese.

Also, we used to ❹ get some chips, cookies and sweets.

Plus, we used to get ❺ some drinks and chocolates.

I was very excited whenever I went there.

So, this was my early memory of shopping.

Tips for Better Answers

❶ remember, recall + 동명사, 명사: 과거의 경험에 대해 이야기할 때 시작 문장으로 가장 유용한 문법
Ex: I recall a small supermarket near my place.
집 근처 작은 슈퍼마켓이 기억에 난다.

❷ 과거임을 나타내는 표현으로 이후에는 반드시 과거형 시제 사용
= when I was young, when I was a child

❸ used to 동사: 과거에 (동사)하곤 했었다
반복적으로 한 행동을 묘사할 때 쓰임
Ex: We used to go grocery shopping on Sundays.
우린 일요일마다 장 보러 갔었다.

❹ 음식을 살 때 쓰는 동사는 get, buy
Ex: We bought some ice cream and chocolate.
아이스크림과 초콜릿을 샀다.

❺ 답변 양 확보를 위해 장 본 물건 나열
Ex: I used to get some fresh fruits and vegetables.
신선한 과일과 채소를 사곤 했었다.

Expanding Your Answer

더 풍부하고 논리적인 답변을 위해 문장을 추가해 보세요.

A We used to go there once a week.
우리는 그곳에 일주일에 한 번씩 가곤 했습니다.

B It took only 5 minutes to get there on foot.
걸어서 5분이면 갔습니다.

C We could because we were regulars there.
우리가 단골이었기 때문에 가능했습니다.

Key Expressions

- **get groceries** 장 보다
- **local supermarket** 지역의, 동네의 슈퍼
- **good prices** 좋은 가격
- **good-quality goods** 좋은 질의 물건
- **get great deals** 할인 받다, 싸게 사다
- **sweets** 군것질, 단 음식
- **memory** 기억

어렸을 때 가족들과 식료품을 사러 간 기억이 납니다. 집 근처에 있는 동네 슈퍼마켓에 갔습니다. 그곳은 합리적인 가격으로 좋은 품질의 상품을 팔았습니다. 그래서 우리는 상품을 저렴하게 구매할 수 있었습니다. 아이스크림, 우유, 치즈를 사곤 했습니다. 과자, 쿠키, 군것질거리도 사곤 했습니다. 음료수와 초콜릿도 샀습니다. 저는 그곳에 갈 때마다 매우 신났었습니다. 이것이 쇼핑에 대한 저의 예전 기억입니다.

OPIc 모범 답변 학습하기

OPIc 질문에 대한 모범 답변을 살펴본 후, 질문의 핵심 포인트를 파악하여 나만의 OPIc 답변을 만들어 보세요.

4 When was the last time you went to shop for something? Where did you go and what did you buy? Who did you go with? What was special about that shopping experience?
마지막으로 물건을 사러 간 게 언제인가요? 어디에 가서 무엇을 샀나요? 누구와 같이 갔나요? 어떤 점이 특별했나요?

	Structure	Idea
시작 문장	주제 문장 소개	remember, groceries, my family
본문	최근 가족들과 장 보러 간 이야기 묘사	local supermarket, good prices, good-quality goods, get great deals, got some, rice, bread, fish, pork, wine
마무리 문장	나의 답변 마무리	last time, shopping

Model Answer

❶ I remember getting groceries with my family recently.
We went to a local supermarket near our house. **A**
They had good prices and ❷ good-quality goods.
So, we were able to get great deals there.
First, we ❸ got some rice and bread. **B**
We also got ❹ some fish and chicken.
We also got some pork and beef.
Plus, we got some beer and wine. **C**
Also, we got some salmon, tuna and seaweed.
Plus, we got some instant noodles, fruits and veggies.
So, ❺ this was the last time I went shopping for something.

Tips for Better Answers

❶ 쇼핑 주제의 '본인의 어렸을 때 쇼핑 추억 묘사'와 같은 표현 활용

❷ 형용사 + quality: (형용사)한 품질
best-quality: 최상 품질의
decent-quality: 꽤 괜찮은 품질의
excellent-quality: 훌륭한 품질의
superb-quality: 최고 품질의
Ex: I could get some excellent-quality goods at reasonable prices.
품질이 훌륭한 물건을 합리적인 가격에 살 수 있었다.

❸ 최근 쇼핑 가서 한 번 산 물건에 대해 이야기하기 때문에 used to가 아닌 got 또는 bought 사용
Ex: I bought some bread.
빵을 샀다.

❹ 답변 양 확보를 위해 산 음식의 종류 나열
fresh fish: 신선한 생선
a loaf of bread: 빵 한 덩어리
some pork to make sandwiches: 샌드위치 만들 돼지고기
some beer and wine for parties: 파티용 맥주와 와인

❺ 최근 간 경험에 대해 묘사 후 마무리 문장으로 유용 암기 필수!

Expanding Your Answer

더 풍부하고 논리적인 답변을 위해 문장을 추가해 보세요.

A Not many people were there because it was Monday.
월요일이라 사람들이 많이 없었습니다.

B We usually make sandwiches for breakfast.
보통 아침식사로 샌드위치를 만듭니다.

C We bought some excellent-quality wine.
품질이 좋은 와인을 샀습니다.

Key Expressions

- **get groceries** 장 보다
- **local supermarket** 지역의, 동네의 슈퍼
- **good prices** 좋은 가격
- **good-quality goods** 좋은 품질의 물건
- **get great deals** 할인 받아, 싸게 사다
- **salmon** 연어
- **seaweed** 미역
  *dried seaweed 김

최근에 가족들과 식료품을 사러 간 기억이 납니다. 집 근처에 있는 동네 슈퍼마켓에 갔습니다. 그곳은 합리적인 가격으로 좋은 품질의 상품을 팔았습니다. 그래서 우리는 저렴하게 구매할 수 있었습니다. 먼저 밥과 빵을 샀습니다. 약간의 해산물과 닭도 샀습니다. 돼지고기와 소고기도 샀습니다. 맥주와 와인도 샀습니다. 그리고 연어, 참치, 김도 샀습니다. 라면, 과일, 채소도 샀습니다. 이것이 제가 무언가를 사러 간 최근 경험입니다.

OPIc 모범 답변 학습하기

OPIc 질문에 대한 모범 답변을 살펴본 후, 질문의 핵심 포인트를 파악하여 나만의 OPIc 답변을 만들어 보세요.

5-1 Sometimes, funny or unexpected things happen while shopping. Tell me about a memorable shopping experience you had. Maybe you saw a friend at a store, maybe the item you bought was broken or did not work. Tell me about a shopping trip that you remember for some reason. 🎧 MP3 21_Q5-1

때로는 쇼핑할 때 재미있거나 예상치 못한 일들이 일어날 수 있습니다. 기억에 남는 쇼핑 경험에 대해 말해 주세요. 가게에서 친구를 봤을 수도 있고, 산 물건이 고장 났거나 작동하지 않았을 수도 있습니다. 기억에 남는 쇼핑 경험에 대해 말해 주세요.

5-2 You probably had many interesting experiences while shopping. Perhaps something good, funny or problematic happened. Where were you, what happened, and what did you do to deal with the situation? Tell me about that particular experience in as much detail as possible. 🎧 MP3 21_Q5-2

당신은 아마도 쇼핑하는 동안 흥미로운 경험을 많이 했을 것입니다. 좋거나, 재미있거나, 문제가 일어났을지도 모릅니다. 그때 어디에 있었고, 무슨 일이 일어났으며, 어떻게 그 상황에 대처했나요? 특별한 경험에 대해 가능한 한 자세히 말해 주세요.

	Structure	Idea
시작 문장	주제 문장 소개	shopping, running shoes
본문	사려던 물건이 품절이던 경험과 사이즈가 맞지 않아 교환 또는 환불한 경험 묘사	a pair of shoes, did not have my size, sold-out, remember, online recently, liked it, however, tried it on, did not fit me, too tight, did not look good
마무리 문장	나의 답변 마무리	sent it back, refund

Model Answer

🎧 MP3 21_A5

I remember shopping for ❶ some running shoes recently. **A**

There were ❷ a pair of shoes I wanted to get.

+❸ dress shoes +sandals +boots

However, the store did NOT have my size ❹ in stock.

They were sold-out. **B**

I could NOT get the shoes I wanted.

+❺ I had to get another pair of shoes.

+I had to go to another store later on.

+I had to get them online later on.

❻ Plus, I remember getting a shirt online recently.

+a skirt +a jacket +a hoodie +some jeans +a padded jacket

+at a store +at an outlet mall +at a department store

I really liked it when I got it. **C**

However, ❼ when I tried it on at home, it did NOT fit me THAT well.

+It was too tight and short.

+It was too big and long.

It did NOT look good on me at all.

Eventually, I sent it back to get a refund.

+I went back to get an exchange.

Tips for Better Answers

▶ ❶ 시작 문장에 사려고 했던 물건이 무엇인지 언급
  Ex: I remember going to a shopping mall to buy some summer clothes.
  여름 옷을 사려고 쇼핑몰에 간 기억이 난다.

▶ ❷ 신발을 셀 때는 a pair of 발화량 확보를 위해 사려고 했던 물건의 종류 여러 개 나열
  Ex: I wanted to buy some sandals and flip-flops.
  샌들과 슬리퍼 샌들을 사고 싶었다.

▶ ❸ formal한 옷에 대해 말할 때 쓰는 표현
  dress shirts: 정장 셔츠
  dress shoes: 정장 구두

▶ ❹ out of stock: 재고에 없음
  Ex: However, my shoes were out of stock.
  하지만 내 신발은 품절이었다.

▶ ❺ 원하는 물건을 얻기 위해 한 노력을 나열하여 답변 양 확보!

▶ ❻ 새로운 내용을 소개하기 위해 접속사 plus 사용
  = besides, in addition, also

▶ ❼ '집에서 입어보는데 잘 맞지 않았다'라고 말한 후 옷의 문제점 설명
  Ex: It did not fit me perfectly because it was too big for me.
  너무 커서 나에게 완벽하게 맞지 않았다.

Expanding Your Answer

더 풍부하고 논리적인 답변을 위해 문장을 추가해 보세요.

A I went to a shopping center near my place.
  집 근처 쇼핑센터에 갔습니다.

B I was extremely disappointed.
  매우 실망했습니다.

C The price was reasonable and the color was beautiful.
  가격도 적당하고 색상도 아름다웠습니다.

Key Expressions

- **running shoes** 운동화
- **a pair of** 한 쌍의
- **dress shoes** 정장 구두, 신사화
- **in stock** 재고에
- **sold-out** 품절
- **padded jacket** 패딩 자켓
- **try on** 입어보다
- **fit** 잘 맞다
- **tight** 끼는
- **send back** 돌려보내다
- **refund** 환불
- **exchange** 교환

최근에 운동화를 샀던 기억이 납니다. 제가 사고 싶었던 신발이 있었습니다. (+정장 구두 +샌들 +부츠) 하지만, 가게에 제 사이즈가 없었습니다. 다 팔렸던 거죠. 제가 원하던 신발을 구할 수 없었습니다. (+신발 한 켤레를 더 사야 했습니다. +나중에 다른 가게에 가야 했습니다. +나중에 온라인으로 사야 했습니다.) 뿐만 아니라, 최근에 온라인에서 셔츠를 산 기억이 납니다. (+치마 +재킷 +후드 +청바지 +패딩 +가게에서 +아웃렛에서 +백화점에서) 받았을 때는 정말 좋았죠. 하지만 집에서 입어보니 그렇게 잘 맞지 않았습니다. (+너무 끼고 짧았습니다. +너무 크고 길었습니다.) 저에게 전혀 어울리지 않았습니다. 결국 환불 받기 위해 반품했습니다. (+교환을 하러 다시 갔습니다.)

OPIc 질문에 대한 모범 답변을 살펴본 후, 질문의 핵심 포인트를 파악하여 나만의 OPIc 답변을 만들어 보세요.

6 You indicated in the survey that you like to go shopping. Shopping has changed a great deal over the years. What are some changes in people's shopping habits? Talk about some significant changes that have happened over the years.

🎧 MP3 21_Q6

당신은 쇼핑하는 것을 좋아한다고 했습니다. 쇼핑은 몇 년 동안 크게 변했습니다. 사람들의 쇼핑 습관에 어떤 변화가 있었나요? 그동안의 중요한 변화에 대해 이야기해 보세요.

	Structure	Idea
시작 문장	주제 문장 소개	biggest changes, habits, online shopping
본문	사람들의 쇼핑 습관 변화로 온라인 쇼핑을 선택 후 장점 묘사	convenient, do not go, actual stores, less time, effort, options, choose, get great deals, become a lot easier, thanks to online shopping, shop online, phones, buy things, whenever
마무리 문장	나의 답변 마무리	online shopping, biggest

Model Answer 🎧 MP3 21_A6

❶ One of the biggest changes in people's shopping habits is online shopping.

Online shopping is very ❷ convenient ❸ in many ways. **A**

People do NOT have to go to ❹ actual stores. **B**

❺ It takes much less time and effort to buy things.

Also, there are a lot of options to choose from, so people can get great deals.

❻ Shopping has become a lot easier than in the past thanks to online shopping. **C**

Plus, people shop online on their phones now, so they can buy things whenever they want to.

Once again, online shopping is one of the biggest changes.

Expanding Your Answer
더 풍부하고 논리적인 답변을 위해 문장을 추가해 보세요.

A It is time-saving and cost-efficient.
시간과 비용을 절약할 수 있습니다.

B I do not have to worry about parking.
주차 걱정할 필요가 없습니다.

C Most people buy things online these days.
요즘 대부분의 사람들은 온라인으로 물건을 삽니다.

Tips for Better Answers
* 14번 기출문제

❶ 사람들의 쇼핑 습관 변화에 대해 이야기하기 때문에 핵심 표현인 change, habit, online shopping을 시작 문장에 언급

❷ 온라인 쇼핑의 장점 묘사를 위해 다양한 형용사 사용
 time-saving: 시간 절약하는
 user-friendly: 사용자가 이용하기 편리한
 cost-efficient: 비용 절약하는
 Ex: Online shopping can be time-saving.
  온라인 쇼핑으로 시간을 절약할 수 있다.

❸ = in various ways, in so many ways, in tons of ways

❹ real stores (x)
 real을 사용할 경우 '실제 존재하는'이라는 의미
 Ex: Is that a real store?
  진짜 그런 가게가 있어?

❺ '무엇인가를 하는 데 시간과 노력이 덜 든다'라는 의미로 과거와 현재 사람들의 습관 비교에 주로 쓰이는 표현
 암기 필수!

❻ 사람들의 습관 변화를 묻는 질문이기 때문에 반드시 나와야 하는 핵심 문장
 과거와 현재의 변화 묘사를 위해 현재완료형 사용
 Ex: Shopping online has become much more common than in the past.
  예전에 비해 온라인 쇼핑이 훨씬 더 흔해졌다.

Key Expressions
- **habit** 습관
- **convenient** 편리한
- **in many ways** 많은 면에서
- **actual stores** 실제 가게
- **options** 선택권
- **get great deals** 많은 할인을 받다, 싸게 사다

사람들의 쇼핑 습관에서 가장 큰 변화 중 하나는 온라인 쇼핑입니다. 온라인 쇼핑은 많은 면에서 매우 편리합니다. 사람들은 직접 가게에 갈 필요가 없습니다. 물건을 사는 데 시간과 노력이 훨씬 덜 듭니다. 또, 선택할 수 있는 옵션도 많아 싸게 살 수 있습니다. 온라인 쇼핑 덕분에 쇼핑이 예전보다 훨씬 쉬워졌습니다. 게다가, 이제는 휴대폰으로도 온라인 쇼핑을 하기 때문에, 원할 때 언제든지 물건을 살 수 있습니다. 다시 한번 말하자면, 가장 큰 변화 중 하나가 바로 온라인 쇼핑입니다.

OPIc 모범 답변 학습하기

OPIc 질문에 대한 모범 답변을 살펴본 후, 질문의 핵심 포인트를 파악하여 나만의 OPIc 답변을 만들어 보세요.

7 What kinds of products or services do you hear shoppers talk about these days? Why are they generating so much interest? Tell me about those products people talk about in detail. 🎧 MP3 21_Q7

요즘 사람들은 어떤 종류의 상품이나 서비스에 관심을 가지나요? 왜 사람들은 그곳에 관심을 많이 가지나요? 사람들이 관심 가지는 제품에 대해 자세히 말해 주세요.

	Structure	Idea
시작 문장	주제 문장 소개	people, smartphones, music
본문	사람들이 관심 가지는 기기로 스마트폰과 블루투스 묘사	stream music, easy to search for, see the lyrics, play the same song, randomly, sound quality, interested in Bluetooth devices, connect them to, no need for wires, convenient
마무리 문장	나의 답변 마무리	Bluetooth devices, hottest

Model Answer 🎧 MP3 21_A7

❶ People use their smartphones to listen to music these days. **A**

Most of them stream music on their ❷ phones. **B**

It is very easy to search for ❸ music on streaming sites.

+Plus, people can see the lyrics on their screens ❹ while they listen to music.

+Also, they can listen to the same song ❺ over and over again.

+Plus, they can listen to songs randomly.

+Also, the sound quality is pretty good.

Meanwhile, ❻ people are very interested in Bluetooth devices these days.

Smartphones have Bluetooth, so you can connect them to various types of devices.

There are tons of Bluetooth earphones and Bluetooth speakers.

There is no need for wires, so they are much more convenient. **C**

So, Bluetooth devices are one of the hottest devices these days.

Tips for Better Answers
* 15번 기출문제

❶ 사람들이 관심 가지는 상품에 대해 묻는 질문이기 때문에 핵심 표현인 people과 상품으로 smartphone을 선택하여 시작 문장에 언급

❷ 하나의 특정한 휴대폰이 아닌 일반적인 스마트폰을 묘사하기 때문에 복수 명사 사용
 Ex: I bought a smartphone.
 나는 스마트폰을 샀다.
 (특정한 한 개를 샀기 때문에 단수 명사 사용)

❸ 답변 양 확보를 위해 사람들이 스마트폰으로 할 수 있는 일을 다양하게 묘사
 Ex: People can check emails.
 이메일을 확인할 수 있다.
 They can do social media.
 소셜 미디어를 할 수 있다.

❹ while 대신 when으로 변경 가능
 사람들이 하는 행동을 강조하고 싶을 때는 현재진행형으로 바꾸기
 Ex: People listen to music when (while) they are jogging.
 사람들은 조깅할 때 음악을 듣는다.

❺ 반복적으로 하는 행동을 강조하는 표현
 Ex: He watched the same movie over and over.
 그는 같은 영화를 반복해서 봤다.

❻ 답변 양 확보를 위해 기기 하나를 추가 (Bluetooth) 해서 설명하기
 새로운 정보를 말할 때 어울리는 접속사
 besides, in addition, furthermore, additionally
 Ex: In addition, people are interested in e-book readers.
 추가로 사람들은 이북리더기에 관심을 가진다.

Expanding Your Answer
더 풍부하고 논리적인 답변을 위해 문장을 추가해 보세요.

A People are always interested in newly released smartphones.
사람들은 항상 새로 출시된 스마트폰에 관심이 많습니다.

B I think it is the most useful function.
이것이 가장 유용한 기능인 것 같습니다.

C However, they are still pricey.
하지만 아직도 꽤 비쌉니다.

Key Expressions
- **stream music** 음악을 스트리밍하다
- **easy to search for** 찾기 쉽다
- **lyrics** 가사
- **over and over again** 반복해서 계속
- **randomly** 무작위로
- **sound quality** 음질
- **pretty** 꽤, 상당히
- **device** 기계, 기기
- **connect** 연결하다
- **convenient** 편리한
- **hot** 인기 있는

사람들은 요즘 스마트폰으로 음악을 듣습니다. 많은 사람들이 휴대폰으로 음악을 스트리밍합니다. 스트리밍 사이트에서 음악을 검색하는 것은 매우 쉽습니다. (+음악을 들으면서 화면에서 가사도 볼 수 있습니다. +같은 노래를 계속 반복해서 들을 수 있습니다. +무작위로 노래를 들을 수 있습니다. +음질 또한 꽤 좋습니다. 한편, 사람들은 요즘 블루투스 기기에 관심이 많습니다. 스마트폰은 블루투스가 있어 다양한 장치에 연결할 수 있습니다. 블루투스 이어폰과 블루투스 스피커가 아주 많이 있습니다. 선이 필요 없어 훨씬 편리합니다. 즉, 블루투스 기기는 요즘 가장 인기 있는 기기 중 하나입니다.

Chapter 22

Fashion

빈출 주제 파악하기

질문을 제대로 파악하는 것만으로도 성공적으로 시험을 치를 수 있습니다. OPIc에서 자주 출제되는 질문들을 알아보세요.

1 What kinds of clothes do people in your country typically wear? Do they wear different clothes for work or for play?

당신 나라의 사람들은 보통 어떤 옷을 입나요? 일을 하거나 놀 때 다른 옷을 입나요?

문항 유형	우리나라 사람들의 패션묘사
문항 수준	Intermediate
핵심 포인트	• 우리나라 사람들이 회사 갈 때와 놀 때 입는 옷 묘사 • 평소의 패션 묘사이기 때문에 주어 people, they를 사용하고 현재형 시제 사용
중요도	★★★★

2 **What kinds of clothes do you like to wear personally? What kind of fashion style do you prefer? What are you wearing today? Give me all the details about your fashion style.**

개인적으로 어떤 옷을 입기 좋아하나요? 어떤 패션 스타일 선호하나요? 오늘은 무슨 옷을 입었나요? 본인의 패션 스타일에 대해 자세히 말해 주세요.

문항 유형	좋아하는 패션 묘사
문항 수준	Intermediate
핵심 포인트	• 본인이 평소 좋아하는 옷을 현재형 시제와 주어 I를 사용하여 묘사 • 계절별 입는 옷 묘사
중요도	★★

3 **Fashion is always changing. Tell me about the kinds of clothes that were popular when you were younger. What did fashion styles look like back then? How were they different from what is popular now?**

패션은 항상 변합니다. 어렸을 때 유행했던 옷 종류에 대해 말해 주세요. 그 당시 패션 스타일은 어땠나요? 지금 인기 있는 스타일과는 어떻게 다른가요?

문항 유형	어렸을 때 주변에 유행했던 패션과 지금 패션 비교
문항 수준	Advanced
핵심 포인트	• 사람들이 과거에 비해 현재 더 패션에 관심 가지고 있다고 답변 • 과거에 대해 이야기할 때는 과거형, 현재의 패션에 대해 이야기할 때는 현재형 시제 사용 • 사람들의 패션 취향 변화에 관한 답변이기 때문에 주어는 people, they, fashion styles 사용
중요도	★★

4 **Tell me about the last time you bought a new piece of clothing. What did you need to buy and where did you find it? Were there any challenges or problems? Give me all the details.**

마지막으로 새 옷을 산 경험에 대해 말해 주세요. 무엇을 사야 했고 어디서 샀나요? 어려운 점이나 문제가 있었나요? 자세하게 말해 주세요.

문항 유형	최근에 옷 사러 갔던 경험 묘사
문항 수준	Advanced
핵심 포인트	• 쇼핑 주제의 '본인이 겪은 쇼핑 에피소드 묘사'의 답변 그대로 활용 • 본인이 과거 쇼핑 중 겪은 경험이기 때문에 주어 I 와 과거형 시제 사용하여 묘사
중요도	★★

5 **What do you normally do when you go shopping? Where do you go and what do you look for? Tell me about your typical shopping habits.**

쇼핑할 때 보통 무엇을 하나요? 어디로 가고 무엇을 사나요? 당신의 전형적인 쇼핑 방법에 대해 말해 주세요.

문항 유형	쇼핑 습관/장소 묘사
문항 수준	Advanced
핵심 포인트	• 쇼핑 주제의 '본인이 즐겨가는 쇼핑 장소 묘사'의 답변 그대로 활용 • 본인의 쇼핑 습관이기 때문에 주어 I 와 현재형 시제로 묘사
중요도	★★

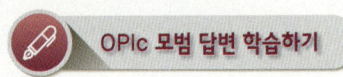

OPIc 질문에 대한 모범 답변을 살펴본 후, 질문의 핵심 포인트를 파악하여 나만의 OPIc 답변을 만들어 보세요.

1 What kinds of clothes do people in your country typically wear? Do they wear different clothes for work or for play? 🎧 MP3 22_Q1

당신 나라의 사람들은 보통 어떤 옷을 입나요? 일을 하거나 놀 때 다른 옷을 입나요?

	Structure	Idea
시작 문장	주제 문장 소개	follow, latest fashion trends
본문	회사 갈 때와 놀 때 다르게 입는 한국 사람들의 패션 묘사	stylish, how to dress, work, accordingly, play, comfortably, distinct seasons, wear different clothes, seasonal
마무리 문장	나의 답변 마무리	Koreans, fashionable

Model Answer 🎧 MP3 22_A1

❶ Koreans like to follow the latest fashion trends.

They are very ❷ stylish and ❸ know how to dress well.

For work, they ❹ dress ❺ accordingly. **A**

For play, they dress more comfortably. **B**

Plus, Korea has four distinct seasons: spring, fall, summer, and winter.

People wear different clothes for each season. **C**

So, fashion styles are seasonal.

Once again, I think Koreans are very fashionable.

Tips for Better Answers

▶ ❶ 한국 사람들의 패션에 대해 묘사하는 답변이기 때문에 핵심 표현인 Korans, fashion을 시작 문장에 넣기
follow = keep up with
Ex: Koreans like to keep up with the latest fashion.
한국 사람들은 최신 패션을 따르는 것을 좋아한다.

❷ = fashionable

▶ ❸ know how to 동사: (동사)할 줄 안다
well이 들어가지 않아도 이미 (동사)를 잘 하고 있다는 것을 의미
Ex: They know how to dance.
그들은 춤출 줄 안다.
She knows how to sing.
그녀는 노래할 줄 안다.

▶ ❹ dress: 입다
dress up: 차려 입다, 꾸며 입다
Ex: I am going to dress up for the party tonight.
오늘 밤 파티를 위해 차려 입을 거야.

▶ ❺ = depend on the situations: 상황에 따라 다른
Ex: I dress differently depending on the situations.
나는 상황에 맞춰 옷을 다르게 입는다.

Expanding Your Answer

더 풍부하고 논리적인 답변을 위해 문장을 추가해 보세요.

A Many people wear business casuals.
많은 사람들이 비즈니스 캐주얼을 입습니다.

B People usually wear jeans and shirts.
사람들은 보통 청바지와 셔츠를 입습니다.

C It gets super cold in winter and extremely hot in summer.
겨울에는 엄청 춥고 여름에는 매우 더워집니다.

Key Expressions

- **follow** 따르다
- **latest** 최근의, 최신의
- **stylish** 세련된, 스타일리쉬한
- **dress** 옷을 입다
- **accordingly** (상황에) 맞게, 맞춰
- **comfortable** 편안하게
- **distinct** 뚜렷한, 명확한
- **seasonal** 계절에 맞는

한국인들은 최신 패션 트렌드를 따르는 것을 좋아합니다. 그들은 매우 세련되고 옷을 잘 입는 법을 알고 있습니다. 일을 할 때는 그에 맞게 옷을 입습니다. 놀 때는 더 편하게 입습니다. 게다가, 한국은 봄, 가을, 여름, 겨울, 네 가지 뚜렷한 계절이 있습니다. 사람들은 계절마다 다른 옷을 입습니다. 그래서 패션 스타일은 계절을 따라갑니다. 다시 한번 말하자면, 저는 한국인들이 매우 패션감각이 있다고 생각합니다.

OPIc 모범 답변 학습하기

OPIc 질문에 대한 모범 답변을 살펴본 후, 질문의 핵심 포인트를 파악하여 나만의 OPIc 답변을 만들어 보세요.

2. What kinds of clothes do you like to wear personally? What kind of fashion style do you prefer? What are you wearing today? Give me all the details about your fashion style.
🎧 MP3 22_Q2

개인적으로 어떤 옷을 입기 좋아하나요? 어떤 패션 스타일 선호하나요? 오늘은 무슨 옷을 입었나요? 본인의 패션 스타일에 대해 자세히 말해 주세요.

	Structure	Idea
시작 문장	주제 문장 소개	fashion, follow my own style
본문	평상시에 본인이 입는 옷 묘사	wear, look good on, darker, winter, brighter, summer, dress casually
마무리 문장	나의 답변 마무리	pay attention, dress up, social occasion

Model Answer 🎧 MP3 22_A2

❶ When it comes to fashion, I like to ❷ follow my own style. **A**

I just wear things that look good on me.

I ❸ tend to wear darker colors in winter. **B**

I tend to wear brighter colors in summer.

I usually like to dress casually. **C**

That is how I am dressed today actually.

However, I pay attention to detail when I dress up for ❹ special occasions.

Tips for Better Answers

▶ ❶ 주제를 소개할 때 유용한 표현
⟨when it comes to + 동명사/명사, 주어 + 동사⟩
Ex: When it comes to shopping, I like to do online shopping.
쇼핑에 관한 한 나는 온라인 쇼핑하는 것을 좋아한다.

▶ ❷ '~의 것'을 강조하기 위해 own 사용
Ex: I follow my style.
내 스타일을 따른다.
I follow my own style.
나만의 스타일을 따른다.

▶ ❸ '~하는 경향이 있다'라는 의미로 답변의 일반화를 피하기 위해 쓰이는 동사
Ex: I wear casually.
나는 캐주얼 입는다. (항상)
I tend to wear casually.
나는 캐주얼 하게 입는 경향이 있다. (대체적으로)

▶ ❹ 결혼식, 데이트, 파티 같은 특별한 날
Ex: I like to dress up on special occasions.
나는 특별한 날에 차려 입는 것을 좋아한다.

Expanding Your Answer

더 풍부하고 논리적인 답변을 위해 문장을 추가해 보세요.

A I don't much care about the latest fashion trends.
최신 패션 트렌드는 별로 신경 쓰지 않습니다.

B I usually wear winter jackets and sweaters.
보통 겨울 자켓과 스웨터를 입습니다.

C I normally wear jeans, shirts and sneakers.
보통 청바지, 셔츠를 입고 운동화를 신습니다.

Key Expressions

- **when it comes to** ~에 관한 한
- **follow** 따르다, 쫓다
- **own** ~의
- **good on** 잘 어울리는
- **darker** 어두운
- **brighter** 밝은
- **casually** 편안하게
- **pay attention** 주의를 기울이다, 집중하다
- **detail** 사소한 것, 세부사항
- **dress up** 차려 입다
- **special occasion** 특별한 날

패션에 관한 한, 저는 제 자신의 스타일을 따르는 것을 좋아합니다. 그냥 저에게 잘 어울리는 옷을 입습니다. 겨울에는 어두운 색을 입는 편입니다. 여름에는 밝은 색상을 입는 편입니다. 저는 보통 편하게 입는 것을 좋아합니다. 사실 오늘도 그렇게 입었습니다. 하지만, 특별한 날에 옷을 입을 때는 사소한 부분에도 주의를 기울입니다.

OPIc 모범 답변 학습하기

OPIc 질문에 대한 모범 답변을 살펴본 후, 질문의 핵심 포인트를 파악하여 나만의 OPIc 답변을 만들어 보세요.

3 Fashion is always changing. Tell me about the kinds of clothes that were popular when you were younger. What did fashion styles look like back then? How were they different from what is popular now?

🎧 MP3 22_Q3

패션은 항상 변합니다. 어렸을 때 유행했던 옷 종류에 대해 말해 주세요. 그 당시 패션 스타일은 어땠나요? 지금 인기 있는 스타일과는 어떻게 다른가요?

	Structure	Idea
시작 문장	주제 문장 소개	kid, fashion styles, not that stylish
본문	과거보다 더 세련된 현재 사람들의 패션 묘사	these days, sophisticated, people, get exposed to, more easily, tons of online shopping malls, people, fashionable
마무리 문장	나의 답변 마무리	fashion styles, more sophisticated

Model Answer 🎧 MP3 22_A3

❶ When I was a kid, fashion styles were NOT ❷ that stylish. **A**

❸ But these days, I think they are more ❹ sophisticated. **B** People can now get exposed to new fashion trends more easily. **C**

That is because there are tons of online shopping malls.

People in general have become much more ❺ fashionable than in the past.

So, I think fashion styles have become more sophisticated over the years.

Tips for Better Answers

▶ ❶ 어렸을 때의 패션을 묘사해야 하기 때문에 when I was a kid로 문장 시작
= when I was young, when I was a child

▶ ❷ '그렇게까지는…'이란 뜻의 that은 형용사 stylish를 꾸미는 부사 역할
Ex: I was not that interested in fashion.
패션에 그렇게까지 관심 있지는 않았다.

▶ ❸ 현재 패션에 대해 묘사하기 위해 반드시 필요한 표현
= however now, but nowadays
이 표현 뒤에는 현재형 시제 사용

▶ ❹ 패션뿐만 아니라 장소 묘사에도 유용한 형용사
Ex: There are so many sophisticated bars in the city.
도시에는 세련된 술집이 많다.

▶ ❺ 패션을 묘사하는 다양한 형용사 사용하여 등급 업!
stylish: 유행을 따르는
chic: 우아한, 세련된
trendy: 최신 유행의
modish: 유행을 따르는
dressy: 옷차림에 신경 쓴, 차려 입은

Expanding Your Answer

더 풍부하고 논리적인 답변을 위해 문장을 추가해 보세요.

A Not many people were interested in fashion.
패션에 관심 있는 사람들이 많지 않았습니다.

B Many people dress up nicely.
많은 사람들이 멋지게 차려 입습니다.

C Also, people can follow the latest fashion trends easily due to social media.
또한 소셜 미디어 덕에 사람들이 더 쉽게 최신 패션 트렌드를 따를 수 있습니다.

Key Expressions

- **sophisticated** 세련된
- **get exposed to A** A에 노출된
- **in general** 일반적으로
- **fashionable** 유행하는, 유행을 따르는

제가 어렸을 때, 패션 스타일은 그렇게 멋지지 않았는데 요즘 좀 더 세련되어진 것 같습니다. 온라인 쇼핑몰이 아주 많기 때문에 이제 사람들은 더 쉽게 새로운 패션 트렌드에 노출됩니다. 일반적으로 사람들은 과거보다 훨씬 더 유행에 신경 쓰게 되었습니다. 그래서 몇 년 동안 패션 스타일은 더욱 세련되어졌다고 생각합니다.

OPIc 모범 답변 학습하기

OPIc 질문에 대한 모범 답변을 살펴본 후, 질문의 핵심 포인트를 파악하여 나만의 OPIc 답변을 만들어 보세요.

4. What do you normally do when you go shopping? Where do you go and what do you look for? Tell me about your typical shopping habits.

쇼핑할 때 보통 무엇을 하나요? 어디로 가고 무엇을 사나요? 당신의 전형적인 쇼핑 방법에 대해 말해 주세요.

	Structure	Idea
시작 문장	주제 문장 소개	various places, outlet malls, department stores
본문	온라인 쇼핑을 하는 방법과 주로 사는 물건 묘사	however, shop online, convenient, do not, actual stores, less time and effort, a lot of options, get great deals, shopping, easier, thanks to, on my phone, whenever I want to, get cosmetics, clothes, on the internet, food, skin products
마무리 문장	나의 답변 마무리	shop online

Model Answer

I go to ❶ various places to shop such as outlet malls or department stores.
However, I also like to shop online. **A**
❷ Online shopping is very convenient in many ways.
I do NOT have to go to actual stores. **B**
It takes much less time and effort to buy things.
Also, there are a lot of options to choose from, so ❸ I can get great deals.
Shopping has become a lot easier than in the past thanks to online shopping.
Plus, I shop online on my phone now, so I can buy things ❹ whenever I want to. **C**
I get cosmetics, clothes or tickets on the internet most often.
Plus, I sometimes get ❺ food or skin products online as well.
+electronics +shoes +accessories +groceries +books
+dog supplies +cat supplies +health products +baby products
Once again, I like to shop online quite often.

Expanding Your Answer
더 풍부하고 논리적인 답변을 위해 문장을 추가해 보세요.

A It is cost-efficient because I can compare prices.
가격을 비교할 수 있기 때문에 비용을 절약할 수 있습니다.

B I can save time and I do not need to worry about parking.
시간을 절약할 수 있고 주차 걱정을 할 필요도 없습니다.

C I usually do shopping using my smartphone during the lunch break.
보통 점심 시간에 스마트폰으로 쇼핑을 합니다.

Tips for Better Answers
* 쇼핑 주제의 '본인이 즐겨가는 쇼핑 장소 묘사'의 답변 활용

▶ ❶ 쇼핑할 수 있는 다양한 장소 나열
   Ex: I do shopping at various places including department stores, outlet malls and online shopping malls.
   나는 백화점, 아울렛, 온라인 쇼핑몰을 포함한 다양한 곳에서 쇼핑을 한다.

▶ ❷ 문장 구조와 단어 바꿔 말하기를 연습하며 등급 업!
   Ex: It is very convenient to do online shopping.
   온라인 쇼핑하는 것은 매우 편리하다.
   It is very time-saving to do online shopping.
   온라인 쇼핑을 하면 시간이 많이 절약된다.

▶ ❸ 많은 할인을 받다, 싸게 사다
   Ex: I can get a lot of discounts.
   할인을 많이 받을 수 있다.

▶ ❹ whenever 주어 + 동사: (주어)가 (동사)할 때에는 언제든지
   복합관계부사 사용으로 등급 업!
   Ex: Whenever I am bored, I do online shopping.
   지겨울 때마다 온라인 쇼핑을 한다.

▶ ❺ 발화량 확보를 위해 온라인 쇼핑으로 구매할 수 있는 물품 나열
   Ex: I sometimes get clothes that are on sale.
   가끔 세일 중인 옷을 산다.

Key Expressions
- **various** 다양한
- **outlet malls** 아울렛 쇼핑몰
- **department stores** 백화점
- **shop online** 인터넷으로 쇼핑하다
- **convenient** 편리한
- **actual store** 실제 가게
- **get great deals** 할인 받다, 싸게 사다

저는 아웃렛이나 백화점 등 다양한 곳에 쇼핑하러 갑니다. 하지만, 온라인 쇼핑도 좋아합니다. 온라인 쇼핑은 많은 면에서 매우 편리합니다. 직접 가게에 갈 필요가 없습니다. 물건을 사는 데 시간과 노력이 훨씬 덜 듭니다. 또, 선택할 수 있는 옵션도 많아 싸게 살 수 있습니다. 온라인 쇼핑 덕분에 쇼핑이 예전보다 훨씬 쉬워졌습니다. 게다가, 이제는 휴대폰으로도 온라인 쇼핑을 하기 때문에, 원할 때 언제든지 물건을 살 수 있습니다. 저는 인터넷에서 화장품, 옷, 표를 제일 자주 삽니다. 가끔 음식이나 화장품도 온라인에서 삽니다. (+전자 제품 +신발 +액세서리 +식료품 +책 +강아지 용품 +고양이 용품 +건강용품 +유아용품) 다시 한번 말하지만, 저는 온라인 쇼핑 하는 것을 자주 즐깁니다.

OPIc 질문에 대한 모범 답변을 살펴본 후, 질문의 핵심 포인트를 파악하여 나만의 OPIc 답변을 만들어 보세요.

5 Tell me about the last time you bought a new piece of clothing. What did you need to buy and where did you find it? Were there any challenges or problems? Give me all the details.

🎧 MP3 22_Q5

마지막으로 새 옷을 산 경험에 대해 말해 주세요. 무엇을 사야 했고 어디서 샀나요? 어려운 점이나 문제가 있었나요? 자세하게 말해 주세요.

Structure		Idea
시작 문장	주제 문장 소개	shopping, running shoes
본문	옷을 샀는데 문제가 생겨 환불했던 경험 묘사	a pair of shoes, did not have my size, sold-out, remember, online recently, liked it, however, tried it on, did not fit me, too tight, did not look good
마무리 문장	나의 답변 마무리	eventually, sent it back

Model Answer
🎧 MP3 22_A5

I remember shopping for some ❶ running shoes recently. **A**

There were a pair of ❷ shoes I wanted to get.

However, the store did NOT have my size in stock.

They were ❸ sold-out. **B**

I could NOT get the shoes I wanted.

+I had to get them online later on.

Plus, I remember getting a shirt online recently.

I really liked it when I got it. **C**

However, ❹ when I tried it on at home, it did NOT fit me THAT well.

+It was too tight and short.

It did NOT look good on me at all.

❺ Eventually, I sent it back to get a refund.

Expanding Your Answer

더 풍부하고 논리적인 답변을 위해 문장을 추가해 보세요.

A I went to a newly opened outlet mall near my place.
집 근처 새로 연 아웃렛에 갔습니다.

B I was extremely sad because I really loved it.
너무 마음에 들었기 때문에 매우 슬펐습니다.

C The price was affordable and I liked the design.
가격도 적당하고 디자인도 마음에 들었습니다.

Key Expressions

- **running shoes** 운동화
- **a pair of** 한 쌍의
- **in stock** 재고에
- **sold-out** 품절
- **try on** 입어보다
- **fit** 잘 맞다
- **tight** 끼는
- **send back** 돌려보내다
- **refund** 환불

Tips for Better Answers

* 쇼핑 주제의 '본인이 겪은 쇼핑 에피소드 묘사'의 내용 활용하여 말하기 연습

▶ ❶ 시작 문장에 사려고 했던 물건이 무엇인지 언급
Ex: I remember going to a shopping mall to buy some dresses.
드레스를 사려고 쇼핑몰에 간 기억이 난다.

▶ ❷ I wanted to get은 shoes를 꾸미는 역할로 앞에 which, that 생략됨
Ex: I found a pair of shoes (which) I really liked.
정말 마음에 드는 신발을 찾았다.
신발을 셀 때는 a pair of

▶ ❸ sold-out을 꾸며 줄 수 있는 표현
completely: 완전히
almost: 거의
Ex: They were completely sold-out.
완전히 품절이었다.
They were almost sold-out.
거의 품절이었다.

▶ ❹ '집에서 입어보았는데 잘 맞지 않았다'라고 말한 후 옷의 문제점 설명
Ex: It did not fit me perfectly because it was too tight for me.
너무 껴서 완벽하게 맞지 않았다.

▶ ❺ 경험을 이야기한 후 마지막 문장 시작할 때 유용한 접속사 원하지 않았지만 억지로 한 행동에 대해 이야기할 때 동사 have to 사용
Ex: Eventually, I had to send it back.

최근에 운동화를 샀던 기억이 납니다. 제가 사고 싶던 신발이 있었습니다. 하지만, 가게에 제 사이즈가 없었습니다. 다 팔렸던 거죠. 원하던 신발을 구할 수 없었습니다. (+나중에 온라인으로 샀습니다.) 뿐만 아니라, 최근에 온라인으로 셔츠를 산 기억이 납니다. 받았을 때는 정말 좋았죠. 하지만 집에서 입어보니 그렇게 잘 맞지 않았습니다. (+너무 끼고 짧았습니다.) 저에게 전혀 어울리지 않았습니다. 결국 환불 받기 위해 반품했습니다.

Chapter 23

Holidays

빈출 주제 파악하기

질문을 제대로 파악하는 것만으로도 성공적으로 시험을 치를 수 있습니다. OPIc에서 자주 출제되는 질문들을 알아보세요.

1. Tell me about some popular holidays in your country. Where do people typically celebrate these holidays? What kinds of things do they do to celebrate?

당신 나라의 인기 있는 휴일에 대해 말해 주세요. 사람들은 전형적으로 이런 휴일을 어디에서 기념하고 무엇을 하나요?

문항 유형	우리나라 사람들이 휴일을 보내는 장소/활동 묘사
문항 수준	Intermediate
핵심 포인트	• 휴일 주제의 '우리나라 휴일 종류, 사람들이 하는 일들 묘사'와 같은 답변 대비 • 한국의 휴일을 묘사하기 때문에 주어는 Korea, family, people 등 상황에 맞게 다양하며 사용하며 현재형 시제 사용
중요도	★★★

2 **Talk about a holiday memory from your childhood. Tell me where you were and what that place looked like. Tell me everything that you remember from that holiday scene.**

어린 시절 기억에 남는 휴일에 대해 이야기해 보세요. 어디에 있었고 그곳이 어떻게 생겼었는지 말해 주세요. 그 휴일에 대해 기억나는 모든 것을 말해 주세요.

문항 유형	어렸을 때 휴일을 보냈던 장소/추억 묘사
문항 수준	Advanced
핵심 포인트	• 어렸을 때 휴일을 보냈던 추억으로 놀이공원에 간 경험 묘사 • 과거의 경험이기 때문에 주어 I 와 과거형 시제 사용
중요도	★★★

3 **Talk about the most recent holiday you celebrated. Why was that holiday memorable? Was there anything special about that day? Talk about why that holiday was particularly unforgettable.**

가장 최근에 보낸 휴일에 대해 이야기해 보세요. 왜 그 휴일이 기억에 남나요? 특별한 일이 있었나요? 왜 그 휴일이 특별히 기억에 남는지 이야기해 보세요.

문항 유형	가장 최근 휴일을 보낸 방법 설명
문항 수준	Advanced
핵심 포인트	• 영화, 음식점, 술집, 해변 여행 등 다양한 주제에서 활용된 '최근 음식점에 간 경험'의 답변 사용 • 최근 가족과 함께 한 경험에 대해 이야기하기 때문에 주어는 I, we를 사용하며 과거형 시제로 묘사
중요도	★

4 **What are some holidays in your country? What do people do during these holidays? What is special about them?**

당신 나라에는 어떤 휴일이 있나요? 휴일에 사람들은 무엇을 하나요? 무엇이 특별한가요?

문항 유형	우리나라 휴일 종류, 사람들이 하는 일들 묘사
문항 수준	Advanced
핵심 포인트	• 14번 기출문제 • 휴일 주제의 '우리나라 사람들이 휴일을 보내는 장소/활동 묘사'와 같은 답변 대비 • 한국의 휴일을 묘사하기 때문에 주어는 Korea, family, people 등 상황에 맞게 다양하며 사용하며 현재형 시제 사용
중요도	★★★

5 **What are some issues or concerns people have regarding holidays? What do people do to address those issues or concerns?**

휴일에 관한 걱정거리나 이슈는 무엇인가요? 이러한 문제나 우려를 다루기 위해 무엇을 하나요?

문항 유형	휴일 관련 사람들의 우려/걱정 묘사
문항 수준	Advanced
핵심 포인트	• 15번 기출문제 • 국내 여행의 '여행 관련해서 사람들이 갖고 있는 걱정 설명' 답변 그대로 활용 • 사람들이 평소 가지고 있는 문제점에 대해 이야기하기 때문에 주어는 people 위주로 사용하며 현재형 시제로 묘사
중요도	★

OPIc 모범 답변 학습하기

OPIc 질문에 대한 모범 답변을 살펴본 후, 질문의 핵심 포인트를 파악하여 나만의 OPIc 답변을 만들어 보세요.

1-1 Tell me about some popular holidays in your country. Where do people typically celebrate these holidays? What kinds of things do they do to celebrate?
🎧 MP3 23_Q1-1

당신 나라의 인기 있는 휴일에 대해 말해 주세요. 사람들은 전형적으로 이런 휴일을 어디에서 기념하고 무엇을 하나요?

1-2 What are some holidays in your country? What do people do during these holidays? What is special about them?
🎧 MP3 23_Q1-2

당신 나라에는 어떤 휴일이 있나요? 휴일에 사람들은 무엇을 하나요? 무엇이 특별한가요?

Structure		Idea
시작 문장	주제 문장 소개	two, family holidays, New Year's Day, Korean Thanksgiving
본문	휴일에 사람들이 하는 일 묘사	family, get together, celebrate these holidays, ask how each other, catching up, cooking, big part, holiday food, meals together, put on some, eat so much, exchange, holiday traditions
마무리 문장	나의 답변 마무리	what people do, family holidays

Model Answer 🎧 MP3 23_A1

❶ There are two big family holidays in Korea. One is New Year's Day and the other is Korean Thanksgiving.

Family members ❷ get together at one place to celebrate these holidays. **A**

They ask how each other is doing and ❸ do some catching up. **B**

Cooking is a big part of family holidays.

People cook ❹ holiday food and enjoy meals together.

They often ❺ put on some holiday weight because they eat so much.

Plus, people exchange a lot of gifts with one another. **C**

That is another big part of holiday traditions.

So, these are what people do during family holidays in Korea.

Expanding Your Answer

더 풍부하고 논리적인 답변을 위해 문장을 추가해 보세요.

A People usually visit their grandparents' places.
사람들은 보통 조부모님 댁을 방문합니다.

B Some people play Korean traditional games.
어떤 사람들은 한국 전통 놀이를 합니다.

C They share various types of gifts with each other.
그들은 서로 다양한 종류의 선물을 나눕니다.

Tips for Better Answers

▶ ❶ 한국의 휴일을 소개해야 하기 때문에 시작 문장에 설날과 추석 언급하기
휴일을 소개하는 다양한 방법
Ex: Korean people celebrate New Year's Day and Korean Thanksgiving Day.
한국 사람들은 설날과 추석을 기념한다.
One of the biggest holidays in Korea is New Year's Day and another one is Thanksgiving Day.
한국에서 가장 큰 명절 중 하나는 설날이며 또 다른 하나는 추석이다.

▶ ❷ = gather

▶ ❸ '못다 한 이야기를 하다'라는 의미
catch up은 동사로도 자주 쓰임
Ex: We met to catch up.
우리는 그동안 못한 이야기를 하기 위해 만났다.

▶ ❹ 휴일에 주로 하는 음식은 holiday food
한국의 전통 음식은 traditional food
Ex: Tteokguk (rice cake soup) is a traditional Korean dish eaten during the holiday.
떡국은 명절에 먹는 한국의 전통 음식이다.

▶ ❺ 휴일 때 많이 먹고 찌는 살을 holiday weight이라고 표현
원어민이 자주 쓰는 표현이기 때문에 암기 필수!

Key Expressions

- **family holiday** 가족 휴일, 가족들이 함께 보내는 휴일
- **New Year's Day** 설날
- **Thanksgiving** 추수감사절
- **get together** 모이다
- **celebrate** 축하하다
- **catch up** 따라잡다, 못다 한 이야기를 하다
- **holiday food** 휴일 음식
- **put on weight** 살이 찌다
- **exchange** 교환하다
- **tradition** 전통

한국에는 두 종류의 대 명절이 있습니다. 설날과 추석입니다. 가족들은 명절을 기념하기 위해 한 곳에 모입니다. 서로의 안부를 묻고 못다 한 이야기를 합니다. 요리는 명절에서 큰 부분을 차지합니다. 사람들은 음식을 요리하고 함께 식사를 즐깁니다. 종종 너무 많이 먹어서 체중이 늘기도 합니다. 사람들은 선물도 교환합니다. 이것이 명절의 또 다른 전통입니다. 즉, 이것은 한국에서 명절에 사람들이 하는 일입니다.

OPIc 모범 답변 학습하기

OPIc 질문에 대한 모범 답변을 살펴본 후, 질문의 핵심 포인트를 파악하여 나만의 OPIc 답변을 만들어 보세요.

2 Talk about a holiday memory from your childhood. Tell me where you were and what that place looked like. Tell me everything that you remember from that holiday scene. 🎧 MP3 23_Q2

어린 시절 기억에 남는 휴일에 대해 이야기해 보세요. 어디에 있었고 그곳이 어떻게 생겼었는지 말해 주세요. 그 휴일에 대해 기억나는 모든 것을 말해 주세요.

Structure		Idea
시작 문장	주제 문장 소개	remember, theme park, holiday
본문	휴일에 놀이공원에 간 경험 묘사	jumping, excited, rides at the amusement park, go on all of them, roller coaster, long line, worth the wait, scared, fun, burgers and pizza, tasted extra good, starving, ice-cream, cotton candy
마무리 문장	나의 답변 마무리	what I did, holidays

Model Answer 🎧 MP3 23_A2

❶ I remember going to a theme park during the holidays when I was a kid. **A**

I was jumping up and down because ❷ I was so excited. **B**

There were tons of rides at the amusement park.

I ❸ could NOT wait to ❹ go on all of them.

The one I remember the most was the roller coaster.

There was a long line for that, but it was worth the wait.

I remember being a bit scared at first, but it was fun at the end. **C**

I also ate some burgers and pizza at the park.

The food tasted extra good because I was starving.

I also got some ice-cream and cotton candy.

So, this was what I did during the holidays when I was a kid.

Expanding Your Answer

더 풍부하고 논리적인 답변을 위해 문장을 추가해 보세요.

A I think it was New Year's Day and there were a lot of people there.
설날이었던 것 같은데 그곳에 사람이 아주 많았습니다.

B Actually, that was my first time going to the theme park.
사실 그때 처음 놀이공원에 갔습니다.

C I got on the roller coaster twice.
저는 롤러코스터를 두 번 탔습니다.

Tips for Better Answers

❶ 과거의 경험에 대해 이야기할 때에는 언제, 어디서, 왜 언급
어렸을 때 휴일에 한 일을 묘사해야 하기 때문에 핵심 단어 holiday, kid 또는 child 넣기
Ex: When I was a child, I went to a theme park during the holiday.
어렸을 때, 휴일 때 놀이 공원에 갔다.
It was during the holiday. I went to a theme park with my family. I was just a kid at that time.
휴일이었다. 가족들과 놀이 공원에 갔다. 그 당시에 난 어렸었다.

❷ 사람의 감정을 묘사할 때에는 excited
사물 또는 상황에 대해 이야기할 때에는 exciting
특정한 사물이나 상황을 지정하고 싶지 않을 때에는 주어 it 사용
Ex: I am excited.
나는 너무 신나.
It is exciting.
그것은 너무 신나.

❸ '실제 기다리지 못했다'가 아닌 '기다리기 힘든 정도였다'라는 의미
Ex: I could not wait to see you.
널 볼 때까지 못 기다리겠어.
('너무 보고싶다'라는 의미 포함)

❹ = ride, get on 타다
ride가 명사로 쓰일 경우 '놀이기구'
Ex: I got on many rides.
나는 놀이기구를 많이 탔다.

Key Expressions

- **theme park** 놀이공원
- **excited** 신난
- **rides** 놀이기구
- **amusement park** 놀이공원
- **go on** 타다
- **worth** 할 만한 가치가 있다
- **scared** 무서운
- **starving** 배가 많이 고픈

어릴 적 휴일에 놀이공원에 갔던 기억이 납니다. 저는 너무 신나서 펄쩍펄쩍 뛰었습니다. 놀이공원에는 놀이기구가 아주 많았습니다. 놀이기구를 타고 싶어 안달이 났습니다. 가장 기억에 남는 것은 롤러코스터였습니다. 줄이 길었지만 기다릴 만한 가치가 있었습니다. 처음에는 조금 무서웠던 기억이 나는데, 마지막에는 재미있었습니다. 공원에서 햄버거와 피자도 먹었습니다. 배가 고파서 음식이 더 맛있었습니다. 아이스크림과 솜사탕도 먹었습니다. 즉, 이것이 제가 어렸을 때 휴일에 한 일입니다.

OPIc 모범 답변 학습하기

OPIc 질문에 대한 모범 답변을 살펴본 후, 질문의 핵심 포인트를 파악하여 나만의 OPIc 답변을 만들어 보세요.

3 Talk about the most recent holiday you celebrated. Why was that holiday memorable? Was there anything special about that day? Talk about why that holiday was particularly unforgettable.

🎧 MP3 23_Q3

가장 최근에 보낸 휴일에 대해 이야기해 보세요. 왜 그 휴일이 기억에 남나요? 특별한 일이 있었나요? 왜 특별히 기억에 남는지 이야기해 보세요.

	Structure	Idea
시작 문장	주제 문장 소개	remember, watch a movie, holidays
본문	휴일 때 영화 본 후 식당에 간 경험 묘사	watching the movie, popcorn, soft drinks, decent, restaurant, best, in town, food tasted, starving, juicy, tender, the place was so popular
마무리 문장	나의 답변 마무리	enjoyable

Model Answer 🎧 MP3 23_A3

I remember going to ❶ watch a movie with my family during the holidays. **A**

❷ Before watching the movie, we got some popcorn and soft drinks at the snack bar.

After watching the movie, we went to a decent Japanese restaurant. **B**
+Italian +Mexican +Thai +Vietnamese +Chinese

They ❸ had the best sushi in town. **C**
+pasta +tacos +Thai curry +rice noodles +fried pork

The food tasted extra good because I was starving.

The fish we ordered was so ❹ juicy and tender.
+beef +shrimp +crab +lobster +octopus +steak

I could see why that place was so popular.

We ❺ had some drinks with the meal.

We ordered some beer, which went very well with the food.
+wine +soft drinks +cocktails

Looking back, it was a very enjoyable dinner.

Tips for Better Answers

* 휴일에 한 일이기 때문에 영화 보기, 해변 가기, 식당 가기, 여행 가기 등 다른 주제의 답변 활용 가능

▶ ❶ 지난 휴일에 한 일이 핵심 표현이기 때문에 시작 문장에 during the holidays 또는 during the last holiday 넣기
영화는 한 편만 봤기 때문에 복수형이 아닌 단수 명사 사용
Ex: I was binge-watching movies during the holiday.
휴일 때 영화를 몰아서 봤다.
(여러 편을 봤다는 것을 의미)

▶ ❷ 영화 주제의 '최근 영화관에 영화 보러 가서 한 일들 설명' 내용 그대로 활용
답변 양 확보를 위해 '기억에 남는 영화'의 답변 추가 가능

▶ ❸ = provide, serve
Ex: They serve the best Italian food in the city.
그들은 도시에서 제일 좋은 이탈리안 음식을 제공한다.

▶ ❹ 맛을 표현하는 형용사
bland: 싱거운
sweet and sour: 달고 신
salty: 짠
savory: 풍미 좋은, 향긋한

▶ ❺ have drinks는 일반적으로 술을 의미

Expanding Your Answer

더 풍부하고 논리적인 답변을 위해 문장을 추가해 보세요.

A We wanted to watch something funny.
우리는 무언가 웃긴 것을 보고 싶었습니다.

B Actually, it was one of the most expensive places in the city.
사실 그곳은 도시에서 가장 비싼 곳 중 하나였습니다.

C We ordered their signature menu.
우리는 그곳의 주요 메뉴를 주문했습니다.

314

Key Expressions

- **gathering** 모임
- **co-workers** 직장 동료
- **staff-dinner** 회식
- **decent** 꽤 괜찮은
- **extra good** 더 좋은
- **be starving** 매우 배가 고프다
- **juicy** 즙이 많은
- **tender** 부드러운
- **popular** 인기 많은
- **go well with A** A와 잘 어울리다
- **enjoyable** 즐거운

휴일에 가족과 함께 영화를 보러 갔던 기억이 납니다. 영화를 보기 전에, 우리는 스낵바에서 팝콘과 탄산음료를 샀습니다. 영화를 보고 나서, 우리는 괜찮은 일식집에 갔습니다. (+이탈리아 +멕시코 +태국 +베트남 +중국) 그곳은 동네에서 가장 맛있는 초밥을 제공하는 곳이었습니다. (+파스타 +타코 +태국 카레 +쌀국수 +볶음 돼지고기) 배가 고파서 음식이 더 맛있었습니다. 우리가 주문한 생선은 육즙이 많고 부드러웠습니다. (+소고기 +새우 +게 +랍스터 +문어 +스테이크) 그곳이 왜 그렇게 인기가 많은지 알 수 있었습니다. 우리는 식사와 함께 술을 좀 마셨습니다. 우리는 맥주를 주문했는데, 그것은 음식에 아주 잘 어울렸습니다. (+와인 +탄산음료 +칵테일) 돌이켜보면, 매우 즐거운 저녁 식사였습니다.

OPIc 모범 답변 학습하기

OPIc 질문에 대한 모범 답변을 살펴본 후, 질문의 핵심 포인트를 파악하여 나만의 OPIc 답변을 만들어 보세요.

4 What are some issues or concerns people have regarding holidays? What do people do to address those issues or concerns?

🎧 MP3 23_Q4

휴일에 관한 걱정거리나 이슈는 무엇인가요? 이러한 문제나 우려를 다루기 위해 무엇을 하나요?

Structure		Idea
시작 문장	주제 문장 소개	when it comes to, concerns, safety
본문	휴일에 발생할 수 있는 안전문제에 대해 묘사	take precautions, for example, warm up, go into the water, get cramps, keep an eye on, get hurt, get lost, food safety, food poisoning
마무리 문장	나의 답변 마무리	once again, safety, concern, when it comes to

Model Answer 🎧 MP3 23_A4

❶ When it comes to holidays, one of the biggest concerns is safety. **A**

❷ People have to take precautions to be safe.

For example, people have to warm up before they go into the water.

If not, they ❸ could get cramps. **B**

Plus, parents ❹ must always keep an eye on their children.

If not, children could get hurt or get lost. **C**

Meanwhile, another concern is food safety.

People must make sure to eat safe food.

If not, they could get food poisoning.

Once again, ❺ safety is one of the biggest concerns when it comes to holidays.

Expanding Your Answer

더 풍부하고 논리적인 답변을 위해 문장을 추가해 보세요.

A Many people go to the beaches on holidays.
많은 사람들이 휴일에 해변에 갑니다.

B Getting cramps in the water is very dangerous.
물 속에서 경련이 나는 것은 매우 위험합니다. .

C It happens quite often because there are so many people at the beach.
해변에 사람이 많기 때문에 꽤 자주 발생합니다.

Tips for Better Answers

* 15번 기출문제

❶ 주제를 소개하고 싶을 때 가장 유용한 표현
when it comes to 뒤에 명사 또는 동명사 추가
Ex: When it comes to shopping, online shopping is the best.
쇼핑에 관한 한, 온라인 쇼핑이 최고다.
휴일 때 발생할 수 있는 걱정거리에 대한 질문이기 때문에 핵심 단어 holidays, concern 또는 issue를 시작 문장에 넣기
Ex: One of the most common issues is safety when it comes to holidays.
휴일에 관한 한 가장 흔한 이슈 중 하나는 안전이다.

❷ 국내 여행 주제의 '여행 관련해서 사람들이 갖고 있는 걱정 설명' 답변 활용
평상시 가지고 있는 걱정거리이기 때문에 현재형 사용

❸ get cramps 할 가능성이 많이 높지 않기 때문에 could 사용
가능성이 높아 좀 더 확신에 차게 말하고 싶을 때에는 will 사용
Ex: If you don't warm up, you will get cramps.
몸을 따뜻하게 하지 않으면 경련이 생겨.

❹ 어떠한 행동을 해야 한다는 것을 강조하기 위해 must 사용
= should는 조금 약하게 제안할 때 사용

❺ one of the 최상급 형용사 + 복수 명사 + 단수 동사: 최고로 (형용사)한 (명사) 중 하나는…
Ex: One of the biggest issues is accidents in the water.
가장 큰 문제점들 중 하나는 물에서의 사고다.

Key Expressions

- **when it comes to ~** ~에 관한 한, ~에 대해서라면
- **biggest concern** 가장 큰 걱정거리
- **safety** 안전
- **take precautions** 사전에 예방조치하다
- **warm up** 몸을 따뜻하게 하다
- **get cramps** 근육에 경련이 생기다
- **keep an eye on** 예의 주시하다
- **get hurt** 다치다
- **get lost** 잃어버리다
- **food poisoning** 식중독

휴일에 관해 이야기할 때 가장 큰 걱정거리 중 하나는 안전입니다. 사람들은 안전을 위해 사전에 예방 조치를 취해야 합니다. 예를 들어, 물에 들어가기 전에 몸을 따뜻하게 해야 합니다. 그렇지 않으면, 경련이 일어날 수 있습니다. 또한, 부모들은 항상 아이들을 주시해야 합니다. 그렇지 않다면, 아이들이 다치거나 길을 잃을 수 있습니다. 또 다른 걱정거리는 식품 안전입니다. 사람들은 안전하게 음식을 먹어야 합니다. 그렇지 않다면, 식중독에 걸릴 수 있습니다. 다시 한번 말하자면, 휴일에 관한 한, 안전이 가장 큰 걱정거리 중 하나입니다.

Chapter 24

Family / Friends

빈출 주제 파악하기

질문을 제대로 파악하는 것만으로도 성공적으로 시험을 치를 수 있습니다. OPIc에서 자주 출제되는 질문들을 알아보세요.

1. Describe a family member or a friend you have. What is he or she like? What is special about that person?

가족이나 친구를 묘사하세요. 어떤 사람인가요? 그 사람의 특별한 점은 무엇인가요?

문항 유형	가족/친구 중 한 명 묘사
문항 수준	Intermediate
핵심 포인트	• '가족/친구 2명 비교'와 같은 답변 준비 • 부모님의 성격과 취미 생활 비교 • 두 명을 비교하기 때문에 주어 he, she, they 등 상황에 맞게 다양하게 사용 • 평상시 모습이기 때문에 현재형 시제로 묘사
중요도	★★★★

2 **Tell me about what you commonly do with your friends or family members when you get together with them.**

친구나 가족과 함께 모였을 때 무엇을 자주 하는지 말해 주세요.

문항 유형	가족/친구를 만나면 주로 하는 일들 묘사
문항 수준	Intermediate
핵심 포인트	• 모임 주제의 '사람들이 가는 보편적인 모임들 묘사'의 답변 활용 • 평상시에 본인이 하는 행동이기 때문에 주어 I 와 현재형 시제 사용하여 묘사
중요도	★★

3 **Talk about what you did with your family members or friends recently. Tell me about the activities you did with them.**

최근에 가족이나 친구들과 무엇을 했는지 이야기해 보세요. 그들과 함께 한 활동에 대해 말해 주세요.

문항 유형	가족/친구와 최근에 했던 일 묘사
문항 수준	Advanced
핵심 포인트	• 영화 보기, 해변 가기, 식당 가기, 여행 가기 등 다른 주제의 답변 활용 가능 • 가족 또는 친구들과 과거에 한 일을 묘사하기 때문에 주어 I, we와 과거형 시제 사용
중요도	★★

4 **Tell me about a special event or a holiday you celebrated with your family or friends. What made it so special? Give me all the details about that event or holiday from beginning to end.**

가족이나 친구들과 함께 기념하는 특별한 행사나 휴일에 대해 말해 주세요. 왜 그날이 특별했나요? 처음부터 끝까지 그 행사나 휴일에 대한 모든 것을 자세하게 알려 주세요.

문항 유형	가족/친구와 함께 했던 특별했던 이벤트/휴일 설명
문항 수준	Advanced
핵심 포인트	• 모임 주제의 '파티 준비를 도와준 경험 묘사' 답변 그대로 활용 • 과거에 가족과 함께 한 경험이기 때문에 주어 we와 과거형 시제 사용하여 묘사
중요도	★★

5 **Talk about a time when you recently visited a friend or a family member. What did you do when you go there? What was memorable about that visit? Tell me everything from beginning to end.**

최근에 친구나 가족을 방문했던 경험에 대해 이야기해 보세요. 당신은 그곳에 갔을 때 무엇을 했나요? 방문에서 기억에 남는 것은 무엇인가요? 처음부터 끝까지 자세하게 말해 주세요.

문항 유형	가족/친구의 집에 최근 방문했던 경험 설명
문항 수준	Advanced
핵심 포인트	• 영화 보기, 해변가기, 식당 가기, 여행가기 등 다른 주제의 답변 활용 가능 • 가족 또는 친구들과 과거에 한 일을 묘사하기 때문에 주어 I, we와 과거형 시제 사용
중요도	★★

6 Tell me about when you visit a friend's or a family member's house. What do you normally do when you go there?

친구 집이나 가족의 집에 방문한 경험에 대해 말해 주세요. 당신은 그곳에 갈 때 보통 무엇을 하나요?

문항 유형	가족/친구의 집에 방문해서 주로 하는 일 묘사
문항 수준	Intermediate
핵심 포인트	• 휴일 주제의 '우리나라 사람들이 휴일을 보내는 장소·활동 묘사' 답변 그대로 활용 • 평상시 휴일에 하는 일을 묘사하기 때문에 주어 we 사용하여 현재형으로 묘사
중요도	★★

7 Talk about a visit to a friend or a family member from your childhood. Who did you visit and whom did you go with? What do you remember about that visit and what made it unforgettable?

어렸을 때 친구나 가족을 방문했던 경험에 대해 이야기해 보세요. 누구를 방문했고 누구와 갔나요? 그 방문에서 기억에 남는 것은 무엇이고 왜 기억에 남나요?

문항 유형	가족/친구 집에 어렸을 때 방문했던 경험 설명
문항 수준	Advanced
핵심 포인트	• '음식 때문에 고생한 에피소드' 활용 • 과거에 본인이 한 경험이기 때문에 과거형 시제와 주어 I 사용하여 묘사
중요도	★★

8 Describe two different friends or family members. Describe each of them in as much detail as you can. And then, tell me about the things they have in common and the differences between them.

두 명의 다른 친구나 가족을 묘사하세요. 가능한 한 자세히 설명해 주세요. 그들의 공통점과 차이점에 대해 말해 주세요.

문항 유형	가족/친구 2명 비교
문항 수준	Advanced
핵심 포인트	• 14번 기출문제 • '가족/친구 중 한 명 묘사'와 같은 답변 준비 • 부모님의 성격과 취미 생활 비교 • 두 명을 비교하기 때문에 주어 he, she, they 등 상황에 맞게 다양하게 사용하며 현재형 시제로 묘사
중요도	★★★★

9 When you get together with friends or family, what are some of the topics or interests you discuss? Why are these things of interest or concern to you? How do these things affect your life?

친구나 가족과 함께 모일 때 토론하는 주제나 관심사는 무엇인가요? 왜 당신은 이런 주제들에 대해 관심이 있나요? 이러한 관심사가 삶에 어떤 영향을 끼쳤나요?

문항 유형	가족/친구들과 대화주제 설명
문항 수준	Advanced
핵심 포인트	• 15번 기출문제 • 전화기 주제의 '친구들과 전화 통화 주제 묘사'의 답변 그대로 활용 • 사람들과 만나서 이야기하는 다양한 주제를 현재형 시제 사용하여 나열
중요도	★★

OPIc 모범 답변 학습하기

OPIc 질문에 대한 모범 답변을 살펴본 후, 질문의 핵심 포인트를 파악하여 나만의 OPIc 답변을 만들어 보세요.

1-1 Describe a family member or a friend you have. What is he or she like? What is special about that person?　　🎧 MP3 24_Q1-1

가족이나 친구를 묘사하세요. 어떤 사람인가요? 그 사람의 특별한 점은 무엇인가요?

1-2 Describe two different friends or family members. Describe each of them in as much detail as you can. And then, tell me about the things they have in common and the differences between them.　　🎧 MP3 24_Q1-2

두 명의 다른 친구나 가족을 묘사하세요. 가능한 한 자세히 설명해 주세요. 그들의 공통점과 차이점에 대해 말해 주세요.

Structure		Idea
시작 문장	주제 문장 소개	tell, parents
본문	가족 중 두 명을 선택한 후 성격과 취미 생활 묘사	mom, dad, similar, family-oriented, family gatherings, active, outdoor activities hiking, go on trips, different in some ways, drinking, animals
마무리 문장	나의 답변 마무리	what, mom, dad, like

Model Answer　🎧 MP3 24_A1

❶ Let me tell you about my parents.

My mom and dad are ❷ similar in some ways.

First, they are very ❸ family-oriented.

They like to have family gatherings. **A**

They love to see their grandchildren.

Plus, they are both very active. **B**

They like to do outdoor activities.

They like to go hiking, play golf or go on trips.

❹ On the other hand, my mom and dad are different in some ways.

My dad likes drinking, but my mom does NOT. **C**

My mom likes animals, but my dad does NOT.

+sports +seafood +coffee +traveling

So, this is what my mom and dad are like.

Expanding Your Answer

더 풍부하고 논리적인 답변을 위해 문장을 추가해 보세요.

A We have a family gathering once a week.
우리는 일주일에 한 번 가족 모임이 있습니다.

B They always go out to do something fun regardless of the weather.
그들은 날씨와 상관 없이 항상 나가서 무언가 재미있는 것을 합니다.

C Instead, she drinks coffee.
대신에 그녀는 커피를 마십니다.

Tips for Better Answers

* 14번 기출문제

❶ 두 명을 비교하라고 하기 때문에 시작 문장에 누구와 누구를 비교할지 언급 필수
　Ex: I will compare my sister and my brother.
　　　나의 여동생과 남동생을 비교하겠다.
　　　I will talk about my two best friends.
　　　나의 가장 친구들 두 명에 대해 이야기하겠다.

❷ 어떤 면에서 비슷한
　Ex: They are similar in many ways.
　　　그들은 많은 면에서 비슷하다.
　　　They are not that similar.
　　　그들은 그렇게까지 비슷하지 않다.

❸ oriented 앞에 명사를 붙이면 '(명사)를 지향하는'이라는 의미
　Ex: My boss is detail-oriented.
　　　나의 상사는 꼼꼼한 사람이다.
　　　The plan is very future-oriented.
　　　이 계획은 매우 미래지향적이다.

❹ 공통점뿐만 아니라 차이점도 물었기 때문에 반드시 들어가야 하는 문장
　새로운 의견을 제시할 때 유용
　Ex: On the other hand, there are differences between them.
　　　그와 반면에, 그들 사이에는 차이점이 있다.

Key Expressions

- **similar** 비슷한
- **in some ways** 어떤 면에서는
- **family-oriented** 가족지향적인, 가정적인
- **family gatherings** 가족 모임
- **active** 활동적인
- **outdoor activities** 야외활동

제 부모님에 대해 말하겠습니다. 어머니와 아버지는 어떤 면에서는 비슷합니다. 첫째, 부모님은 매우 가정적입니다. 가족 모임을 갖는 것을 좋아합니다. 그들은 손주들을 보는 것을 좋아합니다. 게다가, 두 분 다 매우 활동적입니다. 야외 활동을 좋아합니다. 하이킹, 골프 또는 여행을 좋아합니다. 반면에 어머니와 아버지는 어떤 면에서는 다릅니다. 아버지는 술을 좋아하시지만, 어머니는 술을 드시지 않습니다. 어머니는 동물을 좋아하시지만 아버지는 좋아하시지 않습니다. (+스포츠 +해산물 +커피 +여행) 저의 어머니와 아버지는 이렇습니다.

OPIc 모범 답변 학습하기

OPIc 질문에 대한 모범 답변을 살펴본 후, 질문의 핵심 포인트를 파악하여 나만의 OPIc 답변을 만들어 보세요.

2. Tell me about what you commonly do with your friends or family members when you get together with them.

 MP3 24_Q2

개인적으로 어떤 옷을 입기 좋아하나요? 어떤 패션 스타일 선호하나요? 오늘은 무슨 옷을 입었나요? 본인의 패션 스타일에 대해 자세히 말해 주세요.

	Structure	Idea
시작 문장	주제 문장 소개	social gatherings
본문	평상시 친구나 가족과 무엇을 하는지 묘사	grab some drinks, break the ice, spice up, drinking games, several rounds, special occasions, have some drinks
마무리 문장	나의 답변 마무리	bars to hang out with

Model Answer 🎧 MP3 24_A2

I ❶ often go to bars for ❷ social gatherings. **A**
I ❸ grab some drinks with my friends. **B**
Drinks ❹ break the ice and spice up the mood.
I sometimes play drinking games.
I ❺ sometimes do several rounds.
Plus, I sometimes go to bars for special occasions.
❻ Such occasions include birthday parties, anniversaries or farewell parties. **C**
It is always good to have some drinks on special days like that.
So, I usually go to bars to hang out with my friends.

Tips for Better Answers

* 술집 주제의 '술집에 주로 언제 가고 무엇을 하는지 묘사'의 답변 그대로 활용

▶ ❶ 평상시에 가족 또는 친구들과 자주 하는 일이라는 것을 알려 주는 표현
= usually, normally, generally
Ex: I often go to bars to talk with my friends.
나는 보통 친구들과 이야기를 하려고 술집에 간다.

▶ ❷ 생일파티, 회식, 송별회, 집들이 등 사람들이 모이는 모든 모임은 social gatherings으로 표현 가능
한 번의 모임이 아니기 때문에 복수 명사 사용
Ex: I have a gathering tonight.
나는 오늘 밤에 모임이 있다.
I have gatherings quite often.
나는 꽤 자주 모임이 있다.

❸ = have drinks

▶ ❹ 어색함을 깨다
Ex: Drinking and talking help people break the ice.
음주와 대화는 어색함을 깰 수 있게 도와준다.

▶ ❺ 항상 하는 일이 아니기 때문에 sometimes 사용
usually, often, sometimes, from time to time과 같은 빈도 부사 사용하여 일반화 피하기

▶ ❻ 답변 양 확보를 위해 special occasions의 종류 나열
Ex: There are so many types of social gatherings, such as birthday parties, farewell parties and housewarming parties.
생일파티, 송별회, 집들이처럼 사교모임의 종류가 매우 많다.

Expanding Your Answer

더 풍부하고 논리적인 답변을 위해 문장을 추가해 보세요.

A We meet about once or twice a month.
우리는 한 달에 한 번이나 두 번 정도 만납니다.

B We talk about our work and family.
우리의 일과 가족에 대해 이야기합니다.

C We always go to nice bars on those occasions.
우리는 그런 특별한 날에는 멋진 술집에 갑니다.

Key Expressions

- **social gathering** 사교 모임
- **grab drinks** 술을 조금 마시다
- **break the ice** 어색함을 깨다
- **spice up** 돋우다, 더 좋게 되다
- **do several rounds** 몇 차례 마시다
- **special occasions** 특별한 경우

저는 주로 친목 도모를 위해 술집에 갑니다. 친구들과 술을 마십니다. 술은 어색함을 깨고 분위기를 더 좋게 합니다. 우리는 가끔 술 게임을 합니다. 가끔 몇 차까지 마십니다. 또한, 생일 파티, 기념일, 송별회 같이 특별한 날에도 술집에 갑니다. 그런 특별한 날에는 술이 빠질 수 없습니다. 즉, 저는 주로 친구들과 어울리기 위해 술집에 갑니다.

OPIc 모범 답변 학습하기

OPIc 질문에 대한 모범 답변을 살펴본 후, 질문의 핵심 포인트를 파악하여 나만의 OPIc 답변을 만들어 보세요.

3 Talk about what you did with your family members or friends recently. Tell me about the activities you did with them. 🎧 MP3 24_Q3

최근에 가족이나 친구들과 무엇을 했는지 이야기해 보세요. 그들과 함께 한 활동에 대해 말해 주세요.

	Structure	Idea
시작 문장	주제 문장 소개	remember, watch a movie, recently
본문	최근 모임 때 영화 본 후 음식점에 간 경험 묘사	watching the movie, popcorn, soft drinks, decent, restaurant, best, in town, food tasted, starving, juicy, tender, the place was so popular
마무리 문장	나의 답변 마무리	enjoyable

Model Answer 🎧 MP3 24_A3

I remember going to ❶ watch a movie with my family recently. ❷ Before watching the movie, we got some popcorn and soft drinks at the snack bar. **A**
After watching the movie, we went to a decent Japanese restaurant. **B**
+Italian +Mexican +Thai +Vietnamese +Chinese
They ❸ had the best sushi in town. **C**
+pasta +tacos +Thai curry +rice noodles +fried pork
The food tasted extra good because I was starving.
The fish we ordered was so ❹ juicy and tender.
I could see why that place was so popular.
+beef +shrimp +crab +lobster +octopus +steak
We had some drinks with the meal.
We ordered some beer, which ❺ went very well with the food.
+wine +soft drinks +cocktails
Looking back, it was a very enjoyable dinner.

Tips for Better Answers

* 모임이 있었을 때 한 일을 묘사하기 때문에 영화 보기, 해변가기, 식당가기, 여행가기 등 다른 주제의 답변 활용 가능

▶ ❶ 최근에 한 일에 대해 물었기 때문에 시작 문장에 핵심 표현인 recently 넣기
  Ex: Recently, I watched a movie.
  최근에 나는 영화를 봤다.
  영화는 한 편만 봤기 때문에 복수형이 아닌 단수명사 사용
  Ex: I watch movies and dramas on Netflix.
  나는 넷플릭스로 영화와 드라마를 본다.
  (여러 편을 봤다는 의미)

▶ ❷ 영화 주제의 '최근 영화관에 영화 보러 가서 한 일들 설명' 내용 그대로 활용
  답변 양 확보를 위해 '기억에 남는 영화'의 답변 추가 가능

▶ ❸ = provide, serve
  Ex: They serve the best Korean food in Seoul.
  그들은 서울에서 가장 맛있는 한국 음식을 제공한다.

▶ ❹ 맛을 표현하는 형용사
  salty: 짠
  savory: 풍미 좋은, 향긋한
  bland: 싱거운
  sweet and sour: 달고 신
  Ex: The soup was a bit salty but it was savory.
  스프가 조금 짜긴 했지만 풍미가 좋았다.

▶ ❺ '~와 잘 어울리는, 조화를 이루는'이라는 의미로 음식뿐만 아니라 패션에도 사용 가능
  Ex: The shirt goes well with your hat.
  그 셔츠는 너의 모자와 잘 어울린다.

Expanding Your Answer
더 풍부하고 논리적인 답변을 위해 문장을 추가해 보세요.

A I always get popcorn when I watch movies.
저는 영화를 볼 때는 항상 팝콘을 삽니다.

B Actually, the movie was a bit disappointing.
사실 영화가 약간 실망스러웠습니다.

C Plus, the prices were reasonable.
또한 가격이 합리적이었습니다.

Key Expressions

- **decent** 꽤 괜찮은
- **extra good** 더 좋은
- **be starving** 매우 배가 고프다
- **juicy** 즙이 많은
- **tender** 부드러운
- **popular** 인기 많은
- **go well with A** A와 잘 어울리다
- **enjoyable** 즐거운

최근 가족과 함께 영화를 보러 갔던 기억이 납니다. 영화를 보기 전에, 우리는 스낵바에서 팝콘과 탄산음료를 샀습니다. 영화를 보고 나서, 우리는 괜찮은 일식집에 갔습니다. (+이탈리아 +멕시코 +태국 +베트남 +중국) 그곳은 동네에서 가장 맛있는 초밥을 제공하는 곳이었습니다. (+파스타 +타코 +태국 카레 +쌀국수 +볶음 돼지고기) 배가 고파서 음식이 더 맛있었습니다. 우리가 주문한 생선은 육즙이 많고 부드러웠습니다. (+소고기 +새우 +게 +랍스터 +문어 +스테이크) 그곳이 왜 그렇게 인기가 많은지 알 수 있었습니다. 우리는 식사와 함께 술을 조금 마셨습니다. 맥주를 주문했는데, 맥주는 음식에 아주 잘 어울렸습니다. (+와인 +탄산음료 +칵테일) 돌이켜보면, 매우 즐거운 저녁 식사였습니다.

OPIc 모범 답변 학습하기

OPIc 질문에 대한 모범 답변을 살펴본 후, 질문의 핵심 포인트를 파악하여 나만의 OPIc 답변을 만들어 보세요.

4. Tell me about a special event or a holiday you celebrated with your family or friends. What made it so special? Give me all the details about that event or holiday from beginning to end.

🎧 MP3 24_Q4

가족이나 친구들과 함께 기념하는 특별한 행사나 휴일에 대해 말해 주세요. 왜 그날이 특별했나요? 처음부터 끝까지 그 행사나 휴일에 대한 모든 것을 자세하게 알려 주세요.

	Structure	Idea
시작 문장	주제 문장 소개	remember, birthday party
본문	최근 가진 특별한 행사로 생일 파티 묘사	68th birthday, birthday cake, gifts. cooked food, ordered in, tasted extra good starving, after the party, leftovers, clean up
마무리 문장	나의 답변 마무리	looking back, enjoyable

Model Answer 🎧 MP3 24_A4

I ❶ remember having my dad's birthday party at home. **A**
It was his 68th birthday.
We got ❷ a birthday cake and some gifts for my dad. **B**
+mom's +son's +daughter's +sister's +brother's
+wife's +husband's +father in law's +mother in law's
We cooked some food for the party.
Plus, we ❸ ordered in some Chinese food. **C**
+some pizza +some fried chicken
The food tasted ❹ extra good because I was starving.
After the party, there were some leftovers.
I helped clean up after the party.
Looking back, it was a very enjoyable party.

Expanding Your Answer

더 풍부하고 논리적인 답변을 위해 문장을 추가해 보세요.

A Instead of going to a restaurant, we decided to have the party at home.
식당에 가는 대신 우리는 집에서 파티를 하기로 결정했습니다.

B I prepared a watch for him.
저는 그를 위해 시계를 준비했습니다.

C The price was reasonable.
가격이 합리적이었습니다.

Key Expressions

- **birthday party** 생일 파티
- **birthday cake** 생일 케이크
- **gift** 선물
- **order** 주문하다
- **starving** 배가 고픈
- **leftovers** 남은 음식
- **clean up** 치우다
- **enjoyable** 재미있는, 즐거운

Tips for Better Answers

* 모임 주제의 '파티 준비를 도와준 경험 묘사' 답변 활용

❶ ⟨remember + 동명사⟩
과거의 경험에 대해 이야기할 때 시작 문장으로 가장 자연스러움
= recall
'파티를 열다'에 어울리는 동사는 have, throw
Ex: I recall throwing a big birthday party for my son.
내 아들을 위해 큰 생일 파티를 연 기억이 난다.

❷ 케이크는 하나만 샀기 때문에 단수 명사
선물은 여러 개를 샀기 때문에 복수 명사 사용
등급 업을 위해서는 단수 명사와 복수 명사와 구별 필수!

❸ 배달 주문하다
Ex: I did not feel like cooking, so I just ordered in.
나는 요리할 기분이 아니라서 그냥 배달 주문했다.

❹ 다양한 부사와 형용사 사용으로 등급 업!
Ex: The food was super delicious.
그 음식은 엄청 맛있었다.
The food was extremely amazing.
그 음식은 매우 훌륭했다.

집에서 아버지의 생일 파티를 했던 기억이 납니다. (+엄마의 +아들의 +딸의 +누나의 +형제의 +자매의 +아내의 +남편의 +장인어른의, 시아버지의 +장모님의, 시어머니의) 아버지의 68번째 생일이었습니다. 생일 케이크와 선물을 준비했습니다. 우리는 파티를 위해 요리를 했고, 중국 음식도 주문했습니다. (+피자 +후라이드 치킨) 배가 고파서 음식이 더 맛있었습니다. 파티가 끝나고 음식이 조금 남았습니다. 저는 파티가 끝난 후 청소를 도왔습니다. 돌이켜보면 아주 즐거운 파티였습니다.

OPIc 모범 답변 학습하기

OPIc 질문에 대한 모범 답변을 살펴본 후, 질문의 핵심 포인트를 파악하여 나만의 OPIc 답변을 만들어 보세요.

5 Tell me about when you visit a friend's or a family member's house. What do you normally do when you go there?

🎧 MP3 24_Q5

친구나 가족의 집에 방문한 경험에 대해 말해 주세요. 그곳에 가서 보통 무엇을 하나요?

Structure		Idea
시작 문장	주제 문장 소개	parents' place, family holidays
본문	휴일에 가족과 한 일 묘사	New Year's Day, Korean Thanksgiving, get together, celebrate these holidays, ask how each other, catching up, cooking, big part, holiday food, meals together, put on some, eat so much, exchange, holiday traditions
마무리 문장	나의 답변 마무리	I do, family holidays

Model Answer 🎧 MP3 24_A5

❶ I always go to my parents' place during the family holidays. **A**
+my grandparents' place +my uncle's place +my aunt's place
There are two big family holidays in Korea.
❷ One is New Year's Day and the other is Korean Thanksgiving.
Family members ❸ get together at one place to celebrate these holidays.
❹ We ask how each other is doing and do some catching up.
Cooking is a big part of family holidays. **B**
We cook holiday food and enjoy meals together.
We often put on some holiday weight because we eat so much.
Plus, ❺ we exchange a lot of gifts with one another. **C**
That is another big part of holiday traditions.
So, these are what I do during family holidays.

Tips for Better Answers

* 휴일 주제의 '우리나라 사람들이 휴일을 보내는 장소 / 활동 묘사' 답변 활용

▶ ❶ 가족과의 휴일에 무엇을 하는지 물었기 때문에 핵심표현인 family holidays와 그에 대한 답변인 go to parents' place를 시작 문장에 넣기
Ex: Whenever there are family holidays, I go to my parents' place.
가족과 보내는 휴일이 있을 때마다 나는 부모님댁에 간다.
복합관계부사 whenever 사용하여 다양한 문장구조 사용

❷ 한국의 휴일을 소개하는 방법
휴일 주제에도 유용하게 쓰이기 때문에 암기 필수!

▶ ❸ = gather
Ex: We gather on the holidays to see each other.
우리는 서로를 보기 위해 휴일 때 모인다.

▶ ❹ 서로의 안부에 대해 물을 때 매우 유용한 문장 암기 필수!

▶ ❺ = with each other
Ex: We prepare gifts for each other.
우리는 서로를 위해 선물을 준비한다.

Expanding Your Answer

더 풍부하고 논리적인 답변을 위해 문장을 추가해 보세요.

A I usually stay there for two days.
저는 보통 그곳에서 이틀을 보냅니다.

B It takes a long time to prepare holiday food.
휴일 음식을 준비하는 데 시간이 오래 걸립니다.

C I usually prepare some vitamins for my parents.
저는 보통 부모님을 위해 비타민을 준비합니다.

Key Expressions

- **family holiday** 가족 휴일, 가족이 함께 보내는 휴일
- **New Year's Day** 설날
- **Thanksgiving** 추수감사절
- **get together** 모이다
- **celebrate** 축하하다
- **catch up** 따라잡다, 못다 한 이야기를 하다
- **holiday food** 휴일 음식
- **put on weight** 살이 찌다
- **exchange** 교환하다
- **tradition** 전통

저는 가족과 휴일을 보낼 때 항상 부모님 댁에 갑니다. (+조부모님 댁 +삼촌댁 +이모댁) 한국에는 두 종류의 큰 명절이 있습니다. 설날과 추석입니다. 가족은 명절을 기념하기 위해 한 곳에 모입니다. 서로의 안부를 묻고 못다 한 이야기를 합니다. 요리는 명절에서 큰 부분을 차지합니다. 우리는 음식을 요리하고 함께 식사를 즐깁니다. 종종 너무 많이 먹어서 체중이 늡니다. 우리는 선물도 교환합니다. 이것이 명절의 또 다른 전통입니다. 그래서 저는 가족과 휴일을 보낼 때 이런 일을 합니다.

OPIc 모범 답변 학습하기

OPIc 질문에 대한 모범 답변을 살펴본 후, 질문의 핵심 포인트를 파악하여 나만의 OPIc 답변을 만들어 보세요.

6. Talk about a visit to a friend or a family member from your childhood. Who did you visit and whom did you go with? What do you remember about that visit and what made it unforgettable?

어렸을 때 친구나 가족을 방문했던 경험에 대해 이야기해 보세요. 누구를 방문했고 누구와 갔나요? 그 방문에서 기억에 남는 것은 무엇이고 왜 기억에 남나요?

	Structure	Idea
시작 문장	주제 문장 소개	remember, place, kid
본문	음식 때문에 체한 경험 묘사	dinner together, tasted extra good, starving, too fast, indigestion, pretty bad, stomach, upset, throwing up, light-headed, fever, drug store, took some medicine, get a lot of rest
마무리 문장	나의 답변 마무리	since then, more careful, eat something

Model Answer

I remember ❶ going to my grandmother's place when I was a kid. **A**

We had dinner together.

❷ The food tasted extra good because I was starving.

However, I think ❸ I ate a little too fast. **B**

I got indigestion and it was pretty bad.

My stomach was upset and I felt like throwing up.

I ❹ felt light headed because I had a fever. **C**

I ❺ had to go to the drug store to get some medicine.

I took some medicine to get better.

I had to stay inside and ❻ get a lot of rest.

❼ Since then, I try to be more careful when I eat something.

Expanding Your Answer

더 풍부하고 논리적인 답변을 위해 문장을 추가해 보세요.

A I used to go there once a month.
한 달에 한 번씩 가고는 했습니다.

B Plus, I ate much more than usual.
게다가, 평소보다 훨씬 더 많이 먹었습니다.

C I could not even stand up by myself.
혼자서 일어날 수도 없었습니다.

Tips for Better Answers

* '음식에 관련된 기억에 남는 에피소드'의 표현 최대한 활용

▶ ❶ 가족을 방문 했을 때 생긴 경험에 대해 말해야 하기 때문에 시작 문장에 어디를 방문했는지 언급
Ex: I remember visiting my parents' place when I was young.
내가 어렸을 때 부모님 댁에 방문한 기억이 난다.

▶ ❷ 음식의 맛 묘사하는 표현하는 문장으로 활용도가 높기 때문에 암기 필수!

▶ ❸ 조금 빨리 먹은 것 같다
Ex: I think I had something wrong.
무엇인가 상한 것을 먹은 것 같다.
I think I ate something undercooked.
요리가 덜 된 무엇인가를 먹은 것 같다.

▶ ❹ = dizzy
Ex: I felt dizzy and I could not walk straight.
어지러워서 똑바로 걸을 수 없었다.

▶ ❺ 하고 싶지 않았어도 꼭 해야 했던 일에 대해 묘사할 때에는 had to를 사용하며 과거의 경험을 묘사할 때 매우 유용
Ex: I had to be hospitalized.
입원해야만 했다.

▶ ❻ take a rest는 broken English! 절대 사용하지 않기
= rest, relax, get some rest

▶ ❼ 사건이나 사고에 관해 이야기한 후에는 '그때 이후로 ~하려고 한다'로 마무리 문장 만들기
Ex: Since then, I try not to eat that food.
그때 이후로, 그 음식은 안 먹으려고 한다.

Key Expressions

- **indigestion** 소화불량
- **stomach** 배
- **upset** 아픈
- **throw up** 토하다
- **light-headed** 머리가 어지러운
- **have a fever** 열이 나다
- **drugstore** 약국

어렸을 때 할머니 댁에 갔던 기억이 납니다. 우리는 함께 저녁을 먹었습니다. 배가 고파서 음식이 더 맛있었습니다. 하지만, 너무 빨리 먹은 것 같습니다. 소화불량에 걸렸는데 꽤 심했습니다. 속이 쓰려서 토할 것 같았습니다. 열이 나서 머리가 어지러웠습니다. 약을 구하러 약국에 가야 했습니다. 낫기 위해 약을 먹었습니다. 실내에 있으면서 많이 쉬어야 했습니다. 그 이후로, 저는 무언가를 먹을 때 더 조심하려고 노력합니다.

OPIc 모범 답변 학습하기

OPIc 질문에 대한 모범 답변을 살펴본 후, 질문의 핵심 포인트를 파악하여 나만의 OPIc 답변을 만들어 보세요.

7. Talk about a time when you recently visited a friend or a family member. What did you do when you go there? What was memorable about that visit? Tell me everything from beginning to end.

🎧 MP3 24_Q7

최근에 친구나 가족을 방문했던 경험에 대해 이야기해 보세요. 그곳에 가서 무엇을 했나요? 그 방문에서 기억에 남는 것은 무엇인가요? 처음부터 끝까지 자세하게 말해 주세요.

Structure		Idea
시작 문장	주제 문장 소개	remember, friend's house
본문	친구네 집에 방문해서 술 마신 경험 묘사	dinner together, had some drinks, ended up drinking, got very drunk, quite a lot, stomach, upset, dizzy, got wasted, blacked out, hangover, sober up
마무리 문장	나의 답변 마무리	try, more careful

Model Answer 🎧 MP3 24_A7

❶ I remember going to my friend's house a few years ago.

We had dinner together and ❷ had some drinks. **A**

However, we ended up drinking quite a lot that day.

I ❸ got very drunk because I drank too much.

My stomach was upset. **B**

I felt dizzy and I could NOT walk straight.

I ❹ got wasted and blacked out at the end. **C**

I had a hangover the next day.

It took me quite a while to ❺ sober up.

Since then, I try to be more careful when I drink.

Tips for Better Answers

▶ ❶ 친구네 집에 방문 했을 때 생긴 경험에 대해 이야기하기 때문에 시작 문장에 핵심 표현인 going to my friend's house 언급하기
과거의 경험을 묘사할 때 시작 문장으로 〈remember + 동명사〉 추천
Ex: I remember visiting my parents' place a few months ago.
내가 몇 개월 전 부모님 댁에 방문한 기억이 난다.

▶ ❷ 특별한 언급이 없다면 have drinks는 일반적으로 술을 의미

▶ ❸ '술에 취했다'는 I am drunk.
I am drunken. (x)
drunken 뒤에는 일반적으로 명사 사용
Ex: I saw a drunken person sleeping on the street.
나는 길거리에서 술에 취해 잠든 사람을 봤다.

▶ ❹ 완전히 취한 상태
tippy: 약간 취한
beery: 맥주에 취한
stoned: 완전 취한
Ex: I was totally wasted.
나는 완전히 취했었다.

▶ ❺ 술이 깬 상태
Ex: She drank some water to sober up.
그녀는 술이 깨기 위해 물을 조금 마셨다.

Expanding Your Answer

더 풍부하고 논리적인 답변을 위해 문장을 추가해 보세요.

A We had some wine and beer.
우리는 와인과 맥주를 조금 마셨습니다.

B I took some medicine but it was not helpful.
약을 먹었지만 도움이 되지 않았습니다.

C I cannot even remember how I got home.
집에 어떻게 갔는지 기억도 나지 않습니다.

Key Expressions

- **gathering** 모임
- **end up** 결국 ~하게 되다
- **quite a lot** 꽤 많이
- **get drunk** 술에 취하다
- **empty stomach** 빈속
- **upset** 아픈, 화가 난
- **dizzy** 어지러운
- **get wasted** 만취하다
- **get blacked out** 정신을 잃다
- **hangover** 숙취
- **sober up** 술이 깨다

몇 년 전에 친구 집에 갔던 기억이 납니다. 저녁도 같이 먹고 술도 좀 마셨습니다. 결국 그날 술을 꽤 많이 마셨습니다. 술을 너무 많이 마셔서 완전히 취했습니다. 속이 너무 안 좋았습니다. 현기증이 나서 똑바로 걸을 수가 없었습니다. 완전히 취해서 정신을 잃었습니다. 다음날 숙취에 시달렸습니다. 술이 깨는 데 꽤 오래 걸렸습니다. 그 이후로, 저는 술을 마실 때 더 조심하려고 노력합니다.

OPIc 모범 답변 학습하기

OPIc 질문에 대한 모범 답변을 살펴본 후, 질문의 핵심 포인트를 파악하여 나만의 OPIc 답변을 만들어 보세요.

8 When you get together with friends or family, what are some of the topics or interests you discuss? Why are these things of interest or concern to you? How do these things affect your life? 🎧 MP3 24_Q8

친구나 가족이 함께 모일 때 토론하는 주제나 관심사는 무엇인가요? 당신은 왜 이런 주제들에 대해 관심이 있나요? 이러한 관심사가 삶에 어떤 영향을 끼쳤나요?

	Structure	Idea
시작 문장	주제 문장 소개	tons of things
본문	친구들과 대화하는 다양한 주제 나열	ask how each other is doing, catching up, work, career goals, family members, children, mutual friends, going out with, marriage plans, movies, decent restaurants, gatherings, trips, sports, music
마무리 문장	나의 답변 마무리	talk about, things

Model Answer 🎧 MP3 24_A8

I talk about ❶ tons of things with my friends. **A**
We ask how each other is doing and ❷ do some catching up.
+Plus, we ❸ talk about our work or career goals.
+Also, we talk about our family members or children.
+Also, we talk about our mutual friends. **B**
+Also, we talk about people ❹ we are going out with.
+Plus, we talk about each other's marriage plans.
+Plus, we talk about movies we watched recently. **C**
+Plus, we talk about ❺ decent restaurants or nice bars/clubs.
+Next, we talk about gatherings we went to.
+Next, we talk about trips we went on.
+Next, we talk about sports or music we both like.
Once again, I talk about various types of things with my friends.

Expanding Your Answer

더 풍부하고 논리적인 답변을 위해 문장을 추가해 보세요.

A There are so many things to discuss.
논의해야 할 것들이 매우 많습니다.

B We went to the same high school, so we have many mutual friends.
우리는 같은 고등학교에 다녔기 때문에, 함께 아는 친구가 많습니다.

C All of us like to watch superhero movies.
우리 모두 슈퍼히어로 영화 보는 것을 좋아합니다.

Tips for Better Answers

* 전화기 주제의 '친구들과 전화 통화 주제 묘사'의 답변 활용

▶ ❶ = various, lots of
　Ex: My friends and I talk about various things.
　내 친구들과 나는 다양한 것들에 대해 이야기한다.

▶ ❷ 물리적 거리가 멀 때 '따라잡겠다'라는 의미
　또한 오랜만에 만난 사람과 못다 한 이야기를 할 때도 catch up 을 사용
　동사로 사용 가능
　Ex: I have so much catching up to do.
　해야 할 이야기가 너무 많다.

▶ ❸ tell vs talk
　tell은 누구에게 말을 하는 것이 중요하기 때문에 일반적으로 tell 뒤에 '누구에게'가 나옴
　talk는 무엇에 대해 이야기하는 것이 중요하기 때문에 '누구에게'란 정보가 빠져도 될 때 주로 사용
　Ex: I want to tell you about my trip.
　나는 너에게 나의 여행에 대해 말해 주고 싶어.
　I want to talk about my trip.
　나의 여행에 대해 말하고 싶어.
　(누구에게 말하는 건지 중요하지 않음)

▶ ❹ = dating
　Ex: We talk about people we are dating.
　우리가 데이트하는 사람들에 대해 이야기한다.

▶ ❺ 음식점을 묘사할 때 유용한 형용사
　Ex: We talk about fancy restaurants.
　우리는 화려한 레스토랑에 대해 이야기한다.

Key Expressions

- **over the phone** 전화로
- **catch up** 못다 한 이야기를 하다
- **career goal** 직업의 목표
- **mutual** 상호간의, 서로의
- **mutual friends** 같이 아는 친구
- **go out with** 사귀다
- **marriage plan** 결혼 계획
- **decent** 꽤 괜찮은, (수준, 질이) 제대로 된
- **gatherings** 모임

저는 친구들과 수많은 것들에 대해 이야기합니다. 서로 어떻게 지내는지 묻고 못다 한 이야기를 하기도 합니다. (+또한, 우리의 일이나 직업 목표에 대해 이야기합니다. +또한, 가족이나 아이들에 대해 이야기합니다. +또한, 서로 아는 친구에 대해 이야기합니다. +또한, 사귀는 사람들에 대해서도 이야기합니다. +그리고, 서로의 결혼 계획에 대해 이야기합니다. +또한, 최근에 본 영화에 대해 이야기합니다. +또한, 괜찮은 레스토랑이나 멋진 술집/클럽에 대해 이야기합니다. +다음으로, 우리가 갔던 모임에 대해 이야기합니다. +그리고, 우리가 갔던 여행에 대해 이야기합니다. +또한, 모두가 좋아하는 스포츠나 음악에 대해 이야기합니다.) 저는 친구들과 여러 가지 이야기를 나눕니다.

Chapter 25

Free Time

빈출 주제 파악하기

질문을 제대로 파악하는 것만으로도 성공적으로 시험을 치를 수 있습니다. OPIc에서 자주 출제되는 질문들을 알아보세요.

1 Where do people in your country go to in their free time? Do they go to beaches? Do they go to parks or any other places? What are some popular locations that people like to visit in their free time?
당신 나라의 사람들은 자유 시간에 어디를 가나요? 해변에 가나요? 공원이나 다른 곳에 가나요? 사람들이 자유 시간에 방문하기 좋아하는 인기 있는 장소는 어디인가요?

문항 유형	우리나라 사람들이 자유 시간에 가는 장소 묘사
문항 수준	Intermediate
핵심 포인트	• '우리나라 사람들이 자유 시간에 하는 일들 묘사'와 같은 답변 대비 • 술집 주제의 '술집에 주로 언제 가고 무엇을 하는지 묘사'의 답변 그대로 활용 • 술집에 주로 언제 가고 무엇을 하는지 묘사 • 사람들이 하는 일이기 때문에 주어 people, they 사용하며 현재형 시제로 묘사
중요도	★

② **What was your free time like in the past? Did you have more free time or less free time back then? How was it different from your free time now?**

과거의 자유 시간은 어땠나요? 그때는 자유 시간이 더 많았나요, 아니면 자유 시간이 부족했었나요? 지금 당신의 자유 시간과 어떻게 달랐나요?

문항 유형	과거 자유 시간 묘사
문항 수준	Advanced
핵심 포인트	• 집 주제의 '어렸을 때 본인의 책임 묘사'의 답변 그대로 활용 • 어렸을 때 자유 시간에 한 일이기 때문에 주어 I 와 과거형 시제 사용하여 묘사
중요도	★

③ **Tell me about the last time you had some free time. When was it? What did you do? Who did you spend time with?**

가장 최근에 가졌던 자유 시간에 대해 말해 주세요. 언제였으며 무엇을 했나요? 누구와 시간을 보냈나요?

문항 유형	최근 기억에 남는 자유 시간에 한 일 설명
문항 수준	Advanced
핵심 포인트	• 가족/친구 주제의 '가족/친구와 최근에 했던 일 묘사'의 답변 그대로 활용 • 영화 본 후 음식점에 간 이야기를 과거형과 주어 we 사용하여 묘사
중요도	★

④ **What do people in your country typically do in their free time? What is special about those activities?**

당신 나라의 사람들은 보통 자유 시간에 무엇을 하나요? 그 활동들의 특별한 점이 무엇인가요?

문항 유형	우리나라 사람들이 자유 시간에 하는 일들 묘사
문항 수준	Intermediate
핵심 포인트	• '우리나라 사람들이 자유 시간에 가는 장소 묘사'와 같은 답변 대비 • 술집 주제의 '술집에 주로 언제 가고 무엇을 하는지 묘사'의 답변 그대로 활용 • 사람들이 하는 일이기 때문에 주어 people, they 사용하며 현재형 시제로 묘사
중요도	★

OPIc 모범 답변 학습하기

OPIc 질문에 대한 모범 답변을 살펴본 후, 질문의 핵심 포인트를 파악하여 나만의 OPIc 답변을 만들어 보세요.

1-1 Where do people in your country go to in their free time? Do they go to beaches? Do they go to parks or any other places? What are some popular locations that people like to visit in their free time? 🎧 MP3 25_Q1-1

당신 나라의 사람들은 자유 시간에 어디를 가나요? 해변에 가나요? 공원이나 다른 곳에 가나요? 사람들이 자유 시간에 방문하기 좋아하는 인기 있는 장소는 어디인가요?

1-2 What do people in your country typically do in their free time? What is special about those activities? 🎧 MP3 25_Q1-2

당신 나라의 사람들은 보통 자유 시간에 무엇을 하나요? 그 활동들의 특별한 점은 무엇인가요?

	Structure	Idea
시작 문장	주제 문장 소개	social gatherings
본문	평상시 자유 시간에 어디에 가는지, 가서 무엇을 하는지 묘사	grab some drinks, break the ice, spice up, drinking games, several rounds, staff-dinners, after-parties, bond with, build chemistry with, special occasions, good to have some drinks
마무리 문장	나의 답변 마무리	bars to hang out with

Model Answer 🎧 MP3 25_A1

❶ People often go to bars for ❷ social gatherings. **A**

They grab some drinks with their friends.

Drinks break the ice and ❸ spice up the mood.

They sometimes play drinking games.

They sometimes do several rounds.

Plus, people sometimes go to bars for staff-dinners or after-parties. **B**

They are a great chance to bond with co-workers.

They help build chemistry with colleagues.

Also, people sometimes go to bars for special occasions.

❹ Such occasions include birthday parties, anniversaries or farewell parties. **C**

It is always good to have some drinks on special days like that.

So, people often go to bars to ❺ hang out with people in their free time.

Expanding Your Answer

더 풍부하고 논리적인 답변을 위해 문장을 추가해 보세요.

A People usually have gatherings on weekends.
사람들은 주로 주말에 모임을 합니다.

B Some companies have regular staff-dinners.
어떤 회사는 정기적으로 회식이 있습니다.

C The most common reason of having gatherings is birthday parties.
모임을 하는 가장 흔한 이유는 생일 파티입니다.

Tips for Better Answers

* 술집 주제의 '술집에 주로 언제 가고 무엇을 하는지 묘사'의 답변 활용

▶ ❶ 사람들이 자유 시간에 자주 하는 일이라는 것을 묘사하기 위해 주어 people와 빈도부사 often 사용
= normally, usually, generally
Ex: People usually go to restaurants when they have free time.
보통 사람들은 자유 시간이 있을 때 음식점에 간다.

▶ ❷ 생일파티, 회식, 송별회, 집들이 등 사람들이 모이는 모든 모임은 social gatherings으로 표현 가능
한 번만 하는 모임이 아니기 때문에 복수 명사 사용

▶ ❸ 분위기를 더 좋게 하다
Ex: People enjoy drinking to spice up the mood.
사람들은 분위기를 더 좋게 하기 위해 술을 즐긴다.

▶ ❹ 답변 양 확보를 위해 special occasions의 종류 나열
Ex: There are so many types of social gatherings, such as birthday parties, farewell parties and housewarming parties.
생일파티, 송별회, 집들이처럼 사교모임의 종류가 매우 많다.

▶ ❺ ~와 어울려 놀다
play는 아이들에게 주로 쓰는 표현이기 때문에 어른들의 모임에 대해 이야기할 때 사용하지 않음
Ex: Children play in the playground.
아이들은 놀이터에서 논다.
People hang out at bars.
사람들은 술집에서 논다.

> **Key Expressions**
>
> - **social gathering** 사교 모임
> - **grab drinks** 술을 조금 마시다
> - **break the ice** 어색함을 깨다
> - **spice up** 돋구다, 더 좋게 하다
> - **do several rounds** 몇 차례 마시다
> - **staff-dinners** 회식
> - **after-parties** 파티 후의 또 다른 파티
> - **bond with** ~와 친해지다, 유대감이 형성되다
> - **build chemistry** 친밀감, 친근함을 느끼다
> - **special occasions** 특별한 경우
> - **anniversaries** 기념일
> - **farewell party** 송별회

사람들은 주로 친목 도모를 위해 술집에 갑니다. 그들은 친구들과 술을 마십니다. 술은 어색함을 깨고 분위기를 더 좋게 합니다. 그들은 가끔 술 게임을 합니다. 가끔 몇 차까지 마십니다. 또한, 그들은 가끔 회식이나 뒤풀이를 위해 술집에 갑니다. 이것들은 동료들과 친해질 수 있는 좋은 기회입니다. 술은 동료들과 친밀감이 생길 수 있도록 도와줍니다. 생일 파티, 기념일, 송별회 같이 특별한 날에도 술집에 갑니다. 그런 특별한 날에는 술이 빠질 수 없습니다. 즉, 사람들은 자유 시간에 사람들과 어울리기 위해 술집에 갑니다.

OPIc 모범 답변 학습하기

OPIc 질문에 대한 모범 답변을 살펴본 후, 질문의 핵심 포인트를 파악하여 나만의 OPIc 답변을 만들어 보세요.

2 What was your free time like in the past? Did you have more free time or less free time back then? How was it different from your free time now? 🎧 MP3 25_Q2

과거의 자유 시간은 어땠나요? 그때는 자유 시간이 더 많았나요, 아니면 자유 시간이 부족했었나요? 지금 당신의 자유 시간과 어떻게 달랐나요?

Structure		Idea
시작 문장	주제 문장 소개	that much, when I was a kid
본문	어렸을 때 주로 공부를 해서 부족했던 자유 시간 묘사	went to school, came back, late at night, cram schools, online courses, private tutoring, study day and night, a lot on my plate, pull all-nighters, college entrance exam
마무리 문장	나의 답변 마무리	that much, when I was a kid

Model Answer 🎧 MP3 25_A2

I did NOT have ❶ THAT much ❷ free time when I was a kid.
I ❸ went to school early in the morning and came back home late at night. **A**
+I also ❹ went to cram schools after class. **B**
+I also took online courses for exams.
+I also got private tutoring. **C**
I had to study day and night.
I ❺ had a lot on my plate.
Sometimes, I had to ❻ pull all-nighters.
I especially did NOT have much free time in my senior year of high school.
I ❼ was busy studying for the college entrance exam.
Once again, I did NOT have that much free time when I was a kid.

Expanding Your Answer

더 풍부하고 논리적인 답변을 위해 문장을 추가해 보세요.

A It was so hard to get up in the morning.
아침에 일어나기 너무 힘들었습니다.
B I had to study for at least 10 hours a day.
하루에 최소 10시간 동안 공부해야 했습니다.
C It was expensive but I needed it to get higher scores.
비싸긴 했지만 더 높은 점수를 받기 위해 필요했습니다.

Tips for Better Answers

* 집 주제의 '어렸을 때 본인의 책임 묘사' 답변 활용

▶ ❶ that much: 그렇게까지 많지 않은
  불가산 명사 앞에는 that much
  가산 명사 앞에는 that many
  Ex: I did not have that many friends.
    나는 그렇게까지 친구가 많지 않았다.

▶ ❷ 어렸을 때 자유 시간에 한 일을 묻기 때문에 핵심 표현 free time, when I was a kid 시작 문장에 넣기
  Ex: When I was young, I did not have much free time.
    내가 어렸을 때에는 자유 시간이 많지 않았다.

▶ ❸ go to school: 등교하다
  go to work: 출근하다

▶ ❹ went to 사용의 빈도수를 낮추기 위해 다른 동사 활용
  I used to get private tutoring. 과외를 받곤 했었다.
  I had to get private tutoring. 과외를 받아야만 했었다.
  I needed to get private tutoring. 과외를 받을 필요가 있었다.

▶ ❺ '해야 할 일이 매우 많다'라는 의미의 비격식 표현
  Ex: I have too much on my plate at the moment.
    지금 당장 해야 할 일이 너무 많다.

▶ ❻ 밤을 새다
  = stay up all night

▶ ❼ 바쁜 것을 강조할 때 쓸 수 있는 표현
  Ex: I was working out. 운동하고 있었다.
    I was busy working out. 운동하느라 바빴다.

Key Expressions

- **go to school** 학교 가다
- **cram school** 학원 (입시 준비 학원)
- **take online classes** 온라인 수업 듣다
- **get private tutoring** 개인 과외 받다
- **day and night** 밤낮으로
- **have a lot on plate** 해야 할 일이 많다
- **pull all-nighters** 밤을 새다
- **college entrance exam** 대학 입학 시험

제가 어렸을 때에는 그렇게 많은 자유 시간을 갖지 못했습니다. 아침 일찍 학교에 갔다가 밤늦게 집에 돌아왔습니다. (+수업이 끝난 후 학원도 다녀왔습니다. +또한 시험을 위해 온라인 강좌를 들었습니다. +과외를 받았습니다.) 밤낮으로 공부해야 했습니다. 저는 할 일이 많았습니다. 때로는 밤을 새워야만 했습니다. 저는 특히 고등학교 3학년 때 자유 시간이 많지 않았습니다. 저는 대학 입학 시험 공부를 하느라 바빴습니다. 다시 한번 말하자면, 저는 어렸을 때 그렇게 많은 자유 시간을 갖지 못했습니다.

OPIc 모범 답변 학습하기

OPIc 질문에 대한 모범 답변을 살펴본 후, 질문의 핵심 포인트를 파악하여 나만의 OPIc 답변을 만들어 보세요.

3. Tell me about the last time you had some free time. When was it? What did you do? Who did you spend time with?

 MP3 25_Q3

가장 최근에 가졌던 자유 시간에 대해 말해 주세요. 언제였으며 무엇을 했나요? 누구와 시간을 보냈나요?

	Structure	Idea
시작 문장	주제 문장 소개	remember, watch a movie, recently
본문	최근 자유 시간 때 영화 본 후 식당에 간 경험 묘사	watching the movie, popcorn, soft drinks, decent, restaurant, best, in town, food tasted, starving, juicy, tender, the place was so popular
마무리 문장	나의 답변 마무리	enjoyable

Model Answer 🎧 MP3 25_A3

❶ I remember going to watch a movie with my family recently. **A**
❷ Before watching the movie, we got some popcorn and soft drinks at the snack bar. **B**
After watching the movie, we went to a ❸ decent Japanese restaurant.
+Italian +Mexican +Thai +Vietnamese +Chinese
They had the best sushi in town.
+pasta +tacos +Thai curry +rice noodles +fried pork
The food tasted extra good because I was starving.
The fish we ordered was so juicy and tender. **C**
I could see why that place was so popular.
+beef +shrimp +crab +lobster +octopus +steak
We ❹ had some drinks with the meal.
We ordered some beer, which went very well with the food.
+wine +soft drinks +cocktails
Looking back, it was a very enjoyable dinner.

Expanding Your Answer
더 풍부하고 논리적인 답변을 위해 문장을 추가해 보세요.

A We watched a very popular Korean movie.
우리는 아주 인기 있는 한국 영화를 봤습니다.

B The popcorn was sweet and salty.
팝콘은 달고 짰습니다.

C All the side dishes were delicious.
모든 사이드메뉴가 맛있었습니다.

Tips for Better Answers

* 자유 시간이 있었을 때 한 일을 묘사하기 때문에 영화 보기, 식당 가기, 술집 가기 등 다른 주제의 답변 활용 가능

▶ ❶ 최근에 자유 시간에 한 일에 대해 물었기 때문에 시작 문장에 핵심 표현인 recently와 free time 넣기
Ex: Recently, I watched a movie because I had some free time.
최근에 자유 시간이 있어서 나는 영화를 봤다.

▶ ❷ 영화 주제의 '최근 영화관에 영화 보러 가서 한 일들 설명' 내용 그대로 활용
답변 양 확보를 위해 '기억에 남는 영화'의 답변 추가 가능

▶ ❸ 음식점 묘사하는 형용사
reasonable, affordable: 가격이 합리적인
fancy: 화려한, 비싼
exotic: 이국적인
Ex: We went to a fancy and exotic restaurant.
우리는 화려하고 이국적인 음식점에 다녀왔다.

▶ ❹ have drinks는 일반적으로 술을 의미
Ex: We wanted to have some drinks because it was my friend's birthday.
친구 생일이었기 때문에 우리는 술을 마시고 싶었다.

Key Expressions

- **decent** 꽤 괜찮은
- **extra good** 더 좋은
- **be starving** 매우 배가 고프다
- **juicy** 즙이 많은
- **tender** 부드러운
- **popular** 인기 많은
- **go well with A** A와 잘 어울리다
- **enjoyable** 즐거운

최근 가족과 함께 영화를 보러 갔던 기억이 납니다. 영화를 보기 전에, 우리는 스낵바에서 팝콘과 탄산음료를 샀습니다. 영화를 보고 나서, 우리는 근사한 일식집에 갔습니다. (+이탈리아 +멕시코 +태국 +베트남 +중국) 그곳은 동네에서 가장 맛있는 초밥을 제공하는 곳이었습니다. (+파스타 +타코 +태국 카레 +쌀국수 +볶음 돼지고기) 배가 고파서 음식이 더 맛있었습니다. 우리가 주문한 생선은 육즙이 많고 부드러웠습니다. (+소고기 +새우 +게 +랍스터 +문어 +스테이크) 그곳이 왜 그렇게 인기가 많은지 알 수 있었습니다. 우리는 식사와 함께 술을 조금 마셨습니다. 우리는 맥주를 주문했는데, 맥주는 음식에 아주 잘 어울렸습니다. (+와인 +탄산음료 +칵테일) 돌이켜보면, 매우 즐거운 저녁 식사였습니다.

Chapter 26

Weather

빈출 주제 파악하기

질문을 제대로 파악하는 것만으로도 성공적으로 시험을 치를 수 있습니다. OPIc에서 자주 출제되는 질문들을 알아보세요.

1 Tell me about the weather at where you live. What is the weather like in each season? Which season do you personally like most?

당신이 사는 곳의 날씨에 대해 말해 주세요. 각 계절의 날씨는 어떤가요? 개인적으로 어떤 계절을 가장 좋아하나요?

문항 유형	우리나라의 계절 묘사
문항 수준	Intermediate
핵심 포인트	• 각 계절의 특징을 하나씩 묘사 • 우리나라의 계절 묘사이기 때문에 주어 Korea, weather을 사용하여 현재형으로 묘사
중요도	★

2 **How is the weather today at where you are? Is it cold, is it warm? Talk about today's weather in detail.**

지금 있는 곳의 오늘 날씨는 어떤가요? 추운가요, 따뜻하나요? 오늘 날씨를 자세히 이야기해 보세요.

문항 유형	오늘의 날씨 묘사
문항 수준	Intermediate
핵심 포인트	• 오늘 날씨를 현재형으로 묘사 • 날씨이기 때문에 주어는 weather, it 사용
중요도	★

3 **Severe weather conditions can do a lot of damage. Tell me about an experience you had related to severe weather conditions. Perhaps a city was flooded, or maybe businesses or schools were closed due to heavy snow. What was the problem? How did people deal with the situation?**

심각한 기상 조건은 많은 피해를 야기시킵니다. 심각한 날씨와 관련된 경험을 말해 주세요. 어쩌면 도시가 물에 잠겼거나, 폭설로 인해 가게나 학교가 문을 닫았을 수도 있습니다. 무엇이 문제였고 어떻게 그 상황에 대처했나요?

문항 유형	극단적 날씨 관련 경험 설명
문항 수준	Advanced
핵심 포인트	• 과거에 날씨로 인해 발생한 사건과 사고를 과거형 시제로 묘사 • 날씨와 사건에 관한 내용이기 때문에 상황에 따라 weather, rivers, it, there 등 다양한 주어 사용
중요도	★★★

4 **How has the weather in your country changed over the years? What was the weather like when you were a child? How was it different from the weather now?**

몇 년 동안 당신 나라의 날씨는 어떻게 변했나요? 당신이 어렸을 때 날씨는 어땠나요? 지금 날씨와 어떻게 달랐나요?

문항 유형	어렸을 때 날씨와 최근 날씨 비교
문항 수준	Advanced
핵심 포인트	• 과거와 현재 달라진 날씨에 대해 묘사 • 현재의 날씨는 현재형 시제 사용하며 중점적으로 묘사 • 변화된 날씨에 대해 설명할 때에는 현재완료형 사용
중요도	★

OPIc 모범 답변 학습하기

OPIc 질문에 대한 모범 답변을 살펴본 후, 질문의 핵심 포인트를 파악하여 나만의 OPIc 답변을 만들어 보세요.

1. Tell me about the weather at where you live. What is the weather like in each season? Which season do you personally like most? 🎧 MP3 26_Q1

당신이 사는 곳의 날씨에 대해 말해 주세요. 각 계절의 날씨는 어떤가요? 개인적으로 어떤 계절을 가장 좋아하나요?

	Structure	Idea
시작 문장	주제 문장 소개	Korea, distinct seasons
본문	한국의 사계절 특징 묘사	nice, spring, fall, temperatures, mild, breezy, outdoor activities, fabulous weather, summer, sweltering, humid, sticky, rainy season, opposite, freezing cold, snow
마무리 문장	나의 답변 마무리	Korea, distinct

Model Answer 🎧 MP3 26_A1

❶ Korea has four ❷ distinct seasons: spring, summer, fall, and winter.

The weather is very nice in spring and fall. **A**

The temperatures are very ❸ mild and it is very breezy.

It is great for ❹ outdoor activities because people can enjoy the ❺ fabulous weather. **B**

On the other hand, summer is ❻ sweltering hot.

It is very humid and sticky. **C**

We have the rainy season in summer and it pours.

Winter is the complete opposite.

It is freezing cold and we get a lot of snow in winter.

Once again, Korea has four distinct seasons.

Tips for Better Answers

▶ ❶ 한국의 계절을 묘사하는 답변이기 때문에 핵심 단어 Korea와 weather을 시작 문장에 넣기

▶ ❷ = distinctive

▶ ❸ 봄과 가을을 묘사하는 형용사 암기 필수!

▶ ❹ 답변 양 확보를 위해 봄과 가을에 사람들이 즐기는 야외 활동 나열
  Ex: Many people enjoy camping and hiking in spring and fall.
  많은 사람들이 봄과 가을에 캠핑과 등산을 즐긴다.

▶ ❺ 좋은 날씨 묘사할 때 쓰이는 형용사
  amazing: 멋진
  beautiful: 아름다운

▶ ❻ = scorching: 모든 것을 태워버릴 듯 더운
  Ex: Summer in Korea is scorching and sweltering.
  한국의 여름은 미친 듯이 그리고 찌는 듯이 덥다.

Expanding Your Answer

더 풍부하고 논리적인 답변을 위해 문장을 추가해 보세요.

A People love these two seasons.
사람들은 이 두 계절을 매우 좋아합니다.

B People enjoy hiking, walking and having picnics.
사람들은 등산, 산책, 소풍을 즐깁니다.

C It is impossible to live without the air-conditioner.
에어컨 없이 사는 것은 불가능합니다.

Key Expressions

- **distinct** 뚜렷한, 명확한
- **weather** 날씨
- **temperatures** 온도
- **mild** 온화한
- **breezy** 상쾌한
- **outdoor activities** 야외활동
- **fabulous** 멋진
- **on the other hand** 그와 반면에
- **sweltering hot** 찌는 듯한 더위, 무더위
- **humid** 습한
- **sticky** 끈적이는
- **rainy season** 장마
- **pour** 쏟아지다
- **compete** 완전한
- **opposite** 반대
- **freezing cold** 매우 추운

한국은 봄, 여름, 가을, 겨울의 뚜렷한 사계절이 있습니다. 봄과 가을은 날씨가 매우 좋습니다. 기온은 매우 온화하고 매우 쾌청합니다. 사람들이 멋진 날씨를 즐길 수 있기 때문에 야외 활동을 즐깁니다. 반면 여름은 찌는 듯이 덥습니다. 매우 습하고 끈적거립니다. 여름에는 장마가 있고 이때에는 비가 쏟아집니다. 겨울은 완전히 반대입니다. 날씨가 몹시 춥고 겨울에는 눈이 많이 내립니다. 다시 한번 말하자면, 한국은 사계절이 뚜렷합니다.

OPIc 모범 답변 학습하기

OPIc 질문에 대한 모범 답변을 살펴본 후, 질문의 핵심 포인트를 파악하여 나만의 OPIc 답변을 만들어 보세요.

2. How is the weather today at where you are? Is it cold, is it warm? Talk about today's weather in detail.

 MP3 26_Q2

지금 있는 곳의 오늘 날씨는 어떤가요? 추운가요, 따뜻하나요? 오늘 날씨를 자세히 이야기해 보세요.

	Structure	Idea
시작 문장	주제 문장 소개	late-fall, Korea
본문	현재 날씨 간단하게 묘사	sunny, clear skies, cloudy, chilly getting cooler, soon, it will be
마무리 문장	나의 답변 마무리	weather forecast, tomorrow

Model Answer 🎧 MP3 26_A2

It is ❶ late-fall here in Korea right now. **A**
+early-winter +mid-spring +late-summer
It is very ❷ sunny today and we have clear skies. **B**
+It is cloudy and windy today.
+It is raining outside right now.
❸ +It is very cool and breezy today.
+It is a little chilly today.
+It is quite warm today.
+It is very hot and humid today.
+It is freezing cold today.
The weather is getting cooler and cooler every day.
+colder and colder +hotter and hotter +warmer and warmer
Soon, it will be early-winter. **C**
+early-fall +mid-spring +late-summer
❹ The weather forecast says it is going to rain tomorrow.

Tips for Better Answers

* 오늘 날씨를 묘사하는 답변은 간략하게 답변

❶ 현재 계절을 시작 문장에 언급
   계절에 대해 말할 때 주어는 언제나 it
   Ex: It is early summer in Korea.
   한국은 초여름이다.

❷ 현재 날씨 묘사하는 형용사 언급
   Ex: It is mid-summer here and it is really sunny today. It is actually sweltering hot.
   이 곳은 여름 중순인데 오늘은 해가 쨍쨍하다. 사실 엄청 무더운 날이다.

❸ 날씨 묘사를 위해 계절별 형용사 암기 필수!
   봄: nice, clear skies, breezy
   여름: hot, rainy, sunny, humid
   가을: chilly, cool, quite warm, cloudy
   겨울: freezing cold, snowy, windy

❹ 답변 양 확보를 위해 내일 날씨 간략하게 언급
   Ex: According to the weather forecast, it is going to snow a lot tomorrow.
   일기예보에 따르면 내일은 눈이 많이 내린다고 한다.

Expanding Your Answer

더 풍부하고 논리적인 답변을 위해 문장을 추가해 보세요.

A It is the most pleasing season in Korea.
한국에서 가장 기분 좋은 계절입니다.

B Many people are enjoying outdoor activities today.
오늘 많은 사람들이 야외활동을 즐기고 있습니다.

C Personally, I cannot stand the cold weather.
개인적으로 추운 날씨를 견딜 수가 없습니다.

Key Expressions

- **late** 늦은
- **early** 초반, 이른
- **mid** 중순
- **late** 늦은
- **sunny** 해가 쨍쨍한
- **cloudy** 구름 많은
- **windy** 바람 부는
- **breezy** 상쾌한
- **chilly** 쌀쌀한
- **quite** 꽤
- **humid** 습한
- **freezing cold** 매우 추운
- **weather forecast** 일기예보

한국은 지금 늦가을입니다. (+초겨울 +봄중순 +늦여름) 오늘은 날씨가 매우 맑아서 하늘이 깨끗합니다. (+오늘은 흐리고 바람이 붑니다. +지금 밖에 비가 내리고 있습니다. +오늘은 매우 시원하고 상쾌합니다. +오늘은 조금 쌀쌀합니다. +오늘은 꽤 따뜻합니다. +오늘은 매우 덥고 습합니다. +오늘은 몹시 춥습니다.) 날씨가 매일 시원해지고 있습니다. (+더 시원해지다 +더 더워지다 +더 따뜻해지다) 이제 곧, 초겨울이 될 것입니다. (+초가을 +봄중순 +늦여름) 일기예보에서 내일 비가 온다고 합니다.

OPIc 모범 답변 학습하기

OPIc 질문에 대한 모범 답변을 살펴본 후, 질문의 핵심 포인트를 파악하여 나만의 OPIc 답변을 만들어 보세요.

❸ How has the weather in your country changed over the years? What was the weather like when you were a child? How was it different from the weather now?

 MP3 26_Q3

몇 년 동안 당신 나라의 날씨는 어떻게 변했나요? 당신이 어렸을 때 날씨는 어땠나요? 지금 날씨와 어떻게 달랐나요?

	Structure	Idea
시작 문장	주제 문장 소개	still, distinct, Korea
본문	몇 년 전과 비교해서 바뀐 계절 묘사	spring, fall, shorter, summer, winter, longer, hotter and hotter, hottest, in history, winter, colder and colder, hard to walk around, freezing cold
마무리 문장	나의 답변 마무리	changes, weather conditions

Model Answer 🎧 MP3 26_A3

❶ We still have four distinct seasons in Korea.
However, spring and fall ❷ have become shorter. **A**
❸ On the other hand, summer and winter have become longer.
Plus, summer ❹ is becoming hotter and hotter. **B**
We had the hottest summer in history recently. **C**
Meanwhile, winter is becoming colder and colder.
It is hard to ❺ walk around when it is freezing cold.
So, these are changes we are seeing in weather conditions.

Expanding Your Answer

더 풍부하고 논리적인 답변을 위해 문장을 추가해 보세요.

A I think these two seasons last only for a month.
제 생각에 이 두 계절은 겨우 한 달 정도 지속됩니다.

B It is super humid and sticky.
매우 습하고 끈적입니다.

C People could not walk outside for more than 5 minutes.
밖에서 5분 이상 걸어 다닐 수도 없었습니다.

Tips for Better Answers

* 과거와 현재의 비교를 묻는 질문에서 반드시 큰 변화가 있다고 답할 필요는 없음

▶ ❶ still을 사용함으로써 과거와 현재 날씨 변화가 크기 없다는 것을 의미

▶ ❷ 현재의 날씨 변화를 묘사할 때 현재완료형 have p.p 사용하며 변화가 계속되고 있기 때문에 비교급 shorter 사용
Ex: The fall has become hotter.
가을은 더 더워졌다.

▶ ❸ 짧아지는 봄, 가을과 다르게 길어지는 여름, 겨울을 소개하기 위한 필수 표현
= unlike fall and spring

▶ ❹ 계절이 점점 더 빨리 변하고 있다는 것을 강조하기 위해 현재 진행형 + 비교급 and 비교급 사용
Ex: It is getting hotter and hotter every single day.
매일 점점 더 더워지고 있다.

▶ ❺ walk: 걷다
walk around: 걸어 돌아다니다

Key Expressions

- **distinct** 뚜렷한, 명확한
- **on the other hand** 그와 반대로, 이와 반면에
- **in history** 역사상
- **recently** 최근에
- **weather conditions** 날씨 상황, 상태

한국은 아직도 사계절이 뚜렷합니다. 하지만 봄과 가을은 짧아졌습니다. 반면 여름과 겨울은 더 길어졌습니다. 게다가, 여름은 점점 더 더워지고 있습니다. 우리는 최근 역사상 가장 더운 여름을 보냈습니다. 한편, 겨울은 점점 더 추워지고 있습니다. 추울 때는 걸어 다니기가 힘들 정도입니다. 즉, 이러한 변화가 우리가 겪고 있는 날씨 변화입니다.

OPIc 모범 답변 학습하기

OPIc 질문에 대한 모범 답변을 살펴본 후, 질문의 핵심 포인트를 파악하여 나만의 OPIc 답변을 만들어 보세요.

4 Severe weather conditions can do a lot of damage. Tell me about an experience you had related to severe weather conditions. Perhaps a city was flooded, or maybe businesses or schools were closed due to heavy snow. What was the problem? How did people deal with the situation? 🎧 MP3 26_Q4

심각한 기상 조건은 많은 피해를 야기시킵니다. 심각한 날씨와 관련된 경험을 말해 주세요. 어쩌면 도시가 물에 잠겼거나, 폭설로 인해 가게나 학교가 문을 닫았을 수도 있습니다. 무엇이 문제였고 어떻게 그 상황에 대처했나요?

	Structure	Idea
시작 문장	주제 문장 소개	remember, typhoon, last summer
본문	날씨로 인해 발생한 다양한 사건과 사고 묘사	strong winds, heavy rainfall, torrential rain, damage, rivers, overflowed, floods underwater, mudslides, structures, destroyed, nerve-racking, casualties,
마무리 문장	나의 답변 마무리	took a long time

Model Answer 🎧 MP3 26_A4

❶ I remember when a strong typhoon hit Korea last summer.
There were strong winds and heavy rainfall. **A**
The torrential rain ❷ caused a lot of damage.
Some rivers overflowed.
❸ There were floods all over the place. **B**
Many houses and cars went underwater.
Plus, there were mudslides in some areas.
Many structures fell down or were destroyed. **C**
It was very ❹ nerve-racking.
Unfortunately, there were some casualties.
It took a long time to recover from the damage.

Expanding Your Answer
더 풍부하고 논리적인 답변을 위해 문장을 추가해 보세요.

A People could not go outside for hours.
몇 시간 동안 밖으로 나가지 못했습니다.

B It got worse and worse every minute.
매 분 상황이 더 심각해졌습니다.

C Many houses were destroyed.
많은 집들이 망가졌습니다.

Tips for Better Answers

❶ 과거에 겪은 혹은 본 날씨에 관련 경험이기 때문에 시작은 remember
〈remember + 동명사, 명사〉
〈remember + 주어 + 동사〉
Ex: I remember seeing news about a strong hurricane.
강한 허리케인에 관한 뉴스를 본 기억이 난다.
I remember when a strong hurricane hit America last year.
작년에 강한 허리케인이 미국을 강타한 것이 기억난다.

❷ 많은 피해를 야기했다, 유발했다
Ex: It caused a lot of financial damage.
엄청난 금전적 피해를 유발했다.

❸ 하나의 자연재해 묘사로는 발화량 확보하기 어렵기 때문에 자연재해로 인한 피해를 자세히 나열
Ex: Due to the typhoon, many people lost their houses.
태풍으로 인해 많은 사람들이 집을 잃었다.

❹ 긴장되고 걱정되는 마음을 표현하는 형용사로 nervous보다 더 긴장되는 느낌
Ex: My first training at work was nerve-racking.
회사에서의 첫 번째 훈련은 매우 긴장되었다.

Key Expressions

- **typhoon** 태풍
- **heavy rainfall** 폭우
- **torrential rain** 집중호우
- **overflow** 넘치다, 범람하다
- **go underwater** 물 아래로 빠지다
- **mudslide** 산사태
- **destroy** 망가지다, 파괴되다
- **nerve-racking** 긴장되는, 안절부절 못하게 되는
- **unfortunately** 불행히도, 안타깝게도
- **casualties** 사상자
- **recover** 회복하다

지난 여름 강력한 태풍이 한국을 강타했을 때를 기억합니다. 강한 바람이 불고, 폭우가 쏟아졌습니다. 집중호우로 피해가 컸습니다. 일부 하천이 범람했습니다. 곳곳에서 홍수가 났습니다. 많은 집과 차들이 물 속에 잠겼습니다. 게다가 일부 지역에서는 산사태가 발생했습니다. 많은 구조물들이 무너지거나 파괴되었습니다. 굉장히 긴장됐습니다. 불행히도, 몇 명의 사상자도 발생했습니다. 피해 복구에 오랜 시간이 걸렸습니다.

Chapter 27

Transportation

빈출 주제 파악하기

질문을 제대로 파악하는 것만으로도 성공적으로 시험을 치를 수 있습니다. OPIc에서 자주 출제되는 질문들을 알아보세요.

1 Tell me about how people get around in your country. Do they drive their own cars or take trains? What are some typical means of transportation to get around?

당신 나라의 사람들이 어떻게 다니는지 말해 주세요. 자가용을 운전하나요, 아니면 기차를 타나요? 전형적인 교통수단은 무엇인가요?

문항 유형	우리나라 사람들의 교통수단 묘사
문항 수준	Intermediate
핵심 포인트	• 한국의 대중교통 종류 나열 • 평소에 사람들이 주로 이용하는 대중교통이기 때문에 주어 people, public transportation, they를 사용하며 현재형 시제로 묘사
중요도	★★

2 **What means of transportation do you use to get around? Do you drive your own car or take public transportation?**

평소 어떤 교통수단을 이용하나요? 자가용을 운전하나요, 아니면 대중교통을 이용하나요?

문항 유형	자주 이용하는 교통수단 묘사
문항 수준	Intermediate
핵심 포인트	• 평소에 자주 사용하는 교통수단을 짧게 묘사 • 본인의 평소 경험이기 때문에 주어 I 와 현재형 시제 사용
중요도	★★

3 **How did you travel when you were a child? Were the types of transportation different back then? Describe for me how people used to get around in your city or town.**

당신이 어렸을 때에는 어떻게 여행 했나요? 그 당시 교통수단은 달랐나요? 도시나 마을에서 사람들이 어떻게 돌아다녔는지 설명해 주세요.

문항 유형	어렸을 때의 교통수단 묘사
문항 수준	Advanced
핵심 포인트	• 국내 여행 주제의 '지난 5년간 여행이 더 어려워진 이유 설명'의 답변 최대한 활용 • 교통이 불편했던 어렸을 때의 경험과 발전된 현재의 교통수단 비교 • 상황에 따라 시제는 과거형, 현재형, 현재완료형을 사용하며 현재형 시제와 함께 plane tickets, trains 등 교통과 관련된 주어 사용
중요도	★★★★

4 **Problems related to transportation often arise. Cars break down, trains run late or traffic could get bad. Tell me about a transportation problem that you once had. What did you do to deal with the situation?**

교통과 관련된 문제가 종종 발생합니다. 차가 고장 나거나, 기차가 연착되거나, 교통 체증이 생길 수 있습니다. 직접 겪었던 교통 문제에 대해 말해 주세요. 그 상황을 어떻게 대처했나요?

문항 유형	교통편 사용 중 겪은 문제 설명
문항 수준	Advanced
핵심 포인트	• 차가 많이 막혔던 경험 묘사 • 본인의 과거 경험이기 때문에 주어 I 와 과거형 시제 사용
중요도	★★★★

OPIc 모범 답변 학습하기

OPIc 질문에 대한 모범 답변을 살펴본 후, 질문의 핵심 포인트를 파악하여 나만의 OPIc 답변을 만들어 보세요.

1 Tell me about how people get around in your country. Do they drive their own cars or take trains? What are some typical means of transportation to get around? 🎧 MP3 27_Q1

당신 나라의 사람들이 어떻게 다니는지 말해 주세요. 자가용을 운전하나요, 아니면 기차를 타요? 전형적인 교통수단은 무엇인가요?

	Structure	Idea
시작 문장	주제 문장 소개	get around, various ways
본문	한국의 다양한 대중교통 소개	public transportation, well-organized, take the bus, subway, regular basis, trains, planes, drive, traffic gets very bad, parking
마무리 문장	나의 답변 마무리	use public transportation, drive, get around

Model Answer 🎧 MP3 27_A1

❶ People ❷ get around in various ways in Korea.

Public transportation is very ❸ well-organized. **A**

People ❹ take the bus or take the subway on a regular basis.

They also take trains or take planes when they travel. **B**

Plus, many people drive their own cars.

However, ❺ traffic gets very bad quite often.

Parking can be a problem as well. **C**

So, people use public transportation or drive their own cars to get around.

Tips for Better Answers

▶ ❶ 우리나라 사람들의 교통 수단을 묘사해야 하기 때문에 주어는 people를 사용하며 I 사용 피하기

▶ ❷ = move around
Ex: People move around using various types of transportation in Seoul.
서울에서 사람들은 다양한 종류의 교통수단으로 움직인다.

▶ ❸ = well-developed
Ex: Public transportation in Korea is well-developed.
한국의 대중교통은 잘 발달되어 있다.

▶ ❹ bus, subway같은 대중교통 단어 앞에 동사 take가 쓰인다면 the는 항상 들어감
Ex: I will take bus. (x)
I will take the bus. (o)
나 버스 탈 거야.

▶ ❺ '차가 막히다'라는 다양한 표현 활용
Traffic is super heavy.
차가 엄청 막힌다.
Cars are bumper-to-bumper.
차가 꽉 막혔다.

Expanding Your Answer

더 풍부하고 논리적인 답변을 위해 문장을 추가해 보세요.

A They are clean and well-developed.
깨끗하고 잘 발달되어 있습니다.

B The prices of trains and flights are affordable these days.
요즘 기차와 비행기 비용이 감당할 만 합니다.

C It is almost impossible to find parking spots especially on weekends.
주말에는 특히 주차 자리 찾는 것이 거의 불가능합니다.

Key Expressions

- **get around** 돌아다니다
- **various** 다양한
- **public transportation** 대중교통
- **well-organized** 잘 짜여진, 잘 정돈된
- **regular-basis** 정기적

한국에서 사람들은 다양한 방법으로 돌아다닙니다. 대중교통이 잘 되어 있습니다. 사람들은 정기적으로 버스를 타거나 지하철을 탑니다. 또한 여행을 할 때에는 기차를 타거나 비행기를 탑니다. 많은 사람들이 자신의 차를 운전하기도 합니다. 하지만, 꽤 자주 차가 막힙니다. 주차도 문제가 될 수 있습니다. 결론적으로 사람들은 돌아다니기 위해 대중교통 또는 자가용을 이용합니다.

OPIc 모범 답변 학습하기

OPIc 질문에 대한 모범 답변을 살펴본 후, 질문의 핵심 포인트를 파악하여 나만의 OPIc 답변을 만들어 보세요.

2 What means of transportation do you use to get around? Do you drive your own car or take public transportation?

평소 어떤 교통수단을 이용합니까? 자가용을 운전하나요 아니면 대중교통을 이용하나요?

	Structure	Idea
시작 문장	주제 문장 소개	personally, subway
본문	본인이 평소 이용하는 교통수단 묘사	convenient, wherever I want to, cheapest, drive my own car, driver's license
마무리 문장	나의 답변 마무리	public transportation, drive

Model Answer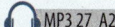

❶ Personally, I take the subway most often. **A**

+take the bus +take the train

It is very convenient because I can go ❷ wherever I want to.

It is ❸ one of the cheapest ways to get around. **B**

Plus, I sometimes ❹ drive my own car.

I got my driver's license in 2002. **C**

So, I mostly use public transportation to get around.

+I use public transportation or drive my own car to get around.

Expanding Your Answer

더 풍부하고 논리적인 답변을 위해 문장을 추가해 보세요.

A It is the most time-efficient way to move around in the city.
그 방법이 도시에서 돌아 다니는데 가장 시간상 효율적인 방법입니다.

B It costs only about 2 dollars for a single-trip.
편도에 2달러 정도밖에 안 합니다.

C I usually drive when I go somewhere far.
보통 먼 곳에 갈 때 차를 운전합니다.

Tips for Better Answers

▶ ❶ 본인의 개인적인 경험 또는 습관을 강조하기에 좋은 표현
= in my case, in case of me
Ex: In my case, I take the bus most often.
나의 경우에는 버스를 가장 많이 탄다.
Personally, I do not like taking the subway.
개인적으로 지하철 타는 것을 좋아하지 않는다.

▶ ❷ wherever 주어+동사: (주어가) 어디에서 (동사)를 하든지…
복합관계부사 사용으로 등급 업!
Ex: Wherever I go, I take the subway.
어디를 가든지 나는 지하철을 탄다.

▶ ❸ one of the 최상급 형용사+복수명사+동사: (동사)하기 위한 (명사)들 중 제일 (형용사)인 것 하나
Ex: It is one of the most expensive ways to travel.
여행하기 위한 방법들 중 가장 비싼 방법이다.

▶ ❹ 직접 본인의 차를 운전한다는 것을 강조하기 위해 own 사용
Ex: I drive a car.
차를 운전한다. (누구 차인지 알 수 없음)
I drive my own car.
내 차를 운전한다. (내가 차를 소유하고 있음)

Key Expressions

- **personally** 개인적으로
- **convenient** 편리한
- **cheap** 저렴한
- **get around** 돌아다니다
- **driver's license** 운전면허증
- **public transportation** 대중교통

저는 개인적으로 지하철을 가장 자주 탑니다. (+버스를 탑니다 +기차를 탑니다) 어디든 갈 수 있기 때문에 매우 편리하고 가장 저렴한 교통수단 중 하나입니다. 가끔 제 차도 운전합니다. 2002년에 운전면허를 땄습니다. 즉, 저는 주로 대중교통을 이용합니다. (+저는 대중교통을 이용하거나 차를 몰고 다닙니다.)

OPIc 모범 답변 학습하기

OPIc 질문에 대한 모범 답변을 살펴본 후, 질문의 핵심 포인트를 파악하여 나만의 OPIc 답변을 만들어 보세요.

3 How did you travel when you were a child? Were the types of transportation different back then? Describe for me how people used to get around in your city or town.

당신이 어렸을 때에는 어떻게 여행했나요? 그 당시 교통수단은 달랐나요? 도시나 마을에서 사람들이 어떻게 돌아다녔는지 설명해 주세요.

	Structure	Idea
시작 문장	주제 문장 소개	kid, trains, slower
본문	과거에 비해 좋아진 현재의 교통수단 묘사	but now, bullet trains, much faster than, at least twice as fast as, half the time, plane tickets, used to be, have become, thanks to, get great deals, cost half, paper maps, easier, GPS, not get lost
마무리 문장	나의 답변 마무리	transportation, become better

Model Answer

❶ When I was a kid, ❷ trains used to be slower.
But now, Korea has bullet trains called the KTX and SRT. **A**
❸ Trains have become much faster than in the past.
They are at least ❹ twice as fast as they used to be.
❺ It takes half the time to get somewhere now. **B**
Plus, when I was a kid, plane tickets used to be very expensive.
But now, plane tickets have become much cheaper thanks to low-cost carriers.
People can get great deals for plane tickets. **C**
Some flights only cost half the price.
Next, when I was a kid, people ❻ used to use paper maps when they drive.
But these days, driving has become much easier because we now have GPS.
People do NOT get lost as often as they used to.
The GPS tells them where to go.
So, ❼ transportation has become a lot better over the years.

Tips for Better Answers

* 국내 여행의 '지난 5년간 여행이 더 어려워진 이유 설명'의 답변 활용

❶ 어렸을 때의 대중교통에 대해 묻기 때문에 과거를 나타내는 표현으로 문장 시작하기

❷ 대중교통에 관한 질문이기 때문에 주어는 transportation, trains, planes, hotels와 같이 교통과 관련된 명사로 문장 시작

❸ 과거와 현재를 비교할 때 현재완료형을 최대한 많이 사용해서 등급 업!

❹ 외워서 쓰기 좋은 문장
fast 대신 다른 형용사를 넣어 과거와 현재 비교할 때 사용
Ex: They are at least twice as expensive as they used to be.
예전보다 최소 2배는 비싸다.

They are at least twice as spacious as they used to be.
예전보다 최소 2배는 넓어졌다.

❺ 답변 양을 늘리기 위해 예전에 기차가 얼마나 느렸는지 예시 제시
Ex: For instance, trains were super slow that it took hours to get to my destination.
예를 들어, 기차가 너무 느려서 목적지에 가는 데 몇 시간이나 걸렸다.

❻ 과거에 사람들이 반복적으로 하던 행동을 묘사할 때 유용한 동사
Ex: People used to take the bus because there were no bullet trains.
고속열차가 없었기 때문에 사람들은 버스를 타곤 했다.

❼ 마무리 문장에 반드시 여행 방법의 변화를 현재완료형 사용해서 요약

Expanding Your Answer

더 풍부하고 논리적인 답변을 위해 문장을 추가해 보세요.

A They are punctual, reliable and clean.
그것은 정확하고 믿을 수 있고 깨끗합니다.

B It took 3 hours to visit my grandma's place before but now, it takes only 1 hour.
예전에는 할머니 집에 가는 데 3시간이 걸렸는데 이제는 1시간이면 갑니다.

C It costs only about 600 dollars to fly from Korea to Europe.
한국에서 유럽을 가는 데 비행기 값이 600달러 정도밖에 들지 않습니다.

Key Expressions

- **used to be** ~하곤 했었다
- **bullet train** 고속열차
- **at least** 최소한
- **take half the time** 원래 걸리는 시간의 반이 걸리다
- **expensive** 비싼
- **low-cost carriers** 저가 항공사
- **get great deals** 큰 할인 받다, 싸게 사다
- **cost half the price** 원래 비용의 반만 들다
- **paper map** 종이 지도
- **GPS** 내비게이션

제가 어렸을 때, 기차는 지금보다 느렸습니다. 하지만 지금 한국에는 KTX와 SRT라고 불리는 고속열차가 있습니다. 기차는 과거보다 훨씬 빨라졌습니다. 예전보다 적어도 두 배는 빠릅니다. 지금은 어디론가 가는 데 시간이 절반밖에 안 걸립니다. 게다가, 제가 어렸을 때 비행표는 매우 비쌌습니다. 하지만 지금은 저가 항공사들 덕분에 비행표 값도 훨씬 저렴해졌습니다. 사람들은 할인 티켓을 구할 수 있습니다. 일부 항공편은 반값밖에 안 합니다. 또한 제가 어렸을 때에는 사람들이 종이 지도를 보고 운전을 했습니다. 하지만 요즘은 내비게이션을 사용하기 때문에 운전이 훨씬 더 쉬워졌습니다. 사람들은 예전처럼 길을 잃지 않습니다. 내비게이션이 어디로 가야 하는지 알려줍니다. 즉 교통수단은 시간이 지나면서 훨씬 더 좋아졌습니다.

OPIc 모범 답변 학습하기

OPIc 질문에 대한 모범 답변을 살펴본 후, 질문의 핵심 포인트를 파악하여 나만의 OPIc 답변을 만들어 보세요.

4 Problems related to transportation often arise. Cars break down, trains run late or traffic could get bad. Tell me about a transportation problem that you once had. What did you do to deal with the situation?

교통과 관련된 문제가 종종 발생합니다. 차가 고장 나거나, 기차가 연착되거나, 교통 체증이 생길 수 있습니다. 직접 겪었던 교통 문제에 대해 말해 주세요. 그 상황을 어떻게 대처했나요?

	Structure	Idea
시작 문장	주제 문장 소개	remember, stuck in traffic
본문	교통 체증으로 인하여 고생했던 경험 묘사	holiday, bumper-to-bumper, heading to, took me, longer than usual, almost, to get to my destination, exhausted, for so long
마무리 문장	나의 답변 마무리	head out, during the holidays

Model Answer

I remember when ❶ I was stuck in traffic for a long time.

It was during the holidays and traffic was bumper-to-bumper. **A**

I ❷ was heading to my grandparents' place.
+I was heading to my hometown.
+I was heading home from my parents' place.
+I was ❸ going on a trip with my friends/family.
+I was heading home from a trip.

It took me much longer than usual. **B**

It took almost three hours to get to my destination.

I ❹ felt exhausted because I was in the car for so long. **C**

Since then, I always head out early during the holidays.

Tips for Better Answers

❶ '교통 체증에 걸리다, 차가 꽉 막히다'라는 의미의 다양한 표현 사용
 The traffic was bumper-to-bumper.
 차가 꽉 막혀 있었다.
 The traffic was extremely heavy.
 차가 엄청 막혔다.
 There was a heavy congestion.
 심한 교통 체증이 있었다.

❷ '~로 향하다'라는 뜻으로 목적지를 말할 때 유용하게 사용 가능
 Ex: I was heading to work when the accident happened.
 그 사고가 났을 때 일을 하러 가는 길이였다.

❸ = travel with
 Ex: I was travelling with my family.
 가족들과 여행하는 중이었다.

❹ '지쳤다, 피곤하다'를 의미하는 다양한 형용사
 I am beat. (캐주얼 상황에 쓰이는 표현)
 I am drained.
 I am wiped out.
 I am worn out. (원어민들이 많이 쓰는 표현)
 Ex: I have worked every day for the last 1 month. I am worn out.
 지난 한 달간 매일 일해서 지쳤다.
 I am burnt out. (한 가지 일을 너무 많이 해서 에너지가 다 빠진 것을 강조할 때 주로 쓰임)

Expanding Your Answer

더 풍부하고 논리적인 답변을 위해 문장을 추가해 보세요.

A Plus, there were a lot of fender benders.
 게다가 접촉사고가 많았습니다.
B Normally, it takes only about 1 hour to get there.
 보통 한 시간이면 갑니다.
C I could not do anything there because I was just too tired.
 너무 피곤해서 아무것도 할 수 없었습니다.

Key Expressions

- **stuck in traffic** 교통 체증에 시달리다
- **bumper-to-bumper** 꽉 막혀 있는, 움직이지 않는
- **head to** ~로 향하다
- **go on a trip** 여행 가다
- **destination** 목적지
- **exhausted** 지친
- **head out** 출발하다, 나오다

오랫동안 교통 체증에 시달렸던 때가 기억 납니다. 연휴 기간이라 차들이 꽉꽉 막혔습니다. 조부모 댁으로 가는 길이었습니다. (+고향으로 가고 있었습니다. +부모님 댁에서 집으로 가고 있었습니다. +친구/가족과 함께 여행을 가고 있었습니다. +여행 후 집으로 가고 있었습니다.) 평소보다 훨씬 오래 걸렸습니다. 목적지까지 거의 3시간이나 걸렸습니다. 너무 오랫동안 차 안에 있었기 때문에 녹초가 되었습니다. 그 이후로, 저는 연휴 기간에는 항상 일찍 출발합니다.

Chapter 28

Banks

빈출 주제 파악하기

질문을 제대로 파악하는 것만으로도 성공적으로 시험을 치를 수 있습니다. OPIc에서 자주 출제되는 질문들을 알아보세요.

1 **Tell me about the banks in your country. What do they typically look like? Where are they usually located?**

당신 나라의 은행에 대해 말해 주세요. 일반적으로 어떻게 생겼나요? 보통 어디에 위치해 있나요?

문항 유형	우리나라 보편적인 은행들 묘사
문항 수준	Intermediate
핵심 포인트	• 영업점 묘사에 쓰이는 표현을 활용하여 한국 은행 묘사 • 주어는 banks, they를 사용하며 현재 모습을 묘사하기 때문에 현재형 시제 사용
중요도	★★

2 **Tell me about what goes on when you visit the bank. What do you do from the moment you walk in until you walk out?**
은행 방문 시 어떤 일이 일어나는지 말해 주세요. 걸어 들어가는 순간부터 나올 때까지 무엇을 하나요?

문항 유형	본인이 은행에 가서 하는 업무 묘사
문항 수준	Intermediate
핵심 포인트	• 본인이 은행에 가서 하는 일을 주어 I 와 현재형 시제로 묘사 • 은행에 가서 하는 업무를 다양한 접속사를 사용하여 나열
중요도	★★★★

3 **Banks have definitely changed over time. Tell me about a bank you remember from your childhood. What did the bank look like? How was it different from banks today?**
은행은 시간이 지남에 따라 확실히 변했습니다. 어릴 적 기억나는 은행에 대해 말해 주세요. 은행은 어떻게 생겼었고 요즘 은행과는 어떻게 달랐나요?

문항 유형	어렸을 때 은행과 지금 은행과의 비교
문항 수준	Advanced
핵심 포인트	• 온라인 뱅킹 전과 후 비교 • 온라인 뱅킹 전에 대해 이야기할 때에는 과거형, 현재 온라인 뱅킹에 대해 이야기할 때에는 현재형 시제 사용 • 본인이 어렸을 때 간 은행에 대해 묘사하기 때문에 주어 I, banks 사용
중요도	★★★★

4 **Sometimes, problems can occur when you are at the bank. Tell me about a problem you had that involved your bank. Maybe the bank was closed or perhaps the bank might have made some kind of mistake. Tell me how you dealt with that problem.**
때때로 은행에 있을 때 문제가 발생할 수 있습니다. 은행과 관련된 문제에 대해 말해 주세요. 은행이 문을 닫았거나, 어쩌면 은행이 실수를 했을 수도 있습니다. 그 문제를 어떻게 처리했는지 말해 주세요.

문항 유형	은행 업무 중 있었던 문제 설명
문항 수준	Advanced
핵심 포인트	• 은행에 사람이 많아 오래 기다렸던 경험 묘사 • 본인의 과거 경험이기 때문에 주어 I 와 과거형 시제 사용
중요도	★★

OPIc 모범 답변 학습하기

OPIc 질문에 대한 모범 답변을 살펴본 후, 질문의 핵심 포인트를 파악하여 나만의 OPIc 답변을 만들어 보세요.

1 Tell me about the banks in your country. What do they typically look like? Where are they usually located?

당신 나라의 은행에 대해 말해 주세요. 일반적으로 어떻게 생겼나요? 보통 어디에 위치해 있나요?

Structure		Idea
시작 문장	주제 문장 소개	tons of banks
본문	한국의 일반적인 은행 모습 묘사	everywhere, busy streets, foot traffic, concentrated near, ATMs, get cash, walk in, tellers sitting at, security guard, screens, show the exchange rates, currencies
마무리 문장	나의 답변 마무리	banks in Korea

Model Answer

There are tons of ❶ banks in Korea.

❷ They are everywhere these days.

Many banks are on busy streets with a lot of foot traffic.

They are concentrated near subway stations or large universities.

There are ❸ ATMs outside where you can ❹ get cash. **A**

❺ When you walk in, you can see tellers sitting at their desks. **B**

Normally, there is also a security guard on duty.

Plus, there are screens that show the exchange rates for various currencies. **C**

So, this is what banks in Korea are like.

Expanding Your Answer

더 풍부하고 논리적인 답변을 위해 문장을 추가해 보세요.

A You can also deposit money.
입금도 할 수 있습니다.

B They are always busy working.
그들은 항상 일하느라 바쁩니다.

C You can easily exchange foreign currencies at the bank.
은행에서 쉽게 환전을 할 수 있습니다.

Tips for Better Answers

➤ ❶ 한국의 은행에 대해 묘사해야 하기 때문에 핵심 단어인 banks, Korea를 시작 문장에 넣기

➤ ❷ 음식점 주제에 쓰인 영업점 묘사 문장 그대로 활용

➤ ❸ Automated Teller Machine의 약자

➤ ❹ 은행에서 할 수 있는 다양한 업무를 묘사하여 답변 양 확보
Ex: I can withdraw cash at the bank.
은행에서 돈을 인출할 수 있다.
People go there to open or close their accounts.
사람들은 계좌를 만들거나 없애려고 은행에 간다.
Some people go there to get a mortgage.
어떤 사람들은 대출을 받기 위해 간다.
Most people go there to get debit or credit cards.
대부분의 사람들이 체크카드나 신용카드를 만들기 위해 간다.

➤ ❺ 은행 내부를 묘사할 때는 주어 I 가 아닌 people 또는 you 사용 추천!
Ex: When you walk into my place, you will see a big TV in the living room.
우리 집에 들어오면 거실에 큰 TV가 보일 거야.

Key Expressions

- **busy streets** 번화가
- **foot traffic** 유동인구
- **be concentrated** ~에 집중된, 몰린
- **ATMs** 현금인출기
- **get cash** 현금 인출하다
- **tellers** 은행원
- **security guard** 경비원
- **on duty** 일하고 있는, 근무 중인
- **exchange rates** 환율
- **currencies** 통화

한국에는 은행이 많습니다. 이제는 어디에나 있죠. 은행은 대부분 유동인구가 많은 번화가에 있습니다. 지하철역이나 큰 대학 근처에 집중되어 있습니다. 은행 밖에는 현금인출기가 있습니다. 은행에 들어가면 책상 앞에 앉아 있는 은행원들을 볼 수 있습니다. 일반적으로 근무 중인 경호원들도 있습니다. 다양한 통화 환율을 보여 주는 화면도 있습니다. 한국의 은행들은 이렇게 생겼습니다.

OPIc 모범 답변 학습하기

OPIc 질문에 대한 모범 답변을 살펴본 후, 질문의 핵심 포인트를 파악하여 나만의 OPIc 답변을 만들어 보세요.

2. Tell me about what goes on when you visit the bank. What do you do from the moment you walk in until you walk out?

 MP3 28_Q2

은행 방문 시 어떤 일이 일어나는지 말해 주세요. 걸어 들어가는 순간부터 나올 때까지 무엇을 하나요?

Structure		Idea
시작 문장	주제 문장 소개	first, pull out, wait for
본문	은행에 가서 하는 다양한 업무 나열	call my number, teller, take care, often check, wire transfers, deposit, withdraw, open, account, savings, checking, exchange currency, get a loan, debit card, pay bills
마무리 문장	나의 답변 마무리	these are, I do, banks

Model Answer 🎧 MP3 28_A2

When I go to banks, I ❶ first pull out a number ticket and ❷ wait for my turn. **A**
When they call my number, I ❸ go up to the teller and take care of my business. **B**
I most often ❹ check my balance or make wire transfers.
I sometimes deposit or withdraw money.
Plus, I sometimes open a new account. **C**
I sometimes open a savings account or a checking account.
+Also, I sometimes exchange currency before I go on trips overseas.
+Also, I sometimes get a loan when I need money.
+Plus, I sometimes get my debit card issued.
+Plus, I sometimes pay bills or traffic tickets.
So, these are things I do when I go to banks.

Tips for Better Answers

▶ ❶ 은행에 가서 하는 일을 순서대로 나열하기 위해 다양한 접속사 활용
first, plus, and then, after that
Ex: First, I go there and wait for my turn. And then, they call my name.
첫 번째로 그곳에 가서 내 차례를 기다린다. 그 후 그들이 내 이름을 부른다.

▶ ❷ 내 차례를 기다리다
wait for my table: 내 자리가 나기를 기다리다
Ex: I had to wait 30 minutes for my table.
자리 나는 데 30분 동안 기다려야 했다.

▶ ❸ '올라가다'라는 뜻도 있지만 '~에게로 가까이 가다'라는 의미도 있음
Ex: I went up to the top of the mountains.
나는 산 정상까지 올라갔다.
I went up to the receptionist.
비서에게 가까이 갔다.

▶ ❹ 답변 양 확보를 위해 은행에서 할 수 있는 일을 현재형으로 하나씩 나열
본인이 하는 일이기 때문에 주어 I 사용

Expanding Your Answer

더 풍부하고 논리적인 답변을 위해 문장을 추가해 보세요.

A There are always lots of people waiting at the bank.
은행에는 기다리는 사람들이 항상 많습니다.

B Normally, it does not take much time.
보통 시간이 많이 걸리진 않습니다.

C Opening a new account takes quite some time.
신규 계좌 개설은 시간이 꽤 걸립니다.

Key Expressions

- **pull out** 뽑다
- **my turn** 내 차례
- **go up to** ~에게 다가가다
- **teller** 은행원, 창구 직원
- **take care of** 돌보다, 처리하다
- **check balance** 계좌 잔고 확인하다
- **make wire transfers** 이체하다
- **deposit** 입금하다
- **withdraw** 인출하다
- **savings account** 예금 계좌
- **checking account** 당좌 예금
- **exchange foreign currency** 환전하다
- **get a loan** 대출받다
- **debit card** 체크카드
- **bill** 청구서
- **traffic tickets** 교통위반 과태료

은행에 가면 먼저 번호표를 뽑고 차례를 기다립니다. 제 번호가 불리면, 창구 직원에게 가서 은행 업무를 처리합니다. 저는 주로 잔고를 확인하거나 송금을 합니다. 가끔 돈을 입금하거나 인출합니다. 가끔 새 계좌를 엽니다. 예금이나 당좌예금을 개설하기도 합니다. (+또한 해외여행을 가기 전에 가끔 환전을 합니다. +가끔 돈이 필요할 때 대출도 받습니다. +직불카드를 발급받기도 합니다. +또한, 가끔 청구서나 교통위반 과태료를 지불합니다.) 즉, 저는 은행에 가서 이러한 일들을 처리합니다.

OPIc 질문에 대한 모범 답변을 살펴본 후, 질문의 핵심 포인트를 파악하여 나만의 OPIc 답변을 만들어 보세요.

3 Banks have definitely changed over time. Tell me about a bank you remember from your childhood. What did the bank look like? How was it different from banks today?

은행은 시간이 지남에 따라 확실히 변했습니다. 어릴 적 기억나는 은행에 대해 말해 주세요. 은행은 어떻게 생겼었고 요즘의 은행과는 어떻게 달랐나요?

	Structure	Idea
시작 문장	주제 문장 소개	do not remember, banks, looked like
본문	인터넷 뱅킹이 생긴 후 편해진 은행 업무 처리 방법 묘사	do remember, actual banks, do mobile banking, has become a lot, takes less time and effort, need several passwords, wire transfers, through
마무리 문장	나의 답변 마무리	mobile banking, biggest changes, banks

Model Answer

Frankly speaking, ❶ I do NOT remember how banks looked like when I was kid. **A**

However, I do remember that ❷ I had to go to actual banks to do banking. **B**

But these day, I can do ❸ mobile banking whenever I want to.

❹ Banking has become a lot easier than in the past.

It takes much less time and effort.

To do mobile banking, I need several passwords. **C**

I make wire transfers most often through mobile banking.

So, I think mobile banking is one of the biggest changes that has happened to banks.

Tips for Better Answers

❶ 현재 은행과 과거 은행에 큰 차이점이 없을 경우 어릴 적 기억나는 은행이 없다고 답하기

❷ 인터넷 뱅킹과 다르게 과거에는 직접 은행에 가야만 했다는 것을 과거형으로 간단하게 언급
actual banks 대신 banks in person 으로 대체 가능
Ex: At that time, everyone had to go to banks in person.
예전에는 사람들이 은행에 직접 가야 했었다.

❸ 현재 은행의 특징으로 반드시 언급해야 하는 필수 표현
= online banking, internet banking, banking online
Ex: However nowadays, people can use the online banking whenever they want to.
하지만 요즘은 사람들이 원할 때 언제든지 온라인 뱅킹을 사용할 수 있다.

❹ 과거와 현재 비교할 때 쓸 수 있는 현재완료형 사용으로 등급 업!
easier 대신 온라인 뱅킹의 장점을 묘사할 수 있는 형용사 비교급 사용 가능
more time-efficient : 더 시간적으로 효율적인
more time-saving : 시간 절약이 더 가능한
Ex: Banking has become much more time-efficient than in the past.
은행 업무가 과거보다 훨씬 시간적으로 단축되었다.

Expanding Your Answer

더 풍부하고 논리적인 답변을 위해 문장을 추가해 보세요.

A I did not have any reasons to go there.
그곳에 갈 이유가 전혀 없었습니다.

B There were always so many people waiting in line.
줄 서서 기다리는 사람들이 항상 많았습니다.

C That's all I need. I can wire transfer money in 30 seconds.
그게 답니다. 이체하는 데 30초밖에 안 걸립니다.

Key Expressions

- **frankly speaking** 솔직히 말하면
- **actual bank** 실제 은행
- **do mobile banking** 모바일 뱅킹 하다
- **several** 몇 개
- **passwords** 비밀번호
- **make wire transfers** 이체하다

솔직히 말해서, 제가 어렸을 때 은행이 어떻게 생겼는지 기억나지 않습니다. 하지만, 은행 업무를 보기 위해 은행에 직접 가야 했던 것은 기억합니다. 하지만 요즘은 언제든지 모바일 뱅킹으로 은행 업무를 처리할 수 있습니다. 은행 업무는 과거보다 훨씬 쉬워졌습니다. 시간과 노력이 많이 줄어들었습니다. 모바일 뱅킹을 하기 위해서는 여러 개의 비밀번호가 필요합니다. 저는 모바일 뱅킹으로 송금을 제일 많이 합니다. 그래서 모바일 뱅킹이 은행이 겪은 가장 큰 변화 중 하나라고 생각합니다.

OPIc 모범 답변 학습하기

OPIc 질문에 대한 모범 답변을 살펴본 후, 질문의 핵심 포인트를 파악하여 나만의 OPIc 답변을 만들어 보세요.

4 Sometimes, problems can occur when you are at the bank. Tell me about a problem you had that involved your bank. Maybe the bank was closed or perhaps the bank might have made some kind of mistake. Tell me how you dealt with that problem.

🎧 MP3 28_Q4

때때로 은행에 있을 때 문제가 발생할 수 있습니다. 은행과 관련된 문제에 대해 말해 주세요. 은행이 문을 닫았거나, 어쩌면 은행이 실수를 했을 수도 있습니다. 그 문제를 어떻게 처리했는지 말해 주세요.

	Structure	Idea
시작 문장	주제 문장 소개	remember, bank, pay a bill
본문	은행에 사람이 너무 많아 업무 처리를 못한 경험 묘사	so many people, waiting, pulled out, ten people, in front of, waited, still not my turn, any longer, leave, frustrating
마무리 문장	나의 답변 마무리	avoid busy hours

Model Answer 🎧 MP3 28_A4

❶ I remember going to the bank to ❷ pay a bill recently. **A**
However, there were so many people waiting at the bank.
I first pulled out a number.
However, ❸ there were ten people waiting in front of me. **B**
I ❹ waited and waited, but it was still NOT my turn.
I could NOT wait any longer, so I just had to leave the bank.
It was very frustrating. **C**
Since then, I try to avoid busy hours at the bank.

Tips for Better Answers

❶ 과거의 경험에 대해 말하기 때문에 가장 유용한 문법
⟨remember + 동명사⟩ 사용
⟨remember + 주어 + 동사⟩로 변경 가능
Ex: I remember that I went to a bank to open a new account.
새 계좌를 열기 위해 은행에 간 기억이 난다.

❷ 고지서, 청구서, 계산서 등 상황에 따라 의미가 바뀜
Ex: I had to pay for the hotel bill.
호텔 숙박비를 지불해야 했다.

❸ There were so many people (who were) waiting in front of me.
다양한 문장 구조 사용을 위해 목적어 뒤에 which, who를 넣어 문장 하나 추가하는 연습 필수!
Ex: There was a customer. He looked worried.
→ There was a customer who looked worried.
고객이 한 명 있었다. 그는 걱정스러워 보였다.
→ 걱정스러워 보이는 고객이 한 명 있었다.

❹ 특정한 행동이 반복 또는 지속되었다는 것을 강조할 때에는 동사 2번 이상 반복

Expanding Your Answer
더 풍부하고 논리적인 답변을 위해 문장을 추가해 보세요.

A I had to pay for the utilities.
공과금을 내야 했습니다.

B Plus, there were only two tellers working.
게다가, 일하고 있는 직원이 2명밖에 없었습니다.

C I had to go there again on the next day.
다음 날 그곳에 다시 가야만 했습니다.

Key Expressions

- **pay a bill** 청구서 내다, 공과금 내다
- **pull out** 뽑다
- **in front of** 앞에
- **turn** 차례
- **leave** 떠나다, 나가다
- **frustrating** 짜증나는, 화나는
- **avoid** 피하다
- **busy hours** 바쁜 시간

최근에 공과금을 내러 은행에 갔습니다. 하지만, 은행에 사람들이 많았습니다. 우선 번호를 뽑았지만 제 앞에 10명의 사람들이 기다리고 있었습니다. 기다리고 기다렸지만 아직 제 차례가 오지 않았습니다. 더 이상 기다릴 수 없어서 그냥 은행을 나와만 했습니다. 굉장히 짜증났었습니다. 그 이후로, 저는 은행이 붐빌 때는 가지 않으려고 노력합니다.

Chapter 29

Hotels

빈출 주제 파악하기

질문을 제대로 파악하는 것만으로도 성공적으로 시험을 치를 수 있습니다. OPIc에서 자주 출제되는 질문들을 알아보세요.

1 Tell me about hotels in your country. What do they look like? Where are they located?

당신 나라의 호텔에 대해 말해 주세요. 어떻게 생겼고 어디에 위치해 있나요?

문항 유형	우리나라의 보편적인 호텔들 묘사
문항 수준	Intermediate
핵심 포인트	• 영업점 묘사에 쓰이는 표현을 활용하여 한국 호텔 묘사 • 주어는 hotels, they를 사용하며 현재 모습을 묘사하기 때문에 현재형 시제 사용
중요도	★★

2 **Tell me what you typically do when you go to a hotel. What do you do first and what do you do after that? When do you usually stay at hotels?**

호텔에 가면 주로 무엇을 하나요? 무엇을 먼저 하고 그 다음에는 무엇을 하나요? 보통 언제 호텔에 묵나요?

문항 유형	호텔에 도착해서 하는 일들, 언제 투숙하는지 설명
문항 수준	Intermediate
핵심 포인트	• 본인이 호텔에 투숙할 때 하는 일을 주어 I 와 현재형 시제로 나열 • 도착해서 하는 일들을 다양한 접속사를 사용하여 나열
중요도	★★

3 **People often have memories of beautiful or interesting hotels. Tell me about a hotel that you remember for some reason. Where was it located? What was it like? Why was it so memorable? Describe that hotel for me in as much detail as possible.**

사람들은 종종 아름답고 재미있었던 호텔에 대해 추억을 가지고 있습니다. 기억나는 호텔에 대해 말해 주세요. 어디에 있었고 어땠나요? 왜 기억에 남았나요? 그 호텔을 가능한 한 자세히 설명해 주세요.

문항 유형	기억에 남는 호텔 묘사, 기억에 남는 이유 설명
문항 수준	Advanced
핵심 포인트	• 즐거운 경험을 했던 호텔 묘사 • 본인의 과거 경험이기 때문에 주어 I 와 과거형 시제 사용
중요도	★★★★

4 **When was the last time you stayed at a hotel? Where were you, why were you there, and what did you do? Tell me the whole story from beginning to end.**

언제 마지막으로 호텔에 묵었나요? 어디에 있었고, 왜 거기 있었고, 무엇을 했나요? 처음부터 끝까지 자세히 말해 주세요.

문항 유형	최근에 갔었던 호텔에 묵은 경험 설명
문항 수준	Advanced
핵심 포인트	• 호텔 주제의 '호텔에 도착해서 하는 일들, 언제 투숙하는지 설명' 내용 활용 • 최근 호텔에 가서 체크인 한 순간부터 방에 들어가서 한 일까지 순서대로 나열 • 본인의 과거 경험이기 때문에 주어 I 와 과거형 시제 사용
중요도	★★

OPIc Magic Pattern 활용하기

OPIc 질문에 대한 모범 답변을 살펴본 후, 질문의 핵심 포인트를 파악하여 나만의 OPIc 답변을 만들어 보세요.

1. Tell me about hotels in your country. What do they look like? Where are they located?
MP3 29_Q1

당신 나라의 호텔에 대해 말해 주세요. 어떻게 생겼고 어디에 위치해 있나요?

	Structure	Idea
시작 문장	주제 문장 소개	tons of, hotels
본문	한국의 일반적인 호텔 모습 묘사	everywhere, busy street, foot traffics, concentrated near, large in size, guest rooms, have chains, popular vacation spots, get crowded, peak season, higher rates
마무리 문장	나의 답변 마무리	hotels, Korea

Model Answer
MP3 29_A1

There are tons of ❶ hotels in Korea.

They are everywhere these days.

Many hotels are on busy streets with a lot of foot traffic.

❷ They are concentrated near subway stations or large universities.

Some hotels are very large ❸ in size. A

They have hundreds of guest rooms. B

They often have chains ❹ all across the world.

Plus, there are many hotels at popular vacation spots.

They get very crowded during the peak season. C

They ❺ charge higher rates.

So, this is what hotels in Korea are like.

Tips for Better Answers

➤ ❶ 한국의 은행에 대해 묘사해야 하기 때문에 핵심 단어인 banks, Korea를 시작 문장에 넣기

➤ ❷ 음식점 주제에 쓰인 영업점 묘사 문장 그대로 활용

➤ ❸ '크기 면에서'라는 의미로 size, quality, quantity 앞에 전치사 in을 붙여 유용하게 사용 가능
Ex: They vary in size.
크기 면에서 다양하다.
They are different in quality.
질적인 면에서 다르다.
It lacks in quantity.
수량이 부족하다.

➤ ❹ = all around the world, around the world: 전 세계에
almost everywhere in the world: 전 세계 거의 대부분에

➤ ❺ '부과하다'라는 의미로 돈을 징수하는 쪽에서 사용
돈을 내는 고객은 pay 사용
Ex: The government charges taxes on imported goods.
정부는 수입품에 세금을 부과한다.
I have to pay taxes on imported goods.
나는 수입품에 세금을 내야 한다.

Expanding Your Answer
더 풍부하고 논리적인 답변을 위해 문장을 추가해 보세요.

A They usually have many entertaining facilities.
보통 재미있는 시설이 많습니다.

B Many people prefer to stay at rooms with great views.
많은 사람들은 경치가 좋은 방에 묵고 싶어합니다.

C It is almost impossible to book rooms with the ocean view in summer.
여름에 바다를 볼 수 있는 방을 예약하는 것은 거의 불가능합니다.

Key Expressions
- **busy streets** 번화가
- **foot traffic** 유동인구
- **be concentrated** ~에 집중된, 몰린
- **in size** 크기 면에서
- **chains** 체인점
- **all across the world** 전 세계에
- **popular** 인기 있는
- **vacation spot** 휴양지, 휴가 장소
- **get crowded** 사람들로 북적거리다
- **peak season** 성수기
- **charge** 부과하다
- **rates** 요금

한국에는 호텔이 많습니다. 이제는 어디에나 있죠. 호텔들은 대부분 유동인구가 많은 번화가에 있습니다. 지하철역이나 큰 대학 근처에 집중되어 있습니다. 어떤 호텔은 매우 큽니다. 수백 개의 객실을 가지고 있죠. 종종 전세계에 체인을 가지고 있습니다. 유명한 휴양지에도 호텔이 많습니다. 성수기 동안 매우 붐비고 더 높은 요금을 부과합니다. 즉, 한국의 호텔은 이렇습니다.

OPIc Magic Pattern 활용하기

OPIc 질문에 대한 모범 답변을 살펴본 후, 질문의 핵심 포인트를 파악하여 나만의 OPIc 답변을 만들어 보세요.

2 Tell me what you typically do when you go to a hotel. What do you do first and what do you do after that? When do you usually stay at hotels? 🎧 MP3 29_Q2

호텔에 가면 주로 무엇을 하나요? 무엇을 먼저 하고 그 다음에는 무엇을 하나요? 보통 언제 호텔에 묵나요?

	Structure	Idea
시작 문장	주제 문장 소개	normally, hotels, vacations
본문	호텔에 가서 하는 일을 체크인부터 순서대로 묘사	arrive, go to the front desk, give, name, credit card, get my room key, head to, get to, look around, take a look at, unpack, change into
마무리 문장	나의 답변 마무리	these are, I do, arrive at

Model Answer 🎧 MP3 29_A2

I ❶ **normally** stay at hotels when I go on vacations. **A**

When I arrive at a hotel, I ❷ **first** go to the front desk to check in.

I give them my name and my credit card.

I ❸ **get** my room key and head to my room. **B**

When I get to my room, I first ❹ **look around**.

Plus, I take a look at the view outside. **C**

After that, I unpack my things.

And then, I change into comfortable clothes.

So, these are the things I do when I arrive at a hotel.

Tips for Better Answers

▶ ❶ 평상시 습관을 묘사한다는 것을 나타내기 위해 유용한 부사
= usually, often, generally
Ex: I usually book hotels when I go abroad.
나는 보통 해외에 갈 때 호텔을 예약한다.
동사로도 비슷한 뜻을 만들 수 있음
Ex: I tend to stay at hotels when I travel.
나는 여행을 가면 호텔에 머무는 경향이 있다.

▶ ❷ 호텔 도착 후 하는 일을 나열하기 위해 접속사 사용
= from time to time
first, second, and then, after that

▶ ❸ = receive
Ex: I received the room key.
나는 룸 키를 받았다.

▶ ❹ 시간을 들여 무엇인가를 살펴볼 때는 look around
take a look은 조금 더 짧은 시간 보는 것을 의미
Ex: I looked around the city.
도시를 둘러봤다.
Take a look at this picture!
이 사진 봐 봐!

Expanding Your Answer

더 풍부하고 논리적인 답변을 위해 문장을 추가해 보세요.

A I like to stay at the hotels because they are clean.
호텔이 깨끗하기 때문에 그곳에 머무는 것을 좋아합니다.

B It does not take much time to check in.
체크인하는 데 시간이 많이 걸리지 않습니다.

C I usually pay more to get rooms with views.
보통 경치가 좋은 방을 얻기 위해 돈을 더 냅니다.

Key Expressions

- **normally** 일반적으로, 보통
- **go on vacation** 휴가를 가다
- **arrive at** 도착하다
- **check in** 체크인하다
- **credit card** 신용카드
- **head to** ~로 향하다
- **get to** ~에 도착하다
- **look around** 둘러보다
- **take a look** 살펴보다, 살짝 보다
- **unpack** 짐을 풀다
- **change into** 갈아입다
- **comfortable** 편안한

저는 보통 휴가를 가면 호텔에 묵습니다. 호텔에 도착하면 먼저 프런트에 가서 체크인을 합니다. 이름을 알려 주고 신용카드를 줍니다. 방 열쇠를 가지고 방으로 향합니다. 방에 도착하면 먼저 방을 둘러보고 바깥 풍경도 살펴봅니다. 그 후에는 짐을 풀고 편안한 옷으로 갈아입습니다. 이것이 호텔에 도착해서 하는 일들입니다.

OPIc Magic Pattern 활용하기

OPIc 질문에 대한 모범 답변을 살펴본 후, 질문의 핵심 포인트를 파악하여 나만의 OPIc 답변을 만들어 보세요.

3 When was the last time you stayed at a hotel? Where were you, why were you there, and what did you do? Tell me the whole story from beginning to end.
🎧 MP3 29_Q3

언제 마지막으로 호텔에 묵었나요? 어디에 있었고, 왜 거기 있었고, 무엇을 했나요? 처음부터 끝까지 자세히 설명해 주세요.

	Structure	Idea
시작 문장	주제 문장 소개	remember, beachside hotel
본문	최근 호텔에 가서 한 일을 체크인부터 나열	arrived, went to the front desk, gave, name, credit card, got my room key, headed to, got to, looked around, took a look at, unpacked, changed into
마무리 문장	나의 답변 마무리	last time, stayed at

Model Answer 🎧 MP3 29_A3

I ❶ remember staying at a beachside hotel on my vacation.
+riverside +lakeside +mountainside

❷ The hotel was very nice and pretty. **A**

When I arrived at the hotel, I ❸ first went to the front desk to check in. **B**

I gave them my name and my credit card.

I got my room keys and headed to my room. **C**

When I got to my room, I first looked around.

Plus, I took a look at the view outside. It was ❹ amazing.

After that, I unpacked my things.

And then, I changed into comfortable clothes.

So, this was the last time I stayed at a hotel.

Expanding Your Answer

더 풍부하고 논리적인 답변을 위해 문장을 추가해 보세요.

A It had a swimming pool on the rooftop.
옥상에 수영장이 있었습니다.

B People working there were friendly.
그곳에서 일하는 사람들은 친절했습니다.

C The room was on the 20th floor.
방은 20층에 있었습니다.

Tips for Better Answers

* 호텔 주제의 '호텔에 도착해서 하는 일들, 언제 투숙하는지 설명' 내용을 활용
과거의 경험이기 때문에 과거형 시제로 바꿔 말하기

➤ ❶ 과거의 경험이기 때문에 〈remember+동명사〉로 문장 시작
Ex: I remember going to a nice hotel last month.
지난 달에 좋은 호텔에 간 기억이 난다.

➤ ❷ 호텔 묘사에 어울리는 형용사
modern: 모던한
sophisticated: 세련된
cozy: 안락한
spacious: 넓은
fancy: 화려한
luxurious: 럭셔리한
Ex: It was a newly opened hotel so it was sophisticated.
새로 연 호텔이라 세련됐다.

➤ ❸ 호텔 도착 후 하는 일을 나열하기 위해 접속사 사용
first, second, and then, after that
과거의 경험이기 때문에 모든 동사는 과거형으로 말하기

➤ ❹ 경치 묘사에 어울리는 형용사
breathtaking: 숨이 멎을 듯한
impressive: 인상적인
stunning: 놀라운
Ex: The view from the hotel was breathtaking.
호텔에서 본 경치가 숨이 멎을 듯 했다.

Key Expressions

- **beachside** 해안가의
- **on vacation** 휴가 중에
- **arrive at** 도착하다
- **check in** 체크인하다
- **credit card** 신용카드
- **head to** ~로 향하다
- **get to** ~에 도착하다
- **look around** 둘러보다
- **take a look** 살펴보다, 슬쩍 보다
- **unpack** 짐을 풀다
- **change into** 갈아입다
- **comfortable** 편안한

휴가 때 해변가에 있는 호텔에 묵었던 기억이 납니다. (+강가 +호숫가 +산 중턱) 그 호텔은 매우 좋고 예뻤습니다. 호텔에 도착했을 때, 먼저 체크인하기 위해 프런트로 갔습니다. 이름을 알려주고 신용카드를 주었습니다. 방 열쇠를 가지고 방으로 향했습니다. 방에 도착했을 때, 먼저 주위를 둘러보고 바깥 경치도 살펴봤습니다. 경치가 아주 좋았습니다. 그 후에, 짐을 풀고 편안한 옷으로 갈아입었습니다. 이것이 제가 호텔에 머문 마지막 경험이었습니다.

OPIc Magic Pattern 활용하기

OPIc 질문에 대한 모범 답변을 살펴본 후, 질문의 핵심 포인트를 파악하여 나만의 OPIc 답변을 만들어 보세요.

4 People often have memories of beautiful or interesting hotels. Tell me about a hotel that you remember for some reason. Where was it located? What was it like? Why was it so memorable? Describe that hotel for me in as much detail as possible. 🎧 MP3 29_Q4

사람들은 종종 아름답고 재미있었던 호텔에 대해 추억을 가지고 있습니다. 기억나는 호텔에 대해 말해 주세요. 어디에 있었고 어땠나요? 왜 기억에 남았나요? 가능한 한 그 호텔을 자세히 설명해 주세요.

	Structure	Idea
시작 문장	주제 문장 소개	remember, hotel resort
본문	방문했던 호텔 중 제일 좋았던 호텔과 그곳에서 한 일 묘사	best hotels, view, amazing, sunrise, sunset, ate at some restaurants, tasted incredible, got a massage, swimming
마무리 문장	나의 답변 마무리	most memorable hotels

Model Answer 🎧 MP3 29_A4

I remember staying at a hotel resort ❶ several years ago. **A**

It was ❷ one of the best hotels there. **B**

The view from the room was amazing.

I could see the sunrise and the sunset from the window.

❸ I ate at some restaurants in the hotel.

The food tasted ❹ incredible.

I also got a massage at the spa. **C**

I also went swimming in the swimming pool.

Looking back, it was one of the most memorable hotels in my life.

It was worth the money I spent.

Tips for Better Answers

❶ 과거의 경험이기 때문에 과거를 나타내는 시간을 말한 후 과거형 시제 사용
Ex: I stayed at an expensive hotel a few years ago.
몇 년 전에 비싼 호텔에 머물렀다.

❷ best 대신에 쓸 수 있는 형용사
Ex: It was one of the finest hotels there.
그곳에서 가장 훌륭한 호텔 중 하나였다.

❸ 답변 양 확보를 위해 호텔에서 한 일들 자세히 묘사
Ex: I went to a gym and worked out for one hour.
헬스장에서 한 시간 동안 운동했다.
And then, I got hungry so I went to a buffet on the rooftop.
그리고 나서 배가 고파서 옥상에 있는 뷔페에 갔다.

❹ 맛을 묘사할 수 있는 형용사
delicious: 맛있는
delish: 맛있는 (delicious 줄임말)

Expanding Your Answer

더 풍부하고 논리적인 답변을 위해 문장을 추가해 보세요.

A It was located right next to the famous beach.
유명한 해변 바로 옆에 위치해 있었습니다.

B Of course it was very pricey.
물론 매우 비쌌습니다.

C It was such a relaxing experience.
정말 편안한 경험이었습니다.

Key Expressions

- **several** 몇 개의
- **amazing** 멋진
- **sunrise** 일출
- **sunset** 일몰
- **incredible** 엄청난
- **worth** ~한 가치가 있다

몇 년 전에 호텔 리조트에 묵었던 기억이 납니다. 거기서 가장 좋은 호텔들 중 한 곳이었습니다. 방에서 내려다 본 경치는 정말 놀라웠습니다. 창가에서 일출과 일몰을 볼 수 있었습니다. 호텔에 있는 레스토랑에서 식사를 했는데 음식이 정말 맛있었습니다. 온천에서 마사지도 받았습니다. 수영장에서 수영도 했습니다. 돌이켜보면, 제 인생에서 가장 기억에 남는 호텔 중 하나였습니다. 그 돈을 쓸 만한 가치가 있었습니다.

Chapter 30
Appointment

빈출 주제 파악하기

질문을 제대로 파악하는 것만으로도 성공적으로 시험을 치를 수 있습니다. OPIc에서 자주 출제되는 질문들을 알아보세요.

1 **What kinds of appointments do you make in your life? Where do you go to make your appointments?**

평소에 어떤 예약을 하나요? 예약을 하러 어디로 가나요?

문항 유형	본인이 평소에 하는 예약 종류 묘사
문항 수준	Intermediate
핵심 포인트	• 병원, 치과, 미용실 예약 하는 방법 묘사 • 본인이 주로 하는 예약이기 때문에 주어 I 와 현재형 시제 사용
중요도	★

2 **What kinds of things do you do when you make appointments? Tell me what you exactly do when you make these appointments.**

예약을 할 때 어떤 일들을 하나요? 예약 할 때 정확히 무엇을 하는지 말해 주세요.

문항 유형	본인이 평소에 예약 하는 방법 구체적으로 묘사
문항 수준	Advanced
핵심 포인트	• 특정한 장소에 예약을 하기 전 그 장소를 어떻게 찾는지 묘사 • 본인이 평소에 예약하는 방법이기 때문에 주어 I 와 현재형 시제 사용
중요도	★

3 **Talk about an appointment you made as a child. What was the appointment for? Was it for a doctor, a dentist or a new school? What did you do and what happened when you got to your appointment?**

어릴 때 했던 예약에 대해 말해 주세요. 무슨 예약이었나요? 병원, 치과, 새로운 학교를 위한 것이었나요? 약속 장소에 도착했을 때 당신은 무엇을 했고 어떤 일이 발생했나요?

문항 유형	어렸을 때 했던 예약 경험 묘사
문항 수준	Advanced
핵심 포인트	• 어렸을 때 미용실에 간 경험 묘사 • 나의 경험이기 때문에 주어 I 사용하여 미용실에서 한 일을 순서대로 나열 • 과거의 경험이기 때문에 과거형 시제 사용
중요도	★

4 **Unexpected things can happen when you make an appointment. Talk about a memorable incident regarding an appointment. What exactly happened and how did you deal with the situation?**

예약을 할 때 예상치 못한 일이 생길 수 있습니다. 예약과 관련하여 기억에 남는 사건에 대해 말해 주세요. 정확히 무슨 일이 일어났고 어떻게 그 상황을 처리했나요?

문항 유형	예약관련 기억에 남는 에피소드 설명
문항 수준	Advanced
핵심 포인트	• 예약을 하고 특정한 장소에 갔는데 갑자기 못 가게 된 경험 묘사 • 본인의 과거 경험이기 때문에 주어 I 와 과거형 시제 사용
중요도	★★★

OPIc Magic Pattern 활용하기

OPIc 질문에 대한 모범 답변을 살펴본 후, 질문의 핵심 포인트를 파악하여 나만의 OPIc 답변을 만들어 보세요.

1. What kinds of appointments do you make in your life? Where do you go to make your appointments? 🎧 MP3 30_Q1

평소에 어떤 예약을 하나요? 예약을 하러 어디로 가나요?

	Structure	Idea
시작 문장	주제 문장 소개	various, appointments
본문	평상시에 정기적으로 예약하는 장소인 병원, 치과, 미용실에 대해 묘사	doctor appointments, when I am sick, get some tests, dentist appointments toothache, get my teeth cleaned, hair appointments, get my hair done, haircut get a perm, get my hair dyed, get my roots done
마무리 문장	나의 답변 마무리	these are, appointments

Model Answer 🎧 MP3 30_A1

I make various types of ❶ appointments in my life.
First, I make ❷ doctor appointments.
I do that when I am sick.
I also do that when ❸ I need to get some tests done. **A**
Also, I make dentist appointments.
I do that when I have a toothache.
I also do that when I need to ❹ get my teeth cleaned. **B**
Plus, I make hair appointments. **C**
I do that when I need to ❺ get my hair done.
I sometimes get a haircut or get a perm.
I sometimes get my hair dyed or get my roots done.
So, these are the appointments I make in my life.

Expanding Your Answer

더 풍부하고 논리적인 답변을 위해 문장을 추가해 보세요.

A My company provides a free medical check-up every year.
회사에서 매년 무료로 건강 검진을 제공합니다.
B The national health insurance covers it so I only pay 10 dollars.
국민건강보험에서 비용을 부담해 주기 때문에 10달러만 내면 됩니다.
C There is a hair salon I often visit near my company.
회사 근처에 자주 가는 미용실이 있습니다.

Tips for Better Answers

❶ appointment 주제가 나왔을 때에는 친구들, 직장 동료들 만나는 약속에 대해 말하면 안됨
appointment는 특정 서비스를 받기 위해 정확한 시간과 날짜를 정해 서비스 제공자를 만날 때 사용
Ex: hospitals, dentist clinics, massage shops, hair shops
* reservation은 특정 서비스가 아닌 공간, 테이블, 방 같은 장소를 예약할 때 주로 쓰임
Ex: I made a reservation at a nice restaurant for my birthday party.
나의 생일 파티를 위해 근사한 식당을 예약했다.

❷ = I make appointments at hospitals.
나는 병원에 갈 때 예약을 한다.

❸ 정확히 어떤 검사인지 언급할 필요가 없을 때 쓰는 표현
Ex: I need to get some things done.
조금 해야 할 일이 있다.
(정확히 무슨 일인지는 말하지 않음)

❹ 스케일링은 broken English!
clean teeth라고 할 경우 본인이 스스로 이를 닦는다는 의미
다른 사람이 해주는 일이기 때문에 get my teeth cleaned

❺ 미용실에서 받는 모든 서비스는 다른 사람이 해주는 일이기 때문에 〈get + 목적어 + 과거분사〉 사용
Ex: I dyed my hair.
(내가 직접) 염색했다.
I got my hair dyed.
(다른 사람이 내 머리를) 염색했다.

Key Expressions

- **various** 다양한
- **appointment** 예약
- **doctor appointment** 병원 예약
- **get some tests done** 검사를 받다
- **dentist appointment** 치과 예약
- **toothache** 치통
- **get my teeth cleaned** 치석 제거, 스케일링
- **hair appointment** 미용실 예약
- **get a perm** 파마하다
- **get my hair done** 머리를 하기 위해
- **get my hair dyed** 머리 염색을 하기 위해
- **get my roots done** 뿌리 염색을 하기 위해

저는 다양한 종류의 예약을 합니다. 먼저, 아플 때나 어떤 검사를 받아야 할 때 병원 예약을 합니다. 또, 치통이 있거나 치석 제거를 해야할 때 치과 예약을 합니다. 그리고 저는 머리 손질이 필요할 때 머리 예약을 합니다. 가끔 머리를 자르거나 파마를 하고, 머리를 염색하거나 뿌리 염색도 합니다. 이러한 것들이 제가 하는 예약입니다.

OPIc Magic Pattern 활용하기

OPIc 질문에 대한 모범 답변을 살펴본 후, 질문의 핵심 포인트를 파악하여 나만의 OPIc 답변을 만들어 보세요.

2 What kinds of things do you do when you make appointments? Tell me what you exactly do when you make these appointments.

예약을 할 때 어떤 일들을 하나요? 예약 할 때 정확히 무엇을 하는지 말해 주세요.

	Structure	Idea
시작 문장	주제 문장 소개	appointments, look for
본문	전화하기, 시간 정하기 등 예약할 때 해야 하는 행동 묘사	have it on, do a search, quite easy to find, make a phone call, ask them, available, when I want to come in, text confirming
마무리 문장	나의 답변 마무리	that is what I do

Model Answer

When I have to make ❶ **appointments**, I first look for a phone number.

Sometimes, I ❷ **have it on my phone**.

If not, I have to ❸ **do a search online**. **A**

It is quite easy to find phone numbers these days.

And then, I make ❹ **a phone call to make an appointment**.

I ask them when they are available. **B**

I tell them when I want to ❺ **come in** and hang up.

I usually get a text confirming my appointment. **C**

So, this is what I do when I make appointments.

Expanding Your Answer

더 풍부하고 논리적인 답변을 위해 문장을 추가해 보세요.

A All I need to do is typing in the name of the place. It takes only a few seconds.
그 장소의 이름만 입력하면 됩니다. 단 몇 초면 됩니다.

B I usually make appointments in the afternoon.
저는 보통 오후에 예약을 합니다.

C Then, I just need to be there on time.
그러고 나면, 시간에 맞춰 그곳에 가기만 하면 됩니다.

Tips for Better Answers

▶ ❶ 평상시에 자주 하는 예약에 관한 답변이기 때문에 일반화하여 복수 명사 사용
Ex: I make appointments whenever I visit hospitals or hair salons.
병원이나 미용실에 갈 때마다 예약을 한다.

▶ ❷ it = phone number
기기, 기계 앞에는 전치사 on 사용
Ex: There is a lot of information on the internet.
인터넷에는 많은 정보가 있다.

▶ ❸ search를 동사로 바꿔 말하기 가능
Ex: I have to search online.
온라인으로 찾아야 한다.

▶ ❹ '예약을 하기 위해 전화 한 통을 한다' 일반화가 아닌 특정 상황을 예를 들어 말하기 때문에 복수 명사가 아닌 단수 명사 사용

▶ ❺ = visit
Ex: I tell them when I want to visit.
언제 방문하고 싶은지 말한다.

Key Expressions

- **look for** 찾다
- **phone number** 전화번호
- **have it on** ~에 있다
- **available** 가능한
- **come in** 방문하다
- **hang up** 전화를 끊다
- **text** 문자, 문자를 보내다
- **confirm** 확인하다

예약을 해야 할 때 먼저 전화번호를 찾습니다. 그 번호가 가끔 제 휴대폰에 있을 때가 있습니다. 없으면 온라인으로 검색을 해야 합니다. 요즘에는 전화번호를 찾는 것이 꽤 쉽습니다. 그리고 나서, 저는 예약을 하기 위해 전화를 합니다. 언제 시간이 되는지 물어봅니다. 제가 언제 가고 싶은지 얘기하고 전화를 끊습니다. 보통 예약 확인 문자를 받습니다. 이것이 제가 예약하는 방법입니다.

OPIc Magic Pattern 활용하기

OPIc 질문에 대한 모범 답변을 살펴본 후, 질문의 핵심 포인트를 파악하여 나만의 OPIc 답변을 만들어 보세요.

3 Talk about an appointment you made as a child. What was the appointment for? Was it for a doctor, a dentist or a new school? What did you do and what happened when you got to your appointment?

🎧 MP3 30_Q3

어릴 때 했던 예약에 대해 말해 주세요. 무슨 예약이었나요? 병원, 치과, 새로운 학교를 위한 것이었나요? 약속 장소에 도착했을 때 당신은 무엇을 했고 어떤 일이 발생했나요?

	Structure	Idea
시작 문장	주제 문장 소개	making a hair appointment
본문	최근 미용실에 가서 머리 한 경험 묘사	get my hair done, went to, on time, hair stylist, shampooed, cut, dried, styled did a good job
마무리 문장	나의 답변 마무리	happy, new look

Model Answer 🎧 MP3 30_A3

❶ I remember making a hair appointment ❷ when I was a kid. **A**

I needed to ❸ get my hair done.

I went to the hair salon on time. **B**

First, my hair stylist ❹ shampooed my hair.

Next, she cut my hair.

After that, she shampooed my hair again.

And then, she dried and styled my hair.

My hair stylist did a good job. **C**

I was happy with the new look.

Tips for Better Answers

❶ remember + 동명사
과거의 경험에 대해 이야기할 때 가장 유용한 문법
Ex: I remember going to a hair salon near my place.
집 근처에 있는 미용실에 간 기억이 난다.

❷ 과거의 경험이기 때문에 시간을 나타내는 표현 사용
이러한 표현 후에는 반드시 과거형 시제 사용
= when I was young

❸ 〈get + 목적어 + 동사과거분사〉 목적어가 (동사) 하게 하다
사역동사 get 대신 have 사용 가능
Ex: I got (had) my teeth cleaned.
스케일링 받았다.

❹ shampoo가 동사로 쓰일 경우 '머리를 감다'
Ex: I shampoo my hair every morning.
나는 매일 아침 머리를 감는다.

* 미용실에서의 순서 외우는 것이 중요!
순서 나열할 때 first, next, after that과 같은 접속어 사용하기

Expanding Your Answer

더 풍부하고 논리적인 답변을 위해 문장을 추가해 보세요.

A I went to the hair salon with my mom.
엄마와 함께 미용실에 갔습니다.

B There were not many people at the salon.
미용실에는 사람이 많이 없었습니다.

C It took almost one hour to get my hair done.
머리 하는 데 거의 1시간이나 걸렸습니다.

Key Expressions

- **get my hair done** 머리 하러 가다
- **on time** 제 시간에
- **shampoo** 머리 감다
- **cut hair** 머리 자르다
- **dry** 머리 말리다
- **new look** 새로운 모습

어릴 때 미용실에서 머리를 했던 기억이 납니다. 머리 손질이 필요했습니다. 예약 시간에 맞춰 미용실에 갔습니다. 먼저, 미용사가 머리를 감겨 주었습니다. 그 후, 머리를 자르고 다시 머리를 감겨 주었습니다. 그리고 나서, 머리를 말리고 스타일링 해주었습니다. 미용사가 머리를 잘 해주었습니다. 저는 새로운 모습에 만족했습니다.

OPIc Magic Pattern 활용하기

OPIc 질문에 대한 모범 답변을 살펴본 후, 질문의 핵심 포인트를 파악하여 나만의 OPIc 답변을 만들어 보세요.

4 Unexpected things can happen when you make an appointment. Talk about a memorable incident regarding an appointment. What exactly happened and how did you deal with the situation? 🎧 MP3 30_Q4

예약을 할 때 예상치 못한 일이 생길 수 있습니다. 예약과 관련하여 기억에 남는 사건에 대해 말해 주세요. 정확히 무슨 일이 일어났고 어떻게 그 상황을 처리했나요?

	Structure	Idea
시작 문장	주제 문장 소개	remember, making a hair appointment
본문	예약을 한 장소와 이유를 말한 후 왜 못 가게 되었는지 사건 묘사	something came up, could not make it, called the hair salon, told them, could not go
마무리 문장	나의 답변 마무리	eventually, made a new appointment

Model Answer 🎧 MP3 30_A4

❶ I remember making a hair appointment recently. **A**

+making a doctor appointment

+making a dentist appointment

+making an appointment for a massage

+making an appointment for a manicure/pedicure.

However, ❷ something came up suddenly. **B**

I ❸ could NOT make it to my appointment.

I called the hair salon and told them that I could NOT go. **C**

+the clinic +the hospital +the dentist +the spa

Eventually, I made a new appointment and went another time.

Expanding Your Answer

더 풍부하고 논리적인 답변을 위해 문장을 추가해 보세요.

A It was two weeks ago, and I just wanted to get a haircut.
2주 전이었고 그냥 머리를 자르고 싶었습니다.

B My mother got food poisoning and she needed my help to get to the hospital.
어머니가 식중독에 걸려서 병원에 갈 때 제 도움이 필요했습니다.

C Fortunately, they understood my situation.
다행히 그들이 제 상황을 이해해 줬습니다.

Tips for Better Answers

▶ ❶ 과거의 경험이기 때문에 시작은 recall 또는 remember + 동명사 사용

* 발화량을 늘리려면 예약을 한 장소에 대한 추가 정보 제공
Ex: The hair salon was not far from my place and my appointment was at 2 pm.
미용실은 우리 집에서 멀지 않았고 오후 2시 예약이었다.

▶ ❷ 무슨 일이 발생했는지 정확히 묘사할 필요가 없을 때 유용한 표현
something 다음에 형용사를 추가하여 등급 업!
Ex: Something important came up.
뭔가 중요한 일이 생겼다.
Something serious came up.
뭔가 심각한 일이 생겼다.
Something urgent came up.
급한 일이 생겼다.

▶ ❸ 약속을 지키지 못하게 됐을 때 I can't go 보다 훨씬 고급 표현!
Ex: Can you make it? 너 올 수 있어?
I am sorry. I can't make it. I am swamped at work.
미안. 나 못 가. 회사에 일이 너무 많아.

Key Expressions

- **hair appointment** 미용실 예약
- **doctor appointment** 병원 예약
- **dentist appointment** 치과 예약
- **make it** 성공하다, 해내다
- **come up** 발생하다, 생기다
- **clinic** 작은 병원, 개인 병원

최근에 미용실 예약을 했던 기억이 납니다. (+ 병원 예약한 것 + 치과 예약한 것 + 마사지 예약한 것+ 매니큐어/페디큐어 예약한 것) 그런데 갑자기 일이 생겼습니다. 예약 시간에 맞춰 갈 수가 없었습니다. 미용실에 전화해서 못 간다고 했습니다. (+클리닉 +병원 +치과 +스파) 결국 다시 예약을 하고 다른 시간에 갔습니다.

Role Play

31 Role Play Master Key 템플릿

롤플레이에서 자주 출제되는 질문 유형을 알아보고 유형별, 주제별로 다양하게 사용할 수 있는 Master Key 템플릿을 학습해 보세요.

 Role Play 문제 유형 1

영업점 (제품) – 교환/환불 요청

(예) 휴대폰 대리점 / 가구점 / 상점 / 음식점 / 커피숍 / 영화관 부동산 / 렌터카 회사 / 건강 식품점

11. 제품 문의 (전화/현장)	**영업점 메시지 시작(전화)** - Hi there, I'm calling to ask about the movie tonight. I would like to get two tickets. 여보세요. 오늘 밤 영화에 대해 문의하려고 전화 드립니다. 티켓 2장을 구매하고 싶습니다. - Hi there, I'm calling to ask about package trips. I would like to go on a vacation. 여보세요. 패키지 여행에 대해 문의하기 위해 전화 드립니다. 휴가를 떠나고 싶습니다. - Hello. I'm calling to inquire about some furniture. I would like to get a new desk. 여보세요. 가구에 대해 문의하기 위해 전화 드립니다. 새 책상을 사고 싶습니다. **영업점 메시지 시작(현장)** - Hi there, I would like to get some new clothes. I would like to get a new shirt. 안녕하세요. 새 옷을 구입하고 싶습니다. 새 셔츠를 구매하고 싶습니다. - Hi there, I would like to get some new furniture. I would like to get a new bed. 안녕하세요. 안녕하세요. 새 가구를 구입하고 싶습니다. 새 침대를 구매하고 싶습니다. - Excuse me. I would like to get concert tickets. I would like to get four tickets. 실례합니다. 콘서트 티켓을 구매하고 싶습니다. 티켓 4장을 구매하고 싶습니다. **영업점 메시지 마무리(전화)** - Give me a call when you get this. Thanks. 이 메시지를 확인하면 전화 주세요. 고맙습니다. - Please give me a call as soon as possible. Thank you. 최대한 빨리 전화 주세요. 고맙습니다.

12. 제품 문제점 설명 + 교환/환불 요청 (전화)	**영업점 교환 / 환불** Hi there, I'm a person who got a new bed at your store. I'm afraid there is a problem with the bed. I think I got the wrong bed. I would like to come in to get an exchange. I wonder if I could get a refund if I want to. Would that be possible? I'm sorry for all the trouble. Can you tell me when I can visit your store? What are your business hours? How late are you open? Give me a call when you get this. Thanks. 여보세요. 저는 당신의 상점에서 새 가구를 샀던 사람입니다. 가구에 문제가 있는 것 같습니다. 가구가 잘못 온 것 같습니다. 교환을 받으러 가고 싶습니다. 제가 원하면 환불을 받을 수 있을지 궁금합니다. 가능할까요? 번거롭게 해드려 죄송합니다. 언제 상점에 방문할 수 있는지 말해 주실 수 있나요? 영업 시간이 언제인가요? 몇 시까지 영업을 하나요? 이 메시지를 받으면 전화 주세요. 고맙습니다.
13. 본인 유사 경험 묘사	— 고장이 나거나 손상된 물건을 구매했던 경험 — 기억에 남는 본인 쇼핑 경험 묘사 (물건 교환/환불 한 경험 활용) — 본인이 무엇인가를 어디에 두고 온 경험 묘사 (우산 두고 온 경험 활용) — 기억에 남는 커피숍 에피소드 설명 (지인 마주친 경험 활용) — 커피숍에서 사전 주문해 놓은 것이 없었던 경험 설명 — 최근에 간 음식점에서 한 일 묘사 — 음식점에서 있었던 예기치 않았던 에피소드 묘사 — 본인이 가장 좋아하는 술집 묘사 — 기억에 남는 술집 에피소드 설명 (술에 취한 경험 활용) — 주문한 가구에 문제가 있었던 경험 묘사 — 본인의 집에 뭔가 깨져 있거나, 깨 본 경험 설명 (접시를 깨뜨린 경험)

Role Play 문제 유형 2

영업점 (서비스) – 일정 변경 요청

(예) 여행사 / 병원 / 회사(면접) / 헬스클럽 (피트니스센터) / 영양사 / 해외 출장

11. 서비스/일정 문의 (전화/현장)	**영업점 일반 질문** - (종류) What kinds of phones are available? 어떤 종류의 휴대폰을 구매할 수 있나요? - (가격) Can you tell me how much they are? 얼마인지 알려 주실 수 있나요? - (추천) Can you recommend anything? 추천해 주실 것이 있나요? - (홈페이지) Is there a website I can see by any chance? 혹시 제가 볼 수 있는 홈페이지가 있나요? - (프로모션) I wonder if there are any promotions going on. It would be nice if I could get a good deal. 지금 진행되고 있는 프로모션이 있는지 궁금합니다. 큰 할인을 받으면 좋을 것 같습니다.
12. 문제 상황 설명 + 서비스 일정 변경 요청 (전화)	**영업점 일정 변경 요청** Hi there, I'm a person who booked a package trip. I DON'T think I can make it to my trip. Something has come up suddenly. I would like to reschedule my trip. Can you help me make new arrangements? Would that be possible? I'm sorry for all the trouble. Can you tell me when I can visit your office? What are your business hours? How late are you open? Give me a call when you get this. Thanks. 여보세요, 패키지 여행을 예약한 사람입니다. 제가 여행에 갈 수 없을 것 같습니다. 갑자기 일이 생겼습니다. 여행 일정을 재조정하고 싶습니다. 새로 준비할 수 있게 좀 도와주실 수 있나요? 그게 가능할까요? 번거롭게 해드려 죄송합니다. 언제 사무실에 방문할 수 있는지 말해 주실 수 있나요? 업무 시간이 언제인가요? 몇 시까지 영업을 하나요? 이 메시지를 받으면 전화를 주세요. 고맙습니다.
13. 본인 유사 경험 묘사	— 여행을 계획하는 단계에서 겪어본 어려움 묘사 (술에 취한 경험 활용) — 여행 중에 있었던 특이했던 에피소드 자세히 묘사 (식중독에 걸린 경험 활용) — 항공편이 취소되어 본인이 겪어 본 불편 설명 — 본인이 여행 중 교통편을 놓쳐서 생긴 문제 설명 — 중요한 약속이나 미팅 취소/변경 경험 묘사 — 본인이 건강을 위해 한 일들 묘사 — 본인의 과거 식습관이나 운동에 변화를 준 경험 설명 — 예약 변경 경험 설명 — 해외 출장이나 여행 중에 겪어본 문제와 해결 방법 설명 (식중독에 걸린 경험 활용) — 인터넷 리서치를 통해서 최근에 한 프로젝트 설명

Role Play 문제 유형 3

영업점 (제품/서비스) - 분실물 도움 요청

(예) 상점(지갑/물건) / 음식점(신용카드) / 식료품점(식료품) / 택시(가방)

11. 제품/서비스 문의 (전화)	**영업점 위치 질문** - Can you give me directions to your store? 상점까지 가는 길을 알려 주시겠어요? - I wonder if I could bring my car. 제 차를 가져가도 되는지 궁금합니다. - If not, I'll just take public transportation. 그렇지 않으면 대중교통을 이용하겠습니다. - Is it close to the subway station? 지하철역에서 가깝나요? - Is it within walking distance? 걸어서 갈 수 있는 거리에 있나요?
12. 분실물 도움 요청 (전화)	**영업점 분실물 도움 요청** Hi there, I'm a person who went to your restaurant last night. I'm afraid I left my wallet behind at your restaurant. It's a black leather wallet. Could you please check if you have my wallet? If so, I'll drop by to get it right away. Would that be possible? I'm sorry for all the trouble. Can you tell me when I can visit your restaurant? What are your business hours? How late are you open? Give me a call when you get this. Thanks. 여보세요, 저는 어젯밤에 당신의 음식점에 갔던 사람입니다. 안타깝지만 제 지갑을 음식점에 두고 온 것 같습니다. 블랙 가죽 지갑입니다. 제 지갑이 있는지 확인해 주시겠어요? 만약 있다면, 바로 찾으러 가겠습니다. 그게 가능할까요? 번거롭게 해드려 죄송합니다. 언제 음식점에 방문할 수 있는지 말해 주실 수 있나요? 영업 시간이 언제인가요? 몇 시까지 영업을 하나요? 이 메시지를 받으면 전화를 주세요. 고맙습니다.
13. 본인 유사 경험 묘사	- 은행 계좌나 신용카드 사용 중 문제 설명 - 카드나 ATM 사용 중 문제가 생겼던 에피소드 설명

Role Play 문제 유형 4

영업점 문의 + 지인에게 문제 상황 설명 + 대안 제시

(예) 공연장 / 호텔 / 여행사 / 기차역

11. 영업점에 문의 (전화)	(호텔) - Do you have <u>any vacancies</u> for tonight? 오늘 저녁에 남는 방 있나요? - <u>What kinds of</u> <mark>rooms</mark> do you have <u>available</u>? 어떤 종류의 방이 남아 있나요? - <u>What kinds of</u> <mark>tours</mark> do you have <u>available</u>? 어떤 종류의 투어가 가능한가요? (여행사) - <u>What kinds of</u> <mark>package trips</mark> do you have <u>available</u>? 어떤 종류의 패키지 여행이 가능한가요? (기차역 / 공연장) - <u>What kinds of</u> <mark>tickets</mark> do you have <u>available</u>? 어떤 종류의 티켓을 구할 수 있나요?
12. 지인에게 문제 상황 설명 + 대안 제시(연기 or 일정 변경)	예약이 차 있을 경우 - It is fully booked. 예약이 꽉 차 있습니다. 장소가 불만족스러운 경우 - It is not cleaned properly. 제대로 치워지지 않았습니다. - It is smaller than I had thought. 제 생각보다 더 작습니다. - I am very unhappy with the room. 이 방에 불만족스럽습니다. 아픈 경우 - I am very sick right now. 지금 제가 너무 아픕니다.
13. 본인 유사 경험 묘사	— 본인의 과거 계획 취소 경험 (술에 취한 경험 활용) — 여행 계획이 뜻대로 되지 않은 경험 묘사 — 본인이 무엇인가를 어디에 두고 온 경험 묘사 (우산 두고 온 경험 활용) — 호텔에서 기억에 남는 에피소드 묘사 (식중독에 걸린 경험) — 예상치 못한 날씨로 인한 본인 에피소드 묘사 (우산 두고 온 경험 활용) — 본인이 인터넷을 하면서 겪은 불편 묘사

Role Play 문제 유형 5

지인-불참/지각 통보 + 대안 제시

(예) 생일 파티 / 휴일 파티 / 친구 약속 / 식사 / 공원 / 술집

11. 지인에게 질문 (전화)	**지인과 하고 싶은 일 질문** - Can you tell me <u>what you want to do</u>? 뭘 하고 싶은지 말해 줄 수 있어? - <u>Why DON'T we</u> go on a picnic? 우리 소풍 가는 것 어때? - <u>How about</u> we make some sandwiches? 우리가 샌드위치 만들어 가는 건 어때? - Or, <u>maybe we could</u> eat at a decent place. <u>What do you say we</u> do a search before we go? 아니면 꽤 괜찮은 장소에서 먹어도 될 것 같아. 출발하기 전에 검색해 보는 건 어때? **지인과 만날 시간 약속 질문** - Can you tell me <u>when you want to go</u> (meet)? 언제 갈 수 (만날 수) 있는지 말해 줄 수 있어? - <u>I'm free</u> on Saturday. 나는 토요일에 시간 돼. - <u>Are you available</u> that day? 그날 너 시간 돼? - If not, I can <u>make some time</u> on Sunday. 안 된다면, 일요일에 시간을 조금 낼 수 있어. - Tell me <u>when the best time is</u> for you. 너한테 가장 좋은 시간이 언제인지 말해 줘.
12. 지인에게 불참/지각 통보 + 대안 제시 (연기or 먼저 식사)	**지인에게 불참 통보** Hi there, Jake. This is Brian. <u>I have some bad news</u>. I <u>DON'T think I can make it</u> <mark>to the park</mark>. <u>Something has come up suddenly.</u> Can you tell me <u>what you want to do</u>? <u>Why DON'T we</u> go next time? <u>How about</u> we go next week or the week after that? Or, <u>maybe we could</u> go another time. <u>What do you say</u> we fix the date? Can you tell me <u>what you think</u>? I'm <u>fine with whatever you decide</u>. Call me back when you get this. Thanks. 안녕, 제이크. 브라이언이야. 나쁜 소식이 있어. 오늘 공원에 못 갈 것 같아. 갑자기 일이 좀 생겼어. 네가 어떻게 하고 싶은지 말해 줄래? 다음에 가는 건 어때? 다음 주나 그 다음주에 가는 건 어떨까? 아니면 다른 때에 가도 돼. 날짜를 정하는 게 어떨까? 어떻게 생각하는지 말해 줄래? 네가 어떤 결정을 내리든 난 다 괜찮아. 이거 받으면 전화 줘. 고마워.

지인에게 지각 통보

Hi there, Jake. This is Brian. I <mark>have some bad news</mark>.
I <mark>DON'T think I can make it</mark> to the party on time.
<mark>I just had a car accident</mark>.
Can you tell me <u>what you want to do</u>?
<u>Why DON'T you</u> have dinner by yourself? <u>How about</u> we grab some drinks later on? Or, <u>maybe we could</u> just have coffee.
What do you say we just <u>play it by ear</u>?
Can you tell me what you think?
I'm <u>fine with whatever you decide</u>. Call me back when you get this. Thanks.

안녕, 제이크. 브라이언이야. 나쁜 소식이 있어. 오늘 파티에 제 시간에 못 갈 것 같아. 방금 차 사고가 났어. 네가 어떻게 하고 싶은지 말해 줄래? 우선 너 혼자서 저녁 식사 하는 건 어때? 나중에 같이 술 마시는 건 어떨까? 아니면 그냥 커피를 마셔도 돼. 그때 상황 봐서 정하는 거 어때? 네가 어떻게 생각하는지 말해 줄래? 네가 어떤 결정을 내리든 난 다 괜찮아. 이거 받으면 전화 줘. 고마워.

13. 본인 유사 경험 묘사	— 공원에서 있었던 본인 에피소드 묘사 (지인 만난 경험 활용) — 나쁜 날씨 때문에 해변 여행을 취소한 경험 묘사 — 누군가의 약속을 취소한 경험 묘사 (술에 취한 경험 활용) — 일 생겨서 파티나 여행 취소 경험 묘사 (술에 취한 경험 활용)

Role Play 문제 유형 6

지인 – 문제 상황 설명 + 대안 제시

(예) MP3 / 자전거 / 친척집 / 재활용

11. 지인에게 질문 (전화)	**지인 메시지 시작 (전화)** - Hi there, Jim. This is Liz. I'm calling to ask about your birthday party. 여보세요, 짐. 리즈야. 너의 생일파티에 대해 물어보려고 전화했어. - Hi there, Tom. This is Brian. I'm calling to ask about the new bar you talked about. 여보세요, 톰. 브라이언이야. 네가 이야기한 새 술집에 대해 물어보려고 전화했어. - Hi there, Jake. This is Kate. I'm calling to ask about going to the park. 여보세요, 제이크. 케이트야. 공원에 가는 것에 대해 물어보려고 전화했어. - Hi there, uncle Joe. This is Jim. I'm calling to ask about watching your house. 여보세요, 조 삼촌. 짐이예요. 삼촌네 집 봐주는 것에 대해 여쭤볼 게 있어서 전화 드렸어요. **지인 메시지 마무리 (전화)** - Give me a call when you get this. Thanks. 이거 받으면 연락 줘. 고마워. - Please give me a call as soon as possible. Thank you. 최대한 빨리 전화 줘. 고마워.
12. 지인에게 특수 상황에 대한 문제 설명 + 대안 제시 (문제 해결 방안)	**빌린 MP3 고장 낸 상황** - I broke your MP3 player by mistake. I dropped it on the floor and a truck ran over it. I am so sorry about what happened. 내가 실수로 네 MP3 플레이어를 고장 냈어. 바닥에 떨어트렸는데 트럭이 밟고 지나갔어. 이런 일이 생겨서 정말 미안해. **빌린 자전거 고장 낸 상황** - I parked your bike at the shopping mall, but a truck ran over it. I am so sorry about what happened. 네 자전거를 쇼핑몰에 주차했는데 트럭이 밟고 지나갔어. 이런 일이 생겨서 정말 미안해. **친척 집의 열쇠를 못 찾는 상황** - I cannot find the keys to the house and I cannot get in. 집 열쇠를 찾을 수가 없어서 들어갈 수가 없어요. **새 입주자에게 재활용 정책에 대해 설명하는 상황** - People are very upset because you are not recycling properly. 당신이 제대로 재활용을 하지 않아서 사람들이 매우 화가 나 있어요.
13. 본인 유사 경험 묘사	— 본인의 기계 / 기기 고장 경험 설명 — 자전거나 다른 교통수단 관련 겪은 어려움 묘사 (교통 체증에 걸린 경험 활용) — 가족이나 친구와의 약속 못 지켰던 경험 묘사 (술에 취한 경험 활용) — 어렸을 때 재활용 경험 설명 — 본인이 재활용 중 있었던 문제 설명

32 Role Play 상점

Role Play Master Key Patterns

롤플레이 답변 시에 활용할 수 있는 주제별 Key Patterns을 학습해 보세요.

1. 상점에 방문해서, 또는 전화로 구매하고 싶은 물건 에 관해 설명할 때 사용할 수 있는 표현

⟨be thinking of getting something + 주어 + 동사⟩
(주어)가 (동사) 할 수 있는 무언가 (something)를 사려고 (getting) 생각 중 (be thinking)이다
I am thinking of getting something I can wear comfortably. 제가 편하게 입을 수 있는 무언가를 사려고 생각 중입니다.
I am thinking of getting something I can wear when I go to work. 제가 회사 갈 때 입을 수 있는 무언가를 사려고 생각 중입니다.

* getting 대신 buying 사용 가능

2. 구매하고 싶은 옷의 종류 에 대해 물을 때 사용할 수 있는 표현

⟨what kinds of + 복수 명사 + are available?⟩ ⟨what kinds of + 복수 명사 + do you have available?⟩
어떤 종류의 (명사)가 있나요? / 어떤 종류의 (명사)를 구할 수 있나요?
What kinds of shirts are available? 어떤 종류의 셔츠가 있나요?
What kinds of furniture are available? 어떤 종류의 가구가 있나요?
What kinds of rooms do you have available? 어떤 종류의 방이 남아 있나요?

3. by any chance 사용하여 상점의 홈페이지 에 대해 질문하기

⟨by any chance⟩ 혹시라도 (의문문에서 주로 쓰이는 표현)
Is there a website I can see by any chance? / By any chance, is there a website I can see?
혹시라도 볼 수 있는 홈페이지가 있나요?

4. 받은 물건에 문제가 생겨 상점에 전화/방문 했을 때 자신을 소개하는 방법

⟨be a person + 관계대명사 who + 과거형 동사⟩
(동사)한 사람이다
I am a person who got some new clothes at your store. 당신의 상점에서 새 옷을 산 사람입니다.
I am a person who got groceries at your store. 당신의 상점에서 장을 본 산 사람입니다.

5. 구매한 물건을 두고 왔을 때 문장 시작하는 표현

⟨I'm afraid + 주어 + 동사⟩
죄송하지만, (주어)가 (동사)하다
I'm afraid I left my new shirt behind at your store. 죄송하지만 제가 당신의 상점에 제 셔츠를 두고 온 것 같습니다.
I'm afraid I left my groceries behind at your store. 죄송하지만 제가 당신의 상점에 장 본 것을 두고 온 것 같습니다.
* be afraid는 상황에 따라 '안타깝다' '두렵다' '유감스럽다' 등 다양한 의미를 지님

6. 프로모션 또는 할인이 있는지 물을 때 사용할 수 있는 표현

⟨wonder if + 주어 + 동사⟩ (주어)가 (동사)인지 궁금하다
I wonder if there are any promotions going on. 진행 중인 프로모션이 있는지 궁금합니다.
I wonder if I could bring my car. 제가 차를 가져와도 되는지 궁금합니다.

7. 물건이 있는지 확인을 부탁할 때 사용할 수 있는 표현

⟨could you please check if + 주어 + 동사⟩
(주어)가 (동사)한 지 확인해 주실 수 있나요?
Could you please check if you have my wallet? 제 지갑이 있는지 확인해 주실 수 있나요?

8. 문제가 있는 옷의 교환 및 환불을 정중하게 요청할 때 사용할 수 있는 표현

⟨would like to +동사⟩ (동사)를 하고 싶다
⟨wonder if 주어 + 조동사 could + 동사원형⟩ (주어)가 (동사) 할 수 있는 지 궁금하다
I would like to come in to get an exchange. 저는 가서 교환을 받고 싶습니다.
I wonder if I could get a refund if I want to. 제가 원하면 환불을 받을 수 있는지 궁금합니다.

9. 물건이 품절되었던 경험과 구매한 물건을 환불해야 했던 경험에 대해 이야기할 때 쓰이는 표현

⟨shop for 명사⟩ (명사)를 사러 가다 ⟨wanted to get⟩ 사고 싶었던
I went to a department store to shop for some shoes. I wanted to get a pair of running shoes.
신발을 사기 위해 백화점에 갔습니다. 러닝화를 사고 싶었습니다.
   * shop for / get 대신 buy 사용 가능
I went to a clothing store to buy some clothes. I wanted to buy a new shirt.
옷을 사기 위해 옷 가게에 갔습니다. 새 셔츠를 사고 싶었습니다.

10. 전화로 대화를 마무리할 때 쓰이는 표현

Give me a call when you get this. 이 메시지 받으면 전화주세요.

OPIc 모범 답변 학습하기

OPIc 질문에 대한 모범 답변을 살펴본 후, 질문의 핵심 포인트를 파악하여 나만의 OPIc 답변을 만들어 보세요.

Clothing Store 옷 가게

1 I'd like to give you a situation and ask you to act it out. You are at a clothing store and need to get some clothes. Ask three or four questions about the clothes you would like to buy. 🎧 MP3 32_Q1

상황을 하나 드릴 테니 연기해 보세요. 당신이 옷 가게에 있는데 옷을 사야 합니다. 사고 싶은 옷에 대해 서너 개의 질문을 하세요.

문항 유형	옷 가게 현장 직원에게 옷 구매에 대해 문의
문항 수준	Intermediate
핵심 포인트	• 상점에 직접 방문해서 문의하기 • 구매하고 싶은 옷에 대해 질문하기
중요도	★★★★★

Model Answer 🎧 MP3 32_A1

Hi there, I would like to get some new clothes.

I would like to get a new shirt. **A**

I am thinking of getting something I can wear comfortably. **B**

What kinds of shirts are available? **C**

Can you tell me how much they are?

Can you recommend anything?

Is there a website I can see by any chance?

I wonder if there are any promotions going on.

It would be nice if I could get a good deal.

Translation

안녕하세요, 새 옷을 사고 싶습니다.
새 셔츠를 사고 싶습니다.
편하게 입을 수 있는 것을 사려고 생각하고 있습니다.
어떤 종류의 셔츠를 살 수 있나요?
그것이 얼마인지 말해 줄 수 있나요?
추천해 주실 것이 있나요?
혹시 제가 볼 수 있는 웹사이트가 있나요?
프로모션이 진행되고 있는지 궁금합니다.
싸게 살 수 있으면 좋을 것 같습니다.

Expanding Your Answer

더 풍부하고 논리적인 답변을 위해 문장을 추가해 보세요.

A What is the most popular shirt for men these days?
요즘 인기 있는 남성용 셔츠가 어떤 건가요?

B It does not have to be dressy.
정장용이 아니어도 됩니다.

C What colors does it come in?
무슨 색상으로 나오나요?

Key Expressions

- **would like to** ~를 하고 싶다
- **clothes** 옷
- **wear** 입다
- **comfortably** 편안하게
- **available** 이용 가능한
- **recommend** 추천하다
- **by any chance** 혹시라도
- **promotion** 프로모션
- **a good deal** 싼 가격, 좋은 가격

2 I'm sorry, but there is a problem that I need you to resolve. The clothes you have ordered have arrived, but one of the shirts has a problem. Call the clothing store and explain the problem. Give two to three alternatives to solve the problem.

안타깝지만 당신이 해결해야 하는 문제가 생겼습니다. 주문한 옷이 도착했는데 셔츠 중 하나에 문제가 있습니다. 옷 가게에 전화해서 문제를 설명하세요. 그 문제를 해결하기 위해 두세 가지의 대안을 제시하세요.

문항 유형	배달된 여러 옷 중 셔츠에 문제가 있음. 전화 문제 해결
문항 수준	Advanced
핵심 포인트	• 옷 가게에 전화해서 옷의 문제점에 대해 설명하기 • 대안으로 교환과 환불 제시하기
중요도	★★★★★

Model Answer

Hi there, I'm a person who got some new clothes at your store. **A**

I'm afraid there is a problem with the shirt.

I think I got the wrong shirt. **B**

I would like to come in to get an exchange. **C**

I wonder if I could get a refund if I want to.

Would that be possible?

I'm sorry for all the trouble.

Can you tell me when I can visit your store?

What are your business hours?

How late are you open?

Give me a call when you get this. Thanks.

Translation

여보세요. 저는 당신의 상점에서 새 옷을 샀던 사람입니다.
셔츠에 문제가 있는 것 같습니다.
셔츠가 잘못 온 것 같습니다.
교환을 받으러 가고 싶습니다.
제가 원하면 환불을 받을 수 있을지 궁금합니다.
그게 가능할까요?
번거롭게 해드려 죄송합니다.
언제 상점에 방문할 수 있는지 말해 주실 수 있나요?
영업 시간이 언제인가요?
얼마나 늦게까지 여나요?
이 메시지를 받으면 전화를 주세요. 고맙습니다.

Expanding Your Answer

더 풍부하고 논리적인 답변을 위해 문장을 추가해 보세요.

A I went there yesterday and bought some clothes.
어제 그곳에 가서 옷을 조금 샀습니다.

B This is not the color I ordered.
이건 제가 주문한 색상이 아닙니다.

C If it is possible, I can visit your store today.
가능하다면 오늘 상점에 방문 할 수 있습니다.

Key Expressions

- **I'm afraid** 미안하지만, 안타깝지만
- **wrong** 잘못된
- **come in** 방문하다
- **get an exchange** 교환 받다
- **wonder** 궁금하다
- **get a refund** 환불 받다
- **trouble** 문제점, 골칫거리
- **business hours** 영업 시간
- **give a call** 전화하다

3. That's the end of the situation. Have you ever been unhappy with something that you had bought or some service you had received? What was the problem? How did you deal with the situation? Tell me everything in detail.

상황이 종료되었습니다. 당신은 구매한 물건이나 받았던 서비스에 불만이었던 경험이 있나요? 무엇이 문제였나요? 그 상황을 어떻게 해결했나요? 모든 것에 대해 자세히 말해 주세요.

문항 유형 본인의 구매 물건 혹은 받은 서비스 불만 경험 묘사
문항 수준 Advanced
핵심 포인트
- 구매하려고 했던 물건이 품절이었던 경험을 과거형 시제로 묘사
- 이미 구매한 물건에 문제가 생겨 환불 받아야 했던 경험을 과거형 시제로 묘사

중요도 ★★★

Model Answer

I remember shopping for some running shoes recently. **A**

There were a pair of shoes I wanted to get.

However, the store did NOT have my size in stock.

They were sold out. **B**

I could NOT get the shoes I wanted.

+I had to get them online later on.

Plus, I remember getting a shirt online recently.

I really liked it when I got it. **C**

However, when I tried it on at home, it did NOT fit me THAT well.

+It was too tight and short.

It did NOT look good on me at all.

Eventually, I sent it back to get a refund.

Translation

최근에 러닝화를 사러 갔던 기억이 납니다.
제가 사고 싶었던 신발 한 켤레가 있었습니다.
하지만, 상점에 제 사이즈가 없었습니다.
다 팔렸던 겁니다.
제가 원하던 신발을 구할 수 없었습니다.
(+나중에 온라인으로 사야 했습니다.)
뿐만 아니라, 최근 온라인에서 셔츠를 산 기억이 납니다.
받았을 때에는 너무 좋았습니다.
하지만 집에서 입어보니 그렇게 잘 맞지 않았습니다.
(+너무 끼고 짧았습니다.)
저에게 전혀 어울리지 않았습니다.
결국 환불 받기 위해 반품했습니다.

Expanding Your Answer

더 풍부하고 논리적인 답변을 위해 문장을 추가해 보세요.

A I went to a shopping center near my office.
회사 근처 쇼핑센터에 갔습니다.

B I was extremely disappointed.
매우 실망했습니다.

C Plus, the price was reasonable.
게다가 가격도 적당했습니다.

Key Expressions

- **running shoes** 러닝화
- **a pair of** 한 쌍의
- **in stock** 재고에
- **sold-out** 품절
- **later on** 나중에
- **try on** 입어보다
- **fit** 잘 맞다
- **tight** 끼는
- **send back** 돌려보내다
- **refund** 환불

Store Sale 상점 세일

4 I'd like to give you a situation and ask you to act it out. You see a sign at your favorite store that says that they are having a big sale. Go to the store and ask three or four questions to get as much information as possible about the sale.

상황을 하나 드릴 테니 연기해 보세요. 당신이 가장 좋아하는 상점에 큰 세일을 한다는 간판이 있습니다. 상점에 가서 세일에 관한 정보를 얻기 위해 서너 개의 질문을 하세요.

문항 유형	좋아하는 상점에 직접 가서 세일 관련 질문
문항 수준	Intermediate
핵심 포인트	• 상점에 직접 방문해서 문의하기 • 세일 중인 옷에 대해 질문하기
중요도	★★★

Model Answer

Hi there, I would like to ask about the sale. **A**

I would like to get a new shirt.

I am thinking of getting something I can wear comfortably.

What kinds of shirts are available?

Can you tell me how much they are? **B**

Can you recommend anything? **C**

Is there a website I can see by any chance?

I wonder if there are any promotions going on.

It would be nice if I could get a good deal.

Translation

안녕하세요, 세일에 대해 묻고 싶습니다.
새 셔츠를 사고 싶습니다.
편하게 입을 수 있는 것을 사려고 생각하고 있습니다.
어떤 종류의 셔츠를 살 수 있나요?
그것이 얼마인지 말해 줄 수 있나요?
추천해 주실 것이 있나요?
혹시 제가 볼 수 있는 웹사이트가 있나요?
프로모션이 진행되고 있는지 궁금합니다.
싸게 살 수 있으면 좋을 것 같습니다.

Expanding Your Answer

더 풍부하고 논리적인 답변을 위해 문장을 추가해 보세요.

A I saw a sign saying that everything here is on sale.
여기 있는 모든 것이 다 할인이라고 하는 간판을 봤습니다.

B How much discount can I get?
얼마만큼 할인을 받을 수 있나요?

C Do you have a dark-colored jacket?
혹시 진한 색 자켓이 있나요?

Key Expressions

- **would like to** ~를 하고 싶다
- **clothes** 옷
- **wear** 입다
- **comfortably** 편안하게
- **available** 이용 가능한
- **recommend** 추천하다
- **by any chance** 혹시라도
- **promotion** 프로모션
- **a good deal** 싼 가격, 좋은 가격

5 I'm sorry, but there is a problem that I need you to resolve. Once you get home with an item you bought, you realize that the item is damaged. Call the store and explain the situation and state what you want to do to resolve the situation.

안타깝지만 당신이 다시 해결해야 하는 문제가 생겼습니다. 구입한 물건을 가지고 집에 돌아온 후에 물건이 파손된 것을 알게 되었습니다. 상점에 전화를 걸어 상황을 설명하고, 문제 해결을 위해 무엇을 하고 싶은지 설명하세요.

문항 유형	구매한 물품이 손상되어 있음. 상점에 전화로 문제 해결
문항 수준	Advanced
핵심 포인트	• 옷 가게에 전화해서 옷의 문제점에 대해 설명하기 • 대안으로 교환과 환불 제시하기
중요도	★★★

Model Answer

Hi there, I'm a person who got a shirt at your store. **A**
I'm afraid there is a problem with the shirt.
There is a rip on the right sleeve. **A**
I would like to come in to get an exchange.
I wonder if I could get a refund if I want to.
Would that be possible?
I'm sorry for all the trouble.
Can you tell me when I can visit your store?
What are your business hours?
How late are you open? **C**
Give me a call when you get this. Thanks.

Translation

여보세요, 저는 당신의 상점에서 셔츠를 산 사람입니다.
안타깝지만 셔츠에 문제가 있는 것 같습니다.
오른쪽 소매가 찢어졌습니다.
교환을 받으러 가고 싶습니다.
제가 원하면 환불을 받을 수 있을지 궁금합니다.
그게 가능할까요?
번거롭게 해드려 죄송합니다.
언제 상점에 방문할 수 있는지 말해 주실 수 있나요?
영업 시간이 언제인가요?
얼마나 늦게까지 여나요?
이 메시지를 받으면 전화를 주세요. 고맙습니다.

Expanding Your Answer

더 풍부하고 논리적인 답변을 위해 문장을 추가해 보세요.

A I bought the one that was on sale.
세일 중이던 것을 샀습니다.

B I am sure it was there even before I bought it.
제가 구매하기 전부터 있던 게 확실합니다.

C Is it okay that I go there around 8pm?
저녁 8시쯤에 가도 될까요?

Key Expressions

- **I'm afraid** 미안하지만, 안타깝지만
- **wrong** 잘못된
- **come in** 방문하다
- **get an exchange** 교환 받다
- **wonder** 궁금하다
- **get a refund** 환불 받다
- **trouble** 문제점, 골칫거리
- **business hours** 영업 시간
- **give a call** 전화하다

6 That's the end of the situation. Have you ever bought something that did not work or was damaged? Tell me about the item you bought that did not function properly or was damaged. Explain what the item was, what was wrong with it and what you did to resolve the situation.

🎧 MP3 32_Q6

상황이 종료되었습니다. 작동하지 않거나 손상된 물건을 산 적이 있나요? 제대로 작동하지 않았거나 손상된 물건을 구매한 경험에 대해 말해 주세요. 그 물건이 무엇이었는지, 무엇이 문제였는지, 그리고 상황을 해결하기 위해 무엇을 했는지 설명해 주세요.

문항 유형	고장이 나거나 손상된 물건을 구매했던 경험 설명
문항 수준	Intermediate / Advanced
핵심 포인트	• 고장이 나거나 손상된 물건을 구매했던 경험이 없다고 답하기 • 만약 그러한 경험이 있다면 무엇이 문제였는지, 그리고 어떻게 해결했는지 설명하기
중요도	★★★

Model Answer

Answer 1 🎧 MP3 32_A6-1

Frankly speaking, I have never had that kind of experience.

I think I was lucky.

So, I really do NOT have much to say about this topic.

Answer 2 🎧 MP3 32_A6-2

A few weeks ago, I bought a new phone online. **A**

However, the screen was cracked. **B**

Something must have happened during the delivery.

I asked for an exchange right away.

I had to wait another week to get another phone. **C**

It was very frustrating.

So, this was my experience of getting something damaged.

Translation

Answer 1
솔직히 말해서, 저는 그런 경험을 한 적이 없습니다.
아주 운이 좋은 것 같습니다.
그래서, 저는 이 주제에 대해 별로 할 말이 없습니다.

Answer 2
몇 주 전에 저는 온라인으로 새 스마트폰을 구매했습니다.
하지만 스크린에 금이 가 있었습니다.
배송 도중에 무슨 일이 생긴 것이 분명했습니다.
바로 교환 신청을 했습니다.
다른 휴대폰을 받기 위해 한 주를 더 기다려야 했습니다.
매우 짜증이 났습니다.
즉, 이것이 제가 손상된 물건을 받은 경험입니다.

Expanding Your Answer

더 풍부하고 논리적인 답변을 위해 문장을 추가해 보세요.

A It was a brand new phone from Samsung.
삼성에서 나온 신상 휴대폰이었습니다.

B I was extremely upset.
저는 매우 화가 났습니다.

C I had to live without the phone.
휴대폰 없이 살아야 했습니다.

Key Expressions

- **frankly speaking** 솔직히 말해서
- **experience** 경험
- **lucky** 운이 좋은
- **screen** 화면
- **crack** 금이 가다
- **delivery** 배송
- **exchange** 교환
- **frustrating** 짜증나는
- **damage** 손상

Store 상점 친구에게 문의

7 I'd like to give you a situation and ask you to act it out. There is a newly opened store in your neighborhood. Call your friend who knows about the new store and ask some questions about the store to get some information.

상황을 하나 드릴 테니 연기해 보세요. 동네에 새로 문을 연 상점이 있습니다. 새 상점에 대해 알고 있는 친구에게 전화를 걸어 그 상점에 대한 정보를 얻기 위해 몇 가지 질문을 하세요.

문항 유형 새로 오픈한 상점에 대해 친구에게 전화로 질문
문항 수준 Intermediate
핵심 포인트
- 친구에게 전화로 질문하기
- 새로 오픈한 상점의 물건, 할인, 위치 등에 대해 질문하기

중요도 ★★★★★

Model Answer

Hi there, Liz. This is Brian. **A**
I'm calling to ask about the new store. **B**
I would like to get some new clothes.
What kinds of clothes are available?
Can you tell me how much they are?
Can you recommend anything?
Is there a website I can see by any chance? **C**
I wonder if there are any promotions going on.
It would be nice if I could get a good deal.
Plus, can you give me directions to the store?
I wonder if I could bring my car.
If not, I'll just take public transportation.
Is it close to the subway station? Is it within walking distance?
Give me a call when you get this. Thanks.

Translation

여보세요, 리즈. 브라이언이야.
새로 생긴 상점에 대해 물어보려고 전화했어.
나는 새 옷을 사고 싶어.
어떤 종류의 옷을 구매할 수 있어?
얼마인지 말해 줄 수 있어?
추천해 줄 것이 있어?
혹시 내가 볼 수 있는 웹사이트가 있어?
프로모션이 진행되고 있는지 궁금해.
싸게 살 수 있으면 좋을 것 같아.
그리고, 상점으로 가는 길 좀 알려 줄래?
내 차를 가져가도 되는지 궁금해.
그렇지 않으면 대중교통을 이용할게.
지하철역에서 가까워? 걸어서 갈 수 있는 거리에 있어?
이 메시지를 받으면 전화 줘. 고마워.

Expanding Your Answer

더 풍부하고 논리적인 답변을 위해 문장을 추가해 보세요.

A How have you been doing?
그동안 어떻게 지냈어?

B Jessica told me that you know a great store.
네가 좋은 상점을 안다고 제시카에게 들었어.

C Could you please text me the website address?
웹사이트 주소를 문자로 보내 줄 수 있어?

Key Expressions

- **would like to** ~를 하고 싶다
- **clothes** 옷
- **available** 이용 가능한
- **recommend** 추천하다
- **by any chance** 혹시라도
- **wonder** 궁금하다, 궁금해하다
- **promotion** 프로모션
- **a good deal** 싼 가격, 좋은 가격
- **direction** 위치, 찾아가는 방법
- **bring** 가져가다
- **walking distance** 도보로 갈 수 있는 거리

8. I'm sorry, but there is a problem that I need you to resolve. You left your wallet behind at the store. Call the store and explain the situation. Give two to three alternatives to solve the problem.

안타깝지만 당신이 해결해야 하는 문제가 생겼습니다. 상점에 당신의 지갑을 두고 왔습니다. 상점에 전화해서 상황을 설명하세요. 문제를 해결하기 위해 두세 가지 대안을 제시하세요.

문항 유형 지갑을 상점에 두고 옴. 전화로 도움 요청
문항 수준 Advanced
핵심 포인트
- 상점에 전화해서 문제 상황 설명하기
- 물건을 가지러 가기 위해 필요한 질문하기

중요도 ★★★★★

Model Answer

Hi there, I'm a person who got some clothes at your store. **A**

I'm afraid I left my wallet behind at your store.

It's a black leather wallet. **B**

Could you please check if you have my wallet? **C**

If so, I'll drop by to get it right away.

Would that be possible?

I'm sorry for all the trouble.

Can you tell me when I can visit your store?

What are your business hours?

How late are you open?

Give me a call when you get this. Thanks.

Translation

여보세요, 저는 당신의 상점에서 새 옷을 샀던 사람입니다.
지갑을 당신 상점에 두고 온 것 같습니다.
블랙 가죽 지갑입니다.
제 지갑이 있는지 확인해 주시겠어요?
만약 있다면, 바로 찾으러 가겠습니다.
그게 가능할까요?
번거롭게 해드려 죄송합니다.
언제 상점에 방문할 수 있는지 말해 주실 수 있나요?
영업 시간이 언제인가요?
얼마나 늦게까지 여나요?
이 메시지를 받으면 전화를 주세요. 고맙습니다.

Expanding Your Answer

더 풍부하고 논리적인 답변을 위해 문장을 추가해 보세요.

A I was there around 6pm yesterday.
어제 6시쯤에 그곳에 있었습니다.

B There are two credit cards and some cash in it.
그 안에 신용카드 2장과 현금이 조금 있습니다.

C I think I left it at the counter.
제 생각에 카운터에 두고 온 것 같습니다.

Key Expressions

- **I'm afraid** 미안하지만, 안타깝지만
- **leave behind** 남기고 오다, 두고 오다
- **wallet** 지갑
- **drop by** 잠깐 들르다
- **trouble** 문제점, 골칫거리
- **business hours** 영업 시간
- **give a call** 전화하다

9 That's the end of the situation. Have you ever left something behind at a restaurant or at a store? It could have been your wallet, your cell phone or something else that was important. Give me all the details of that incident.

🎧 MP3 32_Q9

상황이 종료되었습니다. 식당이나 상점에 무언가를 두고 간 적이 있나요? 지갑, 휴대폰이나 다른 중요한 물건이었을 수도 있습니다. 그 사건의 자세한 내용을 말해 주세요.

문항 유형	본인이 무엇인가를 어디에 두고 온 경험 묘사
문항 수준	Advanced
핵심 포인트	• 상점에 물건 두고 온 경험 묘사 • 본인의 과거 경험이기 때문에 주어 I와 과거형 시제 사용
중요도	★★★★★

Model Answer 🎧 MP3 32_A9

I remember when I left my umbrella behind at a store. **A**

+at a restaurant +on the subway +on the bus +in a taxi +at home

I completely forgot to pack it when I left the store. **B**

+I got off the subway +I got off the bus +I left home

It was pouring outside and I got a little wet. **C**

Since then, I try to be more careful.

Translation

상점에 우산을 놓고 왔을 때가 생각납니다.
(+레스토랑에서 +지하철에서 +버스에서 +택시에서 +집에서)
상점을 나서면서 짐을 챙기는 것을 완전히 잊어버렸습니다.
(+지하철에서 내리면서. +버스에서 내리면서. +집에서 나오면서)
밖에 비가 쏟아져서 조금 젖었습니다.
그 이후로, 저는 조금 더 조심하려고 노력합니다.

Expanding Your Answer

더 풍부하고 논리적인 답변을 위해 문장을 추가해 보세요.

A It was a brand new umbrella.
새로 산 우산이었습니다.

B Actually, I was in a hurry that day.
사실 그날 조금 바빴습니다.

C I regretted not being careful.
조심하지 않은 것을 후회했습니다.

Key Expressions

- **leave behind** 두고 오다
- **completely** 완전히
- **forget** 잊어버리다
- **pack** 싸다, 챙기다
- **get off** 내리다
- **leave** 떠나다
- **pour** 비가 쏟아지다
- **wet** 젖은
- **careful** 조심하는

10 I'm sorry, but there is a problem that I need you to resolve. You bought some items from the store, but you accidentally left one item behind. Call the store and explain the situation. Ask them when you can visit the store to get your missing item.

안타깝지만 당신이 해결해야 하는 문제가 생겼습니다. 당신이 상점에서 물건을 몇 개 샀는데 실수로 한 개를 놓고 갔습니다. 상점에 전화해서 상황을 설명하세요. 잃어버린 물건을 가지러 언제 상점에 갈 수 있는지 물어보세요.

문항 유형 구매한 물건 중 하나 상점에 두고 옴. 전화로 도움 요청
문항 수준 Advanced
핵심 포인트
• 상점에 전화해서 문제 상황 설명하기
• 물건을 가지러 가기 위해 필요한 질문하기
중요도 ★★★

Model Answer

Hi there, I'm a person who got some clothes at your store.

I'm afraid I left my new shirt behind at your store.

It's a black T shirt. **A**

Could you please check if you have my shirt?

If so, I'll drop by to get it right away. **B**

Would that be possible?

I'm sorry for all the trouble.

Can you tell me when I can visit your store?

What are your business hours?

How late are you open? **C**

Give me a call when you get this. Thanks.

Translation

안녕하세요, 저는 당신의 상점에서 새 옷을 샀던 사람입니다.
새로 산 셔츠를 당신 상점에 두고 온 것 같습니다.
블랙 셔츠입니다.
제 셔츠가 있는지 확인해 주시겠어요?
만약 있다면, 바로 찾으러 가겠습니다.
그게 가능할까요?
번거롭게 해드려 죄송합니다.
언제 상점에 방문할 수 있는지 말해 주실 수 있나요?
영업 시간이 언제인가요?
얼마나 늦게까지 여나요?
이 메시지를 받으면 전화를 주세요. 고맙습니다.

Expanding Your Answer

더 풍부하고 논리적인 답변을 위해 문장을 추가해 보세요.

A It has a unique logo on the shirt.
셔츠 위에 독특한 로고가 있습니다.

B I can be there within an hour.
한 시간 안에 갈 수 있습니다.

C Do you open on Sundays?
일요일에도 문을 여나요?

Key Expressions

- **I'm afraid** 미안하지만, 안타깝지만
- **leave behind** 남기고 오다, 두고 오다
- **check** 확인하다
- **drop by** 잠깐 들르다
- **trouble** 문제점, 골칫거리
- **business hours** 영업 시간
- **give a call** 전화하다

11 That's the end of the situation. What was a memorable shopping incident you had? Perhaps you might have gotten something as a gift for someone. What did you get? Who did you go with? Tell me about that shopping experience in detail.   🎧 MP3 32_Q11

상황이 종료되었습니다. 기억에 남는 쇼핑 관련 사건이 무엇인가요? 아마도 누군가를 위해 선물로 무언가를 구매했을지도 모릅니다. 무엇을 샀나요? 누구와 같이 갔나요? 그 쇼핑 경험에 대해 자세히 말해 주세요.

문항 유형	기억에 남는 본인 쇼핑 경험 묘사
문항 수준	Advanced
핵심 포인트	• 구매하려고 했던 물건이 품절이었던 경험을 과거형 시제로 묘사 • 이미 구매한 물건에 문제가 생겨 환불 받아야 했던 경험을 과거형 시제로 묘사
중요도	★★★

Model Answer 🎧 MP3 32_A11

I remember shopping for some running shoes recently.

There were a pair of shoes I wanted to get. **A**

However, the store did NOT have my size in stock.

They were sold out. **B**

I could NOT get the shoes I wanted.

+I had to get them online later on.

Plus, I remember getting a shirt online recently. **C**

I really liked it when I got it.

However, when I tried it on at home, it did NOT fit me THAT well.

+It was too tight and short.

It did NOT look good on me at all.

Eventually, I sent it back to get a refund.

Translation

최근에 러닝화를 사러 갔던 기억이 납니다.
제가 사고 싶었던 신발이 한 켤레 있었습니다.
하지만, 상점에 제 사이즈가 없었습니다.
다 팔렸던 겁니다.
제가 원하던 신발을 구할 수 없었습니다.
(+나중에 온라인으로 사야 했습니다.)
뿐만 아니라, 온라인에서 셔츠를 산 기억이 납니다.
받았을 때에는 너무 좋았습니다.
하지만 집에서 입어보니 그렇게 잘 맞지 않았습니다.
(+너무 끼고 짧았습니다.)
저에게 전혀 어울리지 않았습니다.
결국 환불 받기 위해 반품했습니다.

Expanding Your Answer
더 풍부하고 논리적인 답변을 위해 문장을 추가해 보세요.

A I loved its design and color.
디자인과 색상이 매우 마음에 들었습니다.

B It was one of the best-selling items.
가장 잘 팔리는 물건 중 하나였습니다.

C It was on sale.
세일 중이었습니다.

Key Expressions

- **running shoes** 러닝화
- **a pair of** 한 쌍의
- **in stock** 재고에
- **sold-out** 품절
- **later on** 나중에
- **try on** 입어보다
- **fit** 잘 맞다
- **tight** 끼는
- **send back** 돌려보내다
- **refund** 환불

12 That's the end of the situation. Have you ever left something behind at a restaurant or at a store? It could have been your wallet, your cell phone or something else that was important. Give me all the details of that incident. 🎧 MP3 32_Q12

상황이 종료되었습니다. 식당이나 상점에 무언가를 두고 간 적이 있나요? 지갑, 휴대폰이나 다른 중요한 물건이었을 수도 있습니다. 그 사건의 자세한 내용을 말해 주세요.

문항 유형	본인이 무엇인가를 어디에 두고 온 경험
문항 수준	Advanced
핵심 포인트	• 상점에 물건을 두고 온 경험 묘사 • 본인의 과거 경험이기 때문에 주어 I와 과거형 시제 사용
중요도	★★★

Model Answer 🎧 MP3 32_A12

I remember when I left my umbrella behind at a store. **A**

+at a restaurant +on the subway +on the bus +in a taxi +at home

I completely forgot to pack it when I left the store. **B**

+I got off the subway +I got off the bus +I left home

It was pouring outside and I got a little wet. **C**

Since then, I try to be more careful.

Translation

상점에 우산을 놓고 왔을 때가 생각납니다.
(+레스토랑에서 +지하철에서 +버스에서 +택시에서 +집에서)
상점을 나서면서 짐을 챙기는 것을 완전히 잊어버렸습니다.
(+지하철에서 내리면서. +버스에서 내리면서. +집에서 나오면서)
밖에 비가 쏟아져서 조금 젖었습니다.
그 이후로, 저는 조금 더 조심하려고 노력합니다.

Expanding Your Answer

더 풍부하고 논리적인 답변을 위해 문장을 추가해 보세요.

A It was a brand new umbrella.
새로 산 우산이었습니다.

B Actually, I was in a hurry that day.
사실 그날 조금 바빴습니다.

C I regretted not being careful.
조심하지 않은 것을 후회했습니다.

Key Expressions

- **leave behind** 두고 오다
- **completely** 완전히
- **forget** 잊어버리다
- **pack** 싸다, 챙기다
- **get off** 내리다
- **leave** 떠나다
- **pour** 비가 쏟아지다
- **wet** 젖은
- **careful** 조심하는

Food Store 식료품점

13 I'd like to give you a situation and ask you to act it out. Your friend told you about a food store that he or she goes to. Call your friend and ask about the food store to get some information.

🎧 MP3 32_Q13

상황을 하나 드릴 테니 연기해 보세요. 친구가 가는 식료품점에 대해 알려줬습니다. 정보를 얻기 위해 친구에게 전화해서 식료품점에 대해 물어보세요.

문항 유형	식료품점에 대해 친구에게 전화 질문
문항 수준	Intermediate
핵심 포인트	• 친구에게 전화로 질문하기 • 식료품점에서 파는 음식 재료와 매장의 위치에 대해 묻기
중요도	★★★

Model Answer 🎧 MP3 32_A13

Hi there, Liz. This is Brian.
I'm calling to ask about the food store you talked about. **A**
I would like to get groceries there.
What kinds of groceries are available? **B**
Can you tell me how much they are?
Can you recommend anything?
Is there a website I can see by any chance?
I wonder if there are any promotions going on.
It would be nice if I could get a good deal.
Plus, can you give me directions to the store?
I wonder if I could bring my car. **C**
If not, I'll just take public transportation.
Is it close to the subway station? Is it within walking distance?
Give me a call when you get this. Thanks.

Translation

여보세요, 리즈. 브라이언이야.
네가 그때 말한 식료품점에 대해 물어보려고 전화했어.
거기서 식료품을 사고 싶어.
어떤 종류의 식료품을 구매할 수 있어?
얼마인지 말해 줄 수 있어?
추천해 줄 것이 있어?
혹시 내가 볼 수 있는 웹사이트가 있어?
프로모션이 진행되고 있는지 궁금해.
싸게 살 수 있으면 좋을 것 같아.
그리고, 상점으로 가는 길 좀 알려 줄래?
내 차를 가져가도 되는지 궁금해.
그렇지 않으면 대중교통을 이용 할게.
지하철역에서 가까워? 걸어서 갈 수 있는 거리에 있어?
이 메시지를 받으면 전화 줘. 고마워.

Expanding Your Answer

더 풍부하고 논리적인 답변을 위해 문장을 추가해 보세요.

A You told me about the newly opened food store yesterday.
어제 네가 나한테 새로 개업한 식료품점에 대해 말해 줬어.

B Do they have some fresh vegetables?
신선한 채소가 있어?

C Do they validate parking?
주차 도장 찍어 줘?

Key Expressions

- **would like to** ~를 하고 싶다
- **get groceries** 장을 보다
- **available** 이용 가능한
- **recommend** 추천하다
- **by any chance** 혹시라도
- **wonder** 궁금하다, 궁금해하다
- **promotion** 프로모션
- **a good deal** 싼 가격, 좋은 가격
- **direction** 위치, 찾아가는 방법
- **bring** 가져가다
- **walking distance** 도보로 갈 수 있는 거리

14 I'm sorry, but there is a problem that I need you to resolve. You have accidentally left your groceries behind at the food store. Call the food store and explain the situation. Give two to three solutions.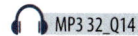

안타깝지만 당신이 해결해야 하는 문제가 생겼습니다. 당신이 구매한 식료품을 식료품점에 두고 왔습니다. 식료품점에 전화해서 문제를 설명하세요. 그 문제를 해결하기 위해 두세 가지의 대안을 제시하세요.

문항 유형	식료품점에 구매한 물품 두고 옴. 전화 도움 요청
문항 수준	Advanced
핵심 포인트	• 식료품점에 전화해서 문제 상황 설명하기 • 물건을 가지러 가기 위해 필요한 질문하기
중요도	★★★

Model Answer

Hi there, I'm a person who got groceries at your store.

I'm afraid I left my groceries behind at your store.

I got some bread, meat and some wine. **A**

Could you please check if you have my groceries? **B**

If so, I'll drop by to get it right away. **C**

Would that be possible?

I'm sorry for all the trouble.

Can you tell me when I can visit your store?

What are your business hours?

How late are you open?

Give me a call when you get this. Thanks.

Translation

안녕하세요, 당신의 식료품점에서 물건을 산 사람입니다.
가게에 식료품을 두고 온 것 같아서요.
빵과 고기, 와인을 구매했습니다.
혹시 있는지 확인해 주실 수 있나요?
만약 있다면 지금 찾으러 가겠습니다.
가능할까요?
이런 문제를 야기시켜 죄송합니다.
제가 가게에 언제 들러도 될지 말씀해 주시겠어요?
영업 시간이 어떻게 되나요?
몇 시까지 여나요?
메시지 확인하시면 연락주세요. 감사합니다.

Expanding Your Answer

더 풍부하고 논리적인 답변을 위해 문장을 추가해 보세요.

A Also, there is a carton of milk.
그리고 우유 한 갑이 있습니다.

B I think I left it at the cashier's counter.
계산대에 두고 온 것 같습니다.

C It is hot outside, so I need to put everything in the refrigerator.
밖이 더워서 모두 냉장고에 넣어야 합니다.

Key Expressions

- **I'm afraid** 미안하지만, 안타깝지만
- **leave behind** 남기고 오다, 두고 오다
- **groceries** 식료품
- **check** 확인하다
- **drop by** 잠깐 들르다
- **trouble** 문제점, 골칫거리
- **business hours** 영업 시간
- **give a call** 전화하다

15 That's the end of the situation. Talk about a food store you go to often. How did you first find that place? What is special about that store and what do they offer?

상황이 종료되었습니다. 자주 가는 식료품점에 대해 이야기해 보세요. 어떻게 처음 그곳을 찾았나요? 그 상점의 어떤 점이 특별하고 어떤 것을 제공하나요?

- **문항 유형**: 본인이 가는 식료품점에 대한 설명
- **문항 수준**: Advanced
- **핵심 포인트**:
  - 본인이 가는 식료품점에 대해 주어 I, they 사용하여 설명
  - 평상시 가는 곳이기 때문에 현재형 시제로 묘사
- **중요도**: ★★★

Model Answer

I get groceries at a local supermarket.
I go there because it is close to my house. **A**
They have a lot of fresh vegetables and fruits. **B**
They have good prices and good-quality goods.
I can get great deals there.
I am a regular there.
I think I go there at least once a week on average. **C**

Translation

저는 동네 슈퍼마켓에서 식료품을 삽니다.
그곳이 집에서 가까워서 갑니다.
그곳에는 신선한 야채와 과일을 많이 있습니다.
좋은 가격과 좋은 품질의 상품을 가지고 있었습니다.
거기서 많은 할인을 받을 수 있었습니다.
이제, 저는 그곳의 단골입니다.
저는 평균적으로 일주일에 한 번은 그곳에 가는 것 같습니다.

Expanding Your Answer

더 풍부하고 논리적인 답변을 위해 문장을 추가해 보세요.

A It takes only 5 minutes to get there on foot.
도보로 5분이면 갑니다.

B They also sell fresh meat and dairy products.
또한 신선한 고기와 유제품을 판매합니다.

C It is worth a visit.
방문해 볼 가치가 있습니다.

Key Expressions

- **get groceries** 장을 보다
- **local supermarket** 동네 슈퍼마켓
- **fresh** 신선한
- **vegetables** 채소
- **fruits** 과일
- **good prices** 좋은 가격
- **good-quality goods** 좋은 품질의 물건
- **regular** 단골
- **on average** 평균적으로

33 Role Play 여행

Role Play Master Key Patterns

롤플레이 답변 시에 활용할 수 있는 주제별 Key Patterns을 학습해 보세요.

1. 여행사에 전화해서 전화를 건 목적을 말할 때 사용할 수 있는 표현

⟨be calling to ask + 목적어 + about + 명사/동명사⟩ (목적어)에게 (명사)에 대해 묻기 위해 전화하다
I am calling to ask you about package trips. 패키지 여행에 대해 묻기 위해 전화했습니다.
* ask 대신 사용할 수 있는 표현
⟨inquire⟩ 문의하다, 묻다 ⟨inquiry⟩ 문의, 질문
I am calling to inquire about a package trip to Europe. 유럽으로 가는 패키지 여행에 대해 묻기 위해 전화했습니다.
I have some inquires about a trip to Korea. 한국으로 가는 여행에 대해 질문이 있습니다.

2. 예약한 여행에 갈 수 없을 때 사용할 수 있는 표현

⟨make it to + 명사⟩ (명사)에 갈 수 있다
However, I don't think I can make it to my trip. 하지만 여행에 못 갈 것 같아.
I think I cannot make it to my trip. 여행에 못 갈 것 같아.
* 더 확신에 차서 말하고 싶을 때에는 I think를 빼거나 I am sure로 바꿔 말하기
I am sure I cannot make it to the trip because I have the flu. 내가 독감에 걸려서 확실히 여행에 못 가.

3. 패키지 여행의 종류에 관해 질문할 때 사용할 수 있는 표현

⟨what kind of + 명사 are available⟩ 어떤 종류의 (명사)가 있나요?
What kinds of package trips are available in your travel agency? 당신의 여행사에는 어떤 종류의 패키지 여행이 있나요?
* 대신 ⟨type of⟩ 사용 가능
Would you please tell me about the types of package trips available? 이용 가능한 패키지 여행의 종류에 대해 말해 주실 수 있나요?

4. 패키지 여행의 비용에 관해 질문할 때 사용할 수 있는 표현

⟨how much they are⟩ 얼마인지
Can you tell me how much they are? 얼마인지 말해 주실 수 있나요?
I would like to know how much they are. 얼마인지 알고 싶습니다.

* 비용에 대해 이야기할 때 주로 쓰이는 동사는 〈cost〉〈pay〉
How much does it cost per person? 한 사람당 얼마인가요?
How much should I pay for the trip? 여행에 얼마를 내야 하나요?

5. 여행에 못 가게 된 사실을 일행에게 전달할 때 사용할 수 있는 표현

〈tell + 목적어 + that + 주어 + 동사〉 (주어)가 (동사)하다고 (목적어)에게 말하다
〈be fully booked〉 예약이 꽉 차다
They told me that the package trip is fully booked. 패키지 여행 예약이 꽉 찼다고 그들이 나에게 말했어.
　* tell 대신 inform 사용 가능
They informed me that we cannot go there due to the bad weather. 날씨가 좋지 않아서 못 간다고 그들이 나에게 알려 줬어.
　* 누구에게 들었는지 중요하지 않거나 모를 때에는 tell/inform의 수동태 사용
I was told that the package trip is completely booked. 패키지 여행 예약이 꽉 찼다고 들었어.
I was informed that the trip is cancelled due to the bad weather. 날씨가 좋지 않아서 여행이 취소됐다고 들었다.

6. 정확한 이유를 제공할 수 없을 때 사용할 수 있는 표현

〈come up〉 생기다, 발생하다 〈suddenly〉 갑자기
Something has come up suddenly. I cannot make it to my trip. 일이 갑자기 생겼어. 여행을 못 가게 됐어.
　*〈something + 형용사〉 (형용사)한 무언가
something important: 중요한 무언가 / something urgent: 급한 무언가
I have something important to do. 중요하게 할 일이 있어.

7. 기차/비행기/렌터카에 문제가 발생했을 때 사용할 수 있는 표현

(기차) 〈miss + 명사〉 명사를 놓치다 〈get on the train〉 기차에 타다
I just missed the train I had to take. I will get on the next train. 타야 하는 기차를 방금 놓쳤어. 다음 기차를 탈게.
　* just는 '방금'이라는 의미
(비행기) 〈be canceled〉 취소되다 〈be fully booked〉 예약이 꽉 차다
My flight has been cancelled. Other flights are fully booked as well. 항공편이 취소됐어. 다른 항공편도 모두 꽉 찼어.
(렌터카) 〈clean properly〉 제대로 치우다 〈smaller than〉 ~보다 작은
The car is not cleaned properly, and it is much smaller than I expected. 차가 제대로 치워지지 않았고 내 생각보다 너무 작아.

8. 외국 국가와 우리나라의 지형적 특징 비교할 때 쓰이는 추가 표현

〈one of our closest neighboring countries〉 가까운 이웃 국가 중 하나
Japan is one of our closest neighboring countries. It takes only two hours to get there by plane. 일본은 가장 가까운 이웃 나라입니다. 비행기로 2시간 정도만 걸립니다.
〈when it comes to + 명사〉 (명사)에 관한 한
Japan is very similar to Korea when it comes to its geography. There are many mountains in Japan like Korea. 지형에 관한 한 일본과 한국은 매우 비슷합니다. 한국과 마찬가지로 일본에는 산이 많습니다.

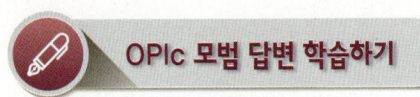

OPIc 모범 답변 학습하기

OPIc 질문에 대한 모범 답변을 살펴본 후, 질문의 핵심 포인트를 파악하여 나만의 OPIc 답변을 만들어 보세요.

Travel Agency 여행사

1 I'd like to give you a situation and ask you to act it out. You are planning on going on a trip. Call a travel agency and ask three or four questions about the trip you want to go on. 🎧 MP3 33_Q1

상황을 하나 드릴 테니 연기해 보세요. 당신은 여행을 계획하고 있습니다. 여행사에 전화해서 가고 싶은 여행에 대해 서너 가지 질문을 하세요.

문항 유형	여행사에 전화해서 여행 상품 문의
문항 수준	Intermediate
핵심 포인트	• 여행사에 전화해서 문의하기 • 패키지 여행에 관해 질문하기
중요도	★★★

Model Answer 🎧 MP3 33_A1

Hi there, I'm calling to ask about package trips. I would like to go on a vacation. **A**
What kinds of package trips are available?
Can you tell me how much they are? **B**
Can you recommend anything? **C**
Is there a website I can see by any chance?
I wonder if there are any promotions going on.
It would be nice if I could get a good deal.
Plus, can you give me directions to your office?
I wonder if I could bring my car. If not, I'll just take public transportation.
Is it close to the subway station? Is it within walking distance?
Give me a call when you get this. Thanks.

Translation

여보세요, 패키지 여행에 대해 문의하려고 전화 드렸습니다.
저는 휴가를 가고 싶습니다.
어떤 종류의 패키지 여행을 이용할 수 있나요?
그것이 얼마인지 말해 줄 수 있나요?
추천해 주실 것이 있나요?
혹시 제가 볼 수 있는 웹사이트가 있나요?
프로모션이 진행되고 있는지 궁금합니다.
싸게 살 수 있으면 좋을 것 같습니다.
그리고, 사무실로 가는 길 좀 알려 주시겠어요?
제 차를 가져가도 되는지 궁금합니다.
그렇지 않으면 대중교통을 이용하겠습니다.
지하철역에서 가깝나요? 걸어서 갈 수 있는 거리에 있나요?
이 메시지를 받고 전화 주세요. 고맙습니다.

Expanding Your Answer

더 풍부하고 논리적인 답변을 위해 문장을 추가해 보세요.

A I am thinking of going to Hawaii.
하와이에 갈 생각입니다.

B Does it include all the meals?
모든 식사가 포함인가요?

C Which hotel will we stay in Hawaii?
하와이에서 어떤 호텔에 머물게 되나요?

Key Expressions

- **package trip** 패키지 여행
- **would like to** ~를 하고 싶다
- **available** 이용 가능한
- **recommend** 추천하다
- **by any chance** 혹시라도
- **wonder** 궁금하다, 궁금해하다
- **promotion** 프로모션
- **a good deal** 싼 가격, 좋은 가격
- **direction** 위치, 찾아가는 방법
- **bring** 가져가다
- **take the subway** 지하철을 타고 가다
- **walking distance** 도보로 갈 수 있는 거리

2 I'm sorry, but there is a problem that I need you to resolve. You have booked a non-refundable plane ticket. However, something has happened that prevents you from going next week. Call your travel agent, explain the situation and offer two or three alternatives to resolve the problem.

🎧 MP3 33_Q2

안타깝지만 당신이 해결해야 하는 문제가 생겼습니다. 환불되지 않는 비행기 표를 예약했습니다. 하지만, 다음 주에 여행을 가지 못하게 되었습니다. 여행사 직원에게 전화를 걸어 상황을 설명하고 두세 가지 대안을 제시하여 문제를 해결하세요.

문항 유형 여행 계획 변경 필요, 여행사 전화해서 대안 제시
문항 수준 Advanced
핵심 포인트
• 여행사에 전화해서 문제 상황 설명하기
• 문제 해결을 위해 여행 일정 변경하기
중요도 ★★★★★

Model Answer 🎧 MP3 33_A2

Hi there, I'm a person who booked a package trip. **A**

However, I DON'T think I can make it to my trip.

Something has come up suddenly. **B**

I would like to reschedule my trip.

Can you help me make new arrangements?

Would that be possible? **C**

I'm sorry for all the trouble.

Can you tell me when I can visit your office?

What are your business hours?

How late are you open?

Give me a call when you get this. Thanks.

Translation

여보세요, 패키지 여행을 예약한 사람입니다.
하지만, 제가 여행에 갈 수 없을 것 같습니다.
갑자기 일이 생겼습니다.
여행 일정을 재조정하고 싶습니다.
새로 준비할 수 있게 좀 도와주실 수 있나요?
그게 가능할까요?
번거롭게 해드려 죄송합니다.
언제 사무실에 방문할 수 있는지 말해 주실 수 있나요?
업무 시간이 언제인가요?
얼마나 늦게까지 여나요?
이 메시지를 받으면 전화를 주세요. 고맙습니다.

Expanding Your Answer

더 풍부하고 논리적인 답변을 위해 문장을 추가해 보세요.

A I booked the trip to Hawaii last week.
저번 주에 하와이 가는 여행을 예약했습니다.

B I need to take care of it as soon as possible.
최대한 빨리 처리를 해야 합니다.

C It is possible to depart next month instead?
대신 다음 달에 출발하는 것이 가능할까요?

Key Expressions

• **book** 예약하다
• **make it** 성공하다, 하다
• **come up** 생기다, 발생하다
• **suddenly** 갑자기
• **reschedule** 일정을 변경하다
• **arrangement** 준비
• **trouble** 문제점, 골칫거리
• **business hours** 영업 시간
• **give a call** 전화하다

3 That's the end of the situation. There are times when something out of the ordinary happens while traveling. I wonder if you have ever experienced anything surprising, unexpected or unusual during a trip. Start by telling when and where you were traveling, and then, give me all the details about what it was that made it so unforgettable.

🎧 MP3 33_Q3

상황이 종료되었습니다. 여행하다 예상 외의 일이 생길 때가 있습니다. 여행 중에 놀라운 일, 예상치 못한 일, 특이한 일을 경험한 적이 있는지 궁금합니다. 언제, 어디서 여행 중이었는지, 그리고 무슨 일이 있어서 그 일을 잊을 수 없게 되었는지 자세히 말해 주세요.

문항 유형	여행 중에 있었던 특이했던 에피소드 자세히 묘사
문항 수준	Advanced
핵심 포인트	• 여행 중에 겪은 음식 때문에 고생한 경험 묘사하기 • 본인의 과거 경험이기 때문에 주어 I와 과거형 시제 사용
중요도	★★★

Model Answer 🎧 MP3 33_A3

I remember eating something that went bad during a trip. **A**
+eating too fast +eating too much **B**
I got food poisoning and it was pretty bad.
+got indigestion +got enteritis
My stomach was upset and I felt like throwing up.
I felt light headed because I had a fever.
+I got rashes and my body was itchy.
+I went to the bathroom over and over again because I had the runs.
I had to go to the drug store to get some medicine.
I took some medicine to get better.
I had to stay inside and get a lot of rest. **C**
Since then, I try to be more careful when I eat something.

Translation

여행 중에 상한 것을 먹은 기억이 납니다.
(+너무 빨리 먹은 +너무 많이 먹은)
식중독에 걸렸는데 꽤 심했습니다.
(+소화불량 +장염)
배가 아프고 토할 것 같았습니다.
열이 나서 머리가 어지러웠습니다.
(+발진이 나서 몸이 가려웠습니다.)
(+설사 때문에 화장실을 들락날락했습니다.)
약을 구하러 약국에 가야 했습니다.
낫기 위해 약을 먹었습니다.
실내에 있으면서 많이 쉬어야 했습니다.
그 이후로, 저는 무언가를 먹을 때 더 조심하려고 노력합니다.

Expanding Your Answer

더 풍부하고 논리적인 답변을 위해 문장을 추가해 보세요.

A I went to a famous local restaurant.
유명한 동네 음식점에 갔습니다.
B However, the seafood I had there went stale.
하지만 그곳에서 제가 먹은 해산물이 상했습니다.
C I could not do anything for the rest of the trip.
여행 내내 아무것도 할 수 없었습니다.

Key Expressions

- **go bad** 상하다
- **food poisoning** 식중독
- **indigestion** 소화불량
- **enteritis** 장염
- **stomach** 배
- **upset** 아픈
- **throw up** 토하다
- **light-headed** 머리가 어지러운
- **have a fever** 열이 나다
- **get rashes** 두드러기 나다
- **itchy** 간지러운
- **drugstore** 약국

4 I'm sorry, but there is a problem that I need you to resolve. You got a phone call from your travel agent and you have been informed that there is a problem with the trip that you wanted to go on and it is not available now. Call your friend, explain the situation and give two to three alternatives.

안타깝지만 당신이 해결해야 하는 문제가 생겼습니다. 여행사 직원으로부터 전화를 받았는데, 당신이 가고자 했던 여행에 문제가 있어서 지금 이용할 수 없다는 연락을 받았습니다. 친구에게 전화해서 상황을 설명하고 두세 가지 대안을 제시하세요.

- 문항 유형: 친구에게 여행 상품 문제 설명, 대안 제시
- 문항 수준: Advanced
- 핵심 포인트:
  - 친구에게 전화해서 문제 상황 설명
  - 여행 일정 변경하기
- 중요도: ★★★★★

Model Answer

Hi there, Jake. This is Brian.

I have some bad news.

I just talked to the travel agency.

They told me that the package trip is fully booked. **A**

Can you tell me what you want to do? **B C**

Why DON'T we go next time?

How about we go next week or the week after that?

Or, maybe we could go another time.

What do you say we fix the date?

Can you tell me what you think?

I'm fine with whatever you decide.

Call me back when you get this. Thanks.

Translation

여보세요, 제이크. 브라이언이야.

나쁜 소식이 있어.

방금 여행사와 통화했어.

패키지 여행 예약이 꽉 찼다고 하네.

어떻게 하고 싶은지 말해 줄래?

다음에 가는 게 어떨까?

다음 주나 그 다음 주에 가는 건 어때?

아니면, 다음에 갈 수 있을 때 가자.

날짜를 확실히 정하는 게 어때?

어떻게 생각하는지 말해 줄래?

네가 어떤 결정을 내리든 난 다 괜찮아.

이거 받으면 전화 줘. 고마워.

Expanding Your Answer

더 풍부하고 논리적인 답변을 위해 문장을 추가해 보세요.

A I put our names on the waiting list.
우리 이름을 대기자 명단에 올렸어.

B Should we take the chance?
운에 맡겨 볼까?

C If you don't want to take the chance, we can just change the date.
네가 운에 맡기기 싫다면 그냥 날짜를 바꿔도 돼.

Key Expressions

- **bad news** 나쁜 소식
- **travel agency** 여행사
- **package trip** 패키지 여행
- **fully booked** 예약이 꽉 차다
- **another time** 다음 번에
- **fix** 정하다, 고정하다
- **whatever** 무엇이든지
- **decide** 결정하다
- **call back** 다시 전화하다

5 That's the end of the situation. You may have had problems while you were planning a trip. 🎧 MP3 33_Q5
What was the problem and how did you deal with the situation?

상황이 종료되었습니다. 당신이 여행을 계획하는 동안 문제가 생겼을 수도 있습니다. 어떤 점이 문제였고, 어떻게 대처했나요?

문항 유형	여행을 계획하는 단계에서 겪어본 어려움 묘사
문항 수준	Advanced
핵심 포인트	• 숙취 때문에 취소된 여행에 대해 묘사하기 • 본인의 과거 경험이기 때문에 주어 I와 과거형 시제 사용
중요도	★★★★★

Model Answer 🎧 MP3 33_A5

I remember when I was supposed to go on a trip with my friends. **A**

However, I got sick because I drank a lot the night before. **B**

I had a bad hangover.

My stomach was upset and I felt dizzy. **C**

I felt bad about missing the trip, but there was nothing I could do.

I told my friends that I could NOT make it and said I was sorry.

Looking back, I regret missing the trip that time.

Translation

친구들과 함께 여행을 가기로 했던 때가 생각납니다.
하지만 전날 밤에 술을 많이 마셔서 아팠습니다.
숙취가 심했습니다.
배탈이 나고 어지러웠습니다.
여행을 놓쳐 아쉬웠지만 어쩔 수 없었습니다.
친구들에게 못 간다고 말하고 미안하다고 했습니다.
뒤돌아 생각해 보면, 그때 여행을 놓친 것이 후회됩니다.

Expanding Your Answer

더 풍부하고 논리적인 답변을 위해 문장을 추가해 보세요.

A We were going to go to the beach.
해변에 가려고 했었습니다.

B My best friend had a big birthday party, so I could not miss it.
제일 친한 친구가 큰 생일파티를 열어서 빠질 수 없었습니다.

C I had to tell my friend that I could not go.
갈 수 없다고 친구에게 말해야만 했습니다.

Key Expressions

- **be supposed to** ~하기로 되어 있다
- **go on a trip** 여행가다
- **get sick** 아프다
- **drink a lot** 술을 많이 마시다
- **hangover** 숙취
- **stomach** 배, 복부
- **upset** 아픈
- **dizzy** 어지러운
- **feel bad** 미안함을 느끼다
- **miss** 놓치다
- **make it** 성공하다, 해내다
- **regret** 후회하다

6 I'm sorry, but there is a problem that I need you to resolve. You were supposed to be on a train to visit a friend. However, you missed the train and can't go to meet your friend. Call your friend and explain about the situation. Give two to three alternatives to solve the problem.

🎧 MP3 33_Q6

안타깝지만 당신이 해결해야 하는 문제가 생겼습니다. 친구를 만나기 위해 기차를 타기로 되어 있었습니다. 하지만 기차를 놓쳐서 친구를 만나러 갈 수 없게 되었습니다. 친구에게 전화해서 상황에 대해 설명하세요. 문제를 해결하기 위해 두세 가지 대안을 제시하세요.

문항 유형	기차를 놓쳐서 친구 집에 못 가게 됨. 대안 제시
문항 수준	Advanced
핵심 포인트	• 친구에게 전화로 문제 상황 설명하기 • 다시 만날 약속 잡기
중요도	★★★

Model Answer 🎧 MP3 33_A6

Hi there, Jake. This is Brian.
I have some bad news.
I DON'T think I can make it to your place today.
I just missed the train I had to take. **A**
I would like to reschedule my trip. **B**
Can you help me make new arrangements?
Would that be possible?
I'm sorry for all the trouble.
Can you tell me what you think?
I'm fine with whatever you decide. **C**
Call me back when you get this. Thanks.

Translation

여보세요, 제이크. 브라이언이야.
나쁜 소식이 있어.
오늘 너네 집에 못 갈 것 같아.
내가 타야 할 기차를 방금 놓쳤어.
일정을 재조정하고 싶어.
새로 준비하는 것 좀 도와줄 수 있어?
그게 가능할까?
번거롭게 해서 미안해.
어떻게 생각하는지 말해 줄래?
네가 어떤 결정을 내리든 난 괜찮아.
이거 받으면 전화 줘. 고마워.

Expanding Your Answer

더 풍부하고 논리적인 답변을 위해 문장을 추가해 보세요.

A I missed it by one minute.
1분 차이로 놓쳤어.

B The next train comes in an hour.
다음 기차는 한 시간쯤 있으면 와.

C Just let me know what you want to do.
네가 어떻게 하고 싶은지 그냥 말해 줘.

Key Expressions

- **bad news** 나쁜 소식
- **make it** 성공하다, 해내다
- **miss** 놓치다
- **reschedule** 일정을 변경하다
- **arrangement** 준비
- **whatever** 무엇이든지
- **decide** 결정하다
- **call back** 다시 전화하다

7 I'm sorry, but there is a problem that I need you to resolve. When you arrived at the airport, you were told that your flight is canceled and other flights are completely booked. Call your travel agency, explain the situation and make two or three suggestions to resolve the situation.

안타깝지만 당신이 해결해야 하는 문제가 생겼습니다. 공항에 도착했을 때, 비행기가 취소되고 다른 항공편은 모두 예약되었다고 들었습니다. 여행사에 전화해서 상황을 설명하고 두세 가지 제안을 해서 상황을 해결하세요.

문항 유형	공항 도착했는데 항공편 취소됨. 여행사에 전화 문제 해결
문항 수준	Advanced
핵심 포인트	• 여행사에 전화해서 문제 상황 설명하기 • 일정 조정하여 항공편 다시 예약하기
중요도	★★★

Model Answer

Hi there, I'm a person who got a plane ticket at your travel agency. **A**

I have arrived at the airport, but my flight has been canceled. **B**

Other flights are fully booked as well. **C**

I would like to reschedule my trip.

Can you help me make new arrangements?

Would that be possible?

I'm sorry for all the trouble.

Can you tell me when I can visit your office?

What are your business hours?

How late are you open?

Give me a call when you get this. Thanks.

Translation

여보세요, 저는 당신의 여행사에서 항공편을 구매한 사람입니다.
공항에 도착했는데 제 항공편이 취소됐습니다.
다른 항공편도 예약이 꽉 찼습니다.
여행 일정을 재조정하고 싶습니다.
새로 준비할 수 있게 좀 도와주실 수 있나요?
그게 가능할까요?
번거롭게 해드려 죄송합니다.
언제 사무실에 방문할 수 있는지 말해 주실 수 있나요?
업무 시간이 언제인가요?
얼마나 늦게까지 여나요?
이 메시지를 받으면 전화 주세요. 고맙습니다.

Expanding Your Answer

더 풍부하고 논리적인 답변을 위해 문장을 추가해 보세요.

A I booked a flight to New York last month.
저번 달에 뉴욕행 항공권을 샀습니다.

B They say that there are some mechanical problems.
기계적 결함 때문이라고 합니다.

C All of my hotels are non-refundable, so I really need to depart as soon as possible.
제가 예약한 호텔은 환불 불가라서 최대한 빨리 출발해야 합니다.

Key Expressions

- **plane ticket** 항공편
- **travel agency** 여행사
- **arrive** 도착하다
- **flight** 항공, 비행기
- **cancel** 취소하다
- **fully-booked** 예약이 꽉 찬
- **reschedule** 일정을 변경하다
- **arrangement** 준비
- **trouble** 문제점, 골칫거리
- **business hours** 영업 시간
- **give a call** 전화하다

8 **That's the end of the situation. Have you ever had to deal with problems caused by canceled flights? Describe that experience in detail. Tell me when and where this took place and what exactly happened. Talk about that experience from beginning to end.**

🎧 MP3 33_Q8

상황이 종료되었습니다. 당신은 항공편 취소로 인한 불편을 겪어본 적이 있나요? 그 경험을 자세히 설명해 보세요. 언제 어디서 무슨 일이 일어났는지 정확히 말해 주세요. 그 경험에 대해 처음부터 끝까지 이야기해 주세요.

문항 유형	항공편이 취소되어 본인이 겪어 본 불편 설명
문항 수준	Advanced
핵심 포인트	• 항공편이 취소된 적이 없다고 말하기 • 본인의 경험이 아닌 다른 사람의 경험을 과거형 시제로 설명하기
중요도	★★★

Model Answer

Answer 1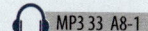

To be honest, I have never had that kind of experience.

I think I was lucky. **A**

So, I really do NOT have much to say about this topic.

Answer 2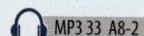

I have never had that kind of experience but my friend was in trouble because of the canceled flights. **B**

She booked a flight ticket to Europe last year. However, the airline was on strike, so her flight was canceled. **C**

She had to find other ways to get there.

Fortunately, she got another flight ticket and she could enjoy her trip in Europe.

Translation

Answer 1
솔직히 그런 경험은 겪은 적이 없습니다.
아주 운이 좋은 것 같습니다.
그래서, 저는 이 주제에 대해 별로 할 말이 없습니다.

Answer 2
저는 그런 경험을 한 적이 없지만 제 친구가 취소된 항공편으로 인해 어려움을 겪은 적이 있습니다.
그녀는 작년에 유럽으로 가는 항공편을 예약했습니다.
하지만 항공사가 파업을 해서 항공편이 취소되었습니다.
그곳에 갈 다른 방법을 찾아야 했습니다.
다행히 다른 항공편을 구해서 유럽 여행을 즐길 수 있었습니다.

Expanding Your Answer

더 풍부하고 논리적인 답변을 위해 문장을 추가해 보세요.

A Plus, I do not travel that often.
그리고, 그렇게까지 자주 여행하지 않습니다.

B I think it happened a few months ago.
몇 달 전에 생긴 일인 것 같습니다.

C Actually, European airlines go on strikes at least once a year.
사실 유럽 항공사는 최소 일 년에 한 번은 파업을 합니다.

Key Expressions

- **experience** 경험
- **trouble** 문제점
- **cancel** 취소하다
- **flight** 항공
- **book** 예약하다
- **on strike** 파업 중
- **fortunately** 다행히도

Train Station 기차역

9 I'd like to give you a situation and ask you to act it out. You need to buy a train ticket to go visit your friend this weekend. Go to the ticket counter at the train station and ask three or four questions to get the information you need to book a ticket.

🎧 MP3 33_09

상황을 하나 드릴 테니 연기해 보세요. 이번 주말에 친구를 방문하기 위해 기차표를 사야 합니다. 기차역 창구에 가서 예매에 필요한 정보를 얻기 위해 서너 가지 질문을 하세요.

문항 유형	기차역 창구에 가서 기차표 사는 방법 문의
문항 수준	Intermediate
핵심 포인트	• 기차역 창구에 직접 가서 문의하기 • 기차 시간, 가격에 대해 묻기
중요도	★★★

Model Answer 🎧 MP3 33_A9

Hi there, I would like to get a ticket. **A**

I would like to get on the 7 o'clock train.

What kinds of tickets are available? **B**

Can you tell me how much they are? **C**

Can you recommend anything?

Is there a website I can see by any chance?

I wonder if there are any promotions going on.

It would be nice if I could get a good deal.

Translation

안녕하세요, 표를 사고 싶습니다.
7시 기차를 타고 싶습니다.
어떤 종류의 티켓을 구할 수 있나요?
그것이 얼마인지 말해 줄 수 있나요?
추천해 주실 것이 있나요?
혹시 제가 볼 수 있는 웹사이트가 있나요?
프로모션이 진행되고 있는지 궁금합니다.
싸게 살 수 있으면 좋을 것 같습니다.

Expanding Your Answer

더 풍부하고 논리적인 답변을 위해 문장을 추가해 보세요.

A I need to go to Busan.
부산으로 가야 합니다.

B I want sit in the aisle seat.
복도 자리에 앉고 싶습니다.

C How much is the first class seat?
일등석 자리는 얼마인가요?

Key Expressions

- **would like to** ~를 하고 싶다
- **get on** 타다
- **available** 이용 가능한
- **recommend** 추천하다
- **by any chance** 혹시라도
- **wonder** 궁금하다, 궁금해하다
- **promotion** 프로모션
- **a good deal** 싼 가격, 좋은 가격

10 I'm sorry, but there is a problem that I need you to resolve. When you get to the train station, you miss your train and will be late to meet your friend. Call your friend, explain your situation and offer some alternatives.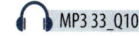

안타깝지만 당신이 해결해 주셔야 할 문제가 생겼습니다. 당신이 기차역에 도착했는데 기차를 놓쳐서 친구를 만나는데 늦게 되었습니다. 친구에게 전화해서 상황을 설명하고 대안을 제시하세요.

문항 유형	기차를 놓쳐서 친구 만날 약속 늦게 되어 설명, 대안 제시
문항 수준	Advanced
핵심 포인트	• 친구에게 전화로 문제 상황 설명 • 다시 만날 약속 잡기
중요도	★★★★★

Model Answer

Hi there, Jake. This is Brian.

I have some bad news.

I DON'T think I can make it to your place on time today.

I just missed the train I had to take.

Can you tell me what you want to do? **A**

B Why DON'T you have dinner by yourself?

How about we grab some drinks later on?

Or, maybe we could just have coffee. **C**

What do you say we just play it by ear?

Can you tell me what you think?

I'm fine with whatever you decide.

Call me back when you get this. Thanks.

Translation

여보세요, 제이크. 브라이언이야.
나쁜 소식이 있어.
오늘 너네 집에 제 시간에 도착할 수 없을 것 같아.
내가 타야 할 기차를 방금 놓쳤어.
어떻게 하고 싶은지 말해 줄래?
너 혼자 저녁 식사 하는 건 어때?
이따가 술 한잔 하는 게 어떨까?
아니면 그냥 커피라도 마셔도 돼.
그때 상황을 보고 정하는 게 어때?
어떻게 생각하는지 말해 줄래?
네가 어떤 결정을 내리든 난 다 괜찮아.
이 메시지 받으면 다시 전화 줘. 고마워.

Expanding Your Answer

더 풍부하고 논리적인 답변을 위해 문장을 추가해 보세요.

A Do you want me to take the next train?
내가 다음 기차를 타기를 원해?

B You must be starving.
너 정말 배고프겠다.

C I know a nice café that opens until late at night.
밤 늦게까지 여는 멋진 카페를 알고 있어.

Key Expressions

- **bad news** 나쁜 소식
- **make it** 성공하다, 해내다
- **on time** 제 시간에
- **miss** 놓치다
- **have dinner** 저녁 식사 하다
- **grab drinks** 술을 마시다
- **have coffee** 커피 마시다
- **play it by ear** 상황을 봐서 그때그때 처리하다
- **whatever** 무엇이든지
- **decide** 결정하다
- **call back** 다시 전화하다

11 That's the end of the situation. Have you ever traveled somewhere but missed a bus, a train or a plane? Tell me about when you had difficulty getting to your destination. Start by telling me where you were going and what exactly happened. And then, tell me what you had to do to get to your destination.

상황이 종료되었습니다. 어딘가를 여행하다가 버스, 기차 또는 비행기를 놓친 적이 있나요? 목적지에 도착하는 데 어려움을 겪었던 경험에 대해 말해 주세요. 어디를 가고 있었는지, 정확히 무슨 일이 있었는지 말해 주세요. 그리고, 목적지에 도착하기 위해 무엇을 해야 했는지 말해 주세요.

문항 유형 본인이 여행 중 교통편을 놓쳐서 생긴 문제 설명
문항 수준 Advanced
핵심 포인트
• 교통편을 놓친 경험이 없다고 말하기
• 본인의 경험이 아닌 다른 사람의 경험을 과거형 시제로 설명하기
중요도 ★★★★★

Model Answer

Answer 1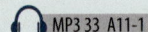

Frankly speaking, I have never had that kind of experience.

I think I was lucky.

So, I really do NOT have much to say about this topic.

Answer 2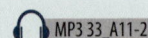

I have never had that kind of experience but my friend was in trouble because of the canceled flights.

She booked a flight ticket to Europe last year. **A**

However, the airline was on strike, so her flight was canceled. **B**

She had to find other ways to get there. **C**

Fortunately, she got another flight ticket and she could enjoy her trip in Europe.

Translation

Answer 1
솔직히 그런 경험은 겪은 적이 없습니다.
아주 운이 좋은 것 같습니다.
그래서, 저는 이 주제에 대해 별로 할 말이 없습니다.

Answer 2
저는 그런 경험을 한 적이 없지만 제 친구가 취소된 항공편으로 인해 어려움을 겪은 적이 있습니다.
그녀는 작년에 유럽으로 가는 항공편을 예약했습니다.
하지만 항공사가 파업을 해서 항공편이 취소되었습니다.
그곳에 갈 다른 방법을 찾아야 했습니다.
다행히 다른 항공편을 구해서 유럽 여행을 즐길 수 있었습니다.

Expanding Your Answer

더 풍부하고 논리적인 답변을 위해 문장을 추가해 보세요.

A It was her first time going to Europe.
그녀가 처음으로 유럽에 가는 거였습니다.

B She did not know what to do.
그녀는 어찌할 바를 몰랐습니다.

C It was very frustrating and nerve-racking.
매우 짜증스럽고 긴장되었습니다.

Key Expressions

• **experience** 경험
• **trouble** 문제점
• **cancel** 취소하다
• **flight** 항공
• **book** 예약하다
• **on strike** 파업 중
• **fortunately** 다행히도

Overseas Trip 해외여행

12 I'd like to give you a situation and ask you to act it out. You are planning on going on a trip to a country where your friend lives. Call your friend and ask about the geography there. And then, ask two or three questions regarding your travel plans.

🎧 MP3 33_Q12

상황을 하나 드릴 테니 연기해 보세요. 당신은 친구가 사는 나라로 여행을 갈 계획을 하고 있습니다. 친구에게 전화해서 그곳의 지형에 대해 물어보세요. 그리고 나서, 여행 계획을 짜는 데 필요한 두세 가지 질문을 하세요.

문항 유형	해외 친구 방문 계획 중, 전화로 현지 지형/계획 질문
문항 수준	Intermediate
핵심 포인트	• 친구에게 전화로 질문하기 • 친구가 사는 곳의 지형에 관해 질문하기
중요도	★★★

Model Answer 🎧 MP3 33_A12

Hi there, Liz. This is Jake.

I'm calling to ask about my trip. **A**

I would like to ask about your country's geography. **B**

First, are there any mountains there? **C**

If so, why DON'T we go hiking or camping?

Plus, are there any beaches there?

If so, how about we spend some time at the beach?

Also, are there any lakes or rivers there?

If so, maybe we could go on a picnic.

Can you tell me what you think?

I'm fine with whatever you decide.

Call me back when you get this. Thanks.

Translation

여보세요, 리즈. 제이크야.
내 여행에 대해 물어보려고 전화했어.
네가 사는 나라의 지형에 대해 묻고 싶어.
우선, 그곳에 산이 있어?
만약 그렇다면, 우리 하이킹이나 캠핑을 가는 거 어때?
그리고 거기에 해변이 있어?
만약 그렇다면, 해변에서 시간을 보내는 것은 어떨까?
또한, 거기에 호수나 강이 있어?
만약 그렇다면, 같이 피크닉을 가도 되겠다.
어떻게 생각하는지 말해 줄래?
네가 어떤 결정을 내리든 난 다 괜찮아.
이 메시지 받으면 다시 전화 줘. 고마워.

Expanding Your Answer

더 풍부하고 논리적인 답변을 위해 문장을 추가해 보세요.

A As you know, I am going to visit there next week.
너도 알다시피 나는 다음 주에 거기를 방문할 거야.

B I heard it is very unique and beautiful.
엄청 독특하고 예쁘다고 들었어.

C What is the name of the tallest mountain?
가장 높은 산 이름이 뭐야?

Key Expressions

- **ask about** ~에 대해 묻다
- **geography** 지형
- **go hiking** 등산가다
- **go camping** 캠핑 가다
- **spend time** 시간을 보내다
- **go on a picnic** 피크닉을 가다
- **fine with** ~와 괜찮은
- **whatever** 무엇이든
- **decide** 결정하다
- **call back** 다시 전화 주다

13. I'm sorry, but there is a problem that I need you to resolve. You cannot go on the trip because of some reason. Call your friend and explain the situation. Give two to three alternatives.

안타깝지만 당신이 해결해야 하는 문제가 생겼습니다. 어떤 이유 때문에 당신은 여행을 갈 수 없게 되었습니다. 친구에게 전화해서 상황을 설명하세요. 두세 가지의 대안을 제시하세요.

문항 유형	문제가 생겨서 여행 못 가게 됨. 친구에게 전화해서 대안 제시
문항 수준	Advanced
핵심 포인트	• 친구에게 전화해서 문제 상황 설명하기 • 다시 여행 날짜 잡기
중요도	★★★

Model Answer

Hi there, Liz. This is Jake.
I have some bad news.
I DON'T think I can make it to my trip.
Something has come up suddenly. **A**
I would like to reschedule my trip. **B**
Can you help me make new arrangements?
Would that be possible? **C**
I'm sorry for all the trouble.
Can you tell me what you think?
I'm fine with whatever you decide.
Call me back when you get this. Thanks.

Translation

여보세요, 리즈. 제이크야.
나쁜 소식이 있어.
나 여행을 못 갈 것 같아.
갑자기 일이 생겼어.
여행 일정을 다시 조정하고 싶어.
새로 준비하는 것 좀 도와줄 수 있어?
그게 가능할까?
번거롭게 해서 미안해.
어떻게 생각하는지 말해 줄래?
네가 어떤 결정을 내리든 난 다 괜찮아.
이거 받으면 전화 줘. 고마워.

Expanding Your Answer

더 풍부하고 논리적인 답변을 위해 문장을 추가해 보세요.

A It is a family matter.
가족 문제야.

B I think I can go there next month instead.
대신에 다음 달에 갈 수 있을 거 같아.

C If you don't have time next month, how about this summer?
만약 다음 달에 네가 시간이 없으면 올해 여름은 어때?

Key Expressions

- **bad news** 나쁜 소식
- **make it** 성공하다, 해내다
- **come up** 발생하다, 생기다
- **suddenly** 갑자기
- **reschedule** 일정을 변경하다
- **arrangement** 준비
- **whatever** 무엇이든지
- **decide** 결정하다
- **call back** 다시 전화하다

14 That's the end of the situation. Have you ever been on a trip to another country? How was the geography there different from your country's geography?

상황이 종료되었습니다. 다른 나라로 여행을 간 적이 있나요? 그곳의 지형이 당신 나라의 지형과 어떻게 달랐나요?

문항 유형	외국 국가와 우리나라와 지형적 특징 비교
문항 수준	Advanced
핵심 포인트	• 한국과 일본의 지형을 현재형 시제로 비교하기 • 주어 Korea, Japan, beaches, there 등 상황에 맞게 사용하기
중요도	★★★

Model Answer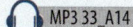

Japan is one of our closest neighboring countries. **A**

Japan is very similar to Korea when it comes to its geography.

There are many mountains in Japan.

In fact, roughly half of Japan is mountains.

Also, Japan is an island nation, so there are tons of beaches. **B**

Some beaches are popular vacation spots.

The coastline is very scenic.

People often go on vacations to coastal areas. **C**

Once again, Japan is very similar to Korea when it comes to its geography.

Translation

일본은 가장 가까운 이웃 국가들 중 하나입니다.
지리적으로 볼 때 일본은 한국과 매우 비슷합니다.
일본에는 산이 많습니다.
사실, 일본의 대략 절반은 산입니다.
또한 일본은 섬나라이기 때문에 해변이 많습니다.
몇몇 해변은 유명한 휴양지입니다.
해안선은 매우 경치가 좋습니다.
사람들은 종종 해안 지역으로 휴가를 갑니다.
다시 한번 말하자면 지리적으로 볼 때 일본은 한국과 매우 비슷합니다.

Expanding Your Answer

더 풍부하고 논리적인 답변을 위해 문장을 추가해 보세요.

A It takes only two hours to get there from Korea.
한국에서 2시간이면 갑니다.

B Unlike Japan, Korea is a peninsula.
일본과 다르게 한국은 반도입니다.

C Also, people can enjoy various types of water activities there.
또한 사람들은 그곳에서 다양한 해양 활동을 즐길 수 있습니다.

Key Expressions

- **closest** 가장 가까운
- **neighboring** 이웃의
- **similar to** ~와 비슷한
- **when it comes to** ~에 관한 한
- **geography** 지리, 지형
- **in fact** 사실은
- **roughly** 대략적으로
- **island nation** 섬나라
- **vacation spots** 휴양지
- **coastal areas** 해안 지역

Rental Car 렌터카 1

15 I'd like to give you a situation and ask you to act it out. You need to rent a car for about a week. Call the rental agency and ask several questions about the car you want to rent.

상황을 하나 드릴 테니 연기해 보세요. 일주일 정도 차를 빌려야 합니다. 렌터카 대리점에 전화해서 렌트하고 싶은 차에 대해 몇 가지 질문을 물어보세요.

문항 유형	렌터카 업체에 전화해서 차 렌트 문의
문항 수준	Intermediate
핵심 포인트	• 렌터카 업체에 전화로 문의하기 • 렌터카의 종류와 비용에 대해 질문하기
중요도	★★★

Model Answer

Hi there, I'm calling to ask about renting a car.
I would like to rent a car for a week.
What kinds of cars are available? **A**
Can you tell me how much they are? **B C**
Can you recommend anything?
Is there a website I can see by any chance?
I wonder if there are any promotions going on.
It would be nice if I could get a good deal.
Plus, can you give me directions to your office?
Is it close to the subway station?
Is it within walking distance?
Give me a call when you get this. Thanks.

Translation

여보세요. 차를 빌리는 것에 대해 물어보려고 전화 드렸습니다.
일주일 동안 차를 빌리고 싶습니다.
어떤 종류의 차를 이용할 수 있나요?
그것이 얼마인지 말해 줄 수 있나요?
추천해 주실 것이 있나요?
혹시 제가 볼 수 있는 웹사이트가 있나요?
프로모션이 진행되고 있는지 궁금합니다.
싸게 살 수 있으면 좋을 것 같습니다.
그리고, 사무실로 가는 길 좀 알려 주시겠어요?
지하철역에서 가깝나요?
걸어서 갈 수 있는 거리에 있나요?
이 메시지를 받고 전화를 주세요. 고맙습니다.

Expanding Your Answer

더 풍부하고 논리적인 답변을 위해 문장을 추가해 보세요.

A I would like to rent a sedan.
저는 세단을 빌리고 싶습니다.

B Does it include insurance?
보험이 포함되어 있나요?

C How about GPS?
내비게이션은요?

Key Expressions

- **rent** 빌리다
- **would like to** ~를 하고 싶다
- **available** 이용 가능한
- **recommend** 추천하다
- **by any chance** 혹시라도
- **wonder** 궁금하다, 궁금해하다
- **promotion** 프로모션
- **a good deal** 싼 가격, 좋은 가격
- **direction** 위치, 찾아가는 방법
- **subway station** 지하철역
- **walking distance** 도보로 갈 수 있는 거리
- **give a call** 전화 주다

16 I'm sorry, but there is a problem that I need you to resolve. You have received the rental car, but there are many problems with it. Call the rental agency and explain the situation. Give two to three alternatives.

안타깝지만 당신이 해결해야 하는 문제가 생겼습니다. 렌터카를 받았는데 차에 문제가 많습니다. 렌터카 대리점에 전화해서 상황을 설명하세요. 두세 가지의 대안을 제시하세요.

문항 유형	렌트한 차에 문제가 있음. 전화해서 해결
문항 수준	Advanced
핵심 포인트	• 렌터카 대여소에 전화해서 문제 상황 설명하기 • 대안으로 교환이나 환불 제시
중요도	★★★

Model Answer

Hi there, I'm a person who rented a car from your agency. **A**

I'm afraid there is a problem with the car.

It is NOT cleaned up properly. **B**

It is also smaller than I thought. **C**

I am very unhappy with the car.

I would like to come in to get an exchange.

I wonder if I could get a refund if I want to.

Would that be possible?

I'm sorry for all the trouble.

Can you tell me when I can visit your office?

What are your business hours?

How late are you open?

Give me a call when you get this. Thanks.

Translation

여보세요, 저는 당신의 대리점에서 차를 렌트한 사람입니다.
안타깝지만 차에 문제가 있는 것 같습니다.
차가 제대로 치워지지 않았습니다.
그리고 생각보다 작습니다.
저는 이 차가 매우 불만족스럽습니다.
교환을 받으러 가고 싶습니다.
제가 원하면 환불을 받을 수 있는지 궁금합니다.
그게 가능할까요?
번거롭게 해드려 죄송합니다.
언제 사무실에 방문할 수 있는지 말해 주실 수 있나요?
업무 시간이 언제인가요?
얼마나 늦게까지 여나요?
이 메시지를 받으면 전화를 주세요. 고맙습니다.

Expanding Your Answer

더 풍부하고 논리적인 답변을 위해 문장을 추가해 보세요.

A I rented a sedan this morning.
오늘 아침에 세단을 빌렸습니다.

B It is a mess.
난장판입니다.

C I think this is a compact car.
이건 소형차인 것 같습니다.

Key Expressions

- **rent** 빌리다
- **agency** 사무실, 대리점
- **clean up** 치우다
- **properly** 제대로
- **smaller** 더 작은
- **unhappy with** ~에 불만족스러운
- **exchange** 교환
- **wonder** 궁금하다
- **refund** 환불
- **possible** 가능한
- **business hours** 영업 시간
- **give a call** 전화하다

17 That's the end of the situation. Have you ever rented a car from a rental car agency? Why did you rent the car? When and where did you rent the car? Give me all the details about that experience.

상황이 종료되었습니다. 당신은 렌터카 대리점에서 차를 렌트해 본 적이 있나요? 왜 차를 빌렸나요? 언제 어디서 차를 빌렸나요? 그 경험에 대해 자세히 말해 주세요.

문항 유형	본인의 렌트카 이용 경험 묘사
문항 수준	Advanced
핵심 포인트	• 렌터카를 이용해 본 경험이 없다고 답하기 • 만약 있다면 언제 어디서 빌렸는지, 어땠는지 묘사하기
중요도	★★★

Model Answer

Answer 1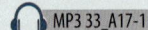

To be honest, I have never rented a car in my life. **A**

So, I really do NOT have much to say about this topic.

Answer 2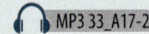

When I visited Hawaii with my family, we decided to rent a car.

It was the easiest way to move around in the island.

We rented the car from Hertz because it was the nearest rental car agency from our hotel. **B**

The car was spacious and clean. **C**

We drove around the island for two days. It was very satisfying.

Translation

Answer 1
솔직히, 저는 평생 차를 렌트한 적이 없습니다.
그래서, 저는 이 주제에 대해 별로 할 말이 없습니다.

Answer 2
가족들과 하와이에 방문했을 때 우리는 차를 빌리기로 했습니다.
섬을 돌아다니는 데 가장 쉬운 방법이었습니다.
호텔에서 가장 가까운 렌터카 대리점이 허츠여서 그곳에서 차를 빌렸습니다.
렌터카는 넓고 깨끗했습니다.
우리는 이틀 동안 섬을 운전하고 다녔습니다.
매우 만족스러웠습니다.

Expanding Your Answer

더 풍부하고 논리적인 답변을 위해 문장을 추가해 보세요.

A I do not like driving when I travel.
저는 여행할 때 운전하는 것을 좋아하지 않습니다.

B We rented a SUV.
우리는 SUV를 빌렸습니다.

C It also had GPS, so it was very convenient.
내비게이션도 있어서 매우 편리했습니다.

Key Expressions

- **to be honest** 솔직히
- **visit** 방문하다
- **decide** 결정하다
- **rent** 빌리다
- **easiest way** 가장 쉬운 방법
- **move around** 돌아다니다
- **nearest** 가장 가까운
- **spacious** 넓은
- **clean** 깨끗한
- **drive around** 운전해서 돌아다니다
- **satisfying** 만족스러운

Rental Car 렌터카 2

18 You are visiting New York on vacation. You go to a car rental agency to rent a car. Imagine you are speaking to a rental car agent and ask three or four questions about renting a car for a week.

당신은 휴가 중에 뉴욕을 방문했습니다. 차를 빌리기 위해 렌터카 대리점에 갔습니다. 렌터카 대리점 직원과 대화 중이라고 상상하며 일주일 동안 차를 빌리는 것에 대해 서너 가지 질문을 하세요.

문항 유형	뉴욕에 휴가를 가서 렌터카 현장 문의
문항 수준	Intermediate
핵심 포인트	• 렌터카 대리점에 직접 방문하여 문의하기 • 빌리고 싶은 차에 관해 질문하기
중요도	★★★

Model Answer

Hi there, I would like to rent a car.

I would like to rent a car for a week.

What kinds of cars are available? **A**

Can you tell me how much they are? **B**

Can you recommend anything?

Is there a website I can see by any chance?

I wonder if there are any promotions going on going on. **C**

It would be nice if I could get a good deal.

Do you have any special rates?

Translation

안녕하세요. 차를 빌리고 싶습니다.
일주일 동안 차를 빌리고 싶습니다.
어떤 종류의 차를 이용할 수 있나요?
그것이 얼마인지 말해 줄 수 있나요?
추천해 주실 것이 있나요?
혹시 제가 볼 수 있는 웹사이트가 있나요?
프로모션이 진행되고 있는지 궁금합니다.
싸게 살 수 있으면 좋을 것 같습니다.
혹시 특별 요금이 있나요?

Expanding Your Answer

더 풍부하고 논리적인 답변을 위해 문장을 추가해 보세요.

A I am thinking of renting a compact car.
저는 소형차를 빌릴 생각입니다.

B Do I need to fill up the fuel?
제가 기름을 채워야 하나요?

C I have a platinum membership.
저는 플래티넘 멤버십이 있습니다.

Key Expressions

- **rent** 빌리다
- **would like to** ~를 하고 싶다
- **available** 이용 가능한
- **recommend** 추천하다
- **by any chance** 혹시라도
- **wonder** 궁금하다, 궁금해하다
- **promotion** 프로모션
- **a good deal** 싼 가격, 좋은 가격
- **special rates** 특별 요금

19 I am not sure if I can let you rent a car because I am not familiar with your non-US driver's license. Can you explain to me what the license says and why it is the same as a valid US license? 🎧 MP3 33_Q19

당신의 면허증이 미국 운전면허증이 아니어서 차를 빌려 줄 수 있을지 모르겠습니다. 면허증에 뭐라고 쓰여 있는지, 어떻게 유효한 미국 면허증과 어떻게 같은지 설명해 주시겠어요?

문항 유형	미국 운전면허증이 아닌 본인 면허증에 대해 설명
문항 수준	Advanced
핵심 포인트	• 한국의 운전 면허증에 대해 설명하기 • 유효한 면허증이기 때문에 현재형 시제 사용
중요도	★★★

Model Answer 🎧 MP3 33_A19

Okay, let me tell you about my Korean driver's license.
A
As you see, the title here says "driver's license."

It is a "type 2" license, so I am allowed to drive sedans.
B
The date here shows that it is still valid.

It expires in 2022.

So, my driver's license is as good as a US driver's license.

I hope you can accept it.

Translation

네, 제 한국 운전면허증에 대해 이야기하겠습니다.
보시다시피 여기 제목에는 "운전면허증"이라고 적혀 있습니다.
2종 면허증이라 세단형 자동차를 운전할 수 있습니다.
여기 날짜는 이것이 여전히 유효하다는 것을 보여줍니다.
2022년에 만기가 됩니다.
그래서 제 운전면허증은 미국 면허증이나 다름없습니다.
이것이 받아들여지길 바랍니다.

Expanding Your Answer

더 풍부하고 논리적인 답변을 위해 문장을 추가해 보세요.

A It is not that difficult to understand.
이해하기 그렇게 어렵지 않습니다.

B People who have "type 1" can drive full-size vans.
1종을 가지고 있는 사람들은 큰 승합차를 운전할 수 있습니다.

Key Expressions

- **driver's license** 운전면허증
- **title** 제목
- **be allowed to** ~가 허락되다
- **sedan** 세단형 자동차
- **date** 날짜
- **still** 아직도
- **valid** 유효한
- **expire** 만기 되다
- **as good as** ~와 같은, ~와 마찬가지인
- **accept** 받아들이다

20 Can you now tell me about a memorable experience you had on one of your vacations? Perhaps something unexpected or unforgettable happened. Start by telling me where you were and who you were traveling with. And then, give me all the details of the story.

휴가 중에 겪었던 기억에 남는 경험에 대해 말해 주세요. 아마 예상치 못한 일이나 잊을 수 없는 일이 일어났을 것입니다. 어디에 있었고 누구와 함께 여행 중이었는지 말해 주세요. 그리고 나서, 그 경험에 대해 자세히 말해 주세요.

문항 유형	여행 중에 있었던 기억에 남는 에피소드 설명
문항 수준	Advanced
핵심 포인트	• 여행 중 식중독에 걸렸던 경험 설명 • 본인의 과거 경험이기 때문에 과거형 시제와 주어 I 사용
중요도	★★★

Model Answer

I remember eating something that went bad during a trip. **A**

+eating too fast +eating too much

I got food poisoning and it was pretty bad.

+got indigestion +got enteritis

My stomach was upset and I felt like throwing up. **B**

I felt light headed because I had a fever.

+I got rashes and my body was itchy.

+I went to the bathroom over and over again because I had the runs.

I had to go to the drug store to get some medicine.

I took some medicine to get better.

I had to stay inside and get a lot of rest. **C**

Since then, I try to be more careful when I eat something.

Translation

여행 중에 상한 것을 먹은 기억이 납니다.
(+너무 빨리 먹은 +너무 많이 먹은)
식중독에 걸렸는데 꽤 심했습니다.
(+소화불량 +장염)
배가 아파서 토할 것 같았습니다.
열이 나서 머리가 어지러웠습니다.
(+발진이 나서 몸이 가려웠습니다.)
(+설사 때문에 화장실을 들락날락했습니다.)
약을 구하러 약국에 가야 했습니다.
낫기 위해 약을 먹었습니다.
실내에 있으면서 많이 쉬어야 했습니다.
그 이후로, 저는 무언가를 먹을 때 더 조심하려고 노력합니다.

Expanding Your Answer

더 풍부하고 논리적인 답변을 위해 문장을 추가해 보세요.

A I think it went bad because it was hot outside.
밖이 더워서 상한 것 같습니다.

B I could not even get up by myself.
혼자서 일어날 수도 없었습니다.

C I could not do any sightseeing.
관광을 하나도 할 수 없었습니다.

Key Expressions

- **go bad** 상하다
- **food poisoning** 식중독
- **indigestion** 소화불량
- **enteritis** 장염
- **stomach** 배
- **upset** 아픈
- **throw up** 토하다
- **light-headed** 머리가 어지러운
- **have a fever** 열이 나다
- **get rashes** 두드러기 나다
- **itchy** 간지럽다
- **drugstore** 약국

34 Role Play 호텔

 **Role Play Master Key Patterns**

롤플레이 답변 시에 활용할 수 있는 주제별 Key Patterns을 학습해 보세요.

1. 호텔에 빈 객실이 있는지 물을 때 사용할 수 있는 표현

〈do you have any vacancies for + 원하는 때〉 (원하는 때)에 빈 객실이 있나요?
〈wonder if you have any vacancies for + 원하는 때〉 (원하는 때)에 빈 객실이 있는지 궁금하다
vacancy는 호텔뿐만 아니라 공석인 자리 (job position)나 비행기 내의 화장실이 비어 있을 때에도 사용
Do you have any vacancies for tomorrow night? 내일 저녁에 빈 객실이 있나요?
I wonder if you have any vacancies for tonight. 오늘 저녁에 빈 객실이 있나 궁금합니다.
정확한 인원 수를 언급하고 싶을 때에는 전치사 for 추가
Do you have any vacancies for two adults and one child? 어른 2명과 아이 1명이 머물 빈 객실이 있나요?

2. 호텔이 만실일 때 사용할 수 있는 표현

〈be fully booked〉 예약이 꽉 차다
full 대신 부사 completely 사용 가능
They told me that the hotel is fully booked. 그들이 호텔이 꽉 찼다고 저에게 말했습니다.
They said that the hotel is completely booked. 호텔이 꽉 찼다고 말했습니다.

3. 호텔이 만실인 사실을 다른 일행들에게 전달할 때 사용할 수 있는 표현

〈tell + 목적어 + that + 주어 + 동사〉 (주어)가 (동사)하다고 (목적어)에게 말하다
I told them that the hotel is completely booked. 제가 그들에게 호텔이 꽉 찼다고 말했습니다.
누구에게 정보를 들었는지 모르거나 중요하지 않을 때에는 수동태 사용
I was told that the hotel is fully booked. 호텔이 꽉 찼다고 들었습니다.

* tell / say 대신 inform 사용 가능
They informed me that the hotel is fully booked. 호텔이 꽉 찼다고 저에게 알려줬습니다.

4. 다른 호텔을 찾을 수 있도록 의견 제시하는 방법

〈why don't + 주어 + 동사?〉 (주어)가 (동사) 해보는 게 어때?
Why don't we try some other hotels? 다른 호텔을 시도해 보는 건 어때?
〈how about + 명사/동명사〉 (명사/동명사)는 어때?
〈how about + 주어 + 동사〉 (주어)가 (동사) 하는 건 어때?
How about trying some motels? 모텔에 가보는 건 어때?
How about we try Airbnb? 에어비앤비를 시도해 보는 건 어때?

5. 여행 계획이 뜻대로 되지 않았을 때 사용할 수 있는 표현

〈be supposed to + 동사〉 (동사) 하기로 되어 있다
이때 be동사의 과거형 시제를 사용하면 '원래 (동사) 하기로 되어 있었다'라는 의미로 계획대로 되지 않았다는 느낌을 내포함
I am supposed to go on a trip. 나는 여행 가기로 되어 있다. (아직 가지 않았음)
I was supposed to go on a trip. 나는 원래 여행 가기로 되어 있었다. (하지만 못 갔을 가능성이 매우 높음)

6. 만족스럽지 못한 객실 상태에 대해 이야기할 때 사용할 수 있는 표현

be not cleaned up: 치워져 있지 않다 / properly: 제대로 / be smaller than: ~보다 작다
The hotel room is not cleaned up properly and it is much smaller than I thought (I expected).
호텔 객실이 제대로 치워져 있지 않고 제 생각보다 (예상보다) 훨씬 작습니다.

* 만족스럽지 않은 감정을 표현할 때에는 〈be unhappy with〉〈be not satisfied with〉 사용
I am unhappy with the condition. 이 상태에 불만족스럽습니다.
We are not satisfied with your service. 서비스에 만족하지 못했습니다.

7. 특별 할인에 대해 물을 때 사용할 수 있는 표현

special rates / special offer / super saver (특별 할인 상품)
Do you have any special rates? 특별 할인이 있나요?
Super saver tickets are non-refundable. 특별 할인 티켓은 환불이 불가능합니다.

8. 무언가를 어디에 두고 온 경험과 예상치 못한 날씨로 인한 에피소드에 대해 이야기할 때 쓰이는 표현

〈leave + 명사 + behind〉 (명사)를 두고 오다 〈leave + 명사〉 (명사)를 두고 오다 또는 (명사)를 떠나다
I left my umbrella behind when I left home. It was pouring, so I had to buy a new one. 집에서 떠날 때 우산을 두고 나왔습니다. 비가 너무 많이 와서 새로 사야만 했습니다.

9. 호텔 프론트에 가서 자유 시간에 할 수 있는 일에 대해 물을 때 사용할 수 있는 표현

〈what kinds of + 복수 명사 + are available?〉 어떤 종류의 (명사)를 이용할 수 있나요?
tour: 투어 / day tour: 일일투어 / tour programs: 투어 프로그램 / activities: 활동
What kinds of tour programs are available? 어떤 종류의 투어 프로그램을 이용할 수 있나요?

OPIc 모범 답변 학습하기

OPIc 질문에 대한 모범 답변을 살펴본 후, 질문의 핵심 포인트를 파악하여 나만의 OPIc 답변을 만들어 보세요.

Hotel 호텔 현장 문의 1

1 I'd like to give you a situation and ask you to act it out. You have arrived in a new city and you're trying to find a hotel for the night. Go to the reception desk of the hotel. Describe the room you want and ask three or four questions to get information about what is available.

상황을 하나 드릴 테니 연기해 보세요. 당신은 새로운 도시에 도착했고 하룻밤 묵을 호텔을 찾고 있습니다. 호텔의 프런트에 가세요. 원하는 객실에 대해 설명하고 이용 가능한 객실에 대한 정보를 얻기 위해 서너 가지 질문을 하세요.

문항 유형 호텔에 예약 없이 감. 프론트에 그 호텔 숙박 문의
문항 수준 Intermediate
핵심 포인트
 • 호텔의 직원에게 머물 수 있는 객실이 있는지 물어보기
 • 원하는 객실의 종류와 비용에 대해 질문하기
중요도 ★★★★★

Model Answer

Hi there, I would like to stay at this hotel.
Do you have any vacancies for tonight?
I would like to stay for two nights.
I would like to check in around 6pm.
What kinds of rooms are available? **A**
Can you tell me how much they are? **B**
Can you recommend anything? **C**
Is there a website I can see by any chance?
I wonder if there are any promotions going on.
It would be nice if I could get a good deal.
Do you have any special rates?

Translation

안녕하세요. 이 호텔에 묵고 싶습니다.
오늘 밤 빈 객실이 있나요?
이틀 밤을 묵고 싶습니다.
오후 6시쯤에 체크인하고 싶습니다.
어떤 종류의 객실이 있나요?
그것이 얼마인지 말해 줄 수 있나요?
추천해 주실 것이 있나요?
혹시 제가 볼 수 있는 웹사이트가 있나요?
진행 중인 프로모션이 있는지 궁금합니다.
싸게 살 수 있으면 좋을 것 같아요.
특별 요금이 있나요?

Expanding Your Answer

더 풍부하고 논리적인 답변을 위해 문장을 추가해 보세요.

A I would like to get a double room.
더블룸을 예약하고 싶습니다.

B Is breakfast included?
조식이 포함인가요?

C Is it possible to use the fitness center late at night?
밤 늦게 피트니스 센터를 사용하는 것이 가능한가요?

Key Expressions

• **stay** 머무르다
• **vacancy** 빈 객실
• **would like to** ~를 하고 싶다
• **check in** 체크인하다
• **around** 대략, 약
• **available** 이용 가능한
• **recommend** 추천하다
• **by any chance** 혹시라도
• **wonder** 궁금하다, 궁금해하다
• **promotion** 프로모션
• **a good deal** 싼 가격, 좋은 가격
• **special rates** 특별 요금

2 I'm sorry, but there is a problem that I need you to resolve. You've learned that there are no rooms available at this hotel. Call your travel companions to let them know about the situation. Leave a message to describe the situation and propose some alternatives to the problem.

🎧 MP3 34_Q2

안타깝지만 당신이 해결해야 하는 문제가 생겼습니다. 이 호텔에는 이용 가능한 객실이 없다는 것을 알게 되었습니다. 여행 동료들에게 전화를 걸어 상황을 알려 주세요. 메시지를 남겨 상황을 설명하고 문제에 대한 몇 가지 대안을 제안하세요.

문항 유형	여행 일행들에게 호텔 만실 알리기, 대안 제시
문항 수준	Advanced
핵심 포인트	• 여행 일행들에게 메시지를 남겨서 문제 상황 설명하기 • 대안으로 다른 호텔 찾는 방법 제시하기
중요도	★★★

Model Answer 🎧 MP3 34_A2

Hi there, guys. I have some bad news.
I just talked to the hotel.
They told me that the hotel is fully booked. **A**
Can you tell me what you want to do?
Why DON'T we try some other hotels? **B**
How about we try some motels?
Or, maybe we could do some searches online. **C**
What do you say we look for some cheap rooms?
Can you tell me what you think?
I'm fine with whatever you decide.
Call me back when you get this. Thanks.

Translation

여보세요. 얘들아. 나쁜 소식이 있어.
방금 호텔과 얘기했어.
호텔 예약이 꽉 찼다고 하네.
어떻게 하고 싶은지 말해 줄래?
다른 호텔에 가보는 게 어때?
우리 모텔에 가보는 건 어때?
아니면 온라인으로 검색을 할 수도 있겠어.
저렴한 객실을 찾아 보는게 어떨까?
어떻게 생각하는지 말해 줄래?
네가 어떤 결정을 내리든 난 다 괜찮아.
이 메시지를 받으면 다시 전화 줘. 고마워.

Expanding Your Answer

더 풍부하고 논리적인 답변을 위해 문장을 추가해 보세요.

A I think it is because today is Saturday.
오늘이 토요일이라서 그런 거 같아.

B I saw another hotel across the street.
길 건너에 있는 또 다른 호텔을 봤어.

C It could be less time-consuming.
시간이 덜 걸릴 수도 있어.

Key Expressions

- **book** 예약하다
- **try** 시도해보다
- **do searches** 검색하다, 찾아보다
- **look for** 찾다
- **fine with** ~와 괜찮은
- **whatever** 무엇이든
- **decide** 결정하다
- **call back** 다시 전화하다

3 That's the end of the situation. Think about a time when your travel plans did not work out as expected. What happened? Tell me all about the circumstances, what you and the others did, and how the situation was finally resolved.

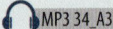

상황이 종료되었습니다. 여행 계획이 예상대로 잘 되지 않았던 때를 생각해 보세요. 무슨 일이 있었나요? 당시의 상황, 당신과 다른 사람들이 한 일, 그리고 상황이 최종적으로 어떻게 해결 됐는지 말해 주세요.

문항 유형	여행 계획이 뜻대로 되지 않은 경험 묘사
문항 수준	Advanced
핵심 포인트	• 숙취 때문에 여행 못 간 경험 묘사하기 • 본인의 과거 경험이기 때문에 주어 I와 현재형 시제 사용
중요도	★★★

Model Answer

I remember when I was supposed to go on a trip with my friends. **A**

However, I got sick because I drank a lot the night before.

I had a bad hangover.

My stomach was upset and I felt dizzy. **B**

I felt bad about missing the trip, but there was nothing I could do.

I told my friends that I could NOT make it and said I was sorry.

Looking back, I regret missing the trip that time.

Translation

친구들과 함께 여행을 가기로 했던 때가 생각납니다.
하지만 전날 밤에 술을 많이 마셔서 아팠습니다.
숙취가 매우 심했습니다.
배탈이 나고 어지러웠습니다.
여행을 놓쳐 아쉬웠지만 어쩔 수 없었습니다.
친구들에게 못 간다고 말하고 미안하다고 했습니다.
뒤돌아 생각해 보면, 그때 여행을 놓친 것이 후회됩니다.

Expanding Your Answer

더 풍부하고 논리적인 답변을 위해 문장을 추가해 보세요.

A We booked a very expensive hotel.
우리는 비싼 호텔을 예약했습니다.

B I had a serious headache as well.
심각한 두통도 있었습니다.

Key Expressions

- **be supposed to** ~하기로 되어 있다
- **go on a trip** 여행가다
- **get sick** 아프다
- **drink a lot** 술을 많이 마시다
- **hangover** 숙취
- **stomach** 배
- **upset** 아픈
- **dizzy** 어지러운
- **feel bad** 미안함을 느끼다
- **miss** 놓치다
- **make it** 성공하다, 해내다
- **regret** 후회하다

Hotel 호텔 현장 문의 2

4 I'd like to give you a situation and ask you to act it out. You are staying at a hotel and have a free day to explore the city. Go to the front desk and ask three or four questions about what to do. 🎧 MP3 34_Q4

상황을 하나 드릴 테니 연기해 보세요. 호텔에 머물고 있는데 도시를 자유롭게 돌아다닐 수 있는 하루의 자유 시간이 생겼습니다. 프런트 데스크로 가서 무엇을 해야 할지 서너 가지 질문을 하세요.

문항 유형	호텔 프론트에 가서 자유 시간에 할 수 있는 활동 문의
문항 수준	Intermediate
핵심 포인트	• 호텔 프론트의 직원에게 투어에 대해 물어보기 • 투어의 종류와 비용에 대해 질문하기
중요도	★★★

Model Answer 🎧 MP3 34_A4

Hi there, I would like to do something in my free time.
I have a free day to explore the city. **A**
I would like to go on a city tour. **B**
What kinds of tours are available? **C**
Can you tell me how much they are?
Can you recommend anything?
Is there a website I can see by any chance?
I wonder if there are any promotions going on.
It would be nice if I could get a good deal.

Translation

안녕하세요, 저는 자유 시간에 뭔가를 하고 싶습니다.
도시를 탐험할 수 있는 자유 시간이 있습니다.
시티 투어를 하고 싶습니다.
어떤 종류의 투어가 있나요?
그것이 얼마인지 말해 줄 수 있나요?
추천해 주실 것이 있나요?
혹시 제가 볼 수 있는 웹사이트가 있나요?
진행 중인 프로모션이 있는지 궁금합니다.
싸게 살 수 있으면 좋을 것 같아요.

Expanding Your Answer

더 풍부하고 논리적인 답변을 위해 문장을 추가해 보세요.

A I want to do something fun.
뭔가 재미있는 것을 하고 싶습니다.

B I am interested in history and arts.
저는 역사와 예술에 관심이 있습니다.

C How many hours does the tour take?
그 투어는 몇 시간이 걸리나요?

Key Expressions

- **free time** 자유 시간
- **explore** 탐험하다
- **city tour** 시티 투어
- **would like to** ~를 하고 싶다
- **available** 이용 가능한
- **recommend** 추천하다
- **by any chance** 혹시라도
- **wonder** 궁금하다, 궁금해하다
- **promotion** 프로모션
- **a good deal** 싼 가격, 좋은 가격
- **special rates** 특별 요금

5 I'm sorry, but there is a problem that I need you to resolve. You left your bag in the taxi that brought you back to the hotel. Call the taxi company and explain what happened. Ask them how you can get your bag back.

🎧 MP3 34_Q5

안타깝지만 당신이 해결해야 하는 문제가 생겼습니다. 호텔로 돌아오는 길에 택시에 가방을 두고 내렸습니다. 택시 회사에 전화해서 무슨 일이 있었는지 설명하세요. 어떻게 해야 가방을 되찾을 수 있는지 물어보세요.

문항 유형	택시에 가방을 두고 내림, 택시회사에 전화해서 도움 요청
문항 수준	Advanced
핵심 포인트	• 택시 회사에 전화해서 문제 상황 설명하기 • 직접 찾으러 갈 수 있도록 회사에 대한 정보 묻기
중요도	★★★

Model Answer 🎧 MP3 34_A5

Hi there, I'm a person who took one of your taxis. **A**

I'm afraid I left my bag behind in the taxi.

It's a blue backpack. **B**

Could you please check if you have my bag? **C**

If so, I'll drop by to get it right away.

Would that be possible?

I'm sorry for all the trouble.

Can you tell me when I can visit your office?

What are your business hours?

How late are you open?

Give me a call when you get this. Thanks.

Translation

여보세요, 저는 당신의 택시를 탄 사람입니다.
안타깝지만 제가 택시에 가방을 두고 내렸습니다.
파란색 배낭입니다.
제 가방을 가지고 계신지 확인해 주시겠어요?
만약 그렇다면, 바로 찾으러 들를게요.
그게 가능할까요?
번거롭게 해드려 죄송합니다.
언제 사무실에 방문할 수 있는지 말해 주실 수 있나요?
업무 시간이 언제인가요?
얼마나 늦게까지 여나요?
이 메시지를 받으면 전화 주세요. 고맙습니다.

Expanding Your Answer

더 풍부하고 논리적인 답변을 위해 문장을 추가해 보세요.

A I got off at the Intercontinental Hotel 20 minutes ago.
20분 전에 인터콘티넨탈 호텔에서 내렸습니다.

B Inside the backpack, there are some books and a camera.
배낭 안에는 책 몇 권과 카메라가 있습니다.

C I really want to get it back because it is my favorite one.
가장 좋아하는 물건이라서 꼭 찾고 싶습니다.

Key Expressions

- **take taxi** 택시를 타다
- **leave behind** 두고 내리다
- **check** 확인하다
- **drop by** 들르다
- **right away** 즉시, 바로
- **possible** 가능한
- **trouble** 문제점, 골칫거리
- **business hours** 영업 시간
- **give a call** 전화하다

6 That's the end of the situation. Have you ever lost something somewhere or could not find something important? Tell me about when you lost something important. 🎧 MP3 34_Q6

상황이 종료되었습니다. 어딘가에서 무언가를 잃어버린 적이 있거나 중요한 것을 찾지 못한 적이 있나요? 중요한 것을 잃어버렸던 때에 대해 말해 주세요.

문항 유형	본인이 무엇인가를 어디에 두고 온 본인 경험 묘사
문항 수준	Advanced
핵심 포인트	• 비 오는 날 우산 두고 온 경험 묘사하기 • 본인의 과거 경험이기 때문에 주어 I와 과거형 시제 사용
중요도	★★★

Model Answer 🎧 MP3 34_A6

I remember when I left my umbrella behind at a store. **A**

+at a restaurant +on the subway +on the bus +in a taxi +at home

I completely forgot to pack it when I left the store. **B**

+I got off the subway +I got off the bus +I left home

It was pouring outside and I got a little wet.

Since then, I try to be more careful.

Translation

상점에 우산을 놓고 왔을 때가 생각납니다.
(+레스토랑에서 +지하철에서 +버스에서 +택시에서 +집에서)
상점을 나서면서 짐을 챙기는 것을 완전히 잊어버렸습니다.
(+지하철에서 내리면서 +버스에서 내리면서 +집에서 나오면서)
밖에 비가 쏟아져서 조금 젖었습니다.
그 이후로, 저는 조금 더 조심하려고 노력합니다.

Expanding Your Answer

더 풍부하고 논리적인 답변을 위해 문장을 추가해 보세요.

A I was there to do some grocery shopping.
장을 보기 위해 그곳에 있었습니다.

B Plus, I had so many things to carry.
게다가, 들고 가야 할 것이 너무 많았습니다.

Key Expressions

- **leave** 두고 오다, 떠나다
- **completely** 완전히
- **forget** 잊어버리다
- **pack** 싸다, 챙기다
- **get off** 내리다
- **pour** 비가 쏟아지다
- **wet** 젖은
- **careful** 조심하는

Hotel 호텔 전화 문의 1

7 I'd like to give you a situation and ask you to act it out. You are visiting a new city and need a hotel room for the night. Call a hotel and ask three or four questions to find out about its rooms and services.

상황을 하나 드릴 테니 연기해 보세요. 당신은 새로운 도시를 방문 중이고 하룻밤 묵을 호텔 객실이 필요합니다. 호텔에 전화해서 호텔 객실과 서비스에 대해 알아보기 위해 서너 가지 질문을 하세요.

문항 유형	호텔 투숙 전화 문의
문항 수준	Intermediate
핵심 포인트	• 호텔에 전화해서 묵고 싶은 객실에 대해 문의하기 • 이용 가능한 객실, 비용, 할인 등에 대해 질문하기
중요도	★★★

Model Answer

Hi there, I'm calling to ask about staying at your hotel.
Do you have any vacancies for tonight? **A**
I would like to stay for two nights.
I would like to check in around 6pm.
What kinds of rooms are available? **B**
Can you tell me how much they are?
Can you recommend anything? **C**
Is there a website I can see by any chance?
I wonder if there are any promotions going on.
It would be nice if I could get a good deal.
Do you have any special rates?
Give me a call when you get this. Thanks.

Translation

여보세요, 호텔에 묵는 것에 대해 문의하려고 전화 드렸습니다.
오늘 밤 빈 객실이 있나요?
이틀 밤을 묵고 싶습니다.
오후 6시쯤에 체크인하고 싶습니다.
어떤 종류의 객실이 있나요?
그것이 얼마인지 말해 줄 수 있나요?
추천해 주실 것이 있나요?
혹시 제가 볼 수 있는 웹사이트가 있나요?
진행 중인 프로모션이 있는지 궁금합니다.
싸게 살 수 있으면 좋을 것 같아요.
특별 요금이 있나요?
이 메시지를 받으면 전화 주세요. 고맙습니다.

Expanding Your Answer

더 풍부하고 논리적인 답변을 위해 문장을 추가해 보세요.

A It is for one person.
1명입니다.

B I just need a room with a single-bed.
싱글 침대 있는 객실이면 됩니다.

C I will order room service for dinner. What kinds of food do you serve?
저녁 식사로 룸서비스를 시킬 겁니다. 어떤 종류의 음식을 제공하나요?

Key Expressions

- **stay** 머무르다
- **vacancy** 빈 객실
- **would like to** ~를 하고 싶다
- **check in** 체크인하다
- **around** 대략, 약
- **available** 이용 가능한
- **recommend** 추천하다
- **by any chance** 혹시라도
- **wonder** 궁금하다, 궁금해하다
- **promotion** 프로모션
- **a good deal** 싼 가격, 좋은 가격
- **special rates** 특별 요금

8 I'm sorry, but there is a problem that I need you to resolve. When you get to your hotel room, it is very small and not clean at all. Call the front desk and describe how you feel about the room in detail. And then, make some suggestions as to how you can resolve the situation.

🎧 MP3 34_Q8

안타깝지만 당신이 해결해야 하는 문제가 생겼습니다. 호텔 객실에 도착했는데, 객실이 매우 작고 전혀 깨끗하지 않습니다. 프런트 데스크에 전화를 걸어 객실에 대한 당신의 기분을 자세히 설명해 주세요. 그 후, 이 상황을 어떻게 해결할 수 있는지에 대해 몇 가지 제안을 하세요.

문항 유형	호텔 객실 작고 지저분함. 전화로 문제 해결
문항 수준	Advanced
핵심 포인트	• 프론트 객실에 전화로 문제 상황 설명하기 • 대안으로 객실 교환 또는 환불 요청하기
중요도	★★★

Model Answer 🎧 MP3 34_A8

Hi there, I'm a person who is staying at the hotel.

I'm afraid there is a problem with the room.

It is NOT cleaned up properly. **A**

It is also smaller than I thought. **B**

I am very unhappy with the room.

I would like to come in to get an exchange. **C**

I wonder if I could get a refund if I want to.

Would that be possible?

I'm sorry for all the trouble.

Give me a call when you get this. Thanks.

Translation

여보세요, 저는 지금 호텔에 묵고 있는 사람입니다.
안타깝지만, 객실에 문제가 있습니다.
제대로 정리되지 않았습니다.
또한 생각보다 작습니다.
저는 이 객실이 매우 마음에 들지 않습니다.
교환을 받으러 가고 싶습니다.
제가 원하면 환불을 받을 수 있을지 궁금합니다.
그게 가능할까요?
번거롭게 해드려 죄송합니다.
이 메시지를 받으면 전화 주세요. 고맙습니다.

Expanding Your Answer

더 풍부하고 논리적인 답변을 위해 문장을 추가해 보세요.

A Also, I asked for a non-smoking room, but this room has a cigarette odor.
또한 저는 금연 객실을 요청했는데 이 방에서는 담배 냄새가 납니다.

B Plus, this room is too far from the elevator.
게다가 이 객실은 엘리베이터에서 너무 멉니다.

C I just want a clean room that is close to the elevator.
저는 그냥 엘리베이터에서 가까운 깨끗한 객실을 원합니다.

Key Expressions

- **I'm afraid** 미안하지만, 안타깝지만
- **problem** 문제
- **clean up** 치우다
- **properly** 제대로
- **smaller than** ~보다 작다
- **unhappy with** ~에 불만족스럽다, 마음에 들지 않는다
- **get an exchange** 교환하다
- **wonder** 궁금하다
- **get a refund** 환불 받다
- **possible** 가능한
- **trouble** 문제점, 골칫거리
- **give a call** 전화하다

9 That's the end of the situation. Sometimes, surprising or unexpected things can happen when you stay at a hotel. Tell me about a memorable experience you had while staying at a hotel. Maybe there was a problem with your room, or maybe you met some other guests. Tell me the whole story of your interesting hotel visit.

🎧 MP3 34_Q9

상황이 종료되었습니다. 때때로, 호텔에 머물 때 놀라거나 예상치 못한 일들이 일어날 수 있습니다. 호텔에서 지내면서 겪었던 기억에 남는 경험을 말해 주세요. 객실에 문제가 있었거나, 다른 손님들을 만났을 수도 있습니다. 흥미로웠던 호텔 방문에 대해 말해 주세요.

문항 유형	호텔에서 기억에 남는 에피소드 묘사
문항 수준	Advanced
핵심 포인트	• 식중독 걸린 경험 설명하기(예상치 못한 일) • 본인의 과거 경험이기 때문에 주어 I와 과거형 시제 사용
중요도	★★★

Model Answer 🎧 MP3 34_A9

I remember eating something that went bad at a hotel. **A**
+eating too fast +eating too much
I got food poisoning and it was pretty bad.
+got indigestion +got enteritis
My stomach was upset and I felt like throwing up.
I felt light headed because I had a fever.
+I got rashes and my body was itchy.
+I went to the bathroom over and over again because I had the runs.
I had to go to the drug store to get some medicine.
I took some medicine to get better.
I had to stay inside and get a lot of rest. **B**
Since then, I try to be more careful when I eat something.

Translation

호텔에서 상한 것을 먹은 기억이 납니다.
(+너무 빨리 먹은 +너무 많이 먹은)
식중독에 걸렸는데 꽤 심했습니다.
(+소화불량 +장염)
배가 아프고 토할 것 같았습니다.
열이 나서 머리가 어지러웠습니다.
(+발진이 나서 몸이 가려웠습니다.)
(+설사 때문에 화장실을 들락날락했습니다.)
약을 구하러 약국에 가야 했습니다.
낫기 위해 약을 먹었습니다.
실내에 있으면서 많이 쉬어야 했습니다.
그 이후로, 저는 무언가를 먹을 때 더 조심하려고 노력합니다.

Expanding Your Answer

더 풍부하고 논리적인 답변을 위해 문장을 추가해 보세요.

A Even though it was a very expensive restaurant at the hotel, the seafood they served was not fresh.
호텔에 있는 매우 비싼 음식점인데도 불구하고 그들이 제공한 해산물이 신선하지 않았습니다.

B I could not enjoy any entertaining facilities at the hotel.
호텔에 있는 재미있는 시설들을 하나도 즐기지 못했습니다.

Key Expressions

- **go bad** 상하다
- **food poisoning** 식중독
- **indigestion** 소화불량
- **enteritis** 장염
- **stomach** 배
- **upset** 아픈
- **throw up** 토하다
- **light-headed** 머리가 어지러운
- **have a fever** 열이 나다
- **get rashes** 두드러기 나다
- **itchy** 간지러운
- **drugstore** 약국

Hotel 호텔 전화 문의 2

10 I'd like to give you a situation and ask you to act it out. You are going on a vacation to another country. Call a hotel in that country and ask what the weather is like there. You want to know what clothes you should bring on your trip. Ask two or three more questions regarding your travel plans.

상황을 하나 드릴 테니 연기해 보세요. 다른 나라로 휴가를 가게 되었습니다. 그 나라의 호텔에 전화해서 그곳의 날씨가 어떤지 물어보세요. 당신은 여행할 때 어떤 옷을 가져가야 하는지 알고 싶습니다. 여행 계획에 대해 두세 가지 질문을 하세요.

문항 유형	호텔에 전화해서 현지 날씨와 할 수 있는 활동 문의
문항 수준	Intermediate
핵심 포인트	• 호텔에 전화해서 문의하기 • 현지 날씨와 그곳에서 할 수 있는 활동에 대해 질문하기
중요도	★★★

Model Answer

Hi there, I'm calling to ask about the weather near the hotel.

What are the temperatures like?

Is it hot and humid? **A**

Is it cold and windy? **B**

I would like to know what clothes I should take.

Plus, I would like to go on a tour while I am there.

Do you have any good tour programs? **C**

Give me a call when you get this. Thanks.

Translation

여보세요. 호텔 근처의 날씨에 대해 문의하려고 전화 드렸습니다.
그곳의 온도는 어떤가요?
덥고 습한가요?
춥고 바람이 많이 부나요?
어떤 옷을 가져가야 하는지 알고 싶습니다.
또한 그곳에 있는 동안 투어를 하고 싶습니다.
좋은 관광 프로그램이 있나요?
이 메시지를 받으면 전화 주세요. 고맙습니다.

Expanding Your Answer

더 풍부하고 논리적인 답변을 위해 문장을 추가해 보세요.

A Do I need to bring sunglasses?
선글라스를 가져가야 하나요?

B Should I pack a warm jacket?
따뜻한 자켓을 챙겨가야 할까요?

C Can you email me some information?
정보를 이메일로 보내 줄 수 있나요?

Key Expressions

- **weather** 날씨
- **temperature** 온도
- **hot** 더운
- **humid** 습한
- **cold** 추운
- **windy** 바람이 부는
- **take** 가져가다
- **go on a tour** 투어를 하다
- **tour programs** 투어 프로그램
- **give a call** 전화 주다

11 I'm sorry but there is a problem that I need you to resolve. The clothes that you have brought with you on your vacation are not suitable for the weather. Call a clothing store and explain the situation. Ask two or three questions about the kinds of clothes they have on sale.

안타깝지만, 당신이 해결해야 하는 문제가 생겼습니다. 휴가 때 가지고 온 옷들이 날씨에 적합하지 않습니다. 옷 가게에 전화해서 상황을 설명하세요. 세일 중인 옷의 종류에 대해 두세 가지 질문을 하세요.

문항 유형 현지 옷 가게에 옷 관련 전화 문의
문항 수준 Advanced
핵심 포인트
- 옷 가게에 전화해서 물어보기
- 구매할 수 있는 옷과 옷 가게에 대해 질문하기

중요도 ★★★

Model Answer

Hi there, I'm calling to ask about getting some new clothes.

What kinds of clothes are available? **A**

Can you tell me how much they are?

Can you recommend anything?

Is there a website I can see by any chance? **B**

I wonder if there are any promotions going on.

It would be nice if I could get a good deal.

Plus, can you give me directions to your store?

I wonder if I could bring my car. **C**

If not, I'll just take public transportation.

Is it close to the subway station?

Is it within walking distance?

Give me a call when you get this. Thanks.

Translation

여보세요, 새 옷 구매에 대해 문의하려고 전화 드렸습니다.

그곳에는 어떤 종류의 옷이 있나요?

얼마인지 말해 줄 수 있나요?

추천해 주실 것이 있나요?

혹시 제가 볼 수 있는 웹사이트가 있나요?

프로모션이 진행되고 있는지 궁금합니다.

싸게 살 수 있으면 좋을 것 같습니다.

또한, 상점으로 가는 길 좀 알려 주실래요?

제 차를 가져갈 수 있는지 궁금합니다.

안된다면 대중교통을 이용할게요.

지하철역에서 가깝나요?

걸어서 갈 수 있는 거리에 있나요?

이 메시지를 받고 전화 주세요. 고맙습니다.

Expanding Your Answer

더 풍부하고 논리적인 답변을 위해 문장을 추가해 보세요.

A I want to get something warm because it is cold outside.
밖이 추워서 따뜻한 것을 사고 싶습니다.

B What is the address of the website?
홈페이지 주소가 어떻게 되나요?

C Do you have enough parking space?
주차 자리가 충분하게 있나요?

Key Expressions

- **ask about** ~에 대해 문의하다
- **get new clothes** 새 옷을 사다
- **available** 이용 가능한
- **recommend** 추천하다
- **by any chance** 혹시라도
- **wonder** 궁금하다, 궁금해하다
- **promotion** 프로모션
- **a good deal** 싼 가격, 좋은 가격
- **direction** 위치, 찾아가는 방법
- **bring** 가져가다
- **public transportation** 대중교통
- **walking distance** 도보로 갈 수 있는 거리

12 **That's the end of the situation. Have you ever had any trouble due to unexpected weather? Who were you with? How did you deal with the situation? Tell me everything that happened.**
🎧 MP3 34_Q12

그것으로 상황은 끝입니다. 예상치 못한 날씨로 인해 어려움을 겪은 적이 있나요? 누구와 함께 있었나요? 그 상황을 어떻게 대처했나요? 무슨 일이 있었는지 말해 주세요.

문항 유형	예상치 못한 날씨로 인한 본인 에피소드 묘사
문항 수준	Advanced
핵심 포인트	• 우산 두고 온 경험 묘사하기 • 본인의 과거 경험이기 때문에 과거형 시제와 주어 I 사용
중요도	★★★

Model Answer
🎧 MP3 34_A12

I remember when I left my umbrella behind at a store. **A**

+at a restaurant +on the subway +on the bus +in a taxi +at home

I completely forgot to pack it when I left the store.

+I got off the subway +I got off the bus +I left home

It was pouring outside and I got a little wet. **B**

Since then, I try to be more careful.

Translation

가게에 우산을 두고 왔던 적이 생각납니다.
(+레스토랑에 +지하철에 +버스에 +택시에 +집에)
가게에서 나올 때 챙기는 것을 완전히 까먹었습니다.
(+지하철에서 내릴 때 +버스에서 내릴 때 +집에 두고 오다)
밖에는 비가 퍼부었고, 저는 조금 젖었습니다.
그때 이후로, 더 조심하려 합니다.

Expanding Your Answer

더 풍부하고 논리적인 답변을 위해 문장을 추가해 보세요.

A It was about a week ago.
약 1주 전이었습니다.

B I was extremely frustrated.
저는 매우 짜증이 났었습니다.

Key Expressions

- **leave behind** 두고 오다
- **completely** 완전히
- **forget** 잊어버리다
- **pack** 싸다, 챙기다
- **get off** 내리다
- **leave** 떠나다
- **pour** 비가 쏟아지다
- **wet** 젖은
- **careful** 조심하는

Overseas Business Trip 해외 출장

13 You are going on a trip on business to another country. Call a hotel that you want to stay at and ask three or four questions about the hotel.

🎧 MP3 34_Q13

다른 나라로 출장을 가게 되었습니다. 머물고 싶은 호텔에 전화를 걸어 그 호텔에 대해 서너 가지 질문을 하세요.

문항 유형	해외 출장 중에 머무를 호텔에 전화해서 호텔에 대해 문의
문항 수준	Intermediate
핵심 포인트	• 호텔에 전화해서 문의하기 • 머물 수 있는 객실이 있는지, 얼마인지, 할인이 있는지 질문하기
중요도	★★★

Model Answer 🎧 MP3 34_A13

Hi there, I'm calling to ask about staying at your hotel.

I would like to stay there for my business trip.

Do you have any vacancies for next Monday?

I would like to stay for two nights.

I would like to check in around 6pm.

What kinds of rooms are available? **A**

Can you tell me how much they are? **B**

Can you recommend anything?

Is there a website I can see by any chance?

I wonder if there are any promotions going on. **C**

It would be nice if I could get a good deal.

Give me a call when you get this. Thanks.

Translation

여보세요, 호텔에 묵는 것에 대해 여쭤보고 싶어서 전화 드렸습니다.

출장 때문에 그곳에 묵고 싶습니다.

다음 주 월요일에 빈 객실이 있나요?

이틀 밤을 묵고 싶습니다.

오후 6시쯤에 체크인하고 싶습니다.

어떤 종류의 객실이 있나요?

그것이 얼마인지 말해 줄 수 있나요?

추천해 주실 것이 있나요?

혹시 제가 볼 수 있는 웹사이트가 있나요?

진행 중인 프로모션이 있는지 궁금합니다.

싸게 살 수 있으면 좋을 것 같아요.

이 메시지를 받으면 전화 주세요. 고맙습니다.

Expanding Your Answer

더 풍부하고 논리적인 답변을 위해 문장을 추가해 보세요.

A Do you have a bigger room?
더 큰 객실이 있나요?

B I have the membership here. Do I get some discounts?
여기 멤버십이 있습니다. 할인을 조금 받나요?

C If you do, please let me know.
만약 있다면 알려 주세요.

Key Expressions

- **stay** 머무르다
- **business trip** 출장
- **vacancy** 빈 객실
- **would like to** ~를 하고 싶다
- **check in** 체크인하다
- **around** 대략, 약
- **available** 이용 가능한
- **recommend** 추천하다
- **by any chance** 혹시라도
- **wonder** 궁금하다, 궁금해하다
- **promotion** 프로모션
- **a good deal** 싼 가격, 좋은 가격

14 You were supposed to go on the business trip to another country with your boss. However, something came up suddenly and you can't go. Call your boss, explain the situation, and make two to three suggestions that will help you continue your business with the company overseas.

🎧 MP3 34_Q14

당신은 상사와 함께 다른 나라로 출장을 가기로 되어 있었습니다. 하지만 당신은 갑자기 일이 생겨서 갈 수 없게 되었습니다. 상사에게 전화를 걸어 상황을 설명하고, 해외에 있는 회사와 거래를 지속하는 데 도움이 될 두세 가지의 제안을 하세요.

문항 유형	상사에게 해외 출장 못 가게 된 상황 전화로 설명. 고객사를 잃지 않기 위해 대안 제시
문항 수준	Advanced
핵심 포인트	• 상사에게 전화하여 문제 상황 설명하기 • 대안으로 스케줄 조정 제안하기
중요도	★★★

Model Answer 🎧 MP3 34_A14

Hi there, boss. This is Jake.

I have some bad news.

I don't think I can make it to the business trip.

Something has come up suddenly. **A B**

I think we should reschedule our meeting with our client company. **C**

I can call them and make new arrangements.

Would that be possible?

I'm sorry for all the trouble.

Can you tell me what you think?

I'm fine with whatever you decide.

Call me back when you get this. Thanks.

Translation

여보세요, 보스. 제이크입니다.

나쁜 소식이 있습니다.

출장에 못 갈 것 같습니다.

갑자기 일이 생겼습니다.

고객사와의 회의 일정을 다시 잡아야 할 것 같습니다.

제가 그들에게 전화해서 새로 일정을 짤 수 있습니다.

그게 가능할까요?

번거롭게 해드려 죄송합니다.

어떻게 생각하시는지 말씀해 주시겠어요?

어떤 결정을 하시던지 전 괜찮습니다.

이 메시지를 받으면 전화 주세요. 고맙습니다.

Expanding Your Answer

더 풍부하고 논리적인 답변을 위해 문장을 추가해 보세요.

A I just got into a car accident.
방금 차 사고가 났습니다.

B I need to be hospitalized to get some tests done.
검사를 몇 개 받기 위해 입원을 해야 합니다.

C I think I will be discharged from the hospital within a couple of days.
이틀 정도 안에 병원에서 퇴원할 것 같습니다.

Key Expressions

- **make it** 성공하다, 해내다
- **business trip** 출장
- **reschedule** 새로 일정을 짜다
- **client company** 고객사
- **arrangement** 준비, 조정
- **possible** 가능한
- **whatever** 무엇이든지
- **decide** 결정하다
- **call back** 다시 전화하다

15 Have you ever had a problem during a trip you took on business or for leisure? What was the nature of the problem and how did you deal with the situation? Describe in detail about what happened.

출장을 갔거나 여가 시간에 여행을 갔을 때 문제가 생긴 적이 있나요? 문제의 원인은 무엇이었고, 상황을 어떻게 처리했나요? 무슨 일이 있었는지 자세히 설명해 주세요.

문항 유형	해외 출장이나 여행 중에 겪어본 문제와 해결 방법 설명
문항 수준	Advanced
핵심 포인트	• 식중독 걸린 경험 묘사하기 • 본인의 과거 경험이기 때문에 시제 I와 과거형 시제 사용
중요도	★★★

Model Answer

I remember eating something that went bad during a business trip. **A**

+eating too fast +eating too much

I got food poisoning and it was pretty bad.

+got indigestion +got enteritis

My stomach was upset and I felt like throwing up.

I felt light headed because I had a fever.

+I got rashes and my body was itchy.

+I went to the bathroom over and over again because I had the runs.

I had to go to the drug store to get some medicine.

I took some medicine to get better. **B**

I had to stay inside and get a lot of rest.

Since then, I try to be more careful when I eat something.

Translation

출장 중에 상한 것을 먹은 기억이 납니다.
(+너무 빨리 먹은 +너무 많이 먹은)
식중독에 걸렸는데 꽤 심했습니다.
(+소화불량 +장염)
배가 아프고 토할 것 같았습니다.
열이 나서 머리가 어지러웠습니다.
(+발진이 나서 몸이 가려웠습니다.)
(+설사 때문에 화장실을 들락날락했습니다.)
약을 구하러 약국에 가야 했습니다.
낫기 위해 약을 먹었습니다.
실내에 있으면서 많이 쉬어야 했습니다.
그 이후로, 저는 무언가를 먹을 때 더 조심하려고 노력합니다.

Expanding Your Answer

더 풍부하고 논리적인 답변을 위해 문장을 추가해 보세요.

A My co-workers and I went to a local restaurant after the meeting.
직장 동료들과 저는 미팅이 끝난 후에 동네 식당에 갔습니다.

B Actually, the medicine was very effective.
사실 약이 효과가 좋았습니다.

Key Expressions

- **go bad** 상하다
- **food poisoning** 식중독
- **indigestion** 소화불량
- **enteritis** 장염
- **stomach** 배
- **upset** 아픈
- **throw up** 토하다
- **light-headed** 머리가 어지러운
- **have a fever** 열이 나다
- **get rashes** 두드러기 나다
- **itchy** 간지러운
- **drugstore** 약국

35 Role Play 전화기/영화/공연

Role Play Master Key Patterns

롤플레이 답변 시에 활용할 수 있는 주제별 Key Patterns을 학습해 보세요.

1. 새 전화기 구매 시 프로모션 또는 할인이 있는지 물을 때 사용할 수 있는 표현

정중하게 묻기 위해 동사 〈wonder: 궁금하다〉 사용
I wonder / I wondered / I was wondering (과거형 / 과거 진행형이 쓰였지만 현재 궁금하다는 의미로도 쓰일 수 있음)
과거형을 사용하면 더 조심스럽게 묻는 느낌이 내포됨
wonder 뒤에는 if와 whether이 올 수 있음
I wonder if there are any promotions going on. 진행 중인 프로모션이 있는지 궁금합니다.
I wondered whether we could get some discounts. 우리가 할인을 받을 수 있을지 궁금합니다.
I was wondering if I could get some discounts. 제가 할인을 받을 수 있을지 궁금합니다.

2. 원하는 영화/공연을 예매할 때 사용할 수 있는 표현

〈would like to get + 숫자 + tickets + for 원하는 때 / of 무엇〉
I would like to get two tickets for tonight. 오늘 밤 티켓 2장을 구매하고 싶습니다.
I would like to get four tickets of the jazz concert. 재즈 콘서트 티켓 4장을 구매하고 싶습니다.
조금 더 편하게 묻고 싶을 때에는 want to 사용
I want to get two tickets. 티켓 2장을 구매하고 싶습니다.

3. 영화/공연 예약 시 추천을 받고 싶을 때 사용할 수 있는 표현

〈recommend something/anything〉 무언가/아무거나 추천하다
Can you recommend anything? 아무거나 추천해 주실 것 있나요?
더 길게 질문 하고 싶을 때에는 anything 뒤에 〈관계대명사 which/that + be동사 + 형용사〉 사용하기
Can you recommend anything that is fun? 재미있는 거 추천해 주실 것 있나요?
Can you recommend something that is thrilling? 아주 신나는 거 추천해 주실 것 있나요?

4. 구매한 전화기가 만족스럽지 않을 때 사용할 수 있는 표현

⟨be unhappy with + 명사⟩
I am very unhappy with the features. 그 기능에 불만족스럽습니다.
unhappy 대신 사용할 수 있는 형용사: dissatisfied with / disappointed with
I am very dissatisfied with the new phone. 새로운 기능이 매우 불만스럽습니다.
I am extremely disappointed with it. 그것에 매우 실망했습니다.

5. 본인의 과거 계획 취소 경험에 대해 이야기할 때 사용할 수 있는 표현

⟨be supposed to + 동사⟩ (동사) 하기로 되어 있다
I was supposed to have a gathering with my friends. 친구들과 모임을 가지기로 되어 있었다. (결국에는 가지 못했다는 의미가 내포되어 있음)

6. 공연에 못 가게 되어 친구에게 다른 제안을 할 때 사용할 수 있는 표현

⟨what do you say + 주어 + 동사?⟩ (주어)가 (동사) 하는 거 어떻게 생각해?
What do you say we fix the date? 우리 날짜를 확정하는 게 어때?
What do you say we just cancel the tickets? 우리 그냥 티켓 취소하는 게 어때?

7. 하고 싶었지만 못한 일을 설명할 때 사용할 수 있는 표현

⟨wanted to + 동사, but 주어 + could NOT⟩ (동사)하고 싶었지만 (주어)가 할 수 없었다
I wanted to call someone, but I could NOT. 누군가에게 전화를 하고 싶었지만 할 수 없었습니다.
I wanted to check some messages, but I could NOT. 메시지를 확인하고 싶었지만 할 수 없었습니다.

8. 새로운 제품/기술이 마음에 들지 않았던 경험에 대해 이야기할 때 쓰이는 표현

⟨get/buy + 명사⟩ (명사)를 사다 ⟨run out of + 명사⟩ (명사)가 다 소모되다, 써버리다 ⟨carry around⟩ 들고 다니다
My phone ran out of battery way too fast. I had to get a new one. 제 휴대폰 배터리가 너무 빨리 닳았습니다. 새 것을 사야 했습니다.
Since my phone often run out of battery, I always carry around my charger. 제 휴대폰 배터리가 자주 닳아서 항상 충전기를 들고 다닙니다.

9. 숙취 때문에 계획을 취소한 경험에 대해 이야기할 때 쓰이는 표현

⟨be supposed to + 동사⟩ 원래 (동사) 하기로 되어 있다 ⟨miss + 명사⟩ (명사)를 놓치다 ⟨regret⟩ 후회하다
I was supposed to have a gathering with my friends. But I missed the gathering because I had the flu.
I regretted missing the gathering. 원래 친구들과 모임을 가지기로 했습니다. 하지만 독감에 걸려 모임에 빠졌습니다. 모임에 가지 않은 것을 후회했습니다.

OPIc 모범 답변 학습하기

OPIc 질문에 대한 모범 답변을 살펴본 후, 질문의 핵심 포인트를 파악하여 나만의 OPIc 답변을 만들어 보세요.

Phone 전화기

1 I'd like to give you a situation and ask you to act it out. You would like to buy a new cell phone. Call a store and ask three or four questions about a new phone you would like to purchase.

🎧 MP3 35_Q1

상황을 하나 드릴 테니 연기해 보세요. 당신은 새 전화기를 사려고 합니다. 상점에 전화를 걸어 구입하고 싶은 새 전화기에 대해 서너 가지 질문을 하세요.

문항 유형	휴대전화 대리점에 신규 전화기 구매 전화 문의
문항 수준	Intermediate
핵심 포인트	• 휴대전화 대리점에 전화로 문의하기 • 구매하고 싶은 전화기에 관해 종류 및 가격에 대해 질문하기
중요도	★★★

Model Answer 🎧 MP3 35_A1

Hi there, I'm calling to ask about new cell phones.
I would like to get a new phone. **A**
What kinds of phones are available? **B**
Can you tell me how much they are? **C**
Can you recommend anything?
Is there a website I can see by any chance?
I wonder if there are any promotions going on.
It would be nice if I could get a good deal.
Plus, can you give me directions to your store?
I wonder if I could bring my car. If not, I'll just take public transportation.
Is it close to the subway station? Is it within walking distance?
Give me a call when you get this. Thanks.

Translation

여보세요, 새로운 전화기에 대해 문의하려고 전화 드렸습니다.
새 전화기를 사고 싶습니다.
어떤 종류의 전화기가 있나요?
얼마인지 말해 줄 수 있나요?
추천해 줄 것이 있나요?
혹시 제가 볼 수 있는 웹사이트가 있나요?
프로모션이 진행되고 있는지 궁금합니다.
싸게 살 수 있으면 좋을 것 같습니다.
그리고, 상점으로 가는 길 좀 알려 주시겠어요?
제 차를 가져가도 되는지 궁금합니다.
안 된다면 대중교통을 이용할게요.
지하철역에서 가깝나요? 걸어서 갈 수 있는 거리에 있나요?
이 메시지를 받으면 전화 주세요. 고맙습니다.

Expanding Your Answer

더 풍부하고 논리적인 답변을 위해 문장을 추가해 보세요.

A I want to get the newly released one.
최근 출시된 것을 사고 싶습니다.

B Which one is the most popular?
어떤 게 가장 인기 있나요?

C What kinds of functions does it have?
어떤 종류의 기능이 있나요?

Key Expressions

- **would like to** ~를 하고 싶다
- **available** 이용 가능한
- **recommend** 추천하다
- **by any chance** 혹시라도
- **wonder** 궁금하다, 궁금해하다
- **promotion** 프로모션
- **a good deal** 싼 가격, 좋은 가격
- **direction** 위치, 찾아가는 방법
- **bring** 가져가다
- **walking distance** 도보로 갈 수 있는 거리

2. I'm sorry, but there is a problem that I need you to resolve. You have received the new phone but the features are not what you expected. You would like to return it to get a new phone. Call the store, explain the situation and make arrangements to get a new product.

🎧 MP3 35_Q2

안타깝지만 당신이 해결해야 하는 문제가 생겼습니다. 새 전화기를 받았지만 기능이 예상과 다릅니다. 새 전화기를 받기 위해 반품을 하려고 합니다. 상점에 전화해서 상황을 설명하고 새 전화기를 받을 수 있도록 합의를 하세요.

문항 유형	구매한 전화기가 마음에 들지 않음. 전화로 교환 요청
문항 수준	Advanced
핵심 포인트	• 휴대전화 대리점에 전화해서 문제점 설명하기 • 대안으로 교환 제시
중요도	★★★

Model Answer 🎧 MP3 35_A2

Hi there, I'm a person who got a new phone at your store. **A**

I'm afraid there is a problem with my phone.

I think I got the wrong phone. **B**

I am very unhappy with the features.

I would like to come in to get an exchange.

I wonder if I could get a refund if I want to.

Would that be possible? **C**

I'm sorry for all the trouble.

Can you tell me when I can visit your store?

What are your business hours?

How late are you open?

Give me a call when you get this. Thanks.

Translation

여보세요, 저는 당신의 상점에서 새 전화기를 구매한 사람입니다.
죄송하지만, 제 전화기에 문제가 있습니다.
잘못된 전화기를 받은 것 같습니다.
기능이 매우 불만족스럽습니다.
교환을 받으러 가고 싶습니다.
제가 원하면 환불을 받을 수 있을지 궁금합니다.
그게 가능할까요?
번거롭게 해드려 죄송합니다.
언제 상점에 방문할 수 있는지 말해 주실 수 있나요?
영업 시간이 언제인가요?
얼마나 늦게까지 여나요?
이 메시지를 받으면 전화를 주세요. 고맙습니다.

Expanding Your Answer

더 풍부하고 논리적인 답변을 위해 문장을 추가해 보세요.

A I bought the phone from Samsung.
삼성에서 나온 휴대폰을 샀습니다.

B This is clearly not what I wanted.
이건 확실히 제가 원한 것이 아닙니다.

C Okay, I just want to get a refund then.
네, 그러면 그냥 환불 받고 싶습니다.

Key Expressions

- **I'm afraid** 미안하지만, 안타깝지만
- **wrong** 잘못된
- **come in** 방문하다
- **get an exchange** 교환 받다
- **wonder** 궁금하다
- **get a refund** 환불 받다
- **trouble** 문제점, 골칫거리
- **business hours** 영업 시간
- **give a call** 전화하다

3 That's the end of the situation. Have you ever bought a piece of technology which was not what you wanted or was different from what you had expected? Was the feature not what you wanted or did it just not work properly? Tell me about that experience in detail.

🎧 MP3 35_Q3

상황이 종료되었습니다. 원했던 것과 다르거나 기대했던 것과 다른 제품/기술을 구매한 적이 있나요? 원하는 기능이 아니었거나 제대로 작동하지 않았나요? 그 경험에 대해 자세히 말해 주세요.

문항 유형	새로운 제품/기술이 마음에 들지 않았던 경험 묘사
문항 수준	Advanced
핵심 포인트	• 전화기의 배터리가 없어서 고생한 경험 묘사하기 • 본인의 과거 경험이기 때문에 주어 I와 과거형 시제 사용
중요도	★★★

Model Answer 🎧 MP3 35_A3

I remember getting a new phone a few years ago.
However, the phone ran out of battery too fast.
Once, my phone died when I was outside. **A**
It was very inconvenient because my phone was dead.
I wanted to call someone, but I could NOT. **B**
I wanted to check some messages, but I could NOT.
I wanted to do some searches, but I could NOT. **C**
In the end, I had to check my phone after I got home.
+I went to a coffee shop to get my phone charged.
Since then, I always carry around my charger.
+I always carry around my battery pack.

Translation

몇 년 전에 새 전화기를 샀던 기억이 납니다.
하지만, 전화기의 배터리가 너무 빨리 닳았습니다.
한 번은, 밖에 있을 때 전화기가 꺼졌습니다.
전화기가 꺼져서 많이 불편했습니다.
누군가에게 전화를 하고 싶었지만, 할 수 없었습니다.
메시지 몇 개를 확인하고 싶었지만 확인할 수 없었습니다.
검색을 조금 하고 싶었지만 할 수 없었습니다.
결국, 집에 돌아온 후 전화기를 확인해야 했습니다.
(+전화기를 충전하러 커피숍에 갔습니다.)
그 이후로, 저는 항상 충전기를 가지고 다닙니다.
(+보조배터리를 항상 휴대합니다.)

Expanding Your Answer

더 풍부하고 논리적인 답변을 위해 문장을 추가해 보세요.

A Unfortunately, I did not have a charger.
불행히도, 저는 충전기가 없었습니다.

B I had to borrow a phone from a stranger.
모르는 사람에게 전화기를 빌려야 했습니다.

C I had to ask strangers for directions.
길을 찾기 위해 모르는 사람에게 물어봐야 했습니다.

Key Expressions

- **run out of** 다 써버리다, 소모하다
- **phone died / phone is dead** 배터리가 없다, 닳았다
- **inconvenient** 불편한
- **check message** 메시지를 확인하다
- **do searches** 검색하다
- **get phone charged** 전화기를 충전하다
- **carry around** 들고 다니다
- **charger** 충전기
- **(portable) batter pack** 보조 배터리

Movie 영화

4 I'd like to give you a situation and ask you to act it out. You want to take your friend to the movies. Call the theater and ask three or four questions to get tickets for you and your friend.

상황을 하나 드릴 테니 연기해 보세요. 친구와 함께 영화를 보러 가고 싶습니다. 극장에 전화해서 당신과 친구를 위한 티켓을 구하기 위해 서너 가지 질문을 하세요.

문항 유형	영화관에 친구와 함께 볼 영화 표 구매 전화 문의
문항 수준	Intermediate
핵심 포인트	• 영화관에 전화해서 문의하기 • 구매하고 싶은 영화 표에 대해 질문하기
중요도	★★★

Model Answer

Hi there, I'm calling to ask about tonight's movie. **A**
I would like to get two tickets.
What kinds of tickets are available? **B**
Can you tell me how much they are? **C**
Can you recommend anything?
Is there a website I can see by any chance?
I wonder if there are any promotions going on.
It would be nice if I could get a good deal.
Plus, can you give me directions to your theater?
I wonder if I could bring my car.
If not, I'll just take public transportation.
Is it close to the subway station?
Is it within walking distance?
Give me a call when you get this. Thanks.

Translation

여보세요, 오늘 밤 영화에 대해 문의하려고 전화 드렸습니다.
티켓 두 장을 사고 싶습니다.
어떤 종류의 티켓이 있나요?
얼마인지 말해 줄 수 있나요?
추천해 줄 것이 있나요?
혹시 제가 볼 수 있는 웹사이트가 있나요?
프로모션이 진행되고 있는지 궁금합니다.
싸게 살 수 있으면 좋을 것 같습니다.
그리고, 극장으로 가는 길 좀 알려 주시겠어요?
제 차를 가져가도 되는지 궁금합니다.
안 된다면 대중교통을 이용 할게요.
지하철역에서 가깝나요?
걸어서 갈 수 있는 거리에 있나요?
이 메시지를 받으면 전화 주세요. 고맙습니다.

Expanding Your Answer

더 풍부하고 논리적인 답변을 위해 문장을 추가해 보세요.

A I want to watch the one that was released yesterday.
어제 개봉한 그 영화를 보고 싶습니다.

B I would like to sit in the middle.
저는 중간에 앉고 싶습니다.

C I am a VIP member of the theater. Do I get extra discounts?
저는 극장의 VIP 멤버입니다. 추가로 할인을 받나요?

Key Expressions

- **would like to** ~를 하고 싶다
- **available** 이용 가능한
- **recommend** 추천하다
- **by any chance** 혹시라도
- **wonder** 궁금하다, 궁금해하다
- **promotion** 프로모션
- **a good deal** 싼 가격, 좋은 가격
- **direction** 위치, 찾아가는 방법
- **bring** 가져가다
- **walking distance** 도보로 갈 수 있는 거리

5 I'm sorry, but there is a problem that I need you to resolve. When you and your friend arrive at the theater, you discover that they've sold the wrong tickets to you. Explain the situation to the ticket seller at the booth. Offer two or three alternatives to solve the problem.

안타깝지만 당신이 해결해야 하는 문제가 생겼습니다. 친구들과 극장에 도착했을 때, 그들이 당신에게 잘못된 티켓을 팔았다는 것을 알게 되었습니다. 부스 매표원에게 상황을 설명하세요. 문제를 해결하기 위해 두세 가지 대안을 제시하세요.

문항 유형	영화관 현장에서 그쪽이 잘못 판매한 표 설명, 문제 해결
문항 수준	Advanced
핵심 포인트	• 영화관 현장에서 문제점 설명하기 • 대안으로 교환 또는 환불 제시
중요도	★★★

Model Answer

Hi there, I'm a person who got tickets for tonight's movie. **A**

I'm afraid there is a problem with my tickets.

I think I got the wrong tickets.

I wanted to watch the 7 o'clock movie, but these tickets are for 9 o'clock.

I would like to get an exchange. **B**

I wonder if I could get a refund if I want to.

Would that be possible? **C**

I'm sorry for all the trouble.

Translation

안녕하세요, 저는 오늘 밤 영화 티켓을 산 사람입니다.
죄송하지만 제 티켓에 문제가 있습니다.
티켓을 잘못 받은 거 같습니다.
7시 영화를 보고 싶었는데, 이 티켓은 9시 영화예요.
교환을 받고 싶습니다.
제가 원하면 환불을 받을 수 있을지 궁금합니다.
그게 가능할까요?
번거롭게 해드려 죄송합니다.

Expanding Your Answer

더 풍부하고 논리적인 답변을 위해 문장을 추가해 보세요.

A I booked the tickets yesterday around 3 pm.
어제 오후 3시쯤에 티켓을 예매했습니다.

B Is it possible to book the 7 o'clock movie now?
지금 7시 영화 예매하는 것이 가능한가요?

C Then, please cancel my tickets.
그러면 제 티켓을 취소해 주세요.

Key Expressions

- **I'm afraid** 미안하지만, 안타깝지만
- **wrong** 잘못된
- **get an exchange** 교환 받다
- **wonder** 궁금하다
- **get a refund** 환불 받다
- **trouble** 문제점, 골칫거리

6 That's the end of the situation. Have you ever bought concert tickets or made plans for a trip, or made plans for other things, but had to cancel at the last minute because you could not make it? When was it? What exactly happened? Tell me everything that you did to resolve the situation.

🎧 MP3 35_Q6

상황이 종료되었습니다. 콘서트 티켓을 사거나 여행 계획을 세우거나, 다른 계획들을 세웠는데 가기 직전에 갈 수 없어서 취소해야만 했던 적이 있나요? 언제였나요? 정확히 무슨 일이 있었나요? 문제 해결을 위해 당신이 한 모든 일을 말해 주세요.

문항 유형	본인의 과거 계획 취소 경험 설명
문항 수준	Advanced
핵심 포인트	• 숙취 때문에 모임 취소한 경험 설명하기 • 본인의 과거 경험이기 때문에 과거형 시제와 주어 I 사용
중요도	★★★

Model Answer 🎧 MP3 35_A6

I remember when I was supposed to have a gathering with my friends. **A**

However, I got sick because I drank a lot the night before.

I had a bad hangover.

My stomach was upset and I felt dizzy.

I felt bad about missing the gathering, but there was nothing I could do.

I told my friends that I could NOT make it and said I was sorry. **B**

Looking back, I regret missing the gathering that time.

Translation

친구들과 함께 모임을 가지기로 했던 때가 생각납니다.
하지만 전날 밤에 술을 많이 마셔서 아팠습니다.
숙취가 매우 심했습니다.
배탈이 나고 어지러웠습니다.
모임을 못 가서 아쉬웠지만 어쩔 수 없었습니다.
친구들에게 못 간다고 말하고 미안하다고 했습니다.
뒤돌아 생각해 보면, 그때 모임을 빠진 것이 후회됩니다.

Expanding Your Answer

더 풍부하고 논리적인 답변을 위해 문장을 추가해 보세요.

A We were going to have a birthday party.
우리는 생일 파티를 하려고 했습니다.

B Fortunately, they understood my situation.
다행히 그들은 제 상황을 이해해 줬습니다.

Key Expressions

- **be supposed to** ~하기로 되어 있다
- **have a gathering** 모임을 가지다
- **get sick** 아프다
- **drink a lot** 술을 많이 마시다
- **hangover** 숙취
- **stomach** 배, 복부
- **upset** 아픈
- **dizzy** 어지러운
- **feel bad** 미안함을 느끼다
- **miss** 놓치다
- **make it** 성공하다, 해내다
- **regret** 후회하다

Performance 공연

7 I'd like to give you a situation and ask you to act it out. You want to get two tickets to see a performance during your vacation. Call the box office and ask three or four questions to get tickets.

MP3 35_Q7

상황을 하나 드릴 테니 연기해 보세요. 당신은 휴가 동안 공연을 보기 위해 두 장의 티켓을 구매하려고 합니다. 매표소에 전화해서 티켓을 구매하기 위해 서너 가지 질문을 하세요.

문항 유형	공연장에 공연 티켓 구매 문의
문항 수준	Intermediate
핵심 포인트	• 공연장에 전화해서 문의하기 • 구매하고 싶은 공연 티켓에 대해 질문하기
중요도	★★★

Model Answer   MP3 35_A7

Hi there, I'm calling to ask about tonight's performance. **A**

I would like to get two tickets.

What kinds of tickets are available? **B**

Can you tell me how much they are?

Can you recommend anything?

Is there a website I can see by any chance?

I wonder if there are any promotions going on.

It would be nice if I could get a good deal.

Plus, can you give me directions to your theater?

I wonder if I could bring my car.

If not, I'll just take public transportation.

Is it close to the subway station? **C**

Is it within walking distance?

Give me a call when you get this. Thanks.

Translation

여보세요, 오늘 밤 공연에 대해 문의하려고 전화 드렸습니다.

티켓 두 장을 사고 싶습니다.

어떤 종류의 티켓이 있나요?

얼마인지 말해 줄 수 있나요?

추천해 줄 것이 있나요?

혹시 제가 볼 수 있는 웹사이트가 있나요?

프로모션이 진행되고 있는지 궁금합니다.

싸게 살 수 있으면 좋을 것 같습니다.

그리고, 공연장으로 가는 길 좀 알려 주시겠어요?

제 차를 가져가도 되는지 궁금합니다.

안 된다면 대중교통을 이용할게요.

지하철역에서 가깝나요?

걸어서 갈 수 있는 거리에 있나요?

이 메시지를 받으면 전화 주세요. 고맙습니다.

Expanding Your Answer

더 풍부하고 논리적인 답변을 위해 문장을 추가해 보세요.

A It is a jazz concert, right?
재즈 콘서트이죠, 맞나요?

B I would like to sit near the stage.
저는 무대 근처에 앉고 싶습니다.

C What is the name of the subway station?
지하철역 이름이 뭔가요?

Key Expressions

- **would like to** ~를 하고 싶다
- **available** 이용 가능한
- **recommend** 추천하다
- **by any chance** 혹시라도
- **wonder** 궁금하다, 궁금해하다
- **promotion** 프로모션
- **a good deal** 싼 가격, 좋은 가격
- **direction** 위치, 찾아가는 방법
- **bring** 가져가다
- **walking distance** 도보로 갈 수 있는 거리

8 I'm sorry, but there is a problem that I need you to resolve. On the day of the performance, you are very sick. Call your friend and explain the situation and offer two different options to resolve this situation.

안타깝지만 당신이 해결해야 하는 문제가 생겼습니다. 공연 당일 당신은 매우 아픕니다. 친구에게 전화를 걸어 상황을 설명하고 이 상황을 해결하기 위한 두 가지 다른 방법을 제시하세요.

문항 유형	친구에게 공연 아파서 못 가게 되어 설명
문항 수준	Advanced
핵심 포인트	• 친구에게 전화로 못 가는 이유 설명하기 • 일정 변경을 위해 다양한 대안 제시
중요도	★★★

Model Answer

Hi there, Jake. This is Brian.

I have some bad news.

I DON'T think I can make it to the performance tonight.

I am very sick right now. **A B**

Can you tell me what you want to do?

Why DON'T we go next time? **C**

How about we go next week or the week after that?

Or, maybe we could go another time.

What do you say we fix the date?

Can you tell me what you think?

I'm fine with whatever you decide.

Call me back when you get this. Thanks.

Translation

여보세요, 제이크. 브라이언이야.
나쁜 소식이 있어.
오늘 밤 공연에 나는 못 갈 것 같아.
내가 지금 많이 아파.
어떻게 하고 싶은지 말해 줄래?
다음에 가는 게 어떨까?
다음 주나 그 다음 주에 가는 건 어때?
아니면, 다음에 갈 수 있을 때 가자.
날짜를 확실히 정하는 게 어때?
어떻게 생각하는지 말해 줄래?
네가 어떤 결정을 내리든 난 다 괜찮아.
이거 메시지를 받으면 전화 줘. 고마워.

Expanding Your Answer

더 풍부하고 논리적인 답변을 위해 문장을 추가해 보세요.

A I just went to the hospital because I have the flu.
독감에 걸려서 방금 병원에 갔다 왔어.

B I have a high fever and I cough a lot.
지금 열이 높고 기침도 많이 해.

C There will be another concert next Saturday.
다음 주 토요일에 또 다른 콘서트가 있을 거야.

Key Expressions

- **bad news** 나쁜 소식
- **make it** 해내다, 성공하다
- **performance** 공연
- **another time** 다음 번에
- **fix** 정하다, 고정하다
- **whatever** 무엇이든지
- **decide** 결정하다
- **call back** 다시 전화하다

9 That's the end of the situation. Have you ever bought concert tickets or made plans for a trip, or made plans for other things, but had to cancel at the last minute because you could not make it? When was it? What exactly happened? Tell me everything that you did to resolve the situation.

🎧 MP3 35_Q9

상황이 종료되었습니다. 콘서트 티켓을 사거나 여행 계획을 세우거나, 다른 계획들을 세웠는데 가기 직전에 갈 수 없어서 취소해야만 했던 적이 있나요? 언제였나요? 정확히 무슨 일이 있었나요? 문제 해결을 위해 당신이 한 모든 일을 말해 주세요.

문항 유형	본인의 과거 계획 취소 경험
문항 수준	Advanced
핵심 포인트	• 숙취 때문에 모임 취소한 경험 설명하기 • 본인의 과거 경험이기 때문에 과거형 시제와 주어 I 사용
중요도	★★★

Model Answer 🎧 MP3 35_A9

I remember when I was supposed to have a gathering with my friends.

However, I got sick because I drank a lot the night before. **A**

I had a bad hangover. **B**

My stomach was upset and I felt dizzy.

I felt bad about missing the gathering, but there was nothing I could do.

I told my friends that I could NOT make it and said I was sorry.

Looking back, I regret missing the gathering that time.

Translation

친구들과 함께 모임을 가지기로 했던 때가 생각납니다.
하지만 전날 밤에 술을 많이 마셔서 아팠습니다.
숙취가 매우 심했습니다.
배탈이 나고 어지러웠습니다.
모임을 못 가서 아쉬웠지만 어쩔 수 없었습니다.
친구들에게 못 간다고 말하고 미안하다고 했습니다.
뒤돌아 생각해 보면, 그때 모임을 빠진 것이 후회됩니다.

Expanding Your Answer

더 풍부하고 논리적인 답변을 위해 문장을 추가해 보세요.

A There was a very important company dinner, so I could not miss it.
매우 중요한 회식이 있어서 빠질 수 없었습니다.

B Hangover food was no use to me.
숙취 해소 음식은 저에게 소용이 없었습니다.

Key Expressions

- **be supposed to** ~하기로 되어 있다
- **have a gathering** 모임을 가지다
- **get sick** 아프다
- **drink a lot** 술을 많이 마시다
- **hangover** 숙취
- **stomach** 배, 복부
- **upset** 아픈
- **dizzy** 어지러운
- **feel bad** 미안함을 느끼다
- **miss** 놓치다
- **make it** 성공하다, 해내다
- **regret** 후회하다

35 Role Play 전화기/영화/공연

36 Role Play 가구/부동산/인터넷

Role Play Master Key Patterns

롤플레이 답변 시에 활용할 수 있는 주제별 Key Patterns을 학습해 보세요.

1. 가구/부동산을 볼 수 있는 웹사이트에 대해 물을 때 사용할 수 있는 표현

Is there a website I can see by any chance? 혹시 제가 볼 수 있는 웹사이트가 있나요?
Do you have a website that I can see? 제가 볼 수 있는 웹사이트가 있나요?
Can you text me the address of the website? 웹사이트 주소를 문자로 보내 줄 수 있나요?
What is the exact address of the website: 웹사이트의 정확한 주소가 뭔가요?

2. 부동산에 살 집에 대해 문의할 때 사용할 수 있는 표현

(종류) What kinds of houses are available? 어떤 종류의 집이 있나요?
How many bedrooms does it have? 방이 몇 개가 있나요?
How many bathrooms does it have? 화장실이 몇 개가 있나요?
(시설) Is there enough parking space? 주차장이 충분히 있나요?
(위치) Is there a subway station nearby? 근처에 지하철역이 있나요?
(가격) Can you tell me how much they are? 얼마인지 말해 주실 수 있나요?
I wonder if you have any promotions going on. 진행되고 있는 프로모션이 있는지 궁금합니다.
What does it include? 무엇이 포함인가요?
How much does the electricity cost? 전기료는 얼마인가요?
Are the utilities included? 공공요금이 포함인가요?

3. 도움 요청할 때 사용할 수 있는 표현

〈help out〉 도와주다 〈get help〉 도움을 받다
I would like to come in to get some help. 도움을 받기 위해 그곳에 가고 싶습니다.
Can you help me out? 저 좀 도와 주실 수 있나요?
Would you please help me out? 저 좀 도와주실래요?

4. 문제가 발생했을 때 사용할 수 있는 표현

〈try to +동사 but 주어 be not able to〉 (동사) 해보려고 노력했는데 (주어)가 할 수 없었다
I tried to check out the website, but I was not able to. 제가 그 사이트를 확인해 보려고 했는데 할 수 없었습니다.
I tried to open the window, but I was not able to. 제가 창문을 열어보려고 했는데 열 수 없었습니다.

〈have problem〉 문제가 있다 〈problem with〉 ~와의 문제
I am having some connection problems. 접속 문제가 있습니다.
I'm afraid there is a problem with my web browser. 웹 브라우저에 문제가 있습니다.

〈come in through〉 ~을 통해 들어오다
There are mosquitoes coming in through the window. 창문을 통해 모기가 들어옵니다.
There is cold wind coming in through the window 창문을 통해 찬바람이 들어옵니다.

5. 친구가 찾은 웹사이트에 대해 물을 때 사용할 수 있는 표현

Can you tell me what kind of site it is? 어떤 종류의 사이트인지 말해 줄래?
I wonder if it is a social networking site. SNS 사이트인지 궁금해.
Can you post pictures or video clips? 사진이나 영상을 올릴 수 있어?

6. 집에서 깨진 물건에 대해 이야기할 때 쓰이는 표현

〈break / break down + 명사〉 (명사)를 깨다 〈break into + 명사〉 (명사)로 깨지다
I broke a plate because I dropped it. It broke into several pieces. 떨어뜨려서 접시를 깼습니다. 몇 조각으로 깨졌습니다.

〈have to clean up〉 치워야만 하다 〈vacuum up〉 청소기 돌리다
I had to clean up so I vacuumed up the broken pieces. 치워야만 했기 때문에 깨진 조각을 청소기로 치웠습니다.

7. 인터넷을 하면서 겪은 불편에 대해 이야기할 때 쓰이는 표현

〈block + 명사〉 (명사)를 차단하다
I blocked people who sent me spam mails. 스팸 메일 보낸 사람들을 차단했습니다.
I blocked all the annoying messages. 짜증나는 메시지를 모두 차단했습니다.

OPIc 모범 답변 학습하기

OPIc 질문에 대한 모범 답변을 살펴본 후, 질문의 핵심 포인트를 파악하여 나만의 OPIc 답변을 만들어 보세요.

Furniture 가구

1 I'd like to give you a situation and ask you to act it out. You are at a store and you see a piece of furniture that you like. Go to the clerk and ask three or four questions about the furniture you want to buy.

🎧 MP3 36_Q1

상황을 하나 드릴 테니 연기해 보세요. 상점에 있는데 마음에 드는 가구를 찾았습니다. 직원에게 가서 사고 싶은 가구에 대해 서너 가지 질문을 하세요.

문항 유형	가구점 직원에게 사고 싶은 가구에 대해 현장 문의
문항 수준	Intermediate
핵심 포인트	• 상점에서 직접 문의하기 • 사고 싶은 가구에 대해 질문하기
중요도	★★

Model Answer 🎧 MP3 36_A1

Hi there, I would like to get some new furniture.
I would like to get a new bed. **A**
What kinds of beds are available? **B**
Can you tell me how much they are?
Can you recommend anything? **C**
Is there a website I can see by any chance?
I wonder if there are any promotions going on.
It would be nice if I could get a good deal.

Translation

안녕하세요, 새 가구를 사고 싶습니다.
새 침대를 사고 싶습니다.
어떤 종류의 침대가 있나요?
그것이 얼마인지 말해 줄 수 있나요?
추천해 주실 것이 있나요?
혹시 제가 볼 수 있는 웹사이트가 있나요?
프로모션이 진행되고 있는지 궁금합니다.
싸게 살 수 있으면 좋을 것 같습니다.

Expanding Your Answer

더 풍부하고 논리적인 답변을 위해 문장을 추가해 보세요.

A I am thinking of getting a double-sized bed.
더블 사이즈 침대를 살 생각입니다.

B Do you have it in different colors?
다른 색상으로 나오나요?

C Do you have something that is cheaper?
조금 더 저렴한 것이 있나요?

Key Expressions

- **would like to** ~를 하고 싶다
- **available** 이용 가능한
- **recommend** 추천하다
- **by any chance** 혹시라도
- **promotion** 프로모션
- **a good deal** 싼 가격, 좋은 가격

2. I'm sorry, but there is a problem that I need you to resolve. When you receive the furniture at home, there is a serious problem with it. Call the store, explain the situation and offer two to three alternatives to solve the problem.

🎧 MP3 36_Q2

안타깝지만 당신이 해결해야 하는 문제가 생겼습니다. 집에서 가구를 받았는데 가구에 심각한 문제가 있습니다. 상점에 전화를 걸어 상황을 설명하고 문제를 해결하기 위해 두세 가지 대안을 제시하세요.

문항 유형	가구 도착했는데 마음에 들지 않음. 문제 해결
문항 수준	Advanced
핵심 포인트	• 상점에 전화해서 문제 상황 설명하기 • 대안으로 교환과 환불 제시
중요도	★★

Model Answer 🎧 MP3 36_A2

Hi there, I'm a person who got some new furniture at your store. **A**

I'm afraid there is a problem with my bed.

I think I got the wrong bed. **B**

I would like to come in to get an exchange.

I wonder if I could get a refund if I want to.

Would that be possible?

I'm sorry for all the trouble.

Can you tell me when I can visit your store?

What are your business hours?

How late are you open? **C**

Give me a call when you get this. Thanks.

Translation

여보세요, 저는 당신의 상점에서 가구를 산 사람입니다.
안타깝지만 침대에 문제가 있습니다.
잘못된 침대를 받은 것 같습니다.
교환을 받으러 가고 싶습니다.
제가 원하면 환불을 받을 수 있을지 궁금합니다.
그게 가능할까요?
번거롭게 해드려 죄송합니다.
언제 상점에 방문할 수 있는지 말해 주실 수 있나요?
영업 시간이 언제인가요?
얼마나 늦게까지 여나요?
이 메시지를 받으면 전화 주세요. 고맙습니다.

Expanding Your Answer

더 풍부하고 논리적인 답변을 위해 문장을 추가해 보세요.

A I bought a double-sized bed three days ago.
3일 전에 더블 사이즈 침대를 샀습니다.

B This is not the color I ordered.
이것은 제가 주문한 색상이 아닙니다.

C Is it okay that I visit there tomorrow afternoon?
내일 오후에 방문해도 괜찮을까요?

Key Expressions

- **I'm afraid** 미안하지만, 안타깝지만
- **wrong** 잘못된
- **come in** 방문하다
- **get an exchange** 교환 받다
- **wonder** 궁금하다
- **get a refund** 환불 받다
- **trouble** 문제점, 골칫거리
- **business hours** 영업 시간
- **give a call** 전화하다

3 That's the end of the situation. Have you ever bought furniture but had a problem when you got it? What was the problem and how did you deal with the situation

상황이 종료되었습니다. 받았을 때 문제가 있던 가구를 산 적이 있나요? 무엇이 문제였고 어떻게 그 상황에 대처했나요?

문항 유형	주문한 가구에 문제가 있었던 경험 묘사
문항 수준	Advanced
핵심 포인트	• 그런 경험이 없다고 답하기 • 만약 있다면 가구를 교환/환불한 경험 묘사하기
중요도	★★

Model Answer

Answer 1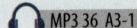

Frankly speaking, I have never had that kind of experience.

I think I was lucky.

So, I really do NOT have much to say about this topic.

Answer 2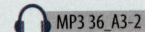

A few months ago, I went to a furniture store near my place to buy a new bed. **A**

However, I ordered a double-sized bed, but they sent me a single-sized bed. **B**

I had to return it to get an exchange, and it was extremely bothering.

It took more than one week to get the new bed. **C**

Translation

Answer 1
솔직히 말해서, 저는 그런 경험을 한 적이 없습니다.
아주 운이 좋은 것 같습니다.
그래서, 저는 이 주제에 대해 별로 할 말이 없습니다.

Answer 2
몇 달 전에, 새 침대를 사기 위해 집 근처에 있는 가구점에 갔습니다.
하지만 더블 사이즈 침대를 주문했는데 그들이 싱글 사이즈 침대를 보냈습니다.
교환을 받기 위해 돌려보내야 했고 매우 귀찮았습니다.
새 침대를 받는 데 일주일 이상 걸렸습니다.

Expanding Your Answer

더 풍부하고 논리적인 답변을 위해 문장을 추가해 보세요.

A Many pieces of furniture were on sale.
많은 가구들이 세일 중이었습니다.

B I was very upset.
너무 화가 났습니다.

C Now, I am satisfied with my new bed.
지금은 새 침대에 매우 만족합니다.

Key Expressions

- **furniture store** 가구점
- **order** 주문하다
- **double-sized / single-sized bed** 더블/싱글 사이즈 침대
- **return** 돌려보내다
- **exchange** 교환
- **extremely** 매우
- **bothering** 귀찮은

Management Office 부동산

4 I'd like to give you a situation and ask you to act it out. You would like to find a house to live in. Call a management office and ask three or four questions about getting a house to live in.   🎧 MP3 36_Q4

상황을 하나 드릴 테니 연기해 보세요. 당신은 살 집을 찾고 싶습니다. 관리사무소에 전화해서 집 구하는 것에 관해 서너 가지 질문을 하세요.

문항 유형	부동산에 구하고 싶은 집에 대한 문의
문항 수준	Intermediate
핵심 포인트	• 부동산에 전화해서 문의하기 • 방 종류, 가격, 할인 등에 대해 질문하기
중요도	★★

Model Answer   🎧 MP3 36_A4

Hi there, I'm calling to ask about renting a house.

I would like to get a three-bedroom house.

What kinds of houses are available? **A**

Can you tell me how much they are? **B**

Can you recommend anything?

Is there a website I can see by any chance? **C**

I wonder if there are any promotions going on.

It would be nice if I could get a good deal.

Plus, can you give me directions to your office?

I wonder if I could bring my car.

If not, I'll just take public transportation.

Is it close to the subway station? Is it within walking distance?

Give me a call when you get this. Thanks.

Translation

여보세요. 집을 임대하는 것에 대해 문의하려고 전화 드렸습니다.
침실 3개짜리 집을 구하고 싶습니다.
어떤 종류의 집이 있나요?
얼마인지 말해 줄 수 있나요?
추천해 줄 것이 있나요?
혹시 제가 볼 수 있는 웹사이트가 있나요?
프로모션이 진행되고 있는지 궁금합니다.
싸게 살 수 있으면 좋을 것 같습니다.
그리고, 사무실로 가는 길 좀 알려 주실래요?
제 차를 가져가도 되는지 궁금합니다.
안 된다면 대중교통을 이용할게요.
지하철역에서 가깝나요? 걸어서 갈 수 있는 거리에 있나요?
이 메시지를 받으면 전화를 주세요. 고맙습니다.

Expanding Your Answer

더 풍부하고 논리적인 답변을 위해 문장을 추가해 보세요.

A How many bathrooms does it have?
화장실이 몇 개 있나요?

B That's reasonable. What does it include?
합리적이네요. 뭐가 포함된 건가요?

C Can you email me some pictures of the house?
그 집의 사진을 이메일로 보내주실 수 있나요?

Key Expressions

- **would like to** ~를 하고 싶다
- **rent** 빌리다
- **available** 이용 가능한
- **recommend** 추천하다
- **by any chance** 혹시라도
- **wonder** 궁금하다, 궁금해하다
- **promotion** 프로모션
- **a good deal** 싼 가격, 좋은 가격
- **direction** 위치, 찾아가는 방법
- **bring** 가져가다
- **walking distance** 도보로 갈 수 있는 거리

5 I'm sorry, but there is a problem that I need you to resolve. You have moved in to the new house but found out that one of the windows is broken. Call the repair shop, explain the situation, and why you have to get a new window as soon as possible.

안타깝지만 당신이 해결해야 하는 문제가 생겼습니다. 새 집으로 이사를 했는데 창문 중 하나가 깨져 있다는 것을 알아냈습니다. 수리점에 전화를 걸어 상황을 설명하고, 가능한 한 빨리 새 창문으로 바꿔야 하는 이유를 설명하세요.

문항 유형	입주했는데 창문 깨져 있음, 수리점에 수리 요청
문항 수준	Advanced
핵심 포인트	• 전화로 문제 상황 설명하기 • 창문을 꼭 고쳐야 하는 이유를 말한 후 대안 제시하기
중요도	★★

Model Answer

Hi there, I'm a person who just moved in. **A**

However, I found out that one of the windows is broken.

I need to get a new window.

There are mosquitoes coming in through the window.

The wind is also coming in and it is quite cold at night. **B**

What kinds of windows are available? **C**

Can you tell me how much they are?

Can you recommend anything?

Give me a call when you get this. Thanks.

Translation

여보세요, 저는 방금 이사온 사람입니다.
그런데 창문 하나가 깨져 있는 것을 알게 되었습니다.
새 창문을 사야합니다.
창문을 통해 모기가 들어오고 있습니다.
바람도 들어와서 밤에는 꽤 춥습니다.
어떤 종류의 창문이 있나요?
그것이 얼마인지 말해 줄 수 있나요?
추천해 주실 것이 있나요?
이 메시지를 받으면 전화 주세요. 고맙습니다.

Expanding Your Answer

더 풍부하고 논리적인 답변을 위해 문장을 추가해 보세요.

A I live on the 10th floor.
10층에 삽니다.

B Plus, it is going to rain soon.
게다가 곧 비가 올 겁니다.

C When can you come to fix the window?
창문을 고치러 언제 오실 수 있나요?

Key Expressions

- **move in** 이사 오다
- **find out** 알아내다
- **be broken** 깨지다
- **mosquito** 모기
- **come in** 들어오다
- **through** ~을 통해서
- **quite** 꽤
- **available** 이용 가능한
- **recommend** 추천하다
- **give a call** 전화 주다

6 That's the end of the situation. Tell me about a time when you broke something at home. What exactly happened and how did you solve the problem? Give me all the details from beginning to end.

상황이 종료되었습니다. 당신이 집에서 뭔가를 깨트렸던 때를 말해 주세요. 정확히 무슨 일이 일어났고 어떻게 문제를 해결했나요? 처음부터 끝까지 자세히 말해 주세요.

문항 유형	본인이 집에 뭔가 깨져 있거나, 깨 본 경험 설명
문항 수준	Advanced
핵심 포인트	• 집에서 접시 깨트린 경험 설명하기 • 본인의 과거 경험이기 때문에 과거형 시제와 주어 I 사용
중요도	★★

Model Answer

I remember breaking a plate at home. **A**

I dropped the plate by accident because it was slippery.

I lost my grip. **B**

The plate broke into several pieces.

I had to clean up the glass.

I picked up the big pieces and vacuumed up the small pieces.

I tried to be careful, but I cut my hand on a piece of glass.

I was bleeding and it was a little sore.

I had to clean the cut and put a Band-Aid on it. **C**

Since then, I try to be more careful.

Translation

집에서 접시를 깨뜨린 것이 생각납니다.
접시가 미끄러워 실수로 깨뜨렸습니다.
그것을 놓쳤습니다.
접시는 몇 조각으로 깨졌습니다.
유리를 치웠습니다.
큰 조각들을 집어 치우고 작은 조각들도 청소기로 치웠습니다.
조심하려고 했지만 유리 조각에 손을 베었습니다.
피가 났고 조금 쓰라렸습니다.
상처를 소독하고 반창고를 붙였습니다.
그때 이후로 더 조심하려고 합니다.

Expanding Your Answer

더 풍부하고 논리적인 답변을 위해 문장을 추가해 보세요.

A It was my favorite plate, so I was very disappointed.
제일 좋아하는 접시였기 때문에 매우 실망했습니다.

B Actually, my hands were a little bit wet.
사실 손이 약간 젖어 있었습니다.

C Fortunately, it was not a big wound.
다행히 큰 부상은 아니었습니다.

Key Expressions

- **break** 깨뜨리다
- **drop** 떨어뜨리다
- **by accident** 실수로
- **slippery** 미끄러운
- **lose grip** 손에서 놓치다
- **vacuum** 청소기 돌리다
- **cut hand** 손을 베다
- **bleeding** 피가 나는
- **put Band-Aid** 반창고를 붙이다
- **sore** 따가운, 아픈

Internet 인터넷 1

7 I'd like to give you a situation and ask you to act it out. Your friend has found a cool website. Call your friend and ask three or four questions about the website he/she has found.

🎧 MP3 36_Q7

상황을 하나 드릴 테니 연기해 보세요. 당신의 친구가 멋진 웹사이트를 찾았습니다. 친구에게 전화해서 그/그녀가 발견한 웹사이트에 대해 서너 가지 질문을 하세요.

문항 유형	친구가 찾은 웹사이트에 대해 전화로 질문
문항 수준	Intermediate
핵심 포인트	• 친구에게 전화로 질문하기 • 친구가 찾은 웹사이트에 대해 문의하기
중요도	★★

Model Answer 🎧 MP3 36_A7

Hi there, Brian. This is John.

I'm calling to ask about the website you talked about. **A**

I would like to go check it out.

Can you tell me what kind of site it is? **B**

I wonder if it is a social networking site.

Can you "friend" or follow" people?

Can you post pictures or video clips?

Can you leave messages or comments?

I am very eager to check out that website. **C**

Give me a call when you get this. Thanks.

Translation

여보세요, 브라이언. 존이야.

네가 말한 웹사이트에 대해 물어보고 싶어서 전화했어.

한번 확인해 보고 싶어.

어떤 사이트인지 말해 줄 수 있어?

그게 SNS인지 궁금해.

"친구 추가"나 "팔로우"를 할 수 있어?

사진이나 동영상을 올릴 수 있어?

메시지나 댓글을 남길 수 있어?

나는 정말로 그 웹사이트를 확인해 보고 싶어.

이 메시지를 받으면 전화 줘. 고마워.

Expanding Your Answer

더 풍부하고 논리적인 답변을 위해 문장을 추가해 보세요.

A You told me about it last week.
네가 나한테 저번 주에 말해 줬어.

B Why do you think that website is cool?
그 사이트가 왜 멋지다고 생각해?

C Can you text me the address of the website?
그 웹사이트의 주소를 문자로 보내 줄 수 있어?

Key Expressions

- **check out** 확인하다, 살펴보다
- **wonder** 궁금해하다
- **social networking site** SNS, 소셜 미디어
- **post** 올리다, 게시하다
- **video clip** 비디오 영상
- **leave message** 메시지를 남기다
- **be eager** ~을 하고 싶어하다, 열망하다

8 I'm sorry, but there is a problem that I need you to resolve. You have tried to log on to that website, but there is something wrong with your web browser. Call the internet help desk and ask for help. Explain why you need to get help as soon as possible.

안타깝지만 당신이 해결해야 하는 문제가 생겼습니다 그 웹사이트에 접속하려고 했지만 웹 브라우저가 뭔가 잘못되었습니다. 업무지원센터에 전화해서 도움을 요청하세요. 가능한 한 빨리 도움을 받아야 하는 이유를 설명하세요.

문항 유형	웹 브라우저의 문제, 인터넷 회사 전화 도움 요청
문항 수준	Advanced
핵심 포인트	• 인터넷 회사에 전화해서 문제 상황 설명하기 • 대안으로 회사 방문하기
중요도	★★

Model Answer

Hi there, I'm calling to ask for some help. **A**

I afraid there is a problem with my web browser.

I am having some connection problems. **B**

I would like come in to get some help.

Can you tell me when I can visit your office?

What are your business hours? **C**

How late are you open?

Give me a call when you get this. Thanks.

Translation

여보세요, 도움이 필요해서 전화 드렸습니다.
안타깝지만 웹 브라우저에 문제가 있습니다.
접속하는데 문제가 좀 있습니다.
가서 도움을 받고 싶습니다.
언제 사무실에 방문할 수 있는지 말해 주실 수 있나요?
영업 시간이 언제인가요?
얼마나 늦게까지 여나요?
이 메시지를 받으면 전화를 주세요. 고맙습니다.

Expanding Your Answer

더 풍부하고 논리적인 답변을 위해 문장을 추가해 보세요.

A I have been trying to check out your website.
웹사이트를 살펴보려고 노력 중이었습니다.

B I just cannot sign up.
도저히 가입을 할 수가 없습니다.

C Can you give me the address of your office?
사무실 주소를 알려 주실 수 있나요?

Key Expressions

- **be afraid** 미안하지만, 안타깝지만
- **connection problem** 연결 문제, 접속 문제
- **come in** 들어오다
- **business hours** 영업 시간
- **give a call** 전화 주다

9 I'm sorry, but there is a problem that I need you to resolve. You have tried to check out that website, but it is not available. Call your friend, explain the situation and make some suggestions to solve the problem.

안타깝지만 당신이 해결해야 하는 문제가 생겼습니다 그 웹사이트를 살펴보려고 했지만 이용이 불가능했습니다. 친구에게 전화해서 상황을 설명하고 문제를 해결하기 위해 몇 가지 제안을 하세요.

문항 유형	그 사이트가 접속이 안 되어 친구에게 도움 요청
문항 수준	Advanced
핵심 포인트	• 친구에게 전화로 문제 상황 설명하기 • 친구에게 도움 요청한 후 만날 약속 정하기
중요도	★★

Model Answer

Hi there, Brian. This is John.
I have some bad news. **A**
I tried to check out the website, but I was NOT able to.
I am having trouble logging on to the site. **B**
Can you help me out?
Why don't we meet up? **C**
Can you tell me when you want to meet?
I'm free on Saturday.
Are you available that day?
If not, I can make some time on Sunday.
Tell me when the best time is for you.
Give me a call when you get this. Thanks.

Translation

여보세요, 브라이언. 존이야.
나쁜 소식이 있어.
그 웹사이트를 살펴보려고 했는데, 할 수 없었어.
사이트에 로그인하는 데 어려움을 겪고 있어.
나 좀 도와 줄 수 있어?
우리 만나는 게 어때?
언제 만나고 싶은지 말해 줄래?
나 토요일에 시간 돼.
그날 시간 있어?
안 된다면, 일요일에 시간을 조금 낼 수 있어.
네게 가장 좋은 때가 언제인지 말해 줘.
이 메시지를 받으면 전화 줘. 고마워.

Expanding Your Answer

더 풍부하고 논리적인 답변을 위해 문장을 추가해 보세요.

A Do you remember the website you recommended?
네가 추천한 그 웹사이트 기억나?

B I tried and tried but I just cannot log in.
계속해서 시도했는데 로그인이 안 돼.

C I will buy you coffee or beer.
내가 커피나 맥주 살게.

Key Expressions

- **check out** 확인하다, 살펴보다
- **be able to** 할 수 있다
- **trouble** 문제점, 골칫거리
- **log on to the site** 사이트에 로그인하다, 접속하다
- **meet up** 만나다
- **available** 시간 있는
- **make time** 시간을 내다, 시간을 만들다
- **give a call** 전화 주다

10 That's the end of the situation. How did you use the internet to get a project done in the past? When was it? What was the project about? Give me all the details.

상황이 종료되었습니다. 과거에 프로젝트를 끝내기 위해 인터넷을 어떻게 사용했나요? 그것이 언제였나요? 그 프로젝트는 무엇에 관한 것이었나요? 자세하게 다 말해 주세요.

문항 유형	인터넷 리서치를 통해서 최근에 한 프로젝트 묘사
문항 수준	Advanced
핵심 포인트	• 인터넷을 사용하여 회사 프로젝트 한 경험 묘사하기 • 본인의 과거 경험이기 때문에 주어 I와 과거형 시제 사용
중요도	★★

Model Answer

I remember doing a project at work recently. **A**

I had to write a report for the project.

I surfed the internet and did a lot of searches.

I gathered some data and put them in my report. **B**

The report became better because there was a lot of information in it. **C**

It was worth the time and effort.

So, surfing the internet was very helpful when I was doing my project.

Translation

제가 최근에 회사에서 프로젝트를 했던 것이 기억납니다.
저는 그 프로젝트에 대한 보고서를 써야 했습니다.
인터넷 서핑을 하고 검색을 많이 했습니다.
저는 몇 가지 자료를 모아 제 보고서에 사용했습니다.
그 보고서에는 많은 정보가 들어 있었기 때문에 더 나아졌습니다.
시간과 노력을 들일 만한 가치가 있었습니다.
그래서 프로젝트를 할 때 인터넷 서핑은 매우 도움이 되었습니다.

Expanding Your Answer

더 풍부하고 논리적인 답변을 위해 문장을 추가해 보세요.

A I was in charge of the project.
제가 프로젝트 책임자였습니다.

B It took ages.
시간이 매우 오래 걸렸습니다.

C Many people told me that the report was very informative.
많은 사람들이 저에게 보고서가 유용했다고 말해주었습니다.

Key Expressions

- **do a project** 프로젝트를 하다
- **recently** 최근에
- **write a report** 리포트를 쓰다
- **do searches** 조사를 하다
- **gather some data** 정보를 모으다
- **become better** 더 나아지다, 좋아지다
- **worth the time and effort** 시간과 노력이 아깝지 않은
- **helpful** 도움이 되는

11 That's the end of the situation. Have you ever had any trouble on the internet? Perhaps you had difficulty using a website or you lost internet connection. What was the exact problem and how did you deal with the situation?

상황이 종료되었습니다. 인터넷에 문제가 생긴 적이 있나요? 웹사이트 사용에 어려움이 있거나 인터넷 연결이 끊겼을 수 있습니다. 정확한 문제점은 무엇이었고 상황에 어떻게 대처했나요?

문항 유형	본인이 인터넷을 하면서 겪은 불편 묘사
문항 수준	Advanced
핵심 포인트	• 스팸 이메일과 메시지 차단한 경험 묘사하기 • 본인의 과거 경험이기 때문에 과거형 시제와 주어 I 사용
중요도	★★

Model Answer

I remember blocking someone who was sending me annoying messages. **A**

It was getting on my nerves, so I blocked that person.

Plus, I get so much spam mail these days. **B**

I always block people who send me spam mail. **C**

So, these were the problems I have had on the internet.

Translation

짜증나는 메시지를 보내던 사람을 차단했던 기억이 납니다.
신경을 거슬리게 해서 그 사람을 차단했습니다.
게다가 요즘 스팸 메일이 너무 많이 옵니다.
저는 항상 스팸 메일을 보내는 사람들을 차단합니다.
이것이 제가 인터넷에서 겪었던 문제들입니다.

Expanding Your Answer

더 풍부하고 논리적인 답변을 위해 문장을 추가해 보세요.

A He kept sending me meaningless messages.
그는 계속 의미 없는 메시지를 보내곤 했습니다.

B I used to get at least two in a day.
하루에 최소 2개는 받곤 했습니다.

C But still, I sometimes get spam mail.
하지만 그래도 가끔 스팸 메일을 받습니다.

Key Expressions

- **block** 차단하다
- **annoying** 짜증나는
- **get on one's nerves** ~의 신경을 건드리는, 거슬리게 하는
- **spam mail** 스팸 메일

37 Role Play 술집/음식점/건강식품점

Role Play Master Key Patterns

롤플레이 답변 시에 활용할 수 있는 주제별 Key Patterns을 학습해 보세요.

1. **새로 오픈한** 술집/음식점/건강식품점의 종류에 대해 물을 때 **사용할 수 있는 표현**

    〈check out + 장소〉 (장소)를 확인하다/살펴보다
    〈what kinds of + 복수 명사 + are available?〉 어떤 종류의 (명사)가 있나요?
    I would like to check that place out. What kinds of drinks are available? (술집) 그 장소를 한번 살펴보고 싶어. 어떤 종류의 술이 있어?
    What kinds of menus are available? (음식점) 어떤 종류의 메뉴가 있어?
    What kinds of foods are available? (건강식품점) 어떤 종류의 음식이 있어?
    〈what type of + 장소 + it is〉 어떤 종류의 (장소)인지
    I would like to know what type of bar it is. (술집) 어떤 종류의 술집인지 알고 싶어.
    Please tell me what type of bar it is. (술집) 어떤 종류의 술집인지 말해 줘.

2. **술집/음식점/건강식품점의 위치 및 교통에 대해 물을 때** 사용할 수 있는 표현

    〈give + 목적어 + directions to + 장소〉 (목적어)에게 (장소)로 가는 길을 알려주다
    Can you give me directions to the bar? 술집으로 가는 길을 알려 주실 수 있나요?
    Can you give me directions to the restaurant? 음식점으로 가는 길을 알려 주실 수 있나요?
    〈bring a car〉 차를 가져가다
    I wonder if I could bring my car. 차를 가져가도 되는지 궁금합니다.
    * 기타 교통 관련 질문
      – Do they have enough parking space? 주차 자리가 충분한가요?
      – Do they validate parking? 주차 도장 찍어 주나요?

3. **술집에서 열리는** 생일파티에 초대 받았을 때 **사용할 수 있는 표현**

    〈thank you for + 동명사〉 (동명사)해 줘서 고마워
    Thank you for inviting me to the party. 나를 파티에 초대해 줘서 고마워.

4. 시험 때문에 술집에서 열리는 생일파티에 못 가게 되었을 때 사용할 수 있는 표현

⟨a test coming up⟩ 곧 봐야 하는 시험
⟨way too much to study⟩ 공부해야 할 것이 너무 많은
I have a test coming up tomorrow. I really want to go, but I have way too much to study. 나 내일 봐야 하는 시험이 있어. 공부해야 할 것이 너무 많아.

* way는 too much를 강조 역할 /many 앞에도 쓰일 수 있음 (부정적인 느낌이 내포됨)
- I have way too many friends. 나는 친구가 너무 많아.
- I have way too many things to do. 나는 할 일이 너무 많아.
- I have way too much work to do. 나는 할 일이 너무 많아.

⟨make it up to⟩ 보상하다, 갚다
I am sorry. I will make it up to you. I will take you out to a nice dinner. 정말 미안해. 내가 갚을게. 맛있는 저녁 사줄게.

5. 술집/음식점에서 돈을 지불할 수 없을 때 사용할 수 있는 표현

⟨do not have any cash on⟩ ~에게 현금이 하나도 없다
I do not have any cash on me right now. 지금 저에게 현금이 하나도 없습니다.
⟨wire the money⟩ 돈을 이체하다
How about I go home and wire the money to you? 제가 집에 가서 돈을 이체하는 건 어떨까요?
If you give me an account number, I can wire you the money. 계좌 번호를 주시면 돈을 이체할 수 있습니다.

6. 점심 도시락이 잘못 배달되었을 때 사용할 수 있는 표현

⟨order A, but the one I got is B⟩ A를 주문했는데 B를 받다
I ordered a chicken salad, but the one I got is a seafood salad. 치킨 샐러드를 주문했는데 제가 받은 건 해산물 샐러드입니다.

7. 주문한 음식 지연된 경험에 대해 이야기할 때 쓰이는 표현

⟨pack with customers⟩ 고객들로 가득 차 있다
⟨make orders⟩ 주문하다
The place was packed with customers. I had to wait a long time to make orders. 그곳은 고객들로 가득 차 있어서 주문하는 데 오래 기다려야 했습니다.
⟨take forever⟩ 한참 걸리다
⟨miss order⟩ 주문을 빼먹다
⟨unhappy with the service⟩ 서비스에 불만족스러운
It took forever to ger my food because they missed order. I was very unhappy with their service.
그들이 제 주문을 빼먹어서 음식을 받는 데 한참 걸렸습니다. 그들의 서비스에 매우 불만족스러웠습니다.

OPIc 모범 답변 학습하기

OPIc 질문에 대한 모범 답변을 살펴본 후, 질문의 핵심 포인트를 파악하여 나만의 OPIc 답변을 만들어 보세요.

Bar 술집 1

1 I'd like to give you a situation and ask you to act it out. A friend of yours has told you that a new bar has opened in your area. Call your friend and ask three or four questions to find out more about the bar.

상황을 하나 드릴 테니 연기해 보세요. 친구가 당신이 사는 지역에 새로운 술집이 생겼다고 말했습니다. 친구에게 전화해서 그 술집에 대해 더 알아보기 위해 서너 가지 질문을 하세요.

- **문항 유형**: 새로 오픈한 술집에 대해 친구에게 전화로 질문
- **문항 수준**: Intermediate
- **핵심 포인트**:
  - 친구에게 전화로 질문하기
  - 새로 오픈한 술집에 대해 문의하기
- **중요도**: ★

Model Answer

Hi there, Jake. This is Brian. **A**
I'm calling to ask about the new bar. **B**
I would like to check that place out.
What kinds of drinks are available? **C**
Can you tell me how much they are?
Can you recommend anything?
Is there a website I can see by any chance?
I wonder if there are any promotions going on.
It would be nice if I could get a good deal.
Plus, can you give me directions to the bar?
I wonder if I could bring my car. If not, I'll just take public transportation.
Is it close to the subway station? Is it within walking distance?
Give me a call when you get this. Thanks.

Translation

여보세요, 제이크. 브라이언이야.
새 술집에 대해 물어보려고 전화했어.
그 장소를 가보고 싶어.
어떤 종류의 술이 있어?
얼마인지 말해 줄 수 있어?
추천해 줄 것이 있어?
혹시 내가 볼 수 있는 웹사이트가 있어?
프로모션이 진행되고 있는지 궁금해.
싸게 살 수 있으면 좋을 것 같아.
그리고, 술집으로 가는 길 좀 알려 줄래?
내 차를 가져가도 되는지 궁금해. 안 된다면 대중교통을 이용할게.
지하철역에서 가까워? 걸어서 갈 수 있는 거리에 있어?
이 메시지를 받으면 전화 줘. 고마워.

Expanding Your Answer

더 풍부하고 논리적인 답변을 위해 문장을 추가해 보세요.

A How is your work these days?
요즘 일은 어때?

B You told me about a newly-opened bar in my town.
네가 우리 동네에 새로 개업한 술집에 대해 얘기했었어.

C Do they serve cocktails?
칵테일도 제공해?

Key Expressions

- **check out** 확인하다, 살펴보다
- **available** 이용 가능한
- **recommend** 추천하다
- **by any chance** 혹시라도
- **wonder** 궁금하다, 궁금해하다
- **a good deal** 싼 가격, 좋은 가격
- **direction** 위치, 찾아가는 방법
- **bring** 가져가다
- **walking distance** 도보로 갈 수 있는 거리

2 I'm sorry, but there is a problem that I need you to resolve. You are supposed to meet your friend at the new bar tonight, but you are not feeling well. Call your friend, explain your situation and make two or three suggestions to go the bar another time.

🎧 MP3 37_Q2

안타깝지만 당신이 해결해야 하는 문제가 생겼습니다. 오늘 밤 새 술집에서 친구를 만나기로 했는데, 몸이 좋지 않습니다. 친구에게 전화해서 상황을 설명하고 다음에 술집에 가기 위해 두세 가지 제안을 하세요.

문항 유형	친구에게 술집에 아파서 못 가게 되어 설명. 대안 제시
문항 수준	Advanced
핵심 포인트	• 친구에게 전화해서 문제 상황 설명하기 • 새로 만날 약속 잡기
중요도	★★

Model Answer 🎧 MP3 37_A2

Hi there, Jake. This is Brian.
I have some bad news.
I DON'T think I can make it to the bar tonight.
I am very sick right now. **A B**
Can you tell me what you want to do?
Why DON'T we go next time?
How about we go next week or the week after that?
Or, maybe we could go another time.
What do you say we fix the date?
Can you tell me what you think? **C**
I'm fine with whatever you decide.
Call me back when you get this. Thanks.

Translation

여보세요, 제이크. 브라이언이야.
나쁜 소식이 있어.
나 오늘 밤에 술집에 못 갈 것 같아.
지금 몸이 너무 아파.
어떻게 하고 싶은지 말해 줄래?
다음에 가는 게 어떨까?
다음 주나 그 다음 주에 가는 건 어때?
아니면, 다음에 갈 수 있을 때 가자.
날짜를 확실히 정하는 게 어때?
어떻게 생각하는지 말해 줄래?
네가 어떤 결정을 내리든 난 다 괜찮아.
이 메시지를 받으면 전화 줘. 고마워.

Expanding Your Answer

더 풍부하고 논리적인 답변을 위해 문장을 추가해 보세요.

A I have the flu.
나 지금 독감에 걸렸어.

B The doctor told me to stay at home and rest.
의사 선생님이 집에서 머물면서 쉬라고 했어.

C I will buy you drinks.
내가 술 살게.

Key Expressions

- **bad news** 나쁜 소식
- **make it** 성공하다, 해내다
- **sick** 아픈
- **another time** 다음 번에
- **fix** 정하다, 고정하다
- **whatever** 무엇이든지
- **decide** 결정하다
- **call back** 다시 전화하다

3 That's the end of the situation. We all remember specific bar or pub visits. Tell me all about a bar visit that was particularly memorable. Who was there? What happened? Describe that evening in detail.

상황이 종료되었습니다. 사람들은 특정한 술집이나 맥주집 방문을 기억합니다. 특히 기억에 남는 술집 방문에 대해 말해 주세요. 그곳에 누가 있었나요? 무슨 일이 있었나요? 그날 저녁의 일을 자세히 설명해 주세요.

문항 유형 술집에서 있었던 기억에 남는 에피소드 묘사
문항 수준 Advanced
핵심 포인트
• 술에 취한 경험 설명하기
• 본인의 과거 경험이기 때문에 주어 I와 과거형 시제 사용
중요도 ★

Model Answer

I remember going to a gathering several weeks ago. **A B**
+a staff dinner +a year end party +a birthday party
It was held at a Korean bar and we drank beer there.
+a Japanese bar +a wine bar +wine +Whiskey +cocktails
However, I ended up drinking quite a lot that day.
I got very drunk because I drank too much.
+I drank too fast +I drank on an empty stomach +I mixed drinks
My stomach was upset. **C**
I felt dizzy and I could NOT walk straight.
+I got wasted and blacked out.
+I do NOT even remember how I got home.
I had a hangover the next day.
It took me quite a while to sober up.
Since then, I try to be more careful when I drink.

Translation

몇 주 전에 모임에 갔던 기억이 납니다.
(+회식 +연말파티 +생일파티)
한국식 술집이었고 우리는 거기서 맥주를 마셨습니다.
(+일본식 술집 +와인 술집 +와인 +위스키 +칵테일)
결국 그날 술을 꽤 많이 마셨습니다.
술을 너무 많이 마셔서 많이 취했습니다.
(+너무 빨리 마셔서 +빈속에 마셔서 +섞어 마셔서)
속이 너무 안 좋았습니다.
현기증이 나고 똑바로 걸을 수가 없었습니다.
(+완전히 취해서 정신을 잃었습니다.
+집에 어떻게 왔는지 기억도 나지 않습니다.)
다음날 숙취에 시달렸습니다.
술이 깨는 데 꽤 오래 걸렸습니다.
그 이후로, 저는 술을 마실 때 더 조심하려고 노력합니다.

Expanding Your Answer

더 풍부하고 논리적인 답변을 위해 문장을 추가해 보세요.

A More than 20 people were there.
20명이 넘는 사람들이 있었습니다.
B We gathered to have a year-end party.
송년회를 하기 위해 모였습니다.
C I felt like I was going to throw up.
토할 거 같은 기분이었습니다.

Key Expressions

• **gathering** 모임
• **end up** 결국 ~하게 되다
• **quite a lot** 꽤 많이
• **get drunk** 술에 취하다
• **empty stomach** 빈속
• **upset** 아픈, 화가 난
• **dizzy** 어지러운
• **get wasted** 만취하다
• **get blacked out** 정신을 잃다
• **hangover** 숙취
• **sober up** 술이 깨다

4 I'd like to give you a situation and ask you to act it out. You have been invited to a friend's birthday party, which will be held at a bar. Call your friend and ask three or four questions about the bar that the party is going to be held at.

상황을 하나 드릴 테니 연기해 보세요. 술집에서 열리는 친구의 생일 파티에 초대되었습니다. 친구에게 전화해서 파티가 열릴 술집에 대해 서너 가지 질문을 하세요.

문항 유형 친구 생일파티를 하게 될 술집에 대해 친구에게 전화로 질문
문항 수준 Intermediate
핵심 포인트
• 친구에게 전화로 질문하기
• 파티가 열리는 술집의 위치, 가격 등에 대해 문의하기
중요도 ★

Model Answer

Hi there, Jake. This is Brian.
I'm calling to ask about your birthday party.
First, thanks for inviting me to the party. **A**
I heard it is going to be held at a bar.
I would like to know what type of bar it is. **B**
What kinds of drinks are available?
Can you tell me how much they are?
Can you recommend anything?
Plus, can you give me directions to the bar?
I wonder if I could bring my car. **C**
If not, I'll just take public transportation.
Is it close to the subway station?
Is it within walking distance?
Give me a call when you get this. Thanks.

Translation

여보세요. 제이크. 브라이언이야.
너의 생일파티에 대해 물어보려고 전화했어.
우선 파티에 초대해줘서 고마워.
술집에서 열린다고 들었어.
어떤 종류의 술집인지 알고 싶어.
어떤 종류의 술이 있어?
얼마인지 말해 줄 수 있어?
추천해 줄 것이 있어?
그리고, 술집으로 가는 길 좀 알려 줄래?
내 차를 가져가도 되는지 궁금해.
안 된다면 대중교통을 이용할게.
지하철역에서 가까워?
걸어서 갈 수 있는 거리에 있어?
이 메시지를 받으면 전화 줘. 고마워.

Expanding Your Answer

더 풍부하고 논리적인 답변을 위해 문장을 추가해 보세요.

A I am very excited to be there.
거기 갈 생각하니 너무 신난다.
B Do they have non-alcoholic beverages?
무알코올 음료도 있어?
C Do they validate parking?
주차 도장 찍어줘?

Key Expressions

• **would like to** ~를 하고 싶다
• **invite** 초대하다
• **available** 이용 가능한
• **recommend** 추천하다
• **direction** 위치, 찾아가는 방법
• **bring** 가져가다
• **walking distance** 도보로 갈 수 있는 거리

5 I'm sorry, but there is a problem that I need you to resolve. You have a test coming up tomorrow and cannot go to your friend's birthday party. Call your friend, explain the situation and give two to three alternatives regarding the situation.

안타깝지만 당신이 해결해야 하는 문제가 생겼습니다. 내일 시험이 있어서 친구 생일 파티에 갈 수 없게 되었습니다. 친구에게 전화해서 상황을 설명하고 상황에 대해 두세 가지 대안을 제시하세요.

문항 유형	시험 때문에 친구 생일파티 불참 전화로 설명
문항 수준	Advanced
핵심 포인트	• 친구에게 전화로 문제 상황 설명하기 • 다시 만날 약속 정하기
중요도	★

Model Answer

Hi there, Jake. This is Brian.

I have some bad news.

I DON'T think I can make it to your birthday party.

I have a test coming up tomorrow. **A**

I really want to go, but I have way too much to study. **B**

I am so sorry.

Why DON'T I make it up to you later on?

How about I take you out for lunch next week?

Or, maybe I could buy you something you want. **C**

Anyway, please have fun at the party.

Happy birthday!

Translation

여보세요, 제이크. 브라이언이야.
나쁜 소식이 있어.
네 생일 파티에 못 갈 것 같아.
내일 시험이 있어.
정말 가고 싶지만 공부할 게 너무 많아.
정말 미안해.
나중에 꼭 갚을게.
다음 주에 내가 너에게 점심 식사를 대접하는 건 어떨까?
아니면, 네가 원하는 것을 사줄 수도 있어.
어쨌든, 파티에서 즐거운 시간을 보내.
생일 축하해.

Expanding Your Answer

더 풍부하고 논리적인 답변을 위해 문장을 추가해 보세요.

A It is a very important test.
매우 중요한 시험이야.

B I need to study all night long.
밤새 공부해야 해.

C Tell me what you want to get.
네가 가지고 싶은 걸 말해 줘.

Key Expressions

• **make it** 성공하다, 해내다
• **come up** 생기다, 발생하다
• **way too much** 너무 많은
• **make it up** 보상하다, 갚다
• **take someone out** 대접하다
• **have fun** 즐거운 시간 보내다

6. That's the end of the situation. Talk about a bar you like to go to. Why do you like to go to that bar? What is special about that place?

상황이 종료되었습니다. 당신이 가고 싶은 술집에 대해 이야기하세요. 왜 그 술집에 가고 싶나요? 그곳이 뭐가 특별한가요?

- **문항 유형**: 본인이 가장 좋아하는 술집 묘사
- **문항 수준**: Intermediate
- **핵심 포인트**:
  - 본인이 좋아하는 술집에 대해 묘사하기
  - 현재형 시제와 주어 I, bars, they 등 상황에 맞게 사용
- **중요도**: ★

Model Answer

There are tons of bars in Korea.

They are everywhere these days. **A**

Many bars are on busy streets with a lot of foot traffic.

They are concentrated near subway stations or large universities.

Personally, I like going to a pub near my office (house). **B**

+It is a fancy pub that serves various types of beer.

+It is a local pub that serves draft beer.

I like that place because I like the food and the mood.

+Plus, it is close to my office (house).

+Also, the staff are very friendly.

+Plus, it is cheaper than other pubs.

I am a regular there. I think I go there at least once a month on average. **C**

So, this is what my favorite bar is like.

Translation

한국에는 술집이 많습니다.
이제는 어디에나 있습니다.
술집은 대부분 유동인구가 많은 번화가에 있습니다.
지하철역이나 큰 대학 근처에 집중되어 있습니다.
개인적으로는 사무실(집) 근처에 있는 맥주집에 가는 것을 좋아합니다.
(+다양한 종류의 맥주를 제공하는 화려한 맥주집입니다. +생맥주를 파는 동네 맥주집입니다.)
음식도 맛있고 분위기도 좋아서 그곳을 좋아합니다.
(+게다가, 제 사무실(집)과 가깝습니다.
+또한 직원들도 매우 친절합니다. +또한, 다른 술집보다 저렴합니다.)
저는 단골입니다.
평균적으로 적어도 한 달에 한 번은 가는 것 같습니다.
즉, 제가 좋아하는 술집은 이렇습니다.

Expanding Your Answer

더 풍부하고 논리적인 답변을 위해 문장을 추가해 보세요.

A It is because people enjoy drinking.
사람들이 술 마시는 것을 즐기기 때문입니다.

B Whenever I go there, I always get beer.
저는 갈 때마다 항상 맥주를 마십니다.

C Whenever I have gatherings, I go there because everyone loves it.
모두가 그곳을 좋아해서 저는 모임이 있을 때마다 그곳에 갑니다.

Key Expressions

- **tons of** 수많은
- **on busy streets** 번화가
- **foot traffic** 유동인구
- **be concentrated** 집중되어 있는
- **subway stations** 지하철역
- **large universities** 큰 대학가
- **fancy** 화려한
- **serve** 제공하는
- **draft beer** 생맥주
- **mood** 분위기
- **staff** 직원
- **at least** 최소한

7 I'm sorry, but there is a problem that I need you to resolve. You want to pay for the drinks at a bar, but you find out that you do not have your wallet on you. Explain your situation to the clerk at the bar and give several alternatives to deal with the situation.

안타깝지만 당신이 해결해야 하는 문제가 생겼습니다. 술집에서 술값을 내려고 하는데 지갑이 없다는 걸 알게 되었습니다. 술집의 직원에게 상황을 설명하고 상황에 대처할 수 있는 몇 가지 대안을 제시하세요.

문항 유형	돈과 신용카드를 집에 두고 옴. 음식점 직원에게 외상 요청.
문항 수준	Advanced
핵심 포인트	• 음식점 직원에게 문제 상황 설명하기 • 음식값을 지불할 수 있는 다른 대안 방법 제시하기
중요도	★

Model Answer

Hi there, I am so sorry but I cannot find my wallet.
I think I left it at home. **A**
I do NOT have any cash on me right now.
So, I do NOT think I can pay for the drinks.
I wonder if I could pay tomorrow. **B**
I will drop by on my way home.
Or, how about I go home and wire the money to you?
Can you give me an account number? **C**
Would that be possible?
I'm sorry for all the trouble.
Let me give you my phone number.
Here is my business card.

Translation

안녕하세요, 정말 죄송하지만 제 지갑을 찾을 수가 없습니다.
집에 두고 온 것 같습니다.
지금 저한테 현금이 하나도 없습니다.
그래서, 제가 술값을 지불할 수 없을 것 같습니다.
내일 결제해도 되는지 궁금합니다.
집에 가는 길에 들리겠습니다.
아니면 제가 집에 가서 돈을 송금해 드리는 건 어떨까요?
계좌번호 좀 알려주시겠어요?
그게 가능할까요?
번거롭게 해드려 죄송합니다.
제 전화번호를 알려드리겠습니다.
제 명함 여기 있습니다.

Expanding Your Answer

더 풍부하고 논리적인 답변을 위해 문장을 추가해 보세요.

A I was a little bit absent-minded today.
오늘 조금 정신이 없었습니다.

B I work nearby, so I can come back right after work.
근처에서 일하니 퇴근 후 바로 올 수 있습니다.

C What is the total amount?
총액이 얼마인가요?

Key Expressions

- **leave** 두고 오다
- **pay for** 지불하다
- **drop by** 들르다
- **wire money** 돈을 이체하다
- **account number** 계좌번호
- **trouble** 문제점, 골칫거리
- **business card** 명함

8 That's the end of the situation. We all remember specific bar or pub visits. Tell me all about a bar visit that was particularly memorable. Who was there? What happened? Describe that evening in detail.

상황이 종료되었습니다. 사람들은 특정한 술집이나 맥주집 방문을 기억합니다. 특히 기억에 남는 술집 방문에 대해 말해 주세요. 그곳에 누가 있었나요? 무슨 일이 있었나요? 그날 저녁의 일을 자세히 설명해 주세요.

문항 유형	술집에서 있었던 기억에 남는 에피소드 묘사
문항 수준	Advanced
핵심 포인트	• 술에 취한 경험 설명하기 • 본인의 과거 경험이기 대문에 주어 I와 과거형 시제 사용
중요도	★

Model Answer

I remember going to a gathering several weeks ago. **A**
+a staff dinner +a year end party +a birthday party
It was held at a Korean bar and we drank beer there. **B**
+a Japanese bar +a wine bar +wine +Whiskey +cocktails
However, I ended up drinking quite a lot that day.
I got very drunk because I drank too much.
+I drank too fast +I drank on an empty stomach +I mixed drinks
My stomach was upset.
I felt dizzy and I could NOT walk straight.
+I got wasted and blacked out.
+I do NOT even remember how I got home.
I had a hangover the next day. **C**
It took me quite a while to sober up.
Since then, I try to be more careful when I drink.

Translation

몇 주 전에 모임에 갔던 기억이 납니다.
(+회식 +연말파티 +생일파티)
한국식 술집이었고 우리는 거기서 맥주를 마셨습니다.
(+일본식 술집 +와인 술집 +와인 +위스키 +칵테일)
결국 그날 술을 꽤 많이 마셨습니다.
술을 너무 많이 마셔서 많이 취했습니다.
(+너무 빨리 마셔서 +빈속에 마셔서 +섞어 마셔서)
속이 너무 안 좋았습니다.
현기증이 나고 똑바로 걸을 수가 없었습니다.
(+완전히 취해서 정신을 잃었습니다. +집에 어떻게 왔는지 기억도 나지 않습니다.)
다음날 숙취에 시달렸습니다.
술이 깨는 데 꽤 오래 걸렸습니다.
그 이후로, 저는 술을 마실 때 더 조심하려고 노력합니다.

Expanding Your Answer

더 풍부하고 논리적인 답변을 위해 문장을 추가해 보세요.

A I went there with my friends from high school.
고등학교 때 친구들과 갔습니다.

B We also ordered some finger foods.
손으로 집어 먹을 수 있는 음식도 시켰습니다.

C It was so hard to get up in the morning.
아침에 일어나는 것이 너무 어려웠습니다.

Key Expressions

- **gathering** 모임
- **end up** 결국 ~하게 되다
- **quite a lot** 꽤 많이
- **get drunk** 술에 취하다
- **empty stomach** 빈속
- **upset** 아픈, 화가 난
- **dizzy** 어지러운
- **get wasted** 만취하다
- **get blacked out** 정신을 잃다
- **hangover** 숙취
- **sober up** 술이 깨다

Restaurant 음식점 1

9 I'd like to give you a situation and ask you to act it out. Your friend's family member has opened a new restaurant. Call your friend and ask three or four questions to find out whether you want to order food from that place.
🎧 MP3 37_Q9

상황을 하나 드릴 테니 연기해 보세요. 친구의 가족이 새로운 음식점을 개업했습니다. 친구에게 전화해서 그곳에서 음식을 주문할지 결정하기 위해 서너 가지 질문을 하세요.

문항 유형	친구의 가족이 새로 오픈한 음식점에 대해 질문
문항 수준	Intermediate
핵심 포인트	• 친구에게 전화해서 질문하기 • 음식의 종류, 위치 등 새로 오픈한 음식점에 대해 문의하기
중요도	★

Model Answer 🎧 MP3 37_A9

Hi there, Jake. This is Brian.
I'm calling to ask about your dad's new restaurant. **A**
I would like to order in some food.
What kinds of menus are available? **B**
Can you tell me how much they are?
Can you recommend anything? **C**
Is there a website I can see by any chance?
I wonder if there are any promotions going on.
It would be nice if I could get a good deal.
Plus, can you give me directions to the restaurant?
I wonder if I could bring my car. If not, I'll just take public transportation.
Is it close to the subway station? Is it within walking distance?
Give me a call when you get this. Thanks.

Translation

여보세요, 제이크. 브라이언이야.
네 아버지의 새 음식점에 대해 물어보려고 전화했어.
음식을 조금 주문하고 싶어.
어떤 종류의 메뉴가 있어?
얼마인지 말해 줄 수 있어?
추천해 줄 것이 있어?
혹시 내가 볼 수 있는 웹사이트가 있어?
프로모션이 진행되고 있는지 궁금해.
싸게 살 수 있으면 좋을 것 같아.
그리고, 음식점으로 가는 길 좀 알려 줄래?
내 차를 가져가도 되는지 궁금해. 안 된다면 대중교통을 이용할게.
지하철역에서 가까워? 걸어서 갈 수 있는 거리에 있어?
이 메시지를 받으면 전화 줘. 고마워.

Expanding Your Answer

더 풍부하고 논리적인 답변을 위해 문장을 추가해 보세요.

A First of all, congratulations!
우선, 축하해!

B Do you serve some Korean food?
한국 음식을 제공하니?

C What is the most popular dish?
가장 인기 있는 메뉴가 뭐야?

Key Expressions

- **would like to** ~를 하고 싶다
- **order in** 포장 주문하다
- **available** 이용 가능한
- **recommend** 추천하다
- **by any chance** 혹시라도
- **wonder** 궁금하다, 궁금해하다
- **promotion** 프로모션
- **a good deal** 싼 가격, 좋은 가격
- **direction** 위치, 찾아가는 방법
- **bring** 가져다다
- **walking distance** 도보로 갈 수 있는 거리

10 I'm sorry, but there is a problem that I need you to resolve. You have ordered lunch for a lunch meeting at your office. However, the delivery person has brought you someone else's lunch box. Call the manager of the restaurant, explain the situation and give two to three solutions to the problem.

안타깝지만 당신이 해결해야 하는 문제가 생겼습니다. 사무실에서 점심 미팅을 위해 점심식사를 주문했습니다. 하지만 배달원이 다른 사람의 도시락을 가져왔습니다. 음식점의 지배인에게 전화를 걸어 상황을 설명하고 문제에 대한 두세 가지 해결 방법을 제시하세요.

문항 유형	잘못 배달된 점심 도시락 전화해서 문제 해결
문항 수준	Advanced
핵심 포인트	• 음식점에 전화를 걸어 문제 상황 설명하기 • 음식 교환 또는 환불 요청하기
중요도	★★

Model Answer

Hi there, I'm a person who ordered in lunch from your restaurant. **A**

I'm afraid there is a problem with my lunch.

I think I got the wrong menu.

I ordered a chicken salad, but the one I got is a seafood salad. **B**

I think there was a mix up.

I would like to get the lunch I ordered right away. **C**

I wonder if I could get a refund if I want to.

Would that be possible?

I'm sorry for all the trouble.

Give me a call when you get this. Thanks.

Translation

여보세요, 저는 당신의 음식점에서 점심을 주문한 사람입니다.

안타깝게도 점심에 문제가 있습니다.

잘못된 메뉴를 받은 것 같습니다.

치킨 샐러드를 주문했는데, 제가 받은 것은 해산물 샐러드입니다.

혼동이 있었던 것 같습니다.

제가 주문한 점심을 바로 받고 싶습니다.

제가 원하면 환불을 받을 수 있는지 궁금합니다.

그게 가능할까요?

번거롭게 해드려 죄송합니다.

이 메시지를 받으면 전화 주세요. 고맙습니다.

Expanding Your Answer

더 풍부하고 논리적인 답변을 위해 문장을 추가해 보세요.

A I ordered salads and sandwiches for 10 people.
10인용 샐러드와 샌드위치를 주문했습니다.

B Plus, there are only 8 sandwiches.
게다가 샌드위치가 8개밖에 없습니다.

C Can you come within one hour?
한 시간 안에 오실 수 있나요?

Key Expressions

- **order in** 주문하다, 포장 주문하다
- **wrong** 잘못된
- **mix up** 혼동
- **right away** 즉시, 바로
- **wonder** 궁금하다
- **refund** 환불
- **possible** 가능한
- **trouble** 문제점, 골칫거리
- **give a call** 전화 주다

11 That's the end of the situation. Talk about a recent time you went out to eat with your friends or family. Where did you go and who did you go with? What did you eat? Tell me everything about that experience.

상황이 종료되었습니다. 최근에 친구나 가족과 함께 외식하러 나갔던 때를 이야기해 보세요. 어디로 갔으며 누구와 함께 갔나요? 무엇을 먹었나요? 그 경험에 대해 전부 말해 주세요.

- **문항 유형**: 최근에 간 음식점에서 한 일 묘사
- **문항 수준**: Advanced
- **핵심 포인트**:
  - 최근 친구들과 음식점에 간 경험 이야기하기
  - 과거형 시제로 묘사하며 주어는 we, they, I 등 상황에 맞게 다양하게 사용
- **중요도**: ★

Model Answer

My friends and I had a gathering a few weeks ago. **A**
+My co-workers and I had a staff dinner near my office a few days ago.
+My family and I had dinner/lunch near my house last weekend.

We went to a decent Japanese restaurant. **B**
+Italian +Mexican +Thai +Vietnamese +Chinese

They had the best sushi in town. **C**
+pasta +tacos +Thai curry +rice noodles +fried pork

The food tasted extra good because I was starving.
The fish we ordered was so juicy and tender.
+beef +shrimp +crab +lobster +octopus +steak

I could see why that place was so popular.
We had some drinks with the meal.
We ordered some beer, which went very well with the food.
+wine +soft drinks +cocktails

Looking back, it was a very enjoyable dinner.

Translation

제 친구들과 저는 몇 주 전에 모임을 가졌습니다.
(+며칠 전 직장 동료들과 사무실 근처에서 회식을 했습니다. +지난 주말에 가족과 집 근처에서 저녁/점심을 먹었습니다.)

우리는 괜찮은 일식집에 갔습니다.
(+이탈리아 +멕시코 +태국 +베트남 +중국)
그곳은 동네에서 가장 맛있는 초밥을 제공합니다.
(+파스타 +타코 +태국 카레 +쌀국수 +볶음 돼지고기)
배가 고파서 음식이 더 맛있었습니다.
우리가 주문한 생선은 육즙이 많고 부드러웠습니다.
(+소고기 +새우 +게 +랍스터 +문어 +스테이크)
왜 그렇게 인기가 많은지 알 수 있었습니다.
우리는 식사와 함께 술을 조금 마셨습니다.
우리는 맥주를 주문했는데, 음식에 아주 잘 어울렸습니다. (+와인 +탄산음료 +칵테일)
돌이켜보면, 매우 즐거운 저녁 식사였습니다.

Expanding Your Answer

더 풍부하고 논리적인 답변을 위해 문장을 추가해 보세요.

A We just wanted to hang out.
그냥 어울려 놀고 싶었습니다.

B Actually, it was one of the most famous places in my town.
사실 동네에서 가장 인기 있는 장소 중 하나였습니다.

C We ordered a lot of fresh seafood.
신선한 해산물을 많이 주문했습니다.

Key Expressions

- **gathering** 모임
- **co-workers** 직장 동료
- **staff-dinner** 회식
- **decent** 꽤 괜찮은
- **extra good** 더 좋은
- **be starving** 매우 배가 고프다
- **juicy** 즙이 많은
- **tender** 부드러운
- **popular** 인기 많은
- **go well with A** A와 잘 어울리다
- **enjoyable** 즐거운

Restaurant 음식점 2

12 I'd like to give you a situation and ask you to act it out. You would like to go to a new restaurant that has opened recently. Call the restaurant and ask three or four questions to see if you want to go to that restaurant.

🎧 MP3 37_Q12

상황을 하나 드릴 테니 연기해 보세요. 당신은 최근에 개업한 새 음식점에 가 보고 싶습니다. 음식점에 전화해서 그곳에 갈지 정하기 위해 서너 가지 질문을 하세요.

문항 유형	새로 오픈한 음식점에 전화해서 질문
문항 수준	Intermediate
핵심 포인트	• 음식점에 전화해서 질문하기 • 음식점의 메뉴, 위치 등에 대해 문의하기
중요도	★

Model Answer 🎧 MP3 37_A12

Hi there, I'm calling to ask about your restaurant.

I would like to go there with my friends.

What kinds of menus are available? **A**

Can you tell me how much they are?

Can you recommend anything? **B**

Is there a website I can see by any chance?

I wonder if there are any promotions going on.

It would be nice if I could get a good deal. **C**

Plus, can you give me directions to your restaurant?

I wonder if I could bring my car. If not, I'll just take public transportation.

Is it close to the subway station? Is it within walking distance?

Give me a call when you get this. Thanks.

Translation

여보세요, 레스토랑에 대해 문의하려고 전화 드렸습니다.
친구들과 함께 그곳에 가고 싶습니다.
어떤 종류의 메뉴가 있나요?
얼마인지 알려주실 수 있나요?
추천해 주실 것이 있나요?
혹시 제가 볼 수 있는 웹사이트가 있나요?
진행되고 있는 프로모션이 있는지 궁금합니다.
싸게 살 수 있으면 좋을 것 같습니다.
또한, 음식점으로 가는 길 좀 가르쳐 주시겠어요?
제 차를 가져갈 수 있는지 궁금합니다. 안 된다면 대중교통을 이용하겠습니다.
지하철역에서 가깝나요? 걸어서 갈 수 있는 거리에 있나요?
이 메시지를 받으면 전화 주세요. 고맙습니다.

Expanding Your Answer

더 풍부하고 논리적인 답변을 위해 문장을 추가해 보세요.

A Do you have something for vegetarians?
채식주의자를 위한 메뉴가 있나요?

B What kinds of desserts do you have?
어떤 종류의 디저트가 있나요?

C Do I need to make a reservation?
예약을 해야 하나요?

Key Expressions

- **would like to** ~를 하고 싶다
- **available** 이용 가능한
- **recommend** 추천하다
- **by any chance** 혹시라도
- **wonder** 궁금하다, 궁금해하다
- **promotion** 프로모션
- **a good deal** 싼 가격, 좋은 가격
- **direction** 위치, 찾아가는 방법
- **bring** 가져가다
- **walking distance** 도보로 갈 수 있는 거리

13. That's the end of the situation. Tell me about a memorable experience you had at a restaurant. Maybe you did not like the food you ordered. Maybe there was some issue with other customers. Tell me everything about that incident you encountered.

상황이 종료되었습니다. 음식점에서 겪었던 기억에 남는 경험에 대해 말해 주세요. 주문한 음식이 마음에 들지 않았을 수도 있습니다. 다른 손님들과 무슨 문제가 있었을 수도 있습니다. 당신이 겪은 그 사건에 대한 모든 것을 말해 주세요.

문항 유형 음식점에서 있었던 예기치 않았던 에피소드 묘사
문항 수준 Advanced
핵심 포인트
- 주문한 음식이 지연되었던 경험을 과거형 시제로 묘사하기
- 여러 명이 함께 음식점에 갔다면 주어 I, we 등 상황에 맞게 사용

중요도 ★

Model Answer

I remember when I had to wait for a long time at a restaurant. **A**

The place was very busy because it was packed with customers.

We made our orders and waited for our food.

However, it took forever for the food to come out. **B**

We asked why there was such a long delay.

They told us that the waiter had missed our order.

It was very frustrating.

I was very unhappy with the service at that place. **C**

Translation

음식점에서 오래 기다려야 했던 기억이 납니다.
그곳은 손님들로 붐볐기 때문에 매우 바빴습니다.
우리는 주문을 하고 음식을 기다렸습니다.
하지만 음식이 나오기까지 시간이 매우 오래 걸렸습니다.
왜 그렇게 지연되고 있는지 물었습니다.
그들은 웨이터가 우리의 주문을 빼먹었다고 했습니다.
굉장히 짜증났었습니다.
저는 그 장소의 서비스에 매우 불만족스러웠습니다.

Expanding Your Answer

더 풍부하고 논리적인 답변을 위해 문장을 추가해 보세요.

A My friends and I went to a local restaurant.
친구들과 저는 동네 식당에 갔습니다.

B We had to wait more than 40 minutes to get our food.
음식을 받는 데 40분 이상 기다려야 했습니다.

C I do not want to go there again.
그곳을 다시는 가고 싶지 않습니다.

Key Expressions

- **wait** 기다리다
- **pack with** 꽉 차있다
- **make orders** 주문하다
- **take forever** 매우 오래 걸리다
- **delay** 지연
- **miss order** 주문을 빼먹다
- **frustrating** 짜증나는, 답답한
- **unhappy** 불만족스러운, 마음에 들지 않은

Health Food Store 건강식품점

14 There is a new health food store in your town. Call the store and ask three or four questions to learn more about their products.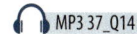

동네에 새로운 건강식품점이 있습니다. 상점에 전화를 걸어 그들의 제품에 대해 자세히 알아보기 위해 서너 가지 질문을 하세요.

- **문항 유형**: 건강식품점에 전화해서 문의
- **문항 수준**: Intermediate
- **핵심 포인트**:
  - 상점에 전화해서 질문하기
  - 음식 종류, 비용, 위치 등에 대해 문의하기
- **중요도**: ★

Model Answer

Hi there, I'm calling to ask about your products.

I would like to get some health food items.

What kinds of foods are available? **A B**

Can you tell me how much they are?

Can you recommend anything?

Is there a website I can see by any chance?

I wonder if there are any promotions going on.

It would be nice if I could get a good deal. **C**

Plus, can you give me directions to your store?

I wonder if I could bring my car. If not, I'll just take public transportation.

Is it close to the subway station? Is it within walking distance?

Give me a call when you get this. Thanks.

Translation

여보세요, 귀사의 제품에 대해 문의하려고 전화 드렸습니다.

건강 음식 제품을 사고 싶습니다.

어떤 종류의 음식이 있나요?

얼마인지 알려 주실 수 있나요?

추천해 주실 것이 있나요?

혹시 제가 볼 수 있는 웹사이트가 있나요?

프로모션이 진행되고 있는지 궁금합니다.

싸게 살 수 있으면 좋을 것 같습니다.

또한, 상점으로 가는 길 좀 가르쳐 주시겠어요?

제 차를 가져갈 수 있는지 궁금합니다. 안 된다면 대중교통을 이용하겠습니다.

지하철역에서 가깝나요? 걸어서 갈 수 있는 거리에 있나요?

이 메시지를 받으면 전화 주세요. 고맙습니다.

Expanding Your Answer

더 풍부하고 논리적인 답변을 위해 문장을 추가해 보세요.

A Do you have organic vegetables and fruits?
유기농 채소와 과일이 있나요?

B Do you also sell vitamins?
비타민도 판매하나요?

C Do you offer extra discounts for regular members?
정기 회원들에게 추가 할인을 제공하나요?

Key Expressions

- **would like to** ~를 하고 싶다
- **available** 이용 가능한
- **recommend** 추천하다
- **by any chance** 혹시라도
- **wonder** 궁금하다, 궁금해하다
- **promotion** 프로모션
- **a good deal** 싼 가격, 좋은 가격
- **direction** 위치, 찾아가는 방법
- **bring** 가져가다
- **walking distance** 도보로 갈 수 있는 거리

15 After purchasing a food item at the store, you have discovered that something is wrong with the item. Call the store and explain the problem in detail and propose a solution.

🎧 MP3 37_Q15

상점에서 식품을 구입하고 난 후 물건에 뭔가 문제가 있다는 것을 알게 되었습니다. 상점에 전화를 걸어 문제를 자세히 설명하고 해결책을 제안하세요.

문항 유형	구매한 식품에 문제 있어서 전화로 문제 해결
문항 수준	Advanced
핵심 포인트	• 상점에 전화를 걸어 문제 상황 설명하기 • 해결책으로 교환이나 반품 제시하기
중요도	★

Model Answer 🎧 MP3 37_A15

Hi there, I'm a person who got a food item at your store. **A**

I'm afraid there is a problem with my order.

I think I got the wrong item.

This is NOT what I ordered. **B**

I would like to come in to get an exchange.

I wonder if I could get a refund if I want to.

Would that be possible? **C**

I'm sorry for all the trouble.

Can you tell me when I can visit your store?

What are your business hours?

How late are you open?

Give me a call when you get this. Thanks.

Translation

여보세요, 저는 당신의 가게에서 식료품을 산 사람입니다.
죄송하지만 주문에 문제가 있습니다.
잘못된 제품을 받은 것 같습니다
이건 제가 주문한 제품이 아닙니다.
교환을 받으러 가고 싶습니다.
제가 원하면 환불을 받을 수 있는지 궁금합니다.
그게 가능할까요?
번거롭게 해드려 죄송합니다.
언제 상점에 방문할 수 있는지 말해 주실 수 있나요?
영업 시간이 언제인가요?
얼마나 늦게까지 여나요?
이 메시지를 받으면 전화 주세요. 고맙습니다.

Expanding Your Answer

더 풍부하고 논리적인 답변을 위해 문장을 추가해 보세요.

A I went there yesterday and bought some vegetables.
어제 그곳에 가서 채소를 조금 샀습니다.

B Plus, I did not buy any fruits.
게다가 저는 과일은 하나도 사지 않았습니다.

C If it is possible, I can visit your store today.
가능하다면 오늘 상점에 방문할 수 있습니다.

Key Expressions

• **I'm afraid** 미안하지만, 안타깝지만
• **wrong** 잘못된
• **come in** 방문하다
• **get an exchange** 교환 받다
• **wonder** 궁금하다
• **get a refund** 환불 받다
• **trouble** 문제점, 골칫거리
• **business hours** 영업 시간
• **give a call** 전화하다

16 We sometimes have memorable experiences when we have meals with others. Tell me about a meal you had with family members, friends or co-workers. Who were you with and where did you have the meal? What kind of food did you have?

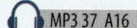 MP3 37_Q16

가끔 다른 사람들과 식사를 할 때 기억에 남는 경험을 합니다. 가족, 친구, 직장 동료들과 함께 먹은 식사에 대해 말해 주세요. 누구와 함께 식사했고 어디서 식사를 했나요? 어떤 종류의 음식을 먹었나요?

문항 유형	기억에 남는 식사 자리 묘사
문항 수준	Advanced
핵심 포인트	• 친구들과 음식점에서 모임 가진 경험 묘사하기 • 여러 명과 함께한 과거의 경험이기 때문에 주어 we와 과거형 시제 사용
중요도	★

Model Answer   MP3 37_A16

My friends and I had a gathering a few weeks ago. **A**
+My co-workers and I had a staff dinner near my office a few days ago.
+My family and I had dinner/lunch near my house last weekend.
We went to a decent Japanese restaurant. **B**
+Italian +Mexican +Thai +Vietnamese +Chinese
They had the best sushi in town.
+pasta +tacos +Thai curry +rice noodles +fried pork
The food tasted extra good because I was starving.
The fish we ordered was so juicy and tender.
+beef +shrimp +crab +lobster +octopus +steak
I could see why that place was so popular.
We had some drinks with the meal.
We ordered some beer, which went very well with the food. **C**
+wine +soft drinks +cocktails
Looking back, it was a very enjoyable dinner.

Translation

제 친구들과 저는 몇 주 전에 모임을 가졌습니다.
(+며칠 전 직장 동료들과 사무실 근처에서 회식을 했습니다. +지난 주말에 가족과 집 근처에서 저녁/점심을 먹었습니다.)
우리는 괜찮은 일식집에 갔습니다.
(+이탈리아 +멕시코 +태국 +베트남 +중국)
그곳은 동네에서 가장 맛있는 초밥을 제공합니다.
(+파스타 +타코 +태국 카레 +쌀국수 +볶음 돼지고기)
배가 고파서 음식이 더 맛있었습니다.
우리가 주문한 생선은 육즙이 많고 부드러웠습니다.
(+소고기 +새우 +게 +랍스터 +문어 +스테이크)
왜 그렇게 인기가 많은지 알 수 있었습니다.
우리는 식사와 함께 술을 조금 마셨습니다.
우리는 맥주를 주문했는데, 음식에 아주 잘 어울렸습니다. (+와인 +탄산음료 +칵테일)
돌이켜보면, 매우 즐거운 저녁 식사였습니다.

Expanding Your Answer
더 풍부하고 논리적인 답변을 위해 문장을 추가해 보세요.

A We were having a birthday party.
우리는 생일 파티를 하고 있었습니다.

B It was one of the most unique places.
가장 독특한 장소 중 하나였습니다.

C I was drunk because I drank too much.
술을 너무 많이 마셔서 취했습니다.

Key Expressions

- **gathering** 모임
- **co-workers** 직장 동료
- **staff-dinner** 회식
- **decent** 꽤 괜찮은
- **extra good** 더 좋은
- **be starving** 매우 배가 고프다
- **juicy** 즙이 많은
- **tender** 부드러운
- **popular** 인기 많은
- **go well with A** A와 잘 어울리다
- **enjoyable** 즐거운

38 Role Play   MP3 플레이어 / 자전거 / 친척집 / 재활용 / 신문

 **Role Play Master Key Patterns**

롤플레이 답변 시에 활용할 수 있는 주제별 Key Patterns을 학습해 보세요.

1. 친구의 MP 플레이어에 대해 질문할 때 사용할 수 있는 표현

   (가격) Can you tell me how much it was? I wonder it was expensive. 얼마였는지 말해 줄 수 있어? 비쌌는지 궁금하다.
   (구매 시기) When did you buy it? How long have you had it? 언제 샀어? 얼마나 오래 가지고 있었어?
   (구매 장소) Where did you buy it? Did you buy it online or offline? 어디에서 샀어? 온라인에서 샀어 아니면 오프라인에서 샀어?
   (추가 질문 1) Are you satisfied with the MP3 Player? MP3 플레이어에 만족해?
   (추가 질문 2) Do you think I should get it? 내가 사야한다고 생각해?

2. 친구의 자전거를 빌릴 때 사용할 수 있는 표현

   (요청 1) I wonder if I could borrow your bike. 네 자전거를 빌려도 되는지 궁금해.
   (요청 2) Is it okay that I borrow your bike? 네 자전거를 빌려도 괜찮아?
   (요청 3) I want to borrow your bike. Is it possible? 네 자전거를 빌리고 싶어. 가능해?
   (픽업 1) Can you tell me when I pick up your bike? 네 자전거를 언제 가져가야 할지 말해 줄 수 있어?
   (픽업 2) Can you tell me where it is? 어디에 있는지 말해 줄 수 있어?

3. 재활용 방법에 대해 묻거나 정보를 줄 때 사용할 수 있는 표현

   (재활용 방법)
   What are the things I should recycle? 제가 재활용 해야 하는 것들이 무엇인가요?
   Can you tell me what they are? 어떤 건지 말해 줄 수 있나요?
   How about I divide my garbage and take them out separately? 쓰레기를 나눠서 따로 버리는 건 어떨까요?
   You have to gather the recyclables at home. 집에서 재활용품을 모아야 합니다.
   You have to take them out separately. 따로 버려야 합니다.
   (재활용 장소)
   Where do I take out the recyclables to? 어디에 재활용품을 버려야 하나요?
   Is there a designated area for the recyclables? 재활용품을 놓을 지정된 장소가 있나요?
   It is next to the dumpster for regular garbage. 일반 쓰레기 옆에 있는 쓰레기통입니다.
   (재활용 시기)
   When can I take out the recyclables? 언제 재활용품을 버려야 하나요?
   Can I do it anytime? 아무 때나 해도 되나요?
   Why don't I take out the garbage at night? 밤에 재활용하는 건 어떨까요?

4. 온라인 신문 구독 묘사에 사용할 수 있는 표현

⟨get access to⟩ ~에 접속하다, 접근하다
I cannot get access to the paper through my account. 제 계정으로 신문에 접속할 수가 없습니다.
⟨get subscription⟩ 구독하다
I am a person who got an online subscription for your newspaper. 저는 당신 신문의 온라인 구독을 신청한 사람입니다.
⟨problem with⟩ ~에 문제
I'm afraid there is a problem with the subscription. 죄송하지만 구독하는 데 문제가 있습니다.

5. 물건이 고장 났을 때 사용할 수 있는 표현

⟨run over⟩ 밟고 지나가다
I dropped your MP3 Player on the street and a truck ran over it. 네 MP3 플레이어를 떨어뜨렸는데 트럭이 밟고 지나갔어.
I parked your bike at the shopping mall, but a track ran over it. 쇼핑몰에 네 자전거를 세웠는데 트럭이 밟고 지나갔어.
⟨break down/break⟩ 고장 내다 ⟨do not work well/properly⟩ 잘/제대로 작동을 안 하다
The air-conditioner broke down. 에어컨이 고장 났어.
The remote control for the TV did not work well. TV 리모콘이 작동을 잘 안 해.
I broke your MP3 Player by mistake. 실수로 네 MP3 플레이어를 고장 냈어.

6. 재활용 관련 뉴스에 대해 이야기할 때 쓰이는 표현

⟨import recyclables⟩ 재활용품을 수입하다 ⟨due to environmental reasons⟩ 환경적인 이유로 인해
China used to import recyclables from other countries. However, it stopped doing that recently due to environmental reasons. 중국은 다른 나라에서 재활용품을 수입하곤 했습니다. 하지만 최근 환경적인 이유로 중단했습니다.
⟨price for scrap plastic⟩ 폐플라스틱 비용 ⟨plunge⟩ 폭락하다
The prices for scrap plastic plunged in Korea, bacause there was so much supply. 폐플라스틱의 공급량이 너무 많아서 한국에서 가격이 폭락했습니다.

7. MeToo 운동에 대해 이야기할 때 쓰이는 표현

⟨sexual violence⟩ 성범죄 ⟨commit sexual harassment⟩ 성희롱을 저지르다
Sexual violence has become a major issue. Some people commit sexual harassment or rape. 성폭력이 주요 쟁점이 됐습니다. 어떤 사람들은 성희롱이나 강간을 저지릅니다.
⟨raise voices⟩ 목소리를 높이다 ⟨share stories⟩ 이야기를 나누다
Sex crime victims have been raising their voice. They are sharing their stories on the media. 성범죄 피해자들이 목소리를 높이고 있습니다. 그들은 언론에서 그들의 이야기를 나누고 있습니다.

OPIc 모범 답변 학습하기

OPIc 질문에 대한 모범 답변을 살펴본 후, 질문의 핵심 포인트를 파악하여 나만의 OPIc 답변을 만들어 보세요.

MP3 플레이어

1 I'd like to give you a situation and ask you to act it out. You would like to buy an MP3 Player. Call your friend and ask about the MP3 Player he/she is using. Ask three or four questions that will help you decide whether you want to buy the product your friend is using.

상황을 하나 드릴 테니 연기해 보세요. MP3 플레이어를 구입하려고 합니다. 친구에게 전화를 걸어 그/그녀가 사용 중인 MP3 플레이어에 대해 물어보세요. 친구가 사용하고 있는 제품을 구입할 것인지 여부를 결정하는 데 도움이 될 서너 가지 질문을 하세요.

문항 유형	친구가 쓰는 MP3 플레이어에 대해 전화로 질문
문항 수준	Intermediate
핵심 포인트	• 친구에게 전화로 질문하기 • 현재 사용하고 있는 MP3 플레이어에 대해 문의하기
중요도	★★★★★

Model Answer

Hi there, Jake. This is Jane.

I'm calling to ask about your MP3 Player. **A**

Can you tell me how much it was?

I wonder if it was expensive. **B**

Next, when did you buy it?

How long have you had it?

Plus, where did you buy it?

Did you buy it online or offline?

If you got it online, can you tell me which site it was?

If you got it offline, can you tell me where the store was? **C**

Give me a call when you get this. Thanks.

Translation

여보세요, 제이크. 제인이야.
네 MP3 플레이어에 대해 물어보려고 전화했어.
얼마였는지 말해 줄 수 있어?
비쌌는지 궁금하네.
그리고, 언제 샀어?
얼마나 오래 가지고 있었어?
또한 어디에서 샀어?
온라인에서 샀어, 아니면 오프라인에서 샀어?
온라인에서 샀다면 어느 사이트 였는지 알려 줄래?
오프라인에서 샀다면 어느 상점이었는지 알려 줄래?
이 메시지를 받으면 전화 줘. 고마워.

Expanding Your Answer

더 풍부하고 논리적인 답변을 위해 문장을 추가해 보세요.

A I heard that you got a new MP3 Player.
네가 새 MP3 플레이어를 샀다고 들었어.

B How long does it take to fully charge the device?
그 기기를 완충하는 데 얼마나 걸려?

C Are you satisfied with it?
그것에 만족해?

Key Expressions

- **wonder** 궁금하다
- **expensive** 비싼
- **how long** 얼마나 오래
- **give a call** 전화 주다

2 I'm sorry, but there is a problem that I need you to resolve. You have borrowed your friend's MP3 Player but broke it by accident. Call your friend, explain how you broke it and what its current condition is like. And then, give two or three alternatives in order to get another working MP3 player for your friend.

안타깝지만 당신이 해결해야 하는 문제가 생겼습니다 친구의 MP3 플레이어를 빌렸는데 실수로 망가뜨렸습니다. 친구에게 전화해서 어떻게 하다가 망가졌는지, 그리고 현재 상태가 어떤지 설명하세요. 그리고 나서, 친구에게 작동하는 MP3 플레이어를 줄 수 있도록 두세 가지 대안을 제시하세요.

문항 유형	친구의 MP3 플레이어 빌렸다가 고장. 대안 제시
문항 수준	Advanced
핵심 포인트	• 친구에게 전화로 문제 상황 설명하기 • 대안으로 새로운 MP3 플레이어 구매 또는 현금 주기 제안
중요도	★★★★★

Model Answer

Hi there, Jake. This is Jane.

I have some bad news. **A**

I broke your MP3 Player by mistake. **B**

I dropped it on the street and a truck ran over it.

It is completely broken and I do NOT think it can be fixed.

I am so sorry about what happened.

Why DON'T I buy you a new one? **C**

Or, how about I pay you money instead?

Can you tell me what you think?

I'm fine with whatever you decide.

Call me back when you get this. Thanks.

Translation

여보세요. 제이크. 제인이야.
나쁜 소식이 있어.
실수로 네 MP3 플레이어를 망가뜨렸어.
길에 떨어뜨렸는데 트럭이 그 위를 밟고 지나갔어.
완전히 고장 났고 고칠 수 있을 것 같지 않아.
이런 일이 생겨서 정말 미안해.
내가 너에게 새 것을 사주는 게 어떨까?
아니면 내가 대신 돈을 주는 건 어때?
어떻게 생각하는지 말해 줄래?
네가 어떤 결정을 내리든 난 다 괜찮아.
이 메시지를 받으면 다시 전화 줘. 고마워.

Expanding Your Answer

더 풍부하고 논리적인 답변을 위해 문장을 추가해 보세요.

A As you know, I borrowed your MP3 Player last week.
너도 알다시피 내가 저번 주에 네 MP3 플레이어를 빌렸잖아.

B It happened so fast.
너무 순식간에 일어났어.

C Do you want the same model?
같은 모델을 원해?

Key Expressions

- **break** 고장 내다
- **by mistake** 실수로
- **drop** 떨어뜨리다
- **run over** 밟고 지나가다
- **completely** 완전히
- **be broken** 고장 나다
- **fix** 고치다
- **instead** 대신에
- **whatever** 무엇이든지
- **decide** 결정하다
- **call back** 다시 전화하다

3 That's the end of the situation. Tell me about a time when a piece of equipment broke. What exactly happened and how did you fix the problem? Tell me everything about that experience.

🎧 MP3 38_Q3

상황이 종료되었습니다. 기계/기기가 부서진 때에 대해 말해 주세요. 정확히 무슨 일이 일어났고 어떻게 문제를 해결했나요? 그 경험에 대해 말해 주세요.

문항 유형	본인의 기계/기기 고장경험 설명
문항 수준	Advanced
핵심 포인트	• 집에 있던 기계/기기 고장 난 경험 설명하기 • 본인의 과거의 경험이기 때문에 과거형 시제와 주어 I 사용
중요도	★★★

Model Answer 🎧 MP3 38_A3

I remember when the air-conditioner broke down at home.

It was during summer and it was very hot without air conditioning. **A**

I had to call up a technician to fix the problem. **B**

Plus, I remember when the remote control for the TV did NOT work well.

I had to replace the batteries for the remote.

Also, I remember when water leaked from the fridge. **C**

There was water all over the place.

I had to wipe off the water from the floor.

So, these are the problems I remember having.

Translation

저는 집에서 에어컨이 고장 났을 때를 기억합니다.
여름이었고 에어컨도 없이 무척 더웠습니다.

그 문제를 해결하기 위해 기술자를 불러야 했습니다.
또한, TV 리모콘이 잘 작동하지 않았을 때를 기억합니다.

리모콘의 배터리를 교체해야 했습니다.
또한, 냉장고에서 물이 새어 나왔을 때가 기억납니다.
사방에 물이 있었습니다.
바닥의 물을 닦아내야 했습니다.
이런 것들이 제가 겪은 문제들입니다.

Expanding Your Answer

더 풍부하고 논리적인 답변을 위해 문장을 추가해 보세요.

A I could not stay at home for more than 10 minutes.
집에 10분 이상 있을 수 없었습니다.

B It took about 1 hour to get it fixed.
고치는 데 한 시간 정도 걸렸습니다.

C I had to buy a new fridge.
냉장고를 새로 사야만 했습니다.

Key Expressions

- **air-conditioner** 에어컨
- **break down** 고장 나다
- **technician** 기술자
- **fix** 고치다
- **replace** 교체하다
- **leak** 새다, 흐르다
- **all over the place** 사방에
- **wipe off** 닦다

Bicycle 자전거

4 I'd like to give you a situation and ask you to act it out. You want to borrow a bike from your friend to go to a shopping mall. Call your friend and ask three or four questions to borrow the bike.

상황을 하나 드릴 테니 연기해 보세요. 쇼핑몰에 가기 위해 친구의 자전거를 빌리고 싶습니다. 친구에게 전화를 걸어 자전거를 빌리기 위해 서너 가지 질문을 하세요.

문항 유형 쇼핑몰에 가기 위해 친구 자전거 빌리기 위해 전화로 질문
문항 수준 Intermediate
핵심 포인트
- 친구에게 전화로 질문하기
- 자전거를 받을 수 있는 장소에 대해 문의하기

중요도 ★

Model Answer

Hi there, Tim. This is Blake.
I'm calling to ask about your bike.
I wonder if I could borrow your bike.
I would like to go to the shopping mall. **A**
Can you tell me when I pick up your bike? **B**
Can you tell me where it is?
Also, when do you need it back?
Can I bring it back on Monday? **C**
Give me a call when you get this. Thanks.

Translation

여보세요, 팀. 블레이크야.
네 자전거에 대해서 물어보려고 전화했어.
내가 자전거를 빌릴 수 있을지 궁금해.
쇼핑몰에 가고 싶거든.
네 자전거를 언제 가지러 갈지 말해 줄 수 있어?
어디에 있는지 알려 줄래?
또한, 언제까지 돌려줘야 해?
월요일에 가져와도 될까?
이 메시지를 받으면 전화 줘. 고마워.

Expanding Your Answer

더 풍부하고 논리적인 답변을 위해 문장을 추가해 보세요.

A You can say no if you don't feel comfortable.
마음이 편하지 않으면 거절해도 돼.

B I am thinking of going to the shopping mall this Saturday.
이번 주 토요일에 쇼핑몰에 갈까 생각 중이야.

C I can drop by after work.
일 끝나고 들를 수 있어.

Key Expressions

- **wonder** 궁금하다
- **borrow** 빌리다
- **pick up** 픽업하다, 가지러 가다
- **bring back** 가지고 오다

5 I'm sorry, but there is a problem that I need you to resolve. You parked the bike that you had borrowed outside the shopping mall. However, the bike was run over by a truck. Call your friend, explain the situation and give two or three suggestions to solve the problem. 🎧 MP3 38_Q5

안타깝지만 당신이 해결해야 하는 문제가 생겼습니다. 빌린 자전거를 쇼핑몰 밖에 주차했습니다. 하지만 자전거가 트럭에 치이고 말았습니다. 친구에게 전화해서 상황을 설명하고 문제를 해결하기 위해 두세 가지 제안을 하세요.

문항 유형	자전거 쇼핑몰에 주차했는데 트럭에 치여 고장. 친구한테 전화해서 상황 설명 후 대안 제시
문항 수준	Advanced
핵심 포인트	• 친구에게 전화로 문제 상황 설명하기 • 대안으로 새로운 자전거 구매 또는 현금 주기 제안
중요도	★

Model Answer 🎧 MP3 38_A5

Hi there, Jake. This is Jane.

I have some bad news. **A**

I parked your bike at the shopping mall, but a truck ran over it. **B**

It is completely broken and I do NOT think it can be fixed.

I am so sorry about what happened.

Why DON'T I buy you a new one?

Or, how about I pay you money instead? **C**

Can you tell me what you think?

I'm fine with whatever you decide.

Call me back when you get this. Thanks.

Translation

여보세요, 제이크. 제인이야.
나쁜 소식이 있어.
네 자전거를 쇼핑몰에 주차했는데 트럭이 그 위를 밟고 지나 갔어.
완전히 고장 났고 고칠 수 있을 것 같지 않아.
이런 일이 생겨서 정말 미안해.
내가 너에게 새 것을 사주는 게 어떨까?
아니면 내가 대신 돈을 주는 건 어때?
어떻게 생각하는지 말해 줄래?
네가 어떤 결정을 내리든 난 다 괜찮아.
이 메시지를 받으면 다시 전화 줘. 고마워.

Expanding Your Answer

더 풍부하고 논리적인 답변을 위해 문장을 추가해 보세요.

A As you know, I borrowed your bike yesterday.
너도 알다시피 내가 어제 자전거를 빌렸잖아.

B The truck driver was drinking driving.
트럭 운전기사가 음주운전 중이었어.

C Please tell me how much it was.
그게 얼마였는지 말해 줘.

Key Expressions

- **park** 주차하다
- **run over** 밟고 지나가다
- **completely** 완전히
- **be broken** 고장 나다
- **arrangement** 준비
- **trouble** 문제점, 골칫거리
- **business hours** 영업 시간
- **give a call** 전화하다

6 That's the end of the situation. Now, tell me about a time when you had a problem while using a bike or any other type of transportation. What happened and how did you deal with the problem?

상황이 종료되었습니다. 자전거나 다른 교통수단을 이용하다가 겪은 어려움에 대해 말해 주세요. 무슨 일이 일어났고 그 문제를 어떻게 처리했나요?

- **문항 유형**: 전거나 다른 교통수단 관련 겪은 어려움 설명
- **문항 수준**: Advanced
- **핵심 포인트**:
  - 교통 체증 때문에 고생한 경험 묘사
  - 본인의 과거의 경험이기 때문에 과거형 시제와 주어 I 사용
- **중요도**: ★

Model Answer

I remember when I was stuck in traffic for a long time. **A**

It was during the holidays and traffic was bumper to bumper.

I was heading to my grandparents' place.
+I was heading to my hometown.
+I was heading home from my parents' place.
+I was going on a trip with my friends/family.
+I was heading home from a trip.

It took me much longer than usual. **B**

It took almost three hours to get to my destination.

I felt exhausted because I was in the car for so long. **C**

Since then, I always head out early during the holidays.

Translation

오랫동안 교통 체증에 시달렸던 기억이 납니다.
연휴 기간이었는데 차가 꼬리를 물고 늘어서 있었습니다.
조부모님 댁으로 가는 길이었습니다.
(+고향으로 가고 있었습니다.
+부모님 댁에서 집으로 가고 있었습니다.
+친구/가족과 함께 여행을 가고 있었습니다.
+여행 후 집으로 가고 있었습니다.)
평소보다 훨씬 오래 걸렸습니다.
목적지까지 거의 3시간이나 걸렸습니다.
차 안에 너무 오래 있어서 매우 지쳤습니다.
그때 이후로, 저는 연휴 기간에는 항상 일찍 출발합니다.

Expanding Your Answer

더 풍부하고 논리적인 답변을 위해 문장을 추가해 보세요.

A It happened last year.
작년에 생긴 일입니다.

B Normally, it takes about one hour.
보통은 한 시간 정도 걸립니다.

C I just stayed at home to get some rest.
쉬기 위해 그냥 집에만 있었습니다.

Key Expressions

- **stuck in traffic** 교통 체증에 시달리다
- **bumper to bumper** 차가 꼬리를 물고 늘어서 있다
- **head to** ~로 향하다
- **go on a trip** 여행가다
- **destination** 목적지
- **exhausted** 지친
- **head out** 출발하다, 나오다

Relative's House 친척집

7 I'd like to give you a situation and ask you to act it out. Someone in your family is going on a vacation and you have agreed to take care of his or her responsibilities at home. Call your relative and ask three or four questions to get all the information you need.

🎧 MP3 38_Q7

상황을 하나 드릴 테니 연기해 보세요. 가족 중 누군가가 휴가를 가야 해서 당신이 그/그녀의 집에서 해야 할 일을 대신 해주기로 동의했습니다. 친척에게 전화해서 필요한 정보를 얻기 위해 서너 가지 질문을 하세요.

문항 유형	휴가 가는 친척집 봐주기 위해 친척에게 전화로 질문
문항 수준	Intermediate
핵심 포인트	• 친척에게 전화로 질문하기 • 대신 재활용을 해주기 위해 필요한 질문하기
중요도	★★★★★

Model Answer 🎧 MP3 38_A7

Hi there, uncle Joe. This is Jake.

I'm calling to ask about watching your house.

I would like to take out the recyclables. **A**

What are the things I should recycle?

Can you tell me what they are? **B**

Where do I take out the recyclables to?

Is there a designated area for the recyclables?

Can you give me some directions?

When can I take out the recyclables?

Can I do that anytime? **C**

Give me a call when you get this. Thanks.

Translation

여보세요, 조 삼촌. 제이크 입니다.
삼촌네 집 봐주는 거에 대해 여쭤 보려고 전화했어요.
재활용품을 버리려고 합니다.
재활용해야 할 것들이 뭔가요?
그것들이 무엇인지 말해 줄 수 있나요?
재활용품을 어디에 버려야 하나요?
재활용품을 놓을 지정된 장소가 있나요?
길을 좀 가르쳐 주실래요?
언제 재활용품을 버릴 수 있나요?
언제든지 할 수 있나요?
이 메시지를 받으면 전화를 주세요. 고맙습니다.

Expanding Your Answer

더 풍부하고 논리적인 답변을 위해 문장을 추가해 보세요.

A Where are the recycling baskets?
재활용품 바구니가 어디에 있나요?

B Should I recycle paper as well?
종이도 재활용 해야 하나요?

C Can I do it early in the morning?
아침 일찍 해도 되나요?

Key Expressions

- **watch house** 집을 봐주다
- **take out** 가지고 나가다
- **recyclables** 재활용품
- **designated** 지정된, 정해진
- **direction** 가는 길, 위치
- **give a call** 전화 주다

8 I'm sorry, but there is a problem that I need you to resolve. When you arrive at your relative's house, the door is locked and the key is not where it is supposed to be. Call your relative's hotel and leave a message explaining the situation. Give two or three options to resolve the problem.

🎧 MP3 38_Q8

안타깝지만 당신이 해결해야 하는 문제가 생겼습니다. 친척 집에 도착했는데 문은 잠겨 있고 열쇠는 있어야 할 곳에 있지 않았습니다. 친척이 머물고 있는 호텔에 전화해서 상황을 설명하는 메시지를 남기세요. 문제를 해결할 수 있는 두세 가지 대안을 제안하세요.

문항 유형	친척집에 도착했는데 문 잠겨 있고, 열쇠를 못 찾겠음. 친척이 머물고 있는 호텔에 전화로 상황설명하고 도움 요청
문항 수준	Advanced
핵심 포인트	• 호텔에 메시지 남겨서 문제 상황 설명하기 • 집에 들어갈 수 있는 다른 방법에 대해 묻기
중요도	★★★★★

Model Answer 🎧 MP3 38_A8

Hi there, uncle Joe. This is Jake.

I have some bad news.

I cannot find the key to the house and I cannot get in. **A**

The key is not where it is supposed to be. **B**

I wonder if there is a spare key somewhere. **C**

If not, do you have a door that's NOT locked?

Or, do you have a window that's NOT locked?

If so, maybe I could climb through the window.

Give me call when you get this. Thanks.

Translation

여보세요, 조 삼촌. 제이크입니다.
나쁜 소식이 있습니다.
집 열쇠를 찾을 수가 없어서 집에 들어갈 수가 없어요.
열쇠가 원래 있어야 할 곳에 없습니다.
어딘가에 여분의 열쇠가 있는지 궁금합니다.
없다면 혹시 잠겨 있지 않은 문이 있나요?
아니면 잠겨 있지 않은 창문이 있나요?
만약 그렇다면, 창문을 통해 올라갈 수 있을 거예요.
이 메시지를 받으면 전화 주세요. 고맙습니다.

Expanding Your Answer

더 풍부하고 논리적인 답변을 위해 문장을 추가해 보세요.

A You said that it is in the mailbox, right?
우편함에 있다고 했죠, 그렇죠?

B It is not in the mailbox.
우편함에 없어요.

C If you do, please let me know where it is.
만약 그렇다면 어디에 있는지 알려 주세요.

Key Expressions

- **find** 찾다
- **get in** 들어가다
- **be supposed to** 원래 ~하기로 되어 있다
- **wonder** 궁금하다
- **spare key** 여분의 열쇠
- **lock** 잠그다
- **climb** 기어 오르다, 오르다
- **through** ~를 통해서

9 That's the end of the situation. Have you ever been in a situation where you agreed to do something for friends or family members and then could not do it? Give me all the details about what you agreed to do, what happened and how the situation was resolved.

상황이 종료되었습니다. 친구나 가족을 위해 무언가를 해주기로 동의했는데 그것을 할 수 없는 상황에 처해 본 적이 있나요? 해주기로 동의한 것이 무엇인지, 무슨 일이 일어났는지, 그리고 상황이 어떻게 해결되었는지 자세하게 말해 주세요.

문항 유형	가족이나 친구와의 약속 못 지켰던 경험 묘사
문항 수준	Advanced
핵심 포인트	• 숙취 때문에 약속 못 지킨 경험 묘사하기 • 본인의 과거 경험이기 때문에 과거형 시제와 주어 I 사용
중요도	★★★

Model Answer

I remember when I was supposed to have a gathering with my friends. **A**

However, I got sick because I drank a lot the night before.

I had a bad hangover.

My stomach was upset and I felt dizzy.

I felt bad about missing the gathering, but there was nothing I could do.

I told my friends that I could NOT make it and said I was sorry. **B**

Looking back, I regret missing the gathering that time.

Translation

친구들과 함께 모임을 가지기로 했던 때가 생각납니다.

하지만 전날 밤에 술을 많이 마셔서 아팠습니다.
숙취가 심했습니다.
배탈이 나고 어지러웠습니다.
모임을 빠져서 아쉬웠지만 어쩔 수 없었습니다.

친구들에게 못 간다고 말하고 미안하다고 했습니다.

뒤돌아 생각해 보면, 그때 모임을 빠진 것이 후회됩니다.

Expanding Your Answer

더 풍부하고 논리적인 답변을 위해 문장을 추가해 보세요.

A We were going to go to a nice wine bar.
우리는 멋진 와인 바에 가려고 했었습니다.

B I felt really bad about that.
너무 미안했습니다.

Key Expressions

- **be supposed to** ~하기로 되어 있다
- **gathering** 모임
- **get sick** 아프다
- **drink a lot** 술을 많이 마시다
- **hangover** 숙취
- **stomach** 배, 복부
- **upset** 아픈
- **dizzy** 어지러운
- **feel bad** 미안함을 느끼다
- **miss** 놓치다
- **make it** 성공하다, 해내다
- **regret** 후회하다

Recycling 재활용 1

10-1 Suppose that you have moved in to a new building. Call the manager of the building and ask three or four questions about recycling.
당신이 새 건물로 이사했다고 가정해 보세요. 건물 관리인에게 전화를 걸어 재활용에 대해 서너 가지 질문을 하세요.

10-2 Suppose that you just moved in to a big apartment building. Call the person at the front desk and ask three or four questions about the building's recycling policy.
당신이 큰 아파트로 이사했다고 정해 보세요. 프런트에 있는 사람에게 전화를 걸어 건물의 재활용 정책에 대해 서너 가지 질문을 하세요.

문항 유형	새로 입주한 건물에 재활용 방법 관리인에게 전화 문의
문항 수준	Intermediate
핵심 포인트	• 건물 관리인에게 전화로 질문하기 • 재활용하는 방법에 대해 문의하기
중요도	★

Model Answer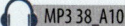

Hi there. I'm calling to ask about the recycling policy in the building. **A**

I would like to take out the recyclables.

What are the things I should recycle? **B**

Can you tell me what they are?

Where do I take out the recyclables to?

Is there a designated area for the recyclables?

Can you give me some directions?

When can I take out the recyclables?

Can I do that anytime? **C**

Give me a call when you get this. Thanks.

Translation

여보세요. 건물의 재활용 정책에 대해 문의하려고 전화했습니다.

재활용품을 버리려고 합니다.

재활용해야 할 것들이 뭔가요?

그것들이 무엇인지 말해 줄 수 있나요?

재활용품을 어디에 버려야 하나요?

재활용품을 놓을 지정된 장소가 있나요?

길을 좀 가르쳐 주실래요?

언제 재활용품을 버려야 하나요?

언제든지 할 수 있나요?

이 메시지를 받으면 전화 주세요. 고맙습니다.

Expanding Your Answer

더 풍부하고 논리적인 답변을 위해 문장을 추가해 보세요.

A I just moved in, so I do not know how to do it.
방금 이사 와서 어떻게 하는지 모릅니다.

B Should I recycle vinyl as well?
비닐도 재활용해야 하나요?

C Can I do it late at night?
밤 늦게 해도 되나요?

Key Expressions

- **policy** 정책, 규칙
- **take out** 가지고 나가다
- **recyclables** 재활용품
- **designated** 지정된, 정해진
- **direction** 가는 길, 위치
- **give a call** 전화 주다

11. A new resident from abroad has just moved in. However, he is throwing away garbage in the recycling bin. Other residents are very upset about that. Go to the new resident, explain the situation and explain to him in detail about the recycling policy.

MP3 38_Q11

외국에서 온 새 거주자가 방금 이사를 왔습니다. 하지만, 그는 재활용 수거함에 쓰레기를 버리고 있었습니다. 다른 주민들은 그것에 대해 매우 화가 나 있습니다. 새로 온 주민에게 가서 상황을 설명하고 재활용 정책에 대해 자세히 설명해 주세요.

문항 유형	해외에서 온 새 입주자가 재활용 수거함에 쓰레기 투척. 주민들 불만. 그 사람에게 가서 재활용 정책 설명
문항 수준	Advanced
핵심 포인트	• 새 입주자를 만나 문제 상황 설명하기 • 재활용하는 방법 설명하기
중요도	★

Model Answer   MP3 38_A11

Hi there, I'm a person living next door.

I have some bad news.

People are very upset because you are NOT recycling properly.

You threw away garbage in the recycling bin. **A**

You have to gather the recyclables at home.

Such items include plastics, bottles, cans, paper and glass.

You have to take them out separately.

There is a designated area for the recyclables. **B**

It is next to the dumpster for regular garbage. **C**

Once again, you have to recycle properly.

Translation

안녕하세요, 저는 옆집에 사는 사람입니다.
나쁜 소식이 있습니다.
당신이 제대로 재활용을 하지 않아서 사람들이 매우 화가 나 있습니다.
당신이 쓰레기를 재활용 수거함에 버렸습니다.
재활용품들은 집에서 모아야 합니다.
플라스틱, 병, 캔, 종이 그리고 유리가 여기에 포함되어 있습니다.
꼭 따로 버려야 합니다.
재활용품 전용 구역이 있습니다.
일반 쓰레기통 바로 옆에 있습니다.
다시 한번 말하자면, 제대로 재활용을 해야 합니다.

Expanding Your Answer

더 풍부하고 논리적인 답변을 위해 문장을 추가해 보세요.

A There are four recycling bins.
재활용 수거함이 4개 있습니다.

B You can do recycling every Wednesday.
수요일마다 재활용을 할 수 있습니다.

C If you don't do it, you have to pay fines.
하지 않으면 벌금을 내야 합니다.

Key Expressions

- **next door** 옆집
- **upset** 화난
- **properly** 제대로
- **throw away** 버리다
- **recycling bin** 재활용품 수거함
- **gather** 모으다
- **the recyclables** 재활용품
- **include** 포함하다
- **take out** 가지고 나가다, 버리다
- **separately** 따로
- **designated area** 지정된 장소
- **dumpster** 쓰레기통

12 Tell me what recycling was like when you were a child. Was there a particular place you took out the recyclables to? How was recycling back then different from what you are doing now?

어렸을 때 재활용이 어땠는지 말해 주세요. 재활용품을 버리는 특별한 장소가 있었나요? 지금 재활용하는 방식과 과거의 재활용 방식이 어떻게 다른지 설명해 주세요.

문항 유형	어렸을 때 재활용 경험 설명
문항 수준	Advanced
핵심 포인트	• 과거의 재활용 방법과 현재의 재활용 방법 비교 • 과거형과 현재형 시제 사용하여 재활용 방법 설명하기
중요도	★

Model Answer

When I was a kid, people did NOT recycle at home.

There was no recycling policy. **A**

People just threw out the recyclables with the other garbage.

Instead, there used to be recycling days at schools.

Students used to take scrap paper to school on those days.

+I remember doing that myself when I was a kid. **B**

But these days, recycling is very well practiced at people's homes. **C**

It has become a daily routine in people's lives.

Translation

제가 어렸을 때, 사람들은 집에서 재활용을 하지 않았습니다. 재활용 정책이 없었습니다. 사람들은 다른 쓰레기와 함께 재활용품을 버렸습니다. 대신, 예전에는 학교에서 재활용하는 날이 있었습니다. 학생들은 그날 학교에 파지를 가지고 가곤 했습니다. (+어렸을 때 직접 했던 기억이 납니다.) 하지만 요즘은 집에서도 재활용이 아주 잘 시행되고 있습니다. 그것은 사람들의 생활에서 일상적인 일이 되었습니다.

Expanding Your Answer

더 풍부하고 논리적인 답변을 위해 문장을 추가해 보세요.

A To be honest, it was very convenient.
솔직히 말하면 매우 편리했습니다.

B I hated the recycling days because it was bothering.
귀찮았기 때문에 재활용하는 날이 너무 싫었습니다.

C I also do it every Sunday.
저 역시 매주 일요일마다 합니다.

Key Expressions

- **recycling policy** 재활용 정책
- **throw out** 버리다
- **the recyclables** 재활용품
- **garbage** 쓰레기
- **recycling days** 재활용하는 날
- **scrap paper** 파지, 종이
- **well-practiced** 잘 시행된
- **daily routine** 일상생활

Recycling 재활용 2

13 You often host large parties and take out most of the recycling and garbage the next day. However, other residents in your building are not happy about it. One of them has come to complain to you. Explain your situation and offer several suggestions to resolve the problem.

당신은 종종 큰 파티를 열고 다음날 대부분의 재활용품과 쓰레기를 버립니다. 하지만, 같은 건물에 사는 다른 주민들은 그것을 달갑게 여기지 않습니다. 그들 중 한 명이 당신에게 불평을 하러 왔습니다. 자신의 상황을 설명하고 문제를 해결하기 위한 몇 가지 대안을 제시하세요.

문항 유형 본인이 파티를 한 후 쓰레기 처리 관련하여 주민들에게 항의 들어옴. 항의 온 주민에게 대안 제시
문항 수준 Advanced
핵심 포인트
 • 주민을 만나 문제 상황 설명하기
 • 쓰레기 처리 할 수 있는 다른 방법 제안하기
중요도 ★

Model Answer

I understand that some people are upset because of my garbage. **A**

I have a lot of garbage when I have large parties at my place. **B**

Why don't I take out the garbage at night? **C**

How about I divide my garbage and take them out separately?

Or, maybe I could try to reduce the amount of garbage.

What do you say I give it a try and see what happens?

Can you tell me what you think?

I'm fine with whatever you decide.

Translation

쓰레기 때문에 화가 난 사람들이 있는 것으로 알고 있습니다.
제가 집에서 큰 파티를 할 때에는 쓰레기가 많습니다.
밤에 쓰레기를 버리는 건 어떨까요?
쓰레기를 나눠서 따로 버리는 건 어때요?
아니면 쓰레기 양을 줄여보도록 노력할게요.
제가 한번 시도해보고 어떻게 되는지 보는 건 어떨까요?
어떻게 생각하시는지 말씀해 주시겠어요?
어떤 결정을 내리시든 저는 다 괜찮습니다.

Expanding Your Answer

더 풍부하고 논리적인 답변을 위해 문장을 추가해 보세요.

A I am truly sorry about everything.
모든 것에 대해 정말 미안합니다.

B I enjoy throwing parties on weekends.
저는 주말에 파티 여는 것을 즐깁니다.

C How about early in the morning?
이른 아침은 어떤가요?

Key Expressions

- **upset** 화난
- **garbage** 쓰레기
- **take out** 버리다, 가지고 나가다
- **divide** 나누다
- **separately** 나눠서
- **reduce** 줄이다
- **give it a try** 시도해보다
- **decide** 결정하다

14 Describe a specific time in which you had trouble with recycling. It may have been a situation where you moved to a new place and did not know the rules, or you put the materials in the wrong containers. Describe what happened from beginning to end.

재활용 때문에 겪었던 어려움에 대해 설명하세요. 새로운 곳으로 이사를 가서 규칙을 모르거나, 잘못된 수거함에 물건을 넣은 상황이었을 수도 있습니다. 처음부터 끝까지 무슨 일이 있었는지 설명해 주세요.

문항 유형	본인이 재활용 중 있었던 문제 설명
문항 수준	Advanced
핵심 포인트	• 뉴스에서 본 재활용 관련 뉴스 설명하기 • 과거의 사건이기 때문에 과거형 시제로 묘사하며 주어는 China, they, it 등 상황에 맞게 다양하게 사용
중요도	★

Model Answer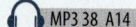

I remember watching the news recently about a recycling problem in Korea. **A**

China used to import recyclables from other countries.

However, it stopped doing that recently due to environmental reasons.

The prices for scrap plastic plunged in Korea, because there was so much supply.

As a result, recycling companies stopped collecting scrap plastic.

They started to pile up at people's homes. **B**

It was a very serious problem.

In the end, local governments had to intervene.

They started to give subsidies to companies that collected scrap plastic. **C**

So, this was the incident I remember regarding recycling.

Translation

최근 한국의 재활용 문제에 대한 뉴스를 본 기억이 납니다.
중국은 다른 나라에서 재활용품을 수입하곤 했습니다.
하지만 최근 환경적인 이유로 중단했습니다.
폐플라스틱의 공급량이 너무 많아서 한국에서 가격이 폭락했습니다.
이에 따라 재활용 업체들은 플라스틱 수거를 중단했습니다.
사람들의 집에 쌓이기 시작했습니다.
아주 심각한 문제였습니다.
결국 지자체가 개입할 수밖에 없었습니다.
플라스틱을 수거한 업체에 보조금을 주기 시작했습니다. 이것이 제가 기억하는 재활용에 관한 사건입니다.

Expanding Your Answer

더 풍부하고 논리적인 답변을 위해 문장을 추가해 보세요.

A I saw it on the news a few weeks ago.
몇 주 전에 뉴스에서 봤습니다.

B I also could not take out plastics for weeks.
저도 몇 주 동안 플라스틱을 버리지 못했습니다.

C It was very effective.
매우 효과적이었습니다.

Key Expressions

- **recently** 최근에
- **import** 수입하다
- **recyclables** 재활용품
- **environmental reasons** 환경적인 요인, 이유
- **scrap plastic** 폐플라스틱
- **plunge** 폭락하다
- **supply** 공급
- **collect** 모으다, 가져가다
- **pile up** 쌓이다
- **serious** 심각한
- **local government** 지자체
- **intervene** 간섭하다, 끼어들다
- **subsidies** 보조금
- **regarding** ~에 관해서

Newspaper 신문 1

15 You are thinking about subscribing a newspaper. Call the newspaper office and ask three or four questions about subscribing the paper.

🎧 MP3 38_Q15

당신은 신문을 구독해 볼까 생각 중입니다. 신문사에 전화해서 신문 구독에 대해 서너 가지 질문을 하세요.

문항 유형	신문사에 전화해서 신문 구독 문의
문항 수준	Intermediate
핵심 포인트	• 신문사에 전화로 질문하기 • 구독료, 할인 등에 대해 문의하기
중요도	★★★

Model Answer 🎧 MP3 38_A15

Hi there, I'm calling to ask about subscribing your newspaper.

What kinds of subscription plans are available? **A**

Do you have any online subscription plans? **B**

Can you tell me how much they are? **C**

Can you recommend anything?

Is there a website I can see by any chance?

I wonder if there are any promotions going on.

It would be nice if I could get a good deal.

Do you have any special rates?

Give me a call when you get this. Thanks.

Translation

여보세요. 신문을 구독하는 것에 대해 문의하려고 전화 드렸습니다.
어떤 종류의 구독료가 있나요?
온라인 구독료가 있나요?
그것이 얼마인지 말해 줄 수 있나요?
추천해 주실 것이 있나요?
혹시 제가 볼 수 있는 웹사이트가 있나요?
프로모션이 진행되고 있는지 궁금합니다.
싸게 살 수 있으면 좋을 것 같습니다.
특별 요금이 있나요?
이 메시지를 받으면 전화 주세요. 고맙습니다.

Expanding Your Answer

더 풍부하고 논리적인 답변을 위해 문장을 추가해 보세요.

A Which one is the most popular?
가장 인기 있는 것이 어떤 건가요?

B What is the website address?
웹사이트 주소가 무엇인가요?

C How much is it if I subscribe it for one year?
1년 구독하면 얼마인가요?

Key Expressions

- **subscribe** 구독하다
- **plan** 계획, 요금제
- **recommend** 추천하다
- **by any chance** 혹시라도
- **promotion** 프로모션
- **a good deal** 싼 가격, 좋은 가격
- **special rates** 특별 요금

16 You bought a subscription to an online newspaper. After you pay for the subscription, you find out that you are not able to get access to the newspaper. Call the newspaper office, explain what happened, and try to get the newspaper to fix the problem with your access.

🎧 MP3 38_Q16

당신은 온라인 신문을 구독하고 있습니다. 구독료를 냈는데 인터넷 신문에 접속이 안 된다는 것을 알게 됩니다. 신문사에 전화해서 무슨 일이 일어났는지 설명하고, 신문사가 접속 문제를 고칠 수 있도록 하세요.

문항 유형	인터넷 신문 구독 문제 발생. 신문사에 전화해서 문제 해결
문항 수준	Advanced
핵심 포인트	• 신문사에 전화로 문제 상황 설명하기 • 문제를 해결하기 위한 대안 제시하기
중요도	★★★

Model Answer 🎧 MP3 38_A16

Hi there, I'm a person who got an online subscription for your newspaper. **A**

I'm afraid there is a problem with the subscription.

I cannot get access to the paper through my account. **B**

It keeps saying I am NOT a subscriber.

I would like to get this fixed ASAP. **C**

I wonder if I could get a refund if I want to.

Would that be possible?

I'm sorry for all the trouble.

Give me a call when you get this. Thanks.

Translation

여보세요, 저는 당신 신문의 온라인 구독을 신청한 사람입니다.

죄송하지만 구독에 문제가 있는 것 같습니다.

제 계정을 통해 신문에 접속할 수가 없습니다.

계속 제가 구독자가 아니라고만 합니다.

가능한 한 빨리 고쳐졌으면 합니다.

제가 원하면 환불을 받을 수 있을지 궁금합니다.

그게 가능할까요?

번거롭게 해드려 죄송합니다.

이 메시지를 받으면 전화 주세요. 고맙습니다.

Expanding Your Answer

더 풍부하고 논리적인 답변을 위해 문장을 추가해 보세요.

A I paid for it about one hour ago.
약 한 시간 전에 결제했습니다.

B I tried and tried but I cannot log in.
계속해서 시도했는데 로그인을 할 수 없습니다.

C Can you fix it right now?
지금 당장 고칠 수 있나요?

Key Expressions

- **online subscription** 온라인 구독
- **get access** 접속하다, 접근하다
- **through** ~을 통해서
- **account** 계좌
- **subscriber** 구독자
- **wonder** 궁금하다
- **refund** 환불
- **possible** 가능한
- **trouble** 문제점, 골칫거리
- **give a call** 전화 주다

17. When did you start reading the newspaper? What made you get interested in reading newspapers? What newspaper did you read first? Tell me all about how your interest developed.

언제 신문을 읽기 시작했나요? 신문 읽는 것에 관심을 가지게 된 계기가 무엇이었나요? 어떤 신문을 처음으로 읽었나요? 관심이 어떻게 생겼는지 말해 주세요.

문항 유형 본인이 처음 신문에 관심을 갖게 된 계기와 관심 변화 설명
문항 수준 Advanced
핵심 포인트
- 예전 신문 보던 습관과 과거 신문의 특징을 과거형 시제로 묘사
- 현재 본인이 뉴스 접하는 방식과 포털사이트에 대해 현재형 시제로 설명

중요도 ★★★

Model Answer

I first became interested in the newspapers because of morning papers.

They used to be delivered every morning. **A**

However, most newspapers have gone online now. **B**

Due to this trend, news reporting has become real time.

Things that happen are reported instantaneously. **C**

Also, there are various types of news outlets now.

In the past, newspapers were run by big news corporations.

But now, there are tons of internet based news outlets that are smaller.

Plus, readers can now post messages on news articles.

They can leave comments and exchange feedback with other readers.

So, newspapers have come a long way.

Translation

저는 조간신문 때문에 처음 신문에 관심을 갖게 되었습니다.

조간신문은 매일 아침 배달되곤 했습니다. 하지만, 대부분의 신문은 이제 온라인에 있습니다.
이런 변화 때문에 뉴스는 실시간으로 보도됩니다.
일어나는 일들이 즉각적으로 보고됩니다. 또한, 현재 다양한 종류의 뉴스 매체가 있습니다.
과거에 신문은 대기업에 의해 운영되었습니다. 그러나 지금은 더 작은 인터넷 기반 뉴스 매체가 수없이 많습니다.
게다가, 독자들은 이제 뉴스 기사에 글을 올릴 수 있습니다. 그들은 다른 독자들과 의견을 교환하고 댓글을 남길 수 있습니다.
그래서 신문은 크게 발전되었습니다.

Expanding Your Answer

더 풍부하고 논리적인 답변을 위해 문장을 추가해 보세요.

A I used to read sports news first.
저는 스포츠 뉴스를 먼저 읽곤 했습니다.

B Not many people buy paper newspapers these days.
요즘은 종이로 된 신문을 사는 사람들이 많지 않습니다.

C News is being reported 24/7.
뉴스는 연중무휴 (하루도 빠짐없이) 보도되고 있습니다.

Key Expressions

- **become interested** 관심을 가지다
- **morning paper** 조간신문
- **be delivered** 배달되다
- **due to** ~때문에
- **have gone online** 온라인으로 바뀌었다
- **real time** 실시간
- **instantaneously** 즉각적으로, 즉시
- **news outlets** 뉴스 매체
- **run by** ~에 의해 운영되다
- **corporation** 기업, 회사
- **internet-based news outlets** 인터넷 기반의 뉴스 매체
- **post messages** 글을 남기다
- **leave comments** 글, 댓글을 남기다
- **exchange feedback** 피드백, 의견을 교환하다
- **come a long way** 발전하다, 진보하다

Newspaper 신문 2

18 Imagine that you are interviewing a reporter for a local newspaper in order to ask about his/her job. Ask the reporter three or four questions to find out more about what they do.

당신이 지역 신문의 기자와 그/그녀의 직업에 대해 인터뷰하고 있다고 상상해 보세요. 그들이 하는 일에 대해 더 자세히 알아보기 위해 기자에게 서너 가지 질문을 하세요.

문항 유형	신문 기자 인터뷰. 그가 하는 업무에 대해 질문
문항 수준	Intermediate
핵심 포인트	• 신문 기자에게 직접 질문하기 • 직업에 관한 다양한 질문하기
중요도	★★★

Model Answer

Hi there,

I would like to ask some questions about your job. **A**

As a reporter, what is your main area of interest?

Is it politics, business or entertainment? **B**

Can you tell me what kind of reporting you do most often?

What do you exactly do when you cover big stories?

Can you walk me through the process? **C**

What are your future plans as a journalist?

How do you think journalism should change in the future?

Translation

안녕하세요.

당신의 직업에 대해 몇 가지 질문을 하고 싶습니다.

기자로서, 당신의 관심 분야는 무엇인가요?

정치, 비즈니스, 아니면 연예인가요?

어떤 종류의 보도를 가장 자주 하는지 말씀해 주시겠어요?

큰 사건을 다룰 때 정확히 무엇을 하나요?

그 과정을 하나씩 설명해 주시겠어요?

기자로서 앞으로의 계획은 무엇인가요?

저널리즘이 미래에 어떻게 바뀌어야 한다고 생각하나요?

Expanding Your Answer

더 풍부하고 논리적인 답변을 위해 문장을 추가해 보세요.

A I have so many questions because I wanted to be a reporter when I was young.
제가 어렸을 때 기자가 되어 싶었기 때문에 질문이 많습니다.

B Why are you interested in that area?
왜 그 분야에 관심이 있나요?

C What is the most challenging part?
가장 어려운 점이 무엇인가요?

Key Expressions

- **reporter** 기자
- **interest** 관심사
- **politics** 정치
- **cover** 다루다
- **walk through the process** 절차를 하나씩 설명하다
- **future** 미래의
- **journalist** 기자
- **should** 해야 한다

19 During the interview, you get an emergency call from your office and you need to stop the interview and get back to work quickly. Explain the situation to the reporter and make arrangements for the rest of the interview at a later time.

인터뷰 도중 사무실에서 긴급 전화가 걸려와 인터뷰를 중단하고 빨리 업무에 복귀해야 합니다. 기자에게 상황을 설명하고 잔여분의 인터뷰를 다음에 하기 위해 약속을 정하세요.

문항 유형	인터뷰 중 회사에 긴급한 상황 발생. 인터뷰 잔여분 연기 요청
문항 수준	Advanced
핵심 포인트	• 기자에게 직접 문제 상황 설명하기 • 다시 만날 약속 정하기
중요도	★

Model Answer

Oh, I am so sorry.

I just got a text from my office.

There is an emergency I have to take care of. **A**

I am afraid that we are going to have to cut the interview short.

I would like to reschedule the remaining part of the interview.

Would that be possible?

I'm sorry for all the trouble.

I'm free next Wednesday.

Are you available that day? **B**

If not, I can make time on Thursday.

Tell me when the best time is for you. **C**

Translation

오, 정말 미안합니다.

방금 사무실에서 문자를 받았습니다.

제가 처리해야 할 긴급 상황이 있습니다.

죄송하지만 인터뷰를 짧게 끝내야 합니다.

남은 인터뷰 일정을 다시 잡고 싶습니다.

그게 가능할까요?

번거롭게 해드려 죄송합니다.

제가 다음 주 수요일에 시간이 됩니다.

그날 시간 있으세요?

안 되시면 제가 목요일에 시간을 낼 수 있습니다.

당신에게 가장 좋은 시간이 언제인지 말해 주세요.

Expanding Your Answer

더 풍부하고 논리적인 답변을 위해 문장을 추가해 보세요.

A I need to go back to the office right away.
즉시 사무실로 돌아가봐야 합니다.

B I can visit your office anytime you want.
당신이 원하는 때 언제든 제가 사무실로 방문할 수 있습니다.

C Once again, I am truly sorry.
다시 한번 말하지만 진심으로 미안합니다.

Key Expressions

- **text** 문자
- **emergency** 긴급 상황
- **take care of** 돌보다, 처리하다
- **cut** 자르다
- **reschedule** 일정을 변경하다
- **remaining** 남은
- **possible** 가능한
- **trouble** 문제점, 골칫거리
- **be free** 한가하다, 시간이 있다
- **available** 이용 가능한, 시간이 되는
- **make time** 시간을 만들다, 시간을 내다

20 Tell me about one memorable experience you had related to reading newspapers. It might have been a news story you read or an interesting editorial. Tell me about that experience in detail.

신문 읽기와 관련된 기억에 남는 한 가지 경험을 말해 주세요. 읽은 뉴스나 재미있는 사설이었을 수도 있습니다. 그 경험에 대해 자세히 말해 주세요.

문항 유형	신문에서 흥미로운 기사나 사설을 읽어 본 경험 묘사
문항 수준	Advanced
핵심 포인트	• MeToo 운동에 대해 설명하기 • 현재 일어나고 있는 사건이기 때문에 현재형과 현재 진행형 사용
중요도	★

Model Answer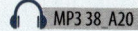

I remember watching the news about the recent MeToo movement. **A**

Sexual violence has become a major issue. **B**

Some people commit sexual harassment or rape.

More recently, sex crime victims have been raising their voices.

They are sharing their stories on the media. **C**

People are supporting the victims and criticizing the sex offenders.

This is called the MeToo movement.

I strongly believe that sex crimes should be wiped out completely.

Translation

최근 MeToo 운동에 대한 뉴스를 본 기억이 납니다.
성폭력이 주요 쟁점이 됐습니다.
어떤 사람들은 성희롱이나 강간을 저지릅니다.
더 최근에는 성범죄 피해자들이 목소리를 높이고 있습니다.
그들은 언론에서 그들의 이야기를 나누고 있습니다.
사람들은 피해자들을 지원하고 성범죄자들을 비난하고 있습니다.
이것을 MeToo 운동이라고 합니다.
저는 성범죄가 완전히 근절되어야 한다고 굳게 믿습니다.

Expanding Your Answer

더 풍부하고 논리적인 답변을 위해 문장을 추가해 보세요.

A People are very interested in this issue.
사람들이 이 이슈에 관심을 가지고 있습니다.

B Sexual violence has happened everywhere.
곳곳에서 성폭력이 발생했습니다.

C They also share the stories on social media.
그들은 또한 소셜 미디어에 이야기를 나눕니다.

Key Expressions

- **recent** 최근의, 최신의
- **movement** 운동
- **sexual violence** 성폭력
- **major issue** 중요 쟁점, 중요한 이슈
- **commit sexual harassment** 성희롱을 저지르다
- **rape** 성폭행하다
- **victims** 피해자
- **raise one's voice** ~의 목소리를 내다
- **share stories** 이야기를 나누다, 전달하다
- **support** 돕다, 지원하다
- **criticize** 비난하다, 비판하다
- **be wiped out** 사라지다, 근절되다

39 Role Play 면접/병원 예약/은행/피트니스 센터, 헬스클럽/영양사/자동차 고장

 Role Play Master Key Patterns

롤플레이 답변 시에 활용할 수 있는 주제별 Key Patterns을 학습해 보세요.

1. 원래 하기로 되어 있던 일을 설명할 때 사용할 수 있는 표현

〈be supposed to + 동사〉 (동사) 하기로 되어 있다

(면접) I am supposed to come in for an interview. 인터뷰 보기로 되어 있습니다.
　　　 I am supposed to have an interview with you. 당신과 인터뷰 하기로 되어 있습니다.
(병원) I am supposed to have a doctor appointment today. 오늘 병원 예약을 하기로 되어 있습니다.
(은행) I am supposed to open a new account today. 오늘 새로운 계좌를 개설하기로 되어 있습니다.
(피트니스 센터) I am supposed to sign up for a membership at the fitness center. 피트니스 센터에 등록하기로 되어 있습니다.

2. 면접이 잡힌 회사에 대한 정보를 요청할 때 사용할 수 있는 표현

What are some employee benefits? 직원들의 복리후생이 무엇인가요?
How much do people get paid? 사람들이 얼만큼 버나요?
How long are the vacations? 휴가가 얼마나 있나요?
What time does the work start? 일을 몇 시에 시작하나요?

3. 예약 할 병원/은행/영양사에 대한 정보를 요청할 때 사용할 수 있는 표현

(병원)
Can you give me directions to the clinic? I wonder if I can bring my car. 클리닉까지 가는 길을 알려 주실래요? 차를 가져가도 되는지 궁금합니다.
Can you tell me when I can visit your clinic? 클리닉에 언제 방문해도 되는지 알려 주시겠어요?

(은행)
Do you have savings accounts or checking accounts? 예금 계좌나 당좌 예금 계좌가 있나요?
What kinds of accounts are available? 어떤 종류의 계좌가 있나요?
Is there a website I can see by any chance? 혹시 제가 볼 수 있는 웹사이트가 있나요?

(영양사)
I would like to improve my diet. What kinds of programs are available? 저는 제 식습관을 개선하고 싶습니다. 어떤 종류의 프로그램이 있나요?

4. 약속/예약을 못 지키는 이유를 설명할 때 사용할 수 있는 표현

⟨come up⟩ 발생하다, 생기다 ⟨something + 형용사⟩ (형용사)한 무언가

Something urgent came up. My boss is asking me to work late. 급한 일이 생겼습니다. 상사가 야근을 요청했습니다.

Something serious came up. My car broke down suddenly. 심각한 일이 생겼습니다. 갑자기 차가 멈췄습니다.

Something important came up. I am at the service center getting my car fixed. 중요한 일이 생겼습니다. 지금 카센터에서 차를 고치고 있는 중입니다.

5. 약속/예약을 다시 잡을 때 사용할 수 있는 표현

⟨would like to 동사⟩ (동사)하고 싶다
⟨wonder if I could 동사⟩ (동사) 할 수 있는지 궁금하다
⟨make new arrangement⟩ 새로 조정/준비 하다 ⟨reschedule⟩ 일정을 다시 잡다

I would like to reschedule the session. 세션 일정을 다시 잡고 싶습니다.
I wonder if I could change the appointment. 예약을 바꿔도 되는지 궁금합니다.
I want to make a new arrangement. 새로 조정하고 싶습니다.
Can you help me make new arrangements? 새로 조정하게 도와주실 수 있나요?

6. 은행 계좌/신용 카드 사용 중 발생한 문제점에 대해 이야기할 때 쓰이는 표현

⟨be rejected⟩ 거절당하다, 사용거부되다 ⟨max out the credit card⟩ 신용카드 한도를 다 쓰다

My credit card was rejected because I maxed out the card. I really need to change my shopping habits. 정말로 제 쇼핑 습관을 바꿔야 합니다.

⟨be damaged⟩ 손상되다 ⟨get + 명사 + issued⟩ (명사)를 발급받다

My credit card was damaged, so I got a new one issued. 제 신용카드가 손상되어서 새 것을 발급받았습니다.

7. 본인이 건강을 위해 한 일에 대해 이야기할 때 쓰이는 표현

⟨eat well and properly⟩ 제대로 잘 먹다 ⟨have balanced meals⟩ 균형 잡힌 식사를 하다

For my health, I try to eat well and properly. I try to have balanced meals every single day. 건강을 위해 제대로 잘 먹으려고 노력합니다. 매일 균형 잡힌 식사를 하려고 노력합니다.

⟨have a positive mindset⟩ 긍정적인 생각을 가지다 ⟨look on the bright side⟩ 좋은 면을 보다

I try to have a positive mindset. Also, I look on the bright side, so that I get less stress. 긍정적인 생각을 가지려고 노력합니다. 또한 좋은 면만 보기 때문에 스트레스를 덜 받습니다.

OPIc 모범 답변 학습하기

OPIc 질문에 대한 모범 답변을 살펴본 후, 질문의 핵심 포인트를 파악하여 나만의 OPIc 답변을 만들어 보세요.

Interview 면접

1. I'd like to give you a situation and ask you to act it out. You are going for an interview at a company. Call the company and ask three or four questions about the company.

상황을 하나 드릴 테니 연기해 보세요. 당신은 회사에서 면접을 보기로 되어 있습니다. 회사에 전화해서 회사에 대해 서너 가지 질문을 하세요.

- **문항 유형**: 인터뷰를 보러 가야 하는 회사에 대해 전화로 질문
- **문항 수준**: Intermediate
- **핵심 포인트**:
  - 회사에 전화해서 질문하기
  - 회사의 혜택 및 위치에 대해 문의하기
- **중요도**: ★★

Model Answer

Hi there, my name is Brian Lee.
I am supposed to come in for an interview. **A**
I would like to ask about your company.
First, can you tell me what your company specializes in?
Also, what are some employee benefits? **B**
Next, how much do people get paid?
Plus, how long are the vacations? **C**
Plus, can you give me directions to your company?
I wonder if I could bring my car.
If not, I'll just take public transportation.
Is it close to the subway station?
Is it within walking distance?
Give me a call when you get this. Thanks.

Translation

여보세요, 제 이름은 브라이언 리입니다.
제가 면접을 보러 가기로 되어 있습니다.
회사에 대해 묻고 싶습니다.
먼저 귀사가 전문적으로 하는 것이 무엇인지 말씀해 주시겠어요?
또한 어떤 직원 복리후생이 있나요?
다음으로, 사람들은 얼마를 받나요?
게다가, 휴가는 얼마간 받을 수 있나요?
그리고 회사 가는 길을 알려 주실 수 있나요?
제가 차를 가져가도 되는지 궁금합니다.
안 된다면 대중교통을 이용하겠습니다.
지하철역에서 가깝나요?
걸어서 갈 수 있는 거리에 있나요?
이 메시지 받으시면 전화주세요. 고맙습니다.

Expanding Your Answer

더 풍부하고 논리적인 답변을 위해 문장을 추가해 보세요.

A It is scheduled to be at 2 pm tomorrow.
내일 오후 2시로 잡혀 있습니다.

B Does it include bonuses?
보너스도 포함인가요?

C How many days of vacations can I use at once?
한 번에 며칠의 휴가를 쓸 수 있나요?

Key Expressions

- **be supposed to** 원래 ~하기로 되어 있다
- **specialize in** ~을 전문으로 하다
- **employee benefit** 직원 복리후생
- **get paid** 돈을 받다
- **vacation** 휴가
- **direction** 길, 위치
- **bring** 가져가다
- **public transportation** 교통수단
- **walking distance** 도보로 갈 수 있는 거리
- **give a call** 전화 주다

2 I'm sorry, but there is a problem that I need you to resolve. There is an emergency and you cannot make it to the interview. Call the company and explain the situation. Give some alternatives to make arrangements for a schedule change. 🎧 MP3 39_Q2

안타깝지만 당신이 해결해야 하는 문제가 생겼습니다. 급한 일이 있어서 면접에 참석할 수 없습니다. 회사에 전화해서 상황을 설명하세요. 일정 변경을 위해 몇 가지 대안을 제시하세요.

문항 유형	인터뷰 못 가는 긴급 가는 상황. 전화로 대안 제시
문항 수준	Advanced
핵심 포인트	• 전화로 회사에 문제 상황 설명하기 • 새로운 인터뷰 날짜 잡기
중요도	★★

Model Answer 🎧 MP3 39_A2

Hi there, my name is Brian Lee.

I have some bad news.

I DON'T think I can make it to my interview.

Something urgent has come up suddenly. **A B**

I would like to reschedule my interview.

Can you help me make new arrangements? **C**

Would that be possible?

I'm sorry for all the trouble.

Give me a call when you get this. Thanks.

Translation

여보세요, 제 이름은 브라이언 리입니다.

나쁜 소식이 있습니다.

면접(인터뷰)에 못 갈 것 같습니다.

갑자기 급한 일이 생겼습니다.

면접 일정을 재조정하고 싶습니다.

새로 약속을 잡을 수 있게 도와주실 수 있나요?

그게 가능할까요?

번거롭게 해드려 죄송합니다.

이 메시지를 받으시면 전화주세요. 고맙습니다.

Expanding Your Answer

더 풍부하고 논리적인 답변을 위해 문장을 추가해 보세요.

A There was a car accident.
차 사고가 있었습니다.

B I need to visit the hospital right away.
바로 병원에 방문해야 합니다.

C I think I will be discharged from the hospital within one week.
일주일이면 병원에서 퇴원 할 것 같습니다.

Key Expressions

- **make it** 성공하다, 해내다
- **urgent** 급한
- **come up** 생기다, 발생하다
- **suddenly** 갑자기
- **reschedule** 일정을 변경하다
- **make arrangement** 준비하다
- **possible** 가능한
- **trouble** 문제점, 골칫거리

3 That's the end of the situation. Have you ever cancelled an appointment or a meeting for any reason? Why did you have to do that and how did you deal with the situation?
상황이 종료되었습니다. 어떤 이유로 약속이나 회의를 취소한 적이 있나요? 왜 그렇게 해야 했으며 상황을 어떻게 대처했나요?

문항 유형	중요한 약속이나 미팅 취소/변경 경험 묘사
문항 수준	Advanced
핵심 포인트	• 갑자기 약속을 취소해야 했던 경험 묘사하기 • 본인의 과거 경험이기 때문에 과거형 시제와 주어 I 사용
중요도	★★

Model Answer

I remember making a doctor appointment recently. **A**

However, something came up suddenly. **B**

I could NOT make it to my appointment.

I called the clinic and told them that I could NOT go.

Eventually, I made a new appointment and went another time. **C**

Translation

최근에 병원 예약을 했던 기억이 납니다.
그런데 갑자기 일이 생겼습니다.
예약 시간에 맞게 갈 수 없었습니다.
클리닉에 전화해서 갈 수 없다고 말했습니다.
결국 새로운 예약을 하고 다른 때에 갔습니다.

Expanding Your Answer

더 풍부하고 논리적인 답변을 위해 문장을 추가해 보세요.

A I needed to get a physical check-up.
건강 검진을 받아야 했습니다.

B I had to go back to the office.
사무실로 돌아가야 했습니다.

C I was satisfied with their service.
그들의 서비스에 만족했습니다.

Key Expressions

- **doctor appointment** 병원 예약
- **recently** 최근에
- **come up** 생기다, 발생하다
- **suddenly** 갑자기
- **make it** 성공하다, 해내다
- **eventually** 결국에는

Doctor Appointment 병원 예약

4 I'd like to give you a situation and ask you to act it out. You would like to make an appointment to see the doctor. Call the doctor's office and ask three or four questions about things you need to know. And then, set a time to go see the doctor.

🎧 MP3 39_Q4

상황을 하나 드릴 테니 연기해 보세요. 당신은 병원 진료 예약을 하고 싶습니다. 병원에 전화해서 알아야 할 것에 대해 서너 가지 질문을 하세요. 그리고 나서, 진료 시간을 정하세요.

문항 유형	병원 진료 예약 전화 문의
문항 수준	Intermediate
핵심 포인트	• 병원에 전화해서 진료 예약하기 • 병원의 위치에 대해 문의하기
중요도	★★

Model Answer 🎧 MP3 39_A4

Hi there. I'm calling to make a doctor appointment.

I would like to come in to see the doctor. **A**

I think I ate something that went bad. **B**

I have food poisoning and it is pretty bad.

My stomach is upset.

I had to go to the bathroom over and over again because I had the runs.

Can you give me directions to the clinic?

I wonder if I could bring my car.

If not, I'll just take public transportation.

Is it close to the subway station? **C**

Is it within walking distance?

Give me a call when you get this. Thanks.

Translation

여보세요. 진료 예약을 하려고 전화 드렸습니다.

진찰을 받고 싶습니다.

제가 상한 걸 먹은 것 같습니다.

식중독에 걸렸는데 꽤 좋지 않습니다.

복통이 있습니다.

설사를 해서 화장실에 몇 번이고 갔다 와야 했습니다.

클리닉에 가는 길을 알려 주실 수 있나요?

제가 차를 가져가도 되는지 궁금합니다.

안 된다면 대중교통을 이용하겠습니다.

지하철역에서 가깝나요?

걸어서 갈 수 있는 거리에 있나요?

이 메시지 받으시면 전화주세요. 고맙습니다.

Expanding Your Answer

더 풍부하고 논리적인 답변을 위해 문장을 추가해 보세요.

A Can I visit there right now?
지금 바로 방문해도 될까요?

B The seafood I had for lunch was not fresh.
점심으로 먹은 해산물이 신선하지 않았습니다.

C Is there a bus stop nearby?
근처에 버스 정류장이 있나요?

Key Expressions

- **go bad** 상하다
- **food poisoning** 식중독
- **pretty** 꽤
- **stomach** 배
- **upset** 아픈
- **have the runs** 설사하다
- **direction** 위치, 찾아가는 방법
- **wonder** 궁금하다
- **bring** 가져가다
- **walking distance** 도보로 갈 수 있는 거리

5 I'm sorry, but there is a problem that I need you to resolve. Something has come up that prevents you from going in to see the doctor. Call the doctor's office and explain the situation. Give two to three alternatives to make a new appointment with the doctor.

🎧 MP3 39_Q5

안타깝지만 당신이 해결해야 하는 문제가 생겼습니다. 무언가 일이 생겨서 병원에 갈 수 없게 되었습니다. 병원에 전화해서 상황을 설명하세요. 새로운 진료 예약을 할 수 있도록 두세 가지 대안을 제시하세요.

문항 유형	병원 진료 예약 전화로 변경
문항 수준	Advanced
핵심 포인트	• 병원에 전화로 문제 상황 설명 • 새로운 진료 예약 잡기
중요도	★★

Model Answer 🎧 MP3 39_A5

Hi there. I'm a person who made an appointment. **A**
I DON'T think I can make it to my appointment.
Something has come up suddenly. **B**
I would like to reschedule my appointment.
Can you help me make new arrangements?
Would that be possible? **C**
I'm sorry for all the trouble.
Can you tell me when I can visit your clinic?
What are your business hours?
How late are you open?
Give me a call when you get this. Thanks.

Translation

여보세요, 예약을 한 사람입니다.
제가 예약에 맞춰 갈 수 없을 것 같습니다.
갑자기 일이 생겼습니다.
예약 일정을 재조정하고 싶습니다.
새로 준비할 수 있게 좀 도와주실 수 있나요?
그게 가능할까요?
번거롭게 해드려 죄송합니다.
언제 병원에 방문할 수 있는지 말해 주실 수 있나요?
업무 시간이 언제인가요?
얼마나 늦게까지 여나요?
이 메시지를 받으면 전화주세요. 고맙습니다.

Expanding Your Answer

더 풍부하고 논리적인 답변을 위해 문장을 추가해 보세요.

A My appointment is at 10am.
제 예약은 오전 10시입니다.

B I have to take care of something important.
중요한 일을 처리해야 합니다.

C Can I come in tomorrow morning?
내일 아침에 가도 되나요?

Key Expressions

- **appointment** 예약하다
- **make it** 성공하다, 하다
- **come up** 생기다, 발생하다
- **suddenly** 갑자기
- **reschedule** 일정을 변경하다
- **arrangement** 준비
- **trouble** 문제점, 골칫거리
- **business hours** 영업 시간
- **give a call** 전화하다

6 That's the end of the situation. Have you ever missed an important appointment or a meeting, or was late for it? What happened and what did you do? Give me all the details about that experience.

상황이 종료되었습니다. 중요한 예약이나 회의를 놓치거나 늦은 적이 있나요? 무슨 일이 있었고 어떻게 했나요? 그 경험에 대해 자세히 말해 주세요.

문항 유형	중요한 예약/미팅취소 혹은 늦은 경험 묘사
문항 수준	Advanced
핵심 포인트	• 갑자기 약속을 취소해야 했던 경험 묘사하기 • 본인의 과거 경험이기 때문에 과거형 시제와 주어 I 사용
중요도	★★

Model Answer

I remember making a doctor appointment recently. **A**

However, something came up suddenly. **B**

I could NOT make it to my appointment.

I called the clinic and told them that I could NOT go.

Eventually, I made a new appointment and went another time.

Translation

최근에 병원 예약을 했던 기억이 납니다.
그런데 갑자기 일이 생겼습니다.
예약 시간에 맞게 갈 수 없었습니다.
클리닉에 전화해서 갈 수 없다고 말했습니다.
결국 새로운 예약을 하고 다른 때에 갔습니다.

Expanding Your Answer

더 풍부하고 논리적인 답변을 위해 문장을 추가해 보세요.

A I needed to get some tests done.
몇 가지 검진을 받아야 했습니다.

B I had some things to take care of.
처리해야 할 일들이 있었습니다.

Key Expressions

- **doctor appointment** 병원 예약
- **recently** 최근에
- **come up** 생기다, 발생하다
- **suddenly** 갑자기
- **make it** 성공하다, 해내다
- **eventually** 결국에는

Bank 은행 1

7 I'd like to give you a situation and ask you to act it out. You need to open a new bank account. Go to the bank and ask the bank representative three or four questions to learn everything you need to know in order to open an account.

상황을 하나 드릴 테니 연기해 보세요. 새 은행 계좌를 개설해야 합니다. 은행에 가서 계좌 개설을 위해 알아야 할 것을 파악하기 위해 은행 담당자에게 서너 가지 질문을 하세요.

문항 유형	은행 지점에 가서 창구 직원에게 은행 계좌 개설 문의
문항 수준	Intermediate
핵심 포인트	• 은행에 직접 방문해서 문의하기 • 은행 계좌 개설에 필요한 정보 요청하기
중요도	★★

Model Answer

Hi there. I would like to open a new account. **A**

What kinds of accounts are available?

Do you have savings accounts or checking accounts? **B**

Can you recommend anything? **C**

Is there a website I can see by any chance?

I wonder if there are any promotions going on.

It would be nice if I could get a good deal.

Also, I would like to get a debit card issued.

Can you tell me how long it would take?

Translation

안녕하세요. 계좌를 새로 개설하고 싶습니다.
어떤 종류의 계좌가 있나요?
예금 계좌나 당좌 예금 계좌가 있나요?
추천해 주실 것이 있나요?
혹시 제가 볼 수 있는 웹사이트가 있나요?
프로모션이 진행되고 있는지 궁금합니다.
좋은 조건이 있으면 좋을 것 같습니다.
또한 체크카드를 발급 받고 싶습니다.
얼마나 걸릴 지 말해 줄 수 있나요?

Expanding Your Answer

더 풍부하고 논리적인 답변을 위해 문장을 추가해 보세요.

A What should I show you?
무엇을 보여드려야 하나요?

B Which one is better?
어떤 것이 더 낫나요?

C What is the interest rate?
이자율이 어떻게 되나요?

Key Expressions

- **would like to** ~를 하고 싶다
- **account** 계좌
- **available** 이용 가능한
- **savings account** 예금 계좌
- **checking accounts** 당좌 예금 계좌
- **recommend** 추천하다
- **by any chance** 혹시라도
- **wonder** 궁금하다, 궁금해하다
- **promotion** 프로모션
- **a good deal** 싼 가격, 좋은 가격
- **debit card** 체크카드
- **issue** 발행하다

8 I'm sorry, but there is a problem that I need you to resolve. You have left your new bank card at the restaurant where you had dinner. Call the restaurant and explain what happened. Describe your card and offer suggestions as to how to get the card back to you.

🎧 MP3 39_Q8

안타깝지만 당신이 해결해야 하는 문제가 생겼습니다. 저녁 식사를 한 음식점에 새로 만든 은행 카드를 두고 왔습니다. 음식점에 전화해서 무슨 일이 있었는지 설명하세요. 카드를 묘사하고 다시 받을 수 있는 방법을 제안하세요.

문항 유형	카드를 음식점에 두고 옴, 전화로 도움 요청
문항 수준	Advanced
핵심 포인트	• 음식점에 전화해서 문제 상황 설명하기 • 카드를 가지러 가기 위해 음식점에 대한 정보 요청하기
중요도	★★

Model Answer 🎧 MP3 39_A8

Hi there. I am a person who went to your restaurant. **A**

I'm afraid I left my card behind at your restaurant.

It's a red Master card.

Could you please check if you have my card? **B**

If so, I'll drop by to get it right away.

Would that be possible?

I'm sorry for all the trouble.

Can you tell me when I can visit your restaurant?

What are your business hours?

How late are you open? **C**

Give me a call when you get this. Thanks.

Translation

여보세요. 저는 당신의 음식점에 갔던 사람입니다.
죄송하지만 제 카드를 음식점에 두고 온 것 같습니다.
빨간색 마스터 카드입니다.
제 카드가 있는지 확인해 주시겠어요?
만약 있다면, 바로 찾으러 가겠습니다.
그게 가능할까요?
번거롭게 해드려 죄송합니다.
언제 음식점에 방문할 수 있는지 말해 주실 수 있나요?
영업 시간이 언제인가요?
얼마나 늦게까지 여나요?
이 메시지를 받으면 전화주세요. 고맙습니다.

Expanding Your Answer

더 풍부하고 논리적인 답변을 위해 문장을 추가해 보세요.

A I went there about two hours ago.
  2시간 전쯤에 그곳에 갔었습니다.

B I think I left it at the counter.
  제 생각에 카운터에 두고 온 것 같습니다.

C If it is not there, please let me know.
  그곳에 없다면 알려 주세요.

Key Expressions

- **I'm afraid** 미안하지만, 안타깝지만
- **leave behind** 남기고 오다, 두고 오다
- **drop by** 잠깐 들르다
- **trouble** 문제점, 골칫거리
- **business hours** 영업 시간
- **give a call** 전화하다

9 That's the end of the situation. Can you remember a problem you had with a bank account, a credit card, or an ATM card that required some help or some assistance? Perhaps you lost your card or the card would not work. Tell me about that experience you had in as much detail as you can.

상황이 종료되었습니다. 사용하는 데 도움이 필요했던 은행 계좌, 신용카드 또는 ATM 카드와 관련된 문제를 기억하나요? 카드를 잃어버렸거나 카드가 사용 불가였을 수도 있습니다. 그 경험에 대해 자세히 말해 주세요.

문항 유형	은행 계좌나 신용카드 사용 중 문제 설명
문항 수준	Advanced
핵심 포인트	• 신용카드 관련 문제점 묘사하기 • 본인의 과거 경험이기 때문에 과거형 동사와 주어 I 사용
중요도	★★

Model Answer

I have had several problems with my credit card.
Once, my credit card was rejected.
That was because I maxed out my credit card. **A**
I had to use another card that I had.
Also, I remember when the IC card was damaged.
I had to get a new card issued. **B**
Plus, I remember when I lost my credit card.
I had to cancel my credit card and get a new one. **C**
So, these are the problems I have had with my card.

Translation

신용카드에 몇 가지 문제가 있었습니다.
한 번은 제 신용카드가 사용 거부됐습니다.
제가 신용카드 한도를 다 써버렸기 때문입니다.
가지고 있던 다른 카드를 사용해야 했습니다.
또 IC카드가 훼손됐을 때를 기억합니다.
새 카드를 발급받아야 했습니다.
게다가 신용카드를 잃어버렸을 때도 기억이 납니다.
신용카드를 취소하고 새 카드를 받아야 했습니다.
이것이 제가 카드와 관련되어 겪은 문제들입니다.

Expanding Your Answer

더 풍부하고 논리적인 답변을 위해 문장을 추가해 보세요.

A It was very embarrassing.
매우 당황스러웠습니다.

B It was such a hassle.
너무 성가신 일이었습니다.

C It took five days to get the new card.
새 카드를 받는 데 5일 걸렸습니다.

Key Expressions

- **several** 몇 개의, 몇 가지의
- **credit card** 신용카드
- **be rejected** 거부당하다
- **max out** 최대 한도를 쓰다
- **be damage** 손상되다
- **issue** 발급하다
- **lose** 잃어버리다
- **cancel** 취소하다

Bank 은행 2

10 I'd like to give you a situation and ask you to act it out. You need to open a new bank account. Call the bank and ask the bank teller three or four questions about opening a new account. 🎧 MP3 39_Q10

상황을 하나 드릴 테니 연기해 보세요. 새 은행 계좌를 개설해야 합니다. 은행에 전화해서 은행 창구 직원에게 새 계좌를 개설하는 것에 대해 서너 가지 질문을 하세요.

문항 유형	은행에 전화해서 계좌 개설 관련 질문
문항 수준	Intermediate
핵심 포인트	• 은행에 전화로 문의하기 • 은행 계좌 개설에 필요한 정보 요청하기
중요도	★★

Model Answer 🎧 MP3 39_A10

Hi there. I'm calling to ask about bank accounts.

I would like to open a new account. **A**

What kinds of accounts are available?

Do you have savings accounts or checking accounts? **B**

Can you recommend anything?

Is there a website I can see by any chance?

I wonder if there are any promotions going on.

It would be nice if I could get a good deal.

Also, I would like to get a debit card issued.

Can you tell me how long it would take?

Translation

여보세요. 은행 계좌에 대해 문의하려고 전화 드렸습니다.
새로운 계좌를 개설하고 싶습니다.
어떤 종류의 계좌가 있나요?
예금 계좌나 당좌 예금 계좌가 있나요?
추천해 주실 것이 있나요?
혹시 제가 볼 수 있는 웹사이트가 있나요?
프로모션이 진행되고 있는지 궁금합니다.
좋은 조건이 있으면 좋을 것 같습니다.
또한 체크카드를 발급 받고 싶습니다.
얼마나 걸릴 지 말해 줄 수 있나요?
이 메시지를 받으면 전화주세요. 고맙습니다.

Expanding Your Answer

더 풍부하고 논리적인 답변을 위해 문장을 추가해 보세요.

A What kinds of document should I bring?
어떤 종류의 서류를 가져가야 하나요?

B What is the most common one?
가장 흔한 것이 어떤 건가요?

Key Expressions

- **would like to** ~를 하고 싶다
- **account** 계좌
- **available** 이용 가능한
- **savings account** 예금 계좌
- **checking accounts** 당좌 예금 계좌
- **recommend** 추천하다
- **by any chance** 혹시라도
- **wonder** 궁금하다, 궁금해하다
- **promotion** 프로모션
- **a good deal** 싼 가격, 좋은 가격
- **debit card** 체크카드
- **issue** 발행하다

11 That's the end of the situation. Have you ever had any problems with your bank card or had any trouble while using banking machines or ATMs? Describe the problem you had in detail and what you did to solve the problem

상황이 종료되었습니다. 은행 카드에 문제가 있거나 은행 기계나 ATM을 사용하는 동안 문제가 발생한 적이 있나요? 문제점이 무엇이었는지, 그 문제를 해결하기 위해 무엇을 했는지 자세히 설명해주세요.

문항 유형	카드나 ATM 사용 중 문제가 생겼던 에피소드 설명
문항 수준	Advanced
핵심 포인트	• 신용카드 관련 문제점 묘사하기 • 본인의 과거 경험이기 때문에 과거형 동사와 주어 I 사용
중요도	★★

Model Answer

I have had several problems with my credit card.
Once, my credit card was rejected. **A**
That was because I maxed out my credit card.
I had to use another card that I had.
Also, I remember when the IC card was damaged. **B**
I had to get a new card issued.
Plus, I remember when I lost my credit card.
I had to cancel my credit card and get a new one. **C**
So, these are the problems I have had with my card.

Translation

신용카드에 몇 가지 문제가 있었습니다.
한 번은 제 신용카드가 사용 거부됐습니다.
제가 신용카드 한도를 다 써버렸기 때문입니다.
가지고 있던 다른 카드를 사용해야 했습니다.
또 IC카드가 훼손 됐을 때를 기억합니다.
새 카드를 발급받아야 했습니다.
게다가 신용카드를 잃어버렸을 때도 기억이 납니다.
신용카드를 취소하고 새 카드를 받아야 했습니다.
이것이 제가 카드와 관련되어 겪은 문제들입니다.

Expanding Your Answer

더 풍부하고 논리적인 답변을 위해 문장을 추가해 보세요.

A It happened while I was travelling overseas.
해외여행 중에 이 일이 생겼습니다.

B It happened because I dropped the card on the floor.
바닥에 카드를 떨어뜨려서 그렇게 됐습니다.

C It was so bothering.
너무 귀찮았습니다.

Key Expressions

- **several** 몇 개의, 몇 가지의
- **credit card** 신용카드
- **be rejected** 거부당하다
- **max out** 최대 한도를 쓰다
- **be damage** 손상되다
- **issue** 발급하다
- **lose** 잃어버리다
- **cancel** 취소하다

Fitness Center 피트니스 센터

12-1 I'd like to give you a situation and ask you to act it out. You want to enroll for a class at a fitness center. Call the fitness center and ask three or four questions about their programs. 🎧 MP3 39_Q12-1

상황을 하나 드릴 테니 연기해 보세요. 당신은 피트니스 센터에 등록하기를 원합니다. 피트니스 센터에 전화해서 그들의 프로그램에 대해 서너 가지 질문을 하세요.

12-2 I'd like to give you a situation and ask you to act it out. You are interested in joining a new gym that has recently opened in your town. Call the gym and ask three or four questions to get some information about the gym. 🎧 MP3 39_Q12-2

상황을 하나 드릴 테니 연기해 보세요. 당신은 최근에 동네에 연 새 헬스클럽에 가입하는 것에 관심이 있습니다. 헬스클럽에 전화해서 헬스클럽에 대한 정보를 얻기 위해 서너 가지 질문을 하세요.

문항 유형	새로운 헬스클럽 전화 문의
문항 수준	Intermediate
핵심 포인트	• 전화로 피트니스 센터/헬스클럽에 대해 문의하기 • 비용, 위치 등에 대해 질문하기
중요도	★

Model Answer 🎧 MP3 39_A12

Hi there, I'm calling to ask about your fitness center (gym).
I would like to sign up for a membership.
What kinds of programs are available? **A**
Can you tell me how much they are?
Can you recommend anything?
Is there a website I can see by any chance? **B**
I wonder if there are any promotions going on.
It would be nice if I could get a good deal. **C**
Plus, can you give me directions to your fitness center (gym).
I wonder if I could bring my car. If not, I'll just take public transportation.
Is it close to the subway station? Is it within walking distance?
Give me a call when you get this. Thanks.

Translation

여보세요, 피트니스 센터 (헬스클럽)에 대해 문의하려고 전화 드렸습니다.
회원 가입을 하고 싶습니다.
어떤 종류의 프로그램이 있나요?
그것이 얼마인지 말해 줄 수 있나요?
추천해 주실 것이 있나요?
혹시 제가 볼 수 있는 웹사이트가 있나요?
프로모션이 진행되고 있는지 궁금합니다.
싸게 살 수 있으면 좋을 것 같습니다.
그리고, 피트니스 센터 (헬스클럽)로 가는 길 좀 알려 주시겠어요?
제 차를 가져가도 되는지 궁금합니다.
안된다면 대중교통을 이용하겠습니다.
지하철역에서 가깝나요? 걸어서 갈 수 있는 거리에 있나요?
이 메시지를 받고 전화주세요.
고맙습니다.

Expanding Your Answer

더 풍부하고 논리적인 답변을 위해 문장을 추가해 보세요.

A What kinds of sports equipment do you have?
어떤 종류의 운동 시설이 있나요?

B What is the exact address of the website?
그 웹사이트의 정확한 주소가 뭔가요?

C Is it cheaper if I sign up for one year?
1년 등록하면 더 저렴한가요?

Key Expressions

- **would like to** ~를 하고 싶다
- **sign up** 등록하다, 가입하다
- **membership** 회원
- **available** 이용 가능한
- **recommend** 추천하다
- **by any chance** 혹시라도
- **wonder** 궁금하다, 궁금해하다
- **promotion** 프로모션
- **a good deal** 싼 가격, 좋은 가격
- **direction** 위치, 찾아가는 방법
- **bring** 가져가다
- **public transportation** 대중교통
- **walking distance** 도보로 갈 수 있는 거리

13 I'm sorry, but there is a problem that I need you to resolve. There is an emergency and you cannot make it to a training session with your personal trainer. Call your trainer and explain the situation. Give some alternatives to make arrangements for a schedule change.

안타깝지만 당신이 해결해야 하는 문제가 생겼습니다. 긴급 상황이 발생하여 개인 트레이너와의 트레이닝 세션에 참석할 수 없습니다. 트레이너에게 전화해서 상황을 설명하세요. 일정 변경을 위해 몇 가지 대안을 제시하세요.

문항 유형	트레이너에게 긴급 상황 때문에 불참 통보. 대안 제시
문항 수준	Advanced
핵심 포인트	• 전화로 문제 상황 설명하기 • 대안으로 일정 재조정하기
중요도	★

Model Answer

Hi there, I am a person who is supposed to come in for a training session.

However, I DON'T think I can make it to the session.

I am very sick right now. **A B**

I would really like to go, but I am NOT in the condition to do that. **C**

I would like to reschedule the session.

Can you help me make new arrangements?

Would that be possible?

I'm sorry for all the trouble.

Give me a call when you get this. Thanks.

Translation

여보세요, 트레이닝 세션을 위해 가기로 되어 있던 사람입니다.

하지만 제가 세션에 못 갈 것 같습니다.

제가 지금 매우 아픕니다.

정말 가고 싶지만 그럴 수 있는 상태가 아닙니다.

세션 일정을 재조정하고 싶습니다.

새로 준비할 수 있게 좀 도와주실 수 있나요?

그게 가능할까요?

번거롭게 해드려 죄송합니다.

이 메시지를 받으면 전화주세요. 고맙습니다.

Expanding Your Answer

더 풍부하고 논리적인 답변을 위해 문장을 추가해 보세요.

A I have food poisoning.
식중독에 걸렸습니다.

B I have to take some medicine and get some rest.
약을 먹고 쉬어야 합니다.

C I hope you can understand.
이해해 주셨으면 좋겠습니다.

Key Expressions

- **be supposed to** 원래 ~하기로 되어 있다
- **make it** 성공하다, 하다
- **in condition** 건강 상태가
- **reschedule** 일정을 변경하다
- **arrangement** 준비
- **trouble** 문제점, 골칫거리
- **give a call** 전화하다

14 That's the end of the situation. Have you ever tried anything to become healthier? Tell me everything that you have tried to improve your health. 🎧 MP3 39_Q14

상황이 종료되었습니다. 건강해지기 위해 어떤 것을 시도해 본 적이 있나요? 건강을 증진시키기 위해 노력한 모든 것을 말해 주세요.

문항 유형	본인이 건강을 위해 한 일들 묘사
문항 수준	Advanced
핵심 포인트	• 건강을 위해 시도한 일 나열하기 • 과거에 본인이 한 일이기 때문에 과거형 시제와 주어 I 사용
중요도	★

Model Answer 🎧 MP3 39_A14

To stay healthy, I tried to work out whenever I could.

I tried to get some exercise at the gym. **A**

I tried to go for runs at the park. **B**

+ride bikes +go hiking +go swimming +play soccer/basketball

+take yoga lessons +take Pilates classes +take cross fit classes

Plus, I tried to eat well and properly.

I tried to have balanced meals.

I tried NOT to eat too much or too late.

+eat too fast or too salty +eat fatty or greasy food

Also, I tried to have a positive mindset.

I tried to look on the bright side of things. **C**

That way, I was able to get less stress.

So, these are the changes I have made to my lifestyle to stay healthy.

Translation

건강을 유지하기 위해서 틈틈이 운동을 하려고 노력했습니다. 체육관에서 운동을 하려고 노력했습니다.
공원에서 달리기를 하려고 노력했습니다.
(+자전거 +하이킹 +수영 +축구, 농구 +요가 수업 +필라테스 수업 +크로스핏 수업)
그리고 제대로 잘 먹으려고 노력했습니다.
균형 잡힌 식사를 하려고 노력했습니다.
너무 많이 먹거나 너무 늦게 먹지 않도록 노력했습니다.
(+너무 빨리 또는 너무 짜게 먹거나 +살찌거나 기름진 음식을 먹거나)
또한, 저는 항상 긍정적인 사고방식을 가지려고 노력했습니다. 모든 것의 밝은 면을 보려고 노력했습니다.
그래야 스트레스를 덜 받을 수 있었습니다.
즉 이것이 제가 건강을 유지하기 위해 제 삶에 준 변화들입니다.

Expanding Your Answer

더 풍부하고 논리적인 답변을 위해 문장을 추가해 보세요.

A I joined the gym two years ago.
2년 전에 헬스클럽에 등록했습니다.

B One of the most interesting exercises is yoga.
요가가 가장 재미있는 운동 중 하나입니다.

C It is not easy, but I do it for my mental health.
쉽진 않지만 제 정신건강을 위해 하고 있습니다.

Key Expressions

- **work out** 운동하다
- **go for runs** 조깅하다
- **eat well** 잘 먹다
- **properly** 제대로, 적정하게
- **balanced** 균형 잡힌
- **salty** 짠
- **fatty** 기름진, 살찌는
- **greasy** 기름진, 느끼한
- **positive mindset** 긍정적인 마음, 사고방식
- **bright side** 좋은 면, 밝은 면

nutritionist 영양사

15 You read about a professional nutritionist that helps people improve their diets. Call the nutritionist's office and ask three or four questions to get more information.

🎧 MP3 39_Q15

당신은 사람들의 식단을 향상시키는 데 도움을 주는 전문 영양사에 대해 읽었습니다. 영양사의 사무실에 전화해서 더 많은 정보를 얻기 위해 서너 가지 질문을 하세요.

문항 유형	영양사에게 식단 프로그램에 대해 전화로 문의
문항 수준	Intermediate
핵심 포인트	• 영양사에게 전화로 문의하기 • 식단 프로그램과 프로모션에 대해 질문하기
중요도	★

Model Answer 🎧 MP3 39_A15

Hi there, I'm calling to ask about your nutrition programs.

I would like to improve my diet.

What kinds of programs are available? **A**

Can you tell me how much they are? **B**

Can you recommend anything?

Is there a website I can see by any chance?

I wonder if there are any promotions going on.

It would be nice if I could get a good deal. **C**

Plus, can you give me directions to your office?

I wonder if I could bring my car. If not, I'll just take public transportation.

Is it close to the subway station? Is it within walking distance?

Give me a call when you get this. Thanks.

Translation

여보세요, 당신의 영양 프로그램에 대해 문의하려고 전화했습니다.
저는 제 식습관을 개선하고 싶습니다.
어떤 종류의 프로그램이 있나요?
그것이 얼마인지 말해 줄 수 있나요?
추천해 주실 것이 있나요?
혹시 제가 볼 수 있는 웹사이트가 있나요?
프로모션이 진행되고 있는지 궁금합니다.
싸게 살 수 있으면 좋을 것 같습니다.
그리고, 사무실로 가는 길 좀 알려 주시겠어요?
제 차를 가져가도 되는지 궁금합니다.
안 된다면 대중교통을 이용하겠습니다.
지하철역에서 가깝나요? 걸어서 갈 수 있는 거리에 있나요?
이 메시지를 받고 전화주세요. 고맙습니다.

Expanding Your Answer

더 풍부하고 논리적인 답변을 위해 문장을 추가해 보세요.

A Which one is the most popular?
가장 인기 있는 것이 어떤 건가요?

B Is it cheaper if two people sign up?
2명이 등록하면 더 저렴한가요?

C Can you email me some brochures?
책자를 이메일로 보내 주실 수 있나요?

Key Expressions

- **would like to** ~를 하고 싶다
- **nutrition program** 영양 프로그램
- **improve** 개선하다
- **diet** 식습관
- **available** 이용 가능한
- **recommend** 추천하다
- **by any chance** 혹시라도
- **wonder** 궁금하다, 궁금해하다
- **promotion** 프로모션
- **a good deal** 싼 가격, 좋은 가격
- **direction** 위치, 찾아가는 방법
- **bring** 가져가다
- **public transportation** 대중교통
- **walking distance** 도보로 갈 수 있는 거리

16 You have an appointment to meet with a nutritionist to help you make your diet healthier. However, on the day of the meeting, your boss asks you to work late. Call the nutritionist, explain the situation and offer two to three alternatives.

더 건강한 식단을 짜는 데 도움을 받기 위해 당신은 영양사와 만날 예약을 했습니다. 하지만, 미팅이 있는 날 상사가 늦게까지 일을 하라고 했습니다. 영양사에게 전화를 걸어 상황을 설명하고 두세 가지 대안을 제시하세요.

문항 유형	야근해야 해서 영양사와 약속 전화로 변경 요청. 대안 제시
문항 수준	Advanced
핵심 포인트	• 영양사에게 전화로 문제 상황 설명하기 • 대안으로 다시 약속 잡기
중요도	★

Model Answer

Hi there, my name is Jake Kim.

I am supposed to come in for an appointment. **A**

I have some bad news.

I DON'T think I can make it to my appointment.

Something has come up at work suddenly.

My boss is asking me to work late. **B**

I would like to reschedule my appointment

Can you help me make new arrangements? **C**

Would that be possible?

I'm sorry for all the trouble.

Give me a call when you get this. Thanks.

Translation

여보세요. 제 이름은 제이크 김입니다.
원래 오늘 약속을 위해 가야만 했습니다.
나쁜 소식이 있습니다.
약속에 못 갈 것 같습니다.
회사에 갑자기 일이 생겼습니다.
상사가 야근을 하라고 했습니다.
예약 일정을 재조정하고 싶습니다.
새로 예약을 잡을 수 있게 도와주실 수 있나요?
그게 가능할까요?
번거롭게 해드려 죄송합니다.
이 메시지를 받으시면 전화주세요. 고맙습니다.

Expanding Your Answer

더 풍부하고 논리적인 답변을 위해 문장을 추가해 보세요.

A My appointment is at 10 am.
제 예약은 10시입니다.

B I need to prepare for a very important presentation.
매우 중요한 프레젠테이션을 준비해야 합니다.

C How about tomorrow afternoon?
내일 오후는 어떤가요?

Key Expressions

- **be supposed to** 원래 ~하기로 되어 있다
- **appointment** 예약
- **make it** 성공하다, 해내다
- **come up** 생기다, 발생하다
- **suddenly** 갑자기
- **work late** 야근하다
- **reschedule** 일정을 변경하다
- **make arrangement** 준비하다
- **possible** 가능한
- **trouble** 문제점, 골칫거리

17 **Describe a time when you made a significant change to your diet or exercise routine. What led this change to happen? How did it work out eventually? Describe what happened in detail from beginning to end.**

🎧 MP3 39_Q17

식습관이나 운동 습관을 크게 변화시켰던 경험을 묘사하세요. 왜 이런 변화를 주게 되었나요? 결국 어떻게 되었나요? 어떻게 되었는지 처음부터 끝까지 자세히 설명해 주세요.

문항 유형	본인의 과거 식습관이나 운동에 변화를 준 경험 설명
문항 수준	Advanced
핵심 포인트	• 건강을 위해 한 노력 설명 • 본인이 과거에 한 노력이기 때문에 과거형 시제와 주어 I 사용
중요도	★

Model Answer 🎧 MP3 39_A17

Eating healthy was one of the most effective ways to stay healthy. **A**

I tried to eat vegetables and fruits as often as I could.

They contain a lot of vitamins and fiber.

They are very important for a healthy diet.

Plus, I tried to eat fish and chicken breasts as much as I could.

+beans +tofu +beef +pork

They are rich in healthy protein. **B**

They help build stronger muscles.

Also, I tried to eat organic food whenever I could.

They are NOT grown with chemicals, so they are much healthier.

They are a bit pricey, but they are worth the money. **C**

So, eating healthy helped me stay healthy and lose some weight.

Translation

건강하게 먹는 것은 건강을 유지하는 가장 효과적인 방법 중 하나였습니다.
채소와 과일을 최대한 자주 먹으려고 노력했습니다.
비타민과 섬유질을 많이 포함하고 있습니다.
건강한 식단에 매우 중요한 요소입니다.
게다가 생선과 닭가슴살도 최대한 많이 먹으려고 했습니다.
(+콩 +두부 +소고기 +돼지고기)
이러한 음식들은 건강한 단백질이 풍부합니다.
더 강한 근육을 만들도록 도와줍니다.
또한 유기농 음식을 먹으려고 틈틈이 노력했습니다. 화학약품을 사용하지 않기 때문에 훨씬 더 건강합니다.
가격이 좀 비싸지만, 그만한 가치가 있습니다.
즉, 건강하게 먹으니 건강을 유지하고 살을 뺄 수 있었습니다.

Expanding Your Answer

더 풍부하고 논리적인 답변을 위해 문장을 추가해 보세요.

A However, it is not that easy.
하지만 그렇게까지 쉽지는 않습니다.

B Also, I try to avoid eating red meat.
또한 붉은 고기는 적게 먹으려고 노력중입니다.

C I think they taste better as well.
제 생각엔 맛도 더 있는 거 같습니다.

Key Expressions

- **contain** 가지고 있다, 포함하다
- **important** 중요한
- **healthy diet** 건강한 식단
- **chicken breast** 닭가슴살
- **protein** 단백질
- **build** 만들다
- **muscle** 근육
- **organic food** 유기농 음식
- **grow with chemicals** 화학약품을 써서 키우다
- **pricey** 비싼
- **worth the money** 돈을 쓴 가치가 있는

Car Problem 자동차 고장

18 I'd like to give you a situation and ask you to act it out. You are driving your car through a small town and have car trouble. Go to the nearest service station and ask for help. Ask three or four questions to get the information you need to get your car fixed.

🎧 MP3 39_Q18

상황을 하나 드릴 테니 연기해 보세요. 운전해서 작은 마을을 지나고 있었는데 차에 문제가 발생했습니다. 가까운 카센터에 가서 도움을 요청하세요. 차를 고치는 데 필요한 정보를 얻기 위해 서너 가지 질문을 하세요.

문항 유형	시골을 지나가다 차 고장. 카센터에 가서 차량 수리 문의
문항 수준	Intermediate
핵심 포인트	• 카센터 방문해서 문의하기 • 차 수리에 필요한 정보 질문하기
중요도	★

Model Answer 🎧 MP3 39_A18

Hi there. I would like to get some help.
My car broke down suddenly. **A B**
I wonder if I can get my car checked. **C**
Can you tell me how long it would take?
Can you tell me how much it would cost?
Plus, is there a place I can wait?
Is there a coffee shop around here?
Can you give me some directions to the coffee shop?
Is it within walking distance?

Translation

안녕하세요. 도움을 조금 받고 싶습니다.
차가 갑자기 고장이 났습니다.
제 차를 점검하실 수 있는지 궁금합니다.
시간이 얼마나 걸릴지 알려주시겠어요?
비용이 얼마나 드는지 알려주시겠어요?
또한, 기다릴 만한 곳이 있나요?
이 근처에 커피숍이 있나요?
커피숍으로 가는 길 좀 가르쳐 주시겠어요?
걸어서 갈 수 있는 거리에 있나요?

Expanding Your Answer

더 풍부하고 논리적인 답변을 위해 문장을 추가해 보세요.

A It just stopped in the middle of the road.
길 한가운데 갑자기 멈춰 섰습니다.

B There is enough gas in the car.
차 안에 기름은 충분히 있습니다.

C Can I get it fixed right away?
바로 고쳐 주실 수 있나요?

Key Expressions

- **break down** 고장 나다
- **suddenly** 갑자기
- **wonder** 궁금하다
- **get checked** 점검 받다, 확인 받다
- **direction** 길, 위치
- **walking distance** 도보로 갈 수 있는 거리

19 I'm sorry, but there is a problem that I need you to resolve. Because of the car trouble, you will miss an important business meeting. Call your client, explain the situation and offer some alternative solutions.

안타깝지만 당신이 해결해야 하는 문제가 생겼습니다. 차 고장으로 인해 당신은 중요한 업무 회의를 놓치게 되었습니다. 고객에게 전화를 걸어 상황을 설명하고 몇 가지 대안을 제시하세요.

문항 유형	차 고장으로 고객 미팅 못 감. 고객에게 전화로 상황 설명. 대안 제시
문항 수준	Advanced
핵심 포인트	• 고객에서 전화로 문제 상황 설명하기 • 대안으로 일정 재조정하기
중요도	★

Model Answer

Hi there, Mr. Brown. This is Jake Kim.
I have some bad news.
I DON'T think I can make it to our meeting today.
My car suddenly broke down on my way to the meeting. **A**
I am at the service center getting it fixed. **B**
I would like to reschedule our meeting.
I'm free next Wednesday.
Are you available that day?
If not, I can make time on Thursday. **C**
Tell me when the best time is for you.
Can you tell me what you think?
I'm fine with whatever you decide.
Call me back when you get this. Thanks.

Translation

여보세요, 브라운씨. 제이크 김입니다.
나쁜 소식이 있습니다.
오늘 회의에 못 갈 것 같습니다.
회의에 가는 길에 차가 갑자기 고장이 났습니다.
저는 지금 수리 맡기기 위해 서비스 센터에 있습니다.
회의 일정을 재조정하고 싶습니다.
제가 다음 주 수요일은 시간이 됩니다.
그날 시간 있으신가요?
안 된다면 제가 목요일에 시간을 낼 수 있습니다.
가장 좋은 때가 언제인지 말씀해주세요.
어떻게 생각하시는지 말씀해 주시겠어요?
어떤 결정을 내리시든지 전 다 괜찮습니다.
이 메시지를 받으시면 다시 전화주세요. 고맙습니다.

Expanding Your Answer

더 풍부하고 논리적인 답변을 위해 문장을 추가해 보세요.

A I think it is the engine problem.
엔진 문제인 것 같습니다.

B It is going to take at least two hours to get it fixed.
고치는 데 최소 두시간 걸릴 겁니다.

C How about Thursday afternoon?
목요일 오후 어떤가요?

Key Expressions

- **make it** 성공하다, 해내다
- **suddenly** 갑자기
- **break down** 고장 나다
- **on the way to** ~가는 길에
- **service center** 카센터
- **get it fixed** 고치다
- **reschedule** 일정을 변경하다
- **be free** 한가하다, 시간이 있다
- **whatever** 무엇이든
- **decide** 결정하다

20 That's the end of the situation. Tell me about the last time you had trouble with your car. MP3 39_Q20
What was the problem and how did you resolve it? Give me lots of details about that experience.

상황이 종료되었습니다. 최근 차량에 문제가 있었던 경험에 대해 말해 주세요. 무엇이 문제였고 어떻게 해결했나요? 그 경험에 대해 자세히 말해 주세요.

문항 유형	본인 차량에 문제가 생겼던 경험 묘사
문항 수준	Advanced
핵심 포인트	• 차에 기름이 떨어진 경험 묘사 • 과거의 본인 경험이기 때문에 과거형 시제와 주어 I 사용
중요도	★

Model Answer 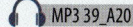 MP3 39_A20

I remember when I was low on gas while I was driving. **A**

My tank was almost empty.

My car was about to stop in the middle of the road. **B**

I looked for a gas station, but I could NOT find one.

I did a search on my GPS.

I barely made it to the nearest gas station and filled up my gas tank. **C**

It was a close call.

Translation

운전하면서 기름이 부족했던 기억이 납니다.
탱크가 거의 비어 있었습니다.
제 차가 길 한가운데서 거의 멈추려고 했습니다.
주유소를 찾았지만 찾을 수가 없었습니다.
GPS로 검색을 했습니다.
가까운 주유소에 간신히 도착해서 연료탱크에 기름을 가득 채웠습니다.
정말 아슬아슬 했습니다.

Expanding Your Answer

더 풍부하고 논리적인 답변을 위해 문장을 추가해 보세요.

A I was on my way home from work.
회사에서 집에 가는 길이었습니다.

B It was nerve-racking.
매우 긴장되었습니다.

C I was so relieved.
매우 안심했습니다.

Key Expressions

- **low on** ~가 낮은
- **empty** 빈, 비어있는
- **about to** 거의 ~ 할 뻔 하다
- **look for** 찾다
- **do a search** 검색하다
- **barely** 간신히
- **make it** 성공하다, 해내다
- **gas station** 주유소
- **fill up** 채우다
- **close call** 아슬아슬한

40 Role Play 공원/친구 약속/생일파티/휴일파티

 **Role Play Master Key Patterns**

롤플레이 답변 시에 활용할 수 있는 주제별 Key Patterns을 학습해 보세요.

1. **친구에게 어딘가를 가자고 제안할 때 사용할 수 있는 표현**

   〈ask about 동명사〉 (동명사)에 대해 묻다
   〈wonder if you want to + 동사〉 네가 (동사)하고 싶은지 궁금하다
   I am calling to ask about meeting up. I wonder if you want to hang out on the weekend.
   우리 만나는 거에 대해 물어보려고 전화했어. 이번 주말에 놀고 싶은지 궁금해.
   I want to ask you about going to a park. I wonder if you want to go on a picnic.
   공원 가는 거에 대해 물어보고 싶어. 네가 피크닉 가고 싶은지 궁금해.

2. **공원에 가서 또는 약속이 있을 때 할 일 제안하는 방법**

   〈why don't we + 동사〉 우리 (동사) 하는 거 어때?
   〈maybe we could + 동사〉 우리가 (동사)해도 되겠다
   Why don't we go on a picnic? Maybe we could eat at a decent place. 우리 피크닉 가는 거 어때? 괜찮은 곳에서 먹어도 되겠다.
   Why don't we have a party? Maybe we could go to a nice bar. 우리 파티 하는 거 어때? 멋진 술집에 가도 되겠다.

3. **만날 날짜 잡을 때 사용할 수 있는 표현**

   〈be free on〉 시간 되다
   I am free on Saturday. Are you free that day? 나는 일요일에 시간 돼. 너는 그날 시간 돼?
   〈be available〉 시간 있다, 가능 하다
   Are you available that day? I am available that day. 너 그날 시간 있어? 나는 그날 시간 있어.
   〈make time〉 시간을 내다, 시간을 만들다
   I can make some time on Sunday. How about you? 나는 일요일에 시간을 조금 낼 수 있어. 너는 어때?

4. 약속을 못 지킨 이유를 설명할 때 사용할 수 있는 표현

(공원) I have just learned that the park will NOT open this weekend. 이번 주말에 공원이 열지 않는다는 것을 방금 알게 됐어.

(파티) I just had a car accident. I called my insurance company. This may take a while. 방금 차 사고가 났어. 보험회사를 불렀어. 시간이 조금 걸릴 거야.

(약속) I have a bad hangover. 나 숙취가 너무 심해.

(정확한 이유를 말 할 수 없을 때) Something has comp up suddenly. 갑자기 일이 생겼어.

5. 취소된/늦춰진 약속 대신 할 수 있는 다른 활동을 제안할 때 사용할 수 있는 표현

Why don't you have dinner by yourself? 혼자서 저녁 식사 하는 건 어때?
How about we grab some drinks later on? 나중에 같이 술 마시는 건 어때?
Maybe we could just have coffee. 그냥 커피 마셔도 되겠다.
What do you say we just play it by ear? 그때그때 상황 봐서 하는 건 어떨까?

6. 오랜만에 친구 만난 경험에 대해 이야기할 때 쓰이는 표현

⟨bump into + 명사⟩ (명사)와 우연히 마주치다 ⟨go over to + 명사⟩ (명사)에게 다가가다
I bumped into my co-worker at the café. I went over to him and said hi. 카페에서 직장 동료와 우연히 마주쳤습니다. 그에게 다가가서 인사했습니다.

⟨ask how each other is doing⟩ 서로 어떻게 지내는 지 묻다 ⟨do some catching up⟩ 못다 한 이야기를 하다
We asked how each other was doing and did some catching up. 우리는 서로 어떻게 지내는지 묻고 못다 한 이야기를 했습니다.

7. 숙취 때문에 계획을 취소한 경험에 대해 이야기할 때 쓰이는 표현

⟨make it⟩ 해내다, 성공하다 ⟨make it to + 명사⟩ (명사)에 갈 수 있다 ⟨be sorry⟩ 미안하다
I am so sorry, but I cannot make it to the party. I have a bad hangover. 미안하지만 파티에 갈 수 없어. 내가 숙취가 너무 심해.

I feel much better now. I think I can make it on time. 훨씬 좋아졌어. 제 시간에 갈 수 있을 것 같아.

OPIc 모범 답변 학습하기

OPIc 질문에 대한 모범 답변을 살펴본 후, 질문의 핵심 포인트를 파악하여 나만의 OPIc 답변을 만들어 보세요.

Park 공원 1

1 I'd like to give you a situation and ask you to act it out. A friend wants to go to the park with you this weekend. Call your friend and ask three or four questions to find out all you need to know.

MP3 40_Q1

상황을 하나 드릴 테니 연기해 보세요. 친구가 이번 주말에 당신과 함께 공원에 가고 싶어 합니다. 알아야 할 모든 것을 알아내기 위해 친구에게 전화해서 서너 가지 질문을 하세요.

- **문항 유형** 친구에게 이번 주말에 공원 가는 것에 대한 질문
- **문항 수준** Intermediate
- **핵심 포인트**
  • 친구에게 전화로 질문하기
  • 일정과 공원에 가서 할 일에 대해 질문하기
- **중요도** ★

Model Answer　MP3 40_A1

Hi there, Jake. This is Brian.
I'm calling to ask about going to the park this weekend.
Can you tell me when you want to go?
I'm free on Saturday.
Are you available that day? **A**
If not, I can make some time on Sunday.
Tell me when the best time is for you.
Next, can you tell me what you want to do? **B**
Why DON'T we go on a picnic?
How about we make some sandwiches? **C**
Or, maybe we could eat at a decent place near the park.
What do you say we do a search before we go?
Give me a call when you get this. Thanks.

Translation

여보세요, 제이크. 브라이언이야.
이번 주말에 공원에 가는 것에 대해 물어보려고 전화했어.
언제 가고 싶은지 말해 줄래?
나는 토요일에 시간 돼.
그날 시간 돼?
안 된다면, 일요일에 시간을 낼 수 있어.
네게 가장 좋은 때가 언제인지 말해 줘.
그리고 무엇을 하고 싶은지 말해 줄래?
피크닉 가는게 어때?
샌드위치 조금 만들어 가는 건 어떨까?
아니면 공원 근처의 괜찮은 곳에서 식사를 해도 되겠다.
가기 전에 검색 해보는 게 어때?
이 메시지를 받으면 전화 줘. 고마워.

Expanding Your Answer

더 풍부하고 논리적인 답변을 위해 문장을 추가해 보세요.

A Maybe we can go there early in the morning.
아침에 일찍 가도 되겠다.

B I am thinking of taking a walk near the lake.
호수 근처를 산책 하는 건 어떨까 생각 중이야.

C Or we can just buy some finger food.
아니면 그냥 손으로 집어 먹는 음식을 사도 돼.

Key Expressions

- **ask about** ~에 대해 묻다
- **be free** 한가하다, 시간 있다
- **make time** 시간을 내다, 시간을 만들다
- **go on a picnic** 피크닉 가다
- **decent** 꽤 괜찮은
- **do a search** 검색하다

2

I'm sorry, but there is a problem that I need you to resolve. You are supposed to pick your friend up in an hour to go to the park together. However, you have a problem and cannot go to the park. Call your friend and explain the situation. Give two or three alternatives.

안타깝지만 당신이 해결해야 하는 문제가 생겼습니다. 함께 공원에 가기 위해 한 시간 안에 친구를 데리러 가야 합니다. 하지만, 문제가 생겨서 공원에 갈 수 없게 되었습니다. 친구에게 전화해서 상황을 설명하세요. 두세 가지 대안을 제시하세요.

문항 유형	친구 픽업하기로 했는데 공원 못 가게 되어 전화로 설명
문항 수준	Advanced
핵심 포인트	• 친구에게 전화로 문제 상황 설명하기 • 대안으로 일정 다시 정하기
중요도	★

Model Answer

Hi there, Jake. This is Brian.
I have some bad news.
I know that I am supposed to pick you up in an hour.
However, I DON'T think I can make it to the park.
Something has come up suddenly. **A B**
Can you tell me what you want to do?
Why DON'T we go next time?
How about we go next week or the week after that?
Or, maybe we could go another time.
What do you say we fix the date?
Can you tell me what you think?
I'm fine with whatever you decide. **C**
Call me back when you get this. Thanks.

Translation

여보세요, 제이크. 브라이언이야.
나쁜 소식이 있어.
내가 너 데리러 한 시간 안에 가야 하는 거 알고 있어.
하지만 내가 공원에 못 갈 것 같아.
갑자기 일이 생겼어.
어떻게 하고 싶은지 말해 줄래?
다음에 가는 게 어떨까?
다음 주나 그 다음 주에 가는 건 어때?
아니면, 다음에 갈 수 있을 때 가자.
날짜를 확실히 정하는 게 어때?
어떻게 생각하는지 말해 줄래?
네가 어떤 결정을 내리든 난 다 괜찮아.
이 메시지를 받으면 전화 줘. 고마워.

Expanding Your Answer

더 풍부하고 논리적인 답변을 위해 문장을 추가해 보세요.

A My boss just called and asked me to work overtime.
방금 상사에게 전화 왔는데 나에게 야근을 하라고 요청했어.

B I need to work on a very important report.
중요한 보고서를 작성해야 해.

C I am sorry. I will treat you to a nice dinner.
미안해. 맛있는 저녁 사줄게.

Key Expressions

- **bad news** 나쁜 소식
- **be supposed to** 원래 ~하기로 되어 있다
- **come up** 생기다, 발생하다
- **suddenly** 갑자기
- **fix** 정하다, 고정하다
- **whatever** 무엇이든지
- **decide** 결정하다
- **call back** 다시 전화하다

3 That's the end of the situation. Tell me the story of one very memorable experience you had while visiting a park. Maybe something funny, unexpected or wonderful happened. Start with some background about when and where this took place, who you were with and what you were doing at the park. And then, tell me why it was so unforgettable or special.

상황이 종료되었습니다. 공원을 방문했을 때 겪었던 기억에 남는 경험에 대해 말해 주세요. 어쩌면 웃기거나, 예치치 못했거나 놀라운 일이 일어났을지도 모릅니다. 언제 어디서 이런 일이 일어났는지, 누구와 함께 있었는지, 공원에서 무엇을 하고 있었는지에 대해 이야기하세요. 그리고 나서, 왜 그 일이 잊을 수 없거나 특별한지 말해 주세요.

문항 유형	공원에서 있었던 본인 에피소드 묘사
문항 수준	Advanced
핵심 포인트	• 우연히 친구 만난 경험 묘사하기 • 본인의 과거 경험이기 때문에 과거형 시제와 주어 I 사용
중요도	★

Model Answer

I remember bumping into my friend at a park. **A**

+my co-worker +my neighbor

I was taking a walk to get some exercise. **B**

Suddenly, I saw my friend there. I went over to her and said hi.

+Suddenly, someone called my name. I looked back and saw my friend.

I was very happy to see her. **C**

We asked how each other was doing and did some catching up.

So, this was the incident I remember.

Translation

공원에서 친구와 마주쳤던 기억이 납니다.
(+동료 +이웃)
운동을 하려고 산책하고 있었습니다.
갑자기, 그곳에서 제 친구를 보았습니다. 그녀에게 가서 인사했습니다.
(+갑자기 누군가 제 이름을 불렀습니다. 뒤를 돌아보니 친구가 보였습니다.)
그녀를 만나서 매우 기뻤습니다.
우리는 서로 어떻게 지내는지 물어보고 못다 한 이야기를 했습니다.
그래서, 이것이 제가 기억하는 사건입니다.

Expanding Your Answer

더 풍부하고 논리적인 답변을 위해 문장을 추가해 보세요.

A It happened a few months ago.
몇 달 전에 일어난 일입니다.

B I was listening to music while exercising.
운동 하면서 음악을 듣고 있었습니다.

C We used to be best friends back in high school.
고등학교 때 우리는 제일 친한 친구였습니다.

Key Expressions

- **bump into** 우연히 마주치다
- **co-worker** 직장 동료
- **neighbor** 이웃
- **look back** 뒤돌아보다
- **do catch up** 못다 한 이야기하다
- **incident** 사건

4 I'm sorry, but there is a problem that I need you to resolve. You've just learned on the news that the park you were planning to visit will not open this weekend. Call your friend, explain the situation and offer two or three alternatives.

🎧 MP3 40_Q4

안타깝지만 당신이 해결해야 하는 문제가 생겼습니다. 방문하려던 공원이 이번 주말에 문을 열지 않는다는 것을 뉴스를 통해 방금 들었습니다. 친구에게 전화해서 상황을 설명하고 두세 가지 대안을 제시하세요.

문항 유형	이번 주말에 공원이 개방 안 함. 친구한테 상황 설명. 대안 제시
문항 수준	Advanced
핵심 포인트	• 친구에게 전화로 문제 상황 설명하기 • 대안으로 일정 재조정하기
중요도	★

Model Answer 🎧 MP3 40_A4

I have some bad news. **A**

I have just learned that the park will NOT open this weekend. **B**

I'm afraid that we cannot go.

Can you tell me what you want to do? **C**

Why DON'T we go next time?

How about we go next week or the week after that?

Or, maybe we could go another time.

What do you say we fix the date?

Can you tell me what you think?

I'm fine with whatever you decide.

Call me back when you get this. Thanks.

Translation

나쁜 소식이 있어.

이번 주말에 공원이 열지 않는다는 것을 방금 알게 됐어.

안타깝지만 우리 공원에 못 가.

어떻게 하고 싶은지 말해 줄래?

다음에 가는 게 어떨까?

다음 주나 그 다음 주에 가는 건 어때?

아니면, 다음에 갈 수 있을 때 가자.

날짜를 확실히 정하는 게 어때?

어떻게 생각하는지 말해 줄래?

네가 어떤 결정을 내리든 난 다 괜찮아.

이 메시지를 받으면 전화 줘. 고마워.

Expanding Your Answer

더 풍부하고 논리적인 답변을 위해 문장을 추가해 보세요.

A You are not going to like it.
너가 좋아하지 않을 거야.

B I heard that they need to reorganize the facilities at the park.
그들이 공원에 있는 시설을 재정비해야 한다고 들었어.

C How about going for a movie?
영화 보러 가는 거 어때?

Key Expressions

- **bad news** 나쁜 소식
- **learn** 배우다, 알게 되다
- **be afraid** 미안하지만, 안타깝지만
- **next time** 다음 번에
- **fix** 정하다, 고정하다
- **whatever** 무엇이든지
- **decide** 결정하다
- **call back** 다시 전화하다

Gathering 친구 약속

5 I'd like to give you a situation and ask you to act it out. You want to meet up with your friend on the weekend. Call your friend and ask three or four questions about what you guys can do and when you want to meet.

상황을 하나 드릴 테니 연기해 보세요. 당신은 주말에 친구와 만나고 싶습니다. 친구에게 전화해서 함께 무엇을 하고 언제 만나고 싶은지에 대해 서너 가지 질문을 하세요.

문항 유형	친구에게 주말에 만나자고 제안. 무엇을 할지, 만날 시간 전화로 질문
문항 수준	Intermediate
핵심 포인트	• 친구에게 전화로 질문하기 • 일정과 할 일에 대해 정하기
중요도	★

Model Answer

Hi there, Jim. This is Jake.
I'm calling to ask about meeting up.
I wonder if you want to hang out on the weekend.
Can you tell me when you want to meet?
I'm free on Saturday.
Are you available that day?
If not, I can make some time on Sunday.
Tell me when the best time is for you.
Next, can you tell me what you want to do? **A B**
Why DON'T we go on a picnic?
How about we make some sandwiches?
Or, maybe we could eat at a decent place. **C**
What do you say we do a search before we go?
Give me a call when you get this. Thanks.

Translation

여보세요 짐. 제이크야.
우리 만나기로 한 거에 대해 물어보려고 전화했어.
주말에 놀러 가고 싶은지 궁금해.
언제 가고 싶은지 말해 줄래?
나는 토요일에 시간 돼.
그날 시간 돼?
안된다면, 일요일에 시간을 낼 수 있어.
네게 가장 좋은 때가 언제인지 말해 줘.
그리고 무엇을 하고 싶은지 말해 줄래?
피크닉 가는 게 어때?
샌드위치 조금 만들어 가는 건 어떨까?
아니면 괜찮은 곳에서 식사를 해도 되겠다.
가기 전에 검색 해보는게 어때?
이 메시지를 받으면 전화 줘. 고마워.

Expanding Your Answer

더 풍부하고 논리적인 답변을 위해 문장을 추가해 보세요.

A Do you want to watch a movie?
영화 보고 싶어?

B How about going to a concert?
콘서트에 가는 건 어때?

C Maybe, we could go to a pub near your place.
너희 집 근처에 있는 술집에 가도 되겠다.

Key Expressions

- **ask about** ~에 대해 묻다
- **meet up** 만나다
- **hang out** 어울려 놀다
- **be free** 한가하다, 시간 있다
- **make time** 시간을 내다, 시간을 만들다
- **go on a picnic** 피크닉 가다
- **decent** 꽤 괜찮은
- **do a search** 검색하다

6 I'm sorry, but there is a problem that I need you to resolve. You are unable to meet your friend at the time and place that was agreed upon. Call your friend and give two to three alternatives to address the problem.

안타깝지만 당신이 해결해야 하는 문제가 생겼습니다. 약속된 시간과 장소에서 친구를 만날 수 없게 되었습니다. 친구에게 전화해서 그 문제를 해결할 수 있는 두세 가지 대안을 제시하세요.

문항 유형	친구 만날 약속을 못 지키게 되어 상황 설명, 대안 제시
문항 수준	Advanced
핵심 포인트	• 친구에게 전화로 문제 상황 설명하기 • 다시 만날 약속 정하기
중요도	★

Model Answer

Hi there, Jim. This is Jake.
I have some bad news.
I DON'T think I can make it to our gathering.
Something has come up suddenly. **A B**
Can you tell me what you want to do?
Why DON'T we go next time?
How about we go next week or the week after that?
Or, maybe we could go another time.
What do you say we fix the date?
Can you tell me what you think?
I'm fine with whatever you decide. **C**
Call me back when you get this. Thanks.

Translation

여보세요, 짐. 제이크야.
나쁜 소식이 있어.
우리 모임에 못 갈 것 같아.
갑자기 일이 생겼어.
어떻게 하고 싶은지 말해 줄래?
다음에 가는 게 어떨까?
다음 주나 그 다음 주에 가는 건 어때?
아니면, 다음에 갈 수 있을 때 가자.
날짜를 확실히 정하는 게 어때?
어떻게 생각하는지 말해 줄래?
네가 어떤 결정을 내리든 난 다 괜찮아.
이 메시지를 받으면 전화 줘. 고마워.

Expanding Your Answer

더 풍부하고 논리적인 답변을 위해 문장을 추가해 보세요.

A My sister got into a car accident.
여동생이 차 사고가 났어.

B It is not a big one, but I need to be there.
큰 사고는 아니지만 그곳에 가봐야 해.

C Just let me know what you want.
네가 원하는 게 뭔지 그냥 말해 줘.

Key Expressions

- **bad news** 나쁜 소식
- **gathering** 모임
- **come up** 생기다, 발생하다
- **suddenly** 갑자기
- **fix** 정하다, 고정하다
- **whatever** 무엇이든지
- **decide** 결정하다
- **call back** 다시 전화하다

7 That's the end of the situation. Was there a time when you had to cancel your plans with someone? Maybe the weather was bad. Maybe you had some important work that took up your free time. What did you do to deal with the situation? 🎧 MP3 40_Q7

상황이 종료되었습니다. 누군가와의 계획을 취소해야 했던 적이 있었나요? 날씨가 나빴을 수도 있습니다. 당신의 자유 시간을 써야 했던 중요한 일이 있었을 수도 있습니다. 그 상황에 대처하기 위해 무엇을 했나요?

문항 유형	본인이 누군가와의 약속을 취소 경험 묘사
문항 수준	Advanced
핵심 포인트	• 숙취 때문에 약속 취소한 경험 묘사하기 • 본인의 과거 경험이기 때문에 과거형 시제와 주어 I 사용
중요도	★

Model Answer 🎧 MP3 40_A7

I remember when I was supposed to have a gathering with my friends. **A**

However, I got sick because I drank a lot the night before.

I had a bad hangover.

My stomach was upset and I felt dizzy. **B**

I felt bad about missing the gathering, but there was nothing I could do.

I told my friends that I could NOT make it and said I was sorry.

Looking back, I regret missing the gathering that time.

Translation

친구들과 함께 모임을 가지기로 했던 때가 생각납니다.
하지만 전날 밤에 술을 많이 마셔서 아팠습니다.
숙취가 심했습니다.
배탈이 나고 어지러웠습니다.
모임을 빠져 아쉬웠지만 어쩔 수 없었습니다.
친구들에게 못 간다고 말하고 미안하다고 했습니다.
뒤돌아 생각해 보면, 그때 모임을 빠진 것이 후회됩니다.

Expanding Your Answer

더 풍부하고 논리적인 답변을 위해 문장을 추가해 보세요.

A We were going to have a party.
우리는 파티를 하려고 했습니다.

B I could not even go to work.
회사도 가지 못했습니다.

Key Expressions

- **be supposed to** ~하기로 되어 있다
- **gathering** 모임
- **get sick** 아프다
- **drink a lot** 술을 많이 마시다
- **hangover** 숙취
- **stomach** 배, 복부
- **upset** 아픈
- **dizzy** 어지러운
- **feel bad** 미안함을 느끼다
- **miss** 놓치다
- **make it** 성공하다, 해내다
- **regret** 후회하다

Birthday Party 생일파티

8 I'd like to give you a situation and ask you to act it out. Your friend has asked you to help prepare for a birthday party. Call your friend and ask three or four questions to find out more about the party.

상황을 하나 드릴 테니 연기해 보세요. 친구가 당신에게 생일파티를 준비하는 것을 도와달라고 부탁했습니다. 친구에게 전화해서 파티에 대해 더 알아보기 위해 서너 가지 질문을 하세요.

문항 유형	친구 생일파티 준비를 도와 주기 위해 전화로 질문
문항 수준	Intermediate
핵심 포인트	• 친구에게 전화로 질문하기 • 파티 준비에 필요한 내용 문의하기
중요도	★

Model Answer

Hi there, John. This is Brian.
I'm calling to ask about your birthday party. **A**
Can you tell me when the party starts?
Should I get there by six? **B**
Can you tell me what I should bring to the party?
Should I bring some food or drinks? **C**
Plus, can you give me directions to the party venue?
I wonder if I could bring my car.
If not, I'll just take public transportation.
Is it close to the subway station?
Is it within walking distance?
Give me a call when you get this. Thanks.

Translation

여보세요. 존. 브라이언이야.
생일파티에 대해 물어보려고 전화했어.
파티가 언제 시작하는지 말해 줄래?
6시까지 거기에 도착하면 될까?
파티에 무엇을 가져가야 하는지 말해 줄래?
음식이나 음료수를 조금 가져갈까?
그리고, 파티장까지 가는 길 좀 가르쳐 줄래?
내 차를 가져가도 되는지 궁금해.
안 된다면 대중교통을 이용할게.
지하철역에서 가까워?
걸어서 갈 수 있는 거리에 있어?
이 메시지를 받으면 전화 줘. 고마워.

Expanding Your Answer

더 풍부하고 논리적인 답변을 위해 문장을 추가해 보세요.

A You said you need my help, right?
내 도움이 필요하다고 했지, 그렇지?

B Should I go there earlier?
더 일찍 가야 할까?

C What kinds of drinks should I bring?
무슨 종류의 술을 가져가야 할까?

Key Expressions

- **birthday party** 생일 파티
- **bring** 가져가다
- **direction** 위치, 찾아가는 방법
- **party venue** 파티장
- **public transportation** 대중교통
- **walking distance** 도보로 갈 수 있는 거리

9 I'm sorry, but there is a problem that I need you to resolve. You are supposed to help your friend prepare for the party. However, you have a problem and cannot go. Call your friend, explain the situation and give two to three alternatives regarding the situation.

MP3 40_Q9

안타깝지만 당신이 해결해야 하는 문제가 생겼습니다. 당신의 친구가 파티를 준비하는 것을 도와야 합니다. 하지만 문제가 생겨서 갈 수 없게 되었습니다. 친구에게 전화해서 상황을 설명하고 상황에 대한 두세 가지 대안을 제시하세요.

문항 유형	친구 생일파티 못 감. 준비 못 도와 줌. 대안 제시
문항 수준	Advanced
핵심 포인트	• 친구에게 전화로 문제 상황 설명하기 • 대신 도와 줄 수 있는 사람 소개하기
중요도	★

Model Answer
MP3 40_A9

Hi, John. This is Brian.

I have some bad news.

I DON'T think I can make it to the party.

Something has come up suddenly. **A**

I really wanted to help prepare for the party, but there is nothing I can do.

Why DON'T I send my sister or brother instead? **B**

Or, how about I ask one of my friends to help you? **C**

Maybe I could ask around to see if others can help.

Can you tell me what you think?

I'm fine with whatever you decide.

Call me back when you get this. Thanks.

Translation

여보세요. 존. 브라이언이야.

나쁜 소식이 있어.

파티에 못 갈 것 같아.

갑자기 일이 생겼어.

정말 파티 준비를 도와주고 싶었지만, 내가 어떻게 할 수가 없어.

대신 내 여자 형제나 남자 형제를 보내는 건 어떨까?

아니면, 내 친구 중 한 명에게 너를 도와달라고 부탁하는 건 어때?

다른 사람들이 도와줄 수 있는지 물어봐도 되겠다.

어떻게 생각하는지 말해 줄래?

네가 어떤 결정을 내리든 난 다 괜찮아.

이 메시지를 받으면 다시 전화 줘. 고마워.

Expanding Your Answer

더 풍부하고 논리적인 답변을 위해 문장을 추가해 보세요.

A It is a work thing.
회사 일이야.

B I am sure they will help you out.
분명 너를 도와줄 거야.

C I know Jessie took a day off today, so maybe I can ask her.
제시가 휴가 낸걸로 알고 있는데 걔한테 물어봐도 되겠다.

Key Expressions

- **bad news** 나쁜 소식
- **come up** 생기다, 발생하다
- **suddenly** 갑자기
- **prepare** 준비하다
- **instead** 대신에
- **ask around** 물어보다
- **whatever** 무엇이든지
- **decide** 결정하다
- **call back** 다시 전화하다

10 That's the end of the situation. Have you ever made plans for a trip or a party but had to cancel at the last minute because of something that happened unexpectedly? Tell me everything about what prevented you from going.

상황이 종료되었습니다. 여행이나 파티를 계획했는데 예기치 않게 일어난 일 때문에 마지막 순간에 취소해야만 했던 경험이 있나요? 당신을 가지 못하게 한 모든 것에 대해 말해 주세요.

문항 유형	일 생겨서 파티나 여행 계획 막판에 취소한 본인 경험 묘사
문항 수준	Advanced
핵심 포인트	• 숙취 때문에 약속 취소한 경험 묘사하기 • 본인의 과거 경험이기 때문에 과거형 시제와 주어 I 사용
중요도	★

Model Answer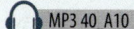

I remember when I was supposed to have a party with my friends.

However, I got sick because I drank a lot the night before.

I had a bad hangover.

My stomach was upset and I felt dizzy. **A**

I felt bad about missing the party, but there was nothing I could do.

I told my friends that I could NOT make it and said I was sorry. **B**

Looking back, I regret missing the party that time.

Translation

친구들과 파티를 하기로 했던 때가 생각납니다.
하지만 전날 밤에 술을 많이 마셔서 아팠습니다.
숙취가 심했습니다.
배탈이 나고 어지러웠습니다.
파티에 못 가서 아쉬웠지만 어쩔 수 없었습니다.
친구들에게 못 간다고 말하고 미안하다고 했습니다.
뒤돌아 생각해 보면, 그때 파티를 빠진 것이 후회됩니다.

Expanding Your Answer

더 풍부하고 논리적인 답변을 위해 문장을 추가해 보세요.

A I even vomited.
심지어 토하기까지 했습니다.

B I try not to drink too much since then.
그때 이후로 너무 많이 마시지 않으려고 합니다.

Key Expressions

- **be supposed to** ~하기로 되어 있다
- **have a party** 파티를 하다
- **get sick** 아프다
- **drink a lot** 술을 많이 마시다
- **hangover** 숙취
- **stomach** 배, 복부
- **upset** 아픈
- **dizzy** 어지러운
- **feel bad** 미안함을 느끼다
- **miss** 놓치다
- **make it** 성공하다, 해내다
- **regret** 후회하다

Holiday Party 휴일파티

11 I'd like to give you a situation and ask you to act it out. You have been invited to a holiday party. Call your friend and ask when the party starts and what you should bring there. Ask two or three more questions about the party.
🎧 MP3 40_Q11

상황을 하나 드릴 테니 연기해 보세요. 휴일 파티에 초대되었습니다. 친구에게 전화해서 파티가 언제 시작하는지, 무엇을 가지고 가야 하는지 물어보세요. 파티에 대해서 두세 가지 더 질문을 하세요.

문항 유형	친구에게 휴일 파티에 대해 전화 질문
문항 수준	Intermediate
핵심 포인트	• 친구에게 전화로 질문하기 • 휴일 파티에 대한 정보 문의하기
중요도	★

Model Answer 🎧 MP3 40_A11

Hi there, John. This is Brian.

I'm calling to ask about your holiday party. **A**

Can you tell me when the party starts?

Should I get there by six? **B**

Can you tell me what I should bring to the party?

Should I bring some food or drinks? **C**

Plus, can you give me directions to the party venue?

I wonder if I could bring my car.

If not, I'll just take public transportation.

Is it close to the subway station?

Is it within walking distance?

Give me a call when you get this. Thanks.

Translation

여보세요, 존. 브라이언이야.

휴일 파티에 대해 물어보려고 전화했어.

파티가 언제 시작하는지 말해 줄래?

6시까지 거기에 도착하면 될까?

파티에 무엇을 가져가야 하는지 말해 줄래?

음식이나 음료수를 조금 가져갈까?

그리고, 파티장까지 가는 길 좀 가르쳐 줄래?

내 차를 가져가도 되는지 궁금해.

안 된다면 대중교통을 이용할게.

지하철역에서 가까워?

걸어서 갈 수 있는 거리에 있어?

이 메시지를 받으면 전화 줘. 고마워.

Expanding Your Answer

더 풍부하고 논리적인 답변을 위해 문장을 추가해 보세요.

A Do you need my help? If so, just let me know.
내 도움이 필요해? 그렇다면 말만 해.

B Is it too early?
너무 빠른가?

C What kinds of food should I bring?
무슨 종류의 음식을 가져가야 할까?

Key Expressions

- **holiday party** 휴일 파티
- **bring** 가져가다
- **direction** 위치, 찾아가는 방법
- **party venue** 파티장
- **public transportation** 대중교통
- **walking distance** 도보로 갈 수 있는 거리

12 I'm sorry, but there is a problem that I need you to resolve. You just had a car accident and you are going to be late for the holiday party. Call your friend, explain the situation, and give two to three alternatives regarding the situation.

안타깝지만 당신이 해결해야 하는 문제가 생겼습니다. 방금 차 사고가 나서 휴일 파티에 늦게 되었습니다. 친구에게 전화를 걸어 상황을 설명하고 상황에 대한 두세 가지 대안을 제시하세요.

문항 유형	차 사고가 나서 파티에 늦게 될 상황. 친구에게 전화로 상황 설명. 대안 제시
문항 수준	Advanced
핵심 포인트	• 친구에게 전화로 문제 상황 설명하기 • 대안으로 다른 때 만날 약속 잡기
중요도	★

Model Answer

Hi there. John. This is Brian.
I have some bad news.
I DON'T think I can make it to the party on time.
I just had a car accident. **A**
I called my insurance company.
This may take a while. **B**
Can you tell me what you want to do?
Why DON'T you have dinner by yourself?
How about we grab some drinks later on? **C**
Or, maybe we could just have coffee.
What do you say we just play it by ear?
Can you tell me what you think?
I'm fine with whatever you decide.
Call me back when you get this. Thanks.

Translation

여보세요. 존. 브라이언이야.
나쁜 소식이 있어.
파티에 제 시간에 도착할 수 없을 것 같아.
방금 교통사고가 났어.
보험회사에 전화했어.
시간이 좀 걸릴 것 같아.
어떻게 하고 싶은지 말해 줄래?
너 혼자 저녁 식사 하는 건 어때?
이따가 술 한잔 하는 게 어떨까?
아니면 그냥 커피라도 마셔도 돼.
그때 상황을 보고 정하는게 어때?
어떻게 생각하는지 말해 줄래?
네가 어떤 결정을 내리든 난 다 괜찮아.
이 메시지를 받으면 다시 전화 줘. 고마워.

Expanding Your Answer

더 풍부하고 논리적인 답변을 위해 문장을 추가해 보세요.

A I just had a fender bender.
가벼운 접촉 사고를 냈어.

B I think it is going to take at least one hour.
내 생각에 최소한 한 시간은 걸릴 것 같아.

C I know a great bar near your place.
너네 집 근처에 있는 멋진 술집을 알아.

Key Expressions

- **bad news** 나쁜 소식
- **make it** 성공하다, 해내다
- **on time** 제 시간에
- **car accident** 교통사고
- **insurance company** 보험회사
- **take a while** 시간이 조금 걸리다
- **have dinner** 저녁 식사 하다
- **grab drinks** 술을 마시다
- **have coffee** 커피 마시다
- **play it by ear** 상황을 봐서 그때그때 처리하다
- **whatever** 무엇이든지
- **decide** 결정하다
- **call back** 다시 전화하다

13. That's the end of the situation. Have you ever made plans for trip or a party but had to cancel at the last minute because of something that happened unexpectedly? Tell me everything about what prevented you from going.

상황이 종료되었습니다. 여행이나 파티를 계획했는데 예기치 않게 일어난 일 때문에 마지막 순간에 취소해야만 했던 경험이 있나요? 당신을 가지 못하게 한 모든 것에 대해 말해 주세요.

문항 유형	일 생겨서 파티나 여행 계획 막판에 취소한 본인 경험 묘사
문항 수준	Advanced
핵심 포인트	• 숙취 때문에 약속 취소한 경험 묘사하기 • 본인의 과거 경험이기 때문에 과거형 시제와 주어 I 사용
중요도	★

Model Answer

I remember when I was supposed to have a party with my friends.

However, I got sick because I drank a lot the night before.

I had a bad hangover.

My stomach was upset and I felt dizzy. **A**

I felt bad about missing the party, but there was nothing I could do. **B**

I told my friends that I could NOT make it and said I was sorry.

Looking back, I regret missing the party that time.

Translation

친구들과 파티를 하기로 했던 때가 생각납니다.
하지만 전날 밤에 술을 많이 마셔서 아팠습니다.
숙취가 심했습니다.
배탈이 나고 어지러웠습니다.
파티에 못 가서 아쉬웠지만 어쩔 수 없었습니다.
친구들에게 못 간다고 말하고 미안하다고 했습니다.
뒤돌아 생각해 보면, 그때 파티를 못 간 것이 후회됩니다.

Expanding Your Answer

더 풍부하고 논리적인 답변을 위해 문장을 추가해 보세요.

A I could not even stand up by myself.
혼자서 일어날 수도 없었습니다.

B I really needed to get some rest.
정말로 쉬어야 했습니다.

Key Expressions

- **be supposed to** ~하기로 되어 있다
- **have a party** 파티를 하다
- **get sick** 아프다
- **drink a lot** 술을 많이 마시다
- **hangover** 숙취
- **stomach** 배, 복부
- **upset** 아픈
- **dizzy** 어지러운
- **feel bad** 미안함을 느끼다
- **miss** 놓치다
- **make it** 성공하다, 해내다
- **regret** 후회하다

40 Role Play 공원/친구 약속 / 생일파티/휴일파티

OPIc 대비 멀티캠퍼스 Best 온라인 과정

AL 등급공략과정
상위등급 취득을 위한 유형별 주제 및 필수 전략 과정

AL취득을 위한 필수 공략OPIc - 선택형

AL취득을 위한 필수 공략OPIc - 돌발형
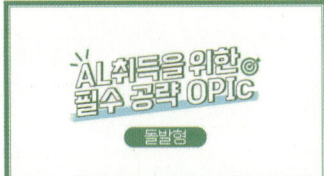

AL취득을 위한 필수 공략OPIc - 롤플레이

OPIc 등급공략과정
현장에서 적용 가능한 주제별 답변전략 및 팁 제시 과정

매직템플릿으로 완성하는 OPIc IM공략

매직템플릿으로 완성하는 OPIc IH공략

매직템플릿으로 완성하는 OPIc AL 공략

OPIc 등급공략과정
빅데이터 분석 및 최신 출제 트렌드 완벽 커버로 단기 OPIc 등급 취득 완성 과정

데이터와 트렌드로 쉽게 취득하는 OPIc IL

데이터와 트렌드로 쉽게 취득하는 OPIc IM

데이터와 트렌드로 쉽게 취득하는 OPIc IH Step 1, 2

데이터와 트렌드로 쉽게 취득하는 OPIc AL Step 1, 2

OPIc 등급공략과정
OPIc 주관사 멀티캠퍼스에서 제시하는 레벨별 맞춤 공략 과정

New OPIc 첫걸음

New OPIc SOS Start

New OPIc SOS IM공략

New OPIc의 정석! IH공략

중국어 대비 멀티캠퍼스 Best 온라인 과정

TSC 전략 과정
단시간 레벨 UP!을 위한 유형별 공략법과 막판 핵심 족집게 전략을 제시하는 국내 최고의 TSC 대비 과정

| 한달에 끝내는 TSC 첫걸음 3급공략 | 초단기 TSC 4급공략 | 초단기 TSC 4급공략 실전테스트 | [막판뒤집기] TSC 3급 Pass | [막판뒤집기] TSC 4급 Pass |

비즈니스 중국어 회화 과정
삼성 해외 주재원 집중과정 교재 기반, 진정한 중국通이 되기 위한 중국어 실무 과정

직장에서 당장 써먹는 중국어 회화(上)　　　직장에서 당장 써먹는 중국어 회화(下)

OPIc중국어 전략과정
OPIc 평가 주관사 멀티캠퍼스에서 개발한 국내 유일무이한 OPIc 중국어 대비 과정

New OPIc 중국어 첫걸음　　OPIc 중국어의 정석! IM공략　　OPIc 중국어의 정석! IH공략

新BCT 전략과정
새롭게 바뀐 BCT 문제 유형 분석을 통한 시험 완벽 대비 및 비즈니스 중국어 회화 능력을 향상할 수 있는 과정

| 초단기 新BCT Speaking 공략 | 초단기 新BCT Speaking 실전테스트 | 新BCT 첫걸음 A형 공략 | 新BCT 첫걸음 B형 공략 |

온라인 교육과정 문의 TEL 1544-9001 | Website www.multicampus.com

데이터와 트렌드로
쉽게 취득하는
OPIc AL